U0596309

中华学术·有道

秦汉儿童的世界

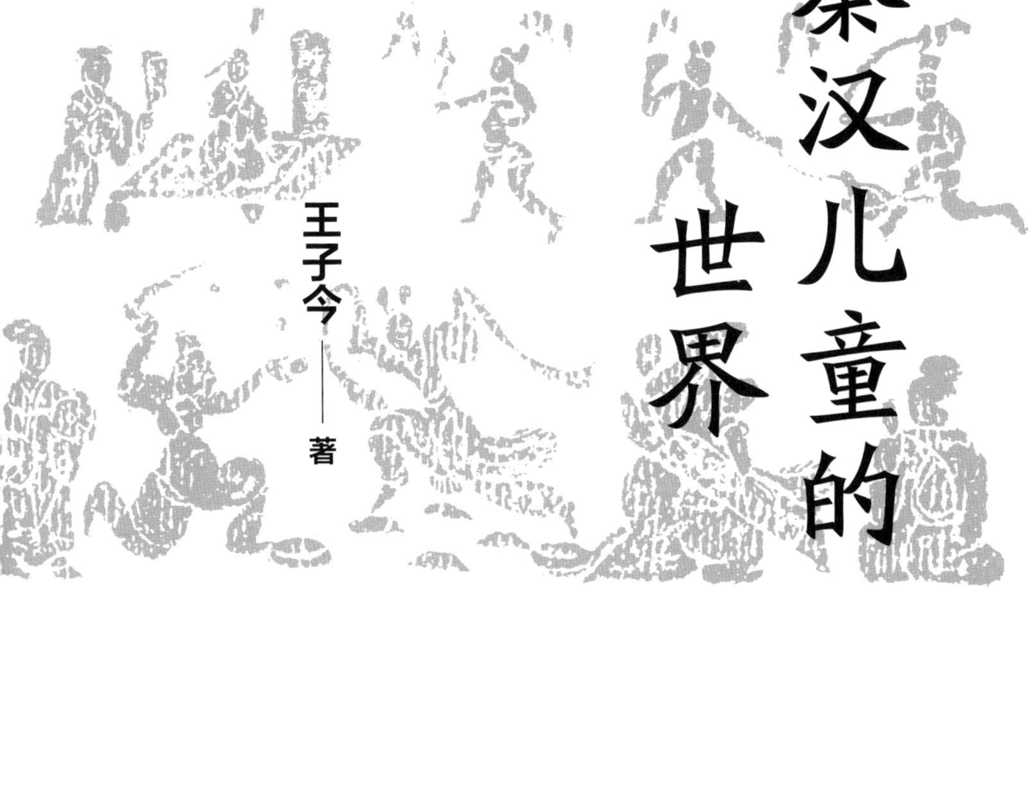

王子今——著

中華書局

图书在版编目(CIP)数据

秦汉儿童的世界/王子今著. —北京:中华书局,2024.3
(中华学术·有道)
ISBN 978-7-101-16347-6

Ⅰ.秦… Ⅱ.王… Ⅲ.儿童-生活状况-研究-中国-秦汉时代 Ⅳ.D691.95

中国国家版本馆 CIP 数据核字(2023)第 176619 号

书　　名	秦汉儿童的世界
著　　者	王子今
丛 书 名	中华学术·有道
责任编辑	孟庆媛
责任印制	管　斌
出版发行	中华书局 (北京市丰台区太平桥西里 38 号　100073) http://www.zhbc.com.cn E-mail:zhbc@zhbc.com.cn
印　　刷	北京盛通印刷股份有限公司
版　　次	2024 年 3 月第 1 版 2024 年 3 月第 1 次印刷
规　　格	开本/920×1250 毫米　1/32 印张 27⅞　插页 2　字数 600 千字
印　　数	1-4000 册
国际书号	ISBN 978-7-101-16347-6
定　　价	128.00 元

目　录

序 …… 1

引言:秦汉儿童史与秦汉儿童生活史 …… 1
一　出生权利和初生命运 …… 1
“子孙充实”愿望与宗法秩序的基础 …… 1
1. “宜子孙”理想 …… 2
2. “宜子孙”与“传子孙”“留子孙” …… 5
3. “宜子”“宜子孙”印与“子孙”人名 …… 7
4. 镜铭习用语“宜子孙” …… 8
5. 民间祈祝:“常宜子孙兮日番昌” …… 16
6. 宗法责任:“子子孙孙,卑尔炽昌” …… 21
巫风鬼道文化生态中的求子技术 …… 25
1. “宜子孙”神秘生物 …… 26
2. 求子医方 …… 27
3. 老官山汉牍求子方式 …… 29
4.《日书》的预言:“生子”人生前景 …… 31
“有子”保障:风俗与制度 …… 39
1. 无子娶妾,无子买妾 …… 39

2. 无子出妻 …… 42
3. “将妻入狱”“任身有子”故事 …… 44
民间“讳忌产子”礼俗 …… 45
1.《论衡》揭示的生育禁忌 …… 46
2. 产妇不吉 …… 48
3. “忌恶”“乳子之家”风习与“乳舍”设置 …… 50
4. 王充论“世俗所讳妄” …… 57
5. “清”与“污”:“讳忌产子”的意识背景 …… 60
6. 生子“不完”与畸形儿命运 …… 62
《日书》“生子”健康状况预言 …… 67
1. “生子,男女必美” …… 67
2. “子死”“子不产” …… 69
3. “生子旬而死” …… 70
“生子不举”行为与弃婴的命运 …… 71
1. 袁元服故事 …… 71
2. 生三子者,莫肯收举 …… 73
3. 不举五月子 …… 75
4. 爱妾生子不举 …… 79
5. “弃”的境遇 …… 80
“生子辄杀,甚可悲痛” …… 83
1. “杀首子”风习 …… 83
2. 但为乏衣食而杀伤之 …… 85
3. 杀害女婴行为 …… 88
4. 对于“杀子”行为的法律处罚和舆论批判 …… 90

二　婴幼儿健康与基本生存条件…………………………… 97
"婴儿"和"婴女" ………………………………………… 97
1. 人始生曰"婴儿" ……………………………………… 98
2. 非"始生""初生""新生"之"婴儿" ……………… 103
3. "年十二""婴儿" ……………………………………… 110
4. "女曰婴,男曰儿" ……………………………………… 113
5. 秦汉"婴儿"称谓涵义复杂的文化背景 ………… 116
6.《焦氏易林》:"爱我婴女" ……………………………… 120
7. "婴女""贱下"地位 ………………………………… 123
8. 哺乳期"婴儿" ……………………………………… 124
儿童健康问题 ……………………………………………… 126
1. 初生婴儿的死亡率 ………………………………… 126
2.《日书》所见婴幼儿疾病威胁 ……………………… 129
3.《胎产书》婴儿保健巫术 …………………………… 132
4. 汉赋"伤夭""悼夭"主题 ………………………… 135
5. 曹丕迁葬曹冲策 …………………………………… 138
6. 曹植的"稚子""哀辞" ……………………………… 141
7. "夭没"儿童的碑刻纪念 ………………………… 143
8. "痛哉可哀":五岁童子许阿瞿的墓志 …………… 146
"小儿医"与"婴儿方" …………………………………… 152
1. 扁鹊"为小儿医" ……………………………………… 153
2.《艺文志》著录"婴儿方" ……………………………… 156
3. 马王堆《五十二病方》"小儿医"经验 …………… 160
4. 张仲景《金匮要略方论》"小儿"方 ……………… 163
5. 秦汉文献遗存所见"小儿医"病例 ……………… 165

孤儿的社会救助形式 …… 167
1.“少孤贫”“少孤苦”现象 …… 167
2.帝王诏令:救济“孤儿九岁已下” …… 170
3.禀给如《律》 …… 175
4.民政事务:“慈幼”“矜孤” …… 177
5.民间社会孤儿扶助 …… 180
6.“养孤兄子”“姊子” …… 183
7.“羽林孤儿” …… 189
秦汉文献中的“易子而食”记忆 …… 191
1.《史记》“易子而食”追忆 …… 192
2.《公羊传》宋“易子而食”事原本 …… 194
3.晋阳战役“易子而食”情节 …… 196
4.秦统一战争中的“易子而食”悲剧 …… 198
5.楚宋战争“易子而食”故事的社会关注度 …… 201
6.“析骸易子之祸”讨论之一:政治史的思考 …… 204
7.“析骸易子之祸”讨论之二:儿童史的发现 …… 207
8.“放麑啜羹”比较 …… 209

三 儿戏:游艺生活 …… 215
小儿遨戏 …… 215
1.掩雀·捕蝉 …… 215
2.挽满 …… 218
3.蹴鞠 …… 220
4.鸠车之乐 …… 223
5.竹马之欢 …… 228
6.玩具:“泥车、瓦狗”“诸戏弄小儿之具” …… 231

战争“儿戏” …………………………………………… 233
1. 细柳营：汉文帝的“儿戏”感叹 ……………………… 234
2. 以“军旅战陈”为主题的“儿戏” …………………… 235
3. 关于“童子佩刀” ………………………………… 236
博弈：儿童智力竞争 ……………………………………… 237
1. 少年汉景帝和吴太子的博局 ………………………… 238
2. 弹棋、格五、六博 ………………………………… 239
3. 六博口诀：“三辅儿童皆诵之” ……………………… 241
4. 孔融儿女“弈棋” ………………………………… 243
5. “意钱之戏” ……………………………………… 245
儿童游戏：成年生活的仿习 ……………………………… 248
1. 少年刘备“羽葆盖车”志向 ………………………… 248
2. “种树为戏”与“俎豆之弄” ………………………… 249
3. “鼩鼠”故事 ……………………………………… 250
4. 牧童路温舒的行政预演与张禹“为儿”时的
“多知”表现 ……………………………………… 252
5. 管辂“画地”习天文 ……………………………… 253
6. “儿戏”与率军执政才具 …………………………… 254
7. “儿童游戏集团” ………………………………… 255
8. 儿童和成人共同的游戏 …………………………… 257
“戏或是戏”：少年汉昭帝的“弄田” ……………………… 258
1. 少年汉昭帝“耕于钩盾弄田” ……………………… 259
2. 弄田：“年幼”“戏弄”之田 ………………………… 261
3. “弄田”在礼制体系中的地位 ……………………… 262
4. 重农宣传？勤政表演？耕作游戏？劳动实习？ … 266

5.“戏弄”与童年学习实践 …………………… 268

四　童蒙教育………………………………… 273
儿童学习生活………………………………… 273
1.《四民月令》的民间蒙学记录 …………… 274
2. 承宫求学经历 ……………………………… 276
3. 儿童初学年龄 ……………………………… 277
4. 初级教育程式 ……………………………… 282
5.《二年律令·史律》“学童”身份 ………… 284
“小学”的意义 ………………………………… 287
1. 余子入小学 ………………………………… 288
2. 学六甲五方书计之事 ……………………… 288
3. 学术史的“小学” ………………………… 290
4. 小学之科目 ………………………………… 292
5.“小学”成为学科方向 ……………………… 293
蒙学书的遗存和“蒙学”的扩展性理解 ………… 294
1.《流沙坠简》中的“小学”书 …………… 294
2. 居延出土《苍颉篇》《急就篇》………… 295
3.《九九术》 ………………………………… 296
4. 蒙学教材成为成年人读物 ………………… 297
《列女传·母仪传》早期教育故事 …………… 299
1. 母仪:胎养子孙,以渐教化 ……………… 301
2.“邹孟轲母”榜样 ………………………… 306
3.“孟母”事迹的文化影响 ………………… 308
4. 汉代“明于教训”的“母仪”典范 ……… 312

五　“神童”的出现 ……………………………………………… 319
“秦项橐”故事 ……………………………………………… 319
1. “秦项橐七岁为圣人师” ………………………………… 319
2. “项橐”故事的早期记录 ………………………………… 320
3. “项橐”故事在汉代的流传 ……………………………… 325
4. 名列神童榜的“项橐” …………………………………… 327
5. 关于“秦项橐” ……………………………………………… 330
圣童·奇童·神童……………………………………………… 332
1. 雄子神童乌 ………………………………………………… 333
2. 曹冲的“智意” …………………………………………… 334
3. “慧心”与“教训”………………………………………… 339
4. “神童”组合 ……………………………………………… 340
5. “神童”品德评价 ………………………………………… 342
6. 早而辩慧 …………………………………………………… 344
7. 奇童“孔融女” …………………………………………… 345
“神童”成年表现 ……………………………………………… 347
1. 郑玄“括囊大典” ………………………………………… 347
2. 管辂“仰观如神” ………………………………………… 349
3. 孔融“高明”“伟器”……………………………………… 352
4. 关于“大未必奇” ………………………………………… 354
5. “以幼慧为忌” …………………………………………… 356

六　劳动儿童与儿童劳动……………………………………… 359
儿童“耕牧”生活 ……………………………………………… 359
1. “田中”“作业”…………………………………………… 360
2. “牧”“养”………………………………………………… 363

3. 苏耽故事所见“童牧”劳动方式 …………………… 369
4. 樵薪 ………………………………………………… 371
未成年人劳动生活体现的雇佣关系和依附关系……… 373
1. 劳动力“佣赁” ……………………………………… 374
2. “为人将车” ………………………………………… 375
3. “为人仆隶” ………………………………………… 377
汉代西北边塞军事生活中的未成年人………………… 379
1. “家属妻子”名籍 …………………………………… 379
2. “家属妻子”名籍中的未成年家庭成员 ………… 382
3. 未成年人与家庭人口结构 ……………………… 387
4. 战争背景下未成年人的生活情状 ……………… 389
5. “童儿”“上城”:未成年人直接的战争参与 …… 392
6. 边塞少数民族未成年人 ………………………… 393
“贩”“卖”经营与其他劳作 ………………………… 395
1. “卖履舍长”刘备 …………………………………… 395
2. “年十五”“酒家胡”文学形象……………………… 396
3. 辅助型服务型劳作 ……………………………… 401

七 社会灾难、社会犯罪与受害儿童 ……………………… 403
“略卖”人口犯罪与未成年受害者 ……………………… 403
1. 窦少君“为人所略卖”故事 ……………………… 404
2. “奴虏”身份 ………………………………………… 405
“劫质”犯罪与未成年受害者 ………………………… 406
1. 劫·劫执·劫质 …………………………………… 407
2. 赵苞等“战不顾亲”故事中的未成年人质牺牲 … 411

3. 赵月之死 …………………………………………………… 416
4. 桥玄少子人生悲剧 ……………………………………… 418
5. “勿顾质”：桥玄与曹操共同的强硬……………………… 421
6.《日知录》说桥玄少子事 ………………………………… 425
“卖子”“鬻子孙”现象与“卖人法”…………………………… 427
1. “卖子”“鬻子孙”史事…………………………………… 427
2. 汉高帝政策疑议：“令民得卖子？”
“令民无得卖子？”……………………………………… 430
3. 贾谊和晁错的警告 ……………………………………… 431
4.《淮南子》与《政论》的政治批判………………………… 434
5. “僮”的普遍存在与“卖子”“鬻子孙”现象 …… 436
6. 汉光武帝诏与“卖人法”“略人法”……………………… 439
7. 沈家本说辨议 …………………………………………… 445
8. 刘邦时代“卖子”现象的再讨论 ………………………… 447

八 社会上层儿童生活考察…………………………………… 449
秦二世胡亥童年故事及相关问题…………………………… 449
1. 童年胡亥的恶作剧 ……………………………………… 449
2. 关于“胡亥少习刻薄之教” ……………………………… 454
3. “指鹿为马”事与胡亥的知识层次 ……………………… 458
4. 胡亥早期教育的缺失与秦朝行政体系的覆败 … 462
5. 秦二世教训与汉初的太子教育 ………………………… 466
深宫悲剧童年：“短折”皇子·“夭摧”
少帝·“劫迁”幼主 ………………………………………… 470
1. “孝惠子”疑案 …………………………………………… 471

2. 赵飞燕姊妹暗杀皇子案例 …………………… 478
3. 少帝・殇帝・冲帝 ………………………… 484
4. “幼主劫执”现象:生命威胁和精神迫害 ……… 489
汉代社会上层婚姻中的“待年”女子 …………… 492
1. 皇室贵族早婚现象 ………………………… 492
2. 女童“待年”情形 …………………………… 496
3. 政治变局与少年女后的“伤哀” …………… 499
4. “待年”与“后世童养媳之俗” ……………… 502
东汉的“小侯” ………………………………… 505
1. “大国”与“小侯” …………………………… 506
2. 东汉“四姓小侯”“四姓及梁邓小侯” ……… 507
3. “小侯学”:特殊的贵戚少年学校…………… 511
4. “小侯”身份解说 …………………………… 516

九　未成年人的赋役责任与身份继承…………… 519
秦“小子军” …………………………………… 519
1. 秦兵制“小子军”说 ………………………… 519
2. 秦征役年龄考论 …………………………… 522
3. “年十五”:人生的界标……………………… 525
4. 十五受兵 …………………………………… 529
5. 文物资料所见秦少年士兵 ………………… 531
6. “小子军”说由来 …………………………… 533
里耶秦简所见“小上造”“小女子” …………… 536
1. “小上造”“小女子”简例 …………………… 536
2. 关于“楚有‘小上造’之爵称”推想 ………… 540

3. “小爵”及相关制度 …………………………………… 544
4. 走马楼竹简参考资料 ………………………………… 546
两汉社会的“小男”“小女” ………………………………… 551
1. 使男·使女——未使男·未使女 …………………… 552
2. “七岁为断” …………………………………………… 555
3. “小男”和“小女”的待遇差别 ……………………… 559
关于“小女子”称谓 ………………………………………… 562
1. “小女”还是“小女子” ……………………………… 562
2. 云梦漆器文字“大女子”的参考意义 ……………… 565
3. 名字资料的对照分析 ………………………………… 566
附论：走马楼简所见未成年“公乘”“士伍” ………… 568
1. 未成年人拥有爵名情形 …………………………… 568
2. “士伍”身份 …………………………………………… 576

一〇 少年吏：未成年人的参政机会 ……………………… 579
甘罗童冠立功故事辨议……………………………………… 579
1.《战国策》《史记》甘罗事迹 ………………………… 579
2. 甘罗事志疑 …………………………………………… 583
3. 与甘罗并说的“子奇” ………………………………… 585
4. 与甘罗并说的“张辟彊” …………………………… 587
5. 甘罗“声称后世” ……………………………………… 589
6. “甘罗相秦”传说 ……………………………………… 591
两汉的少年吏………………………………………………… 596
1. 中枢机关和皇家近卫机构的少年从政者 ………… 596
2. 地方官府中的少年吏员 …………………………… 601

3. 少年军吏 …………………………… 605
4. 少年吏入仕年龄 ……………………… 607
5. 少年求仕路径 ………………………… 612
6. 少年吏的从政能力 …………………… 616
7. 少年吏的行事风格 …………………… 618
8. 两汉少年吏现象的政治史考察 ……… 622
汉代“童子郎”身份与“少为郎”现象 ……… 627
1. “童子郎”史例 ………………………… 628
2. “少为郎”情形 ………………………… 631
3. 未成年“郎”的家族出身 ……………… 634
4. 未成年“郎”的人生出路 ……………… 639
5. 宫中少男:“郎”的特殊身份与特殊境遇……… 644
6. “老郎”特例 …………………………… 646
7. 未成年郎的精神:“年少励锋气”,“血气方盛” … 648
8. “郎君”与后世“儿郎”“少年郎”称谓 ………… 650
汉代宫廷的“小儿官” ………………………… 652
1.《汉旧仪》所见“小儿官” ………………… 653
2. “少为侍中”史例 ……………………… 655
3. 金日磾父子故事……………………… 658
4. 汉代宫廷生活的一个侧面 …………… 659
5. 历史旁证:唐代宫廷“小儿”……………… 663

一一 “少年”“恶少年”与社会秩序 ……………… 667
“少年”与社会不安定因素 ……………… 667
1. “少年唯印” …………………………… 667

2.“闾巷少年”·“闾里少年” …………………… 669
3.“少年”“不避法禁”…………………………… 672
4.“少年”与社会暴乱 …………………………… 673
关于“恶少年” …………………………………… 676
1.“恶少年”“悍少年”…………………………… 676
2.“恶少年”的平民生活背景 …………………… 678
3.“恶少年”犯罪 ………………………………… 679
“少年”与“恶少年”:游侠的社会基础 ………… 680
1.“少年”“任侠”风气…………………………… 680
2.“游侠儿”称谓 ………………………………… 682
3.五陵少年 ……………………………………… 684
执政者的“恶少年”政策 ………………………… 685
1.尹赏“虎穴” …………………………………… 685
2.发“恶少年”远征戍屯 ………………………… 688
3.“尽力有效者”“用之为爪牙”………………… 691
“少年”“恶少年”的社会文化形象……………… 692
1.社会之“祸” …………………………………… 693
2.“少年”的年龄与社会身份 …………………… 693
3.“恶少年”的社会文化形象 …………………… 695
4.“背公死党”精神:时代意义和历史影响 ……… 697

一二 未成年人的社会地位………………………… 699
秦汉“小儿”称谓 ………………………………… 699
1.“小儿”本义 …………………………………… 699
2.“小儿”亲昵义:指代成年人的“小儿”称谓之一 704

3.“小儿”轻蔑义：指代成年人的“小儿”称谓之二 706
4.“苍头儿客”和“苍头庐儿” …………………… 709
5.鄙语“儿” …………………………………… 711
6.“人道未成”：“小儿”地位低下的解说 ……… 712
“竖子”“竖小”称谓与未成年人歧视 ……………… 716
1.“竖子”“竖小”“小竖” …………………… 716
2.关于“贾竖” ………………………………… 717
3.“奴竖”与“僮竖” …………………………… 719
4.“牧竖小人” ………………………………… 721
“乞儿”与“乞小儿” ………………………………… 722
1.“乞儿”称谓的社会史意义 ………………… 722
2.说“乞小儿” ………………………………… 725
3.“乞儿”身份的历史流变 …………………… 728
4.文化考察视野内的“乞儿” ………………… 730
“孺子”鄙称与“孺慕”现象 ………………………… 732
1.先秦“孺子”称谓 …………………………… 732
2.钱大昕“贵者之称”说 ……………………… 734
3.《说文》：“孺，乳子也” ……………………… 738
4.“孺子”鄙称成年人史例 …………………… 739
5.关于“孺，弱也” …………………………… 742
6.“孺慕”及相关现象 ………………………… 743
民间意识中的“小儿鬼” …………………………… 745
1.关于“魃” …………………………………… 745
2.与“魃”相关禁忌生成的可能缘由 ………… 747
3.“鬼婴儿”和“哀乳之鬼” …………………… 752

4. “射魃”“避邪”方术 …… 756
5. 传统幼科医学知识中的“小儿鬼” …… 758

一三　朦胧情性 …… 761
“金屋藏娇”童话 …… 761
1. “若得阿娇作妇，当作金屋贮之” …… 762
2. 长门哀怨 …… 763
早婚现象 …… 766
1. 婚龄问题：世俗嫁娶太早 …… 766
2. 汉简婚龄资料 …… 770
未成年人的畸形家庭和畸形情爱 …… 774
1. 童养媳与指腹为婚之习的滥觞 …… 774
2. “妖童”和“弄儿” …… 778

一四　“童男女”的神异地位 …… 781
神秘主义信仰体系中的“童男女” …… 781
1. 徐市为什么“将童男女入海”？ …… 782
2. 歌儿们的合唱 …… 788
3. 东海黄公“少时”表演 …… 793
4. 侲子与傩 …… 796
5. 求雨仪式中的“小童” …… 799
6. “童男女”的神性 …… 802
“游童之吟咏” …… 808
1. 童谣：社会批评 …… 809
2. 童谣：政治预言 …… 814

3. 王充的童谣发生说 …………………………… 819
长安“小女陈持弓”大水讹言事件 ………………… 823
1.“小女陈持弓”异常行为与“大水”灾害………… 823
2.“小女陈持弓”“妖人”说…………………………… 826
3.“小女陈持弓”故事的社会意识史分析 ………… 829
4. 王商“固守”与鲍宣等“讹言”应对………………… 832

作者相关研究成果目录………………………………… 837
主要参考文献………………………………………… 843
后　记………………………………………………… 849

序

回望中国大陆历史研究,最近四十年是足以与新史学在中国蓬勃发展并产生巨大影响的20世纪初相提并论的岁月。我们亲历的这个时代历史学的基本特征是,在理论和方法论上,打破了不符合学术生存和发展规律的观念枷锁,让富有创新精神的理论和方法引导着研究工作持续进展;在研究领域上,长期被冷落的社会史和文化史全面复兴,一些新的研究课题如环境史、灾害史、疾病史、性别史、儿童史等进入了研究者的视野;在研究资料上,大量的新出资料为研究工作尤其是资料相对匮乏的中国古代较早阶段历史研究工作提供了坚实的基础。由此,我们的学术道路得到了全面的拓展。

从广义上说,儿童或未成年人史是社会史的组成部分,也是历史学家所关注的课题。人物传记是中国传统史学典籍的重要内容,它蕴含着人的活动、人的创造力和人的美学意义,从而呈现出历史过程中的复杂和多样的关联。在许多人物传记中,童年生活和经历是传主生平的组成部分。从传记对传主童年和成年叙述安排中,我们不仅可以看到历史上许多生命成长过程中的时间联系,也看到了不同时代人们童年的生存状态。对童年经历的这种书写，展现了中国传统史学对人的成长过程的逻辑联系以及对社会影响的认知模式。

作为社会史组成部分的儿童或未成年人史有着怎样的学术特征？它独有的学术意义何在？致力于这个领域的研究要达成怎样的目标？这些都是值得我们思考的问题。我的粗浅的认识是，首先，儿童或未成年人是人生成长的早期阶段，由于历史上和今天几乎所有民族或族群都将儿童或未成年人视为未来希望，因此，对他们的独特关照，使得他们的生存状况能够直接反映了一个时代的经济、文化和技术水准。其次，儿童或未成年人在家庭中的位置，与长辈和同龄人之间的关系和相处方式，不仅是家庭或家族结构和秩序摹本，也映射出一个时代的社会结构，观察其间的变化，也就抓住了观察家庭和社会结构变化的重要线索。最后，对儿童或未成年人的养育和教育方式是成年人，也是一个时代主流价值观念自我复制的过程，这是一个社会形态得以保证其连续性的重要原因之一，相反亦然。以往我们研究社会结构改变时，多侧重于经济因素的解释，实际上儿童或未成年人的养育和教育方式同样参与了这个过程，它为我们提供了一个有意义的研究路径。

在社会史研究的近四十年历程中，对儿童或未成年人的研究虽为学界所关注，却没有发展成为一个独立的研究领域。王子今教授《秦汉儿童的世界》的出版，标志着这个领域有了系统的开掘，标志着这个领域的学术境界得到了全面提升，标志着至少在秦汉史中，儿童或未成年人已经成为一个独立的研究对象。

《秦汉儿童的世界》的学术特征十分鲜明，相信这部著作的每一个读者都会有自己的感悟。这里我想从两个方面略谈我的读后感。

一部学术著作是否有意义，首先在于它的研究设计，在于有意义的题目的制定和有价值的研究方向的明晰。《秦汉儿童的世界》设 14 章，实际上是 20 多篇专题论文。除去研究未成年人生活必不可少的一些内容外，更多的切入点则相当新颖，例如“巫风鬼道文化生态中的求子技术”“孤儿的社会救助形式”“秦汉文献中的‘易子而食’记忆”“劳动儿童与儿童劳动”“未成年人的参政机会”“‘少年’与‘恶少年’”“秦汉‘小儿’称谓”“‘童男女’的神异地位”，等等。这些题目涵盖了政治、经济、社会和文化诸多方面，它们所延伸出的学术触角已然超出了这部著作的选题本身。王子今教授很善于抓题目，也很善于将这些题目放置在秦汉历史的大背景中予以考察。少年吏和恶少年是汉代文献中常见的内容，但以往的研究对此没有给予足够的关心。王子今教授对这两个习见却未被重视的历史现象进行了重点研究。关于少年吏，王子今教授详论了中枢机关和皇家近卫机构的少年从政者、地方官府中的少年吏员、少年军吏、少年吏入仕年龄、少年求仕路径、少年吏的从政能力、少年吏的行事风格，指出“少年为吏，是汉代政治生活中的一种特殊现象。通过对这一现象的分析，可以由汉代少年所承担的社会责任和所发挥的社会作用，察知当时人的精神风貌，认识当时社会的时代精神，同时，也可以深化对当时吏治之基础的理解，而中国传统政治形式的有关特征，也可以得到更为真切、更为生动的说明”（第 622 页）。关于恶少年，王子今教授考察了恶少年概念、恶少年与汉代任侠风气、国家对恶少年的政策以及恶少年的文化形象和历史影响，展现出汉代社会风貌中引人注目的历史景观。

从本质上说，历史学是一门实证的学科，对历史过程的复原或重建是历史研究的根基，因此每一个历史记录都值得我们珍惜和重视。同时,历史学又是一门注重细节的学科,通过对众多历史细节的体味和把握,我们方有可能构筑起一个相对宏大的历史叙述。与较为晚近的历史领域如明清和近代不尽相同,秦汉史研究要求对史料竭泽而渔。但有的时候我们却未必能够做到不遗漏任何一条资料。对史料和细节的重视是王子今教授一贯的学术风格,《秦汉儿童的世界》也体现了这个风格。例如,在关于"宜子孙"观念的讨论中,王子今教授注意到汉代人以"子孙"为名或字的现象,搜集了 51 条与此有关的汉镜铭资料,归纳出"宜子孙"观念与尊贵、长寿、富有、恩爱、美好、平安、吉乐诉求的 7 种组合,指出"我们可以推想汉代民间普通人群的愿望,这些人生期望与'宜子孙'结合,共同形成了当时社会意识中的幸福指数"(第 15 页)。这个判断建立在坚实的实证基础上,丰富了我们对汉代人日常生活观念的认识。再如,关于汉代女童在家庭和社会中的地位,以往有很多研究,似乎难出新意。王子今教授注意到《焦氏易林》中屡见"爱我婴女,牵衣不与。冀幸高贵,反曰贱下"文字,指出这个表达"或许体现了当时社会的性别差异观念已经严重影响着未成年女子甚至女性婴儿的地位"(第 123 页)。这是对传世文献资料的新开掘,增益了我们的相关知识。又如,汉印有"少年祭尊""少年唯印""少年唯印大幸""磿于少年唯""常乐少年唯印"等文字,罗福颐以为"唯"作"魁"解。王子今教授在此基础上进一步分析了这些印文所反映的汉代历史风貌,即所谓"少年唯"与"少年祭尊"身份,体现出以"少年"为成员特征,有明确领袖人物,有一定凝聚力的社会群体已经形成(第 669 页),为这个课题研究提供新的资料线索。

王子今教授长我 9 岁,我们相识已有 36 载。1978 年春我们作为恢复高考后第一届大学生进入西北大学历史系,他在考古班，我在历史班。1982 年我们一起师从林剑鸣老师攻读硕士学位研究生。他当年风华正茂，饭量和酒量都很惊人，是一位敦厚的老大哥。光阴倏忽，如今子今兄早已过了花甲之年，而我也年近花甲。今年初，子今患病住院，病榻上他告诉我《秦汉儿童的世界》一书没有完稿，如果没有时间了，让我为已经写成的书稿写一篇序文。我当时心如刀绞。尽管我知道我才识很有限，为这部书写序超出了我的能力，但是想到 36 年的友情和学谊，看着在这样的关头子今兄仍然把学术研究放在自己的生命之上，我接受了他的面命。如今子今兄恢复了健康，这部著作又经过近一年的修改而面世，我想借此机缘表达双重的祝福：祝福子今兄身体康健，祝福《秦汉儿童的世界》为秦汉史研究所做出的学术贡献。

彭　卫

2014 年 12 月 29 日

北京华威西里寓所

引言：秦汉儿童史与秦汉儿童生活史

1932年5月，王稚庵著《中国儿童史》由上海儿童书局初版发行，此书1936年8月再版。这可能是第一种以“中国儿童”为主题的史书出版，有熊希龄题签，黄一德序。序文写道：“中国一向有没有儿童史？现在，王稚庵先生苦心搜集，成此钜制，中国才有儿童史！”这部书应不足20万字，形式也相对单一，大概还算不上是“钜制”。其编制体例，是一部自上古到民国儿童故事的总集。民国亦有孙文、陈英士、陆宗桂、秋瑾女士、朱执信、蔡公时、谭延闿、蔡锷、赵声、胡景翼、徐锡麟、廖仲恺、孙岳、黄兴、熊承基、温生才、宋教仁、张绍曾等列入。书前有曾泽的题词：“谁看好模样，谁学好模样，谁做好模样，这就是好模样的人！”看来，这是一部模范儿童事迹综录。全书4辑：第1辑“智编”（1. 干才类；2. 辩才类；3. 谋略类）；第2辑“智编续”（4. 学术类；5. 聪慧类；6. 神童类）；第3辑“仁编”（1. 孝亲类；2. 敬长类；3. 廉洁类；4. 博爱类）；第4辑“勇编”（1. 气概类；2. 果决类；3. 技术类；4. 武功类；5. 勤学类）。作者《自序》写道：“为了儿童们不能不受教育，为了儿童们不能不有良好的环境，所以发生了这部《中国儿童史》编辑的动机。”“本书记述中国历代的儿童，不分性别，惟十六岁以内为限。”各类“好模样”儿童总计1018人。据黄一德《序》，“这部《中国儿童史》的功效，至少有下面几种：（一）供一般教师历史的参考；（二）供教师和家长对儿童讲述……（三）对儿童讲抽象的名词，如：学术、谋略、气概、廉洁、果决等，有的虽能了解几分，有的简直要莫名所以。教师可以借这部书，对儿童引证一二，作为示例和示范的说明；儿童读了这部书，就能‘哦！廉洁是如此的！我们应该有此廉洁；哦！气概是如此的，我们应该有此气概……’的充分了解，和效法”。看来，这还并不是我们期待的有充分学术意义的“儿童史”。关于这本书的风格，我们可以举示第1辑“智编”1. 干才类中秦甘罗一条：“甘罗，秦人，年纪十二岁，在吕不韦的门下做事。那时候，秦王想叫张唐到燕国去，张唐不肯去，甘罗就去见张唐，说以利害，张唐才肯去。秦王听到这个消息，深知道甘罗是有才干的，就叫他到赵国去。他奉了命令，先叫人到赵国去宣扬他的才干，赵王惊为神童，佩服万分。后来甘罗到赵国了，赵王亲自到郊外去迎接他，并且割让自己五个城的地方给秦国。甘罗回来复命，秦王大喜，封他为上卿，没有多少时候，就请他做宰相。”①力求“适

---

①《战国策·秦策五》：“文信侯欲攻赵以广河间，使刚成君蔡泽事燕，三年，而燕太子质于秦。文信侯因请张唐相燕，欲与燕共伐赵，以广河间之地。张唐辞曰：‘燕者必径于赵，赵人得唐者，受百里之地。’文信侯去而不快。少庶子甘罗曰：‘君侯何不快甚也？’文信侯曰：‘吾令刚成君蔡泽事燕三年，而燕太子已入质矣。今吾自请张卿相燕，而不肯行。’甘罗曰：‘臣行之。’文信君叱去曰：‘我自行之而不肯，汝安能行之也？’甘罗曰：‘夫项橐生七岁而为孔子师，今臣生十二岁于兹矣！君其试臣，奚以遽言叱也？’甘罗见张唐曰：‘卿之功，孰与武安君？’唐曰：‘武安君战胜攻取，不知其数；攻城堕邑，不知其数。臣之功不如武安君也。’甘罗曰：‘卿明知功之不如武安君欤？’曰：‘知之。’‘应侯之用秦也，孰与文信侯专？’曰：‘应侯不如文信侯专。’曰：‘卿明知为不如文信侯专欤？’（转下页）

合儿童阅读”的“采用语体”的故事表述,未能与历史记载十分切合。又如列入汉代的“黄崇嘏女士”的事迹:“黄崇嘏女士,是临邛人。她家中一时不小心,失了火,延烧了邻居,她父亲骇跑了。她才十四岁,就改扮男妆。县里的差役把她拿住了,送到四川成都府里去问罪。……”[①]“黄崇嘏”事迹见于《说郛》卷一七下《玉溪编事》“参军”条,清人编入《十国春秋》卷四五《前蜀十一》。黄崇嘏与唐“女校书”薛涛、宋“女进士”林妙玉并称,其生活时代,在五代十国。以为汉代人,是作者王稚庵的错误。

其实,将才智出众的儿童事迹集中编列,《北堂书钞》卷七《帝王部七》的“幼智”[②]与卷二五《后妃部三》的“早慧”已有先例。《太平御览》卷三八四《人事部二五》“幼智(上)”和卷三八五《人事部二六》“幼智(下)”对于相关古事的辑录则涉及更为宽展的社会层面,不限于“帝”“后”。而后来的类书,如《渊鉴类函》卷四八《帝王部九》“幼智”条,卷五七《后妃部一》“早慧”条,又回复到《北堂书钞》格局。然而卷二七七《人部三六》

(接上页)曰:‘知之。’甘罗曰:‘应侯欲伐赵,武安君难之,去咸阳七里,绞而杀之。今文信侯自请卿相燕,而卿不肯行,臣不知卿所死之处矣!’唐曰:‘请因孺子而行!’令库具车,厩具马,府具币。”“行有日矣,甘罗谓文信侯曰:‘借臣车五乘,请为张唐先报赵。’见赵王,赵王郊迎。谓赵王曰:‘闻燕太子丹之入秦与?’曰:‘闻之。’‘闻张唐之相燕与?’曰:‘闻之。’‘燕太子入秦者,燕不欺秦也。张唐相燕者,秦不欺燕也。秦、燕不相欺,则伐赵,危矣。燕、秦所以不相欺者,无异故,欲攻赵而广河间也。今王赍臣五城以广河间,请归燕太子,与强赵攻弱燕。’赵王立割五城以广河间,归燕太子。赵攻燕,得上谷三十六县,与秦什一。”

①王稚庵:《中国儿童史》,儿童书局1932年5月版,第1—2、6、22、30、34—35页。

②中国书店据南海孔氏三十有三万卷堂校注重刊影宋本1989年7月影印本目录作“幼智”,正文作“幼知”。

"聪敏"条引魏刘劭《人物志》:"夫幼智之人,材智精达,然其在童髦皆有端绪。"是并没有阶级等级区分的。不过,中国传统文献中确实没有"儿童史",没有"记述中国历代的儿童"的专门著作。儿童史或者儿童生活史应当包括的除了"幼智""早慧"之外的丰富内容,散见于汗牛充栋的古代文献中,未能受到重视,予以发现搜辑、归纳分析,使得我们认识中国历史与中国文化,关闭了一扇本来可以望见生动情景的视窗。

中国儿童史或者中国儿童生活史的学术起步,应当说比较晚。在中国家庭史、中国教育史、中国医学史、中国风俗史等研究专题的成果中均可见儿童史的片段。而专门的儿童史或者儿童生活史学术论著的面世,应以熊秉真的《幼幼——传统中国的襁褓之道》(1995年)、《安恙:近世中国儿童的疾病与健康》(1999年)、《童年忆往:中国孩子的历史》(2000年)等作为显著标志。

熊秉真在《童年忆往:中国孩子的历史》的"代结语"中写道:"胡适曾援引一位友人之说:'你要看一个国家的文明,只消考察三件事:一、看他们怎样待小孩子?二、看他们怎样待女人?三、看他们怎样利用闲暇的时间。'①类似的发言,代表了近代之初,受了西方文化洗礼的中国知识分子,带着一份启蒙者的姿态,提醒民初国人,切不可因了对待儿童态度动作上的粗暴失礼,而暴露出自己文化上的野蛮,道德上的低劣。"②"怎样待小孩子",是民族文明的一种表态。而小孩子的精神状貌,也体现了民族文明的形象。

---

①原注:"胡适,〈慈幼的问题〉,收于《胡适文存》(台北:远东图书公司,1968年,页七三九)。"

②熊秉真:《童年忆往:中国孩子的历史》,麦田出版股份有限公司2000年4月版,第338页。

鲁迅杂文《从孩子的照相说起》说到有些人分辨中国和日本的小孩子的方法："温文尔雅，不大言笑，不大动弹的，是中国孩子；健壮活泼，不怕生人，大叫大跳的，是日本孩子。"鲁迅又谈到自己的孩子："然而奇怪，我曾在日本的照相馆里给他照过一张相，满脸顽皮，也真像日本孩子；后来又在中国的照相馆里照了一张相，相类的衣服，然而面貌很拘谨，驯良，是一个道地的中国孩子了。"鲁迅分析："这不同的大原因，是在照相师的。""他所指示的姿势以及摄取他以为最好的一刹那的相貌，两国的照相师是不同的。"[①] 在他的《上海的儿童》一文中，又可以看到"轩昂活泼地玩着走着的外国孩子"与"精神萎靡，被别人压得像影子一样，不能醒目了"的"中国的儿童"的对比。鲁迅说："现在总算中国也有印给儿童看的画本了，其中的主角自然是儿童，然而画中人物，大抵倘不是带着横暴冥顽的气味，甚而至于流氓模样的，过度的恶作剧的顽童，就是钩头耸背，低眉顺眼，一副死板板的脸相的所谓'好孩子'。这虽然由于画家本领的欠缺，但也是取儿童为范本的，而从此又以作供给儿童仿效的范本。我们试一看别国的儿童画吧，英国沉着，德国粗豪，俄国雄厚，法国漂亮，日本聪明，都没有一点中国似的衰惫的气象。观民风不但可以由诗文，也可以由图画，而且可以由不为人们所重的儿童画的。"鲁迅指出："顽劣，钝滞，都足以使人没落，灭亡。童年的情形，便是将来的命运。"[②] 由这样的思路，通过儿童的生活情状与精神风貌考察，理解中国文化的"气象"和中国历史的"命运"，也许是有益的。

---

①鲁迅：《且介亭杂文》，《鲁迅全集》，人民文学出版社 1982 年版，第 6 卷第 80—83 页。

②鲁迅：《南腔北调集》，《鲁迅全集》，第 4 卷第 565—566 页。

儿童的生活境遇，社会对于儿童的态度，是体现社会文明程度的指标之一。儿童的生存权利能否得到保障，他们在什么样的情况下得以温饱，他们中有多大的比例能够获得受教育的机会，他们承负着怎样的生产和生活的压力，都是考察社会生活史时应当关注的重要的问题。研究儿童的生活，可以通过一个特殊的观察视角，更真实地了解当时社会关系的原生形态。由此将有助于对于当时社会生活情状的全面理解，对于当时社会文化风格的具体说明。

作为未成年人的少年儿童，是建设未来社会的预备力量。他们的心理，他们的愿望，他们的素质，他们的能力，他们的文化性格，他们的审美情趣，他们的价值判断，他们的社会责任心，在某种意义上预先规定了社会演化的方向，将显著影响社会演化的进程。研究这部分社会人群的生活，对于跨越代际的较长时段的社会历史考察，对于社会发展的大趋势的考察，也是有意义的。

秦汉时期在中国古代历史中有特殊的地位。在这一历史阶段，大一统专制主义政体得以创建并初步巩固，秦汉社会结构和文化形态对于后世也都有显著的影响。了解秦汉时期未成年人的生活形式，对于认识此后中国历代社会生活的相关内容，都会有启示的意义。

儿童期是人生极其重要的阶段。儿童是绝大多数家庭的基本成分，又是整个社会的基本成分。儿童生活的形式和内容对他们的人生轨迹有重要的影响。因而儿童的生活情状是我们研究社会史不能不予以认真注视的考察对象。通过对秦汉时期儿童生活的考察，有助于更为全面、更为真切地认识秦汉家庭生活和秦汉社会生活。秦汉社会的总体面貌，也可以因此更加清晰。

在秦汉人的意识中，已经注意未成年人的年龄段区分。《释名·释长幼》说："人始生曰'婴儿'。""儿始能行曰'孺子'。""七年曰'悼'。"[①]"毁齿曰'龀'。""幼，少也。"关于"童"，又有这样的解释：

> 十五曰"童"。牛羊之无角曰"童"。山无草木亦曰"童"。言未巾冠似之也。女子之未笄者亦称之也。

从"十五曰'童'"的说法看，当时儿童阶段的年龄界定似乎与现今有所不同。《说文·人部》也说："僮，未冠也。"[②]

《礼记·曲礼上》："人生十年曰'幼'，学。二十'弱'，冠。"[③]《礼记·内则》："成童舞《象》。"郑玄注："'成童'，十五以上。"《白虎通义·辟雍》也说到"十五成童"。有学者于是说，"'幼'的年龄在10至15岁之间，'童'亦称'成童'，年龄在15至行冠礼（20岁）之间。""汉代'童'的概念与今天的'儿童'概念不同，因此，张既'年十六，为郡小吏'，仍被人称为'儿童'、'童昏小儿'。"[④]这样的认识是大致可以成立的："汉代的婴儿、孺子、悼、幼或幼童诸阶段相当于现代意义上的儿童时期，童或成童相当于

①《礼记·曲礼上》也说："七年曰'悼'。"郑玄注："'悼'，怜爱也。"

②段玉裁注引《说文·䇂部》曰："男有罪曰'奴'。奴曰'童'。"指出："按《说文》'僮''童'之训与后人所用正相反。""今经传'僮子'字皆作'童子'，非古也。"

③同篇又说："男子二十冠而字。""女子许嫁笄而字。"《释名·释长幼》："二十曰'弱'，言柔弱也。"

④张既事迹见《三国志》卷一五《魏书·张既传》及裴松之注引《三辅决录》。

青少年时期。”[1] 也许,以秦汉文献所见“童”即“未巾冠”“未笄”阶段概括“未成年”,是大体适宜的。

由于秦汉文献遗存对于“童”的概念有时不易明确现今习惯语言所谓“少年”和“儿童”的区分,本书在讨论秦汉儿童生活时使用这些资料,可能会在个别情况下超出今天的“儿童”概念。不过,即使如此,也不至于逾溢“未成年人”这一社会层次。这是需要说明的。

①彭卫、杨振红:《中国风俗通史·秦汉卷》,上海文艺出版社2002年3月版,第354页。

一　出生权利和初生命运

"子孙充实"愿望与宗法秩序的基础

在宗法制传统影响下，中国社会对于"子孙"有普遍而深沉的关注。曾经有学者论述，子孙观念"亦吾国古文化史上之一大枢键焉"。在甲骨学史的早期阶段，罗振玉《殷虚书契后编》卷下叶十四著录"多子孙甲"，罗氏谓"在《后编》全帙中，此片独触目觉异"。金文则多见"子孙""子子孙孙"文例。论者以为："宗法之制，所赖以确立及推行者，则由于子子孙孙之观念也。"[①] 这一观念在秦汉社会意识中有明显的表现。民间"子孙蕃昌""宜子孙"和权贵之家"宜百子""百斯男"的祈望，与强盛宗族实力的"子孙充实"观念有关，同时体现了当时社会期待未来亦爱重儿童的文化特征。《日书》等资料中透露的人们预测"生子"前景的方式，也反映了与"宜子孙"理想有关的社会现象。民间礼俗涉及神秘生物的其他相关内容，是有待于进一步研究的课题。

---

①吴其昌：《中国家族制度中子孙观念之起源》，《女师大学报季刊》第1卷第3期（1930年）。

1. “宜子孙”理想

秦汉文化遗存中多见作为理想表诉的“宜子孙”文字。

呼和浩特出土的西汉长乐未央砖有反文“苌乐未英子孙益昌”字样。又有西汉“千秋万世”砖，文曰：“长乐未英子孙益昌千秋万世。”出土于浙江湖州的东汉永元六年“大吉”砖，可见反文“大吉宜子孙”。四川西昌出土东汉“宜子孙”砖，有文字：“宜子孙长大吉利”。又如：

> 富乐未央子孙益昌 （《汉富乐未央砖》）
> 宜子孙饮百口寿长久 （《汉宜子孙砖》）[①]

《光和五年二月墓券》有“世世富贵，永宜子孙”字样[②]。秦汉金文所见“宜子孙”者，有：

> 永初四年三月廿五日作锺重廿四斤直戋二千宜子孙
> （《永初锺》）[③]
> 阳嘉二年十一月廿五日癸亥陈彤作此锺□宜子孙家□□
> （《陈彤锺》）[④]

①王镛、李淼编撰：《中国古代砖文》，知识出版社 1990 年 12 月版，第 28 页，第 29 页，第 59 页，第 128 页，第 154 页，第 156 页。

②［日］池田温：《中国历代墓券略考》，《东洋文化研究所纪要》86，1981 年，17：17。

③容庚：《秦汉金文录》，中研院史语所专刊，1931 年，卷二，第 115 页。“戋”即“钱”字简写。

④孙慰祖、徐谷富：《秦汉金文汇编》，上海书店出版社 1997 年 4 月版，第 178 页。

永元六年闰月一日十湅牢尉斗宜衣重三斤直四百保二亲大富利宜子孙　　（《永元熨斗》）[1]

大岁在甲戌初平五年吴师作宜子孙（《初平五年洗》）[2]

大吉利长宜子孙　　（《大吉利熨斗》）[3]

见于金石家著录的有数件被命名为《新宜子孙熨斗》者，铭文都写作“宜子孙”[4]。又有《宜子孙熨斗》，铭文同样是“宜子孙”[5]。有两件《长宜子孙熨斗》，铭文作：“长宜子孙。”[6] 又有两件《宜子孙行镫》，铭文也都是“宜子孙”[7]。又《宜子孙鹿卢镫》，铭文为：“宜子孙吉。”[8] 又有两件《宜子孙铃》，铭文写作：“大吉利，宜子孙。”[9] 又《大富贵铃》，铭文：“大富贵，宜子孙，宜牛羊。”[10]

宋代学者吕大临《考古图》卷九说到两件汉代铜洗：“皆有‘宜子孙’三字，旁有双鱼为饰。”“《唐会要》云：上元二年，高宗命韦弘机营东都上阳宫，于涧曲疏建阴殿，掘得古铜器，似盆而浅，中有蹙起双鲤之象，鱼间有四篆字：‘长宜子孙。’与此器同。皆汉洗也。”[11]《太平御览》卷一七三引《东京记》曰：“上阳宫在皇

---

①孙慰祖、徐谷富：《秦汉金文汇编》，第 526 页。
②孙慰祖、徐谷富：《秦汉金文汇编》，第 434 页。
③容庚：《秦汉金文录》，卷四，第 473 页。
④孙慰祖、徐谷富：《秦汉金文汇编》，第 527 页。
⑤容庚：《秦汉金文录》，卷四，第 370 页。
⑥容庚：《秦汉金文录》，卷四，第 367 页。前者四旁有“货泉”钱文。
⑦容庚：《秦汉金文录》，卷三，第 283—284 页。
⑧容庚：《秦汉金文录》，卷三，第 286 页。
⑨孙慰祖、徐谷富：《秦汉金文汇编》，第 290 页。
⑩容庚：《秦汉金文录》，卷三，第 335 页。
⑪《续考古图》卷三著录“双鱼洗”：“荣询之所收，底内作双鱼，刻四字于中，曰‘长宜子孙’。口径一尺九寸黍尺，唇阔一寸深五寸。”

城西南东苑，苑东垂南临洛水，西拒榖水。上元中，韦机充使所造列岸修廊连垣，掘地得铜器，似盆而浅，中有隐起双鲤之状，鱼间有四篆字，曰‘长宜子孙’。时人以为李氏再兴之符，高宗末年常居此宫以听政也。”现在看来，这其实是一次汉代文物的发现。汉代铜器多见《宜子孙洗》[①]、《长宜子孙洗》[②]、《君宜子孙洗》[③]、《富贵宜子孙洗》[④]，铭文分别为“宜子孙”“长宜子孙”“君宜子孙”“富贵宜子孙”，亦有一例作“君宜子孙也”[⑤]。又有《富昌宜侯王洗》，铭文作“富昌宜侯王子孙”[⑥]。《册府元龟》卷二四《帝王部·符瑞三》说到另一次唐代发现汉器的实例，也出现了“宜子孙”字样：“（开元）九年三月，……于许昌县之唐祠，掘地，得古铜罇，上又隐起双鲤，篆书文曰‘宜子孙’，并请宣付史官，从之。”《西清宝鉴》卷三三写道：“考三代物，多铭为‘子孙永宝’，曰‘宜子孙’云者，实始于汉尚方制，唐开元九年三月许昌县之唐祠，掘地得古铜尊，上隐起双鱼，篆书文曰‘宜子孙’。亦云是汉物。此与前器俱铭‘宜子孙’，字体近八分。盖其时古文初变云。”程大昌《演繁露》卷三“富贵昌宜侯王”条也将所见古器与此发现对照考察：“淳熙乙巳，予以大飨恩封新安郡侯。时寺丞佐善小篆，予问何人能刻铜，当呼之使刻。时因引予入一书室，四壁尽是古器，皆有款识。其中一盆，铸写特精，而格制差浅，四旁皆隐起水波，中有两鱼，其间不为水纹处有篆文六字，曰‘富贵昌宜侯王’。

---

①孙慰祖、徐谷富：《秦汉金文汇编》，第 470 页。
②孙慰祖、徐谷富：《秦汉金文汇编》，第 465 页。
③容庚：《秦汉金文录》，卷五，第 537—550 页。
④孙慰祖、徐谷富：《秦汉金文汇编》，第 473 页。
⑤孙慰祖、徐谷富：《秦汉金文汇编》，第 466 页。
⑥容庚：《秦汉金文录》，卷五，第 557 页。

予时大病更生，乐见昌宜二字，意益欣然，不暇究其为何种制度也。丁未三月二十八日在建宁阅《唐会要》，见上元间高宗即洛北营建阴殿，韦洪机掘地，得古铜器，如盆而浅，中有蹙起双鲤之状。鱼间有四篆字，曰'长宜子孙'。以较时公所藏，则盆与样制，皆与之合。其中字语则随人意向，故两语不同耳。"

2."宜子孙"与"传子孙""留子孙"

《宣和博古图》卷二八说到此类铜器铭文："或以纪其姓名，或以识其岁月。如言'尚方''玉堂'者，用于奉御也；如言'宜官''宜侯王'者，用之百执也；如言'宜子孙'者，用以藏家也；若'千秋万岁'之语，则所以美颂者。"所谓"如言'宜子孙'者，用以藏家也"，其实未必能够概括汉代文字"宜子孙"出现的普遍涵义。

例如，与《宜子孙洗》不同，有《传子孙洗》，文作："传子孙。"[①] 又《蜀大吉利洗》，铭文"蜀大吉利长留子孙"[②]。又如《严氏造作洗》"严氏造作吉羊｣传子孙宜主"[③]，《蜀郡严氏富贵洗》"蜀郡严氏富昌吉利｣传子孙宜主万年"[④]，所谓"传子孙""留子孙"者，或可易于直接以"用以藏家"解释，而特别值得注意的，是这些器铭颂文所"宜"为"主"，与"宜子孙"明显有异。

又如《刘平国摩崖题刻》有如下内容：

> 龟兹左将军刘平国，以七月廿六日发家，从秦人孟伯

①孙慰祖、徐谷富：《秦汉金文汇编》，第464页。
②孙慰祖、徐谷富：《秦汉金文汇编》，第467页。
③孙慰祖、徐谷富：《秦汉金文汇编》，第453页。
④孙慰祖、徐谷富：《秦汉金文汇编》，第447页。

山、狄虎贲、赵当卑、万羌、石当卑、程阿羌等六人，共来作□□□□谷关，八月一日，始断山石作孔，至〔七〕日□，坚固万岁，人民喜，长寿亿年，宜子孙，永寿四年八月甲戌朔十二日乙酉，直建，纪此，东乌累关城皆〔亦左〕将军所作也，仇披。

京兆长安淳于伯□，作此诵。[①]

此刻石绝非“用以藏家”。从“人民喜，长寿亿年，宜子孙”的祝辞看，“宜子孙”当时已经是社会普遍的习用语，也是一种公共愿望。《居巢刘君墓石羊题记》也可以看到“宜子孙”文字：

（小石羊第一石）大吉羊宜子孙传世老寿

（小石羊第二石）大吉宜子孙传世老寿

（小石羊第三石）大吉宜子孙传世老寿

（小石羊第四石）大吉宜子孙传世老寿[②]

“宜子孙”，是“大吉”“大吉羊”的重要标志。

汉墓出土玉璧及其他玉质佩饰有突出标示“宜子孙”者[③]，又可见“宜子孙日益昌”文字[④]。新疆民丰出土“千秋万岁宜子孙”

①［日］永田英正编：《汉代石刻集成·本文篇》，京都大学人文科学研究所研究报告，同朋舍1994年，第78页。

②［日］永田英正编：《汉代石刻集成·本文篇》，第175页。

③扬州博物馆：《江苏邗江县甘泉老虎墩汉墓》，《文物》1991年第10期；魏振圣：《山东省青州市发现东汉大型出廓玉璧》，《文物》1988年第1期；山东省青州市博物馆：《山东青州市马家冢子东汉墓的清理》，《考古》2007年第6期。

④熊昭明、富霞：《合浦汉墓》，广西科学技术出版社2019年1月版，第66页。

锦枕及多件“延年益寿长葆子孙”锦等[①],也值得注意。居延汉简出现“宜子孙”简文：

李大书门宜子孙　　（E.P.T59:147A）

也值得我们注意。也许这条简文也可以说明“宜子孙”在当时是公开的愿望表述,尽管有时铭刻在被理解为“用以藏家”的器物上。

3.“宜子”“宜子孙”印与“子孙”人名

汉印文字可见“宜子”：

宜子　　（《汉印文字征》第十四·十五）

亦有“宜子孙”文字,如：

王君豫宜子孙　　（《汉印文字征》第九·十四）
宜子孙　　（《汉印文字征》第十四·十五）
宜子孙　　（《汉印文字征》第十四·十五）

汉印资料又有反映以“子孙”作人名的情形,如：

召子孙　　（《汉印文字征》第二·六）
郭子孙印　　（《汉印文字征》第六·二十五）

---

①新疆文物考古研究所：《新疆民丰县尼雅遗址95MNI号墓地M8发掘简报》,《文物》2000年第1期。

郭子孙印　　　　　　　（《汉印文字征》第十二·二十一）

田子孙　　　　　　　　（《汉印文字征》第十四·十五）

《汉书》卷八八《儒林传·孟卿》说到一位名叫“杨荣子孙”的儒学学者。颜师古解释为名“荣”字“子孙”：“子孙，荣之字也。”又《儒林传·颜安乐》说到一位称“丁姓子孙”者，颜师古注：“姓丁，名姓，字子孙。”

以“子孙”为人名的情形，又见于汉简资料。如居延汉简所见“王子孙”（E.P.S4.T1:13A）、“张子孙”（173.28A），敦煌汉简所见“张子孙”（1078A）、“范子孙”（2446）等，似乎也可以体现当时“子孙”意识是怎样显著地影响着人们的生活。

4. 镜铭习用语“宜子孙”

汉镜铭文频繁出现“宜子孙”字样。《宣和博古图》卷二九《鉴二·善颂门》列有“汉一十一器”，其中“尚方宜子孙鉴”一件，“长宜子孙鉴”四件。最多见的汉镜铭文有：

宜子孙

长宜孙

长宜子孙

常宜子孙

“宜子孙”和“常宜子孙”，都是最常见的镜铭。考古工作中出土这两种汉镜，数量相当多[①]。又如林素清《汉代镜铭集录》著录的

①考古工作中出土“宜子孙”镜，见于《徐州市韩山东汉墓发掘（转下页）

铜镜铭文：

（1）君宜高官｣长宜子孙

（2）长宜子孙位至三公

（3）长宜子孙诏见贵人

（4）寿如金石｣长宜子孙

（5）生如金石长宜子孙

（6）长宜子孙富贵昌万

（接上页）简报》，《文物》1990年第9期；《西安净水厂汉墓清理简报》，《考古与文物》1990年第6期等。“长宜子孙”镜，则见于《河南朱村发现古墓》，《考古通讯》1956年第6期；《广西贵县汉墓的清理》，《考古学报》1957年第1期；《洛阳西郊汉墓发掘报告》，《考古学报》1963年第2期；《山东滕县柴胡店汉墓》，《考古》1963年第8期；《河南陕县刘家渠汉墓》，《考古学报》1965年第1期；《江西南昌市南郊汉六朝墓清理简报》，《考古》1966年第3期；《河南新安古路沟汉墓》，《考古》1966年第3期；《湖南常德东汉墓》，《考古学集刊》1980年第4期；《江西南昌汉墓》，《文物资料丛刊》第1期；《武清东汉鲜于璜墓》，《考古学报》1982年第3期；《洛阳烧沟西14号汉墓发掘简报》，《文物》1983年第4期；《陕西勉县红庙东汉墓清理简报》，《考古与文物》1983年第4期；《湖南资兴东汉墓》，《考古学报》1984年第1期；《安阳市博物馆藏镜选介》，《中原文物》1986年第3期；《扬州市郊发现两座新莽时期墓》，《考古》1986年第11期；《洛阳藏镜述论》，《考古与文物》1987年第4期；《湖北洪湖县出土汉代铜镜》，《考古》1987年第11期；《介绍几面馆藏铜镜》，《中原文物》1988年第3期；《扶风博物馆藏历代铜镜》，《文博》1988年第4期；《城固县文化馆馆藏铜镜简介》，《考古与文物》1988年第4期；《长安县秦沟村清理一座东汉墓》，《文博》1988年第6期；《广西昭平东汉墓》，《考古学报》1989年第2期；《广西出土古代铜镜选介》，《济宁市博物馆近年拣选的古代铜镜》，《文物》1990年第1期；《山东省微山县发现四处东汉墓》，《文物》1990年第10期；《山东临沂银雀山发现古代铜镜》，《考古》1990年第11期；《山东嘉祥县发现的一批铜镜》，《考古与文物》1991年第2期；《河北望都南柳宿东汉墓》，《文物资料丛刊》第10期等资料。

（7）长宜子孙」刘氏钜文

（8）长宜子孙□□□□□

（9）上方作竟真大工长宜子孙

（10）见日之光长毋相忘」长宜子孙

（11）延年益寿大乐未央」长宜子孙

（12）位至三公寿如山石」长宜子孙

（13）位至三公生如山石」长宜子孙

（14）寿如金石君宜官秩」长宜子孙

（15）寿如金石佳且好兮」长宜子孙

（16）延年益寿□乐未央」长宜子孙

（17）长宜子孙」宜君王日富昌乐未央

（18）上方作竟自有纪长宜子孙世少有

（19）吾作明竟自有已令人长命宜子孙

（20）上有辟邪交龙道里通长宜子孙寿无穷

（21）子丑寅卯辰巳午未申酉戌亥」长宜子孙

（22）□力治事日给月异□身顺护□至必富宜子孙

（23）尚方作竟尚上有山人不知老渴饮玉大吉」宜子孙

（24）尚方作竟真大好上有山人不知老渴饮饥食」□宜子孙

（25）尚方作竟真大巧上有山人不知老渴饮□□□」长宜子孙

（26）吾作明竟上三章□□刻明竟吉宜子孙□□□大吉百春

（27）吾作明世少有如日月君宜子孙其师命长长乐未英兮

（28）新君之纪造镜如苍龙左左白虎虎右长宜孙子」长

宜子孙

（29）尚方作竟兮真大工上有山人不知老渴饮玉泉兮」长宜子孙

（30）上大山见神人食玉央饮澧泉驾交龙乘浮云宜官秩保子」长宜子孙

（31）长生宜子孙□君□安康□以灵□□□□寿□老」大王□□长□□□

（32）上大山见神人食玉央饮澧泉驾交龙乘浮云宜官保子孙长宜子孙去不羊

（33）尚方作竟明如日月不已寿如东王公西王母长宜子孙位至三公君宜高官

（34）泰山作竟真大巧上有山人不知老渴饮玉泉饥食枣浮游天下敖四海兮」宜子孙

（34）泰山作竟真大巧上有山人不知老渴饮玉泉饥食枣浮游天下敖四海兮」宜子孙

（36）吾作明竟上三章□□刻明竟吉宜子孙□□□大吉百春」□□□□□□□□□□□

（37）吾作明竟幽湅三商周百册作乐众申见容宜子孙也大吉」……三二世木未

（38）角王巨虚辟不详仓龙白虎神而明赤乌玄武之阴阳国实受福家富昌长宜子孙乐未央

（39）尚方作竟大毋伤巧工作之成文章左龙右虎去不羊朱鸟玄武阴阳长保二亲」长宜子孙

（40）尚方作竟大毋伤巧工作之成文章左龙右虎去不羊朱爵玄武□阳长保二亲」长宜子孙

（41）湅冶铜华得其清以之为镜昭身刑五色尽具正赤青

与君无亟毕长生如日月光兮」长宜子孙

（42）吾作明竟幽湅三商巧工刻之成文章上有四□辟羊至□录氏范人长保二亲」长宜子孙

（43）吾作明竟幽湅三商周□□象万□□□众药□见□元□□□□□□□贵富字□曾年益寿长宜子孙」吾作明镜幽湅三商周□□……

（44）光和元年五月作尚方明竟幽湅白同买者长宜子孙延年益寿长乐未央宜侯王大吉羊宜古市」君宜官位

（45）永康元年正月丙午日作尚方明竟买者长宜子孙买者延寿万年上有东王父西王母生如山石大吉」长宜高官

（46）吾作明竟幽湅三商周□□象万疆□□□众□□见□□□□□□□□□□□□□□曾年益寿长宜子孙」吾作明竟幽湅三商周□□

（47）李氏作竟自有纪青龙白虎居左右神鱼仙人赤松子八□相向法古始口长命宜子孙五男四女凡九子便固章利父母为吏高迁……

（48）熹平二年正月丙午吾造作尚方明竟兮幽湅三商州刻无极世得光明买人大富贵长宜子孙延年兮」吾乍明竟自有方白同清明兮

（49）汉西蜀刘氏作竟延熹三年五月五日戌□竟□日中□□寿如东王公西王母常宜子孙长乐未央士至三公宜侯王」吾作明竟幽湅三冈□□

（50）吾作明竟幽湅宫商周罗容象容五帝三皇白牙单琴黄帝除凶白虎朱乌玄武白虎青龙建安十年五月六日作宜子孙大吉羊」君宜官君宜官

（51）湅冶铅华清而明以之为镜宜文章延年益寿辟不羊

与天无亟如日光千秋万岁乐未央」利贰亲宜弟兄寿万年长相葆宜子孙乐已哉固当保长乐未央[①]

汉镜铭文有广告意义[②],对“买者”的祝颂是市场诱惑的手段之一。而这些美好的程式性褒词中,可以看到有如下内容与“宜子孙”形成组合:

(1)尊贵

君宜高官(1)(33);位至三公(2)(12)(13)(33),君宜官秩(14);宜君王(17);宜官秩(30);宜官(32);宜侯王(44)(49);君宜官位(44);长宜高官(45);为吏高迁(47);士至三公(49);君宜官(50)[③];

(2)长寿

寿如金石(4)(14)(15);生如金石(5);延年益寿(11)(16)(44)(51);寿如山石(12),生如山石(13)(45);长命(19)(47);寿无穷(20);命长(27);长生(31);寿如东王公西王母(33)(49);与君无亟毕长生如

①林素清:《汉代镜铭集录》,台湾“中研院”史语所简帛金石资料库(电子版)。

②参看田旭东:《汉镜铭文中的广告语》,《考古文物研究——纪念西北大学考古专业成立四十周年文集》,三秦出版社1996年12月版。

③例(50)作“君宜官君宜官”。

日月光(41);曾年益寿(43)(46);延寿万年(45);延年(48);与天无亟如日光(51);千秋万岁(51);寿万年(51);

(3)富有

富贵昌万(6);日富昌(17);□至必富(22);家富昌(38);贵富字□(43);宜古市(44);大富贵(48);

(4)恩爱

长毋相忘(10);

(5)美好

佳且好兮(15);

(6)平安

保子(30);安康(31);保子孙(32);长保二亲(39)(40)(42);利父母(47);利贰亲,宜弟兄……长相葆(51);

（7）吉乐

大乐未央（11）；□乐未央（16）；乐未央（17）（38）（51）；大吉（23）（37）（45）；吉（26）（36）；大吉百春（26）（36）；长乐未英（27）；去不羊（32）（39）；长乐未央（44）（49）（51）；大吉羊（44）（50）；辟不羊（51）。

从这些信息，我们可以推想汉代民间普通人群的愿望，这些人生期望与“宜子孙”结合，共同形成了当时社会意识中的幸福指数。

有学者研究汉镜铭文，关注其中“在思想史上”“值得注意的材料”，说到“类似箴言性质之镜铭”，其中有与前引砖文“子孙益昌”相同的文字：

圣人之作镜兮，取气于五行，生于道康兮，咸有文章，光象日月，其质清刚，以视玉容兮，辟去不祥，中国大宁，子孙益昌，黄帝元吉，有纪纲。[①]

论者指出，“子孙益昌”“是普世一致的愿望”[②]。其实，考察汉代社会意识相关内容在文化遗存中的突出表现，或许可以获得有新鲜意义的发现。

曹操《气出唱》在“东到泰山”一节后又言及“华阴山”情

①原注：“西汉后期禽兽规矩镜，见《长沙发掘报告》图六八：一，又见长沙市211号墓出方格规矩四神镜。”

②林素清：《从两汉镜铭看汉人的祝愿语》，《汉镜文化研究》，北京大学出版社2014年4月版，第468页，第478页。

形。他写道："华阴山，自以为大。高百丈，浮云为之盖。仙人欲来，出随风，列之雨。吹我洞箫鼓瑟琴，何誾誾。酒与歌戏，今日相乐诚为乐。玉女起，起儛移数时。鼓吹一何嘈嘈。从西北来时，仙道多驾烟，乘云驾龙，郁何蓩蓩。遨游八极，乃到昆仑之山，西王母侧。神仙金止玉亭，来者为谁？赤松、王乔，乃德旋之门乐共饮食到黄昏，多驾合坐，万岁长，宜子孙。"①在以长篇文字渲染仙界神秘气氛之后，最终以"宜子孙"结句。"今日相乐诚为乐"的"乐"，其终极境界竟然是"宜子孙"。随后又有一段文字说到"君山"："游君山，甚为真。磪硊砟硌，尔自为神。乃到王母台，金阶玉为堂，芝草生殿旁。东西厢，客满堂。主人当行觞，坐者长寿遽何央。长乐甫始宜孙子，常愿主人增年，与天相守。"这里的"宜孙子"，应当与"宜子孙"大意相近。

除了所谓"利贰亲，宜弟兄，寿万年，长相葆"外，汉代又多有"保子孙"镜铭，如"上华山见神人食玉英饮澧泉驾青龙乘浮云宜官秩保子孙乐未央富贵昌｣子丑寅卯辰巳午未申酉戌亥"②。"保子孙"有时又写作"葆子孙"。

5. 民间祈祝："常宜子孙兮日番昌"

汉镜铭文又多有言"子孙备具"者，如："尚方御竟大毋伤左龙右虎辟不羊朱鸟玄武顺阴阳子孙备具居中央长保二亲乐富昌寿敝金石如侯王｣子丑寅卯辰巳午未申酉戌亥。"（《汉代镜铭集录》868: A-879）前引镜铭"五男四女凡九子"，或许可以帮助我们理解"子孙备具"的涵义。对子孙的数量，也有提出更高期求

①《乐府诗集》卷二六。

②《汉代镜铭集录》751: A-757。

的，如：

福熹进兮日以萌食玉英兮饮澧泉驾文龙兮乘浮云白虎□兮上泰山凤凰舞兮见神仙保长命兮寿万年周复始兮八子十二孙」长宜子孙[①]

具体的数目，是“八子十二孙”。汉印文字可见所谓“建明德，子千亿，保万年，治无极”（《汉印文字征》第十四·十五），其中“子千亿”，祈望子嗣之多，至于惊人的程度。

汉镜铭文多见所谓“子孙蕃昌”，体现出民间渴求多子的普遍愿望。如《汉代镜铭集录》可见：

吾作明竟幽湅三商配象万强□德虞黄子孙蕃昌士至公卿真师命长

吾作明竟幽湅三商周刻无极□象万强白□作乐众□□□□□□□□□」自九子孙番昌与师命长

吾作明竟幽湅三刚配象万强敬奉臣良周刻无□象□主阳圣德光明子孙蕃昌服者大吉生如山不知老其师命长

吾作明镜幽炼三商周刻册祀配象万强自身康乐万福攸同百清并友福禄宜祥　富贵安宁子孙蕃昌增年益寿与师命长

吾作明竟幽湅三商周刻无极配象万强百凤奏乐众神□容天禽四首□□□□富贵宜□子孙蕃昌曾年益寿其师命长

---

①中国科学院考古研究所洛阳发掘队：《洛阳西郊汉墓发掘报告》，《考古学报》1963年第2期。

吾作明竟幽湅官商周罗□□□白牙单琴黄帝除凶朱鸟玄武白虎青龙君宜高官位至三公子孙番昌建安朱氏」君宜官君宜官

吾作明竟幽湅官商周罗容象五帝天皇白牙单琴黄帝除凶朱鸟玄武白虎青龙君宜高官子孙番昌建安十年造大吉」君宜官君宜官

建安初□□吾作明竟幽湅官商周刻容象□□皇白牙单琴黄□□凶朱鸟玄武□□□□君宜高官位至三公子孙番昌」君宜官君宜官

吾作明竟幽湅官商周罗容象五帝天皇白牙单琴黄帝除凶朱鸟玄武白虎青龙　君宜高官子孙番昌建安十年造大吉兮」君宜官君宜官

吾作明竟幽湅官商周罗容象五帝天皇白牙单琴黄帝除凶朱鸟玄武白虎青龙君宜高官子孙番昌建安十年朱氏造□□」君宜官君宜官

吾作明镜幽炼三商配像万强竞从序道敬奉贤良周刻典祀百身长乐众事主阳福禄正明富贵安乐子孙蕃昌贤者高显士至公卿与师命长

吾作明竟幽湅三商雕刻无祉配像万□白牙举□□神见容天禽□首糸祷□□遏则泰一福禄是从赏景宗周子孙番昌曾年益寿其师命长

吾作明镜幽湅三刚配象万强敬奉臣良周刻无□众□主阳圣德光明子孙蕃昌服者大吉生如山不知老其师命长」□□□□□□□□□□□

盖作明竟渊湅三商发造虚无克照金光刻□元方法□四旁□□□廷五帝三皇朱鸟玄武金□交龙服此竟者命长」服

此竟者师二立公子孙潘昌

吾作明竟幽湅宫商周罗容象五帝天皇白牙单琴黄帝除凶朱鸟玄武白虎青龙君位高官位至三公子孙番昌建安十年朱氏造大吉羊」君宜官君宜官

吾作明镜幽湅三商周刻无极配象万强白凤鼓瑟众神□容天禽四首衔纽刚边□大一□□□□□群五帝三皇□□鬼凶富贵安乐子孙蕃昌曾年益寿其师命长」……

吾作明镜幽湅三商周罗容象五帝天皇建安七年四月示氏作竟君宜高官子孙番昌大吉羊①

吾作明镜幽柬三商周刻无极配象万羊□□□□众申见容天禽并存福禄是从富贵并至子孙番昌昌年益寿其师命长

吾作明镜幽湅商周刻无极配象万强白牙奏乐众神见容天禽并存福禄是从富贵□□子孙番昌□□□有马三千万白

建安十年吾作明镜幽湅宫商周刻容象五帝天皇白牙单琴黄帝除凶朱鸟玄武白虎青龙君宜高官位至王公子孙番昌」君宜官君宜官

建安十年朱氏造大吉羊幽湅官商周缘容象五帝天皇白牙弹琴黄帝除凶朱鸟玄武白虎青龙君宜高官位至三公子孙潘昌」君宜官君宜官

吾作明镜子孙潘昌天王日月位至三公(残)

吾作明竟幽湅宫商周刻五帝天皇白牙弹琴黄帝除凶朱鸟玄武□□□□□官东母人工有王公君宜高官子孙藩昌□□王天」君宜高官君宜高□

吾作明镜幽谏三商周刻无亟配象万强伯牙奏乐众神见

①王仲殊:《建安纪年铭神兽镜综论》,《考古》1988年第4期。

容天禽并存福禄氏从富贵常至子孙潘倡曾年益寿其师命长惟此明竟千出吴郡张氏元公千练百斛刊列文章四器并[①]

“子孙番昌”“子孙潘昌”“子孙潘倡”，都是“子孙蕃昌”。又有一句中并见“宜子孙”和“子孙蕃昌”文意的例子，如：

常宜子孙兮日番昌千秋万世乐未央宜吏□精明光兮□□亅久不相见长毋相忘[②]

“子孙蕃昌”或予简写，省略“昌”字：

吾作明竟幽湅宫商周罗容象五帝天皇白牙单琴黄帝除凶朱鸟玄武白虎青龙服者豪贵延年益寿子孙番建安十年造[③]

也有写作“子孙充实”的：

二姓合好□如□□女贞男圣子孙充实姐妹百人□□□□夫妇相□□□□阳□□月吉日造此信物[④]

---

①湖南省博物馆：《湖南衡阳县道子坪东汉墓发掘简报》，《文物》1981年第12期。

②陕西省文物管理委员会：《陕西长安洪庆村秦汉墓第二次发掘简报》，《考古》1959年第12期。

③王仲殊：《建安纪年铭神兽镜综论》。

④江西省博物馆：《江西南昌东汉、东吴墓》，《考古》1978年第3期。

镜铭可见“女贞男圣”“夫妇相□”字样，作为“二姓合好”的“信物”，似是新婚时即提出了“子孙充实”的期望。

6. 宗法责任：“子子孙孙，卑尔炽昌”

《汉书》卷一〇〇下《叙传下》写道：“万石温温，幼寤圣君，宜尔子孙，夭夭伸伸，庆社于齐，不言动民。卫、直、周、张，淑慎其身。述《万石卫直周张传》第十六。”对于其中“宜尔子孙，夭夭伸伸”语，颜师古注：“《诗·周南·螽斯》之篇曰‘宜尔子孙，振振兮’，《论语》称孔子‘燕居，伸伸如也，夭夭如也’，谓和舒之貌。此言万石子孙既多，又皆和睦，故引以为辞也。”《史记》卷一〇三《万石张叔列传》说其家族“诸子孙咸孝”。《汉书》卷四六《石奋传》载汉武帝元鼎五年（前112）诏，也称赞其“子孙至孝”。看来，“子孙既多，又皆和睦”，似是当时宗族关系理想的状况。如此则所谓“子孙充实”的“充实”二字，可以得到理解。

马王堆汉墓帛书《十六经》“雌雄节”一节写道：

> ……子孙不殖，是胃（谓）凶节……115〔上〕
> ……子孙则殖，是谓吉节……116〔上〕

在当时人的观念中，“子孙不殖”则“凶”，“子孙则殖”即“吉”。

对于“子孙不殖”的“凶”，并不仅仅停留在观念层次。先秦两汉已经有“七出”情形。《孔子家语·本命解》“妇有七出”，包括“无子者”。《大戴礼记·本命》则称作“妇有七去”。瞿同祖曾经说：“除少数的例子外，历史上以无子而被出的实不多见。”①

---

①瞿同祖：《中国法律与中国社会》，中华书局2003年9月版，第137页。

刘增贵《汉代婚姻制度》指出："其实，汉代不乏无子出妻之事……"[①] 彭卫《汉代婚姻形态》也说："考察汉代实际，无子出妻并非'实不多见'，而是相当普遍。"[②] 有学者指出，还有一种情形，"如果无子，可以采取纳妾方式来获得子嗣"[③]。当然，这也无疑会影响到家庭结构和"妻"的地位的变化。对"妻"的个人命运来说，也许也是一种"凶"。

《校官碑》："□此龟艾，遂尹三梁。永世支百，民人所彰。子子孙孙，卑尔炽昌。"[④]《白石神君碑》："遂兴灵宫，于山之阳。营宇之制，是度是量。卜云其吉，终然允臧。匪奢匪俭，率由旧章。华殿清闲，肃雍显相。玄图灵像，穆穆皇皇。四时禋祀，不愆不忘。择其令辰，进其馨香。牺牲玉帛，黍稷稻粮。神降嘉祉，万寿无疆。子子孙孙，永永番昌。"[⑤] 所谓"子孙蕃昌"在碑文中写作"子子孙孙，卑尔炽昌"，"子子孙孙，永永番昌"。关于"卑尔炽

①刘增贵《汉代婚姻制度》举"武帝陈皇后之见废"等例，指出"因为古人以得子继嗣为婚姻之主要目的，若不能达此目的，自然构成出妻的条件。"华世出版社 1980 年 1 月版，第 23 页。

②彭卫《汉代婚姻形态》写道："何休注《公羊传·庄公二十七年》云：'妇人有七弃三不去。无子弃，绝世也。'西汉后期，扬雄在《答刘歆书》中写道：'妇，蜀郡掌氏子，无子而去。'（《艺文类聚》八十五引）《东观汉记》卷十九载，东汉人应顺，少与许敬相友，许敬婚后一直'无子'，应顺遂帮他去妻更娶。东汉明帝之师，儒学大家桓荣婚后无子，何昌助其去妻更娶。相传曹丕所写的《代刘勋妻王氏杂诗二首》的小序谈及刘勋去妻之事：'王宋者，平虏将军刘勋妻也。入门二十余年，后勋悦山阳司马氏女，以宋无子出之。'（参见《全三国诗》卷一）"三秦出版社 1988 年 6 月版，第 295 页。

③郭海燕：《孔子弟子梁鳣生年考——兼论中国古代的"无子出妻"制》，《孝感学院学报》2009 年第 5 期。

④高文：《汉碑集释》，河南大学出版社 1997 年 11 月版，第 458—459 页。

⑤高文：《汉碑集释》，第 446 页。

昌”，高文注意到可能与《诗·鲁颂·閟宫》“俾而炽昌”有关[1]。

《史记》卷二七《天官书》在关于“五星合”的论说中，可见“子孙蕃昌”语：

五星合，是为易行，有德，受庆，改立大人，掩有四方，子孙蕃昌；无德，受殃若亡。五星皆大，其事亦大；皆小，事亦小。

“子孙蕃昌”是和“有德，受庆”即据有成功的条件并获得成功联系在一起的。《汉书》卷二六《天文志》有相近的记载[2]。又《汉书》卷二五下《郊祀志下》写道：

后上以无继嗣故，令皇太后诏有司曰：“盖闻王者承事天地，交接泰一，尊莫著于祭祀。孝武皇帝大圣通明，始建上下之祀，营泰畤于甘泉，定后土于汾阴，而神祇安之，飨国长久，子孙蕃滋，累世遵业，福流于今。今皇帝宽仁孝顺，奉循圣绪，靡有大愆，而久无继嗣。思其咎职，殆在徙南北郊，违先帝之制，改神祇旧位，失天地之心，以妨继嗣之福。春秋六十，未见皇孙，食不甘味，寝不安席，朕甚悼焉。《春秋》大复古，善顺祀。其复甘泉泰畤，汾阴后土如故，及雍五畤、陈宝祠在陈仓者。”天子复亲郊礼如前。又复长安、雍及郡国祠著明者且半。

---

①高文：《汉碑集释》，第 455 页。

②《汉书》卷二六《天文志》：“五星若合，是谓易行：有德受庆，改立王者，掩有四方，子孙蕃昌；亡德受罚，离其国家，灭其宗庙，百姓离去，被满四方。五星皆大，其事亦大；皆小，其事亦小也。”

汉武帝“子孙蕃滋”,成为后世的光荣。而汉成帝“久无继嗣”导致的精神负担,也体现出当时社会的意识倾向。对于汉武帝的赞颂之辞中“子孙蕃滋”与所谓“神祇安之,飨国长久”,“累世遵业,福流于今”的关系,也值得注意。就维护正常的宗法秩序和宗法传统而言,宗族成员应当把“子孙”生产视作自己的责任。

王延寿《鲁灵光殿赋》强调宫廷制度与“永安”“大宁”有关,“意者岂非神明依凭支持,以保汉室者也”。又说:“神灵扶其栋宇,历千载而弥坚。永安宁以祉福,长与大汉而久存。实至尊之所御,保延寿而宜子孙。”《文选》卷一一李善注:“《毛诗》曰:‘宜尔子孙,振振兮。’”“宜子孙”虽然与“保延寿”并列,似是突出对个人的祝愿,然而所谓“长与大汉而久存”,则又将“宜子孙”愿望与政治绪统的长久延承联系了起来。

何晏《景福殿赋》颂扬魏德,有“重熙而累盛”语,又说:“远则袭阴阳之自然,近则本人物之至情。上则稽古之弘道,下则阐长世之善经。”据说景福殿为主体的宫禁中,有以“百子”命名的宫殿:“遂及百子,后宫攸处。处之斯何,窈窕淑女。思齐徽音,聿求多祜。其祜伊何,宜尔子孙。”关于“百子”之殿,《文选》卷一一李善注:“韦诞《景福殿赋》曰:‘美百子之特居,嘉休祥之令名。’郑玄《毛诗笺》曰:‘大姒十子,众妾则宜百子。’其殿之名,盖取于此。”关于“思齐徽音,聿求多祜”,李善注:“《毛诗》曰:‘思齐大任,文王之母。’又曰:‘大姒嗣徽音,则百斯男。’”关于“其祜伊何,宜尔子孙”,李善注:“‘宜尔子孙’,已见上文。”

所谓“宜百子”与“百斯男”,体现出汉代上层社会对于多子的热切祈望。《史记》卷五二《齐悼惠王世家》记载刘章为吕太后“言田”:“深耕穊种,立苗欲疏;非其种者,鉏而去之。”《汉书》卷三八《高五王传》记录同一史事,颜师古注:“穊,稠也。穊种者，言多生子孙也。疏立者，四散置之，令为藩辅也。”其实，汉代政治语言中又可以看到较“宜百子”“百斯男”更“稠”的子孙数量追求。《汉书》卷一一《哀帝纪》载定陶王立为皇太子谢辞，有“陛下圣德宽仁，敬承祖宗，奉顺神祇，宜蒙福佑子孙千亿之报”语。颜师古注：“《大雅·假乐》之诗曰‘干禄百福，子孙千亿’。言成王宜众宜人，天所保佑，求得福禄，故子孙众多也。十万曰亿。故此谢书引以为言。”《汉书》卷二五下《郊祀志下》杜邺说王商语也说到“子孙千亿”：“《诗》曰‘率由旧章’。旧章，先王法度，文王以之，交神于祀，子孙千亿。”

皇族积极求子的史例，有《史记》卷四九《外戚世家》：“吕后长女为宣平侯张敖妻，敖女为孝惠皇后。吕太后以重亲故，欲其生子万方，终无子。”又《汉书》卷九九上《王莽传上》：“莽以皇后有子孙瑞，通子午道。子午道从杜陵直绝南山，径汉中。”颜师古注引张晏曰：“时年十四，始有妇人之道也。子，水；午，火也。水以天一为牡，火以地二为牝，故火为水妃，今通子午以协之。”

如果“子孙蕃昌”或者“子孙蕃滋”可以说是一种数量愿望的话，那么，当时的人们其实还有生育质量的期求。

巫风鬼道文化生态中的求子技术

鲁迅曾经指出：“中国本信巫，秦汉以来，神仙之说盛行，汉末又大畅巫风，而鬼道愈炽……”[①] 战国秦汉《日书》及相关文化

①鲁迅：《中国小说史略》，《鲁迅全集》，人民文学出版社 1981 年版，第 9 卷，第 43 页。

遗存透露的巫觋活动和数术之学，在当时曾经有十分广泛的社会影响。秦汉社会盛行的巫风与鬼道，一时形成了“宜子孙”相关礼俗的神秘主义意识背景。在秦汉民间观念中，这种文化现象的作用是不容忽视的。

1. “宜子孙”神秘生物

宋人罗愿《尔雅翼》卷三“芣苢”条写道：“芣苢，妇人所采，今车前草是也。大叶长穗，生道边，喜在牛迹中生，故曰‘车前’，又名‘当道’也。幽州人谓之‘牛舌草’，江东呼‘虾蟆衣’。可煮作茹，其子主易产。故妇人乐有子者以为兴。《说文》乃云：‘芣苢，一名马舄，其实如李，令人宜子。《周书》所说。’《韩诗》云：‘芣苢是木似李，食其实宜子孙。’”此说“宜子孙”是指有益于“易产”。《说文·艸部》：“苢，芣苢，一名马舄，其实如李，令人宜子。从艸，㠯声。《周书》所说。”段玉裁注：“《王会》篇曰：康民以桴苡。桴苡者，其实如李，食之宜子。”[①]“令人宜子，陆机所谓‘治妇人产难’也。”这里所谓“宜子”如果只是说“易产”与“治妇人产难”，看起来似乎与我们在本文中所讨论的“宜子孙”主题稍有距离，然而其中依然存在着深层的关联。

《山海经·西次三经》：“崇吾之山，在河之南，北望冢遂，南

①段玉裁还写道：“《诗音义》云：《山海经》及《周书》皆云桴苡，木也。今《山海经》无芣苡之文，若《周书》正文未尝言桴苡为木。陶隐居又云，《韩诗》言芣苡是木，食其实宜子孙。此盖误以说《周书》者语系之《韩诗》。德明引《韩诗》直曰车前。瞿曰：芣苡，李善引薛君曰：芣苡，泽泻也。《韩诗》何尝说是木哉？窃谓古者殊方之贡献，自出其珍异以将其诚，不必知中国所无而后献之。然则芣苢无二，不必致疑于许称《周书》也。”〔汉〕许慎撰，〔清〕段玉裁注：《说文解字注》，上海古籍出版社据经韵楼藏版1981年10月影印版，第28页。

望罟之泽，西望帝之搏兽之丘，东望蠕渊。有木焉，员叶而白柎，赤华而黑理，其实如枳，食之宜子孙。”也说到“宜子孙”的植物。

另外还有“宜子孙”的动物。《山海经·南山经》写道：“杻阳之山，其阳多赤金，其阴多白金。有兽焉，其状如马而白首，其文如虎而赤尾，其音如谣，其名曰‘鹿蜀’，佩之宜子孙。”郭璞注：“佩谓带其皮尾。”[①] 又如《初学记》卷二九引《杂五行书》：“白犬虎文，南斗君畜之可致万石。黑犬白耳，大王犬也，畜之令富贵。黑犬白前两足，宜子孙。白犬黄头，家大吉。黄犬白尾，代有衣冠。黄犬白前两足，利人。”《艺文类聚》卷九四引《杂五行书》：“犬生四子，取黄子养之。犬生五子，取青子养之。六子，取赤子养之。七子，取黑子养之。八子，取白子养之。白犬乌头，令人得财。白犬黑尾，令人世世乘车。黑犬白耳，犬主畜之，令人富贵。黑犬白前两足，宜子孙。黄犬白尾，令人世世衣冠。”所谓“黑犬白前两足，宜子孙”的意义，我们目前尚不能完全理解。

在当时人的观念中，一些神秘植物和神秘动物何以具有“宜子孙”的特殊功能，是有待于进一步深入研究的课题。

2. 求子医方

马王堆汉墓出土帛书《胎产书》可见为祈求受孕，并选择婴儿性别应采取带有巫术性质诸方式的提示。

有学者指出，其中列有可以称作“房中术求子”的方式。

研究者认为，“现存医方中最早的求子记录，可能是马王堆

---

① 《太平御览》卷九一三“鹿蜀”条：“《山海经》曰：杻阳之山，有兽，状如马而白首，文如虎而赤尾，其音如谣，其名曰‘鹿蜀’，佩之宜子孙。《山海经图赞》曰：鹿蜀之兽，马质虎文，骧首吟鸣，矫矫腾群。佩其皮毛，子孙如云。”

《胎产书》中幼频的行房建议”，即：

> 《胎产书》：禹问幼频曰：“我欲殖人生子，何如而有？”幼频答曰：“月朔，已去汁□，三日中从之，有子。其一日男，其二日女也。”

“幼频给禹的回答，着重适当的行房日期。汉魏以降的房中书和医籍，亦延续此说，主要以妇人月事结束后数天内为受孕生育的重要时机。”“这种看法虽与现代妇产科学对受孕的认识大相径庭，却自先秦以来转相传抄，少有改变。”①

对于孕子为男为女的性别，也有比较复杂的选择技术。例如马王堆帛书《胎产书》：“月朔已去汁□，三日中从之，有子。其一日南（男），其二日女殹（也）。”② 即说女子经后第一日交合可以孕男，第二日则孕女。又说接触阳性或阴性不同的象征物可以孕男或孕女：“□欲产男，置弧矢，〔射〕雄雉，乘牡马，观牡虎；欲产女，佩蚕（簪）耳（珥），呻（绅）朱（珠）子。是谓内象成子。”③ 甚至埋胞衣于阳垣或阴垣下也可以选择孕男或孕女：“字而多男毋（无）女者而欲女，后□□□□包（胞）貍（埋）阴垣下。多女毋（无）男，亦反〈取〉〔胞〕貍（埋）阳垣下。”④

---

①李贞德：《汉唐之间求子医方试探——兼论妇科滥觞与性别论述》，李贞德主编：《性别、身体与医疗》，联经出版事业股份有限公司 2008 年 10 月版，第 86 页。

②马王堆汉墓帛书整理小组编：《马王堆汉墓帛书〔肆〕》，文物出版社 1985 年 3 月版，第 136 页。

③马王堆帛书《胎产书》，《马王堆汉墓帛书〔肆〕》，第 136 页。

④马王堆帛书《胎产书》，《马王堆汉墓帛书〔肆〕》，第 136 页。

这些被有的学者称作“巫术性质的孕育信仰”[①]的文化存在，曾经广泛影响着当时的社会。

《汉书》卷三〇《艺文志》将医学列入“方技”之中，又说：“方技者，皆生生之具，王官之一守也。太古有岐伯、俞拊，中世有扁鹊、秦和，盖论病以及国，原诊以知政。汉兴有仓公。”[②]所说“生生之具”值得思考。我们看到《艺文志》著录的求子方：

> 《三家内房有子方》十七卷。

有学者以为“即属‘房中家’类”，可以证实“房中术求子，历史悠久”[③]。

3. 老官山汉牍求子方式

四川成都天回镇老官山汉墓出土遗物中包括大量内容十分重要的简牍。竹简内容为八部医书和一种律令。木牍 M1:158 内容为“有关商业活动的法律文书”，而 M1:206 则被发掘者和整理者归入“巫术类”。释文为：

> ……［乾］冶，饮之。女子视欲得男者，禹步三，择日取□……

---

①吕亚虎：《帛书〈胎产书〉所见早期孕育信仰浅谈》，《江汉论坛》2009 年第 6 期。

②参看李贞德：《汉唐之间医术中的生产之道》，《“中研院”史语所集刊》67 册 3 分（1996 年），第 533—654 页。

③李贞德：《汉唐之间求子医方试探——兼论妇科滥觞与性别论述》，李贞德主编：《性别、身体与医疗》，第 85 页。

使似其父，毋似其母者，且以半祀以为不十(丕)，三族为三正。人皆呼□族为正。拜[起后]……

[后]避，使告黄工□□□□□三，而更为之，皆以月望日东方[呼]□乡(向)中央人□祝，旁人皆呼……

据发掘简报称，“此牍文字墨色非常浅，很多文字模糊，难以辨认”，但执笔者仍根据已释读文字以为其内容“基本可以判定为求子巫术”①。

从释文看，“女子视欲得男者”以及“使似其父，毋似其母者”，似乎都可以通过巫术方式得以实现。

读《论衡·命义》的如下内容，可以看到相关联的生育意识的理论阐述。王充写道：“命在初生，骨表著见。今言随操行而至，此命在末，不在本也。则富贵贫贱皆在初禀之时，不在长大之后随操行而至也。正命者，至百而死。随命者，五十而死。遭命者，初禀气时遭凶恶也，谓妊娠之时遭得恶也，或遭雷雨之变，长大夭死。此谓三命。”王充又说：“亦有三性：有正，有随，有遭。正者，禀五常之性也；随者，随父母之性；遭者，遭得恶物象之故也。故妊妇食兔，子生缺唇。《月令》曰：‘是月也，雷将发声，有不戒其容者，生子不备，必有大凶。’瘖聋跛盲，气遭胎伤，故受性狂悖。羊舌似我初生之时，声似豺狼，长大性恶，被祸而死。在母身时，遭受此性，丹朱、商均之类是也。性命在本，故《礼》有胎教之法：子在身时，席不正不坐，割不正不食，非正色目不视，非正声耳不听。及长，置以贤师良傅，教君臣父子之道。贤不肖在此

①成都文物考古研究所、荆州文物保护中心：《成都市天回镇老官山汉墓》，《考古》2014年第7期。

时矣。受气时，母不谨慎，心妄虑邪，则子长大，狂悖不善，形体丑恶。”初生子未来的“命”与“性”，“皆在初禀之时”，“初禀气时”或说“受气时”。按照当时人的理念，“贤不肖在此时矣。”“在母身时，遭受此性”，会影响一生命运。

当时人的生育意识中，正如有的学者所指出的：“如何才能生下禀气淳厚、骨相高贵、性情良善的孩子，最被关注。”“受气时父母的身心状态亦成为关注焦点。”“父母禀气的丰沛与否深深影响着胎儿所受之气的强弱，而父母之气的状态又受到他们自身禀气与生理、心理诸多方面的影响。”① 而纯粹外在因素的所谓“遭”，即“初禀气时遭凶恶也，谓妊娠之时遭得恶也，或遭雷雨之变……”，“遭得恶物象”等等对初生儿品行和命运的影响，则多有巫术思想的神秘痕迹。某些符合生理学和心理学的认识②，亦被涂染了“巫风”“鬼道”的色彩。而与“巫”相关的若干礼俗，有时有长久而深刻的社会文化影响。例如，我们知道，所谓“妊妇食兔，子生缺唇”等说法，直到现今，依然在民间意识中存在着。

4.《日书》的预言：“生子”人生前景

《日书》作为选择用书，其实也通过诸多信息，体现了社会的

---

①林素娟：《美好与丑恶的文化论述——先秦两汉观人、论相中的礼仪、性别与身体观》，台湾学生书局 2011 年 8 月版，第 278 页。

②如《论衡·气寿》：“妇人疏字者子活，数乳者子死，譬若瓠，华多实少也。”“譬若瓠，华多实少也”八字据《太平御览》卷九七九引《论衡》补。同篇又说：“疏而气渥，子坚彊；数而气薄，子软弱也。怀子而前已产子死，则谓所怀不活，名之曰怀。其意以为，已产之子死，故感伤之子失其性矣。所产子死，所怀子凶者，字乳亟数，气薄不能成也；虽成人形体，则易感伤，独先疾病，病独不治。”诸多现象，都被解释为“禀命”“禀气”。

爱与厌、好与恶的情感选择。

睡虎地秦简《日书》甲种《除》题下写道："【绝日，无为而】可，名曰毄日，以生子，窭孤。"（一一正贰）[①]刘乐贤说："按：《尔雅·释言》：'窭，贫也。'[②]睡虎地秦简《秦律十八种》：'官啬夫免，复为啬夫，而坐其故官赀赏（偿）及有它责（债），贫窭毋（无）以赏（偿）者。'整理小组云：'贫窭，穷困。'[③]此处窭孤是贫穷而孤苦无援之意。"[④]《史记》卷六《秦始皇本纪》、卷一〇《孝文本纪》有"孤独穷困"连称之例[⑤]。《汉书》卷六八《霍光传》："诸儒生多窭人子，远客饥寒，喜妄说狂言，不避忌讳。"颜师古注："窭，贫而无礼。"颜师古所谓"贫而无礼"，不仅使用了资产之经济标尺，也使用了道德之文化标尺。这样的说法，是有根据的。如《诗·邶风·北门》："终窭且贫，莫知我艰。"毛《传》："'窭'者，无礼也；'贫'者，困于财。"陆德明《经典释文》"谓贫无可为礼"。孔颖达又解释说："'窭'谓无财备礼，故言窭者无礼。"[⑥]《礼记·曲礼上》："客歠醢，主人辞以窭。"孔颖达疏："'窭'，无礼也。"所谓"'窭'者，无礼也；'贫'者，困于财"，也说明"窭"并不完全等同于"贫"。李家浩释文："以生子，数孤。"所据"九店五六号墓竹简三四号文字"相应内容为："生子，男不畴

---

① "【绝日，无为而】可，名曰毄日"释文据李家浩。参看王子今：《睡虎地秦简〈日书〉甲种疏证》，湖北教育出版社 2003 年 2 月版，第 37—39 页。

②今按：郭璞注："谓贫陋。"

③睡虎地秦墓竹简整理小组：《睡虎地秦墓竹简》，文物出版社 1990 年 9 月版，释文注释第 40 页。

④刘乐贤：《睡虎地秦简日书研究》，文津出版社 1994 年 7 月版，第 26—27 页。

⑤亦见《汉书》卷四《文帝纪》。

⑥〔唐〕玄应《一切经音义》卷一："窭，《苍颉篇》：'无财备礼曰窭。'"

（寿）。”[①]

《稷辰》题下：“秀，是胃重光……以生子，既美且长，有贤等。”（三二正）关于所谓“有贤等”，整理小组注释：“等，读为寺，《释名·释宫室》：‘寺，嗣也。’有贤寺即有贤嗣。”吴小强《集释》沿用此说：“‘有贤等’意为有贤嗣。”“有贤良的后代。”[②]刘乐贤说：“郑刚读‘贤等’为‘贤能’，可从。”[③]其实，“生子”以求“有贤嗣”，似乎预言过于遥远。郑刚、刘乐贤的思路有启示意义。其实，“等”通于“德”。《易·系辞上》：“行其典礼”，《释文》：“‘典礼’，京作‘等礼’。”《诗·周颂·我将》：“仪式刑文王之典”，《左传·昭公元年》及《汉书》卷三二《刑法志》引文“典”均作“德”。“寺”声之字又可见“特”通于“德”以及“时”通于“德”之例。如：《史记》卷三八《宋微子世家》：“六十四年，景公卒。宋公子特攻杀太子而自立，是为昭公。”司马贞《索隐》：“昭公也。《左传》作‘德’。”[④]《书·咸有一德》：“终始惟一，时乃日新。”《周书》卷二三《苏绰传》引作：“终始惟一，德迺日新。”

又如：“阴，是胃乍阴乍阳，先辱而后又庆。……生子，男女为盗。”（四二正）所预言这样的日子出生的婴儿，成年后男女都将是危害社会治安的盗贼。

---

①湖北省文物考古研究所、北京大学中文系：《九店楚简》，中华书局2000年5月版，第186—187页，第49页。

②吴小强：《秦简日书集释》，岳麓书社2000年7月版，第36页，第38页。

③刘乐贤：《睡虎地秦简日书研究》，第56页。所引郑刚说，当出自《〈睡虎地秦简日书疏证〉导论》，中山大学1989年硕士学位论文。

④司马贞《索隐》又说：“按《左传》，景公无子，取元公庶曾孙公孙周之子德及启畜于公宫。及景公卒，先立启，后立德，是为昭公。与此全乖，未知太史公据何而为此说。”今本《左传·哀公二十六年》：“宋景公无子，取公孙周之子得与启，畜诸公宫，未有立焉。”“德”又写作“得”。

《星》题下写道：

角……生子，为。（六八正壹）
亢……生子，必有爵。（六九正壹）
抵……生子，巧。（七〇正壹）
房……生子，富。（七一正壹）
心……生子，人爱之。（七二正壹）
尾……生子，贫。（七三正壹）
箕……生子，贫富半。（七四正壹）
斗……生子，不盈三岁死。（七五正壹）
牵牛……生子，为大夫。（七六正壹）
危……生子，老为人治也，有数诣风雨。（七九正壹）
营室……生子，为大吏。（八〇正壹）
东辟……以生子，不完。不可为它事。（八一正壹）
奎……生子，为吏。（八二正壹）
娄……生子亡者，人意之。（八三正壹）
胃……生子，必使。（八四正壹）
卯……以生子，喜斲。（八五正壹）
毕……生子，痤。（八六正壹）
此巂……生子，为正。（八七正壹）
参，百事吉……唯生子不吉。（八八正壹）
东井……取妻，多子。生子，旬而死。（八九正壹）
舆鬼……以生子，瘩。（九〇正壹）
柳……以生子，肥。（九一正壹）
七星……生子，乐。（九二正壹）
张……以生子，为邑桀。（九三正壹）

翼……生子，男为见，女为巫。（九四正壹）

轸……以生子，必驾。（九五正壹）

关于所谓“必有爵”，吴小强《集释》：“孩子将来必定有爵位。”[①]《史记》卷一二九《货殖列传》说“刁间”事迹，有“宁爵毋刁”语，理解历来存在争议。《史记会注考证》：“中井积德曰：‘爵谓仕者高爵也，非民爵。’”此说可以为理解睡虎地秦简《日书》甲种此所谓“必有爵”提供另一思路。

关于“老为人治也”，整理小组注释：“治，疑读为笞。”刘乐贤也说：“治读为笞，习见于睡虎地秦简法律文书中。”[②]吴小强《集释》译文：“生的孩子，将来年老时被人鞭打。”[③]睡虎地秦简《日书》乙种：十二月，【危】，“老为人治也”。（一〇七壹）据吴说，预想所生子年老时境遇，似乎过于遥远。

关于所谓“生子亡者，人意之”，整理小组注释：“意，读为隐。《左氏春秋》昭公十五‘季孙意如’，《公羊》作‘隐如’，可证。”吴小强《集释》：“该简‘生子’与‘亡者’应断开分读，生子后疑有脱简。”其译文作：“生孩子，孩子将来有好运。逃亡的人，别人会把他隐藏起来。”[④]今按：吴说“生子后疑有脱简”，其意可能是“‘生子’后疑有脱文”。所谓“孩子将来有好运”，即以为脱写“吉”字。其实“生子亡者，人意之”语义完整，不烦补字。简文原意是说其子失踪，是有人绑架；或说其子逃亡，会有人掩护。

关于“生子，必使”，吴小强《集释》：“生孩子，孩子将来必

①吴小强：《秦简日书集释》，第65页。
②刘乐贤：《睡虎地秦简日书研究》，第112页。
③吴小强：《秦简日书集释》，第65—66页。
④吴小强：《秦简日书集释》，第64页，第66页。

定成为使者。”[①] 刘乐贤按：“乙种《日书》‘生子，使人’[②]，知本简‘使’字后脱一‘人’字。”[③] “使人”，奉命出使者。《左传·襄公二十七年》：“赵孟曰：‘床笫之言不逾阈，况在野乎？非使人之所得闻也。’”

关于“喜斲”，整理小组释文：“喜斲（斗）。”吴小强《集释》：“这一天生的孩子，将来性格好斗。”[④] “喜斗”，体现出好勇斗狠的性格特征。《诗·邶风·击鼓》：“击鼓其镗，踊跃用兵。土国城漕，我独南行。”《诗补传》卷三：“卫之国人闻镗然击鼓之声，见州吁踊跃喜斗之状，已出怨言，则人心可知矣。”[⑤]

关于“生子，为正”，整理小组注释：“正，官长。”今按：“为正”应即“为政”。自《论语·为政》之后，“为政”，已经成为社会通行的确定的政治文化术语。古代文献遗存中多见“政”写作“正”的实例。也有“为政”写作“为正”者，如《诗·小雅·节南山》“不自为政”，《礼记·缁衣》引作“不自为正”。《左传·昭公十五年》“以为大政”，《汉书》卷二七中之上《五行志中之上》引作“以为大正”。《淮南子·齐俗》“智昏不可以为政”，《文子·下德》写作：“昏智不可以为正”。

关于“为邑桀”，整理小组释文：“为邑桀（杰）。”吴小强《集

①吴小强：《秦简日书集释》，第66页。

②简八四。

③刘乐贤：《睡虎地秦简日书研究》，第113页。

④吴小强：《秦简日书集释》，第66页。

⑤〔宋〕吕祖谦《吕氏家塾读书记》卷四：“曾氏曰：‘镗然击鼓，踊跃用兵，想见州吁好兵喜斗之状。’”宋人段昌武《段氏毛诗集解》卷三亦引曾氏此说。《新唐书》卷一六三《柳公绰传》：“陉北有沙陀部，勇武喜斗。”也使用“喜斗”一语。

释》:"这一天生的孩子,将来成为城中的豪杰。"[①] 今按:《后汉书》卷九九《酷吏列传》:"汉承战国余烈,多豪猾之民。其并兼者则陵横邦邑,桀健者则雄张闾里。"范晔将"陵横邦邑"之"并兼者"与"雄张闾里"之"桀健者"并列,而所谓"并兼者"与"桀健者"可以互训。"陵横邦邑"之"桀健者",就是"邑桀"[②]。

关于"生子"的内容,可见对于子嗣的未来有特别的关心。而"为吏"(二见)、"为大吏"、"为大夫"、"为正"、"必有爵"、"为邑桀"等与社会政治地位有关者占总比例的25%,可以在一定程度上体现当时人的价值取向的基本特征。

关于"男为见,为巫",整理小组释文:"男为见(觋)。〔女〕为巫。"整理小组注释:"'女'字原脱,据《日书》乙种补。"《后汉书》卷八二下《方术列传下·徐登》说:"徐登者,闽中人也。本女子,化为丈夫,善为巫术。"可见原本也是女巫。"巫"以"女子"之身"化为""丈夫"之身,恰恰正可以作为巫者先以女性为多而后方逐渐以男性为多的演化趋势的象征。女巫所以能够在早期巫术文化中有比较活跃的表演,有比较重要的作用,可能和女子较易进入恍惚颠狂状态,从而能够与鬼神相交流有关[③]。

睡虎地秦简《日书》甲种又专有《生子》篇。计61条。其中各有关于发育、品性、职业、前程等各方面的预言。如:"庚辰生子,好女子"(一四六正壹),"庚寅生子,女为贾,男好衣佩而贵"

---

①吴小强:《秦简日书集释》,第67页。

②后世仍有以"邑"之"杰"称美邑中闻人的。如〔明〕罗玘《张母太孺人行状》:"……皆邑杰魁名人。"《圭峰集》卷一八。

③参看王子今:《战国秦汉时期的女巫》,《古史性别研究丛稿》,社会科学文献出版社2004年12月版;《中国社会历史评论》第5辑,商务印书馆2007年8月版。

(一四六正贰),“壬辰生子,武而好衣剑”。(一四八正贰)“乙未生子,有疾,少孤,后富”(一四一正叁)等。

关于“好女子”,吴小强《集释》译文:“女孩容貌美丽、身材窈窕。”[①]“好女子”即“美好女子”,古代文献多有实例。如《前汉纪》卷一四:“遥见好女子如李夫人。”《孔子家语》卷五《子路初见》:“乃选好女子八十人,衣以文饰而舞容玑,及文马四十驷以遗鲁君。”这里所谓“好”,是指容貌身姿。也有以“好”谓道德修养的[②]。然而,睡虎地秦简《日书》甲种此所谓“好女子”,可能并不能以上述两种认识解释。“好”在这里是动词而非形容词,即喜好。“好女子”,一如上下文之“好言语”(一四三正壹)、“好乐”(一四一正贰)、“好衣佩”(一四六正贰)、“好衣剑”(一四八正贰)、“好家室”(一四二正叁、一四八正伍)、“好田野邑屋”(一四四正叁)、“好水”(一四九正肆)。看来,“生子”题下的内容中,除了特别指出“女”的条文外,大概都是指男性。

关于“女为贾”,可以看作反映女子从商的重要资料。正史有关记载,有《史记》卷一二九《货殖列传》:“而巴寡妇清,其先得丹穴,而擅其利数世,家亦不訾。清,寡妇也,能守其业,用财自卫,不见侵犯。秦皇帝以为贞妇而客之,为筑女怀清台。”[③]

---

①吴小强:《秦简日书集释》,第104页。

②如〔清〕陆世仪《思辨录辑要》卷一写道:“教女子只可使之识字,不可使之知书义。盖识字则可理家政、治资财,代夫之劳。若书义则无所用之。古今以来,女子知书义而又闲礼法如曹大家者有几?不然徒以导淫而已。李易安、朱淑真使不知书义,未必不为好女子也。”是以无条件顺从传统礼教思想奴役的女子为“好女子”。

③参看王子今:《秦汉时期的女工商业主》,《中国文化研究》2004年秋季卷。

睡虎地秦简《日书》乙种："庚寅生，女子为巫。"（二四二）[①]情形有所不同。预言指向另一种人生前景，一种具有神秘意味的职业[②]。

"有子"保障：风俗与制度

在秦汉时期的人们看来，"无子"是非常严重的事情。"无子"，可能导致家庭关系和家庭结构的变化甚至完全破裂。而社会对"无子"可以予以充分同情，甚至有"系狱当死"罪犯因此得到妻子入狱"止宿"的特殊优遇，最终"任身有子"的故事。

1. 无子娶妾，无子买妾

《后汉书》卷二〇《祭遵传》记载被刘秀称颂为"忧国奉公之臣"的祭遵事迹，除"修行积善，竭忠于国"，"制御士心，不越法度"，"清名闻于海内，廉白著于当世"之外，又有拒绝迎妾故事。据"博士范升上疏，追称遵曰"，有送妾而"逆而不受"的情节：

> 所得赏赐，辄尽与吏士，身无奇衣，家无私财。同产兄午以遵无子，娶妾送之，遵乃使人逆而不受，自以身任于国，不敢图生虑继嗣之计。

①参看王子今：《睡虎地秦简〈日书〉甲种疏证》，湖北教育出版社2003年2月版，第269—287页。

②参看王子今：《战国秦汉时期的女巫》，《古史性别研究丛稿》，社会科学文献出版社2004年12月版；《中国社会历史评论》第5辑，商务印书馆2007年8月版。

可知通常情况下，为“生虑继嗣之计”，“无子”是可以“娶妾”的。

虽然据说祭遵淡视“生虑继嗣之计”，在“无子”的情况下“使人逆而不受”“同产兄午”所送之妾，但是在同一篇“博士范升上疏”之中，又说：“陛下仁恩，为之感伤，远迎河南，恻怛之恸，形于圣躬，丧事用度，仰给县官，重赐妻子，不可胜数。”此所谓“妻子”，似又说祭遵可能其实有“子”。

但是，祭遵“使人逆而不受”妾的故事，确实告诉我们“娶妾”是在“无子”的情况下“图生虑继嗣之计”符合当时社会礼俗的行为。正如杨树达所说，“若无子买妾，盖寻常之事矣”[①]。

无子迎妾，导致家庭结构重组，直接造成夫妻关系的严重变化。有的研究者指出，“学者或认为有些女性未必真想自己生育，或至少并不在乎养妾子以为己子，因此生育问题未必造成压力”[②]，“但也有学者认为妇女因文化、社会和经济理由仍希望拥有自己的子女”[③]。论者以为，在纳妾几为风尚的时代，“主母地位确定的大家庭中，前述说法或可参考”。然而又指出：“但仍应考虑女性在确定不孕前的各种努力和决定养妾子时的心理状态。以收养、过继弥补无子之憾，历代皆有事例可考，亦有法律可循，但并不表示女性因此而无生育的压力。东汉明帝马皇后无子而养贾贵人之子，史书先藉筮者之口谓其命本如此，次则描绘作此决

①杨树达：《汉代婚丧礼俗考》，上海古籍出版社2000年12月版，第44页。

②原注：“见Francesca Bray, *Technology and Gender: Fabrics of Power in Late Imperial China*, Part 3 ‘Meanings of motherhood: reproductive technologies and their uses’ (Berkeley, Los Angeles, University of California Press, 1997), pp.273-368。”

③原注：“见Hsiung, Ping-chen, ‘Constructed Emotions: The Bond Between Mothers and Sons in Late Imperial China,’ Late Imperial China 15.1 (1994): p.87。”

定时明帝对马后的劝抚，最后则称赞皇后之盛德。魏晋南北朝妇女墓志铭亦多大力称扬善养妾子的主妇，凡此皆可见善养妾子对妇之不易。"[1] 马后事迹见《后汉书》卷一〇上《皇后纪上·明德马皇后》："后尝久疾，太夫人令筮之，筮者曰：'此女虽有患状而当大贵，兆不可言也。'后又呼相者使占诸女，见后，大惊曰：'我必为此女称臣。然贵而少子，若养它子者得力，乃当逾于所生。'""马皇后无子而养贾贵人之子"事，见如下记述：

> 显宗即位，以后为贵人。时后前母姊女贾氏亦以选入，生肃宗。帝以后无子，命令养之。谓曰："人未必当自生子，但患爱养不至耳。"后于是尽心抚育，劳悴过于所生。肃宗亦孝性淳笃，恩性天至，母子慈爱，始终无纤介之间。后常以皇嗣未广，每怀忧叹，荐达左右，若恐不及。后宫有进见者，每加慰纳。若数所宠引，辄增隆遇。

《后汉书》卷一〇下《皇后纪下》最后的"论曰"，有"马、窦二后俱称德焉"语。由《后汉书》记载可知，"谓其命本如此"的是"相者"而非"筮者"。还应当注意到，马皇后养贾贵人子，是"帝以后无子，命令养之"。虽然据说"母子慈爱，始终无纤介之间"，但贾贵人的情感，可以想见。"贾贵人"条记述："帝既为太后所养，专以马氏为外家，故贵人不登极位，贾氏亲族无受宠荣者。及太后崩，乃策书加贵人王赤绶，安车一驷，永巷宫人二百，御府杂帛二万匹，大司农黄金千斤，钱二千万。诸史并阙后事，故不知所终。"

---

①李贞德：《汉唐之间求子医方试探——兼论妇科滥觞与性别论述》，李贞德主编：《性别、身体与医疗》，第82页。

马皇后的表现，还有一点值得关注："后常以皇嗣未广，每怀忧叹，荐达左右，若恐不及。后宫有进见者，每加慰纳。若数所宠引，辄增隆遇。"所谓"常以皇嗣未广，每怀忧叹"者，体现出在特殊的政治生态中，对家族之"嗣"的真心关切，可以压倒个人情爱，克服嫉妒之心。

2. 无子出妻

《太平御览》卷四〇七引《东观汉记》："应顺，字仲华，汝南人，少与同郡许敬善。敬家贫亲老，无子，为敬去妻更娶。"彭卫、杨振红以为因"无子"导致男方提出离婚的一例[①]。

刘增贵就此有所讨论："无子出妻，学者皆以为不经见，东汉应顺与同郡许敬善，敬家贫，无子，为敬去妻更娶，瞿同祖以为是无子出妻仅见之例[②]。其实，汉代不乏无子出妻之事，如武帝陈皇后之见废，帝姑母长公主嫖（即陈皇后母）让帝姊平阳公主曰：'帝非我不得立，已而弃捐吾女，壹何不自喜而倍本乎？'平阳主曰：'用无子故废耳。'是则以帝后之尊，公主女之贵，亦得以无子之名而见废。东汉桓荣年四十无子，其弟子何汤去荣妻为更娶，生三子。此以弟子而为师出妻之例。曹子建《弃妇诗》云'有子月经天，无子若流星'。而魏文《出妇赋》亦云'信无子而应出，自典礼之常度'，因为古人以得子继嗣为婚姻之主要目的，若不能达此目的，自然构成出妻的条件。"[③]

---

①彭卫、杨振红：《中国风俗通史·秦汉卷》，上海文艺出版社2002年3月版，第345—346页。

②原注："Tung-tsu Ch'ü（瞿同祖），Han Social Structure (Seattle:the Univ. of Washington Press，1972) p.38."

③刘增贵：《汉代婚姻制度》，第23页。

今按，曹植《弃妇诗一首》全文有更丰富的文化信息："石榴植前庭，绿叶摇缥青。丹华灼烈烈，帷彩有光荣。光好晔流离，可以戏淑灵。有鸟飞来集，树翼以悲鸣。悲鸣夫何为？丹华实不成。拊心长叹息，无子当归宁。有子月经天，无子若流星。天月相终始，流星没无精。栖迟失所宜，下与瓦石并。忧怀从中来，叹息通鸡鸣。反侧不能寐，逍遥于前庭。踟蹰还入房，肃肃帷幕声。搴帷更摄带，抚节弹素筝。慷慨有余音，要妙悲且清。收泪长叹息，何以负神灵。招摇待霜露，何必春夏成。晚获为良实，愿君且安宁。"[1] 其中所谓"拊心长叹息，无子当归宁"，"栖迟失所宜，下与瓦石并"，指出这种礼俗形成强有力的社会规范力量。有学者以为"拊心长叹息，无子当归宁"诗句"说明了时人的态度"[2]，即可理解为当时社会意识的共同倾向。所谓"栖迟失所宜，下与瓦石并"，则表现了对丈夫的祝愿。而曹丕《出妇赋》"信无子而应出，自典礼之常度"，明确说"无子""出妇"是符合"典礼"的。

有学者据相传曹丕《代刘勋妻王氏杂诗二首》小序："王宋者，平虏将军刘勋妻也，入门十余年，后勋悦山阳司马氏女，以宋无子出之。"判断"刘勋是在妻子入门十余年后出妻"，"刘勋之妻在被出之时最大也应在三十岁左右"[3]。但是王宋入门年代还有更久的说法。《玉台新咏》卷二引《刘勋妻王氏杂诗二首》序说

①〔陈〕徐陵编：《玉台新咏》卷二。

②李贞德：《汉唐之间求子医方试探——兼论妇科滥觞与性别论述》，李贞德主编：《性别、身体与医疗》，第 81 页。

③郭海燕：《孔子弟子梁鳣生年考——兼论中国古代的"无子出妻"制》，《孝感学院学报》2009 年第 5 期。

"入门二十余年"[①]。明冯惟讷《古诗纪》卷二二《魏第二》引文帝《代刘勋妻王氏杂诗二首》序则说"入门三十余年"[②]。

3. "将妻入狱""任身有子"故事

东汉出现"系狱当死"的罪犯因"无子"引起同情，于是管理官员创造条件促成"有子"保障的故事。

《后汉书》卷二九《鲍昱传》记载，建武年间，鲍昱"为沘阳长，政化仁爱，境内清净"。李贤注引《东观记》曰：

> 沘阳人赵坚杀人系狱，其父母诣昱，自言年七十余唯有一子，适新娶，今系狱当死，长无种类，涕泣求哀。昱怜其言，令将妻入狱，解械止宿，遂任身有子。

故事说明在当时社会意识中，"长无种类"是严重的问题，以此"求哀"，可以得到同情。

又有胶东侯相吴祐令死刑犯在狱中与妻子团聚，使得其妻怀孕的类似体现出人性化关怀的故事，见于《后汉书》卷六四《吴祐传》：

> 安丘男子毋丘长与母俱行市，道遇醉客辱其母，长杀之而亡，安丘追踪于胶东得之。祐呼长谓曰："子母见辱，人情所耻。然孝子忿必虑难，动不累亲。今若背亲逞怒，白日杀人，赦若非义，刑若不忍，将如之何？"长以械自系，曰："国

---

①文渊阁《四库全书》本。
②文渊阁《四库全书》本。

家制法，囚身犯之。明府虽加哀矜，恩无所施。”祐问长有妻子乎？对曰：“有妻未有子也。”即移安丘逮长妻，妻到，解其桎梏，使同宿狱中，妻遂怀孕。至冬尽行刑，长泣谓母曰：“负母应死，当何以报吴君乎？”乃啮指而吞之，含血言曰：“妻若生子，名之‘吴生’，言我临死吞指为誓，属儿以报吴君。”因投缳而死。

对于“有子”的关照，是开明行政长官对罪犯的人性关怀。所谓“妻到，解其桎梏，使同宿狱中，妻遂怀孕”，是汉代司法史闪现人文光亮的地方。而这种故事之所以发生的社会意识背景，是对“有子”的普遍看重。

民间“讳忌产子”礼俗

考察秦汉民间礼俗，自然无法回避“拘者”“牵于禁忌，泥于小数”[①] 的文化风习，其中有与生育相涉者。生育是重要的社会问题。行政机构和宗法组织均对于生育予以重视[②]，医学与巫术也都积极介入生育程序。关于生育的禁忌及相关现象不仅影响家庭生活、宗族关系和社会人口构成，亦涉及当时儿童的出生权利与初生境遇，也是研究秦汉时期未成年人生活应当关注的内容。

---

①《汉书》卷三〇《艺文志》。

②正如有的学者所指出的：“（生育）不仅仅是家庭内部的问题，人口再生产是家庭很重要的社会功能，尤其在重视继嗣和以人为主要生产力的社会里更是如此，因此，生育还是重要的社会问题。”赵浴沛：《两汉家庭内部关系及相关问题研究》，湖北人民出版社2006年12月版，第147页。

1.《论衡》揭示的生育禁忌

王充在《论衡·四讳》中言及民间“讳忌”、“忌讳”，指出有四种影响普遍的所谓“大讳”：

> 俗有大讳四：一曰讳西益宅。……二曰讳被刑为徒，不上丘墓。……三曰讳妇人乳子，以为不吉。……四曰讳举正月、五月子。……

这都是涉及日常生活重要内容的禁忌。后两项关于“乳子”“举”“子”者，可以理解为与人口增殖有关的禁忌，或说生育禁忌。

其中“三曰讳妇人乳子，以为不吉”，江绍原在北京大学主题为《礼俗迷信之研究》的讲义列入归为“胎产”方面的“礼俗迷信”[①]。有的学者指为“生产的禁忌”。如郭立诚《中国生育礼俗考》一书中第四章为“产育的迷信”，第二部分即论“生产的禁忌”，首先即说“王充论衡四讳篇首先谈到生产的禁忌，讲得很详细”[②]。其实，江绍原与郭立诚的著作，都分别引用了胡朴安《全国风俗志》的相关论述[③]。可知对这一学术主题的关

---

①江绍原著，王文宝整理：《中国礼俗迷信》，渤海湾出版公司1989年10月版，第58—124页。据王文宝《编后记》所说，此书是据“1930年江绍原先生在北京大学讲授《礼俗迷信之研究》之讲义”“整理编辑”而成。第268—269页。

②郭立诚：《中国生育礼俗考》，文史哲出版社1979年7月版，第98页。所谓“首先谈到生产的禁忌”之说不确，王充《论衡·四讳》：“俗有大讳四：一曰讳西益宅。”“二曰讳被刑为徒，不上丘墓。”第三才“谈到生产的禁忌”。

③如江绍原著，王文宝整理：《中国礼俗迷信》，第93页；郭立诚：《中国生育礼俗考》，第99页。

注由来甚早。

宋兆麟《中国生育信仰》在第四篇《产育迷信》“诞生礼”一节讨论了相关问题，特别注意综合多民族相关风俗进行分析[①]。彭卫、杨振红研究秦汉风俗，在“婚姻风俗”的“育子”部分引录了弗雷泽的说法：“在人类历史上的许多民族中都存在妇女月经和分娩时避免与人接触的禁忌，‘妇女在此期间都被认为是处于危险的境况之中，她们可能污染她们接触的任何人和任何东西’。”[②]并指出，“秦汉时期也有类似禁俗”[③]。不同文化系统之间相关风俗体现的文化共性，说明这是一个值得关注的人类学课题。而秦汉时期的表现，首先值得秦汉未成年人生活研究者重视。

江绍原关于“胎产”禁忌的论述包括“产房的预备”“胞衣”“产血”“产妇产房之不洁”“产房里的禁忌厌物”“产妇起居饮食上不合理的限制”等项[④]。郭立诚则说，《论衡·四讳》关于“生产的禁忌”即“讳妇人乳子”，“这段话讲到三件事。一、避忌生产以为不吉。二、孕妇不许在家中生产。三、以胞衣为不吉。可见汉以来就有了这几件生产禁忌，直到五四运动以前，一般社

---

①宋兆麟：《中国生育信仰》，上海文艺出版社1999年5月版，第257—274页。

②原注：“［英］弗雷泽（J.G.Frazer）著、徐育新等译：《金枝》，第315页，大众文艺出版社1998年版。”今按：在这段引文之后，弗雷泽写道：“因此她们被隔绝起来，直到健康和体力恢复，想象的危险期度过为止。”［英］詹·乔·弗雷泽著、徐育新等译：《金枝》，大众文艺出版社1998年1月版，第315页。

③彭卫、杨振红：《中国风俗通史·秦汉卷》，上海文艺出版社2002年3月版，第351—352页。

④江绍原著，王文宝整理：《中国礼俗迷信》，第93—95页，第107—117页。

会习俗男人仍然不愿意入产房”[①]。

对于《论衡·四讳》解释的汉代民间生育禁忌，我们可以专门就“讳妇人乳子，以为不吉”有所讨论。

2. 产妇不吉

关于“讳妇人乳子，以为不吉”的风俗，王充是有具体的陈述的。《论衡·四讳》写道：

> ……三曰讳妇人乳子，以为不吉。将举吉事，入山林，远行，度川泽者，皆不与之交通。乳子之家，亦忌恶之，丘墓庐道畔，逾月乃入，恶之甚也。暂卒见若为不吉，极原其事，何以为恶？

关于“以为不吉”，“忌恶之”乃至“恶之甚也”，其文化因由，究竟何在呢？即王充所谓“极原其事，何以为恶”。思考其心理因素，或许可以联系《说文·女部》说到的“妇人污”：

> 姅，妇人污也。从女，半声。《汉律》曰：“见姅变不得侍祠。”

直接读解《说文》文意，应当是说女子月事。这是许多民族共有的禁忌。如弗雷泽《金枝》所说：“‘在德内（美洲）和大多数其他美洲氏族部落中几乎没有任何人像来月经期间的妇女那样为人们所畏惧。一个少女只要一有出现这种情况的征兆，就立刻被

①郭立诚：《中国生育礼俗考》，第98页。

谨慎地同一切异性人们隔开，独自住在为本村男人或来往行人中的男子看不见的偏僻小屋里。在这样很不愉快的境况下，她甚至还不得触及任何属于男人用过的东西或任何猎获的鸟兽与其他动物的皮肉，以免因此玷污了这些东西，使猎人们下次行猎时，无所猎获（因为这样被轻蔑的鸟兽非常忿怒）。她的唯一食谱只能是干鱼，唯一饮料是通过饮水管吸吮的凉水。此外，她的形象的出现对人们也是一种危险。因此，即使月经过后恢复了正常状态，她也得戴上一种镶有边饰的薄皮软帽，从头上一直蒙到胸口，不让人们看到她的面孔。’在哥斯达黎加的布赖印第安人中，把月经期间的妇女都看作不洁净的。这期间，她只能用芭蕉叶代替盘碟吃饭，用过以后就扔到偏僻的地方。否则如果被牛发现并吃了它们，那牛就要羸瘦而亡。由于同样的理由，她只能使专用的器皿喝水，如果有人用她使过的杯子喝水，此人就肯定要死亡。”而“讳妇人乳子，以为不吉”，应当有类似的心理背景。弗雷泽说到产妇与“月经期间的妇女”之类同：“在许多民族中间，对于分娩后的妇女都有与上所说相似的限制，其理由显然也是一样的。”“布赖印第安人认为妇女分娩的污染亵渎比月经来潮更为严重。”

对于澳大利亚和乌干达的相关风习，弗雷泽有如下介绍：“澳大利亚的妇女在月经期间不许接触男人用的东西，甚至不得走在男人们经常走过的道路上，否则就要死亡。在分娩期间，也得隔离，期满以后，所用器皿，全部销毁。在乌干达，妇女分娩或月经期间接触过的壶盆等物都得毁掉；枪盾等物被亵渎的，虽不毁掉，也需加以洗涤净化。”[1] 尤其值得注意的，是“不得走在男

---

① ［英］詹·乔·弗雷泽著、徐育新等译：《金枝》，第 314 页，第 315 页。

人们经常走过的道路上，否则就要死亡”的禁忌，涉及交通行为。这样的形式，正与《论衡·四讳》关于“讳妇人乳子”所谓“入山林，远行，度川泽者，皆不与之交通”的情节有类似之处。

段玉裁注《说文》，在“姅，妇人污也”之后这样写道：“谓月事及免身及伤孕皆是也。《广韵》曰：‘姅，伤孕也。’伤孕者，怀子伤也。”所谓“谓月事及免身及伤孕皆是也”，也说“免身”与“月事”同样遭遇忌讳，即《金枝》所谓“妇女分娩”与“月经来潮”面对“相似的限制”。

“伤孕者，怀子伤也”，应是指流产。《太平御览》卷五引京房《对灾异》曰：“人君不行仁恩，破胎伤孕，春杀无辜，则岁星失度。”① 段玉裁言“伤孕”似与此“人君”行为导致的“破胎伤孕”不同。弗雷泽《金枝》说：“妇女小产、尤其是私自流产，所造成的污染就更为可怕了。如遇这种情况……全国、整个天空，都受污染。”② 对于“伤孕者，怀子伤也”，“妇女小产、尤其是私自流产”的儆戒，体现出可能自早期社会即形成的对生命的爱重。

3. “忌恶”“乳子之家”风习与“乳舍”设置

王充说：“讳妇人乳子，以为不吉。”而“乳子之家，亦忌恶之”。又说：“丘墓庐道畔，逾月乃入，恶之甚也。”即指出不仅“乳子”的主体“妇人”，“乳子”的空间位置，也成为禁忌的对象。

吴承仕《论衡校录》写道：“‘丘墓’字疑误。论言俗忌乳子，

---

①〔唐〕瞿昙悉达编、李克和校点：《开元占经》卷二三《岁星占一·岁星盈缩失行五》：“京氏曰：……人君不行仁恩，破胎伤孕，春杀无辜，则星失度。不救，则弟杀兄，臣弑君。”岳麓书社 1994 年 12 月版，第 252 页。

②［英］詹·乔·弗雷泽著、徐育新等译：《金枝》，第 316 页。

则置之道畔，逾月始归。下文云：‘江北乳子，不出房室，江南反之。’故知江南乳子，置之宅外矣。”[①] 彭卫、杨振红前引书似忽略“丘墓”字：“择处筑庐别居，逾月方入旧居。”标注：“《论衡·四讳》。”[②] 北京大学历史系《论衡》注释小组则增写“舍”字，作“舍丘墓庐道畔，逾月乃入，恶之甚也”。[③] 宋杰说：“产妇入住的庐舍可以由家人临时搭建，也可能利用现成的房屋。”“现成的房屋”包括冢墓旁的“冢庐”和道旁的庐舍[④]。

传统礼制其实已经有反映相关禁忌的内容。江绍原说：“产事被认为一种殗秽，照古俗，不得行于本室或正室。有礼家的书为证。”所举即被视作儒学经典的《礼记》：

> 《礼记·内则》：妻将生子，及月辰（疏：生月之辰，初朔之日也）居侧室（疏：生子不于夫正室及妻之燕寝，必于侧室者，以正室燕寝尊故也）。……庶人无侧室者，及月辰，夫出居群室。

在江绍原的讲义中，引录《礼记·内则》的这段话置于“产房的

---

①黄晖：《论衡校释》（附刘盼遂《集解》），中华书局1990年2月版，第975页。

②彭卫、杨振红：《中国风俗通史·秦汉卷》，上海文艺出版社2002年3月版，第352页。

③北京大学历史系《论衡》注释小组《论衡注释》：“‘舍’字原本无，据文意增。——让产妇住在墓侧或道路旁边的茅舍里。”中华书局1979年10月版，第1333页。

④宋杰：《汉代后妃“就馆”与“外舍产子”风俗》，《历史研究》2009年第6期。

预备”题下[1]。

对于“乳子”处所“亦忌恶之”的禁忌，在其他文化体系中也可以发现相关迹象。据《金枝》记述：“在塔希提岛上，妇女分娩以后要住在圣洁地方的临时小屋里隔离半个月或三个星期，在此期间，她们不得自己进用饮食，必须由别人喂食。”“在阿拉斯加附近的卡迪亚克岛上，临产的妇女无论什么季节，都得住进用芦苇搭起的简陋茅舍，在那里养下孩子住满二十天。……她吃的食物都是用棍子挑着送给她的。”布赖印第安人的孕妇“感觉快要临盆时，便告诉自己的丈夫，丈夫赶忙在偏僻无人的地方为她搭起一所小屋，让她一人独自居住，除了她母亲和另外一位妇人外，不得同任何人说话”[2]。这些民族产妇“隔离”时间的限定所谓“半个月或三个星期”“二十天”等，有所不同，但大致与《论衡》“逾月乃入”相差并不太大，或与女子生理周期有关。而“逾月”之说，也使人联想到中国民间婴儿初生讲究“满月”的传统。

所谓“乳子之家，亦忌恶之”的意识，致使孕妇甚至不能回娘家分娩。如江绍原所说：“任何人家也不要外姓的女子去作产，连母家也要把临产的已嫁女送回婆家。”[3]《风俗通义》：“不宜归生，俗云令人衰。按：人妇好以女易他男，故不许归。”[4]所谓“以女易他男”，确有史例。《太平御览》卷三六一引《风俗通》曰：“汝南周霸字翁仲，为太尉掾。妇于乳舍生女，自毒无男，时

---

①江绍原著，王文宝整理：《中国礼俗迷信》，第93页。
②［英］詹·乔·弗雷泽著、徐育新等译：《金枝》，第314—315页。
③江绍原著，王文宝整理：《中国礼俗迷信》，第93页。
④〔唐〕马总撰：《意林》卷四“应劭《风俗通》三十一卷”。〔东汉〕应劭撰，吴树平校释：《风俗通义校释》“风俗通义佚文”，天津人民出版社1980年9月版，第435页。

屠妇比卧得男，因相与私货易，裨钱数万。”[①] 此说周霸妇和“屠妇”“比卧”生子的地方为“乳舍”，《太平御览》同卷引《风俗通》下一条史料言盗取男婴案，分娩地点则称“乳母舍”：“颍川有富室，兄弟同居，两妇数月皆怀妊，长妇胎伤，因闭匿之。产期至，同到乳母舍。弟妇生男，夜因盗取之。”[②]

对于“不宜归生”的原因，研究者各有分析。应劭所谓“人妇好以女易他男，故不许归”受到重视，于是我们看到以下诸说：“担心回到娘家后，怕人‘移花接木’，换了他姓人”[③]；“恐怕会以女婴换男孩”[④]；“回娘家生产，无疑增加了所出子被掉包的可能，从而影响财产继承的血缘合理性”[⑤]。宋杰则正确地指出，这一民俗现象的

---

①后续情节言周霸妇易子事终于暴露：“后翁仲为北海相，吏周光能见鬼，署光为主簿，使还致敬于本郡县。因告光曰：‘事讫，腊日可与小儿俱上冢，去家经十三年，不躬烝尝。主簿微察知，相先君宁息，会同饮食忻娱否？’往到于冢上，郎君沃酹，主簿俯伏在后。但见屠者弊衣蠡结，踞神坐，持刀割肉，有五时衣带青墨绶数人，彷徨阴堂东西厢，不敢来前。光怪其故。还至，引见，问之，乞屏左右，起造于膝前，白事状如此。翁仲曰：‘主簿出，勿言。’因持剑上堂，问妪：‘女何以养此子？’妪大怒曰：‘君常言儿声气喜学似我，老公欲死，为作狂语。’翁仲具告之，曰：‘祀祭如此，不具服，子母立截。’妪辞穷情竭，泣涕具陈其故。时子年已十八，呼与辞决，曰：‘凡有子者，欲以承先祖，先祖不享血食，无可奈何。’自以衣裘僮仆车马，迎取其女。女嫁为卖掰子妇，后适安平李文思，文思官至南阳太守。翁仲便养从弟子熙，为高邑令。”周霸的言辞正气凛然，体现出当时正统的子嗣观、宗法意识。但当事人和记述者的态度，似均未考虑新生婴儿因境遇变化的感受。

②下文写道：“争讼三年，州郡不能决。丞相黄霸出坐殿前，令卒抱儿，去两妇各十步，叱妇曰：‘自往取之。’长妇抱持甚急，儿大啼叫。弟妇恐伤害之，因乃放与，而心甚怆怆，长妇甚喜。霸曰：‘此弟子也。’责问乃伏。”

③任骋：《中国民间禁忌》，中国社会科学出版社 2004 年 3 月版，第 211 页。

④谭蝉雪：《敦煌民俗：丝路明珠传风情》，甘肃教育出版社 2006 年 6 月版，第 253 页。

⑤顾丽华：《汉代妇女生活情态》，社会科学文献出版社 2012 年 2 月版，第 315 页。

最重要的因素在于产妇周围人们的心理障碍，“从后代民族学的大量资料来看，产妇禁忌在娘家生育的主要原因是担心此举会给父母家或夫家带来厄运”[①]。也有学者说：“汉代人认为女子产育所流经血为污秽之物，会给人带来不好的运气，则由此娘家人拒绝妇女归家生产。”[②]这样的理解，符合应劭“俗云令人衰”之说，也体现了《论衡·四讳》所谓“乳子之家，亦忌恶之”观念的影响。

有学者曾专门著文讨论汉代的“乳舍”，根据周霸“妇”及颍川富室兄弟“两妇”生产的故事，指出“乳舍”即“专门接生的妇产院”。以为“乳舍当有一定的制度”，孕妇“产期至，方到乳舍生产”。论者指出：“汉代出现产房式的乳舍，是一种顺应当时医学卫生发展状况的产物。”又注意到周霸的地位，“按翁仲之妻颇有身份。这不仅仅因为翁仲当时身为大官太尉的部属之故，据《汉书》翁仲的父祖皆是佩‘青黑绶’的人物[③]，其妻身份当为贵妇人无疑”。周霸妇与“屠妇”“比卧”，“这种产院，在古代可谓难得，不但反映出这种乳舍的公用性质，也表现了祖国医学在对待病人产妇方面一视同仁的高尚医德和优秀传统”[④]。然而，客观分析相关现象，我们还不能对“当时医学卫生发展状况”估计过高。《太平御览》卷四七二引干宝《搜神记》言张车子出生故事，母为人

①宋杰：《汉代产育风俗探析》，《史学集刊》2010年第4期。

②顾丽华：《汉代妇女生活情态》，第315页。今按：所说“经血”有误。《说文》“姅，妇人污也”的解释，据段玉裁注“谓月事及免身及伤孕皆是也”，此应指“免身”的血污。

③今按：“翁仲的父祖皆是佩‘青黑绶’的人物”应据《太平御览》卷三六一引《风俗通》所见“有五时衣带青黑绶数人，彷徨阴堂东西厢，不敢来前”。此情节未见《汉书》，所谓“据《汉书》”者，应是引者疏误。

④秦建明：《汉代的妇产院——乳舍》，《秦建明考古文选》，三秦出版社2008年12月版，第28—29页。

“佣赁”，有孕临产，“使遣出，驻车屋下，产得儿。主人往视，哀其孤寒，作糜粥贻之”[①]。虽《搜神记》成书稍晚，但有学者据此以为，“汉代即有主人为怕婢女在家里生产带来晦气而令其于户外生产的事例”[②]。将张车子母“生产”事确认为“汉代”故事，合理性尚需论证。但是以此作为认识“汉代”女子“生产”情形可参考“事例”，是可以的[③]。这一故事说明，在有些情况下，下层劳动妇女产

①《太平御览》卷四七二引干宝《搜神记》：“有周擥啧者，贫而好道。夫妇夜耕困卧，梦天公过而哀之，敕外有以给与。司命案录篇云：此人相贫，限不过此。唯有张车子，应赐钱千万。车子未生，请以借之。天公曰：善。曙觉言之，于是夫妻戮力，昼夜以治生，所为辄得赀至千万。先时有张妪者，常往擥啧佣赁，野合有身，月满当孕，便遣出，驻车屋下，产得儿。主人往视，哀其孤寒，作糜粥以食之。问：当名汝儿作何？妪曰：在车下生，梦天告之，名为‘车子’。擥啧乃悟曰：吾昔梦从天换钱，外白以张车子钱贷我，必是子也。财当归之矣。自是居日衰减，车子长富于周家。”中华书局用上海涵芬楼影印宋本 1960 年 2 月复制重印版，第 2167 页。文渊阁《四库全书》本“周擥啧”作“周临子”。卷三九九引《搜神记》则作“周擥啧”。

②顾丽华：《汉代妇女生活情态》，第 315 页。

③〔东晋〕干宝《搜神记》卷一〇列述故事，依次有“汉和熹邓皇后”“孙坚夫人吴氏”“汉蔡茂”“周擥啧”“夏阳卢汾”“吴选曹令史刘卓”“淮南书佐刘雅”“后汉张奂”“汉灵帝”“吴时嘉兴徐伯”“会稽谢奉”“嘉兴徐泰”。多为汉时事。《古小说丛刊》本《搜神记》目录列题为“和熹邓后”“孙坚夫人”“禾三穗”“张车子”“审雨堂”“火浣衫”“刘雅”“张奂妻”“灵帝梦”“吕石梦”“谢郭同梦”“徐泰梦”。“嘉兴徐泰”即“徐泰梦”故事，《太平御览》卷三九九引自《续搜神记》。“夏阳卢汾”即“审雨堂”故事，《太平广记》卷四七四引录内容可见年代信息“后魏庄帝永安二年七月二十日将赴洛友人宴”，引自《妖异记》，又谓“出《穷神秘苑》”。此当为《四库全书总目》所指出“缀合残文，傅以他说”，致有“罅漏”情形。而“周擥啧”故事，属于“叙事多古雅”者。〔清〕永瑢等撰：《四库全书总目》，中华书局 1965 年 6 月版，第 1207 页。《抱朴子内篇·辩问》：“为人生本有定命，张车子之说是也。”孙人和《抱朴子校补》：“此不言张车子之事，而云张车子之说者，盖车子之事，世所共知。此言人生本有定命，若俗说张车子之事是也。”王明：《抱朴子内篇校释》，中华书局 1985 年 3 月版，第 226 页，第 233 页。

后如非主人“哀其孤寒”,是连“糜粥”也没有的。这应当是比较特别的情形。而“使遣出,驻车屋下”,则符合汉代民间礼俗。

有迹象表明,身份较高的产妇虽然同样遵循“乳子,置之宅外”的原则,但是可以获得较好的生育环境条件。《汉书》卷九八《元后传》:“闻张美人未尝任身就馆也。”[①]《后汉书》卷一二《王昌传》:“初,王莽篡位,长安中或自称成帝子子舆者,莽杀之。(王)郎缘是诈称真子舆,云‘母故成帝讴者,尝下殿卒僵,须臾有黄气从上下,半日乃解,遂妊身就馆。赵后欲害之,伪易他人子,以故得全。”可知宫中女子临产别移寝处“就馆”,是通常情形[②]。这当然与前引张车子母故事“使遣出,驻车屋下”,竟无饮食完全不同[③]。有的官吏家属生子,也并不在被有的学者以为对入住者“一视同仁”的具有“公用性质”的“乳舍”中。例如汉光武帝刘秀出生在济阳“县舍”[④]。他的儿子,后来的汉明帝刘庄则出生在“元氏传舍”中[⑤]。

---

①颜师古注:“是则不为宜子。”

②宋杰:《汉代后妃“就馆”与“外舍产子”风俗》,《历史研究》2009年第6期。据《说郛》卷五三上周密《南渡宫禁典仪》之《宫中诞育仪例略》,南宋宫中“有娠”女子专门的“降诞”处称“产阁”。据《元史》卷七七《祭祀志下》:“凡后妃妊身将及月辰,则移居于外毡帐房。”“凡帝后有疾,危殆度不可愈,亦移居外毡帐房。有不讳,则就殡殓其中。”可知“生”“死”讳忌相近之处。这种处置,也可能与生产时的死亡危险有关。

③关注与张车子出生类似现象,可参考《太平御览》卷三六一引王隐《晋书》曰:“太安元年,有妇人诣大司马门寄产,吏驱之,妇人曰:‘我截齐便去耳。’”这种被迫“寄产”,可能是社会下层产妇并非罕见的境遇。

④《后汉书》卷一下《光武帝纪》:“皇考南顿君初为济阳令,以建平元年十二月甲子夜生光武于县舍,有赤光照室中。”李贤注:“蔡邕《光武碑文》云:‘光武将生,皇考以令舍不显,开宫后殿居之而生。’”

⑤《后汉书》卷三《章帝纪》:“(元和三年二月)癸酉,还幸元氏,祠光武、显宗于县舍正堂;明日又祠显宗于始生堂,皆奏乐。”李贤注:“明帝生于常山元氏传舍也。”

4. 王充论“世俗所讳妄”

王充在《论衡·四讳》中对民间生育禁忌提出了批评。他将“乳子”现象置于“天地”“万物”共同的生命价值环境中评说：

> 夫妇人之乳子也，子含元气而出。元气，天地之精微也，何凶而恶之？人，物也；子，亦物也。子生与万物之生何以异？讳人之生谓之恶，万物之生又恶之乎？……万物广多，难以验事。人生何以异于六畜？皆含血气怀子，子生与人无异，独恶人而不憎畜，岂以人体大，气血盛乎？则夫牛马体大于人。凡可恶之事，无与钧等，独有一物，不见比类，乃可疑也。今六畜与人无异，其乳皆同一状。六畜与人无异，讳人不讳六畜，不晓其故也。世能别人之产与六畜之乳，吾将听其讳；如不能别，则吾谓世俗所讳妄矣。
>
> 且凡人所恶，莫如腐臭。腐臭之气，败伤人心，故鼻闻臭，口食腐，心损口恶，霍乱呕吐。夫更衣之室，可谓臭矣；鲍鱼之肉，可谓腐矣。然而有甘之更衣之室，不以为忌；肴食腐鱼之肉，不以为讳。意不存以为恶，故不计其可与不也。凡可憎恶者，若溅墨漆，附着人身。今目见鼻闻，一过则已，忽亡辄去，何故恶之？出见负豕于涂，腐澌于沟，不以为凶者，洿辱自在彼人，不着已之身也。今妇人乳子，自在其身，斋戒之人，何故忌之？
>
> 江北乳子，不出房室，知其无恶也。至于犬乳，置之宅外，此复惑也。江北讳犬不讳人，江南讳人不讳犬，谣俗防恶，各不同也。夫人与犬何以异？房室、宅外何以殊？或恶或不恶，或讳或不讳，世俗防禁，竟无经也。

月之晦也，日月合宿，纪为一月。犹八日，月中分谓之弦；十五日，日月相望谓之望；三十日，日月合宿谓之晦。晦与弦望一实也，非月晦日月光气与月朔异也，何故逾月谓之吉乎？如实凶，逾月未可谓吉；如实吉，虽未逾月，犹为可也。

对于“江南”“江北”的比较，有学者说：“在汉代这一产育风俗并非流行于全国各地，经济比较发达的中原地带早在汉代以前已逐步取消这一做法。”[①] 针对王充所谓“江北讳犬不讳人”，彭卫、杨振红有所澄清：“在江南地区，孕妇分娩被视为‘不吉’，即将分娩者，‘将举吉事，入山林，远行，度川泽者，皆不与之交通’；分娩者家庭‘亦忌恶之’，择处筑庐别居，逾月方入旧居[②]。北方地区在祭祀前‘举家勿到丧家及产乳家’[③]，将有丧事的家庭与分娩者家庭并论，可证这一习俗并非《论衡·四讳》所说‘江北讳犬不讳人’，而是广泛存在于华夏大地，所异者只是程度不同。”[④] 宋杰则认为：“春秋战国以来中原地区孕妇通常留在家里分娩，基本上摈弃了迁居庐舍待产的传统禁忌。”“江南产妇临盆前仍要栖居户外庐舍”，北方“乳舍”的存在，“寄产”情形的发生，以及“宫内官舍与行宫分娩等现象”，只是“散见”的情状，“属于旧习俗不同程度的残存以及在新形势下所发生的流变”。他认为，“由于社会经济、文化发展的不平衡，导致各地风俗的进化有快有慢”，应当注意到，“历史的演进过程既有某种共同的规律，又存在着复杂

①顾丽华：《汉代妇女生活情态》，第 319 页。
②原注：“《论衡·四讳》。”
③原注：“《四民月令》‘八月’条。”
④彭卫、杨振红：《中国风俗通史·秦汉卷》，第 351—352 页。

多样的变化，是需要仔细分辨和深入探究的”[①]。

有的汉代“乳子”记录，似乎仍旧以原来居地为场景。《太平御览》卷三六一引《搜神记》曰：“陈仲举微时尝宿黄申家。而申妇方产，有叩申门者，家人咸不知，久久方闻。屋里有言：‘宾堂下有人，不可进。’叩门者相告曰：‘今当从后门往。’其一人便往，有顷还。”[②]又《三国志》卷一三《魏书·华歆传》裴松之注引《列异传》曰：“歆为诸生时，尝宿人门外。主人妇夜产。有顷，两吏诣门，便辟易却，相谓曰：‘公在此。’踌躇良久，一吏曰：‘籍当定，奈何得住？’乃前向歆拜，相将入。”[③]据裴松之说，《晋阳秋》可见魏舒类同事迹。“臣松之按：《晋阳秋》说魏舒少时寄宿事，亦如之。以为理无二人俱有此事，将由传者不同。今宁信《列异》。”这几则故事有浓重的志怪色彩。但陈仲举、华歆均是东汉闻人，“寄宿”经历或可信。而“俱有”之情节均言“主人妇”生产即在主家，或许可以说明“江北乳子，不出房室”。然而我们不知道产妇是否已转移至“侧室”。不过，前者所谓“当从后门往”，后者所谓“诣门，便辟易却”，似乎都大为异常，或许亦曲折体现了“乳子之家，亦忌恶之”观念的存在。

对于禁忌“逾月”之时段的疑惑，应考虑上文所说或与女子

---

①宋杰：《汉代产育风俗探析》，《史学集刊》2010 年第 4 期。

②故事后续部分涉及神秘预言：“留者问之：‘是何等？名为何？当与几岁？’往者曰：‘男也，名为奴，当与十五岁。后应以何死？’答曰：‘应以兵死。’仲举告其家曰：‘吾能相此儿，当以兵死。’父母惊之，寸刃不使得执也。至年十五，有置凿于梁上者，其末出。奴以为木也，自下钩之，凿从梁下，陷脑而死。后仲举为豫章太守，故遣吏往饷之申家，并问奴所在。其家以此具告仲举，仲举叹曰：‘此谓命也。’”

③下文说：“出并行，共语曰：‘当与几岁？’一人曰：‘当三岁。’天明，歆去。后欲验其事，至三岁，故往问儿消息，果已死。歆乃自知当为公。”

生理周期有关的因素。王充所谓“何故逾月谓之吉乎？如实凶，逾月未可谓吉；如实吉，虽未逾月，犹为可也”，似缺乏说服力。

王充批评“世俗所讳妄”，所谓“妄”，体现此类禁忌在王充眼中已有荒诞性质。对相关“世俗所讳”进行以现代科学理念为认识基础的解说，还需要认真的工作。我们更为注意的，是这种文化规范使得产妇面对精神和物质双重严重恶化的环境，也必然会深切危害到初生子的生存条件。

5.“清”与“污”：“讳忌产子”的意识背景

《说文·女部》：“姅，妇人污也。”按照段玉裁的解说，“姅”即“妇人污”，不仅指“月事”，也包括“免身及伤孕”。据《论衡·四讳》，当时“讳忌产子”习俗的意识背景，是“洁清”追求，“不欲使人被污辱也”：

> 实说讳忌产子、乳犬者，欲使人常自洁清，不欲使人被污辱也。夫自洁清则意精，意精则行清，行清而贞廉之节立矣。

所谓“被污辱”，可以结合前引所谓对于“腐臭之气”之“败伤人心”之作用的分析，结合“凡人所恶，莫如腐臭。腐臭之气，败伤人心，故鼻闻臭，口食腐，心损口恶，霍乱呕吐”的情境来理解。

王充批判“世俗所讳妄”，说：“出见负豕于涂，腐澌于沟，不以为凶者，洿辱自在彼人，不着己之身也。今妇人乳子，自在其身，斋戒之人，何故忌之？”只是说“洿辱自在彼人，不着己之身也”，强调“今妇人乳子，自在其身”，可知其清醒是有限度的。“讳忌产子”以为“凶”“忌”的认识基础，是“洿辱”。就此王充不予否认，只是以为“自在”产妇“其人”，并不会危害“斋戒之人”。

弗雷泽在《金枝》中记述，在卡迪亚克岛居民的意识中，产妇“被认为是最不洁净的，谁也不接近她”。布赖印第安人的风俗，产妇“分娩以后，由巫医为她禳除不洁，在她身上吹气”，“即使这样做了，也只是将她的不洁程度减低到相当于月经来潮时那样，而在阴历整整一个月内她必须遵守月经期间的那些规矩。假如她流产了或产下的是个死胎，那末她的情况就更糟，她的污秽不洁就更加严重了”[①]。睡虎地秦简《日书》可见预言“生子”情状的内容，如：“稷辰”题下：“危阳……生子，子死。”（三二正）“敫……以生子，子不产。”（三八正—三九正）“彻……以生子，子死。”（四四正）[②]

有的学者判断，“讳忌产子”与“妇人污”有关的意识，“或许根源于对血的畏惧”，“因此避之”[③]。曾经有这样的分析，在古人的意识中，“产血是女性潜在能力的标志……它又是婴儿骨血的根源，所以这种血既肮脏又强大。说它肮脏认为是和污秽联系在一起。说它强大认为它可以带来生命，又预示着死亡”[④]。女子

---

①［英］詹·乔·弗雷泽著、徐育新等译：《金枝》，第 314—315 页。

②孔家坡汉简《日书》“篿日”条写道：“篿日：……生子，死。“（四六）湖北省文物考古研究所、随州市考古队：《随州孔家坡汉墓简牍》，文物出版社 2006 年 6 月版，第 132 页。

③顾丽华：《汉代妇女生活情态》，社会科学文献出版社 2012 年 2 月版，第 318 页。

④［美］邓尼斯·卡莫迪：《妇女与世界宗教》，徐钧尧、宋立道译，四川人民出版社 1989 年 12 月版，第 80 页。可能段玉裁所说“免身”之“妇人污”，还包括胞衣。《论衡·四讳》：“生与胞俱出，如以胞为不吉，人之有胞，犹木实之有扶也。包裹儿身，因与俱出，若鸟卵之有壳，何妨谓之恶？如恶以为不吉，则诸生物有扶壳者，宜皆恶之。”“扶”，刘盼遂以为“当为‘柎’之误字”。黄晖：《论衡校释》（附刘盼遂《集解》），第 975 页。北京大学历史系《论衡》注释小组《论衡注释》则判定为“枎”：“‘枎’（转下页）

生产与死亡危险的关系，应与当时产科医术水准有关。汉代女子难产以致“以乳死”[①]，是常见的情形。甚至有人说，“妇人免乳大故，十死一生”[②]。产妇身逝，往往母子俱死。即使初生子存活，也难以保证基本的生存条件。而分娩之前“胎已死”的情形[③]，也并不罕见。

6. 生子“不完”与畸形儿命运

睡虎地秦简《日书》可见预言“生子”情状的内容，如：“稷辰”题下：“秀……以生子，既每且长。”（三二正）“星”题下：“心……生子，人爱之。”（七二正壹）[④]然而，也有初生婴儿有生理

（接上页）字原本作‘扶’，形近而误，今改。”“柎（fú 夫）：同‘柎’，花萼。这里指保留在果实上的花萼。”第1134页。“以胞为不吉”，可能也是当时通行的意识。宋兆麟《中国生育信仰》讨论过涉及“胞衣”的传统禁忌：“对胎盘的处理更为精心，胎盘又名胎衣、人胞、胞衣、紫河车。自古以来认为生产不洁，具体反映在胎衣上，民间认为胎衣为婴儿的一部分，二者互为感应，弄不好会危及小儿，同时胎衣又不洁，自然将其埋掉，否则会带来危害。”上海文艺出版社1999年5月版，第262页。

①《汉书》卷二五上《郊祀志上》。

②《汉书》卷九七上《外戚传上·孝宣许皇后》。

③《三国志》卷二九《魏书·方技传·华佗》：“故甘陵相夫人有娠六月，腹痛不安，佗视脉，曰：‘胎已死矣。’使人手摸知所在，在左则男，在右则女。云‘在左’，于是为汤下之，果下男形，即愈。”“李将军妻病甚，呼佗视脉，曰：‘伤娠而胎不去。’将军言：‘闻实伤娠，胎已去矣。’佗曰：‘案脉，胎未去也。’将军以为不然。佗舍去，妇稍小差。百余日复动，更呼佗，佗曰：‘此脉故事有胎。前当生两儿，一儿先出，血出甚多，后儿不及生。母不自觉，旁人亦不寤，不复迎，遂不得生。胎死，血脉不复归，必燥著母脊，故使多脊痛。今当与汤，并针一处，此死胎必出。’汤针既加，妇痛急如欲生者。佗曰：‘此死胎，久枯，不能自出，宜使人探之。’果得一死男，手足完具，色黑，长可尺所。”

④孔家坡汉墓出土《日书》中也有《星官》篇，其中也有占问生子事的内容。可见：“【十月】心……以生子，人爱之。”（五三）湖北省文物考古研究所、随州市考古队：《随州孔家坡汉墓简牍》，第134页。

缺陷的："须女……生子，三月死。不死毋晨。"（七七正壹）"东辟……以生子，不完。"（八一正壹）"毕……生子，痓。"（八六正壹）"舆鬼……以生子，瘠。"（九〇正壹）

关于"毋晨"，整理小组注释："毋晨，疑读为无唇。"刘乐贤按："无唇指身体残缺不全，此句与下文东辟（壁）条'以生子，不完'意义相近。"[①] 今按：睡虎地秦简《日书》乙种：十二月，娶女，"生子，三月死，毋晨。"（一〇五壹）所谓"无唇"，被看作异象。《开元占经》卷一一三："《春秋运斗枢》曰：'上弊下塞，则人无唇。'京房曰：'人生子无唇，是谓不祥，国主死亡。'"《太平御览》卷三六八引《春秋孔演图》："八政不中，则人无唇。"原注："人恃唇乃语，命无阴不制。"[②] "无唇"，本来是一种实际存在的生理现象。《庄子·德充符》："闉跂支离无脤说卫灵公，灵公说之，而视全人，其脰肩肩。"成玄英疏："闉，曲也。谓挛曲企踵而行。脤，唇也。谓支体坼裂，伛偻残病，复无唇也。""无脤"，即无唇，也是与"全人"相对的残疾之人。《庄子口义》卷二："闉跂，曲背也；支离，伛之貌也；无脤，无唇也。伛曲缺唇，丑之甚也。"[③]

孔家坡 8 号汉墓出土《日书》也有"以生子，不完"简文（58—553）。关于"不完"，刘乐贤说："不完即不全，指人的肢体不全。睡虎地秦简《法律答问》：'其子新生而有怪物其身及不全

①刘乐贤：《睡虎地秦简日书研究》，文津出版社 1994 年 7 月版，第 112 页。

②《古微书》卷八同。

③实际生活中的"无唇"之人，如宋人彭龟年《论解彦祥败茶寇立功书》写道："一寇长而髯者，奋身前格，彦祥一箭中之。寇坠于泥中，兵因刎其首。已而又毙一寇无唇者。贼气遂索，我兵大振。"《止堂集》卷一一。王子今：《睡虎地秦简〈日书〉甲种疏证》，湖北教育出版社 2003 年 2 月版，第 167 页。

而杀之,勿罪。'‘今生子,子身全毆。'"[1] 将"不完"解释为"人的肢体不全",可能理解并不完整。大致以"残疾"解释"不完"接近其原始语义。

睡虎地秦简《日书》甲种"生子"题下还说到婴儿初生即有残疾的其他情形。如:"乙未生子,有疾。"(一四一正叁)"丙午生子……疾。"(一四二正肆)"癸丑生子……少疾。"(一四九正肆)"乙卯生子,要不翥。"(一四一正伍)[2] "丙辰生子,有疵于體……"(一四二正伍)[3] 关于"生子痓",整理小组注释:"痓,疑即眚字,《说文》:‘目病生翳也。'"刘乐贤按:"痓字见于《龙龛手鉴·疒部》,是瘠的俗字。《释名·释天》:‘眚,瘠也,如病者瘠瘦也。'"[4] 今按:《集韵·梗韵》:"瘠,瘦谓之瘠。"如此,则"生子,痓"可以与"柳……以生子,肥"(九一正壹)形成对应关系。刘说有一定道理,但是整理小组的解说,也指出了初生婴儿"目病生翳"的可能性。在《生子》题下,确实可见"丁丑生子……或眚于目"(一四三正壹)情形。孔家坡汉简《日书》中《星官》:"【四月】毕……以生子,往。"(六七)简牍整理者注释:"往,疑读为‘眚',《说文》:‘目病生翳也。'"[5]

初生子"不完"者受到的歧视是必然的。睡虎地秦简《法律

---

①刘乐贤,《睡虎地秦简日书研究》,第 112—113 页。

②整理小组释文:"要(腰)不。"整理小组注释:"翥,疑读为翥,《方言》:‘举也。'此句意为抬不起腰。"

③整理小组释文:"有疵于(体)……"今按:睡虎地秦简《日书》乙种作:"丙辰生,必有疵于。"(二四五—二四六)王子今:《睡虎地秦简〈日书〉甲种疏证》,第 283 页。

④刘乐贤:《睡虎地秦简日书研究》,第 113 页。

⑤湖北省文物考古研究所、随州市考古队:《随州孔家坡汉墓简牍》,文物出版社 2006 年 6 月版,第 136 页。

答问》:“其子新生而有怪物其身及不全而杀之,勿罪。”可知这种歧视,以及因这种歧视导致的残酷的杀害,是得到法律支持的。

“生子不完”,在秦汉人的意识中,有体现神秘主义的解说。如《淮南子·说山》:“孕妇见兔而子缺唇。”《论衡·命义》:“妊妇食兔,子生缺唇。”《博物志》也写道:“妊娠者不可啖兔肉,又不可见兔,令儿缺唇。”可知这样的认识影响相当久远。

《吕氏春秋·仲春纪》说到导致“生子不备”的因素:“先雷三日,奋铎以令于兆民。曰:雷且发声,有不戒其容止者,生子不备,必有凶灾。”高诱注:“有不戒慎容止者,以雷电合房室者,生子必有瘖、躄、通精、狂痴之疾。故曰:不备必有凶灾。”《淮南子·时则》也有同样的说法:“先雷三日,振铎以令于兆民。曰:雷且发声,有不戒其容止者,生子不备,必有凶灾。”高诱注:“以雷电合房室者,生子必有瘖、聋、通精、痴狂之疾。”《论衡·命义》:“《月令》曰:是月也,雷将发声,有不戒其容者,生子不备,必有大凶。瘖、聋、跛、盲,气遭胎伤,故受性狂悖。”所言“瘖、聋、跛、盲”,加上《吕氏春秋》高诱注“狂痴之疾”,《淮南子》高诱注“痴狂之疾”,都被看作“生子不备”之例。“生子不备”,也就是“生子不完”。在当时“巫风”“鬼道”盛行的文化背景下[①],即使是高层次的知识分子也深信,“雷电”气象条件下“合房室”,竟然会致使“生子”残疾。

---

①鲁迅《中国小说史略》写道:“中国本信巫,秦汉以来,神仙之说盛行,汉末又大畅巫风,而鬼道愈炽……”《鲁迅全集》,人民文学出版社 1981 年版,第 43 页。[英]鲁惟一《汉代的信仰、神话和理性》写道:“在秦汉时期,中国人侍奉各种各样的神灵……除此之外,还有鬼……”“信仰一整套存在,任何其中之一都可能由于不同的目的同时被崇拜。这种崇拜的动机是幸福主义的,为的是致福避祸。”“许多著名的巫师出现在涵盖汉代的正史记载中,有相当多的证据表明,对巫师及其能力的信仰在当时很普遍。”王浩译,北京大学出版社 2009 年 6 月版,第 20 页,第 118 页。

秦汉政治文化体系中已经可以看到比较系统详密的天人感应观的表现。值得我们特别注意的，是也可以归入“生子不备”“生子不完”情形的畸形初生婴儿，被看作上天对下世的警告。《汉书》卷二七中之下《五行志中之下》载《左传·襄公二十六年》“初，宋芮司徒生女子，赤而毛，弃诸堤下”事及京房的议论[①]。虽故事发生在春秋时期，仍可见汉代社会的相关认识。女婴初生时皮肤体毛的异常，致使被看作“妖女”。《汉书》卷二七下之中《五行志下之中》记载：

> （平帝元始元年）六月，长安女子有生儿，两头异颈面相乡，四臂共匈俱前乡，尻上有目长二寸所。京房《易传》曰：“‘睽孤，见豕负涂’，厥妖人生两头。下相攘善，妖亦同。人若六畜首目在下，兹谓亡上，正将变更。凡妖之作，以谴失正，各象其类。二首，下不壹也；足多，所任邪也；足少，下不胜任，或不任下也。凡下体生于上，不敬也；上体生于下，媟渎也；生非其类，淫乱也；人生而大，上速成也；生而能言，好虚也。群妖推此类，不改乃成凶也。”

体态异常的连体婴儿，被视作可能“成凶”的“妖人”。《续汉书·五行志五》有“人痾”条[②]，亦记录了几则连体婴儿出生事：“（元和）二年，雒阳上西门外女子生儿，两头，异肩共胸，俱前向，以为不祥，堕地弃之。自此之后，朝廷霿乱，政在私门，上下无别，

---

①《汉书》卷二七中之下《五行志中之下》：“《左氏传》鲁襄公时，宋有生女子赤而毛，弃之堤下……”“京房《易传》曰：‘尊卑不别，厥妖女生赤毛。’”

②此后列有“人痾”条的正史，还有《晋书》卷二九《五行志下》，《宋书》卷三四《五行志五》，《魏书》卷一一二上《灵征志上》。

二头之象。后董卓戮太后，被以不孝之名，放废天子，后复害之。汉元以来，祸莫逾此。”“中平元年六月壬申，雒阳男子刘仓居上西门外，妻生男，两头共身。”“建安中，女子生男，两头共身。”生育异常情形，当时社会“以为不祥”，看作“祸”“乱”的征象。这些不幸的婴儿的命运可想而知。元和二年“雒阳上西门外女子生儿”一例所谓“堕地弃之”，可能是通常的情形。

《汉书》卷二七下之上《五行志下之上》记载：“哀帝建平四年四月，山阳方与女子田无啬生子。先未生二月，儿啼腹中，及生，不举，葬之陌上，三日，人过闻啼声，母掘收养。”这个婴儿“葬之陌上”之后“三日”，被发现依然存活，于是“母掘收养”，应是异常的幸运。而所以“及生，不举”，竟遭活埋，是因为“先未生二月，儿啼腹中”，显现出特别之异常的缘故。

《日书》“生子”健康状况预言

秦汉时期，在新生子降生前后，父母对婴儿健康状况予以深切关心。秦汉《日书》文字遗存可以反映相关社会文化信息。

1.“生子，男女必美”

睡虎地秦简《日书》甲种《除》题下：“夬光日……以生子，男女必美。”（一二正贰）又《稷辰》题下：“秀，是胃重光……以生子，既美且长。”（三二正）

“美”自包含完好之意。长，是当时人审美标准之一。《诗·卫风·硕人》：“硕人其颀”，毛传：“颀，长貌。”郑玄笺："言庄姜仪表长丽俊好，颀颀然。"《国语·晋语九》："美鬓长大。"《庄子·盗跖》："孔子曰：'丘闻之，凡天下有三德，生而长大，美好无双，少长贵贱见而皆说之，此上德也。……"湖北江陵张家山336号墓出土竹简《盗跖》篇："孔子曰：丘闻之，凡天下有三德，生而长大好美，无贵贱见而皆兑（说）之，此上德也。"[①]《史记》卷九二《淮阴侯列传》："淮阴屠中少年有侮信者，曰：'若虽长大，好带刀剑，中情怯耳。'"女子长丽，是指颀秀，男子长大，是指魁伟。《史记》卷二八《封禅书》："（栾）大为人长美。"同书卷九六《张丞相列传》："苍坐法当斩，解衣伏质，身长大，肥白如瓠，时王陵见而怪其美士，乃言沛公，赦勿斩。"因"身长大"而被看作"美士"。金陵书局本《史记》卷五六《陈丞相世家》："平为人长美色。"王念孙《读书杂志·史记杂志》中《陈丞相世家》"长美色"条："念孙案：当从《汉书》作'长大美色'。下文人谓陈平'何食而肥'，'肥'与'大'同义。若无'大'字，则与下文义不相属。《太平御览·饮食部》引《史记》正作'长大美色'。"[②]中华书局标点本作"平为人长〔大〕美色"。《汉书》卷四〇《陈平传》写作"长大美色"[③]。

据《三国志》卷一〇《魏书·荀彧传》裴松之注引《典略》，荀彧也有"为人伟美"之称。所谓"既美且长"，与"长美"，"伟美"，"长美色"，"长大美色"，"长大好美"，"生而长大，美好无双"等同样，都强调了受到当时社会普遍爱重的"美"与"长"两方面的体

①李学勤：《〈庄子·杂篇〉竹简及有关问题》，《陕西历史博物馆馆刊》第5辑，西北大学出版社1998年6月版。

②王念孙：《读书杂志》，江苏古籍出版社1985年7月版，第113页。

③《太平御览》卷三七八引《汉书》："平为人长美色。"

貌特征。而“美”的容貌标准,则有较多的条件[①]。

2.“子死”“子不产”

睡虎地出土秦简《日书》中,多有关于预测“生子”健康前景的文字。

如《日书》甲种《除》题下,有:“结日,作事,不成。以祭,闔。生子毋弟,有弟必死。以寄人,寄人必夺主室。”(二正贰)整理小组释文:“生子毋(无)弟”。其实不必以“无”释“毋”。“毋弟”之“毋”,取“莫”、“不可”之义较为妥当。又,下文“秀日……生子吉,弟凶”可对照读。又:“以寄人,寄人必夺主室。”(二正贰)对于“寄人”,整理小组注释:“寄人,让人寄居。”此句其实宜与上句“生子毋弟,有弟必死”连读。“寄人”,应是指将在生于结日的兄长之后出生的,预期“必死”的“弟”托寄他人,以避免灾祸。所谓“寄人必夺主室”,是说若采取这样的方式以求免灾,则收寄“弟”的人家将侵夺危害送托的主家。

《稷辰》题下又有“生子”“凶”的预言:“危阳,是胃不成行。……生子,子死。”(三六正至三七正)又有:“敫,是胃又小逆,毋大央。……以生子,子不产。”(三八正至三九正)又:“彻,是胃六甲相逆……以生子,子死。”(四四正)睡虎地秦简《日书》甲种“正月二月……午彻”,孔家坡汉简《日书》作“正月二月……午勶”。其“勶日”条写道:“勶日:是谓六甲相逆……生子,死。”(58—118)[②]内容略同。

①参看彭卫:《汉代的体貌观念及其政治文化意义》,《汉代社会风尚研究》,三秦出版社1998年8月版,第103—107页。

②湖北省文物考古研究所、随州市文物局:《随州市孔家坡墓地M8发掘简报》,《文物》2001年第9期。

随州孔家坡8号墓出土《日书》中有《星》篇，据说“在二十八星宿每宿名下各有占文”，其中包括：“东壁，不可行，百事凶。司不，以生子，不完，不可为它事。”（58—553）[1]

3．“生子旬而死”

睡虎地秦简《日书》甲种所谓“取妻，多子，生子，旬而死”，刘乐贤按：“‘旬而死’是十天而死的意思。”[2]蒲慕州说，“‘取妻多子’应该是好事，只是若遇到东井这星宿时，生子就会早夭。所以这段话等于是说，东井之日，取妻吉，生子不吉。”[3]“生子”可能早夭的预言，又可见“生子，三月死”（七七正壹），“生子不盈三岁死”（七五正壹）等。而“生子旬而死”，是初生子的生命异常。

“生子”遭遇的种种不安全的可能，应与当时医疗卫生条件有关。当时医学产科和儿科相对的不成熟和不完备，使得人们对初生婴儿健康的关心，记录在《日书》这样的文书中。

至于汉代民间“生子不举”风习和弃婴故事，以及法律不禁杀害残疾婴儿的条文等等所透露的当时的社会风习，也与我们论说的主题相关。后者同样也出于“宜子孙”意识，却在幼小生命不能自主的情况下以蛮横的外力予以粗暴的终结。这一情形，在一定程度上反映了相当广大的社会层面内心生命意识的麻木。当然，这是在特殊意识背景下发生的悲剧。

---

①《随州市孔家坡墓地M8发掘简报》。

②刘乐贤：《睡虎地秦简日书研究》，第113页。

③蒲慕州：《睡虎地秦简〈日书〉的世界》，《“中研院”史语所集刊》第62本第4分，1993年4月。

“生子不举”行为与弃婴的命运

秦汉时期基于神秘主义信仰的民间礼俗,导致“生子不举”和弃婴行为的频繁发生。贫穷,尤其是致使初生婴儿的生存权利受到严重侵害的主要的社会原因。多种历史文化信息告诉我们,当时溺杀女婴的情形更为普遍。弃婴故事的发生和流传,是有一定的社会意识背景的。当时法律有禁止“杀子”的条文,却并不能真正禁绝相关现象。有的行政官员通过有效的引导使得这种风习有所改变,其政策之所以能够取得成功,在于首先重视推进经济发展、促成民间富裕。

秦汉时期“生子不举”即对初生婴儿不予养育的礼俗迷信,应当看作反人性的现象。由此可以看到当时婴幼儿的生存权利受到漠视和侵犯的情形。

认识由此体现的当时社会生命意识的薄弱,对于秦汉社会史和文化史的理解,都是有意义的。

1. 袁元服故事

应劭《风俗通义·正失》有“彭城相袁元服”条,说到民间传言袁元服身世,涉及服中生子不举的民俗:

> 俗说:元服父字伯楚,为光禄卿,于服中生此子,时年长矣,不孝莫大于无后,故收举之,君子不隐其过,因以“服”为字。

袁元服的父亲袁伯楚官任光禄卿,服丧期间生了袁元服。而当时风俗，对于这种情形有所禁忌：

服中子犯礼伤孝，莫肯收举。

吴树平校释有这样的解说："汉俗以为服丧期中所生之子，犯礼伤孝，不能养育。"[1] 然而袁伯楚因为已经年长，从"不孝莫大于无后"的意识出发[2]，于是违例收举，不愿意掩饰自己的过失，所以以"服"为其字。

应劭就此为文"正失"，以为传言失实，应予澄清。他写道：

谨按：元服名贺，汝南人也。祖父名原为侍中，安帝始加元服，百官会贺，临严，垂出，而孙适生，喜其加会，因名曰"贺"，字"元服"。原父安为司徒，忠蹇匪躬，尽诚事国，启发和帝，诛讨窦氏，中兴以来，最为名宰。原有堂构之称，矜于法度。伯楚名彭，清拟夷、叔，政则冉、季，历典三郡，致位上列。贺早失母，不复继室，云："曾子失妻而不娶，曰：吾不及尹吉甫，子不如伯奇，以吉甫之贤，伯奇之孝，尚有放逐之败，我何人哉？"及临病困，敕使："留葬，侍卫先公。慎无迎取汝母丧柩，如亡者有知，往来不难；如其无知，祇为烦耳。虞舜葬于苍梧，二妃不从，经典明文，勿违吾志。"清高举动，皆此类也。何其在服中生子而名之"贺"者乎？虽至愚人，犹不云耳。

应劭说，袁元服所以字"元服"而名"贺"，是出生时正逢"安帝

---

①吴树平：《风俗通义校释》，天津人民出版社 1980 年 9 月版，第 96 页。
②《孟子·离娄上》："不孝有三，无后为大。"

始加元服，百官会贺”，因以得名。其家族世代“忠蹇匪躬，尽诚事国”，“矜于法度”，“清高举动”，怎么可能“在服中生子而名之‘贺’”呢？哪怕最愚下之人，也不会这样吧。

袁元服名字的由来依然可疑，然而这不是我们讨论的主题。我们通过应劭的记述至少可以知道，汉代风习，服丧时生子，通常是不可以养育的。这种应劭以为“虽至愚人”也应当理解和遵行的礼俗，其生成的意识背景与“礼”和“孝”的文化规范有关，值得我们注意。有学者在讨论“生子不举”现象时说，“最具社会普遍性的，则属产育禁忌与家计考量之下的生子不举”。导致“生子不举”的“产育禁忌”，包括“产孕异常”和“时日禁忌”[①]。袁元服故事体现的情形，应当并非私人个案，从应劭的议论可以得知，所谓“犯礼伤孝”，是另一种因道德伦理而形成的更为严格的“禁忌”。

2. 生三子者，莫肯收举

《风俗通义·正失》在“袁元服”故事之后，还有关于当时民间生育禁忌的讨论。应劭写道：

> 予为萧令，周旋谒辞故司空宣伯应，贤相把臂，言：“《易》称：‘天地大德曰生。’今俗间多有禁忌生三子者，五月生者，以为妨害父母，服中子犯礼伤孝，莫肯收举。袁元服功德爵位，子孙巍巍，仁君所见。越王勾践民生三子与乳母。孟尝君对其父：‘若不受命于天，何不高户，谁能及者。’夫学问贵能行，君体博雅，政宜有异乎？”答曰：“齐、越之事，敬

①李贞德：《汉隋之间的“生子不举”问题》，《“中研院”史语所集刊》第66本3分，1995年。

闻命矣。至于元服，其事如此。明公既为乡里，超然远览，何为过聆晋语，简在心事乎？”于是欣然悦服，续以大言：“苟有过，人必知之，我能胜仲尼哉！”元服子夏甫，前后征命，终不降志，亚作者之遗风矣。正甫亦有重名，今见沛相。载德五世，而被斯言之玷；恐多有宣公之论，故备记其终始。

应劭指出，当时除了“服中子犯礼伤孝，莫肯收举”之外，生子不举还有更严格的禁忌：“今俗间多有禁忌，生三子者，五月生者，以为妨害父母……莫肯收举。”针对“生三子者”“以为妨害父母”而“莫肯收举”的民俗，应劭引录了故司空宣酆的如下说法：“越王勾践民生三子与乳母。”这里所说到的越王勾践事迹，见于《国语·越语上》：“生三人，公与之母。”勾践是作为“贤君”的榜样因采取奖励民人蕃生的政策，发愤图强，终于强国制胜，因而长久受到推崇的[①]。对于“生三人，公与之母”，韦昭注：“母，乳母也。人生三者亦希耳。”这里所说的，应当是指生三胞胎的情形，又称“并生三子”。

李贞德引录《太平御览》卷三六一引《风俗通义》：“不举

---

①《国语·越语上》：“勾践之地，南至于句无，北至于御儿，东至于鄞，西至于姑蔑，广运百里。乃致其父母昆弟而誓之曰：‘寡人闻，古之贤君，四方之民归之，若水之归下也。今寡人不能，将帅二三子夫妇以蕃。’令壮者无取老妇，令老者无取壮妻。女子十七不嫁，其父母有罪；丈夫二十不娶，其父母有罪。将免者以告，公令医守之。生丈夫，二壶酒，一犬；生女子，二壶酒，一豚。生三人，公与之母；生二人，公与之饩。当室者死，三年释其政；支子死，三月释其政。必哭泣葬埋之，如其子。令孤子、寡妇、疾疹、贫病者，纳宦其子。其达士，洁其居，美其服，饱其食，而摩厉之于义。四方之士来者，必庙礼之。勾践载稻与脂于舟以行，国之孺子之游者，无不哺也，无不歠也，必问其名。非其身之所种则不食，非其夫人之所织则不衣，十年不收于国，民俱有三年之食。”

并生三子。俗说：生子至于三，似六畜，言其妨父母，故不举之也。”[①]上海涵芬楼影印《太平御览》引作：“《风俗通》曰：‘生三子不举。俗说：生子至于三，子似六畜，言其妨父母，故不举之也。”所引“不举并生三子”，应据《意林》卷四引《风俗通》：“不养并生三子。俗说似六畜，妨父母。”

清华简《说命》上篇说：“失仲是生子，生二牡豕。失仲卜曰：‘我其杀之？我其已，勿杀？’勿杀是吉。失仲违卜，乃杀一豕。”有学者分析，“‘生二牡豕’，当指诞下一对双胞胎男婴。以双胞胎为不吉，甚至是妖异的民俗，在历史上曾经存在过，所以会通过占卜决定他们的命运”。论者指出，清黄叔璥《台海使槎录》：“一产二男为不祥，将所产子缚于树梢至死，并移居他处。”是可证“双胞胎不详的观念扎根于人类原始时代，在原始民族中普遍存在杀婴习俗”的民族学资料。论者随即指出“汉代应劭《风俗通义》也记述民间有‘禁忌生三子者’，认为三胞胎‘似六畜，妨父母’”。这样的风俗“其实最重要的是出于经济原因，在生产力极低、生存相当艰难的原始社会，一个母亲很难将一对双胞胎或年龄差距很小的两个子女养活”[②]。相关礼俗的早期源生条件，应与生产和生活方式限定的抚养能力相关。然而“似六畜”的生理学误见，也是不宜忽视的观念因素。

3. 不举五月子

宣酆所谓“孟尝君对其父：‘若不受命于天，何不高户，谁能及者’”，涉及另一种出生禁忌。《史记》卷七五《孟尝君列传》记

①李贞德：《汉隋之间的“生子不举”问题》。

②罗琨：《“生二牡豕”传说中的上古史影》，《中国社会科学报》2014年3月12日。

述了孟尝君也曾经因为这种礼俗迷信在出生之初就险些丧失生存权的故事：

> 初，田婴有子四十余人。其贱妾有子名文，文以五月五日生。婴告其母曰："勿举也。"其母窃举生之。及长，其母因兄弟而见其子文于田婴。田婴怒其母曰："吾令若去此子，而敢生之，何也？"文顿首，因曰："君所以不举五月子者，何故？"婴曰："五月子者，长与户齐，将不利其父母。"文曰："人生受命于天乎？将受命于户邪？"婴默然。文曰："必受命于天，君何忧焉。必受命于户，则可高其户耳，谁能至者！"婴曰："子休矣。"

对于"婴告其母曰：'勿举也。'其母窃举生之"，司马贞《索隐》："按：上'举'谓初诞而举之，下'举'谓浴而乳之。生谓长养之也。"孟尝君田文因为"以五月五日生"，父亲田婴决意"勿举"，"去此子"。其母私下暗自养育。被发现后，"田婴怒其母"，对于其禁忌，又有"五月子者，长与户齐，将不利其父母"的说明。田文的机智对答，说服了田婴，数百年后，至于东汉时仍然被宣酆引用。《论衡·福虚》也重复了这一故事。

尽管自司马迁至宣酆、应劭等开明士人都指出了其荒谬，所谓"不举五月子"的礼俗，汉代依然严重影响着社会生活。

对于"五月五日生"，当时民间可能有更严格的禁忌。《史记》卷七五《孟尝君列传》司马贞《索隐》："按：《风俗通》云'俗说五月五日生子，男害父，女害母'。"至于为什么人们会以为当日生子会"害父""害母"，根据现有资料，我们还不能予以详尽的说明。

《论衡·四讳》批评民间恶俗，写道：

……四曰讳举正月、五月子。以为正月、五月子杀父与母，不得〔举也〕。已举之，父母祸（偶）死，则信而谓之真矣。[①]

夫正月、五月子何故杀父与母？人之含气，在腹肠之内，其生，十月而产，共一元气也。正〔月〕与二月何殊？五〔月〕与六月何异？而谓之凶也？世传此言久〔矣〕[②]，拘数之人，莫敢犯之；弘识大材，实核事理，深睹吉凶之分者，然后见之。昔齐相田婴贱妾有子，名之曰文。文以五月生，婴告其母勿举也，其母窃举生之。及长，其母因兄弟而见其子文于婴。婴怒曰："吾令女去此子，而敢生之，何也？"文顿首，因曰："君所以不举五月子者，何故？"婴曰："五月子者，长至户，将不利其父母。"文曰："人生受命于天乎？将受命于户邪？"婴嘿然。文曰："必受命于天，君何忧焉？如受命于户，即高其户，谁能至者？"婴善其言，曰："子休矣！"其后使文主家，待宾客，宾客日进，名闻诸侯。文长过户而婴不死。以田文之说言之，以田婴不死效之，世俗所讳，虚妄之言也。夫田婴俗父，而田文雅子也。婴信忌不实义，文信命不辟讳，雅俗异材，举措殊操，故婴名暗而不明，文声驰而不灭。

王充再一次重复了孟尝君故事，又有"夫田婴俗父，而田文雅子

---

①黄晖《论衡校释》："孙曰：原文当作'以为正月五月子，杀父与母，不得举也。已举之，父母偶死，则信而谓之真矣'。今本'不得'下脱'举也'二字，'偶'又以形近误为'祸'，失古本矣。《御览》二十二引正有'举也'二字，'祸'正作'偶'，当据补正。"中华书局 1990 年 2 月版，第 3 册第 977—978 页。

②黄晖《论衡校释》："孙曰：《御览》引此文'正'下、'五'下并有'月'字，'久'下有'矣'字，皆是也。此脱，当据补。"第 3 册第 978 页。

也”以及“婴信忌不实义，文信命不辟讳，雅俗异材，举措殊操”的评价，以为正是因为如此，田婴“名暗而不明”，田文“声驰而不灭”。通过孟尝君田文的故事，得出“世俗所讳，虚妄之言也”的结论。至于这种“世俗”之所以形成，王充又进行了他的分析：

> 实说世俗讳之，亦有缘也。夫正月岁始，五月盛阳，子以〔此月〕生，精炽热烈，厌胜父母，父母不堪，将受其患。传相放效，莫谓不然。有空讳之言，无实凶之效，世俗惑之，误非之甚也。

“五月盛阳”或作“五月阳盛”[1]。以为“精炽热烈，厌胜父母，父母不堪，将受其患”的说法，只是王充的推想，或许并不真正符合秦汉社会生活和民间信仰的实际情形。“精炽热烈”，《太平御览》卷二二引作“精盛炽热烈”。

《西京杂记》卷二说到名臣王凤也是五月五日生，也曾经经历“其父欲不举”的遭遇：“王凤以五月五日生，其父欲不举，曰：‘俗谚举五日子，长及户，则自害，不则害其父母。’其叔父曰：‘昔田文以此日生，其父婴敕其母曰：勿举。其母窃举之。后为孟尝君，号其母为薛公大家。以古事推之，非不祥也。’遂举之。”[2]东

---

①黄晖《论衡校释》：“刘先生曰：‘盛阳’，《御览》二十二引作‘阳盛’，是也。又案：‘子以生’不词，《御览》引‘子’下有‘此月’二字，当据增。”第3册第979页。

②《太平御览》卷三一引《西京杂记》：“王凤以五月五日生，其父欲不举。其叔曰：‘昔田婴敕其母勿举田文，文后为孟尝君。以故事推之，非不祥。’遂举之。”《太平御览》卷三六一引作：“王凤五月五日生，其父欲勿举，其母曰：‘田文五月五日生，父婴敕其母勿举，母窃举之。后为孟尝君。以古事推之，非不祥。遂举之。”解救王凤的人，一谓“其叔”，一谓“其母”。

汉人胡广则被遗弃之后获救。《太平御览》卷七五八引《世说》曰："胡广本姓黄，五月五日生，父母恶之，乃置瓮投于江湖。见瓮流下，闻儿啼，取儿养之。遂位登三司，广不持本亲服，云于本亲以我为死人，深讥之。"①

生子时日禁忌还有《太平御览》卷三六一引《风俗通》曰："不举父同月子，俗云妨父也。"也是出于担心"妨父"的考虑。

五月五日生子不举的风俗后来依然得以继承。南朝刘宋名将王镇恶初生时，幼弱的生命就险些被这种"俗忌"终结。《宋书》卷四五《王镇恶传》："镇恶以五月五日生，家人以俗忌，欲令出继疏宗。猛见奇之，曰：'此非常儿，昔孟尝君恶月生而相齐，是儿亦将兴吾门矣。'故名之为'镇恶'。"

4. 爱妾生子不举

"生子不举"还有相当怪异的原因。《三国志》卷五二《吴书·诸葛瑾传》裴松之注引《吴书》说：

> （诸葛）谨才略虽不及弟，而德行尤纯。妻死不改娶，有所爱妾，生子不举，其笃慎皆如此。

为什么心爱的妾"生子不举"，就是"德行"之"纯"的表现，就是

---

①《太平御览》卷二一引《世说》曰："胡广本姓黄，五月生，父母恶之，乃置之瓮，投于江。胡翁见瓮流下，闻有小儿啼声，往取，因长养之，以为子。遂七登三司，流誉当世。广后不治其本亲服，云：我本亲已以为死人也。世以为深讥焉。"《太平御览》卷三八八引《语林》："胡广本姓黄，五日生，父母置瓮中，投之于江流下，闻有小儿啼声，往取，因以为子。遂登三司。广后不治本亲服，世以为议。"

"笃慎"的表现呢？这应当与当时人们特殊的家庭婚姻观念有关。似乎如此则不会抬高"爱妾"低于正妻的地位，不会危及对正妻的感情承诺。据《汉书》卷九七下《外戚传下·孝成赵皇后》记载，许美人怀孕，赵昭仪大闹，"谓成帝曰：'常绐我言从中宫来，即从中宫来，许美人儿何从生中？许氏竟当复立邪！'怼，以手自捣，以头击壁户柱，从床上自投地，啼泣不肯食，曰：'今当安置我，欲归耳！'"赵昭仪又说："陛下常自言'约不负女'，今美人有子，竟负约，谓何？"成帝曰："约以赵氏，故不立许氏。使天下无出赵氏上者，毋忧也！"后来汉成帝和赵昭仪竟然一同杀死了许美人所生皇子。通过这个故事的启示，或许可以理解诸葛瑾"有所爱妾，生子不举"之所以受到"德行尤纯"以及"笃慎"的赞美的原因。也许他对于已经去世的"妻"，也曾经有"约不负女"的诺言。

5."弃"的境遇

《太平御览》卷九九六引盛弘之《荆州记》说，东汉人胡广"久患风羸"，然而据说能够"年及百岁"。这位长期身居高位，"自在公台三十余年，历事六帝，礼任甚优"，"凡一履司空，再作司徒，三登太尉，又为太傅"的大官僚，按照《后汉书》卷四四《胡广传》的说法，活到八十二岁。然而死后备极尊荣，"故吏自公、卿、大夫、博士、议郎以下数百人，皆缞绖殡位，自终及葬。汉兴以来，人臣之盛，未尝有也"。这是他的华贵的人生终点，可是胡广的人生起点，其微弱的啼哭声竟几乎被悲凉的江风淹没。

胡广据说因"五月五日生，父母恶之"被流于江湖。他所以改姓胡，有一种说法是因为被"胡翁"营救抚养，另一种说法是被生身父母置于葫芦中漂流。《山堂肆考》卷一一引《小说》，讲了这样一个故事：

胡广本姓黄，以五月五日生，父母恶之，藏之葫芦，弃之河流。岸侧居人收养，及长，有盛名。父母欲取之归，广以为背其所生则害义，背其所养则忘恩，两无所归，托葫芦而生也，乃姓胡名广。后登三司，有中庸之号。

虽然《后汉书》卷四四《胡广传》和其他史籍关于他的家族关系，有明白的交代[①]，我们仍然不能轻易否定他早年弃婴经历的可信度。胡广虽"谦虚温雅"，"达练事体"，却宁愿承受世人讥议，不愿意与生身家族恢复关系，这与正统道德推崇的"孝子"典范不同[②]，应当是对于当初遗弃行为深心衔恨的缘故。

除了出生时日的禁忌导致弃婴而外，也有其他的情形。

例如《后汉书》卷五三《周燮传》记载：

（周）燮生而钦颐折頞，丑状骇人。其母欲弃之，其父不听，曰："吾闻贤圣多有异貌。兴我宗者，乃此儿也。"于是养之。

---

①《后汉书》卷四四《胡广传》："胡广字伯始，南郡华容人也。六世祖刚，清高有志节。平帝时，大司徒马宫辟之。值王莽居摄，刚解其衣冠，县府门而去，遂亡命交阯，隐于屠肆之间。后莽败，乃归乡里。父贡，交阯都尉。广少孤贫，亲执家苦。长大，随辈入郡为散吏。"李贤注引《襄阳耆旧记》："广父名宠，宠妻生广，早卒。"

②《太平御览》卷三一引《孝子传》："纪迈五月五日生，其母弃之。村人纪淳妻养之。年六岁，本父母云：'汝是我儿。'迈涕泣，佣所得辄上母。"《太平御览》卷四一一引宋躬《孝子传》："纪迈，庐江人，本姓舒。以五月五日生，母弃之。村人纪淳妻赵氏养之。年六岁，本父母时来看，语曰：'汝是我生。'迈泣涕告赵，赵乃具言始末。及年十岁，佣力所得，辄分二母各半。"

对于所谓“钦颐折頞”，李贤注：“颐，颔也。钦颐，曲颔也。《说文》曰：‘頞，鼻茎也。’折亦曲也。”“钦或作‘顩’。”看来，周燮的母亲只是因为婴儿“丑状骇人”，竟然忍心遗弃自己的骨肉。

周燮的父亲在面临对其妻准备遗弃的婴儿举与不举、养与不养的决策时，想到“吾闻贤圣多有异貌”，是很有意思的。我们看到，两汉时期流传的先古圣王的神秘事迹中，有作为弃婴的情节。

《史记》卷四《周本纪》写道，周人先祖弃，起初就因为其生不祥，成为弃婴：“周后稷，名弃。其母有邰氏女，曰姜原。姜原为帝喾元妃。姜原出野，见巨人迹，心忻然说，欲践之，践之而身动如孕者。居期而生子，以为不祥，弃之隘巷，马牛过者皆辟不践；徙置之林中，适会山林多人，迁之；而弃渠中冰上，飞鸟以其翼覆荐之。姜原以为神，遂收养长之。初欲弃之，因名曰‘弃’。”司马贞《索隐》说，弃的神异经历，由《诗·大雅·生民》中的如下诗句予以宣传：“诞置之隘巷，牛羊腓字之；诞置之平林，会伐平林；诞置之寒冰，鸟覆翼之。”更遥远的圣王舜，也是一位事实上的弃子。《史记》卷一《五帝本纪》写道：“舜父瞽叟盲，而舜母死，瞽叟更娶妻而生象，象傲。瞽叟爱后妻子，常欲杀舜，舜避逃。”他们的人生以悲剧开幕，最终却演出了体现宏大成功的轰轰烈烈的正剧①。

---

①《史记》卷一二三《大宛列传》记述张骞介绍乌孙国情言语，也有类似情节：“臣居匈奴中，闻乌孙王号昆莫，昆莫之父，匈奴西边小国也。匈奴攻杀其父，而昆莫生，弃于野。乌嗛肉蜚其上，狼往乳之。单于怪以为神，而收长之。及壮，使将兵，数有功，单于复以其父之民予昆莫，令长守于西域。昆莫收养其民，攻旁小邑，控弦数万，习攻战。单于死，昆莫乃率其众远徙，中立，不肯朝会匈奴。匈奴遣奇兵击，不胜，以为神而远之，因羁属之，不大攻。”又如《后汉书》卷八五《东夷列传·夫余》：“初，北夷索离国王出行，其侍儿于后妊身，王还，欲杀之。侍儿曰：‘前见天上（转下页）

这样的故事在秦汉时期于民间流传,又得以于司马迁笔下记录,应当是有社会意识的背景的。传播者或许通过这种圣贤神迹的宣扬,表达了对弃婴行为的曲折的批判。

应当注意到,这些后来实现成功的弃婴们,他们的人生辉煌只是生命史最黑暗的页面的微弱闪光。他们的幸遇的另一面,是早期命运相同的无数无辜的孩子大多夭死于完全无助的困境中,个别得以生存者,也只能在社会底层艰难挣扎。[①]

"生子辄杀,甚可悲痛"

婴儿初生,有时因为特殊的因由,生命在起点上刚刚开始,就被迫走向终结。这种短暂人生,不仅是初生儿自身的悲剧,也是狠下杀手的父母和家庭的悲剧,同时也是社会的悲剧,文明的悲剧。

1. "杀首子"风习

应劭称"以为妨害父母……莫肯收举"情形出于"俗间""禁忌",王充称为"讳举"。另有边远地方少数族"杀首子"习俗,应当也是出于某种神秘的禁忌。

《墨子・节丧下》:"昔者越之东有輆沐之国者,其长子生,则

(接上页)有气,大如鸡子,来降我,因以有身。' 王囚之,后遂生男。王令置于豕牢,豕以口气嘘之,不死。复徙于马兰,马亦如之。王以为神,乃听母收养,名曰东明。东明长而善射,王忌其猛,复欲杀之。东明奔走,南至掩淲水,以弓击水,鱼鳖皆聚浮水上,东明乘之得度,因至夫余而王之焉。"

解而食之。谓之‘宜弟’。”又《鲁问》：“楚之南有啖人之国者桥，其国之长子生，则鲜而食之，谓之宜弟。美，则以遗其君，君喜则赏其父。”《列子·汤问》：“越之东有辄沐之国，其长子生，则鲜而食之。”《后汉书》卷八六《南蛮传》：“（交阯）其西有噉人国，生首子辄解而食之，谓之宜弟。味旨，则以遗其君，君喜而赏其父。取妻美，则让其兄。今乌浒人是也。”[①] 所谓“生首子辄解而食之”，《汉书》卷九八《元后传》可见王章对汉成帝说有关“羌胡尚杀首子以荡肠正世”的解释。在群婚、乱婚的背景下，这一行为或许确有保障血统纯正的意义。所谓“正世”应是指对应社会舆论有所澄清。

章太炎曾经讨论“羌胡杀首子，所以荡肠正世”情形：“何者？妇初来也，疑挟佗姓遗腹以至，故生子则弃长而畜稚。《大雅·生民》所载，姜嫄先生后稷，弃之。禼尧挚不见弃，独稷弃之者，盖姜嫄行其国俗。姜即羌也。其传世受胙亦在少子。至今蒙古犹然，名少子则增言斡赤斤。斡赤斤，译言‘灶’也。谓其世守父灶，若言‘不丧匕鬯’矣。”[②]《管子·小称》：“管子曰：夫易牙以调和事公，公曰：惟烝婴儿之未尝。于是烝其首子而献之公。”《韩非子·二柄》：“桓公好味，易牙烝其首子而进之。”《韩非子》中《十过》及《难》篇皆有此说。杨树达写道，《大戴礼·保傅记》《法言·问神》《论衡·谴告》都“称易牙为狄牙，然则殆狄人乎”。“古狄易二字同音，故可通假。”“易牙正当作狄牙”，“窃疑易牙本戎狄之类，非中国之民，本其国俗以事齐桓，故进蒸子而不

---

①李贤注引万震《南州异物志》曰：“乌浒，地名也。在广州之南，交州之北。恒出道间伺候行旅，辄出击之。利得人食之，不贪其财货，并以其肉为肴葅，又取其髑髅破之以饮酒。以人掌趾为珍异，以食长老。”

②章太炎：《检论》卷一，《章太炎全集》第 3 卷，上海人民出版社 1984 年 7 月版，第 367 页。

以为异”[①]。易牙杀首子献食故事，又有《淮南子·主术》：“昔者齐桓公好味，而易牙烹其首子而饵之。”

裘锡圭指出“腓尼基人、迦太基人和以色列人都有过以头生子女作祭品的习俗”，以为“我国古代杀首子的习俗，显然也应该解释为把头生子女献给鬼神”，“杀首子后还要‘食之’，这无疑具有献新祭后的圣餐的性质”[②]。

《汉书》载王章“杀首子以荡肠正世”说及《后汉书》卷八六《南蛮传》关于“乌浒人”“生首子辄解而食之”的记载，说明中原人对这种风习是熟悉的。被看作“羌胡”“戎狄”之俗的“杀首子”现象，是否可能“对中原汉人产生些许影响”呢？有学者提出了肯定的意见[③]。《庄子·盗跖》所谓“尧杀长子”，裘锡圭说，“这一传说也应是以古代杀首子的习俗为背景的”[④]。《汉书》卷四七《文三王传·梁怀王刘揖》记载，梁王刘立有“淫乱”“禽兽行”诸罪，受到追究时，“惶恐，免冠”，有“当伏重诛”语。言及犯罪原因时，说到“渐渍小国之俗”。可知文明稍微落后一些的部族风习，在一定条件下是可以影响中原文化的。

2. 但为乏衣食而杀伤之

“生子不举”的最常见的原因是贫困，即《太平经》卷三五

---

①杨树达：《积微居小学述林》卷六《易牙非齐人考》，中华书局 1983 年 7 月版，第 245—246 页。

②裘锡圭：《杀首子解》，《中国文化》第 9 期，三联书店 1994 年 3 月版。

③姜守诚：《〈太平经〉研究——以生命为中心的综合考察》，社会科学文献出版社 2007 年 10 月版，第 227 页。论者又指出：当然，这种做法“终究与儒家传统观念相悖而无法施行”。

④裘锡圭：《杀首子解》。

《分别贫富法》所谓“但为乏衣食而杀伤之”。

汉宣帝时，任博士谏大夫的王吉曾经批评帝王在“宣德流化”方面的不足，以为社会风习“质朴日销，恩爱寖薄”，政治结构的上层负有责任。《汉书》卷七二《王吉传》写道：

> 吉意以为，“夫妇，人伦大纲，夭寿之萌也。世俗嫁娶太早，未知为人父母之道而有子，是以教化不明而民多夭。聘妻送女亡节，则贫人不及，故不举子。……”

所谓“聘妻送女亡节，则贫人不及，故不举子”，说明“生子不举”情形最普遍的原因，还是极端的贫穷。陈东原对“聘妻送女亡节，则贫人不及，故不举子”的解释是：“贫穷人家怕子女长大无力婚嫁，已经有溺婴的风俗了。”他又以此为“溺婴之始”[①]。这一说法，显然并不确实。李贞德以为：“真正的贫困之人，恐不及考虑到子女长成之后的嫁娶花费，而是一出生即因缺乏衣食，无法养活而不举子。”[②]这样的分析，是合理的。

汉元帝时，御史大夫贡禹上书也说到民间贫困被迫杀子的情形。《汉书》卷七二《贡禹传》：“禹以为古民亡赋算口钱，起武帝征伐四夷，重赋于民，民产子三岁则出口钱，故民重困，至于生子辄杀，甚可悲痛。宜令儿七岁去齿乃出口钱，年二十乃算。”《水经注·湘水》引《零陵先贤传》曰“郑产，字景载，泉陵人也。为白土啬夫。汉末多事，国用不足，产子一岁，辄出口钱。民多不举子，产乃敕民：勿得杀子，口钱当自代出。产言其郡县，为表上

①陈东原：《中国妇女生活史》，商务印书馆1998年4月版，第61页。
②李贞德：《汉隋之间的“生子不举”问题》。

言，钱得除，更名‘白土’为‘更生乡’也。”[①]也说口钱的压力竟然使得“民多不举子”。《北堂书钞》卷七五引《谢汉书》：“宋度迁长沙太守，人多以乏衣食，产乳不举。度切让三老，禁民杀子。比年之间，养子者三千余人。男女皆以‘宋’为名也。”[②]《后汉书》卷六七《党锢列传·贾彪》记载：“（贾彪）补新息长。小民困贫，多不养子。”“彪严为其制，与杀人同罪。……数年间，人养子者千数。佥曰‘贾父所长’，生男名为‘贾子’，生女名为‘贾女’。”[③]百姓不得温饱，“乏衣食”，“困贫”，“重困”，是“杀子”的主要原因。

《三国志》卷一六《魏书·郑浑传》说到东汉末年“下蔡”（今安徽凤台）、“邵陵”（今河南漯河东）地方的民间风习：

> 太祖闻其笃行，召为掾，复迁下蔡长、邵陵令。天下未定，民皆剽轻，不念产殖；其生子无以相活，率皆不举。

“生子不举”竟然成为地方风习。其原因，是“天下未定”，社会动荡，民生艰难，人们首先只是力争自身最基本的生存条件，因此被迫“不念产殖”，正是由于“其生子无以相活”，所以“率皆不举”。这里所说的“产殖”，在某种意义上似乎亦包括人口的“产殖”。

---

①《太平御览》卷一五七引《零陵先贤传》曰：“郑产，泉陵人，为白土啬夫。汉末，产子一岁辄出口钱。民多不举。产乃敕民：勿得杀子，口钱自当代出。因名其乡曰‘更生乡’。”

②“宋度”又作“宗庆”，“以‘宋’为名”于是作“以‘宗’为名”。

③李贞德引录这条史料，一处误注“《后汉书》〈王吉传〉77/2501”，应为“《后汉书》〈贾彪传〉67/2216”。

3. 杀害女婴行为

杀害女婴，是由来久远的社会行为。

有的学者推测："史前时代主要采用杀女婴的方法，造成女性明显减少，以达到控制人口增长的目的。"据统计，异常性比平均值为1.82 ∶ 1。论者认为，"中国新石器时代高性比形成的原因当不出以下诸条：（1）男性食物季节性或区域性酸碱失衡，碱性过重，生男性的Y精子形成机会较多；（2）食物匮乏，生活艰难导致妇女妊娠性比例偏高；（3）出生性比例偏高，男性明显多于女性；（4）青年女性由于怀孕和生育的艰难，自然死亡率偏高；（5）为保持部落内男性人口的数目而残杀新生女婴；（6）为控制人口的再生产而残杀女婴；（7）因为经济的和宗教的原因残杀女婴"[①]。其中（5）（6）（7）三条很可能反映了社会发展进程中一定阶段的历史事实，特别值得社会史研究者注意。

这些推想并没有得到学界的共同认可[②]。形成学术争辩的不同意见，其实体现了研究方法的差异。有学者认为，"不能以一种反例来推翻原有的认识"。"就黄河中下游地区史前人口高性比问题来说，不能以部分民族学资料中存在的尊重女童的现象来反对杀女婴说，因为有时动物界恰恰是为了体现某种权力而残害了同性[③]。因此，不能因为尊重女权而否认杀女婴现象的存在。既然有杀女婴习俗的存在，而且考古学材料中也反映出了这种习

①王仁湘：《原始社会人口控制之谜》，《化石》1980年第4期；王仁湘：《我国新石器时代人口性别构成的再研究》，《考古求知集：'96考古研究所中青年学术讨论会文集》，中国社会科学出版社1997年4月版。

②汤池：《半坡人杀女婴吗？》，《化石》1981年第4期。

③原注：陈铁梅：《中国新石器墓葬成年人骨性比异常的问题》，《考古学报》1990年第4期。

俗影响的结果，那么我们就有理由相信史前高性比形成的原因部分是由于这种习俗造成的。”[①]

大致在战国晚期，仍有杀害女婴的社会现象。《韩非子·六反》在论证政治生活中的人际关系时，这样写道：

> 今上下之接，无子父之泽，而欲以行义禁下，则交必有郄矣。且父母之于子也，产男则相贺，产女则杀之。此俱出父母之怀衽，然男子受贺，女子杀之者，虑其后便、计之长利也。故父母之于子也，犹用计算之心以相待也，而况无父子之泽乎！

“父母之于子也，产男则相贺，产女则杀之”被韩非作为论辩证例，应是当时社会相当普遍的现象。所谓“此俱出父母之怀衽，然男子受贺，女子杀之者，虑其后便、计之长利也”，指出了行为主体“父母”出于利益关系的考虑，即“虑其后便、计之长利也”。

彭卫、杨振红指出：“战国末年，家庭溺杀的婴儿大都是女性。”“这种情形在秦汉时也应具有普遍性。”[②]这样的判断是可以成立的。

---

①论者还写道：“除了其他地区民族学的资料之外，我们也可以从有关黄河中下游地区的历史文献中找到相关的佐证资料。如清《晋政辑要》中载‘晋民素称朴厚，而溺女一事，竟狃于故习而不能湔除，往往初生一女，犹或翼其存留，连产两胎，不肯容其长大，甫离母服，即坐冤盆，未试啼哭，已登鬼箓’。这段文献明确记载了山西省历史上存在的溺杀女婴现象，同时也为20世纪此地高性比（据国民政府审计处统计局资料，1910年山西省人口性比值为135.5）问题提供了解释。”王建华：《黄河中下游地区史前人口性别构成研究》，《考古学报》2008年第4期。

②彭卫、杨振红：《中国风俗通史·秦汉卷》，上海文艺出版社2002年3月版，第360页。

《汉书》卷九七下《外戚传下·孝成赵皇后》记载："孝成赵皇后，本长安宫人。初生时，父母不举，三日不死，乃收养之。及壮，属阳阿主家，学歌舞，号曰飞燕。成帝尝微行出，过阳阿主，作乐。上见飞燕而说之，召入宫，大幸。"赵飞燕"初生时，父母不举，三日不死，乃收养之"，史籍没有说明其"父母不举"的原因，推想有可能是因为婴儿性别的缘故。李贞德指出，"由于女性的社会地位低，生养女儿，益显无谓。女婴遭弃，并不稀见。以争宠杀婴著名的赵飞燕本人，就曾经是一个弃婴。"

李贞德还写道："汉末乱世弃杀女婴的情况更为严重，根据《太平经》的批评看来，可能已造成人口性比例失调的现象。"所引《太平经》卷三五《分别贫富法》说："今天下失道以来，多贱女子，而反贼杀之，令使女子少于男，故使阴气绝，不与天地法相应。"[①]

4. 对于"杀子"行为的法律处罚和舆论批判

云梦睡虎地秦简《法律答问》有关于"杀子"的条文：

> "擅杀子，黥为城旦舂。其子新生而有怪物其身及不全而杀之，勿罪。"今生子，子身全殹(也)，毋(无)怪物，直以多子故，不欲其生，即弗(六九)举而杀之，可(何)论？为杀子。(七〇)

所谓"有怪物其身及不全"，整理小组注释："指婴儿有先天畸形。"整理小组对这段文字所作译文是："'擅自杀子，应黥为城旦舂。如小儿生下时身上长有异物，以及肢体不全，因而杀死，不

---

①李贞德：《汉隋之间的"生子不举"问题》。

予治罪。’如新生小儿，身体完好，没有生长异物，只是由于孩子太多，不愿他活下来，就不加养育而把他杀死，应如何论处？作为杀子。”就是说，法律不惩罚杀害残疾婴儿的行为，如果是正常发育正常的婴儿，“弗举而杀之”，应当给予“黥为城旦舂”的法律处罚。

睡虎地秦简《法律答问》中还有相关的内容：

> 士五（伍）甲毋（无）子，其弟子以为后，与同居，而擅杀之，当弃市。（七一）

整理小组注释：“弟子，此处应指其弟之子。”“弃市，在市场中当众处死。《释名》：‘市死曰弃市。市，众所聚，与众人共弃之也。”整理小组译文：“士伍甲无子，以其侄为后嗣，在一起居住，而擅自将他杀死，应当弃市。”又如：

> “擅杀、刑、髡其后子，潚之。”·可（何）谓“后子”？·官其男为爵后，及臣邦君长所置为后大（太）子，皆为“后子”。（七二）

整理小组注释：“后子，《荀子·正论》注：‘嗣子。’杨树达《积微居金文余说》卷一认为后子即作为嫡嗣的长子。”“官，据简文此处应指曾经官府认可。”“臣邦君长，简文或作臣邦君公，指臣属于秦的少数民族的领袖。”整理小组译文：“‘擅自杀死、刑伤或髡剃其后子的，均应定罪。’什么叫‘后子’？经官方认可其子为爵位的继承人，以及臣邦君长立为后嗣的太子，都是‘后子’。”“潚之”，即定罪。《说文·水部》：“潚，议罪也。与法同意。”

《法律答问》还有关于“人奴擅杀子”及相关情形的条文。如：

人奴擅杀子，城旦黥之，畀主。(七三)

整理小组译文：“私家奴婢擅自杀子，应按城旦的样子施以黥刑，然后交还主人。”又有关于“人奴妾”杀伤子行为的处罚规定：

人奴妾治(笞)子，子以牯死，黥颜頯，畀主。|相与斗，交伤，皆论不殹(也)？交论。(七四)[①]

整理小组注释：“牯(音枯)，读为枯，《淮南子·原道》注：‘犹病也。’”“颜，面额中央。頯(音逵)，颧部。”“交，俱，见《孟子·梁惠王上》注。”整理小组译文：“私家奴婢笞打自己之子，子因此患病而死，应在额上和颧部刺墨，然后交还主人。互相斗伤双方都受了伤，是否都要论处？都应论处。”

从这些法律条文看，确实可以说“秦汉时期儿童生活和安全状况受到官方保护，并用法规形式加以确认”，有学者以为，“尽管现存文献的残缺使我们无法窥见当时有关法规的全貌，但可以肯定，重视儿童保护是秦汉王朝四个世纪一以贯之的国策。”这样的认识大体可以赞同，然而所谓“朝廷对儿童的保护措施涉及平民、奴婢等阶层，并对离异后重组家庭中针对儿童的暴力行为予以关注”的意见，似尚可商榷。对于“人奴擅杀子”和“人

①睡虎地秦墓竹简整理小组：《睡虎地秦墓竹简》，文物出版社1990年9月版，释文第109—111页。

奴妾治(笞)子,子以肪死”的情形明确量刑标准,却不言及“平民”同等情形的处罚,这种对“奴婢”阶层“儿童的保护措施”,其出发点可能并非对“奴婢”子的“保护”,而是对拥有对“人奴”和“人奴妾”及其子女的所有权的“主”的财产的“保护”。至于所谓“对离异后重组家庭中针对儿童的暴力行为予以关注”,可能基于“对平民中‘擅杀、刑、髡其后子’之事也要立案侦查”[1]情形,否则无从说及这种“关注”。看来,论者对于“后子”的理解与整理小组不同。整理小组的解释,有“士五(伍)甲毋(无)子,其弟子以为后”的认识基础,而且简文明确写道:“可(何)谓‘后子’? ·官其男为爵后,及臣邦君长所置为后大(太)子,皆为‘后子’。”有学者指出,“后”还有继承人之意,不限于嗣子。对“后子”提出新的解说,看来还有必要提供充备的论证[2]。与“擅杀、刑、髡其后子,灋之。”对应的律文,我们还看到:

> ·可(何)谓“非公室告”? ·主擅杀、刑、髡其子、臣妾,是谓“非公室告”,勿听。而行告,告者罪。告【者】罪已行,它人有(又)(一〇四)
>
> 袭其告之,亦不当听。(一〇五)

整理小组译文:“什么叫‘非公室告’?家主擅自杀死、刑伤、髡剃其子或奴婢,这叫‘非公室告’,不予受理。如果仍行控告,控告

①彭卫、杨振红:《中国风俗通史·秦汉卷》,第355页。

②张建国:《秦汉时一条珍贵的有关继承法的律文》,《法学研究》1996年第5期;曹旅宁:《秦律新探》,中国社会科学出版社2002年12月版,第305页。

者有罪。控告者已经处罪，又有别人接替控告，也不应受理。”[①]律文大概不至于“对离异后重组家庭中针对儿童的暴力行为予以关注”，而对非离异家庭中“针对儿童的暴力行为”，即同样的“擅杀、刑、髡其子”情形置之不理。

《法律答问》尽管“对于了解秦的法律制度以及社会政治经济状况，具有很重要的史料价值”，然而由于这部分内容只是“采用问答形式，对秦律某些条文、术语以及律文的意图作出明确解释”[②]，并不涉及所有律文，限制了我们对秦律相关条文的总体认识。从现在看到的内容，可知“擅杀子，黥为城旦舂”，而“士五（伍）甲毋（无）子，其弟子以为后，与同居，而擅杀之，当弃市”，判罪轻重是有明显差别的[③]，则整理小组理解的“后子”即“作为嫡嗣的长子”，与一般的“子”是明显不同的。而对于“新生”之子，又有另外的法律地位区别。就现有资料看，如果说“重视儿童保护是秦汉王朝四个世纪一以贯之的国策”，那么这种“肯定”也不宜过高，不能超过对历史真实认识的基本限度。

通过对秦律内容的分析，从“汉承秦制”的认识出发，可以大略推知汉代的相关制度。张家山汉简《二年律令》中的《贼律》有这样的内容：

> 父母殴笞子及奴婢，子及奴婢以殴笞辜死，令赎死。（三九）[④]

①睡虎地秦墓竹简整理小组：《睡虎地秦墓竹简》，释文第 118 页。
②睡虎地秦墓竹简整理小组：《睡虎地秦墓竹简》，释文第 93 页。
③有学者指出，“弃市显属死罪之下等”。曹旅宁：《秦律新探》，第 189 页。
④张家山二四七号汉墓竹简整理小组：《张家山汉墓竹简〔二四七号墓〕》，文物出版社 2001 年 11 月版，第 139 页。

说的是父母殴打其子及奴婢至死，也应当抵罪。

宋度“禁民杀子”以及《后汉书》卷六七《党锢列传·贾彪》记载面对“多不养子”的风习，“（贾）彪严为其制，与杀人同罪。城南有盗劫害人者，北有妇人杀子者，彪出案发，而掾吏欲引南。彪怒曰：‘贼寇害人，此则常理，母子相残逆天违道。’遂驱车北行，案验其罪。城南贼闻之，亦面缚自首。”都说明行政权力对生子不举现象的干预。更极端的例证还有《后汉书》卷七七《酷吏列传·王吉》：“若有生子不养，即斩其父母，合土棘埋之。”

前引《三国志》卷一六《魏书·郑浑传》说到东汉末年“生子”“不举”的民间风习：“太祖闻其笃行，召为掾，复迁下蔡长、邵陵令。天下未定，民皆剽轻，不念产殖；其生子无以相活，率皆不举。”而郑浑行政，在法律约束的同时又注重通过经济开发予以引导：

> （郑）浑所在夺其渔猎之具，课使耕桑，又兼开稻田，重去子之法。民初畏罪，后稍丰给，无不举赡；所育男女，多以“郑”为字。

郑浑在“重去子之法”的同时采取了提升其经济意识，促成民间富裕的措施，于是，“民初畏罪，后稍丰给，无不举赡”。郑浑以开明的政策移风易俗，虽然改变了“生子”“不举”的风习，而方式却绝不生硬，因此能够大得民心，以致民间“所育男女，多以‘郑’为字”。

《太平经》卷三五《分别贫富法》指斥“贼杀”女婴行为时说，这种行为的后果，“使阴气绝，不与天地法相应”。又说：“此贼杀女，深乱王者之治，大咎在此也。”有学者看作一种“宗教劝戒”[①]。其实，这种观念也与王充、应劭对杀婴礼俗意识背景的辩争同样，可以看作反映出生命意识觉醒的舆论批判。而所谓“深乱王者之治，大咎在此也”以及“是应寇贼之气，大逆甚无道也”，“其乱帝王治最深”的叱责，又指为深切危害“王者之治”、“帝王治”的最严重的政治犯罪。

与郑浑故事中“所育男女，多以‘郑’为字”情形类似者，有宋度故事中养子者“男女皆以‘宋’为名”，贾彪故事中“生男名为‘贾子’，生女名为‘贾女’”，郑产故事中治下白土乡更名“为‘更生乡’”等。这些文化迹象，也都体现出民间深层意识对生命的尊重。这些官员察觉到社会文化否定旧礼俗的朦胧要求，以行政方式的调整顺应了这一趋势。注意到这一历史变化，也许对准确理解秦汉社会文化进程是有益的。

①李贞德：《汉隋之间的“生子不举”问题》。

二　婴幼儿健康与基本生存条件

“婴儿”和“婴女”

秦汉时期文献所见“婴儿”称谓,涵义有所不同。或指“始生”儿、“初生”儿、“新生”儿,与现今所谓“婴儿”语义接近。或指幼儿,亦可能指代范围再作扩展,与“大人”对应,义近今人所谓少年儿童。当时有“女曰婴,男曰儿”的说法,自有性别区分。当时“婴儿”称谓指代对象相对比较复杂,体现秦汉时期是汉语社会称谓形成和使用逐步确定化的历史阶段。其情形,或亦与“由上古汉语向中古汉语的过渡”有关。而当时未成年人的生活情境与社会地位,也可以通过相关现象得以反映。

《焦氏易林》数见“婴女”称谓。其中“爱我婴女”句所见“贱下”或者“下贱”,或许体现了当时社会的性别差异观念已经严重影响着未成年女子甚至女性婴儿的生存境遇。这一现象,应与秦汉时期弃婴行为所见女婴居于更悲惨境地即“产女则杀之”的情形联系起来理解。

1. 人始生曰“婴儿”

秦汉时期“婴儿”称谓有多种涵义。其中之一指新出生小儿。《释名·释长幼》说，“婴儿”就是“始生”儿：

> 人始生曰“婴儿”。胸前曰“婴”，抱之婴前，乳养之也。或曰“嫛婗”，嫛，是也。言是人也。“婗”其啼声也，故因以名之也。

所谓“人始生曰婴儿”，与现今“婴儿”定义相近[①]。《说文·女部》：“婴，绕也。”段玉裁注：“凡言‘婴儿’，则‘嫛婗’之转语。”[②]“嫛婗”，郑玄《礼记·杂记》注写作“鷖弥”[③]。《法言》卷三《问道》：“或问：‘太古德怀不礼怀，婴儿慕，驹犊从，焉以礼？’曰：‘婴、犊乎！婴、犊母怀不父怀。母怀，爱也；父怀，敬也。独母而不父，未若父母之懿也。’”有学者解释说：“婴儿、嫛婗、鷖弥

①胡楚生校：“慧琳《音义》凡八引此条……卷八十一所引，‘始’作‘初’。……卷三十所引，‘人始生’作‘初生’。”“卷二十五引作：‘始生也，又女子前曰婴，投之胸前而乳养，故婴儿也。’卷五十一引作‘人初生曰婴儿也’。”任继昉：《释名汇校》，齐鲁书社2006年11月版，第146页。“嫛婗”，有研究者以为“联绵词误释”，解释“不正确”，属于“分训致误”。“‘嫛婗’即‘婗’之衍音，小儿之称。”“不可分别，曲为之解。”不过，论者就《释名》“联绵词误释”举例时，数目似有错乱。虽多次说解释不正确者“20条”、“20个词”，实际所举则为21例。陈建初：《〈释名〉考论》，湖南师范大学出版社2007年4月版，第266页。

②〔汉〕许慎撰，〔清〕段玉裁注：《说文解字注》，上海古籍出版社据经韵楼藏版1981年10月影印版，第621—622页。

③《礼记·杂记》：“曾申问于曾子曰：‘哭父母有常声乎？’曰：‘中路婴儿失其母焉，何常声之有？’”郑玄注：“婴，犹鷖弥也。言其若小儿亡母啼号，安得常声乎？所谓哭不偯。”

皆连语形容字，言人始生不能言语，嫛婗然也。”[①]

《吴越春秋》卷九《勾践阴谋外传》“勾践十三年”记载伍子胥和伯嚭在吴王夫差面前关于对越政策的争论：“子胥曰：‘太宰嚭固欲以求其亲，前纵石室之囚，受其宝女之遗。外交敌国，内惑于君，大王察之，无为群小所侮。今大王譬若浴婴儿，虽啼，无听宰嚭之言。’”[②] 所谓“譬若浴婴儿，虽啼，无听”，所说“婴儿”显然就是“始生”儿。同样的记录又见于《越绝书》卷五《越绝请籴内传》：“申胥曰：‘太宰嚭面谀以求亲，乘吾君王，币帛以求，威诸侯以成富焉。今我以忠辩吾君王，譬浴婴儿，虽啼勿听，彼将有厚利。嚭无乃谀吾君王之欲，而不顾后患乎？’”[③] 所不同的是，“譬若浴婴儿，虽啼，无听”，《吴越春秋》是指伯嚭之言，《越绝书》则是指伍子胥“今我以忠辩吾君王”之言。

《史记》卷六《秦始皇本纪》有关于“新生婴儿”发表政治预言的记载，这是“新生婴儿”竟然能够出场政治演出的奇闻：

> 惠文王生十九年而立。立二年，初行钱。有新生婴儿曰“秦且王”。

《七国考》卷一三《秦灾异》有“新生婴儿言”条。其中写道：

---

①汪荣宝撰：《法言义疏》，中华书局 1987 年 3 月版，上册第 127 页。

②周生春辑校汇考本作：“今大王譬若浴婴儿，虽啼无听宰嚭之言。”《吴越春秋辑校汇考》，上海古籍出版社 1997 年 7 月版，第 149 页。苗麓校点本作：“今大王譬若浴婴儿，虽啼，无听宰嚭之言。”《吴越春秋》，江苏地方文献丛书，江苏古籍出版社 1999 年 8 月版，第 146 页。

③标点从乐祖谋点校本《越绝书》，上海古籍出版社 1985 年 10 月版，第 36 页。

"《秦别纪》:孝公十六年,有新生婴儿曰:'秦且王。'秦史笔之以为祯祥,然不恒为妖,故附庸于《灾异》。"缪文远《七国考订补》写作:"〔《史记》卷六《秦始皇本纪》附〕《秦别纪》:惠文王二年[①],有新生婴儿曰:'秦且王。'秦史笔之以为祯祥,然不恒为妖,故附庸于《灾异》。"徐复《秦会要订补》卷一三《历数下》"人妖"题下引《始皇本纪》:"惠文王二年,有新生婴儿曰:'秦且王。'"[②]同书卷一二《历数上》"符瑞"题下引《秦本纪》"文公十九年,得陈宝"事,涉及与"童子"有关的神秘故事[③],卷一三《历数下》有关于"童谣"的内容[④],也是研究未成年人生活应当

---

①原注:"按《吴兴丛书》本校语云:'原作孝公十六年,依《史记》改。"缪文远:《七国考订补》,上海古籍出版社1987年4月版,下册第729页。

②〔清〕孙楷撰,徐复订补:《秦会要订补》,中华书局1959年6月版,第188页。

③又引"《正义》引《晋太康地志》":"秦文公时,陈仓人猎得兽,若彘,不知名,牵以献之。逢二童子,童子曰:'此名为蝟,常在地中,食死人脑。'即欲杀之,拍捶其首。蝟亦语曰:'二童子名陈宝,得雄者王,得雌者霸。'陈仓人乃逐二童子,化为雉,雌上陈仓北阪,为石,秦祠之。"〔清〕孙楷撰,徐复订补:《秦会要订补》,第178页。

④《水经注·沔水》:"《神异传》曰:由卷县,秦时长水县也。始皇时,县有童谣曰:'城门当有血,城陷没为湖。'有老妪闻之,忧惧,旦往窥城门。门侍欲缚之,妪言其故。妪去后。门侍杀犬以血涂门。妪又往,见血。走去不敢顾。忽有大水长欲没县,主簿令干入白令。令见干曰:'何忽作鱼?'干又曰:'明府亦作鱼。'遂乃沦陷为谷矣。"又引《述异记》:"始皇二十六年,童谣云:阿房阿房,亡始皇。"又有一例,不说"童谣",只说"谣",然而有"小儿"的动作值得注意。《太平御览》卷八六引《异苑》:"秦世有谣曰:'秦始皇,何奄僵,开吾户,据吾床,饮吾酒,啜吾浆,飡吾饭,以为粮,张吾弓,射东墙,前至沙丘当灭亡。'始皇既坑儒焚典,乃发孔子墓,欲取诸经传圹。既启,于是悉如谣者之言。又言谣文,刋在冢壁。政甚恶之,及达沙丘,而修别路,见一群小儿,辇沙为阜。问云'沙丘'。从此得病。"〔清〕孙楷撰、徐复订补:《秦会要订补》,第196—197页。参看王子今:《略论两汉童谣》,《重庆师范大学学报》2007年第3期。

重视的史料。杨宽、吴浩坤主编《战国会要》卷五〇《祥异上》卷五一《祥异下》列有“符瑞”“日月变异”“星变”“雪”“总天变”“地震”“山崩”“火灾”“河渭赤”“水旱灾”“物异”“马生人”“蝗虫”“疠疫”14种,不载此“有新生婴儿曰‘秦且王’”事[①]。

睡虎地秦简《日书》甲种《诘》题下写道:“鬼婴儿恒为人号曰:‘鼠(予)我食。’是哀乳之鬼。”(二九背叁)这里所谓“鬼婴儿”是“是哀乳之鬼”,“婴儿”和“乳”的关系是明确的。《焦氏易林》卷二《大过·贲》:“婴儿求乳,母归其子。黄麑悦喜,乃得甘饱。”[②]又《焦氏易林》卷三《蹇·萃》:“司命不游,喜解我忧。皇母缓带,婴儿笑喜。”也体现汉代民间以“婴儿”指“始生”儿、“初生”儿的语言习惯。

《潜夫论》卷三《忠贵》在政论中以“婴儿”为喻:“历观前世贵人之用心也,与婴儿等。婴儿有常病,贵人有常祸,父母有常失,人君有常过。婴儿常病,伤饱也。贵人常祸,伤宠也。父母常失,在不能已于媚子。人君常过,在不能已于骄臣。哺乳太多,则必掣纵而生痫。贵富太盛,则必骄佚而生过。”[③]其中“婴儿”,注家在解释时或注意到与《释名·释长幼》“人始生曰‘婴儿’……”的联系。所谓“掣纵而生痫”,有学者推测以为即“小儿惊风”。《潜夫论笺校正》写道:“《说文》手部:‘瘳,引纵曰瘳

①杨宽、吴浩坤主编:《战国会要》,上海古籍出版社2005年12月版,上册第466—477页。

②卷三《损·贲》:“婴儿求乳,慈母归子。黄麑悦喜,得其甘饱。”

③王符接着又写道:“是故媚子以贼其躯者,非一门也。骄臣用灭其家者,非一世也。或以背叛横逆不道,或以德薄不称其贵。文昌奠功,司命举过,观恶深浅,称罪降罚,或捕格斩首,或拉髆掣胸,掊死深穽,衔刀都市,僵尸破家,覆宗灭族者,皆无功于民氓者也。而后人贪权冒宠,蓄积无极,思登颠陨之台,乐循覆车之迹,愿禅福祚,以备员满贯者,何世无之。”

。’疒部：‘瘛，小儿瘛疭病也。’戴侗《六书故》云：‘瘛疭谓小儿风惊，乍掣乍纵。掣，搐也；纵则掣而乍舒也。’《玉篇》云：‘痫，小儿瘨病。’按《素问·大奇论》云：‘痫瘛筋挛。’〇铎按：今谓小儿惊风，《汉书·艺文志》有《疭瘛方》三十卷，即治此病者。”[①]《汉书》卷三〇《艺文志》著录的“经方十一家”中，有：“《金创疭瘛方》三十卷。”又有：“《妇人婴儿方》十九卷。”前者被认为是小儿癫痫病诊疗经验的总结。后者应当是妇科和儿科知识的合集。马王堆帛书《五十二病方》中有针对“婴儿索痉”“婴儿病间（痫）”“婴儿瘛（瘈）”的病方。整理小组认为：“婴儿索痉，当为产妇子痫一类病症。”“一说，应为小儿脐带风。”[②]名称中都出现“婴儿”两字的这三种病，后两种，研究者以为是“儿科疾病”：“‘婴儿病痫’是小儿的痫病。‘婴儿瘈’即‘瘈疭’，系小儿惊风。”前一种，研究者以为是“妇产科疾病”，“即子痫一类疾病”。然而又指出：“另一种意见认为此病为婴儿脐带风。”[③]看来，当时总结“小儿医”医疗经验的文献中，所谓“婴儿”，有时明确是指“始生”儿、“初生”儿[④]。

《吕氏春秋·具备》写道：“三月婴儿，轩冕在前，弗知欲也，斧钺在后，弗知恶也，慈母之爱谕焉，诚也。”又《淮南子·缪称》：

---

①〔汉〕王符著，〔清〕汪继培笺、彭铎校正：《潜夫论笺校正》，中华书局1985年9月版，第115页。

②马王堆汉墓帛书整理小组编：《五十二病方》，文物出版社1979年11月版，第40—43页。

③马继兴、李学勤：《我国现已发现的最古医方——帛书〈五十二病方〉》，马王堆汉墓帛书整理小组编：《五十二病方》，文物出版社1979年11月版，第187页。

④参看王子今：《秦汉“小儿医”略议》，《西北大学学报（哲学社会科学版）》2007年第4期。

"三月婴儿，未知利害也，而慈母之爱谕焉者，情也。"又《淮南子·齐俗》："羌、氐、僰、翟，婴儿生皆同声，及其长也，虽重象狄騠，不能通其言，教俗殊也。今三月婴儿，生而徙国，则不能知其故俗。"都明确说"三月婴儿"。后者"婴儿生"与"及其长"对应，也强调其生命早期的阶段性。《三国志》卷六《魏书·袁绍传》："长史耿武、别驾闵纯、治中李历谏(韩)馥曰：'……袁绍孤客穷军，仰我鼻息，譬如婴儿在股掌之上，绝其哺乳，立可饿杀。'"此"婴儿"也是赖"哺乳"为生的。

秦汉时期所谓"人始生曰'婴儿'"，所谓"新生婴儿"，"婴儿"语义与现今通常的说法是一致的。

汉代陶俑有表现哺乳形象者，体现母子亲情的实际形态。如丰都汇南汉墓群出土哺乳俑[①]，妇人盘腿而坐，左手托抱婴儿，右手托左乳喂哺，低眉笑视婴儿，形象十分生动。据考古学者介绍，"四川彭山东汉墓出土的哺乳俑，左手抱褓中婴儿，右手托乳以帮助婴儿吮食"。四川新津东汉墓出土的一件"背儿捧箕女俑"，两手平端一箕，"似在簸扬"，"背上用布袋背一小儿，小儿紧贴在母亲背部中间，两手紧扶在母亲肩上。"这种"缚子于背"的"负子俑"，体现在行走或劳作时兼而照料婴儿的情形[②]。

2. 非"始生""初生""新生"之"婴儿"

《焦氏易林》卷三《损·大畜》："婴儿孩笑，未有所识。狡童而争，乱我政事。"卷四《旅·节》："婴儿孩子，未有知识。彼

---

①丰都县文物管理所藏。俞伟超主编：《长江三峡文物存真》，重庆出版社 2000 年 6 月版，第 61 页。

②刘兴林：《重庆忠县汉墓出土的顶罐俑和负子俑》，《东南文化》2008 年第 6 期。

童而角，乱我政事。”“未有所识”“未有知识”的“婴儿”，和“狡童”“彼童”相对应，尚不能确定其年龄。而秦汉文献遗存透露的许多信息表明，当时人使用的“婴儿”称谓，有时显然并不是指“始生”儿、“初生”儿。《史记》卷四《周本纪》说射法“支左诎右”，司马贞《索隐》引《越绝书》曰“左手如附泰山，右手如抱婴儿”，“婴儿”在怀抱，有可能是“新生婴儿”，也可能是数岁小童[①]。

贾谊《新书》卷六《春秋连语》记录了“婴儿”孙叔敖见两头蛇，杀而埋之的故事：

> 孙叔敖之为婴儿也，出游而还，忧而不食。其母问其故。泣而对曰：“今日吾见两头蛇，恐去死无日矣。”其母曰：“今蛇安在？”曰：“吾闻见两头蛇者死，吾恐他人又见，吾已埋之也。”其母曰：“无忧，汝不死。吾闻之，有阴德者，天报以福。”人闻之，皆谕其能仁也。及为令尹，未治而国人信之。

又《新序》卷一《杂事》：“孙叔敖为婴儿之时，出游见两头蛇，杀而埋之。归而泣。其母问其故。叔敖对曰：‘闻见两头之蛇者死，向者吾见之，恐去母而死也。’其母曰：‘蛇今安在？’曰：‘恐他人又见，杀而埋之矣。’其母曰：‘吾闻有阴德者，天报以福，汝

---

① 《后汉书》卷八二下《方术列传下·蓟子训》：“建安中，客在济阴宛句。有神异之道。尝抱邻家婴儿，故失手墯地而死，其父母惊号怨痛，不可忍闻，而子训唯谢以过误，终无它说，遂埋藏之。后月余，子训乃抱儿归焉。父母大恐，曰：‘死生异路，虽思我儿，乞不用复见也。’儿识父母，轩渠笑悦，欲往就之，母不觉揽取，乃实儿也。”“抱”“揽”的动作，应与所谓“抱之婴前乳养之”者略同，然而“儿识父母，轩渠笑悦，欲往就之”情形，已说明并非“始生”儿、“初生”儿，甚至可能已经脱离了“乳养”的阶段。

不死也。’及长，为楚令尹，未治而国人信其仁也。”《列女传》卷三《仁智传》“孙叔敖母”条也写道：“楚令尹孙叔敖之母也。叔敖为婴儿之时，出游见两头蛇，杀而埋之。归见其母而泣焉。母问其故，对曰：‘吾闻见两头蛇者死，今者出游见之。’其母曰：‘蛇今安在？’对曰：‘吾恐他人复见之，杀而埋之矣。’其母曰：‘汝不死矣！夫有阴德者，阳报之，德胜不祥，仁除百祸，天之处高而听卑。《书》不云乎：皇天无亲，惟德是辅。尔嘿矣，必兴于楚。’及叔敖长，为令尹，君子谓叔敖之母知道德之次。《诗》云：母氏圣善。此之谓也。”

“孙叔敖为婴儿之时”，竟然能够独自“出游”，遇意外情形，可以从容处置，思路清晰，态度镇定。这样的“婴儿”，已经绝不是“新生婴儿”了。

《论衡》卷六《福虚》记叙孙叔敖故事：“楚相孙叔敖为儿之时，见两头蛇，杀而埋之。”不言“婴儿”而只称“儿”。《艺文类聚》卷九六引《贾谊书》也说“孙叔敖之为儿，出游还，忧而不食……”《太平御览》卷四〇三及卷九三三引《贾谊书》同。

《吕氏春秋·荡兵》：“家无怒笞，则竖子婴儿之有过也立见。”“婴儿”已经具备“有过”的条件，应当不是“新生婴儿”。《淮南子·人间》：“夫鹊先识岁之多风也，去高木而巢扶枝，大人过之则探鷇，婴儿过之则挑其卵，知备远难而忘近患。”“婴儿”已经具有了过鹊巢而“挑其卵”的行为能力。“竖子婴儿”连称，隐约体现出某种鄙夷。

《淮南子·说林》写道：“吕望使老者奋，项托使婴儿矜，以类相慕。”项托即项橐。《战国策·秦策五》：“夫项橐生七岁而为孔子师。”《史记》卷七一《樗里子甘茂列传》又说：“大项橐生七岁为孔子师。”《太平御览》卷四〇四引《春秋后语》：“夫项橐十岁为孔子师。"《淮南子·修务》:"夫项托七岁为孔子师。"《论衡·实知》:"夫项托年七岁教孔子。""大项橐"应是"夫项橐"字误。"七""十"形近,"十岁"原应为"七岁"[①]。所谓"项托使婴儿矜,以类相慕"者,"以类相慕"的"婴儿"应当也是"七岁"左右。

《说苑》一书中数次说到"婴儿",也都并不是指"始生"儿或者"初生"儿。例如:

> 景公睹婴儿有乞于途者。公曰:"是无归夫!"晏子对曰:"君存,何为无归?使吏养之[②],可立而以闻。"
>
> (卷五《贵德》)
>
> 婴儿竖子,樵采薪荛者,蹢躅其足而歌其上,众人见之,无不愁焉。(卷一一《善说》)
>
> ……田将军曰:"单以五里之城,十里之郭,复齐之国,何为攻翟不能下?"去,上车,不与言,决攻翟,三月而不能下。齐婴儿谣之曰:"大冠如箕,长剑柱颐,攻翟不能下,垒于梧丘。"于是田将军恐骇。(卷一五《指武》)
>
> 孔子至齐郭门之外,遇一婴儿挈一壶,相与俱行,其视精,其心正,其行端。孔子谓御曰:"趣驱之,趣驱之!《韶》乐方作。"孔子至彼闻《韶》,三月不知肉味。
>
> (卷一九《修文》)

---

①参看王子今:《"秦项橐"故事考议》,《秦文化论丛》第14辑,三秦出版社2007年10月版。

②赵善诒注:"'吏'字原脱,从刘氏《斠补》补。"《说苑疏证》,华东师范大学出版社1985年2月版,第113页。

所谓“婴儿”“乞于途”,“婴儿”“樵采薪荛”,“婴儿谣之”,“婴儿”“挈一壶,相与俱行,其视精,其心正,其行端”,都有自主独立的行为能力,甚至能够参与艰苦的劳作。《说苑》卷一九《修文》说:“子生三年,然后免于父母之怀,故制丧三年,所以报父母之恩也。”以上数例所见“婴儿”,都是早已“免于父母之怀”的[①]。《春秋繁露》卷九《身之养重于义》:“今握枣与错金以示婴儿,婴儿必取枣而不取金也。”所说“婴儿”未必“免于父母之怀”,但是应当已经并非“抱之婴前乳养之”者了。

《史记》卷八《高祖本纪》记录刘邦微时故事,有善相者预言刘邦子女人生前景的情节:

> 高祖为亭长时,常告归之田。吕后与两子居田中耨,有一老父过请饮,吕后因铺之。老父相吕后曰:“夫人天下贵人。”令相两子,见孝惠,曰:“夫人所以贵者,乃此男也。”相鲁元,亦皆贵。老父已去,高祖适从旁舍来,吕后具言客有过,相我子母皆大贵。高祖问,曰:“未远。”乃追及,问老父。老父曰:“乡者夫人婴儿皆似君,君相贵不可言。”高祖乃谢曰:“诚如父言,不敢忘德。”及高祖贵,遂不知老父处。

刘邦的儿女被称作“婴儿”,却可以“居田中耨”,已经能够参与田间劳动。

---

①《战国策·秦策一》:“今秦妇人婴儿皆言商君之法,莫言大王之法。是商君反为主,大王更为臣也。”此“婴儿”已有语言能力,又有政治判断能力。《淮南子·说林》:“狂者伤人,莫之怨也;婴儿詈老,莫之疾也。”这里所说的“婴儿”,也是已经具有“詈”的能力的。

武梁祠西壁画像有表现老莱子孝亲故事的画面。题刻："老莱子，楚人也。事亲至孝，衣服斑连。婴儿之态，令亲有欢。君子嘉之，孝莫大焉。"[①] 从画面形象看，所谓"婴儿之态"，并不是"始生"儿、"初生"儿[②]。

"婴儿"接受政府"禀给"救济的情形，见于《后汉书》卷三《章帝纪》："（元和）三年春正月乙酉，诏曰：'盖君人者，视民如父母，有憯怛之忧，有忠和之教，匍匐之救。其婴儿无父母亲属，及有子不能养食者，禀给如律。'"所谓"婴儿无父母亲属"仍得生存者，大概不会是"始生"儿、"初生"儿。

贾谊《新书》卷四《匈奴》陈说对匈奴策略，言及"与单于争其民"的"三表"、"五饵"。其中"五饵"的作用，在于"牵其目，牵其耳，牵其口，牵其腹，四者已牵，又引其心"。建议对于"降者"给予优遇，包括："凡降者，陛下之所召幸，若所以约致也。陛下必有时有所官，必令此有高堂邃宇，善厨处，大囷京，厩有编马，库有阵车，奴婢、诸婴儿、畜生具。"此处"婴儿"，或解释说："婴儿，当谓僮。"[③] 又说到所谓"胡婴儿"："于来降者，上必时时而有所召幸，拊循而后得入官。夫胡大人难亲也，若上于故婴儿召贵人子好可爱者，上必召幸大数十人，为此绣衣好闲，且出则，从居则更侍。上即飨胡人也，大縠抵也，客胡使也，力士、武士固近侍傍，胡婴儿得近侍侧，故贵人更进得佐酒前，上乃幸自御此薄，使付酒钱，时人偶之。为间则出绣衣，具带服宾余，时以赐之。上

①高文：《汉碑集释》，河南大学出版社 1997 年 11 月版，第 116 页。

②朱锡禄：《武氏祠汉画像石》，山东美术出版社 1986 年 12 月版，图一，第 104 页。

③〔汉〕贾谊撰，阎振益、锺夏校注：《新书校注》，中华书局 2000 年 7 月版，第 147 页。

即幸拊胡婴儿,捣遒之,戏弄之,乃授炙幸自啖之,出好衣,闲且自为赣之。上起,胡婴儿或前或后,胡贵人既得奉酒,出则服衣佩绶,贵人而立于前,令数人得此而居耳。一国闻者、见者,希盱而欲,人人忣忣惟恐其后来至也。”文中“故婴儿”“故贵人”,王念孙曰:“故,与胡同。”也就是“胡婴儿”“胡贵人”[①]。所谓“胡婴儿”、“胡贵人”者,也就是上文匈奴“婴儿”及匈奴“贵人子好可爱者”。这里“胡婴儿”和“胡大人”对应,应是指未成年人,但显然并非“始生”儿、“初生”儿。

李学勤曾经说,银雀山汉简中,“《守法》一篇相当大的部分是和《墨子·备城门》、《号令》相重的”,其间“只能是袭用的关系”[②]。有学者又明确指出了银雀山简《守法》“丈夫千人(779)……者万人,老不事者五千人,婴儿五千人,女子负婴(780)”与《墨子·号令》“大(丈)夫千人,丁女子二千人,老小千人”的对应关系[③]。如果同意这种判断,则可以理解银雀山简文“婴儿”与《墨子》的“小”意义相近。而“婴儿”在战争中要被编列成部队,直接参加城防守备的情形当然值得我们注意。这样的“婴儿”,毫无疑问并非“始生”儿、“初生”儿。

《史记》卷一三《三代世表》褚少孙补述:“《黄帝终始传》曰:‘汉兴百有余年,有人不短不长,出白燕之乡,持天下之政,时有婴儿主,欲行车。’”所谓“婴儿主”,司马贞《索隐》:“谓昭帝

---

①《新书校注》,第147—148页。

②李学勤:《论银雀山简〈守法〉、〈守令〉》,《简帛佚籍与学术史》,时报文化出版企业有限公司1994年12月版。

③史党社:《银雀山汉简〈守法〉〈守令〉与〈墨子〉城守诸篇》,《秦俑与秦文化研究——秦俑学第五届学术讨论会论文集》,陕西人民出版社2000年8月版。

也。”《汉书》卷七《昭帝纪》：“后元二年二月上疾病，遂立昭帝为太子，年八岁。以侍中奉车都尉霍光为大司马大将军，受遗诏辅少主。明日，武帝崩。戊辰，太子即皇帝位，谒高庙。”是汉昭帝以“年八岁”儿童被称作“婴儿”。

3. “年十二”“婴儿”

“婴儿”称谓指代的未成年人，还有年龄更大一些的。《列女传》卷六《辩通传》“楚处庄侄”条所记述的故事，主人公之一就是另一年龄稍大的“婴儿”：

> 楚处庄侄者，楚顷襄王之夫人，县邑之女也。初，顷襄王好台榭，出入不时，行年四十，不立太子。谏者蔽塞，屈原放逐，国既殆矣。秦欲袭其国，乃使张仪间之，使其左右谓王曰：“南游于唐五百里，有乐焉。”王将往。是时庄侄年十二，谓其母曰：“王好淫乐，出入不时，春秋既盛，不立太子，今秦又使人重赂左右，以惑我王，使游五百里之外，以观其势。王已出，奸臣必倚敌国而发谋，王必不得反国。侄愿往谏之。”其母曰：“汝，婴儿也，安知谏？”不遣。侄乃逃，以缇竿为帜。侄持帜，伏南郊道旁。王车至，侄举其帜，王见之而止。使人往问之。使者报曰：“有一女童，伏于帜下，愿有谒于王。”王曰：“召之。”

随后有楚王与庄侄的对话。庄侄进行了政治形势分析和政治决策建议：

> 侄至，王曰：“女何为者也？”侄对曰：“妾，县邑之女也，

欲言隐事于王，恐壅阏蔽塞而不得见。闻大王出游五百里，因以帜见。”王曰：“子何以戒寡人？”侄对曰：“大鱼失水，有龙无尾，墙欲内崩而王不视。”王曰：“不知也。”侄对曰：“‘大鱼失水’者，王离国五百里也，乐之于前，不思祸之起于后也；‘有龙无尾’者，年既四十，无太子也，国无强辅，必且殆也；‘墙欲内崩而王不视’者，祸乱且成而王不改也。”王曰：“何谓也？”侄曰：“王好台榭，不恤众庶，出入不时，耳目不聪明，春秋四十，不立太子，国无强辅，外内崩坏，强秦使人内间王左右，使王不改，滋日以甚。今祸且构，王游于五百里之外，王必遂往，国非王之国也。”王曰：“何也？”侄曰：“王之致此三难也，以五患。”王曰：“何谓‘五患’？”侄曰：“宫室相望，城郭阔达，一患也；宫垣衣绣，民人无褐，二患也；奢侈无度，国且虚竭，三患也；百姓饥饿，马有余秣，四患也；邪臣在侧，贤者不达，五患也。王有五患，故及三难。”王曰：“善！”

于是，“命后车载之，立还反，国门已闭，反者已定，王乃发鄢郢之师以击之，仅能胜之。乃立侄为夫人，位在郑子袖之右。为王陈节俭爱民之事，楚国复强。君子谓庄侄虽违于礼，而终守以正。《诗》云：‘北风其喈，雨雪霏霏。惠而好我，携手同归。’此之谓也。”《列女传》又有颂曰：“楚处庄侄，虽为女童，以帜见王，陈国祸凶。设王三难，五患累重。王载以归，终卒有功。”

庄侄这位“年十二”的女孩子，被称作“处”“女童”“婴儿”。“楚处庄侄”的“处”，或解释为“处，处女，女孩”。其中“其母曰：‘汝，婴儿也，安知谏？’”句，有学者理解为：“她母亲却说：‘你还是个小孩子，哪里懂得什么劝谏？'"[①] "婴儿"，被解说为"小孩子"。

"是时庄侄年十二"而"其母曰：'汝，婴儿也……'"可能是我们在讨论秦汉时期"婴儿"称谓使用时，所看到的有明确纪数的年龄最大的"婴儿"了。

清代学者陈厚耀撰《春秋战国异辞》卷三一《楚·顷襄王》引《列女传》"庄侄"故事，只说"其母不遣"，并无"汝，婴儿也"之说[②]。作者指出："按张仪、郑袖不得为襄王时人，楚国复强，史亦不载。其舛谬甚矣。"将这里使用的"婴儿"称谓看作秦汉时期的语言遗存，可能是适宜的。

《三国志》卷六《魏书·袁绍传》有这样的记载："建安五年，太祖自东征备。田丰说绍袭太祖后，绍辞以子疾，不许，丰举杖击地曰：'夫遭难遇之机，而以婴儿之病失其会，惜哉！'"袁绍去世在建安七年（202），距所谓"以婴儿之病失其会"不过两年，时袁绍少子袁尚已经有明确的自主意识[③]，参与了继承权的竞争[④]，甚

---

①张涛：《列女传译注》，山东大学出版社1990年8月版，第245页，第247页。

②《太平御览》卷四五五及《广博物志》卷一一引《列女传》"庄侄"事迹，均不见其母"汝，婴儿也"语。

③《三国志》卷六《魏书·袁绍传》裴松之注引《典论》："谭长而惠，尚少而美。绍妻刘氏爱尚，数称其才，绍亦奇其貌，欲以为后，未显而绍死。刘氏性酷妒，绍死，僵尸未殡，宠妾五人，刘尽杀之。以为死者有知，当复见绍于地下，乃髡头墨面以毁其形。尚又为尽杀死者之家。"

④《三国志》卷六《魏书·袁绍传》："绍爱少子尚，貌美，欲以为后而未显。审配、逢纪与辛评、郭图争权，配、纪与尚比，评、图与谭比。众以谭长，欲立之。配等恐谭立而评等为己害，缘绍素意，乃奉尚代绍位。谭至，不得立，自号车骑将军。由是谭、尚有隙。"

至多次直接率军作战[①]。如果“绍辞以子疾”的“子”，田丰所责备“以婴儿之病失其会”的“婴儿”确是袁尚，则这位被称作“婴儿”的生病的孩子，当时应当已经超过“年十二”的年龄阶段。

4. “女曰婴，男曰儿”

还有一种对秦汉时期“婴儿”称谓的解释，即予以性别区分，也就是所谓“女曰婴，男曰儿”。

唐代学者苏鹗的《苏氏演义》卷上写道：

> 《苍史篇》：“女曰婴，男曰儿。”婴者，盈盈也，女之貌也。又婴字从賏[②]。賏者，贝也。宝贝璎珞之类，盖女子之饰也。儿者，嫣[③]也。谓婴儿嫣嫣然，输输然，幼弱之象也。亦曰孺子，与嫣同义。

《急就篇》卷一“伊婴齐”王应麟补注引《苍颉篇》：“女曰婴，男

①如《三国志》卷六《魏书·袁绍传》记载，袁尚曾与曹操对抗，有黎阳之战：“太祖北征谭、尚。谭军黎阳，尚少与谭兵，而使逢纪从谭。谭求益兵，配等议不与。谭怒，杀纪。太祖渡河攻谭，谭告急于尚。尚欲分兵益谭，恐谭遂夺其众，乃使审配守邺，尚自将兵助谭，与太祖相拒于黎阳。自九月至二月，大战城下，谭、尚败退，入城守。太祖将围之，乃夜遁。”又曾与袁谭相攻。“太祖之围邺也，谭略取甘陵、安平、勃海、河间，攻尚于中山。尚走故安从熙，谭悉收其众。”“太祖南征荆州，军至西平。谭、尚遂举兵相攻，谭败奔平原。尚攻之急……”又有救邺围之战。“尚闻太祖北，释平原还邺。”“尚闻邺急，将兵万余人还救之……”后来败走中山，奔辽东，被公孙康诱斩。《三国志》卷六《魏书·袁绍传》裴松之注引《典略》：“尚为人有勇力，欲夺取康众”，以为“有辽东犹可以自广也”。

②原注：“音婴。”

③原注：“音儒。”

曰儿。"《玄应音义》卷二"婴儿"注引《三苍》以及《广韵·清韵》引《苍颉篇》也说:"女曰婴,男曰儿。"王筠《说文句读》:"《三苍》:'女曰婴,男曰儿。'"所谓"女曰婴,男曰儿"如果确实出自《苍颉篇》等汉代小学书,则体现汉代社会曾经通行这样的认识。前引《史记》卷八《高祖本纪》"老父曰:'乡者夫人婴儿皆似君,君相贵不可言'",所谓"婴儿"不排除"鲁元"与"孝惠"分说,"女曰婴,男曰儿"的可能。

宋代学者赵德麟《侯鲭录》卷四有这样一段文字:

> 《汉书》云:"日月薄蚀。"韦昭曰:"气往迫之曰薄,亏毁曰蚀。女曰婴,男曰儿。"《释名》云:"人始生曰'婴儿'。胸前曰'婴',抱之婴前而乳养之,故曰'婴儿'。"

《汉书》卷三六《刘向传》:"当是之时,日月薄蚀而无光。"颜师古注:"薄,迫也。谓被掩迫也。"《侯鲭录》当是引《史记》卷二七《天官书》:"日月薄蚀。"裴骃《集解》:"孟康曰:'日月无光曰薄。'京房《易传》曰:'日赤黄为薄,或曰不交而蚀曰薄。'韦昭曰:'气往迫之为薄,亏毁为蚀。"与此后接续语"女曰婴,男曰儿"全不连贯。似应读作:

> 《汉书》云:"日月薄蚀。"韦昭曰:"气往迫之曰薄,亏毁曰蚀。"
>
> "女曰婴,男曰儿。"《释名》云:"人始生曰'婴儿'。胸前曰'婴',抱之婴前而乳养之,故曰'婴儿'。"

而"女曰婴,男曰儿"语未见出处。

又清代学者沈自南《艺林汇考称号篇》卷二《宗党类》写道：

> 余氏《辨林》："男曰儿，女曰婴。"今概曰"婴儿"，殊未辩此。

徐锴《说文解字系传》亦见"女曰婴"的说法[①]，而所谓"今概曰'婴儿'"，确实反映"女曰婴，男曰儿"的称谓使用方式已经死亡的情形。

"男曰儿，女曰婴"，或引作"男曰孩，女曰婴"[②]。

也有学者以为，"婴儿"是"连语形容字"，"《玉篇》引《苍颉篇》云：'女曰婴，男曰儿。'强为区别，失之。"[③]也是值得参考的意见。然而"婴""儿"语义的分异是否"强为区别"，似乎应当关

---

①〔五代〕徐锴《说文解字系传》通论中卷三四："男曰儿，女曰婴。婴者，缨也。又瘿也。皆拥于劲前之名也。故于文，女賏为婴。婴，賏声。又胡人连贝以饰颈，曰賏，女子之饰也。儿者，倪也。女曰婴，其声细嘤嘤然。儿犹，其声倪倪然。差壮大也。倪者，端倪也，人之始也，如木之有端倪也。又儿者，提也，儿则提携之，女则拥抱之，从母言之也。"《四部丛刊》景述古堂景宋钞本。〔清〕桂馥《说文解字义证》"婴"字条只言"颈饰""缠绕"之义，未讨论"婴儿"之"婴"。齐鲁书社据清咸丰二年连筠簃杨氏刻本1987年12月影印版，第1086页。〔清〕朱骏声《说文通训定声》："《吕览・知士》：'更立卫姬婴儿校师。'注：'幼少之称。'《苍颉篇》：'女曰婴，男曰儿。'非是。《释名》：'人始生曰婴儿。胸前曰婴，抱之婴前乳养之也。'此以'膺'释'婴'，声训之法，非本义。又云：或曰嫛婗。嫛，是也。言是人也。婗，其啼声也，亦失之。"武汉市古籍书店据临啸阁藏版1983年6月影印版，第859页。

②如〔明〕张自烈《正字通》卷二，清康熙二十四年清畏堂刻本。又〔清〕阮葵生《茶余客话》卷一六《语言》："女曰婴，男曰孩；女曰婴，男曰儿。"清光绪十四年本。

③汪荣宝撰：《法言义疏》，中华书局1987年3月版，上册第127页。

注语言史的事实。

5. 秦汉"婴儿"称谓涵义复杂的文化背景

《书·康诰》:"若保赤子,惟民其康乂。"孔颖达疏:"子生赤色,故言赤子。"《汉书》卷四八《贾谊传》、卷五一《路温舒传》、卷八九《龚遂传》,《后汉书》卷一〇上《皇后纪上·和熹邓皇后》、卷一六《邓禹传》、卷四一《锺离意传》、卷五一《杨赐传》、卷六六《陈蕃传》、卷七五《吕布传》,《三国志》卷七《魏书·张邈传》裴松之注引《英雄记》、卷二五《魏书·杨阜传》、卷六五《吴书·贺邵传》等,均见"赤子"称谓。《贾谊传》颜师古注:"赤子,言其新生未有眉发,其色赤。"有学者竟然据此以为"称谓词"有"生理特征表示法",其中有"皮肤特征":"不同年龄段的人具有不同的皮肤特征,因此此类词也成为了年龄称谓词。""赤子"就被看作这样的称谓①。

《龚遂传》颜师古注:"赤子犹言初生幼小之意也。"《杨阜传》有"孩抱之赤子"语②。还有一种对"婴儿"的解说,以为可与"赤子"对应。《鹖冠子·备知》所见"赤子"称谓,陆佃解释说:"男曰'赤子',女曰'婴儿'。"这种可能曾经出现过的"婴儿"使用的性别界定,后来也为"今概曰'婴儿'"这种称谓习惯的潮流所淹没了。

睡虎地秦简《日书》甲种《诘》题下又有"是宲宲人生为鬼"

①马丽:《〈三国志〉称谓词研究》,中国社会科学出版社2010年10月版,第224—225页。

②〔清〕李慈铭《越缦堂读书记·槎庵小乘》:"'尺'字古通用'赤'。……'赤子'者,谓始生小儿仅长一尺也。"此说似未可信从。

(四四背壹至四五背壹),整理小组释文:“是宲宲〈是是宲〉人生为鬼。”整理小组注释:“宲,疑即宝字,此处疑读为殍。宲字下原有重文号,现改正为在是字下。”刘乐贤引郑刚云:“宲见《说文》《玉篇》,这里读褓(二字并从呆声),褓人即襁褓中人,指小儿。小儿活着就做鬼,所以下文曰:‘以黍肉食宲人,则止矣。’”刘乐贤以为整理小组和郑刚“二说皆可商”。他认为:“宲人可能是指小童。本简说‘人无故一室人皆疫’,则作祟之鬼可能是疫鬼。古书中的疫鬼总是化为孩童之形[①],本简‘生为鬼’的‘宲人’也应是孩童。但宲人不能指襁褓中的婴儿,因为对婴儿无‘以黍肉食’之理。婴儿在本篇作‘赤子’,见六五简背贰。”[②]

秦汉时期“婴儿”称谓语义的复杂,使得我们在理解当时若干文化遗存时不免困惑。例如读马王堆汉墓帛书医学文献,可知《胎产书》中所说“婴儿”,如“使婴儿无疕,曼理,寿□”[③],“令婴儿□上,其身尽得土,乃浴之,为劲有力”,“以浴婴儿[④],不疕骚(瘙)。及取婴儿所已浴者水半桮(杯)饮母,母亦毋(无)余病”等,都是指“始生”儿、“新生”儿。《杂禁方》中所谓“婴儿善泣,垛,(涂)㙐上方五尺”,亦可同样理解。而《杂疗方》所谓“使婴儿良心智,好色,少病”,“婴儿”语义则未可明辨。于是《五十二病方》又出现了“少婴儿”称谓:“加(痂):以少(小)婴儿弱(溺)

---

①刘乐贤原注:“参见伊藤清司著,刘晔原译:《〈山海经〉中的鬼神世界》,中国民间文艺出版社 1990 年 3 月版,第 18 页。”

②刘乐贤:《睡虎地秦简日书研究》,第 237 页。

③魏启鹏等校释:“使婴儿无疕”,“意为避免疮疡癣疥一类婴儿多发病”。“曼理:柔嫩润泽的皮肤。《韩非子·扬权》:‘曼理皓齿。’”魏启鹏、胡翔骅:《马王堆汉墓帛书校释(贰)》,成都出版社 1992 年 6 月版,第 88 页。

④魏启鹏等校释:“□□婴儿,殆可补作‘以浴婴儿’。”魏启鹏、胡翔骅:《马王堆汉墓帛书校释(贰)》,第 92 页。

渍羖羊矢，卒其时，以傅之。”（三三七）整理小组注释：“小婴儿溺，与下三五一行小童溺等相同，即童便。”[①]第七一行亦见“小童弱（溺）”。第三五三行又有“男潼弱”，研究者以为“男潼弱”就是“男童溺”[②]。其实，“少（小）婴儿弱（溺）”和“小童弱（溺）”似并不完全相同，就称谓而言，“少（小）婴儿”和“小童”不同，和“婴儿”也应当有所区别。应劭又使用过“小小婴儿”的说法，《汉书》卷五一《邹阳传》载录邹阳奏书谏吴王濞，其中有“深割婴儿王之”语。颜师古注引应劭曰：“封齐王六子为王，其中有小小婴儿者，文帝于骨肉厚也。”“少（小）婴儿”和“小小婴儿”以及上文说到《吕氏春秋》和《淮南子》“三月婴儿”的出现，应当与“婴儿”称谓当时指代过于宽泛有一定关系。

法律文书对于社会身份应当有比较准确的名义界定。而《封诊式》“出子”题下关于斗殴导致孕妇流产案情，所谓“即诊婴儿男女、生发及保之状”（八六）[③]，“婴儿”是指未足月胎儿。而《秦律十八种》中《仓律》可见关于服役者口粮定量的规定：

> 隶臣妾其从事公，隶臣月禾二石，隶妾一石半；其不从事，勿禀。小城旦、隶臣作者，月禾一石半石；未能作者，月禾一石。小（四九）妾、舂作者，月禾一石二斗半斗；未能作者，月禾一石。婴儿之毋（无）母者各半石；虽有母而与其母

---

①马王堆汉墓帛书整理小组编：《五十二病方》，文物出版社1979年11月版，第106页。

②张显成：《简帛药名研究》，西南师范大学出版社1997年10月版，第346—347页。

③整理小组注释：“保，读为胞，胞衣。”睡虎地秦墓竹简整理小组：《睡虎地秦墓竹简》，文物出版社1990年9月版，释文第161—162页。

冗居公者，亦稟之，禾（五〇）月半石。隶臣田者，以二月月稟二石半石，到九月尽而止其半石。舂，月一石半石。隶臣、城旦高不盈六尺五寸，隶妾、舂高不盈（五一）六尺二寸，皆为小；高五尺二寸，皆作之。 仓（五二）

涉及“婴儿”的一句，整理小组译文：“没有母亲的婴儿每人发粮半石；虽有母亲而随其母为官府零散服役的，也发给粮食，每月半石。”又联系最后一句“高五尺二寸，皆作之”（整理小组译文：“身高达到五尺二寸，都要劳作”，又注释：“五尺二寸约今 1.2 米”）[①]，可知律文这里所说的“婴儿”，是指一般未成年的小儿。里耶秦简廪食简，记录有对隶臣妾口粮的供给，与“小隶臣”“使小隶臣”“未小隶臣”相对，也出现有“隶臣婴自〈儿〉”（8—217）、“隶妾婴儿”（8—1540）等身份[②]。

至于“产生于由上古汉语向中古汉语的过渡时期”的《论衡》一书，据说“用当时的语言写成，吸收了大量的民间口语和俗语，较为真实地反映了当时语言应用的实际情况”。其中“婴儿”语义，就有两种：1.“初生的幼儿”；2.“又泛指幼童，小孩儿”。前者的书证是《论衡·无形》：“生为婴儿，长为丈夫。”后者的书证是《论衡·骨相》：“乡者夫人婴儿相皆似君，君相贵不可言。”[③]

秦汉“婴儿”称谓有多重涵义，指代“初生婴儿”的称谓又有

---

①睡虎地秦墓竹简整理小组：《睡虎地秦墓竹简》，文物出版社 1990 年 9 月版，释文第 32—33 页。

②孙闻博：《秦及汉初的司寇与徒隶》，《中国史研究》2015 年第 3 期。

③时永乐、王景明：《论衡词典》，人民出版社 2005 年 2 月版，第 2 页，第 653 页。

多种，这一复杂的文化现象，反映了秦汉社会关系史和语言史的特殊进程。

也许秦汉时期"婴儿"称谓使用的复杂性，与"由上古汉语向中古汉语的过渡"有关。正如东汉学者许慎在《说文解字·叙》中回顾战国时期历史文化时所说，"诸侯力政，不统于王"，于是礼乐典籍受到破坏，天下分为七国，"田畴异亩，车涂异轨，律令异法，衣冠异制，言语异声，文字异形"。李学勤指出，"东周时代充满了战乱和分裂"，当时的列国可以大致划分为 7 个文化圈：中原文化圈、北方文化圈、齐鲁文化圈、楚文化圈、吴越文化圈、巴蜀滇文化圈和秦文化圈。而"秦文化的传布"，成为重要的历史现象。"秦的兼并六国，建立统一的新王朝，使秦文化成为后来辉煌的汉代文化的基础。"[①]

梳理秦汉时期历史文化的基本脉络，可以看到，秦文化、楚文化和齐鲁文化等区域文化因子，在秦汉时期经长期融汇，形成了具有统一风貌的汉文化。儒学正统地位的终于确立，国家教育体制的逐步健全，成为适应专制主义政治需要的文化建设成就的重要标志。经历这一时期，以"汉"为标志的民族文化共同体已经初步形成。在这一渊源不同的文化碰撞与融合的过程中，语言遗存看似混乱的情势，其发生自然是可以理解的。

6.《焦氏易林》："爱我婴女"

《焦氏易林》是一部具有特殊文化内涵的汉代典籍。这部书的特殊价值，体现出在汉代这一特殊历史时期经典文化与民俗文

---

①李学勤：《东周与秦代文明》，文物出版社 1984 年 6 月版，第 7 页，第 11—12 页。

化相交接的特质。其中社会史料和文化史料的价值,因而值得珍视[①]。《焦氏易林》中所见"婴女",对于秦汉社会称谓研究也有重要意义。

例如,《焦氏易林》卷一《屯·未济》:

爱我婴女,牵衣不与。冀幸高贵,反曰贱下。

卷二《噬嗑·无妄》:

爱我婴女,牵衣不与。冀幸高贵,反曰下贱。

又卷二《大过·咸》:

爱我婴女,牵引不得。冀幸高贵,反目下贱。

"反曰"与"反目",当有一误。或曰"贱下",或曰"下贱",文意则并无不同。另一涉及"婴女"的文句,则见于卷四《姤·损》:

梦饭不饱,酒来入口。婴女难好,媒应不许。

此"婴女"有可能与前三例不同。《释名·释长幼》:"人始生曰'婴儿'。胸前曰'婴',抱之婴前乳养之也。或曰'嫛婗',嫛,是也。言是人也。'婗'其啼声也,故因以名之也。"或引作"人初

①王子今:《〈焦氏易林〉的思想史研究——兼论汉代经典文化与民俗文化的交接》,《秦汉思想文化研究》,希望出版社2005年7月版。

生曰婴儿也”[①]。《吴越春秋》卷九《勾践阴谋外传》可见“譬若浴婴儿,虽啼,无听”的说法,所说“婴儿”即“始生”儿。同样的记录又见于《越绝书》卷五《越绝请籴内传》。《史记》卷六《秦始皇本纪》:“有新生婴儿曰‘秦且王’。”睡虎地秦简《日书》甲种《诘》题下写道:“鬼婴儿恒为人号曰:‘鼠(予)我食。’是哀乳之鬼。”(二九背叁)“鬼婴儿”是“是哀乳之鬼”,“婴儿”和“乳”的关系是明确的。《吕氏春秋·具备》和《淮南子·缪称》都可见所谓“三月婴儿”。《焦氏易林》卷二《大过·贲》:“婴儿求乳,母归其子。黄麑悦喜,乃得甘饱。”又卷三《损·贲》:“婴儿求乳,慈母归子。黄麑悦喜,得其甘饱。”《焦氏易林》卷三《蹇·萃》:“司命不游,喜解我忧。皇母缓带,婴儿笑喜。”也体现汉代民间以“婴儿”指“始生”儿、“初生”儿的语言习惯。秦汉时期的“婴儿”称谓指代对象年龄又有稍大之例。刘邦的儿女被善相“老父”称作“婴儿”,却“居田中耨”,已经能够参与田间劳动。《列女传》卷六《辩通传》“楚处庄侄”条所记述的“婴儿”故事,庄侄这位被称作“处”“女童”“婴儿”的女孩子,已经“年十二”。“楚处庄侄”的“处”,或解释为“处,处女,女孩”。

“婴女难好,媒应不许”言及和“媒”的关系,似乎“婴女”已经谈婚论嫁。汉代社会上层有些幼年女子被提前锁定在婚姻的格式中,然而限于生理条件的不成熟未能“用登御”,只得“待年”。这是政治婚姻的特定条件所决定的。其背景是权势利益追求。这些未成年“童女”的幼弱之身,在政治势力争夺中被看作没有生命的砝码。《汉书》卷九七上《外戚传上·孝昭上官皇后》记述了“上官安之女,六岁立为皇后以待年”事。杨树达说:“至若上官安之

---

①任继昉:《释名汇校》,齐鲁书社 2006 年 11 月版,第 146 页。

女，六岁立为皇后以待年，则后世童养媳之俗也。”[①]应是确定可信的判断。这个女孩子“立为皇后，年甫六岁”，如周寿昌所说，“虽立为后，亦待年也”。而且是直接入宫，并非“待年于国”，或者“待年”“在室”，确实一如“后世童养媳之俗”，“女幼时养于婿家，待年长而后成婚也”。“孝昭上官皇后”的“幼时”之“养”，就历史文献所记载而言，已经至于极端[②]。有学者曾经据此指出：“汉时嫁女之早为前后所未有。”“年十七出嫁者，今世亦有之；十四岁则罕矣；若六岁者，则古今未有也。”[③]秦汉时期作为“始生”儿、“初生”儿、“新生”儿的“婴女”，尚未见涉及“媒”的情形。似乎“婴女难好，媒应不许”的“婴女”，并不是“始生”“初生”或“新生”的女婴。

7.“婴女”“贱下”地位

《焦氏易林》“爱我婴女”句所见“贱下”或者“下贱”，或许体现了当时社会的性别差异观念已经严重影响着未成年女子甚至女性婴儿的地位。

《太平经》卷三五《分别贫富法》说：“今天下失道以来，多贱女子，而反贼杀之，令使女子少于男，故使阴气绝，不与天地法相应。”正如有的学者所指出的，这里所说的“女子”，“即指未成年之女孩”。“所说‘贼杀女子’乃特指杀害未成年的女婴或女孩，而非泛指对女性之残害。”[④]

---

①杨树达：《汉代婚丧礼俗考》，上海古籍出版社2000年12月版，第19页。

②王子今：《汉代社会上层婚姻中的“待年”女子》，《南都学坛》2009年第3期。

③尚秉和：《历代社会风俗事物考》，岳麓书社1991年6月版，第205页。

④姜守诚：《〈太平经〉研究——以生命为中心的综合考察》，社会科学文献出版社2007年10月版，第238页。

"多贱女子,而反贼杀之"情形,也许未必只是汉末"天下失道以来"方才严重,可以大致判断,应确如彭卫、杨振红推定,在整个秦汉时期都是"具有普遍性"的[1]。对于其原因,《太平经》的作者是这样分析的:"天下所以杀女者,凡人少小之时,父母自愁苦,绝其衣食共养之。"按照常理,"子者年少,力日强有余。父母者日衰老,力日少不足也。夫子何男何女,智贤力有余者,尚乃当还报复其父母功恩而供养之也。"然而,女子长成,却难以"还报复其父母功恩而供养之","少者还愁苦老者,无益其父母,父母故多杀之也"[2]。

有学者指出,"对残杀女婴之行为,《太平经》给予痛斥:'天地之性,万二千物,人命最重,此贼杀女,深乱王者之治,大咎在此也。'"《太平经》的作者认为,"这种弃杀女婴的行为实际就是'断绝地统',将直接造成'孤阳无双'的恶劣后果,故而使新生命也将无法正常地孕育,'故天地久久绝其世类也'"[3]。这种认识的提出,体现了自然观的进步以及生命意识的新的觉醒,就未成年人生活史研究而言,也是不宜忽视的文化现象。

考察秦汉时期弃婴行为所见女婴居于更悲惨境地的情形,应当有助于理解《焦氏易林》反映的"婴女""贱下"现象。

8. 哺乳期"婴儿"

《说文·儿部》:"兒,孺子也。从儿,象小兒头囟未合。"段

①彭卫、杨振红:《中国风俗通史·秦汉卷》,上海文艺出版社2002年3月版,第360页。
②王明编:《太平经合校》,中华书局1960年2月版,第34—35页。
③姜守诚:《〈太平经〉研究——以生命为中心的综合考察》,第238—239页。

玉裁注："《子部》曰：'孺，乳子也。乳子，乳下子也。'《杂记》谓之'婴儿'。《女部》谓之'嫛婗'[①]。儿孺双声，引伸为凡幼小之称。""囟者，头会㛴盖也。小儿初生，㛴盖未合，故象其形。"哺乳期"婴儿"，即所谓"乳子""乳下子"，是受到家庭特殊照顾的。

汉代文物资料可见表现哺乳婴儿情形的实证。四川彭山东汉墓出土的陶俑，为女子左手怀抱婴儿，右手托乳以就婴儿吮吸形象[②]。重庆涪陵镇安遗址出土东汉哺乳俑，妇女也表现出同样的姿态[③]。西安尤家庄东汉墓出土陶俑可见抱小孩形象[④]。四川新津东汉墓出土一件背负小儿同时捧箕劳作的女俑，小儿紧贴母亲背部，双手紧扶母亲双肩[⑤]。在从事体力劳动的同时照料婴儿，大概是下层社会相当普遍的情形。重庆忠县乌杨镇挑水沟汉墓出土的负婴儿于背的形式，可能反映了"四川、重庆地区汉代民间的习俗"。据描述："母亲背上背一小儿，小儿着双尖帽，下巴搭于母亲右肩，向前张望，右手探至母亲胸侧，手握树叶形长柄玩具。俑背部中间有圆状突起，似为背篼之类，隐约可见组带自背后系结于母亲胸前，其左右两手分别抓着组带一头，组带多余部

---

①《说文·女部》："嫛，嫛婗也。"段玉裁注："各本婗上删嫛字，今补。此三字句，嫛婗合二字为名，不容分裂。《释名》：'人始生曰婴儿，或曰嫛婗。'嫛，是也。言是人也。婗，其啼声也。《杂记》曰：'中路婴儿失其母焉。'注：'婴犹鷖弥也。'按鷖弥即嫛婗。语同而字异耳。"

②刘兴林：《重庆忠县汉墓出土的顶罐俑和负子俑》，《东南文化》2008年第6期。

③重庆市文物局编：《三峡文物珍存——三峡工程重庆库区地下文物卷》，北京燕山出版社2003年7月版，第69页。

④西安市文物保护研究所：《西安尤家庄六十号汉墓》，《文物》2007年第11期。

⑤中国美术全集编委会：《中国美术全集·雕塑编》第2卷《秦汉雕塑》，人民美术出版社1985年11月版，图一一一。

分垂于腰间。母亲俑身着右衽交领博袖长衣，头梳双髻，双脚微分，直立作悠闲安舒状。”[①]

儿童健康问题

秦汉社会普遍关注儿童健康问题。传世文献资料和考古文物资料都有反映相关历史文化现象的内容。通过相关信息的考察，可以了解当时儿童尤其是婴幼儿的生活情状。

1. 初生婴儿的死亡率

基于神秘主义信仰的民间礼俗所导致“生子不举”和弃婴现象的频繁，都使得秦汉时期初生婴儿的死亡率相当高。从《日书》一类数术文献遗存中看到的对初生子女健康前景的关心，也反映了因疾病所导致的初生婴儿夭亡，是相当普遍的社会现象。

睡虎地秦简《日书》甲种《除》题下，有：“结日，作事，不成。以祭，閵。生子毋弟，有弟必死。以寄人，寄人必夺主室。”（二正贰）整理小组释文：“生子毋（无）弟。”其实不必以“无”释“毋”。“毋弟”之“毋”，取“莫”“不可”之义较为妥当。又，下文“秀日……生子吉，弟凶”可对照读。又“以寄人，寄人必夺主室”（二正贰）。对于所谓“寄人”，整理小组注释：“寄人，让人寄居。”此句其实宜与上句“生子毋弟，有弟必死”连读。“寄人”，应是指将在生于结日的兄长之后出生的，预期“必死”的“弟”托

---

①刘兴林：《重庆忠县汉墓出土的顶罐俑和负子俑》，《东南文化》2008年第6期。

寄他人，以避免灾祸。所谓“寄人必夺主室”，是说若采取这样的方式以求免灾，则收寄“弟”的人家将侵夺危害送托的主家。《稷辰》题下又有“生子”“凶”的预言：“危阳，是胃不成行。……生子，子死。”（三六正至三七正）又有：“敫，是胃又小逆，毋大央。……以生子，子不产。”（三八正至三九正）又：“彻，是胃六甲相逆……以生子，子死。”（四四正）

湖北随州孔家坡汉简《日书》中也有与睡虎地秦简《日书》甲种《稷辰》、乙种《秦》内容相近的部分，篇题文字残损，整理者疑为“辰”字。其中有关于初生婴儿生死的文字，如：

> ……[①] 生子，子死。（三九）
>
> ……以生子，子死，不产。（四二）
>
> 毄日……生子，子死。（四七）[②]

这篇文字中其他与“生子”有关的内容，有“生子，美且长，贤其等”（三一），“生子，吉”（三五），“生子吉”（四二），“生子，为盗”（四五）。共计七条预言中，“子死”三条，占42.86%。虽然《日书》中提供的信息未可确认为有统计学意义的资料，然而由此也可以推知当时初生婴儿的死亡率是相当高的。

孔家坡汉简《日书》也有整理者所谓“讲解十二支日生子的吉凶情况”的内容[③]，整理者拟定篇题为“生子”。其中有些文字

---

①整理者以为此处文字对应的是睡虎地秦简《日书》甲种《稷辰》题下“危阳”日的内容。

②湖北省文物考古研究所、随州市考古队：《随州孔家坡汉墓简牍》，文物出版社2006年6月版，第131—132页。

③湖北省文物考古研究所、随州市考古队：《随州孔家坡汉墓简牍》，第178页。

透露出人们对婴儿生命安全与健康状况的关注：

子生子，三日、二月五日不死，必为上君[①]。五十八年以[②]（三七九贰）

【丑生子】……死，史。六十八年以丙寅死。女二日[③]、一月不[④]，必为巫，五十六年以丙寅死。（三八〇贰）

寅生子，五日、四月不死，卅五年以丁卯死。女四日、七月、十月不死，三夫。六十七年以庚午死。（三八一贰）

卯生子，三日、六月不死，贫，三妻。八十年以己巳死。女三日、三月不死，贫。卅一年以甲辰死。一曰八十年庚寅死。（三八二贰）

辰生子，七日、三月不死，多病。一十三年以辛卯死。女三日、五月不死，为巫，七十二年以壬午死。女复寡。（三八三贰）

【巳】生子，三日、三月不死，富。六十一年以己巳死。女一日、八月不死，毋（无）子，八十九年以辛卯死。（三八四贰）

午生子，八日、二月二日不死，为大夫。六十九年以辛未死。女二日、五月六日不死，善盗。五十年以辛未死。一曰善田。（三八五贰）

未生子，三日、二月一日不死，必临国。六十五年以壬申死。女五日、三年不死，必为上君妻。七十六年以庚申死。

①整理者注释："上君，地位处尊。"
②整理者注释："'以'字下疑有脱文。"
③整理者注释："女，在此指寅日生女。"
④整理者注释："'不'下脱'死'字。"

（三八六贰）

申生子，七日、三月不死，史。五十一年以甲戌死。女七日、六月不死，大富。卌九年以己巳死。（三八七贰）

酉生子，九月〈日〉、二月不死，狂。卌三年以丙子死。女一日、四月不死，为大巫，卅九年以丁丑死。（三八八贰）

【戌生子】，□日、三月二日不死，大富。七十四年以寅死。女三日、五月不死，必奸[①]。卅五年以壬子死。一曰廿年死。（三八九贰）

【亥生】子，三日、三月不死，善田。六十七年以庚午死。女五日、九月不死，十年以丁亥死。（三九〇贰）

……□壬，男；乙、己、辛、癸，女。生子不中此日，不死，瘁（癃），不行。（三九一贰）[②]

从若干日、若干月"不死"则如何如何的预言，也可以推知当时婴儿初生死亡率之高。父母家人于是不得不深切关心子女的命运。

对于子女成长过程中的健康问题，父母普遍有"子软弱"的忧虑和"子坚强"的期望[③]。

2.《日书》所见婴幼儿疾病威胁

王充《论衡·齐世》可见"上世之人""坚强老寿，百岁左右"，而"下世之人""夭折早死"的说法。桓谭《新论·祛蔽》也

---

①整理者注释："奸，《说文》：'犯婬也。'"

②湖北省文物考古研究所、随州市考古队：《随州孔家坡汉墓简牍》，第177—178页。

③《论衡·气寿》："妇人疏字者子活，数乳者子死"，"何则？疏而气渥，子坚强；数而气薄，子软弱也。"

说，“古昔平和之世，人物蒙美盛而生，皆坚强老寿”，而“后世遭衰薄恶气，娶嫁又不时，勤苦过度，是以身生子皆俱伤，而筋骨血气不充强，故多凶短折”。指出了多种条件威胁民众生命的情形。所谓“凶短折”，曾经是民间习用语。《书·洪范》：“六极：一曰‘凶短折’；二曰‘疾’；三曰‘忧’；四曰‘贫’；五曰‘恶’；六曰‘弱’。”对于列为第一的所谓“凶短折”，有不同的理解。“郑玄以为‘凶短折’皆是夭枉之名，未龀曰‘凶’，未冠曰‘短’，未婚曰‘折’。《汉书·五行志》云：伤人曰‘凶’，禽兽曰‘短’，草木曰‘折’。一曰‘凶’，夭是也；兄丧弟曰‘短’；父丧子曰‘折’。”[①]《左传·昭公十九年》载子产语：“寡君之二三臣，札瘥夭昏。”杜预《集解》：“大死曰‘札’，小疫曰‘瘥’，短折曰‘夭’，未名曰‘昏’。”“短折”即“夭”，应当是确切的解释。

在人生阶段处于“未龀”时即不幸夭折，是相当多见的情形。

睡虎地出土秦简《日书》中，已经多有关于预测“生子”健康前景的文字。汉代《日书》中也有相关的内容。

睡虎地秦简《日书》甲种《星》题下可以看到关于“生子”的多种预言，其中有涉及婴儿健康状况的内容。如：“斗……生子，不盈三岁死。”（七五正壹）“须女……生子，三月死。”（七七正壹）“东井……生子，旬而死。”（八九正壹）《诘》题下又可见：“人生子未能行而死。”（五二背贰）关于“生子，旬而死”，刘乐贤按：“‘旬而死’是十天而死的意思。”[②]蒲慕州说：“‘取妻多子’应该是好事，只是若遇到东井这星宿时，生子就会早夭。所以这

---

①《尚书》孔颖达疏。

②刘乐贤：《睡虎地秦简日书研究》，第113页。

段话等于是说，东井之日，取妻吉，生子不吉。"[①]

在《生子》题下，又可见"丁丑生子……或眚于目"（一四三正壹），"己丑生子……疾"（一四五正贰），"乙未生子，有疾"（一四一正叁），"丙午生子……疾"（一四二正肆），"癸丑生子……少疾"（一四九正肆），"乙卯生子，要（腰）不翥"（一四一正伍），"丙辰生子，有疵于體"（一四二正伍），"丁卯生子，不正，乃有疵前"（一四三正陆）。对于"要（腰）不翥"，整理小组的解释是："翥，疑读为翥，《方言》：'举也。'此句意为抬不起腰。"[②]

睡虎地秦简《日书》体现的民间数术思想，在汉代依然得到了继承。例如，湖北随州孔家坡8号汉墓出土的简牍《日书》，也有和睡虎地秦简《日书》相类同的内容。

孔家坡汉墓出土《日书》中也有《星官》篇，其中也有占问生子事的内容，有的涉及婴儿健康前景预言。例如：

【十月】心……以生子，人爱之。（五三）
十一月斗……以生子，不盈三岁死。（五六）
（十二月）虚……以生，毋（无）它同生。（五九）
（正月）东辟（壁）……以生子，不完。（六二）
【四月】毕……以生子，徙。（六七）
五月东井……以生子，旬而死。（七〇）
舆鬼……生子，子瘁（癃）。（七一）
六月柳……生子，子肥。（七二）

①蒲慕州：《睡虎地秦简〈日书〉的世界》，《"中研院"史语所集刊》第62本第4分，1993年4月。
②睡虎地秦墓竹简整理小组：《睡虎地秦墓竹简》，文物出版社1990年9月版，释文第205页。

关于简文"以生子,徃",简牍整理者注释以为"徃"可能即"眚","《说文》:'目病生翳也。'"[①] 此"徃"及"痒",有可能是先天残疾,也有可能是出生后病患。

由孔家坡汉简"女五日、九月不死,十年以丁亥死"(三九〇贰)简文,可知按照这样的预言,"亥生子"中的女子,如果"五日、九月不死",则十岁时也会死去,也是一个早夭的幼童。"亥生子"条下说到的"女",未必如整理者所说,是亥日生女,也可能是亥时生女。

这些婴儿如果若干日若干月"不死",将来的健康也可能有不容乐观的前景。如"不死,多病"(三八三贰),"不死,狂"(三八八贰),"不死,痒(癃)"(三九一贰)等。

3.《胎产书》婴儿保健巫术

初生儿的生存比率在医学水平较低的情况下未能乐观。婴儿保健自然会受到社会的特别关注。中国传统医学文化有"重小儿"的特点,"关心小儿疾病调护和寿夭",特别是"婴儿初生后的调护"[②]。在当时人的意识中,除了多种禁忌等消极方式之外,也有若干积极的方式可以实现婴儿初生期间的保健。马王堆帛书《胎产书》中可以看到以巫术形式求得婴儿健康的内容。例如:

> 一曰:必熟洒澣胞,又以酒澣……小……以瓦瓯,毋令虫蚊能入,而……毋见日所,使婴儿毋疕,曼理,寿□。[③]

---

①湖北省文物考古研究所、随州市考古队:《随州孔家坡汉墓简牍》,第136页。
②马伯英:《中国医学文化史》,上海人民出版社1994年5月版,第672页。
③马王堆汉墓帛书整理小组编:《马王堆汉墓帛书〔肆〕》,第136页。

按照马继兴的理解，“其大意似为：将清洗过的胎盘放置瓦罐中，加盖密封，不要让虫子和蚂蚁进入。放在背阴处，不要见到阳光。此法可使婴儿不生疮疖，肤色润泽长寿。”[①] 又如：

> 一曰：埋胞席下，不疕骚（瘙），内中□□□□以建日饮。[②]

马继兴“语释”：“一方：把胎胞埋在卧室床席的下方，可以让婴儿不生疮疖和皮肤病。（按：此处有间断缺文，义即把 ×× 放在里面）。”[③] 看来，当时人们对于“疕”和“疕骚（瘙）”对新生儿健康的威胁颇为警惕。也许“疕”和“疕骚（瘙）”并不仅仅是“疮疖和皮肤病”，可能也包括“小儿最常见的”“流行甚剧”，往往危及生命的“急性传染病”“麻（麻疹）、痘（天花）”[④]。《胎产书》又有：

> 字者已，即燔其薜，置水中，［以浴］婴儿，不疕骚（瘙）。[⑤]

就是说，“将产薜焚烧成灰后，投入水中以浴初生儿，可使其不得疮疡等病”[⑥]。《胎产书》又有以特殊的土“浴”“婴儿”以求其“劲

---

①马继兴：《马王堆古医书考释》，湖南科学技术出版社 1992 年版，第 804 页。
②马王堆汉墓帛书整理小组编：《马王堆汉墓帛书〔肆〕》，第 136 页。
③马继兴：《马王堆古医书考释》，第 805 页。
④马伯英：《中国医学文化史》，第 676 页。
⑤下文又有：“及取婴儿所已浴者水半桮（杯）饮母，母亦毋（无）余病。”马王堆汉墓帛书整理小组编：《马王堆汉墓帛书〔肆〕》，第 139 页。或解释为“用初生儿浴后的水来给产妇饮服，则可使产妇也不得疾病”。吕亚虎：《〈胎产书〉所见早期孕育信仰浅析》，《江汉论坛》2009 年第 6 期。
⑥吕亚虎：《〈胎产书〉所见早期孕育信仰浅析》。

有力”的方式：

> 字者，且垂字，先取市土濡请（清）者，□之方三四尺，高三四寸。子既产，置土上，勿庸□，令婴儿□上，其身尽得土，乃浴之，为劲有力。

“市土”的“市”，整理小组释为“市”。但是未作解说[①]。马继兴亦取“市土”释义，以为“市”即“商业集中的城镇”，对于“市土”，解释为“城镇上湿润清洁的泥土”[②]。旷惠桃认为应当读作“巿土”，据《说文》“巿，艸木盛巿巿然……读若辈”[③]，释“巿土”为“草木茂盛处之湿润而洁净的泥土”[④]。吕亚虎赞同此说，并引举“后世医书中多用某处之土作为医用灵物者”，“如主惊悸癫邪，安神、定魄，强志，入官不惧，利见大官，宜婚的‘天子藉田三推犁下土’，主妇人宜产的‘市门土’，治小儿夜啼的‘灶中土及四交道土’，主产后腹痛的‘户垠下土’以及令人宜田的‘春牛角上土’等等”[⑤]，论者又提示我们，这些“土”具有神奇性能，“从原始的逻辑思维来看”，“都是有其‘合理化’的解释的”[⑥]。

关于所谓“主妇人宜产的‘市门土’”，李时珍解释说：“日中为市之处，门，栅也。”[⑦]据此则《胎产书》“市土”的“市”，应当就

①马王堆汉墓帛书整理小组编：《马王堆汉墓帛书〔肆〕》，第139页。
②马继兴：《马王堆古医书考释》，第812页。
③段玉裁注：“巿巿者，枝叶茂盛因风舒散之皃。”
④周一谋、萧佐桃主编：《马王堆医书考注》，天津科学技术出版社1988年7月版，第360页。
⑤陈藏器撰，尚志钧辑释：《〈本草拾遗〉辑释》，安徽科学技术出版社2002年1月版，第28—35页。
⑥吕亚虎：《〈胎产书〉所见早期孕育信仰浅析》。
⑦《本草纲目》卷七《土》。

是“日中为市之处”。“市土”似不必释为“市土”。

在帛书《胎产书》的左上方绘有“南方禹藏”图。《胎产书》中没有有关此图内容及使用方法的介绍。帛书《杂疗方》有简略的关于禹藏埋胞方法的说明。据马继兴所作复原示意图，在每月的12个方位中有标示“死”的两个时辰，应即《杂疗方》所谓“埋胞，避小时、大时所在”。另有10个方位标示自“廿”至“百廿”的数字。数字排列的规律尚未能完全了解。但是据马继兴分析：“这些数字的涵义，似乎与人的年齿有关。即埋胞于该相当的方位时，亦即今后此新生儿的寿命与此数相当。这也就是《杂疗方》【原文二十三】在解说‘禹藏埋胞图法’时所说的：‘视数多者埋胞’的原因。”①

4. 汉赋“伤夭”“悼夭”主题

《三国志》卷一一《魏书·胡昭传》裴松之注：“时有隐者焦先，河东人也。”又引《魏略》曰：“先字孝然。中平末，白波贼起。时先年二十余，与同郡侯武阳相随。武阳年小，有母，先与相扶接，避白波，东客扬州取妇。建安初来西还，武阳诣大阳占户，先留陕界。至十六年，关中乱。先失家属，独窜于河渚间，食草饮水，无衣履。时大阳长朱南望见之，谓为亡士，欲遣船捕取。武阳语县：‘此狂痴人耳！’遂注其籍。给廪，日五升。后有疫病，人多死者，县常使埋藏，童儿竖子皆轻易之。”焦先流落于大阳县，得以注籍给廪，建安年间大疫，“人多死者”，有医疗史研究者关注这一史籍记录，以为：“这是汉末典型的流离故事。其中值得注意的是，焦先在建安十六年移居大阳之后，大阳县长给他的工作

①马继兴：《马王堆古医书考释》，第817页至第821页。

便是埋藏因‘疫病’而死的尸体。因此可知在建安十六年，或其后数年之间，大阳地区必有疫病流行。”[①]而据考证，正史明确记载的“大疫”，有《后汉书》卷九《献帝纪》：建安二十二年（217）“是岁大疫”，《三国志》卷四七《吴书·吴主传》：建安二十四年（219）“是岁大疫”[②]。据《三国志》卷一《魏书·武帝纪》裴松之注引《魏书》载建安二十三年（218）王令曰：“去冬天降疫疠，民有凋伤，军兴于外，垦田损少，吾甚忧之。其令吏民男女：女年七十已上无夫子，若年十二已下无父母兄弟，及目无所见，手不能作，足不能行，而无妻子父兄产业者，廪食终身。幼者至十二止，贫穷不能自赡者，随口给贷。老耄须待养者，年九十已上，复不事，家一人。”说到建安二十二年（217）“天降疫疠，民有凋伤”，已经直接影响到社会生产，致使“垦田损少”，农耕经济秩序的破坏，致使许多孤寡老弱及“幼者”面临生存危机。曹植《说疫气》文记载的疫情更为严重：“建安二十二年，疠气流行。家家有僵尸之痛，室室有号泣之哀。或阖门而殪，或覆族而丧。”[③]这一年，一些文化名人的生命也走向终点。《三国志》卷二一《魏书·刘桢传》：“（阮）瑀以十七年卒。（徐）幹、（陈）琳、（应）玚、（刘）桢二十二年卒。文帝书与元城令吴质曰：‘昔年疾疫，亲故多离其灾，徐、陈、应、刘，一时俱逝。’”《三国志》卷二一《魏书·吴质传》裴松之注引《魏略》：“二十三年，太子又与吴质书曰：‘……昔年疾疫，亲故多离其灾，徐、陈、应、刘，一时俱逝，痛何可言

①今按：县级地方政府安排专职人员“常使埋藏”，专门负责清理安葬病逝者遗体，可知疫情确实严重。

②又：“（赤乌）五年……是岁大疫。”

③〔明〕张溥编：《汉魏六朝一百三家集》卷二六《魏曹植集》，文渊阁《四库全书》本。

邪！'"[①]据《三国志》卷二一《魏书·王粲传》记载，王粲也在这一年去世。"至此，则建安文坛中曹氏父子之外最灿烂的七颗明星乃全告陨灭，而疾疫则扮演了致命杀手的角色。"[②]

汉魏之际连年疾疫使社会生命经历了严峻的考验。其中多有未成年人过早夭折。汉赋作品中的《伤夭赋》《悼夭赋》，就是就此发表的哀伤感叹。

《艺文类聚》卷三四引魏王粲《伤夭赋》只有八十四字，却可以将读者带到因"昏夭而夙泯"而导致的感伤心态中：

> 惟皇天之赋命，实浩荡而不均。或老终以长世，或昏夭而夙泯。物虽存而人亡，心惆怅而长慕。哀皇天之不惠，抱此哀而何愬。求魂神之形影，羌幽冥而弗迕。淹徘徊以想象，心弥结而纡萦。昼忽忽其若昏，夜炯炯而至明。

所谓"昏夭而夙泯"，与"老终以长世"对应，言幼年折毁。所谓"昏夭"，又作"夭昏"。《左传·昭公十九年》："寡君之二三臣，札瘥夭昏。"杜预注："短折曰夭，未名曰昏。"孔颖达疏："子生三月，父名之，未名之曰昏，谓未三月而死也。"

《艺文类聚》卷三四又引魏文帝《悼夭赋》，同样是对未成年即"夭逝"的儿童的深切"追悼"：

---

①《文选》卷四二魏文帝《与吴质书》："昔年疾疫，亲故多离其灾，徐、陈、应、刘，一时俱逝。痛可言邪！"题注："《典略》曰：'初徐幹、刘桢、应玚、阮瑀、陈琳、王粲等与质并见友于太子。二十二年，魏大疫，诸人多死，故太子与质书。"

②林富士：《中国中古时期的宗教与医疗》，联经出版事业公司 2008 年 6 月版，第 45 页。

族弟文仲，亡时年十一。母氏伤其夭逝，追悼无已。予以宗族之爱，乃作斯赋：

气纡结以填胸，不知涕之纵横。时徘徊于旧处，睹灵衣之在床，感遗物之如故，痛尔身之独亡。愁端坐而无聊，心感感而不宁。步广厦而踟蹰，览萱草于中庭。悲风萧其夜起，秋气憯以厉情。仰瞻天而太息，闻别鸟之哀鸣。

序文明确说“族弟文仲，亡时年十一”，童年夭亡，自然会使亲人沉痛哀伤，深情感念。

同样载于《艺文类聚》卷三四的魏陈王曹植《慰子赋》是伤悼“中殇之爱子”的名作。以真情和才具完好结合所发表的“切叹”，文气幽宛，意境深沉：

彼凡人之相亲，小离别而怀恋。况中殇之爱子，乃千秋而不见。入空室而独倚，对床帷而切叹。痛人亡而物在，心何忍而复观。日晼晚而既没，月代照而舒光。仰列星以至晨，方霑露而含霜。惟逝者之日远，怆伤心而绝肠。

王侯贵族，也不能逃避与“凡人”同样的生死劫难。“逝者”“日远”，“千秋”“不见”的哀伤，以“怆伤心而绝肠”之真切的文辞表抒，可以使读者受到强烈感染。

5. 曹丕迁葬曹冲策

《三国志》卷二〇《魏书·武文世王公传·邓哀王冲》写道：“邓哀王冲字仓舒。少聪察歧嶷，生五六岁，智意所及，有若成人之智。”“太祖数对群臣称述，有欲传后意。年十三，建安十三年疾病，太祖亲为请命。及亡，哀甚。"后来曹丕即皇帝位后，于黄初二年（221）安排迁葬，并发表了言辞沉痛的策文。裴松之注引《魏书》载策曰：

> 惟黄初二年八月丙午，皇帝曰：咨尔邓哀侯冲，昔皇天钟美于尔躬，俾聪哲之才，成于弱年。当永享显祚，克成厥终。如何不禄，早世夭昏！朕承天序，享有四海，并建亲亲，以藩王室，惟尔不逮斯荣，且葬礼未备。追悼之怀，怆然攸伤。今迁葬于高陵，使使持节兼谒者仆射郎中陈承，追赐号曰邓公，祠以太牢。魂而有灵，休兹宠荣。呜呼哀哉！①

虽然曹冲曾经是曹丕权力竞争的有力对手，为曹操特别看重。曹操甚至多次公开表示"有欲传后意"，甚至就曹冲之死直接对曹丕说："此我之不幸，而汝曹之幸也。"② 但魏文帝曹丕策文所谓"追悼之怀，怆然攸伤"，所透露的情感是诚恳的。而文辞亦堪称朴实得体。

由策文"今迁葬于高陵"，可知曹冲葬地应在河南安阳曹操高陵附近。

据《三国志》卷二〇《魏书·武文世王公传》记载，"武皇帝

---

①〔明〕张溥辑《汉魏六朝百三家集》卷二四《魏文帝集》"策"题为《追封邓公策》。"太牢"作"大牢"，无文末"呜呼哀哉"四字。〔清〕严可均校辑《全后汉文》卷五题《赠谥邓哀侯诏》。《全上古三代秦汉三国六朝文》，中华书局1958年12月版，第1078页。魏宏灿校注《曹丕集校注》题《追封邓公策》，安徽大学出版社2009年10月版，第238页。

②据《三国志》卷二〇《魏书·武文世王公传·邓哀王冲》裴松之注引《魏略》曹丕自己也曾表态："文帝常言：'家兄孝廉，自其分也。若使仓舒在，我亦无天下。'"

二十五男”,其中“早薨”者多例:

名　号	年　寿	后世生命信息
相殇王铄	早薨。	青龙元年,子愍王潜嗣,其年薨。二年,子怀王偃嗣……四年薨。
邓哀王冲字仓舒	年十三,建安十三年疾病,太祖亲为请命。及亡,哀甚。	
济阳怀王玹	早薨。	二十年,以沛王林子赞袭玹爵邑,早薨。
范阳闵王矩	早薨。	
临邑殇公子上	早薨。	
刚殇公子勤	早薨。	
谷城殇公子乘	早薨。	
郿戴公子整	建安二十二年,封郿侯。二十三年薨。	
灵殇公子京	早薨。	
樊安公均	建安二十二年,封樊侯,二十四年薨。	
广宗殇公子棘	早薨。	

“二十五男”中,明确言“早薨”或情形类似者11例[①],占44%。显然比例是相当高的。值得我们注意的,还有这些“早薨”王族后世连续“早薨”的史例。

《三国志》卷二〇《魏书·武文世王公传》还记载,“文皇帝九男”,其中也有“早薨”之例:

名　号	年　寿	后世生命信息
赞哀王协	早薨。	
东武阳怀王鉴	黄初六年立,其年薨。	
清河悼王贡	黄初三年封,四年薨。	
广平哀王俨	黄初三年封,四年薨。	

①以“殇”“闵”“怀”“哀”为谥号者,均为“早薨”或类似情形。

"九男"中，明确言"早薨"或情形类似者4例，占44.44%。较曹操"二十五男"中者11例，占44%，比例还要高一些。

6. 曹植的"稚子""哀辞"

列在"哀辞"一类，《艺文类聚》卷三四引录了魏陈王曹植的三篇作品。其一即《金瓠哀辞》①：

> 予之首女，虽未能言，固以授色知心矣。生十九旬而夭折，乃作此辞曰：
>
> 在襁褓而抚育，向孩笑而未言。不终年而夭绝，何见罚于皇天。信吾罪之所招，悲弱子之无嘗。去父母之怀抱，灭微骸于粪土。天地长久，人生几时？先后无觉，从尔有期。

曹植的"首女"出生，尚"未能言"，生存仅190天就不幸"夭折"，即所谓"向孩笑而未言"，"不终年而夭绝"。"不终年"是说不到一岁。

又《行女哀辞》写道：

> 行女生于季秋，而终于首夏。三年之中，二子频丧。
>
> 伊上灵之降命，何短修之难裁？或华发以终年，或怀妊而逢灾。感前哀之未阕，复新殃之重来。方朝华而晚敷，比

① 《太平御览》卷五九六引《文章流别传》："'哀辞'者，'诔'之流也。崔瑗、苏顺、马融等为之，率以施于童殇夭折不以寿终者。建安中，文帝、临菑侯各失稚子，命徐幹、刘桢等为之哀辞。'哀辞'之体，以哀痛为主，缘以叹息之辞。"赵幼文《曹植集校注》引作"挚虞《文章流别论》"，以为《金瓠哀辞》题注。人民文学出版社1984年6月版，第121页。

晨露而先晞。感逝者之不追，情忽忽而失度。天盖高而无阶，怀此恨其谁诉。[①]

三年之中，失去了两个孩子。正所谓“感前哀之未阕，复新殃之重来”。这位“行女”“季秋”出生，“首夏”竟夭亡，确实可以说是“比晨露而先晞”。

曹植的另一篇《仲雍哀辞》，悼念的对象不是自己的儿子，但是也是至亲，即“魏太子之中子”。这个孩子去世安葬，曹植可能曾亲自送行，因有“临埏闼以歔欷，泪流射而霑巾”句：

> 曹喈，字仲雍，魏太子之中子也[②]。三月生而五月亡。昔后稷之在寒冰，斗谷之在楚泽，咸依鸟凭虎，而无风尘之灾。今之玄第文茵，无寒冰之惨；罗帱绮帐，暖于翔禽之翼；幽房闲宇，密于云梦之野；慈母良保，仁乎乌菟之情。卒不能延期于朞载，离六旬而夭没。彼孤兰之眇眇，亮成干其毕荣。哀绵绵之弱子，早背世而潜形。且四孟之未周，将何愿乎一龄。阴云回于素盖，悲风动其扶轮。临埏闼以歔欷，泪流射而霑巾。

曹氏家族成员当时应已享受最优越的物质生活。房宇第茵帱帐，均尽极华美，又有“慈母良保”之“仁”，营养条件和医疗条件也

---

①赵幼文《曹植集校注》补“家王征蜀汉”句，注文曰：“《铨评》：‘《文选》谢灵运《拟魏太子邺中诗》李注引《行女哀辞》。此疑《哀辞》序中说文。’”校注者写道：“据《魏志·武帝纪》：‘建安二十三年秋七月，治兵，遂西征刘备。’哀辞遗句‘家王征蜀汉’，则此文之作，或在二十四年首夏后也。”第 182 页。

②赵幼文《曹植集校注》：“魏太子指曹丕。”第 123 页。

应达到最高端水准。然而这位“仲雍”的华贵生命惊人的短暂，只有60天！“三月生而五月亡”，“离六旬而夭没”。

从这几篇“哀辞”看，这个王者家族，子女夭折事件竟然如此密集，确实可以称作“频丧”。而孩子们的生命竟然如此短暂，也必然使得家人伤感。这一情形，或许与“天降疫疠”之时代悲剧有一定关系。曹植《说疫气》言“建安二十二年，疠气流行”事所谓“夫罹此者，悉被褐茹藿之子，荆室蓬户之人耳！若夫殿处鼎食之家，重貂累蓐之门，若是者鲜焉！”看来是简单化的判断。尽管“贫困人家死亡率高，而富贵者少”[①]，由“家家有僵尸之痛，室室有号泣之哀”之所谓“家家”“室室”，可知“疠气流行”并非只对“贫困人家”形成生命威胁。

7. “夭没”儿童的碑刻纪念

未成年人的夭亡，会留下沉痛的记忆。一些汉代石刻纪念性文字记录了这种人生悲剧、家族悲剧和社会悲剧。

《隶释》卷一〇《童子逢盛碑》[②]可能是较早受到注意的同类文化遗存。碑文写道：

童子讳盛，字伯弥，薄令之玄孙，遂成君之曾孙，安平君

①赵幼文：《曹植集校注》，第177页。

②《隶续》卷七称《逢童子碑》：“逢童子碑，篆额一行，有穿，文十行，字多少不等。……”刘昭瑞《汉魏石刻文字系年》：“据《隶续》卷七碑式，文十行，行字数不等，篆书题额：‘逢童子碑’。”新文丰出版公司2001年9月版，第90页。今按：其实《隶续》卷七碑式介绍，并未说“篆书题额：‘逢童子碑’”。“逢童子碑”只是《隶续》自己定名。下文“鲁峻碑，隶额两行”，“郭仲奇碑，篆额三行”，“郭究碑，篆额三行”，应当也是同样情形。

之孙，五官掾之长子也。胎怀正气，生克自然。揹育孩嬰，弱而能言。至于垂髦，智惠聪哲。过庭受诫，退诵《诗》《礼》。心开意审，闻一知十。书画规柜，制中园梳。日就月将，学有缉熙[①]。才亚后橐[②]，当为师楷。自天生授，罔不在初。谓当卬遂，令仪令色。整齐珪角，立朝进仕。究竟人爵，克启厥后。以彰明德，胤嗣昭达。何寤季世，颢天不惠。伯彊泾行，降此大戾。年十有二，岁在协给。五月乙巳，嘘噏不反。夭陨精晃，苗而不秀。命有悠短，无可奈河。慈父悼伤，割哀回、鲤。其十二月丁酉，而安措诸。永潜黄垆，没而不存。于是门生东武孙理、下密王升等，感慠三成，一列同义，故共刊石，叙述才美，以铭不朽。其辞曰：

嘉慈伯弥，天授其姿。蚤克岐嶷，聪睿敏达。当遂边迤，立号建基。时非三代，苻命无恒。人生在世，寿无金石。身潜名彰，显于后叶。

逢盛“年十有二岁”遭遇“大戾”，于是“永潜黄垆，没而不存”。碑文颂扬这位“童子”的“智惠”“明德”，所谓“身潜名彰，显于后叶”者，恐怕不免语有夸张，“彰”“显”以及“不朽”，其实只是其家族中并不一定长久的怀念。但“慈父悼伤，割哀回、鲤”，感情是真实的。但《逢盛碑阴》列名：“五官掾崔孟祖，五官掾吕仲谦，督邮殣敬宾，督邮周便祖，督邮梁怀则，督邮司文叔盛，督邮

①《诗 · 大雅 · 文王》：“穆穆文王，于缉熙敬止。”毛传：“缉熙，光明也。”《诗 · 周颂 · 敬之》：“日就月将，学有缉熙于光明。”郑玄笺：“缉熙，光明也。”碑文取典于《诗 · 周颂 · 敬之》。

②后橐，即项橐。秦汉社会对项橐的尊崇，参看王子今：《“秦项橐”故事考议》，《秦文化论丛》第14辑，三秦出版社2007年10月版。

殣后升。右县中士大夫。高密徐承兴祖，平寿孙嘉世宾，下密王升高□，琅邪东武孙理子义。右家门生。刁真解子，逄信伯台。”洪适说：“右曰‘县士大夫’者，其父党也。”又有“家门生”，以及“刁真、逄信在家门生之左，由其微者。”可知立碑者是一个亲族集团，体现出“逄童”父亲在行政和文化两方面共有的强势影响。此碑洪适又称“逄童之碑”。赵明诚《金石录》称“逄童碑”[①]。

《隶释》卷六有《郎中郑固碑》，碑文也涉及一位夭折儿童：

> ……延熹元年二月十九日，诏拜郎中，非其好也，以疾锢辞。未满期限，从其本规。乃遘凶愍。年卌二，其四月廿四日，遭命陨身，痛如之何！先是君大男孟子，有杨乌之才，善性形于岐嶷，□□见于垂髦，年七岁而夭，大君夫人所共哀也，故建□共坟[②]，配食斯坛，以慰考妣之心。

文末“其辞曰”部分，也有文句说到这位异才善性的早夭童子：“嗟嗟孟子，苗而弗毓。奉我元兄，修孝罔极。”所谓“有杨乌之才”，以杨雄才子杨信为喻[③]。这位“年七岁而夭”的孩子，在后来

---

①《隶释》卷二五。

②高文释作“建防共坟”。又写道：“建字下洪释阙一字，今验拓本是防字，《尔雅·释地》注：‘坟，大防。’李巡云：‘坟谓厓岸状如坟墓，名大防也。’孙炎云：‘谓堤也。’坟之有防，所以护卫兆域者，此因孟子祔葬，故云‘建防共坟’。”《汉碑集释》，河南大学出版社 1997 年 11 月版，第 220 页，第 224 页。

③《太平御览》卷三八五引《刘向别传》：“杨信字子乌，雄第二子，幼而明慧。雄笔《玄经》不会，子乌令作九数而得之。雄又拟《易》‘羝羊触藩’，弥日不就。子乌曰：‘大人何不云荷戟入榛？’”《太平御览》卷五五六引桓谭《新论》：“杨子雄为郎，居长安，素贫。比岁亡其两男，哀痛之，皆持归葬于蜀，以此困乏。”

父亲去世之后，被安排“共坟”“配食”。高文《汉碑集释》引录钱大昕、俞樾的分析，可以帮助我们理解碑文的涵义：

钱大昕《潜研堂金石文跋尾》：“《丧服传》，不满八岁以下，为无服之殇。郑君长男孟子七岁而夭，乃建坟与固配食，此礼之过而失其中者。”俞樾《俞楼杂纂》第二十五《读汉碑》曰：“按此碑乃弟述其兄者，《潜研堂金石文跋尾》已言之矣。此云‘大君、夫人’，谓其父母也。盖郑君有子才而早夭，郑君父母深痛惜之。及郑君之卒，父母则早亡矣。乃推遗意，附葬殇子于郑君之坟。其曰‘慰考妣之心’者，从其弟言之也。钱氏但讥其过礼失中，而于此意则尚未见及。”①

通过这一实例，可以了解对于“殇子”，古礼规定“不满八岁以下，为无服之殇”，这与亲情之所谓“共哀”，所谓“深痛惜之”是有所不同的。

8.“痛哉可哀”：五岁童子许阿瞿的墓志

1973 年 3 月，河南南阳东关李相公庄发现一处画像石墓。出土画像内容表现一童子观赏百戏游乐场面，画面左侧有被称为“墓志”的石刻文字。据清理简报执笔者释文：

惟汉建宁，号政三年，三月戊午，甲寅中旬，痛哉可哀，许阿瞿□，年甫五岁，去离世荣。遂就长夜，不见日星。神灵独处，下归窈冥。永与家绝，岂复望颜。谒见先祖，念子

①高文：《汉碑集释》，第 224—225 页。

营营。三增仗火，皆往吊亲。瞿不识之，啼泣东西。久乃随逐（逝），当时复迁。父之与母，感□□□。□王五月，不□晚甘。羸劣瘦□，投财连（联）篇（翩），冀子长哉，□□□□，□□□此，□□土尘，立起□埽，以快往人。[①]

高文《汉碑集释》释文：

惟汉建宁，号政三年。三月戊午，甲寅中旬。痛哉可哀，许阿瞿身。年甫五岁，去离世荣。遂就长夜，不见日星。神灵独处，下归窈冥。永与家绝，岂复望颢[②]。谒见先祖，念子营营。二增仗人，皆往吊亲。瞿不识之，啼泣东西。久乃随逐，当时复迁。父之与母，感□□□。□□五月，不□□甘。羸劣瘦□，投财连篇。冀子长哉，□□□□。□□□此，□□土尘。立起□□，以快往人。

“身”，可从高文释文。字义可能还是“身”。此字突出一格，意义不详。刻痕也与其他字不同。“岂复望颢”，“颢”字，高文说：“左旁泐损，或释为‘颜’，按‘颜’字与上‘冥’，下‘营’皆不叶，恐非。疑是‘颢’字。《说文》：‘面瘦浅颢颢也。’”但字义仍然可以理解为“颜”。“连篇”，高文以为“古通‘联翩’”[③]，也是正确的。

---

①南阳市博物馆：《南阳发现东汉许阿瞿墓志画像石》，《文物》1974年第8期；王建中主编：《中国画像石全集》第6卷《河南汉画像石》，河南美术出版社2000年6月版，图202，第165页，图版说明第70页。

②释文“颢”误作“页”。释文作“颢”。高文：《汉碑集释》，第354—355页。

③高文：《汉碑集释》，第355页。

今按，细读拓片，可以看到“□王五月，不□晚甘”或“□□五月，不□□甘”句，或应释为“莵于五月，不□肥甘”。“投财”应为“役财”。标点亦可调整。这样，全篇释文应作：

> 惟汉建宁，号政三年，三月戊午。甲寅中旬，痛哉可哀，许阿瞿身。年甫五岁，去离世荣。遂就长夜，不见日星。神灵独处，下归窈冥。永与家绝，岂复望颤。谒见先祖，念子营营。三增仗人，皆往吊亲。瞿不识之，啼泣东西。久乃随逐，当时复迁。父之与母，感□□□。莵于五月，不□肥甘。羸劣瘦□，役财连篇。冀子长哉，□□□□。□□□此，□□土尘。立起□埽，以快往人。

关于两个具体的日期，“三月戊午”和“甲寅中旬”，高文注释：“《二十史朔闰表》，三月丁酉朔，戊午是三月二十二日。”“甲寅为三月十八日，此盖许阿瞿夭逝之日。中旬，谓每月十一日至二十日也。十八日，适在中旬之内。”[①]如此则“三月戊午”是刻石安葬之日，“甲寅中旬”是“夭逝之日”，调整后的断句方式可能更为合理。

“莵于五月，不□肥甘。羸劣瘦□，役财连篇。冀子长哉，□□□□。”言许阿瞿病重长达五个月，饮食不思，逐渐消瘦。父母护理，徒费辛劳和钱财，希冀能够延续爱子寿命，但期望终于被打破。《左传·隐公六年》：“郑伯如周，始朝桓王也。王不礼焉。周桓公言于王曰：‘我周之东迁，晋、郑焉依。善郑以劝来者，

①高文：《汉碑集释》，第355页。

犹惧不蔇,况不礼焉?郑不来矣。'" 杜预注:"蔇,至也。"[1] "蔇"通"暨"。《左传·庄公九年》:"公及齐大夫盟于蔇。"《公羊传》《穀梁传》均作"暨"。"暨于"用于时态表记,东汉后期已成语言习惯。如《后汉书》卷六四《赵岐传》说赵岐著《三辅决录》"传于时"。李善注引《决录序》:"近从建武以来,暨于斯今,其人既亡,行乃可书,玉石朱紫,由此定矣,故谓之《决录》矣。"《续汉书·律历志下》:"历载弥久,暨于黄帝,班示文章,重黎记注,象应著名,始终相验,准度追元,乃立历数。"[2]《三国志》卷二《魏书·文帝纪》裴松之注引魏王侍中刘廙、辛毗、刘晔、尚书令桓阶、尚书陈矫、陈群、给事黄门侍郎王毖、董遇等言:"臣伏读左中郎将李伏上事,考图纬之言,以效神明之应,稽之古代,未有不然者也。故尧称历数在躬,璇玑以明天道。周武未战而赤乌衔书。汉祖未兆而神母告符。孝宣仄微,字成木叶。光武布衣,名已勒谶。是天之所命以著圣哲,非有言语之声,芬芳之臭,可得而知也,徒县象以示人,微物以效意耳。自汉德之衰,渐染数世,桓、灵

---

①《春秋左传集解》,上海人民出版社1977年8月版,第39页。

②又如《三国志》卷二《魏书·文帝纪》裴松之注引汉献帝册诏魏王禅代天下曰:"惟延康元年十月乙卯,皇帝曰,咨尔魏王:夫命运否泰,依德升降,三代卜年,著于《春秋》,是以天命不于常,帝王不一姓,由来尚矣。汉道陵迟,为日已久,安、顺已降,世失其序,冲、质短祚,三世无嗣,皇纲肇亏,帝典颓沮。暨于朕躬,天降之灾,遭无妄厄运之会,值炎精幽昧之期。……"《三国志》卷五《魏书·后妃传·明悼毛皇后》裴松之注引孙盛曰:"魏自武王,暨于烈祖,三后之升,起自幽贱,本既卑矣,何以长世?"《三国志》卷二〇《魏书·武文世王公传·广平哀王俨》裴松之注引《魏氏春秋》载宗室曹冏上书言"亲亲之道"说到"宗姬"盛衰:"……自此之后,转相攻伐。吴并于越,晋分为三,鲁灭于楚,郑兼于韩。暨于战国,诸姬微矣,惟燕、卫独存,然皆弱小,西迫强秦,南畏齐、楚,忧惧灭亡,匪遑相恤。"此"暨于战国",与前例"暨于朕躬""暨于烈祖"以政治人物作为时代符号又有不同。

之末，皇极不建，暨于大乱，二十余年。”其中“暨于大乱，二十余年”，句式与许阿瞿墓志刻石“旣于五月”相同。

“肥甘”，上古时常用语。《孟子·梁惠王上》：“为肥甘不足于口与？”《抱朴子内篇·对俗》：“当食肥甘，服轻暖……”“不□肥甘”的理解，可参考《史记》卷一〇五《扁鹊仓公列传》淳于意自陈“所为治病死生验者”所谓“齐王中子诸婴儿小子病，召臣意诊切其脉，告曰：‘气鬲病。病使人烦懑，食不下，时呕沫。病得之心忧，数忔食饮。’[①]……”。

所谓“役财连篇”，或指人力财力的连续消耗。《说文·殳部》：“役，戍也。”段玉裁注：“引伸之义，凡事劳皆曰‘役’。”

石刻文字末句，清理简报执笔者释作“立起□埽，以快往人”，高文释作“立起□□，以快往人”。最后四字，清理简报及高文《汉碑集释》没有异议。但是看清理简报附拓片，“快”“往”二字空间存在疑问，“快”字似不完整。仔细看《中国画像石全集》第6卷《河南汉画像石》附图版，则“快”字清晰无疑。大概是清理简报附图拓纸在“快”“往”二字之间褶皱。与“以快往人”类似的文例见于秦汉文献。《吕氏春秋·知接》：“（齐桓）公曰：‘易牙烹其子以慊寡人……’”高诱注：“慊，快。”《史记》卷三二《齐太公世家》张守节《正义》引颜师古云及《汉书》卷六五《东方朔传》颜师古注即写作“易牙烹其子以快寡人……”。《史记》卷六三《老子韩非列传》可见“以快吾志”，《汉书》卷四九《晁错传》可见“以快怒心”，《后汉书》卷四九《王充传》可见“以快其情”，卷七九上《儒林传上·孔僖》可见“以快其意”。其中齐桓公语“以慊寡人”“以快寡人”，与“以快往人”句式最为一致。

---

①司马贞《索隐》：“忔者，风痹忔然不得动也。”

据清理者说，墓葬年代与画像石年代并不一致，“无疑是后人利用了前人的墓葬建筑材料”。清理简报写道：“像许阿瞿这个年仅五岁的儿童，竟有如此众多的奴仆、技人供他使唤，为他表演，无疑是大官僚、大地主的子孙，这对我们又是一次深刻生动的阶级教育！”观察画面，上栏“家僮做游戏供小主人取乐的形象”，可见许阿瞿身后持便面奴仆一人，面前表演者三人，其中“鸠车”画面引人注目[①]；下栏可见表演者六人，“为舞乐百戏场面”，有“跳丸剑”及“折腰踏盘舞”内容，两侧有“击奏控节”及“鼓瑟”“吹排箫”者[②]。高文解释“以快往人”：“快：喜、乐。谓用此舞乐百戏以娱乐逝者。”[③]这应当就是画面内容的实际主题。

许阿瞿“年甫五岁，去离世荣。遂就长夜，不见日星。神灵独处，下归窈冥”，族人皆感伤，“父之与母”以墓葬画像的形式特意设计并经营了使未成年亡者死后仍得快意的空间。

“许阿瞿”像右上方刻“许阿瞿”榜题。其画面，据清理简报描述：“高垂帏幔，幔下有一位身着长襦的总角儿童，端坐于榻上，榻前摆一案，案上放置耳杯等。”[④]“年甫五岁，去离世荣”的许阿瞿在地下世界依然保有如同生前一样的尊贵，享受如同生前一样的乐逸，当然是“父之与母”的期望。

附有许阿瞿墓志文字的汉画像石，是出土汉代画像遗存中罕见的特例。清理简报注意到石刻文字的书法：“书法为隶书，但字体在秀丽中有着方重遒劲的特点，某些字颇近于魏碑，与常见的汉代名碑八分书有明显的不同。”于是判断：“这块画像石刻显

---

①王子今：《汉代民间的玩具车》，《文物天地》1992年第2期。

②南阳市博物馆：《南阳发现东汉许阿瞿墓志画像石》。

③高文：《汉碑集释》，第355页。

④南阳市博物馆：《南阳发现东汉许阿瞿墓志画像石》。

然是出于民间工匠之手。”清理简报认为，石刻文字的文风也值得关注：“志文为四言韵文，语句流畅，与许多所谓‘名家’的汉赋，有着不同的文风。”虽然许阿瞿家族中或有文字水准较高者，抑或石刻文字为其他善为文者代拟，但是无疑与曹丕、曹植、王粲等绝代文学“名家”传世作品的艺术等级不同，亦异于《隶释》所载自宋代以来就受到文士们普遍重视的汉代长篇碑文，应当看作平民文学的作品。许阿瞿墓志的文学意义因此应予尊重，其中反映的有关汉代未成年人生活的重要历史文化信息，也是值得我们珍视的。

汉代文学遗存在“大疫”背景下体现的对幼小生命的尊重，是有特殊时代意义的。在某种意义上，可以看作文明进步的表现。爱护未成年人的社会情感表达，与讲究亲和、推崇仁爱的文化理念表现出某种一致性。以较宽广的视野考察相关现象，可以发现当时人们生命意识的新的觉醒。而对未成年人的重视，也就是对社会未来的重视，也可以看作积极进取的文化精神的表现之一。

许阿瞿墓的葬式因死者身份的特殊可以视为非常态的个例。多数未成年人夭折只是以简陋的瓮棺埋葬，棺具有时使用日常生活实用器，甚至还有用一件器物盛装尸骨的单器瓮棺[①]。

“小儿医”与“婴儿方”

秦汉“小儿医”的出现与进步，成为中国古代医学史进程中引人注目的标志之一。考察相关文化现象，可以丰富对秦汉社会

①白云翔：《战国秦汉时期瓮棺葬研究》，《考古学报》2001年第3期。

生活史的认识，医学史的研究，也可以由此得到新的理解。

1. 扁鹊“为小儿医”

《史记》卷一〇五《扁鹊仓公列传》记载了东方名医扁鹊曾经适应社会需要，对“小儿医”的进步有所贡献的事迹：

> 扁鹊名闻天下。过邯郸，闻贵妇人，即为带下医；过雒阳，闻周人爱老人，即为耳目痹医；来入咸阳，闻秦人爱小儿，即为小儿医；随俗为变。①

扁鹊据说“闻秦人爱小儿，即为小儿医”，名医的参与，自然会使医学的这一门类取得比较大的进步。

山东微山两城乡出土汉画像石可见人首鸟身的扁鹊诊病的画面，这位神医的对面，有怀抱小儿并似乎将其向扁鹊面前推举的妇人。画面所表现的主题，是扁鹊为小儿诊病。

有学者说，“中国传统医学中的幼科或儿科，初萌唐宋……”②或说“明确提出儿科专门化始于唐代太医署，其‘医师’中含有‘少小’，与体疗、疮肿、耳目口齿等并列。宋代以后称‘小方脉’……”③或将“幼科医学行世期间”判定为“大约当宋至清

---

①《太平御览》卷七二一引《史记》作：“入咸阳，闻秦人爱小儿，即为小儿医，隋俗改变，无所滞碍。”《四部丛刊》三编景宋本。〔宋〕李壁注《王荆公诗注》卷一七《赠曾子固》注引《扁鹊传》：“入咸阳，秦人爱小儿，即为小儿医，随俗改变，无所滞碍。”文渊阁《四库全书》本。

②熊秉真：《幼幼——传统中国的襁褓之道》，联经出版事业公司 1995 年 3 月版，第 5 页。

③廖育群：《医者意也——认识中国传统医学》，东大图书公司 2003 年 8 月版，第 189 页。

代，或十一至十九世纪之间"[①]。这种"儿科专门化"初始年代的判定，看起来是偏于保守了。通过汉代已经出现的小儿医方，也可以证明这一事实。《潜夫论·忠贵》说"婴儿有常病"[②]，反映了当时民间社会对儿科医学的重视。而大致对应的历史时期，有学者认为古罗马社会明确可知已经出现了比较成熟的儿科学[③]。

所谓"来入咸阳"，《史记会注考证》引多纪元简曰："《御览》无'来'字。按邯郸与雒阳，并言'过'，而此特言'来入咸阳'，盖此秦人所记，太史公直采而为传耳。"不仅"过邯郸""过雒阳"，此前又有"扁鹊过虢""扁鹊过齐"事，同样"并言'过'"。所谓"来入咸阳"，或许确实是秦人的记录，亦未可排除出自《秦记》而"太史公直采而为传"的可能[④]。

关于司马迁记述的扁鹊事迹，崔适以为"多系寓言，此无关

---

①熊秉真：《安恙：近世中国儿童的疾病与健康》，联经出版事业公司 1999 年 4 月版，第 1 页。

②《潜夫论·忠贵》："历观前世贵人之用心也，与婴儿等。婴儿有常病，贵臣有常祸，父母有常失，人君有常过。婴儿常病，伤饱也；贵臣常祸，伤宠也。父母常失，在不能已于媚子；人君常过，在不能已于骄臣。哺乳太多，则必掣纵而生痫；贵富太盛，则必骄佚而生过。"

③［法］让-皮埃尔·内罗杜《古罗马的儿童》一书专有"儿科学"一节。其中写道："医生认真的建议保证婴儿的卫生和营养。""医务人员全都知婴幼儿时期疾病的严重性。""医生在儿科和普通医学方面具有同样多的知识，他们了解儿童脉搏的特点。儿童特有的体质和性格是医生诊断和开处方的依据。"张鸿、向征译，广西师范大学出版社 2005 年 8 月版，第 55 页。［法］雅克·安德烈《古罗马的医生》一书中说到若干儿科病例，还写道："有些医生是通过为女人或为她们的孩子治病而发迹的。"杨洁、吴树农译，广西师范大学出版社 2006 年 6 月版，第 66—67 页，第 81 页，第 190 页。

④参看王子今：《〈秦记〉考识》，《史学史研究》1997 年第 1 期；《〈秦记〉及其历史文化价值》，《秦文化论丛》第 5 辑，西北大学出版社 1997 年 6 月版。

于信史”,从时代判断,“皆非事实明甚”[①]。陈邦贤以为,在周秦时代,“扁鹊”是良医的共同代号,良医全都被称之为扁鹊[②]。山田庆儿也说,“儿科无疑是最早分化的专科领域”,“战国到了末期,在大城市也肯定有某种程度的专科化进展”,但是在扁鹊的时代,是否已经诞生了“小儿医”这样的“专科医”,“颇有怀疑”。他认为,“《扁鹊传》中所见医学知识,不是扁鹊之时代,而是司马迁之时代的医学”。如“小儿医”这样的“专科分化”,“是在进入西汉时期之后渐渐明确起来的”[③]。

自“扁鹊之时代”到“司马迁之时代”,历史间隔其实比较短暂。我们似乎很难判定其间“小儿医”发生与演进的变化。至于“小儿医”的“专科分化”怎样“渐渐明确起来”,既然言“渐渐”,则应当理解司马迁的历史记述明确使用“小儿医”称谓之前,必然已经有这种医学“专科”出现和进步的历程。

当然,确如有的学者所说:“从殷商到汉末三国之间,虽有不少关于小儿疾病与医疗的记载,以及医方治疗小儿的实例[④],固然能呈现古代医者救疗小儿的部分实况,但却不足以代表当时小儿医学的全貌或者普遍情况,亦无助于了解医者在健康照护的领域中,如何观看或安排小儿病患的轻重与位置,如何界定小儿医疗的界限或范畴,以及如何分别小儿医学与其他医学领域之间的异或同。”论者这样的意见我们是统一的:“此一时期,医者

---

①崔适:《史记探源》,中华书局 1986 年 9 月版,第 206 页。

②参看陈邦贤:《中国医学史》,商务印书馆 1937 年 2 月版,第 23 页。

③[日]山田庆儿:《中国古代医学的形成》,廖育群、李建民编译,东大图书公司 2003 年 11 月版,第 355 页,第 399 页。

④原注:“张嘉凤,〈操行英雄立功难差——晋唐之间小儿医学的成立与对小儿医的态度〉,《新史学》16.2(2005):页 3-6。”

多兼治成人与小儿的疾病，医疗分科尚未泾渭分明，医学专业的界线或边际亦非楚河汉界，遂无小儿医学专科之名。不过，正因为如此，使得医者在行医时多能随机应变，大、小、男、女同治，病人的来源较为多样。"[①] 其实，"医者多兼治成人与小儿的疾病"的情形，在现世依然普遍存在，但这也许并不妨碍"医疗分科"的实现。要考察和理解秦汉时期"小儿医学的全貌或者普遍情况"，有待于出土资料的发现以及医史研究的深入。但是我们切不可在因相关信息和研究进程限定多所未知的情况下，断言战国秦汉尚未进入"儿科专门化"的初始年代。

2.《艺文志》著录"婴儿方"

"中医重小儿"，"医者关心小儿疾病调护和寿夭"。有学者总结中国传统"育儿文化与医学"，着重就"小儿寿夭和婴儿调护"以及"胎毒论与小儿指纹诊"有所论述，然而没有涉及汉代医学的相关成就[②]，不免遗憾。

汉代"小儿医"已经成为比较成熟的医学专业。《汉书》卷三〇《艺文志》著录的"经方十一家"中，有：

> 《金创瘲瘛方》三十卷

颜师古注："服虔曰：'音瘈引之瘈。'师古曰：'小儿病也。"瘛"音充制反。"瘲"音子用反。'""瘈"的本义是牵掣。《说文・手

①张嘉凤：《变化的身体——晋唐之间的小儿变蒸理论》，李建民主编：《从医疗看中国史》，联经出版事业公司 2008 年 10 月版，第 78 页。

②马伯英：《中国医学文化史》，上海人民出版社 1994 年 5 月版，第 672—680 页。

部》："瘈，引纵曰瘈。" 段玉裁注："引纵者，谓宜远而引之使近，宜近而纵之使远，皆为牵掣也。"《灵枢经・热病》："热病，头痛，颞颥目瘈脉痛。"《急就篇》："痈疽瘛疭痿痹痕。" 颜师古注也说："'瘛疭'，小儿之疾，即今痫病也。"《说文・疒部》："瘛，小儿瘛疭病也。" 段玉裁注："《急就篇》亦云'瘛疭'。师古云：'即今痫病。' 按今小儿惊病也。'瘛'之言掣也，'疭'之言纵也。《艺文志》有《瘛疭方》。" 有学者指出，"儿科杂病与内科本无本质区别，唯麻（麻疹）、痘（天花）、惊（惊风）、疳（疳积）四大证属儿科特有的疾病。明清两代的儿科著作中有相当大的部分是以讨论这四种疾病为主……"[①] 玉裁"瘛疭""今小儿惊病也"的说法如若成立，则告知我们在汉代已经可以看到讨论这种疾病的儿科著作。

《素问・玉机真藏论》说："病筋脉相引而急，病名曰'瘛'。" 同书《气交变大论》："足痿不收，行善瘛，脚下痛。" 也说到"瘛"的病症。《潜夫论・贵知》："哺乳太多，则必掣纵而生痫；贵富太盛，则必骄佚而生过。" 杨树达《汉书窥管》说："'掣纵'与'瘛疭'同。"[②] 王念孙《读书杂志・汉书杂志》："师古注'瘛'音在前，'疭'音在后，则'疭瘛'当为'瘛疭'。《说文》：'瘛，小儿瘛疭病也。' 诸书皆言'瘛疭'，无言'疭瘛'者。"[③] 陈国庆《汉书艺文志注释汇编》说："《急就篇》云：'痈疽瘛疭痿痹痕。' 亦瘛音在前。"[④] "姚振宗曰：按：《隋志》医方家，梁有甘浚之、甘伯齐《疗痈疽金创要方》各若干卷。徐氏、范氏《疗少小百病杂方》皆取

---

①廖育群：《医者意也——认识中国传统医学》，第 190 页。

②杨树达：《汉书窥管》，上海古籍出版社 1984 年 1 月版，上册第 250 页。

③王念孙：《读书杂志》，江苏古籍出版社 1985 年 7 月版，第 278 页。

④陈国庆：《汉书艺文志注释汇编》，中华书局 1983 年 6 月版，第 229 页。

资于是书为多。”[①]

对于“瘛”，有学者提出其他解说。张显成写道：“瘛：解，开。医籍中用作房中用语。”举证为马王堆汉墓出土帛书：

《合阴阳》：“（五音之因）：瘛息者，内急也。”125。

又说：“‘瘛’为方言词（今音 chì），《方言》卷一二：‘瘛，解也。’《后汉书·任李厉邳刘耿传赞》：‘任、邳识几，严城解扉。’李贤注：‘解，犹开也。’瘛息，为女性房中之音，意即：（发出）放开喉咙大肆呼吸（的声音）。”[②]今按：“瘛息”取此义，似与《金创瘛瘛方》“瘛”义明显不合。而《方言》卷一二“抒、瘛，解也”的训义[③]，是可以有益于《金创瘛瘛方》“瘛”字的理解的。而《合阴阳》“瘛息者，内急也”，其实也可以依《说文》释“瘛”之义，解释为房中“引纵”之音声[④]。

《汉书》卷三〇《艺文志》“经方十一家”中又有：

《妇人婴儿方》十九卷。

这部医学专著，应当是妇科和儿科知识的合集。“姚振宗曰：按，《隋志》医方家，有张仲景《疗妇人方》二卷。俞氏《疗小儿方》四

①施之勉：《汉书集注》，三民书局 2003 年 2 月版，第 9 册，第 4692 页。
②张显成：《先秦两汉医学用语研究》，巴蜀书社 2000 年 4 月版，第 186 页。
③卢文弨《重校方言》：“宋本作‘抒’，乃‘抒渫’之误也。”
④魏启鹏、胡翔骅注《合阴阳》：“瘛息：《天下至道谈》作‘候（喉）息’。帛书整理小组说，‘瘛，疑读为制，《说文》：止也。’”《马王堆汉墓医书校释》（贰），成都出版社 1992 年 6 月版，第 134 页。今按：“瘛”如读为“制”，也应与“掣”字义联系理解。

卷。当亦取资于是书。"[①] 有学者认为："从书名来看，《妇人婴儿方》的作者虽已意识到小儿应与成人医学有所区分，但将婴儿与妇人并列，严格地说毕竟不是小儿医学的专门著作[②]。由于《艺文志》不见小儿专科的医籍，却有以《妇人婴儿方》之作，可知汉代虽不乏认识小儿疾病与身体特殊性的医者，但在主流的医疗环境中，小儿医学或尚未引起太多的注意，其相关的医学理论或临床操作手法可能仍在起步阶段，到独立成方还有一段距离。"[③]

应当考虑到，虽然这部书"妇人婴儿"并说，但是具体的"方"，必然分别是"妇人方"和"婴儿方"。山田庆儿即根据《汉书》卷三〇《艺文志》中著录有"《妇人婴儿方》十二卷那样的专门之书"，以为"小儿医"这样的"专科分化"在西汉时期得以"明确"的例证[④]。

清人姚振宗《后汉艺文志》卷三即著录了同一作者卫汎的"妇人方"和"小儿方"：

> 卫汎《妇人胎藏经》一卷。

---

①施之勉：《汉书集注》，第9册第4693页。

②论者指出："作者之所以将婴儿列在妇人之后，俨然是将婴儿附属于妇人，其可能原因有三，第一，此处之'婴儿'系指初生或较年幼的小儿，他们在哺乳与襁褓期间，多由母亲照顾养育，在这样的社会习惯与脉络下，为了临床诊治与教学之便，作者遂将妇人与小儿归并为一册。其次，汉代医者在治疗妇人或产妇的同时，可能兼及幼小婴儿或胎儿，因此作者以《妇人婴儿方》命名其著作，这样的分类方式，似将初生婴儿的健康与疾病问题纳入'妇科'或'产科'的范围之内。第三，或因古代医学'婴病调母'的治疗原则，作者将婴儿与妇人并举，既能方便医者进行诊治，亦可供学者或读者临症检用。"

③张嘉凤：《变化的身体——晋唐之间的小儿变蒸理论》，李建民主编：《从医疗看中国史》，第79页。

④[日]山田庆儿：《中国古代医学的形成》，廖育群、李建民编译，东大图书公司2003年11月版，第399页。今按："十二卷"为"十九卷"之误。

卫汎《小儿颅脑经方》一卷。

《太平御览》七百二十二引张仲景《方序》曰:"卫汎好医术,少师仲景,有才识,撰《四逆三部厥经》及《妇人胎藏经》《小儿颅脑方》三卷,皆行于世。"

《小儿颅脑经方》似应作《小儿颅脑方》,或作《小儿颅囟方》[1]。有学者认为:"《太平御览》引《张仲景方序》指出张仲景的弟子卫汎,一作卫沈,撰写《小儿颅囟方》三卷。卫汎主要的活动期间,或在汉末或三国时期,若卫氏确为《小儿颅囟方》的作者,则小儿医学专著的出现可推至汉末或三国时期。"[2]

其实,秦汉时期"小儿医"的成就,还可以通过出土文献所见"婴儿方""小儿方"有所体现。其年代,可能更早。

3. 马王堆《五十二病方》"小儿医"经验

其实,马王堆汉墓出土帛书中被医学史学者称为"迄今为止我国已发现的最古医学方书"[3]的《五十二病方》,就已经记录了若

①〔隋〕巢元方《诸病源候总论》卷四五《小儿杂病诸经·养小儿候》、〔唐〕孙思邈《千金要方》卷八《少小婴孺方》、〔唐〕王焘《外台秘要》卷三五《小儿方序例论》、〔宋〕何大任《太医局程文》卷九《墨义第一道》皆作"《小儿颅囟经》"。文渊阁《四库全书》本。〔元〕戴启宗《脉诀刊误》卷下"小儿生死候歌"条亦作"《小儿颅囟经》"。清指海本。〔宋〕张杲《医说》卷一"卫沈"条作"《小儿颅囟经方》"。明万历刻本。〔宋〕周守忠《历代名医蒙求》卷下"卫沉小才"条作"《小儿颅囟方》"。宋刻本。

②张嘉凤:《变化的身体——晋唐之间的小儿变蒸理论》,李建民主编:《从医疗看中国史》,第79页。

③马继兴、李学勤:《我国现已发现的最古医方——帛书〈五十二病方〉》,马王堆汉墓帛书整理小组编:《五十二病方》,文物出版社1979年11月版,第191页。

干汉代“小儿医”的医疗经验的总结[①]。

马王堆帛书《五十二病方》中首列对于“外伤性疾病”的医方，其次就是针对“婴儿索痉”“婴儿病间（痫）”“婴儿瘛（瘈）”的病方。足见对“小儿”疾病的重视。如：

> 婴儿索痉：索痉者，如产时居湿地久，其肎直而口釦[②]，筋挛难以信（伸）。取封殖土治之[③]，□□（四五）二，盐一，合挠而烝（蒸），以扁（遍）熨直肎挛筋所。道头始[④]，稍□手足而已。熨寒□□（四六）复烝（蒸），熨干更为。令。（四七）

整理小组认为，“婴儿索痉，当为产妇子痫一类病症。”“一说，应为小儿脐带风。”又如：

> 婴儿病间（痫）方：取雷尾〈矢〉三果（颗）[⑤]，冶，以猪煎膏和之。小婴儿以水【半】斗，大者以一斗，三分和，取（四八）一分置水中，挠，以浴之。浴之道头上始，下尽身，四支（肢）勿濡。三日一浴，三日已。已浴，辄弃其水（四九）圂

---

①山田庆儿已经注意到，《五十二病方》中“有三个冠有‘婴儿’的病名”。《中国古代医学的形成》，第355页。

②整理小组注释：“肎，今写作肯，骨间肉。肯直，肌肉强直。釦，读为拘。口拘，即口噤。”

③整理小组注释：“殖即埴，黏土。”

④整理小组注释：“道，从，由。”

⑤整理小组注释：“雷矢，见《急就篇》，据《名医别录》系雷丸别名。雷丸是竹林下生的一种菌蕈，内服有治癫痫的作用，本方则为用此药于外治的药浴法。”

中。间（痫）者，身热而数惊，颈脊强而复（腹）大。□间（痫）多众，以此药皆已。（五〇）

整理小组认为，“婴儿病痫，即小儿痫。按痫与癫在唐以前医术中多指同一疾病。”此外，又有：

婴儿瘛：婴儿瘛者，目繲䀹然[①]，胁痛，息瘿（嘤）瘿（嘤）然，㞒（矢）不〇化而青。取屋荣蔡[②]，薪燔之而□（五一）匕焉。为湮汲三浑[③]，盛以桮（杯）。因唾匕，祝之曰：“喷者豦（剧）喷，上〇〇〇〇〇〇（五二）如彗星，下如䘑血[④]，取若门左，斩若门右，为若不已，磔薄（膊）若市。”[⑤]因以匕周揗[⑥]（五三）婴儿瘛所，而洒之桮（杯）水中，候之，有血有蝇羽者，而弃之于垣，更取水（五四）复唾匕浆以揗，如前。毋征，数复之，征尽而止。●令。（五五）

整理小组认为，“婴儿瘛，即小儿瘈疭”[⑦]。《五十二病方》中的“婴儿瘛（瘈）”方，可以补充我们对于《汉书》卷三〇《艺文志》中

---

①整理小组注释：“目繲䀹然，当指眼球上翻。”

②整理小组注释：“屋荣蔡，屋脊上的杂草。”

③整理小组注释：“三浑，疑指澄清三次。”

④整理小组注释：“䘑，《说文》：‘凝血也。’《素问·五藏生成》：‘赤如䘑血者死。’王冰注：‘䘑血，谓败恶凝聚之血，色赤黑也。’”今按：“䘑”字屡见于汉代医籍中。《金匮要略·妇人》：“下血者，后断三月，䘑也。”《灵枢经·水胀第五十七》：“恶血当泻不泻，䘑以留止，日以盖大，状如怀子。”

⑤整理小组注释：“磔膊若市，将你杀死暴尸于市，是咒鬼的话。”

⑥整理小组注释：“揗，摩拭。”

⑦马王堆汉墓帛书整理小组编：《五十二病方》，第40—43页。

《金创疭瘛方》的认识。而“婴儿病间（痫）”与“婴儿瘛（瘈）”并列，可知颜师古注“瘛疭，小儿之疾，即今痫病也”的说法未必确当。

在关于“婴儿瘛”的病方中，可以看到有巫术的明显特征。在当时的社会意识背景下，这其实也是不足为奇的文化现象。

名称中都出现“婴儿”两字的这三种病，后两种，研究者以为是“儿科疾病”：“‘婴儿病痫’是小儿的痫病。‘婴儿瘈’即‘瘈疭’，系小儿惊风。”前一种，研究者以为是“妇产科疾病”，“即子痫一类疾病”。然而又指出：“另一种意见认为此病为婴儿脐带风”①。

有意思的是，古罗马的儿科医术中，也特别重视小儿“癫痫”的诊治②。

4. 张仲景《金匮要略方论》“小儿”方

东汉著名医学家张仲景著《金匮要略方论》卷下《妇人杂病脉证并治第二十二》有《小儿疳虫蚀齿方》：

---

①马继兴、李学勤：《我国现已发现的最古医方——帛书〈五十二病方〉》，马王堆汉墓帛书整理小组编：《五十二病方》，文物出版社 1979 年 11 月版，第 187 页。

②法国学者让-皮埃尔·内罗杜所著《古罗马的儿童》一书中，在“儿科学”一节写道：“癫痫是一种令人生畏的疾病。用金环穿过山羊的脑髓，再进行蒸馏，或者用驴的肝脏加人参——人参能治百病——具有神奇疗效。这两种药物对于治疗癫痫，都能药到病除。”“大自然中生长着野芹菜，这种菜能导致儿童的癫痫病；但同时也生长着治疗癫痫病的茴香菜。这个魔法似的药方对于 3 岁以上的儿童和成人都有效。”第 57—58 页。

雄黄　葶苈

右二味末之，取腊日猪脂，熔，以槐枝绵裹头四五枚，点药烙之。[①]

又《金匮要略方论》卷下《杂疗方第二十三》有《救小儿卒死而吐利不知是何病方》：

马屎一升，水三斗，煮取二斗以洗之；又取牛洞稀粪也一升，温酒灌口中，灸心下一寸、脐上三寸、脐下四寸各一百壮，差。[②]

这些记录，都是当时"小儿医"治疗经验的遗存。

在关于《汉书》卷三〇《艺文志》"《妇人婴儿方》十九卷"的讨论中，有注家引"姚振宗曰：按，《隋志》医方家，有张仲景《疗妇人方》二卷。俞氏《疗小儿方》四卷。当亦取资于是书。"[③]在对汉代"小儿医"论著尚知之甚少的情况下，这当然只是一种推测。

---

①《金匮要略直解》："小儿胃中有疳热则虫生，而牙齿蚀烂。雄黄味辛；葶苈味苦。辛苦能杀虫故也。"也有学者认为此方"疑非仲景方"。刘渡舟、苏宝刚、庞鹤编著：《金匮要略诠解》，天津科学技术出版社 1984 年 11 月版，第 245 页。

②《金匮要略直解》："吐利非即死病，吐利而卒死又无他病可据，则知上吐下利病在中矣。狗性热善消物，粪乃已消之滓，病邪得之如其消化，类相感也。近有用狗粪以治膈噎，有用狗屎中骨末以治腹痛，百药不效而骨立欲死者，无不神验，可悟此理矣。"

③施之勉：《汉书集注》，三民书局 2003 年 2 月版，第 9 册第 4693 页。

5. 秦汉文献遗存所见“小儿医”病例

《说文·㝪部》:“㝕,卧惊也。一曰小儿号㝕㝕。一曰河内相呼也。”《方言》卷一:“咺、唏、㤘,痛也。凡哀泣而不止曰‘咺’,哀而不泣曰‘唏’。于方:则楚言哀曰‘唏’,燕之外鄙朝鲜洌水之间少儿泣而不止曰‘咺’。自关而西秦晋之间凡大人少儿泣而不止谓之‘唴’,哭极音绝亦谓之‘唴’。平原谓啼极无声谓之‘唴哴’。楚谓之‘嗷咷’。齐宋之间谓之‘喑’,或谓之‘惄’。”原注:“‘少儿’,犹言小儿。”这些信息,反映了有关“小儿”病痛的历史文化记忆。《释名·释疾病》:“小儿气结曰‘哺’。哺,露也。哺而寒,露乳食不消,生此疾也。”[①] 当时社会对“小儿”健康的关心,可以由这些迹象得到体现。“小儿医”正是在这种背景下得以进步的。

秦汉文献遗存中可以看到“小儿医”病例。

《史记》卷一〇五《扁鹊仓公列传》记录了名医淳于意事迹。“意家居,诏召问所为治病死生验者几何人也,主名为谁。”司马迁写道:“诏问故太仓长臣意:‘方伎所长,及所能治病者?有其书无有?皆安受学?受学几何岁?尝有所验,何县里人也?何病?医药已,其病之状皆何如?具悉而对。’”淳于意的回答,涉及二十多个病例,其中有儿童。如:

齐王中子诸婴儿小子病,召臣意诊切其脉,告曰:“气鬲

---

①或作“小儿气结曰‘哺露’”。参看任继昉《释名汇校》,齐鲁书社2006年11月版,第453页。有研究者认为,“此疾系喂乳受寒,致使小儿消化不良。”李良松、郭洪涛:《中国传统文化与医学》,厦门大学出版社1990年5月版,第300页。

病。病使人烦懑，食不下，时呕沫。病得之心忧，数忔食饮。”臣意即为之作下气汤以饮之，一日气下，二日能食，三日即病愈。所以知小子之病者，诊其脉，心气也，浊躁而经也，此络阳病也。脉法曰：“脉来数疾去难而不一者，病主在心。”周身热，脉盛者，为重阳。重阳者，逿心主。故烦懑食不下则络脉有过，络脉有过则血上出，血上出者死。此悲心所生也，病得之忧也。

淳于意关于“所以知小子之病者”的解说，体现出当时“小儿医”已经具有了比较成熟的经验。

汉末名医华佗医治的病例中，也有儿科疾病。

《三国志》卷二九《魏书·方技传·华佗》记载：

东阳陈叔山小男二岁得疾，下利常先啼，日以羸困。问佗，佗曰：“其母怀躯，阳气内养，乳中虚冷，儿得母寒，故令不时愈。”佗与四物女宛丸，十日即除。

一个两岁的孩子患病，身体越来越瘦弱。华佗准确判断其症状与“乳中虚冷，儿得母寒”有关，后来果然药到病除。

汉代“小儿医”的进步，是中国传统医学迈上新的阶梯的学术迹象之一。中国儿科医学在这一时期奠基，也是以当时社会对儿童健康问题的重视为背景的。对于关心秦汉历史文化的读者来说，这样的发现及相关认识，都有重要的学术意义。

孤儿的社会救助形式

汉代执政阶层逐步形成了共同的行政理念,即努力维护国家的一统和安定。而调整社会关系以趋于合理,被看作政治管理的关键。在这样的历史文化背景下,社会福利意识愈益成熟。在最高统治者皇帝颁布的诏书中,屡见强调社会福利的文字。丧失家庭哺育条件的孤儿,是汉代社会福利政策的主要受益者之一。执政者多有对"孤"赐帛、赐粟的政策,法律也有关照"婴儿无父母亲属"者的规定,民政事务中的"慈幼"原则也要求"养孤""矜孤"。当时民间对孤儿承担了一些抚养责任,而亲族成员的相应行为受到社会舆论的支持。无子的家庭也可以依照法律收养孤儿。这些情形都对维护社会的和谐安定有积极意义。

1."少孤贫""少孤苦"现象

睡虎地秦简《日书》甲种《生子》题下有关人生前景预言的内容中,有"甲午生子,武有力,少孤"(一四〇正叁),"乙未生子,有疾,少孤,后富"(一四一正叁),"庚子生子,少孤,污"(一四六正叁),"甲子生子,少孤,衣污"(一四〇正陆)等文字。《日书》乙种《生》题下,也可以看到"甲子生,少孤"(二三八),"己亥生,小(少)孤"(二四三)等内容[①]。可见幼年失去父母,在当时是颇为多见的情形。历史记忆中所谓"成王幼孤"[②],"孔子

①睡虎地秦墓竹简整理小组:《睡虎地秦墓竹简》,文物出版社1990年9月版,释文第203—205页,第251页,第253页。

②《史记》卷三三《鲁周公世家》《索隐述赞》。

少孤”[1]等等，也告知人们许多成功人士都有“孤”的经历。有关汉代人物的历史记录，亦多可看到“少孤”者谦恭笃孝，“少孤”者励志自强的事迹。“少孤”者所经历的艰难生活，通过历史文献的记载也有透露。

孤儿丧亲，往往经受非常的感情伤痛，而随即家庭关系的显著变化，又可能使他们面临极大的苦难。《后汉书》卷五三《徐稺传》说到李昙事迹：“李昙字云，少孤，继母严酷。”李贤注引《谢承书》也说：“昙少丧父，躬事继母。〔继母〕酷烈，昙……寒苦执劳。”《三国志》卷一六《魏书·杜畿传》：“（杜畿）少孤，继母苦之”。说的也是大致同样的情形[2]。

孤儿面临的压力更多地表现在基本生活条件的恶劣，史书记载或写作“少孤贫”[3]、“少孤苦”[4]。孤儿贫苦的境遇有时至于极其狼狈的程度。如《三国志》卷一五《魏书·贾逵传》裴松之注引《魏略》写道：“（贾）逵世为著姓，少孤家贫，冬常无裤，过其妻兄柳孚宿，其明无何，着孚裤去。”

《史记》卷一〇四《田叔列传》褚少孙补述：“任安，荥阳人也。少孤贫困，为人将车之长安。”类似不得不承担艰苦劳作的事例很多。如王尊“少孤，归诸父，使牧羊泽中”[5]，承宫“少孤，

---

①《史记》卷四七《孔子世家》司马贞《索隐》。

②也有继母慈爱史例。如《后汉书》卷二七《郭丹传》：“（郭）丹七岁而孤，小心孝顺，后母哀怜之，为鬻衣装，买产业。”李贤注：“鬻，卖也。”则是后母为其置办经营之资，不惜变卖自己的“衣装”。“衣装”指衣着装饰。《后汉书》卷七二《董卓传》：吕布斩董卓，“士卒皆称万岁，百姓歌舞于道。长安中士女卖其珠玉衣装市酒肉相庆者，填满街肆”。

③《三国志》卷二四《魏书·王观传》。

④《三国志》卷二三《魏书·常林传》裴松之注引《晋书》。

⑤《汉书》卷七六《王尊传》。

年八岁为人牧豕”[①]，“（胡）广少孤贫，亲执家苦”[②]，杨震“少孤贫，独与母居，假地种殖，以给供养”[③]，第五访“少孤贫，常佣耕以养兄嫂”[④]，侯瑾“少孤贫，依宗人居”，“恒佣作为资”[⑤]，刘茂“少孤，独侍母居，家贫，以筋力致养”[⑥]等，都传递了重要的社会生活史信息。《三国志》卷二三《魏书·杨俊传》写道：“王象，少孤特，为人仆隶。”《三国志》卷三二《蜀书·先主传》说，刘备也曾经有少年从事劳作的经历，“先主少孤，与母贩履织席为业”。《三国志》卷二八《魏书·邓艾传》记载，邓艾“少孤”，“为农民养犊”。也有以比较特殊的形式取得生活资料的情形，例如没落贵族刘梁本是“梁宗室子孙”，然而因“少孤贫”，不得不“卖书于市以自资”[⑦]。

所谓“为人仆隶”，或许接近司马相如笔下所谓“幼孤为奴”[⑧]、“幼孤为奴虏”[⑨]。至于战乱之世，所存“非锋刃之余，则流亡之孤”，“幼孤”“流离”成为严重的社会悲剧[⑩]。在这种情况下，“死者则露尸不掩，生者则奔亡流散，幼孤妇女，流离系虏”[⑪]，没有依靠的“幼孤”更可能成为被奴役的对象。

即使为家族收容的孤儿，有的学者也指出了其境遇的艰难：

---

①《后汉书》卷二七《承宫传》。
②《后汉书》卷四四《胡广传》。
③《后汉书》卷五四《杨震传》李贤注引《续汉书》。
④《后汉书》卷七六《循吏列传·第五访》。
⑤《后汉书》卷八〇下《文苑列传下·侯瑾》。
⑥《后汉书》卷八一《独行列传·刘茂》。
⑦《后汉书》卷八〇下《文苑列传下·刘梁》。
⑧《史记》卷一一七《司马相如列传》。
⑨《汉书》卷五七下《司马相如传下》。
⑩《后汉书》卷二三《窦融传》。
⑪《后汉书》卷一三《隗嚣传》。

"大量历史事实表明，孤儿在宗族中通常受到歧视，每每被作为廉价劳动力来使用；他们生活艰辛，过早承受谋生的压力，难有童年欢乐。"①

2. 帝王诏令：救济"孤儿九岁已下"

司马迁在《史记》卷一〇《孝文本纪》中记录了一篇施行于汉文帝元年（前 179）的重要的政治举措：

> 三月，有司请立皇后。薄太后曰："诸侯皆同姓，立太子母为皇后。"皇后姓窦氏。上为立后故，赐天下鳏寡孤独、穷困及年八十已上孤儿九岁已下布帛米肉各有数。

而《汉书》卷四《文帝纪》对于"天下鳏寡孤独、穷困及年八十已上孤儿九岁已下"均有所赐予的这一善政的记载，虽紧接"三月，有司请立皇后"而"皇太后曰：'立太子母窦氏为皇后'"文句，却没有直接以"为立后故"作为颁布这一政治指令的背景。班固写道：

> 诏曰："方春和时，草木群生之物皆有以自乐，而吾百姓鳏寡孤独、穷困之人或阽于死亡，而莫之省忧。为民父母将

---

①论者引录《乐府诗集》卷三八汉诗《孤儿行》，以为细致描写了"失去父母的孤儿在兄嫂家中的悲苦生活"："头多虮虱，面目多尘。……使我朝行汲，暮得水来归；手为错，足下无菲。怆怆履霜，中多蒺藜；拔断蒺藜，肠肉中，怆欲悲。泪下渫渫，清涕累累。冬无复襦，夏无单衣。"彭卫、杨振红：《中国风俗通史·秦汉卷》，上海文艺出版社 2002 年 3 月版，第 359—360 页。

何如？其议所以振贷之。”

明代有先进意识的思想家李贽对于汉文帝这一诏书，曾经有“圣主妙诏”的肯定性的评价[①]。

对于汉代文献中所谓“鳏寡孤独”的“孤”，可以有两种理解。《说文·子部》：“孤，无父也。”段玉裁注：“孟子曰：‘幼而无父曰孤。’引申之，凡单独皆曰‘孤’。”也就是说，“孤”可能指孤儿，如《管子·轻重己》：“民生而无父母，谓之孤子。”“孤”也可能指孤独老人。《吕氏春秋·怀宠》：“求其孤寡而振恤之。”高诱注：“无子曰‘孤’。”《礼记·月令》：“仲春之月……安萌牙，养幼少，存诸孤。”“诸孤”与“幼少”并列，则应是指孤老。《史记》卷一〇《孝文本纪》所谓“天下鳏寡孤独、穷困及年八十已上孤儿九岁已下”，“孤儿九岁已下”与“孤独”并列，语义不当重复。不过，《汉书》卷四《文帝纪》只说“吾百姓鳏寡孤独、穷困之人”，则“孤”在这里应当是指孤儿。晁错对策建议“爱恤少孤”[②]，也可以帮助我们准确理解这里“孤”的涵义[③]。

汉文帝忧虑春时“百姓鳏寡孤独、穷困之人或阽于死亡，而莫之省忧”，决策“振贷之”，又特别强调必须保证质量，不得以“陈粟”敷衍。

据《汉书》卷四《文帝纪》记载，汉文帝十三年（前167）六月，又曾经颁布赐予“天下孤寡”织物的诏令：

---

①《史纲评要》卷六。

②《汉书》卷四九《晁错传》。

③《后汉书》卷二《明帝纪》载汉明帝永平二年（59）冬十月壬子诏“存耆耋，恤幼孤，惠鳏寡”所谓“恤幼孤”，可以参考。《续汉书·五行志三》李贤注引《京房占》也有“恤幼孤”的说法。

六月，诏曰："农，天下之本，务莫大焉。今廑身从事，而有租税之赋，是谓本末者无以异也，其于劝农之道未备。其除田之租税。赐天下孤寡布帛絮各有数。"

汉景帝即位之初颁布的诏令中，曾经突出宣扬汉文帝的历史功绩，其中特别说到"赏赐长老，收恤孤独，以遂群生"，称颂其"此皆上世之所不及，而孝文皇帝亲行之，德厚侔天地，利泽施四海"。而汉景帝后二年（前 142）夏四月诏书中说道："彊毋攘弱，众毋暴寡，老耆以寿终，幼孤得遂长。"[①]可知依然继承了汉文帝的政治风格。对于"幼孤得遂长"，颜师古注："'遂'，成也。"汉景帝诏文，有希望"幼孤"们都能顺利成长的意思。

《史记》卷一一七《司马相如列传》所载录司马相如《子虚赋》中，可以看到有这样的文辞："……于是酒中乐酣，天子芒然而思，似若有亡。曰：'嗟乎，此泰奢侈！朕以览听余闲，无事弃日，顺天道以杀伐，时休息于此，恐后世靡丽，遂往而不反，非所以为继嗣创业垂统也。'于是乃解酒罢猎，而命有司曰：'地可以垦辟，悉为农郊，以赡萌隶；陨墙填堑，使山泽之民得至焉。实陂池而勿禁，虚宫观而勿仞。发仓廪以振贫穷，补不足，恤鳏寡，存孤独。出德号，省刑罚，改制度，易服色，更正朔，与天下为始。'"这位在文学家笔下于奢侈之中忽有醒悟，诏令"发仓廪以振贫穷，补不足，恤鳏寡，存孤独"的"天子"，其原型可能是汉武帝。《汉书》卷六四上《严助传》记载严助为汉武帝决意出兵击越，上疏谏止，有如下言辞："陛下临天下，布德施惠，缓刑罚，薄赋敛，哀

① 《汉书》卷五《景帝纪》。

鳏寡，恤孤独，养耆老，振匮乏，盛德上隆，和泽下洽，近者亲附，远者怀德，天下摄然，人安其生，自以没身不见兵革。”其中所谓“哀鳏寡，恤孤独，养耆老，振匮乏”可以与司马相如所说“发仓廪以振贫穷，补不足，恤鳏寡，存孤独”对照读。社会弱势人等“孤”所受到的优遇，值得我们注意。

从《汉书》卷六《武帝纪》的内容看，汉武帝时代这类给予“孤”以特殊照应的政策的实施，有明确的记载。例如：“（元狩元年夏四月丁卯）诏曰：‘……朕嘉孝弟力田，哀夫老眊、孤寡鳏独或匮于衣食，甚怜愍焉。其遣谒者巡行天下，存问致赐。’”宣布赐“鳏寡孤独帛，人二匹，絮三斤”。又如元封五年（前106）夏四月颁布诏书，宣布“赐鳏寡孤独帛，贫穷者粟”。又天汉三年（前98）“赐行所过户五千钱，鳏寡孤独帛人一匹”。

《汉书》卷八《宣帝纪》记载：“（元平元年）十一月壬子，立皇后许氏。赐诸侯王以下金钱，至吏民鳏寡孤独各有差。”赐钱鳏寡孤独，其事在“立皇后”之后，可能与汉文帝时“上为立后故，赐天下鳏寡孤独穷困及年八十已上孤儿九岁已下布帛米肉各有数”情形类似。汉宣帝地节三年（前67）春三月，又有诏书特别强调对“鳏寡孤独、高年”执行特殊的政策，并有所赐：“鳏寡孤独、高年贫困之民，朕所怜也。前下诏假公田，货种、食。其加赐鳏寡孤独、高年帛。二千石严教吏谨视遇，毋令失职。”汉宣帝执政时，明确的赐鳏寡孤独帛事，又有元康元年（前65）三月，神爵元年（前61）三月，神爵四年（前58）二月，五凤三年（前55）三月，甘露二年（前52）正月，甘露三年（前51）正月等多起。

据《汉书》卷九《元帝纪》记载，汉元帝时又有“存问”“鳏寡孤独”，赐帛“鳏寡孤独”事。汉成帝、汉哀帝、汉平帝时代，依然有类同的史例。敦煌悬泉置遗址出土泥墙墨书汉平帝元始五年（5）《四时月令诏条》，题《使者和中所督察诏书四时月令五十条》，以"大（太）皇大（太）后诏曰"开篇，应是作为政令颁布。其中"中春月令"中，有：

·存诸孤。 ·谓幼□□…… （二一行）

应当也是有关救助孤儿的规定[①]。

《汉书》卷九九上《王莽传上》说，王莽其父早逝，出身"孤贫"，本身就有孤儿的经历[②]，起初又以"事母及寡嫂，养孤兄子，行甚敕备"得名。

东汉诸帝，大多都有以赐粟帛等方式救助包括孤儿的特殊困难人群的行政事迹。其形式有"给禀"[③]、"赐粟"[④]、"赐谷"[⑤]、"赐

①胡平生、张德芳：《敦煌悬泉汉简释粹》，上海古籍出版社 2001 年 8 月版，第 193 页。

②《汉书》卷九八《元后传》："莽幼孤。"

③《后汉书》卷一下《光武帝纪下》记载建武六年（30）春正月事。

④《后汉书》卷一下《光武帝纪下》记载建武二十九年（53）二月、建武三十年（54）五月、建武三十一年（55）五月事，卷二《明帝纪》记载建武中元二年（57）夏四月、永平三年（60）二月、永平十二年（69）五月、永平十七年（74）夏五月、永平十八年（75）夏四月事，卷三《章帝纪》记载永平十八年（75）冬十月、建初三年（78）三月、建初四年（79）四月、元和元年（84）八月事，卷四《和帝纪》记载永元三年（91）冬十月、永元八年（96）春二月、永元十二年（100）三月、元兴元年（105）冬十二月事，卷五《安帝纪》记载延光元年（122）三月事，卷六《顺帝纪》永建元年（126）春正月、阳嘉元年（132）春正月、永和二年（137）冬十月事，卷七《桓帝纪》记载建和元年（147）春正月事。

⑤《后汉书》卷五《安帝纪》记载元初元年（114）春正月、建光元年（121）夏四月事。

帛"[①]以及"听入陂池渔采,以助蔬食"[②]等。

汉明帝永平二年(59)有"初行养老礼"事,诏书内容除"耆耋"外,也涉及对"幼孤"、"鳏寡"的特殊政策。《后汉书》卷二《明帝纪》记载:"有司其存耆耋,恤幼孤,惠鳏寡,称朕意焉。'"汉明帝在给予身边老臣以特殊恩遇的同时,明确宣布有关行政部门应当将"存耆耋,恤幼孤,惠鳏寡"视作必须落实的政务。永平十三年(70)冬十月汉明帝因日食自责"灾异屡见,咎在朕躬",同时宣布对地方行政长官的要求:"刺史、太守详刑理冤,存恤鳏孤,勉思职焉。"对包括"孤"的弱势群体的"存恤",被看作"和穆阴阳,消伏灾谴",以求得上天的理解和宽容的必要的条件。相类同的例子又见于汉和帝时。《后汉书》卷四《和帝纪》记载,永元八年(96)九月,"京师蝗。"于是颁布诏书,要求:"刺史、二千石详刑辟,理冤虐,恤鳏寡,矜孤弱,思惟致灾兴蝗之咎。"所谓"恤鳏寡,矜孤弱",也有和息天怒,防止灾变的意义。当然,与灾变并无直接关系的例证也是有的。如《后汉书》卷三《章帝纪》:"(元和)三年春正月乙酉,诏曰:'盖君人者,视民如父母,有憯怛之忧,有忠和之教,匍匐之救。其婴儿无父母亲属,及有子不能养食者,禀给如律。'"

3. 禀给如《律》

汉王朝的帝王诏令中多有涉及给予孤儿以福利保障的内容。帝诏本身有法的性质。但是执政者以诏令形式宣布推行社会福

---

① 《后汉书》卷三《章帝纪》记载元和二年(85)五月事,卷六《顺帝纪》记载永建四年(129)春正月事。

② 《后汉书》卷四《和帝纪》记载永元十二年(100)春二月事。

利政策的事实，似乎反映当时有关行政措施非常制、非定制的特征[①]。然而另一方面，我们在史籍中又可以看到包括救助孤儿等若干社会福利形式已经明确列入律令的实例。

如汉光武帝建武六年（30）春正月诏令有救济“高年、鳏寡孤独及笃癃、无家属贫不能自存者”的内容，见于《后汉书》卷一下《光武帝纪下》：

> 辛酉，诏曰：“往岁水旱蝗虫为灾，谷价腾跃，人用困乏。朕惟百姓无以自赡，恻然愍之。其命郡国有谷者，给禀高年、鳏、寡、孤、独及笃癃、无家属贫不能自存者，如《律》。二千石勉加循抚，无令失职。”

明确说到“如《律》”。李贤注：“《大戴礼》曰：‘六十无妻曰鳏，五十无夫曰寡。’《礼记》曰：‘幼而无父曰孤，老而无子曰独。’《尔雅》曰：‘笃，困也。’《苍颉篇》曰：‘癃，病也。’《汉律》今亡。”如刘秀所说，救济“高年、鳏、寡、孤、独及笃癃、无家属贫不能自存者”的规定，见于《汉律》文字，显然值得我们特别注意。而李贤注引《礼记》“幼而无父曰孤”，使我们对“鳏寡孤独”中“孤”的指代对象得以明确。

《后汉书》卷三《章帝纪》中又有这样的记载：

> 三年春正月乙酉，诏曰：“盖君人者，视民如父母，有憯怛之忧，有忠和之教，匍匐之救。其婴儿无父母亲属，及有子

①王子今：《汉王朝的社会福利宣传和社会福利政策——以帝王诏令为视窗》，《秦汉社会史论考》，商务印书馆2006年12月版。

不能养食者，禀给如《律》。”

事在汉章帝元和三年（86），也说到《汉律》有对于孤儿及穷困无可养食子女者实行特殊照应的内容。

《光武帝纪下》称“给禀”，《章帝纪》则称“禀给”，所根据的可能是同一条律文。

据《后汉书》卷九《桓帝纪》记载，汉桓帝时，连年天灾，建和三年（149）十一月甲申颁布诏书：“诏曰：‘朕摄政失中，灾眚连仍，三光不明，阴阳错序。监寐寤叹，疢如疾首。今京师厮舍，死者相枕，郡县阡陌，处处有之，甚违周文掩胔之义。其有家属而贫无以葬者，给直，人三千，丧主布三匹；若无亲属，可于官壖地葬之，表识姓名，为设祠祭。又徒在作部，疾病致医药，死亡厚埋藏。民有不能自振及流移者，禀谷如科。州郡检察，务崇恩施，以康我民。’”其中所说到的“民有不能自振及流移者，禀谷如科”，也指出对于相关的振救，有确定的法律条文。

4. 民政事务：“慈幼”“矜孤”

秦汉时期以社会福利为主题的立法和执法，都是总结社会福利史时应当予以特别重视的。而有关社会福利“执法”即具体行政的历史记录，多表现于民政事务中。

《吕氏春秋》中有涉及社会福利的政策设计，如仲春“养幼少，存诸孤”，季春“赐贫穷，振乏绝”，孟冬“赏死事，恤孤寡”等。《吕氏春秋·孝行》引述曾子的说法：“先王之所以治天下者五：贵德，贵贵，贵老，敬长，慈幼。”其中“贵老”和“慈幼”，是儒学早已提倡的道德原则。秦政“暴虐”的特质历来受到批判。《吕氏春秋》所绘制的“无为”之“清世”的政治蓝图并没有付诸实施，因而其中所体现的社会福利思想和所规划的社会福利政策也不可能兑现[①]。

不过，虽然有关秦政的正史记录中几乎看不到涉及社会福利的内容，可是考古所得文物资料，却可以提供若干重要的历史文化信息。

睡虎地秦简《为吏之道》中有“除害兴利，兹（慈）爱百姓”一节，“每句四字，内容多为官吏常用的词语，有的地方文意不很联贯，推测是供学习做吏的人使用的识字课本。”其中可以看到涉及社会无助人群的文句，如：“……孤寡穷困（二叁），老弱独传（三叁）……”“……老弱癃（癃）病（三〇叁），衣食饥寒（三一叁）……”[②]对于这些特殊人群，行政人员有特殊的眼光，行政制度也有特殊的政策。

南宋学者徐天麟编撰的总结两汉政治经济制度的资料汇编《西汉会要》和《东汉会要》，都有关于“民政”的部分。《西汉会要·民政》计四卷，即：卷四六《民政一》：户口，风俗；卷四七《民政二》：傅籍，更役，乡役，泛役（著外繇并杂录附），复除；卷四八《民政三》：置三老（赐帛附），尊高年（赐帛附），赐孝弟力田钱帛（赐爵附），恤鳏寡孤独，恤流民；卷四九《民政四》：徙豪族，奴婢（杂录附），治豪猾。显然，卷四八《民政三》的内容，是我们讨论汉代社会福利时应当注意的。《东汉会要·民政》计三卷，即：卷二八《民政上》：户口，杂录，乡三老，乡亭长，民伍，孝悌力田，劝农桑，假民田苑，赐民爵赐粟帛；卷二九《民政中》：赐酺，

①王子今：《〈吕览〉的社会福利意识和秦政的社会福利内涵》，《秦陵秦俑研究动态》2002 年第 2 期。

②睡虎地秦墓竹简整理小组：《睡虎地秦墓竹简》，释文第 167 页，第 170 页。

复除，崇孝行，戒奢侈，荒政上；卷三〇《民政下》：荒政下，奴婢，禁厚葬，瘗遗骸。有关“鳏寡孤独”和“高年”的特殊政策没有集中地进行总结。主要以“鳏、寡、孤、独及笃癃、无家属贫不能自存者”等为对象的“赐粟帛”事，仅附于“赐民爵”条下，没有作突出分析。考虑其原因，可能是由于《后汉书》帝纪的有关“赐民爵”和“赐粟帛”的记载通常连文并叙的缘故。《西汉会要》和《东汉会要》的结构有所不同，关于包括“尊”“恤”特殊无助人群的政策的“民政”的资料，综合时均多有遗漏，但是列于《民政》题下的这些史实毕竟提示我们，当时政府的民政事务中包括诸多涉及孤儿救助等社会福利方面的内容。

汉代帝王诏令中，有汉宣帝地节三年（前67）诏所谓“二千石严教吏谨视遇，毋令失职”，汉光武帝建武六年（30）诏所谓“二千石勉加循抚，无令失职”，汉明帝永平十三年（70）诏所谓“刺史、太守详刑理冤，存恤鳏孤，勉思职焉”，汉和帝永元八年（96）诏所谓“百僚师尹勉修厥职”，都强调安抚鳏寡孤独等社会困难人群，是行政官员的本职，因而责无旁贷。

在文献遗存以外的资料中，汉代石刻文字可见《芗他君石祠堂题记》所谓“雍养孤寡，皆得相振”，《校官碑》所谓“矜孤颐老，表孝贞节”，《孔褒碑》所谓“遂□危令，济渡穷厄”，也都体现了从政人员对于推行社会福利的责任。这一方面的职能，被看作民政业务的主体内容之一。其中对于“孤”的“养”“振”“矜”，都反映了当时社会对孤儿生活境遇的关心和救助。

《耿勋碑》有这样的文字：

> ……其于统系，宠存赠亡，笃之至也。岁在癸丑，厥〔运淫〕雨，伤害稼穑，率土普〔议〕，开仓振澹。身冒炎赫火星

之热，至属县，巡行〔穷〕匮。陟降山谷，经营〔拔〕涉，草止露宿，捄活食餐千有余人。出奉钱市□□作衣，赐给贫乏。发荒田耕种，赋于寡独王佳小男杨孝等三百〔余〕户。减省〔贪〕吏二百八十人。劝勉趋时，百姓乐业。老者得终其寿，幼者得以全育。《甘棠》之爱，不是过矣。……[①]

耿勋为武都太守，其政绩包括对于“穷匮”“贫乏”“寡独”的及时有效的救助，使得“老者得终其寿，幼者得以全育”，于是人们借用称颂循吏的榜样召公的美政和遗爱的《诗·召南·甘棠》来赞美他。在刻石最后的赞辞中，还有“勤恤民隐，拯厄捄倾”，“赤子遭慈，以活以生”，“恺悌父母，民赖以宁”等文句。

5. 民间社会孤儿扶助

湖北云梦睡虎地秦简中在秦律之外所附《魏户律》的条文，被认为是当时执法的参考。其中有涉及“孤寡”的内容：

●廿五年闰再十二月丙午朔辛亥，○告（一六伍）相邦：民或弃邑居壄（野），入人孤寡，徼（一七伍）人妇女，非邦之故也。自今以来，叚（假）门逆（一八伍）吕（旅），赘婿后父，勿令为户，勿鼠（予）田宇（一九伍）。三枼（世）之后，欲士（仕）士（仕）之，乃（仍）署其籍曰：故（二〇伍）某虑赘婿某叟之乃（仍）孙。　　　　（《魏户律》二一伍）

睡虎地秦墓竹简整理小组的译文写作：“二十五年闰十二月初六

①高文著：《汉碑集释》（修订本），河南大学出版社 1997 年 11 月版，第 403 页。

日，（王）命令相邦：有的百姓离开居邑，到野外居住，钻进孤寡的家，谋求人家的妇女，这不是国中旧有的现象。从现在起，经营商贾和客店的、给人家做赘婿的，都不准立户，不分给土地房屋。这种人在三代以后，要做官的才准许做官，不过还要在簿籍上写明是已故某闾赘婿某人的曾孙。"[①] 对于"孤寡""妇女"予以保护的原则是十分明确的。对于侵犯其利益、危害其安全的行为予以制止和惩罚，在正式的官方文书中予以强调，反映了执政者对有关社会现象的重视。其实，"赘婿后父"对于"孤寡"之家来说，在某种意义上可以说形成了一种自然的社会扶助。政府将这种重组家庭关系的建立，视作"入人孤寡，徼人妇女"而严厉责难，也许是将部分情形作为全部情形了。其基本出发点，应是希望控制更多户口的要求因此受到了损害。应当指出，整理小组的译文所谓"不准立户"，应理解为"赘婿后父"不可以做户主。

民间对孤儿的扶助，还有其他形式。

张家山汉简《二年律令》中别列于《赐律》的内容中，可以看到这样的简文："吏各循行其部中，有疾病色（？）者收食，寒者叚（假）衣，传诣其县。"（二八六）律文规定贫弱疾病民人应当及时救济。在被归入《户律》的内容中，又有如下规定：

> 寡夫、寡妇毋子及同居，若有子，子年未盈十四，及寡子年未盈十八，及夫妻皆瘁（癃）病，及老年七十以上，毋（三四二）异其子；今毋它子，欲令归户入养，许之。（三四三）[②]

①睡虎地秦墓竹简整理小组：《睡虎地秦墓竹简》，文物出版社 1990 年 9 月版，释文第 174—175 页。

②张家山二四七号汉墓竹简整理小组：《张家山汉墓竹简〔二四七号墓〕》，文物出版社 2001 年 11 月版，释文第 172 页，第 179 页。

“寡夫、寡妇”“若有子，子年未盈十四，及寡子年未盈十八”，“毋异其子”，是说失去父亲或母亲的孤儿年龄不足十四岁，以及父母双丧的孤儿年龄不足十八岁，不得分异。“今毋它子，欲令归户入养，许之”，是说如果有民户自己没有儿子，愿意收养孤儿的，可以准许。这一制度，是对民间扶助孤儿行为的肯定。规定以“今毋它子”为必要条件，是有意保护孤儿的利益，以避免这种收养成为奴役形式的可能。

前引汉章帝诏“其婴儿无父母亲属，及有子不能养食者，禀给如《律》”，说明在通常情况下，“父母”之外，“亲属”首先应当承当“养食”“婴儿”的责任。在宗法关系严重影响社会生活的情况下，家族内部关系的调整，确实成为孤儿基本生活条件得以保障的因素。侯瑾“少孤贫，依宗人居”①，汉桓帝邓皇后“少孤，随母为居”，母改嫁梁纪，“因冒姓梁氏”②，“（陆）逊少孤，随从祖庐江太守康在官”③，都是值得注意的孤儿抚养形式。也有“少孤”者归母家抚养的。如朱祐“少孤，归外家复阳刘氏”④。范升“少孤，依外家居”⑤。《三国志》卷三九《蜀书·陈祗传》写道：“（陈）祗字奉宗，汝南人，许靖兄之外孙也。少孤，长于靖家。”《三国志》卷四二《蜀书·谯周传》：“（谯）周幼孤，与母兄同居。”也反映了同样的情形。

---

①《后汉书》卷八〇下《文苑列传下·侯瑾》。
②《后汉书》卷一〇下《皇后纪下·桓帝邓皇后》。
③《三国志》卷五八《吴书·陆逊传》。
④《后汉书》卷二二《朱祐传》。
⑤《后汉书》卷三六《范升传》。

6. “养孤兄子”“姊子”

王莽“养孤兄子”情形，可能是家族扶助孤儿的通常形式。“（尹）翁归少孤，与季父居”[①]，王尊“少孤，归诸父”[②]，“（费祎）少孤，依族父伯仁”[③]，都是类似史例。

《后汉书》卷二七《郑均传》记载：“（郑）均好义笃实，养寡嫂孤儿，恩礼敦至。”李贤注引《东观记》：“（郑）均失兄，养孤兄子甚笃，已冠娶，出令别居，并门，尽推财与之，使得一尊其母，然后随护视振给之。”所谓“养寡嫂孤儿”，当时似乎是宣示其“礼”“义”水准的重要道德标尺。

《后汉书》卷八三《逸民列传·高凤》说：“（高）凤年老，执志不倦，名声著闻。太守连召请，恐不得免，自言本巫家，不应为吏，又诈与寡嫂讼田，遂不仕。建初中，将作大匠任隗举凤直言，到公车，托病逃归。推其财产，悉与孤兄子。隐身渔钓，终于家。”所谓“诈与寡嫂讼田”，是保持“隐身渔钓”的“逸民”身份的策略。而果然“遂不仕”，说明与“寡嫂孤兄子”间的财产争端，当时足以彻底败坏当事者的道德形象，从而完全断送其政治前程。

《三国志》卷二二《魏书·卢毓传》记载，卢植的儿子卢毓，“十岁而孤，遇本州乱，二兄死难。当袁绍、公孙瓒交兵，幽冀饥荒，养寡嫂孤兄子，以学行见称”。《三国志》卷五《魏书·后妃传·文昭甄皇后》裴松之注引《魏略》：“后年十四，丧中兄俨，悲哀过制，事寡嫂谦敬，事处其劳，拊养俨子，慈爱甚笃。后母性严，待诸妇有常，后数谏母：‘兄不幸早终，嫂年少守节，顾留一子，

---

① 《汉书》卷七六《尹翁归传》。
② 《汉书》卷七六《王尊传》。
③ 《三国志》卷四四《蜀书·费祎传》。

以大义言之，待之当如妇，爱之宜如女。’母感后言流涕，便令后与嫂共止，寝息坐起常相随，恩爱益密。”这是女子“事寡嫂”的史例。

所谓“事……寡嫂，养孤兄子”，“养寡嫂孤儿”，“养寡嫂孤兄子”，是相互连带的行为。《太平御览》卷五一二引《东观汉记》：“郑均好义笃实，事寡嫂孤儿，恩礼甚至。”① 又引《傅子》曰：“傅燮字南容，奉寡嫂甚谨，食孤侄如赤子。”《太平御览》卷六八七引《东观汉记》说，“马援外类倪荡简易，而内重礼，事寡嫂，虽在闺内，必帻然后见。”此说“事寡嫂”事，然而《后汉书》卷二四《马援传》又有马援教育兄子的著名故事：

> 初，兄子严、敦并喜讥议，而通轻侠客。援前在交阯，还书诫之曰：“吾欲汝曹闻人过失，如闻父母之名，耳可得闻，口不可得言也。好论议人长短，妄是非正法，此吾所大恶也，宁死不愿闻子孙有此行也。汝曹知吾恶之甚矣，所以复言者，施衿结褵，申父母之戒，欲使汝曹不忘之耳。龙伯高敦厚周慎，口无择言，谦约节俭，廉公有威，吾爱之重之，愿汝曹效之。杜季良豪侠好义，忧人之忧，乐人之乐，清浊无所失，父丧致客，数郡毕至，吾爱之重之，不愿汝曹效也。效伯高不得，犹为谨敕之士，所谓刻鹄不成尚类鹜者也。效季良不得，陷为天下轻薄子，所谓画虎不成反类狗者也。讫今季良尚未可知，郡将下车辄切齿，州郡以为言，吾常为寒心，是以不愿子孙效也。

①《后汉书》卷二七《郑均传》“事寡嫂孤儿”作“养寡嫂孤儿”，“恩礼甚至”作“恩礼敦至”，与《东观汉记》所说略有不同。

"伏波将军万里还书以诫兄子",语极恳切,足见其感情的亲近。马援"兄子"马严、马敦,当是与"寡嫂"一起,为马援多年抚养的。《晋书》卷三九《王沈传》写道:"(王)沈少孤,养于从叔司空昶,事昶如父,奉继母寡嫂以孝义称。"王沈敬奉"寡嫂",而自己年少时,又是以"孤兄子"身份"养于从叔司空昶"的。《三国志》卷二七《魏书·王昶传》记载,"其为兄子及子作名字,皆依谦实,以见其意,故兄子默字处静,沈字处道,其子浑字玄冲,深字道冲。""兄子"在"其子"之前,也是耐人寻味的。陈寿又记录了王昶"遂书戒之"的长信。我们看到,王昶其中还特别引用了"昔伏波将军马援戒其兄子言"。

长沙走马楼出土竹简,也可以提供有关"养孤兄子"一类资料。例如在被看作"户籍"的文册中,多有"兄子"字样,可以作为我们理解汉代"养孤兄子"情形的参考:

(1)☐□兄子男絮年廿六　　(498)

(2)郡吏谷汉兄子□年廿九　嘉禾三年二月十九日叛走　　(7905)

(3)昊妻王年廿八　昊兄子黑年六　　(8619)[①]

(4)☐□□卌九刑右手□□姊子男范年七岁　秃从兄子男娄年十一闇　　(8939)[②]

①整理组注:"'年六'下似脱'岁'字。"长沙市文物研究所、中国文物研究所、北京大学历史学系走马楼简牍整理组编著:《长沙走马楼三国吴简·竹简〔壹〕》,文物出版社2003年10月版,下册第1072页。

②整理组释文为:"　□□卌九刑右手　大姊子男范年七岁　秃从兄子男娄年十一闇",对照图版,可知"刑右手"与"姊子"之间有两字未可识。长沙市文物研究所、中国文物研究所、北京大学历史学系走马楼(转下页)

（5）□兄子男辩年六岁　（9264）

简文所见（3）（5）“年六岁”、（4）“年七岁”的孤儿，因为由亲族抚养，基本生活条件得到了保障。（1）（2）“兄子”前者“年廿六”，后者“年廿九”，都不单独立户，不知是何原因。这一情形，似与前引《后汉书》卷二七《郑均传》李贤注引《东观记》所说郑均养孤兄子“已冠娶，出令别居，并门”的情形不同。（4）“大姊子男范年七岁”，“秃从兄子男娄年十一”，有可能是分别收养了夫妇两人一“姊子”，一“从兄子”。从“年七岁”者列于前而“年十一”者居于后这一迹象分析，“范”和“娄”可能与“户人”亲疏程度有别。或许只是“秃从兄子男娄年十一”是被收养者。（4）中所见“秃”，应是名字。“姊”，可能意同“姊”字，也有可能是人名。如果“姊子”确实是“姊子”，则这位名叫“范”的孤儿的父族，当时应当已经没有抚养孤儿的能力了。走马楼简出现有“建安”年号的简文，其中有关社会关系的内容至少可以大体反映东汉晚期的情形，应当是没有问题的。

中国社会福利史研究者曾经注意到“走马楼简中的社会福利史料”，但是只讨论了政府赋役调发对于病残者的减免[①]。其实，对于孤儿的救助，也是相关社会文化现象中特别值得重视的。“养孤兄子”及“（孤）姊子”一类民间救助，带有自发的性质。而救助对象其亲族所起的作用，体现出中国传统宗法关系维护社会

（接上页）简牍整理组编著：《长沙走马楼三国吴简·竹简〔壹〕》，文物出版社2003年10月版，中册第714页。

①王子今、刘悦斌、常宗虎：《中国社会福利史》，中国社会出版社2002年9月版，第105—109页。

稳定的有益的功能[①]。

《太平御览》卷五一二引《东观记》说到魏谭故事：

> 魏谭有一孤兄子，年一二岁，常自养视。遭饥馑，分升合以相生活。谭时有一女，生裁数月，念无谷食，终不能两全，弃其女，养活兄子。州郡高其义。

魏潭在“不能两全”的情况下“弃其女养活兄子”，得到社会舆论的赞扬。这一情形，体现出当时社会“义”这种道德尺度赞许孤儿救助的倾向。

“养寡嫂孤儿”事迹，在儒学道德宣传中，曾经是“礼”与“义”的样板。然而，如果进行社会关系史的考察，应当分析其复杂的因素。从宗族关系的视角分析，首先应当注意到“孤儿”在本宗族中的正式身份能够因此得以维护。其次，“养寡嫂孤儿”行为，在一定意义上可能也有保存家族财产的原因。《后汉书》卷八三《逸民列传·周党》记录的故事或许可以帮助我们理解这一现象：“周党字伯况，太原广武人也。家产千金。少孤，为宗人所养，而遇之不以理，及长，又不还其财。党诣乡县讼，主乃归之。”

周党故事反映了孤儿生活的复杂情形。有学者就此例证总结说，“在汉代，丧失父母的儿童多有本宗族收养。其生存状况如何？这里我们看到两种相反的情形。一方面上自朝廷举措下

---

①王子今：《三国孙吴乡村家族中的“寡嫂”和“孤兄子”——以走马楼竹简为中心的考察》，《简牍学研究》第4辑，甘肃人民出版社2004年12月版。

至民间舆论都强调宗族内部和谐，褒扬抚育孤儿行为，并出现了善待孤儿的实例；但前者更多是带有几分理想色彩的呼吁，而后者则是缺乏普遍意义的事例。另一方面记录了大量的孤儿受到虐待的个案。"[①] 周党为宗人"遇之不以理"的境遇就被看作典型实例。

其实，在通常情况下，"少孤"者也是有可能受到家族的特殊抚爱的。张敖子张偃为鲁王，吕后"怜其年少孤弱"，多有关爱[②]。刘秀的族兄刘嘉"少孤"，刘秀的父亲"南顿君养视如子"[③]。刘良，"光武之叔父也"，"光武兄弟少孤，良抚循甚笃"[④]。而刘縯的儿子刘章"少孤"，刘秀同样也"抚育恩爱甚笃"[⑤]。曹操对待族子曹真，也有大致类同的情形，《三国志》卷九《魏书・曹真传》记载："太祖哀真少孤，收养，与诸子同，使与文帝共止。"《三国志》卷二七《魏书・王基传》写道："(王基)少孤，与叔父翁居。翁抚养甚笃，基亦以孝称。"《后汉书》卷二四《马棱传》记录的故事也体现了这种亲和关系的形成："(马)棱字伯威，援之族孙也。少孤，依从兄毅共居业，恩犹同产，毅卒无子，棱心丧三年。"[⑥]

对孤儿的"抚育恩爱"，尽管是在家族之中，也反映了比较和谐的道德关系。《三国志》卷五七《吴书・虞翻传》裴松之注引《会稽典略》说，丁览"八岁而孤，家又单微，清身立行，用意不苟，

①彭卫、杨振红：《中国风俗通史・秦汉卷》，上海文艺出版社 2002 年 3 月版，第 358 页。
②《汉书》卷三二《陈余传》。
③《后汉书》卷一四《宗室四王三侯列传・顺阳怀侯嘉》。
④《后汉书》卷一四《宗室四王三侯列传・赵孝王良》。
⑤《后汉书》卷一四《宗室四王三侯列传・齐武王縯》。
⑥《后汉书》卷二四《马棱传》。

推财从弟,以义让称",然而不幸病逝。留下的孤儿丁固,依然以"好德""美优"名世:"固少丧父,独与母居,家贫守约,色养致敬,族弟孤弱,与同寒温。"丁览、丁固父子共同的修养,或许与他们都有"少孤"的经历有关。清苦生活可以锤炼意志[①],也可以充实德行。也许社会给予他们的"抚育恩爱",使得他们愿意以这种"抚育恩爱"面对他人。

对于孤儿,也有非亲族的抚养关系。《汉书》卷八五《杜邺传》写道:"初,邺从张吉学,吉子竦又幼孤,从邺学问,亦著于世。"杜邺老师张吉的儿子张竦"幼孤,从邺学问",他们的关系应当不仅仅是教学。杜邺对于张竦,应当也承担了保障其基本生活条件的责任。

7."羽林孤儿"

"孤"的涵义,有时特指为国牺牲者的后代。《管子·中匡》:"外存亡国,继绝世,起诸孤。"尹知章注:"孤,谓死王事者子孙。"《周礼·地官·司门》:"以其财养死政之老与其孤。"郑玄注:"死政之老,死国事者之父母也;孤,其子。"

睡虎地秦简被归入《秦律杂抄》的内容中,有"战死者不出,论其后"(三七)的规定。按照整理小组的解释,"死事",即"死于战事","论其后",即"将其军功应得的爵授予其子"。其译文为:"在战争中死事不屈,应将爵授予其子。"[②]

---

①如《三国志》卷五五《吴书·黄盖传》裴松之注引《吴书》:"盖少孤,婴丁凶难,辛苦备尝,然有壮志,虽处贫贱,不自同于凡庸,常以负薪余闲,学书疏,讲兵事。"

②睡虎地秦墓竹简整理小组:《睡虎地秦墓竹简》,文物出版社 1990 年 9 月版,释文第 88—89 页。

汉代相关制度最典型的体现，是汉武帝时代对“羽林孤儿”的特殊政策。

《汉书》卷一九上《百官公卿表上》“郎中令”条写道：“羽林掌送从，次期门，武帝太初元年初置，名曰‘建章营骑’，后更名‘羽林骑’。又取从军死事之子孙养羽林，官教以五兵，号曰‘羽林孤儿’。羽林有令丞。宣帝令中郎将、骑都尉监羽林，秩比二千石。”

《汉书》卷八《宣帝纪》记载平“西羌反”时，调动了“羽林孤儿”前往金城前线[①]。颜师古注引应劭曰：“天有羽林大将军之星。林，喻若林木之盛。羽，羽翼鸷击之意。故以名武官焉。”如淳曰：“《百官表》：‘取从军死事者之子养羽林，官教以五兵，号曰羽林孤儿，少壮令从军。’《汉仪注》：‘羽林从官七百人。’”同书卷七九《冯奉世传》也有“羽林孤儿”参战的记录[②]。所谓“少壮令从军”，有令其继承父志的考虑。

《汉书》卷八一《孔光传》记载，孔光“元始五年薨”，“公卿百官会吊送葬。载以乘舆辒辌及副各一乘，羽林孤儿诸生合四百人挽送，车万余辆，道路皆举音以过丧。”“羽林孤儿”作为仪仗使用。

东汉依然继承“羽林孤儿”制度，有“羽林士”编制。《后汉书》卷六《顺帝纪》说，“羽林士”作为皇帝近卫，“屯南、北宫诸门”。李贤注引《汉官仪》：“武帝太初元年初置建章营骑，后更名

---

① 《汉书》卷六九《赵充国传》也记载：“充国子右曹中郎将卬，将期门佽飞、羽林孤儿、胡越骑为支兵，至令居。”

② 《宋史》卷四一九《陈贵谊传》：“仿成周邦飨必及死王事者之子与汉置羽林孤儿，专取从军死事之后，教以五兵。”应注意“死王事者之子”和“从军死者之后”的区别。

羽林。以天有羽林之星,故取名焉。又取从军死事之子孙养羽林官,教以五兵,号曰'羽林孤儿'。光武中兴,以征伐之士劳苦者为之,故曰'羽林士'。"[①]《续汉书·礼仪志下·大丧》则说到"羽林孤儿"作为丧礼仪仗的情形[②]。

"羽林孤儿"作为宫廷近卫和重大典礼的仪仗,体现出作为皇家亲信的地位。

与一般对孤儿的救助方式不同,"羽林孤儿"制度为战死军人的孤儿除了让他们得以温饱外,又通过"官教以五兵",实现了教育保障,同时为他们获取职业技能提供了条件,而所谓"少壮令从军",即就业渠道的开通,特别是主要充作宫廷近卫和典礼仪仗等安排,也是极显著的优遇。当然,这些都是以最高执政者对这些孤儿的政治信任为基本条件的。

秦汉文献中的"易子而食"记忆

虽然秦汉战争史料中未见有关"易子而食"情节的明确记录,但是秦汉文献中描述上古战争的残酷,可以频繁看到"易子而食"故事的回顾。政治史论者笔下保留的"易子而食"的历史记忆,有时作为和平主义的反战宣传资料使用,或以此警告动乱的危险。分析相关社会意识的背景,我们还应当注意到儿童的生

---

①《宋史》卷九三《河渠志三·汴河上》:"汉高帝云:'吾以羽檄召天下兵未至。'孝文又云:'吾初即位,不欲出虎符召郡国兵。'即知兵甲在外也。唯有南北军、期门郎、羽林孤儿,以备天子扈从藩卫之用。"也说"羽林孤儿"近卫宫廷的情形。

②又见《后汉书》卷九《献帝纪》李贤注引《续汉书》。

命价值和生存权利已经受到合理关切的重要的时代文化迹象。

1.《史记》“易子而食”追忆

《史记》中四次出现“易子而食”的记录。这是历史文献中频繁出现“易子而食”事的少有的例证。我们看到，在司马迁笔下，“易子而食”悲剧的发生，均在先秦时期的战乱之中。而《史记》的沉痛追忆，是体现了史家的和平意识和生命意识的。而我们对于未成年人保护意识的曲折的表现，也可以有所体会。

《史记》“易子而食”记载之一：

> 《史记》卷三八《宋微子世家》：“（宋文公）十六年，楚使过宋，宋有前仇，执楚使。九月，楚庄王围宋。十七年，楚以围宋五月不解，宋城中急，无食，华元乃夜私见楚将子反。子反告庄王。王问：‘城中何如？’曰：‘析骨而炊[①]，易子而食。’庄王曰：‘诚哉言！我军亦有二日粮。’以信故，遂罢兵去。”

关于这一战事，《左传·宣公十四年》记载：“九月，楚子围宋。”《左传·宣公十五年》说：“夏五月，楚师将去宋，申犀稽首于王之马前，曰：‘毋畏知死而不敢废王命，王弃言焉。’王不能答。申叔时仆，曰：‘筑室反耕者，宋必听命。’从之。宋人惧，使华元夜入楚师，登子反之床，起之曰：‘寡君使元以病告，曰：敝邑易子而食，析骸以爨。虽然，城下之盟，有以国毙，不能从也。去我三十里，唯命是听。’子反惧，与之盟，而告王。退三十里。宋及楚平。

①裴骃《集解》：“何休曰：‘析破人骨也。’”

华元为质。盟曰：'我无尔诈，尔无我虞。'"

《史记》卷三八《宋微子世家》言"楚以围宋五月不解"，但是按照《左传》的说法，楚军"围宋"已经八个月。"宋城中急，无食"乃至"易子而食"情形，见于宋国权臣华元与楚将子反的对谈。这一史实又见于《左传·哀公八年》所载景伯的话："楚人围宋，易子而食，析骸而爨，犹无城下之盟。我未及亏，而有城下之盟，是弃国也。"

《史记》"易子而食"记载之二：

> 《史记》卷四〇《楚世家》："（楚庄王）二十年，围宋，以杀楚使也。围宋五月，城中食尽，易子而食，析骨而炊。宋华元出告以情。庄王曰：'君子哉！'遂罢兵去。"

司马贞《索隐》引《左传·宣十四年》："楚子使申舟聘于齐，曰：'无假道于宋。'华元曰：'过我而不假道，鄙我也，鄙我，亡也；杀其使者，必伐我，伐我亦亡也：亡一也。'乃杀之。楚子闻之，投袂而起。九月，围宋。"以为"（楚庄王）二十年，围宋，以杀楚使也"即此事。

此记载与前说"《史记》'易子而食'记载之一"为同一史事，虽情节稍略，而"易子而食"文字体现出历史记忆的深刻。

《史记》"易子而食"记载之三：

> 《史记》卷四三《赵世家》："三国攻晋阳，岁余，引汾水灌其城，城不浸者三版。城中悬釜而炊，易子而食。"

《史记》"易子而食"记载之四：

《史记》卷七六《平原君虞卿列传》："秦急围邯郸，邯郸急，且降，平原君甚患之。……李同曰：'邯郸之民，炊骨易子而食，可谓急矣……'"

现在看来，《史记》是上古史籍中对"易子而食"事记述最为集中的文献。阅读和理解《史记》，会涉及这一问题[①]。司马迁笔下对"易子而食"历史现象的这种关注，也值得我们关注。

2.《公羊传》宋"易子而食"事原本

年代最早亦最著名的"易子而食"故事，即"楚以围宋"，累月不解，"宋城中急，无食"战例。《公羊传·宣公十五年》关于华元对司马子反就守城者之"戹"的坦诚表态所谓"易子而食之，析骸而炊之"，有更详尽的记述："五月，宋人及楚人平。外平不书，此何以书？大其平乎已也。何大乎其平乎已？庄王围宋，军有七日之粮耳。尽此不胜，将去而归耳。于是使司马子反乘堙而窥宋城。宋华元亦乘堙而出见之。司马子反曰：'子之国何如？'华元曰：'惫矣。'曰：'何如？'曰：'易子而食之，析骸而炊之。'司马子反曰：'嘻，甚矣惫。虽然，吾闻之也，围者柑马而秣之，使肥者应客，是何子之情也？'华元曰：'吾闻之，君子见人之戹则矜之，小人见人之戹则幸之。吾见子之君子也。是以告情于子也。'司马子反曰：'诺，勉之矣。吾军亦有七日之粮耳。尽此不胜，将去而归耳。'揖而去之，反于庄王。庄王曰：'何如？'司马子反曰：'惫矣。'曰：'何如？'曰：'易子而食之，析骸而炊之。'

①参看黄伯宁：《谈对于"易子而食"的理解》，《化石》2008年第4期，第47页。

庄王曰：'嘻，甚矣惫。虽然，吾今取此然后归耳。'司马子反曰：'不可。臣已告之矣，军有七日之粮耳。'庄王怒曰：'吾使子往视之，子曷为告之！'司马子反曰：'以区区之宋，犹有不欺人之臣。可以楚而无乎？是以告之也。'庄王曰：'诺，舍而止。虽然，吾犹取此然后归耳。'司马子反曰：'然则君请处于此，臣请归耳。'庄王曰：'子去我而归，吾孰与处于此？吾亦从子而归耳。'引师而去之。故君子大其平乎己也，此皆大夫也。其称人何？贬。曷为贬？平者在下也。"[①]

《左传》与《公羊传》关于楚宋之战中"易子而食"事的不同版本，有学者说，两相比较，《公羊传》记事更"显得平易可信"[②]。《史记》记载更接近《公羊传》说。这一情形，也许有益于我们分析司马迁政治意识和社会观念的文化渊源[③]。

---

①清人张尚瑗《公羊折诸》卷四《宣公》"华元亦乘堙而出"对于华元的言辞，有另外的解说："乘堙而见，乃以情告。楚志在吞灭，似非可以情告者。愚谓析骸易子之语，亦非告病也，若曰有死之心，无生之气云尔。夫守国者至于有死无二，虽应手夷灭，亦止得虚国，楚何利焉？况其张拳冒刃，沫血饮泣，亦非可以旦夕下者。而七日粮尽，终舍此而去，曷若成言之为愈。此华元所以能解国围也。"文渊阁《四库全书》本。

②关也：《〈公羊〉〈穀梁〉记事异同研究》，北京大学硕士研究生学位论文，2012年第39—40页。论者还写道："两则材料中，华元都向子反陈说了宋国'易子而食之，析骸而炊之'的困窘，但《公羊传》里的对话，没有发生在子反的床榻，而是在'司马子反乘堙而窥宋城。宋华元亦乘堙而出见之'之时。当华元离去后，子反又将华元的话转告给了楚庄王，闻者理应不少。《公羊》的记载如若属实，那么《左传》的对白自有所本，也未见得完全出自'左氏'构拟。"

③陈苏镇指出，"西汉初年，特别是文景时期，随着儒学的兴起，《公羊》家的学说也开始传播。景帝时，《公羊》大师胡母子都和董仲舒都曾出任博士。""袁盎等大臣反对梁王为嗣时所引'《春秋》大居正'便是《公羊》说。又《史记》卷四九《外戚世家》载：大行欲立栗太子之母（转下页）

3. 晋阳战役“易子而食”情节

《史记》卷四三《赵世家》:“三国攻晋阳,岁余,引汾水灌其城,城不浸者三版。城中悬釜而炊,易子而食。”

值得注意的是,战国至于西汉史料记述此战役,“易子而食”情节仅见于《史记》此篇。《史记》卷四四《魏世家》载中旗冯琴曰:“当晋六卿之时,知氏最彊,灭范、中行,又率韩、魏之兵以围赵襄子于晋阳,决晋水以灌晋阳之城,不湛者三版。”没有“易子而食”字样。《国语·晋语九》:“(赵襄子)乃走晋阳,晋师围而灌之,沉灶产蛙。”[①]《战国策·秦策四》载中期推琴曰:“昔者六晋之时,智氏最强,灭破范、中行,帅韩、魏以围赵襄子于晋阳。决晋水以灌晋阳,城不沉者三板耳。”《战国策·赵策一》:“三国之兵乘晋阳城,遂战。三月不能拔,因舒军而围之,决晋水而灌之。围晋阳三年,城中巢居而处,悬釜而炊,财食将尽,士卒病羸。”《太平御览》卷一八六引《战国策》曰:“智伯攻晋阳城,城不沉者三版,洎灶生蛙,悬釜而炊。”[②]均未言“易子而食”。《韩非子·十过》的记录略同《战国策·赵策一》,“士卒病羸”作“士大夫羸病”[③]。《淮南子·人间》:“智伯率韩、魏二国伐赵,围晋阳,决晋

(接上页)栗姬为皇后,遂奏曰:‘子以母贵,母以子贵。今太子母无号,宜立为皇后。’《索隐》:‘此皆《公羊传》文。’可见,《公羊》学至少在景帝时已开始影响朝政了。但《公羊》学真正兴起并成为朝廷法定的正统学说,还是武帝年间的事。”《〈春秋〉与“汉道”:两汉政治与政治文化研究》,中华书局 2011 年 9 月版,第 221 页。

①韦昭注:“沉灶,县釜而炊也。产蛙,蛙生于灶也。蛙,虾蟆也。”

②《太平御览》,中华书局 1960 年用上海涵芬楼影印宋本复制重印版,第 903 页。文渊阁《四库全书》本作“城不没者三版,沉灶生蛙,悬釜而炊”。

③陈奇猷校注:《韩非子集释》,上海人民出版社 1974 年 7 月版,(转下页)

水而灌之。城下缘木而处，县釜而炊。襄子谓张孟谈曰：'城中力已尽，粮食匮乏，大夫病，为之奈何？'" 也不取用"易子而食"之说。

后世文献中，《风俗通义·六国》用司马迁说："三国攻晋阳，岁余，乃引汾水灌其城，城不没者三板。城中悬釜而炊，易子而食。" 而《论衡·纪妖》只写道："三国攻晋阳岁余，引汾水灌其城，城不浸者三板。" 不取"易子而食"之说。《水经注·晋水》："昔在战国，襄子保晋阳，智氏防山以水之，城不没者三版。" 也没有出现"易子而食"文字。《元和郡县图志》卷一六《河南道三·太原府晋阳县》："《史记》云：'智伯攻襄子于晋阳' 引汾水灌其城 '城不浸者三版。'《春秋后语》云：'智伯攻晋阳，决晋水灌之，城中悬釜而炊。' 今按城东有汾水南流，城西又有晋水入城。而《史记》云 '引汾水'，《后语》云 '决晋水'，二家不同，未详孰是。"《校勘记》引《考证》云："官本按云 '《史记·赵世家》作引汾水，《韩世家》亦作决晋水'。" 指出《史记》本身也有"汾水""晋水" 两说①。贺次君写道："按《考证》所云 '韩世家' 当是 '魏世家'。"②《元和郡县图志》引《史记》"引汾水"，显然据《史记》卷四三《赵世家》，然而却剔除了其中"易子而食"语。《资治通鉴》卷一"周威烈王二十三年"："三家以国人围而灌之，城不浸者三版，沉灶产蛙。" 也不取《史记》卷四三《赵世家》"易子而食" 之说。

（接上页）第 179 页。《太平御览》卷三二〇引《韩子》曰："智伯围襄子于襄阳，决水以灌之，城中巢处，悬釜而炊，易子食，析骨炊。"

①《韩非子·十过》作"决晋阳之水以灌之"。

②〔唐〕李吉甫撰，贺次君点校：《元和郡县图志》，中华书局 1983 年 6 月版，第 365 页，第 386 页。

看来,多数史家并不认同《史记》卷四三《赵世家》“易子而食”的记录。

分析司马迁“城中悬釜而炊,易子而食”,“悬釜而炊”其实不足以与“易子而食”并说。所谓“易子而食”体现的严峻形势与“悬釜而炊”似不在一个层面上。与所谓“悬釜而炊”对应的是“巢居而处”“缘木而处”“沉灶产蛙”“灶生蛙”等,以致“财食将尽,士卒病羸”,“士大夫羸病”,“粮食匮乏,大夫病”。虽然构成严重的生存艰难,却远没有达到“易子而食”这样的生死底线。所谓“食将尽”“粮食匮乏”,与“易子而食”情形比较,在饥困程度上尚有一定距离。

4. 秦统一战争中的“易子而食”悲剧

前引“《史记》‘易子而食’记载之四”记述秦昭襄王时代故事,是秦统一战争中的情景,原本是秦汉史研究者应当特别关注的[①]。《史记》卷七六《平原君虞卿列传》记载:

> 平原君既返赵,楚使春申君将兵赴救赵,魏信陵君亦矫夺晋鄙军往救赵,皆未至。秦急围邯郸,邯郸急,且降,平原君甚患之。邯郸传舍吏子李同说平原君曰:“君不忧赵亡

---

①林剑鸣《秦史稿》写道:“秦军主力……进攻邯郸。”“这时邯郸城内更加紧张……‘民困兵尽’,在邯郸城中‘炊骨易子而食’。”“为鼓舞士气,平原君赵胜将家财散给士卒,令夫人以下编入军列,表示共赴国难。由此,征得敢死之士三千人,大大加强赵军的战斗力。赵国的邯郸城内军民,在极其艰难的条件下,一直坚持到魏无忌和楚国的景阴率援兵赶到,才开始了一场激烈的会战。”“在内外夹击之下,秦军大败。”上海人民出版社1981年2月版,第269—270页。

邪？”平原君曰：“赵亡则胜为虏，何为不忧乎？”李同曰：“邯郸之民，炊骨易子而食，可谓急矣，而君之后宫以百数，婢妾被绮縠，余粱肉，而民褐衣不完，糟糠不厌。民困兵尽，或剡木为矛矢，而君器物钟磬自若。使秦破赵，君安得有此？使赵得全，君何患无有？今君诚能令夫人以下编于士卒之间，分功而作，家之所有尽散以飨士，士方其危苦之时，易德耳。”于是平原君从之，得敢死之士三千人。李同遂与三千人赴秦军，秦军为之却三十里。亦会楚、魏救至，秦兵遂罢，邯郸复存。李同战死，封其父为李侯。

李同劝说平原君的故事，《七国考》卷一“赵职官”题下“传舍吏”条写道：“《春秋后语》：秦急围邯郸，邯郸且欲降。传舍吏子李同说平原君曰：‘今邯郸之民，析骨而炊，易子而食，可谓急矣，而君之后宫以百数，婢妾被绮縠，余粱肉，而民敝衣不完，糟糠不厌，君器物钟鼓自若，使秦破赵，安得而有此哉？’”缪文远指出：“《后语》文见《御览》八五四引。此事别见《史记·平原君虞卿传》及《说苑·复恩》篇。”[①]

《说苑·复恩》讲述同一故事，主人公的姓名则写作“李谈”[②]：“平原君既归赵，楚使春申君将兵救赵。魏信陵君亦矫夺晋鄙军往救赵，未至。秦急围邯郸。邯郸急，且降，平原君患

①缪文远指出：“李同，《说苑》作李谈。”《七国考订补》，上海古籍出版社1987年4月版，第129页。

②“李谈”应是这位赵国抗战救亡英雄的正名。明人陈士元《名疑》卷二写道：“《平原君传》‘李谈’，《季布传》‘赵谈’，司马迁避太史公讳改曰‘李同’、‘赵同’。古韵‘谈’‘同’一音。迁非苟改者，王羲之祖讳正，杜甫父讳闲，二公临文多更本字。”文渊阁《四库全书》本。

之。邯郸传舍吏子李谈谓平原君曰：'君不忧赵亡乎？'平原君曰：'赵亡即胜虏，何为不忧？'李谈曰：'邯郸之民，炊骨易子而食之，可谓至困。而君之后宫百数，妇妾荷绮縠，厨余粱肉。士民兵尽，或剡木为矛戟，而君之器物钟磬自恣。若使秦破赵，君安得有此？使赵而全，君何患无有？君诚能令夫人以下编于士卒间，分功而作，家之所有尽散以飨食士。方其危苦时，易为惠耳。'于是平原君如其计，而勇敢之士三千人，皆出死[①]，因从李谈赴秦军。秦军为却三十里。亦会楚、魏救至，秦军遂罢。李谈死，封其父为李侯。"所谓"李谈死"，清人李锴《尚史》卷七〇《赵诸臣传·虞卿》作"李谈战死"[②]。所据应即《史记》"李同战死"记载[③]。

秦赵之战，"邯郸之民，炊骨易子而食"，或说"可谓急矣"，或说"可谓至困"，都强调战争残酷至于极端。

---

①文渊阁《四库全书》本《太平御览》卷二八一引作"皆出死力"。中华书局1960年2月用上海涵芬楼影印宋本复制影印本则作"皆出死"，第1309页。

②文渊阁《四库全书》本。

③《七国考》卷一《赵职官》"李侯"条："《平原传》：'秦围邯郸急，传舍吏子李谈说平原君，得敢死士三千人与赴秦军，秦兵遂罢。李谈战死，赵封其父为李侯。'徐广曰：'河内成皋有李城。'《正义》曰：'怀州温县本李城，李谈父所封。'"文渊阁《四库全书》本。缪文远《七国考订补》卷一《赵职官》"李侯"条："《平原君传》：'秦围邯郸急，传舍吏子李谈(远案：传文作李同，作李谈者乃《说苑·复恩》篇文)说平原君，得敢死士三千人与赴秦军，秦兵遂罢。李同战死，赵封其父为李侯。'(远案：以上董氏约举《史记·平原君传》文)[《集解》]徐广曰：'河内成皋有李城。'《正义》曰：'怀州温县本李城，李同父所封。'[补]邹兴钜曰：'李城，今为河南温县。'(《战国地名今释》)"第138页。今按：缪文远引《七国考》文一作"李谈"，一作"李同"，后者有误。引裴骃《集解》与张守节《正义》标点形式不同，可能也是笔误。

5. 楚宋战争“易子而食”故事的社会关注度

“楚子围宋”之战及宋人“易子而食”情节屡见于秦汉学者论著。

成书于秦统一前夕的《吕氏春秋》[①]，据说“总晚周诸子之精英，荟先秦百家之眇义”[②]，对秦王朝政治建设和文化建设有所影响。《吕氏春秋·行论》在论述“人主之行”之“势”“时”“事”的关系时，说到战争史中的这一事件：“楚庄王使文无畏于齐，过于宋，不先假道。还反，华元言于宋昭公曰：‘往不假道，来不假道，是以宋为野鄙也。楚之会田也，故鞭君之仆于孟诸。请诛之。’乃杀文无畏于扬梁之隄。庄王方削袂，闻之曰：‘嘻！’投袂而起，履及诸庭，剑及诸门，车及之蒲疏之市，遂舍于郊，兴师围宋九月。宋人易子而食之，析骨而爨之。宋公肉袒执牺，委服告病，曰：‘大国若宥图之，唯命是听。’庄王曰：‘情矣宋公之言也。’乃为却四十里，而舍于卢门之阖，所以为成而归也。”[③]

《韩诗外传》卷二第一章可见“楚庄王围宋”，宋人“惫”，至于“易子而食之，析骸而爨之”事。基本采用《公羊传》说法，强调“君子善其以诚相告也”。“易子而食之”事只是政治道德表彰的一种背景资料。《左传》与《公羊传》文辞有异，而《韩诗外传》基本取《公羊传》说，可知汉初儒学主流的倾向。

《淮南子·人间训》借史事为喻宣传“祸福之转而相生”的

---

①有研究者指出，《吕氏春秋》“著书的事当是在始皇七年以前，或就是在六年了”。王范之：《吕氏春秋研究》，内蒙古大学出版社 1993 年 10 月版，第 51—52 页。可以说《吕氏春秋》的完成，已经进入秦始皇时代。

②许维遹：《吕氏春秋集释自序》，许维遹撰，梁运华整理：《吕氏春秋集释》，中华书局 2009 年 9 月版，第 7 页。

③陈奇猷校释：《吕氏春秋校释》，学林出版社 1984 年 4 月，第 1391 页。

道理，取“楚攻宋”以致“易子而食”故事[①]。论者言战争中逃避责任与牺牲的个人“祸福”，甚至不涉及宋人卫国之战的正义性质。

同样的史事回顾亦见于《论衡·福虚》。而《淮南子》宋人求教的“先生”，《论衡》作“孔子”[②]。所论重心在否定“虚言”。

---

①《淮南子·人间训》：“昔者，宋人好善者，三世不解。家无故而黑牛生白犊，以问先生，先生曰：‘此吉祥，以飨鬼神。’居一年，其父无故而盲，牛又复生白犊，其父又复使其子以问先生。其子曰：‘前听先生言而失明，今又复问之，奈何？’其父曰：‘圣人之言，先忤而后合。其事未究，固试往复问之。’其子又复问先生，先生曰：‘此吉祥也，复以飨鬼神。’归，致命其父，其父曰：‘行先生之言也。’居一年，其子又无故而盲。其后楚攻宋，围其城。当此之时，易子而食，析骸而炊，丁壮者死，老病童儿皆上城，牢守而不下。楚王大怒，城已破，诸城守者皆屠之。此独以父子盲之故，得无乘城。军罢围解，则父子俱视。夫祸福之转而相生，其变难见也。”所谓“城已破，诸城守者皆屠之”，与《左传》《公羊传》记载不同。

②《论衡·福虚》：“宋人有好善行者，三世不改，家无故黑牛生白犊，以问孔子。孔子曰：‘此吉祥也，以享鬼神。’即以犊祭。一年，其父无故而盲。牛又生白犊，其父又使其子问孔子。孔子曰：‘吉祥也，以享鬼神。’复以犊祭。一年，其子〔又〕无故而盲。其后楚攻宋，围其城。当此之时，易子而食之，枏骸而炊之，此独以父子俱盲之故，得毋乘城。军罢围解，父子俱视。此修善积行神报之效也。”王充以为：“此虚言也。”论辩之中又写道：“当宋国乏粮之时也，盲人之家，岂独富哉？俱与乘城之家易子枏骸，反以穷厄独盲无见，则神报祐人，失善恶之实也。”刘盼遂说：“宋人黑牛生白犊事，《淮南子·人间训》《列子·说符篇》皆有记载，惟谓宋、楚相攻，不刻定为华元、子反之役，至《论衡》始有此言。然考之《春秋》三《传》，司马子反和华元平，事在鲁宣公十四年。《史记·孔子世家》记孔子生在鲁襄公二十二年，则华元、子反平事前于孔子之生且四十四年，然则宋人之子安得以白犊问孔子，孔子又安得以吉祥语之哉？夫宋、楚相攻之事夥矣，仲任必归为华元、子反之役，是亦千虑之一失矣。”黄晖：《论衡校释》（附刘盼遂《集解》），中华书局1990年2月版，第265—266页。今按：王充“归为华元、子反之役”，是因为有“易子枏骸”情节。虽然“宋、楚相攻之事夥矣”，但是此“易子枏骸”已经成为重要历史标志。至于“孔子”的年代错乱，正说明在汉代人的意识中，这一“易子而食之”故事已经被看作文化寓言。

《风俗通义·五伯》说："春秋说，齐桓、晋文、秦缪、宋襄、楚庄是五伯也。"应劭予以评论，以为："皆无兴微继绝、尊事王家之功。世之纪事者不详察其本末，至书于竹帛，同之伯功，或误后生，岂不暗乎！"对于楚庄王，他说到"易子析骸"之祸："庄王僭号，自下摩上，观兵京师，问鼎轻重，恃强肆忿，几亡宋国，易子析骸，厥祸亦巨。"论者不简单地认为"兵""强"与政治成功有必然联系，视"易子析骸"为"祸"，即极端的负面历史表现。

从《韩诗外传》《史记》《淮南子》《论衡》《风俗通义》等文献对宋楚战争中"易子而食"故事的共同关注，反映了在汉代社会意识中对这一历史事件的深刻记忆。

《后汉书》卷一五《来歙传》说，隗嚣欲杀刘秀派往"谕旨"的代表来歙，"嚣将王遵谏曰：'……昔宋执楚使，遂有析骸易子之祸。……'"李贤注："《左传》曰，楚使申舟聘齐，不假道于宋。华元曰：'楚不假道，鄙我也。'乃杀之。楚子闻之，遂围宋。宋人惧，使华元夜入楚师，告子反曰'寡君使元以病告，弊邑易子而食，析骸以爨'也。"作为并非思想家政论家，只是一位在军事外交方面的活跃人物，来歙的言论，也体现所谓"析骸易子之祸"这一历史知识在汉代是相当普及的。

《论衡·问孔》："使治国无食，民饿，弃礼义。礼义弃，信安所立？传曰：'仓廪实，知礼节；衣食足，知荣辱。'让生于有余，争生于不足。今言去食，信安得成？春秋之时，战国饥饿，易子而食，析骸而炊。口饥不食，不暇顾恩义也。夫父子之恩，信矣，饥饿弃信，以子为食。孔子教子贡去食存信，如何？夫去信存食，虽不欲信，信自生矣；去食存信，虽欲为信，信不立矣。"指出"易子而食"情形与"信"，与"礼"，与"恩义"即"父子之恩"的背离，是时代条件使然，就是所谓"春秋之时，战国饥饿，易子而食，析骸而炊”，以致“口饥不食，不暇顾恩义也”。关照好爱护未成年人的社会意识的进步，是以社会经济和社会文化的进步为条件的。这样的意见，也值得我们在思索历史时期未成年人社会地位这一问题时认真参考。

6.“析骸易子之祸”讨论之一：政治史的思考

“析骸易子之祸”原本见于战争史的记录。汉代政论家却把这一事件也看作政治史的教训，往往提示以为行政儆戒。

《汉书》中也可以看到关于“易子而食”的记载。《汉书》卷二四上《食货志上》载贾谊言：

> 世之有饥穰，天之行也，禹、汤被之矣。即不幸有方二三千里之旱，国胡以相恤？卒然边境有急，数十百万之众，国胡以馈之？兵旱相乘，天下大屈，有勇力者聚徒而衡击，罢夫羸老易子而齩其骨。政治未毕通也，远方之能疑者并举而争起矣，乃骇而图之，岂将有及乎？

所谓“罢夫羸老易子而齩其骨”，颜师古注：“罢读曰疲。齩，啮也，音五巧反。”[①] 贾谊的话，是宣传农本，强调“畜积”时对于“兵

①文渊阁《四库全书》本注文：“宋祁曰：姚本‘而齩’删‘而’字。齩，下狡反。”《资治通鉴》卷一三“汉文帝二年”亦作“罢夫羸老易子齩其骨”。对于“易子齩其骨”文意，有不同理解，参看柴万江：《高中语文第三册几处注释的质疑》，《语文学刊》1987年第2期，第45页；张红宾：《“质疑”之质疑》，《语文学刊》1988年第3期；廖衍勋：《“易子而咬其骨”句意浅探——兼与柴、张二同志商榷》，《语文学刊》1989年第1期，第42—43页；宋靖石：《“罢夫羸老易子而咬其骨”究竟应作何解？——与张红宾等商榷》，（转下页）

旱相乘，天下大屈”危机的警告。

同样的政论，见于《新书·无蓄》，而文字略异："世之有饥荒，天下之常也，禹、汤被之矣。即不幸有方二三千里之旱，国何以相恤？卒然边境有急，数十百万之众，国何以馈之矣？兵旱相乘，天下大屈，勇力者聚徒而横击，罢夫羸老，易子孙而齩其骨，政法未毕通也，远方之疑者并举而争起矣。为人上者，乃试而图之，岂将有及乎？可以为富安天下，而直以为此廪廪也，窃为陛下惜之。"

贾谊《新书》中又有一处说到"易子而食"。即《新书·耳痺》记录吴越战争史事："子胥发郁冒忿，辅阖闾而行大虐，还十五年，阖闾没而夫差即位，乃与越人战江上，栖之会稽。越王之穷，至乎吃山草，饮腑水，易子而食。于是履甓戴璧，号吟告毋罪，呼皇天。使大夫种行成于吴王。"记载吴军破越、勾践入臣事的史书均不言"越王之穷，至乎吃山草，饮腑水，易子而食"情节。"易子而食"独见于《新书》，值得文献史学者注意，也应当引起贾谊思想研究者及汉代社会意识研究者的重视。

贾谊是汉初异常清醒的政论家。他的思想透露出历史观察的透彻和战略眼光的宏远①。他的论著中所谓"易子而齩其骨"，"易子孙而齩其骨"，"易子而食"，是把这一现象看作严重的社会灾难和深刻的历史教训的。

秦汉战争中也有食人史例。最著名的应是刘邦、项羽"分

（接上页）《语文学刊》1989年第1期，第41页。解说有异，但不能动摇"易子而食"的基本事实。

①参看王子今：《贾谊政治思想的战略学意义》，《洛阳工学院学报（社会科学版）》1999年第4期；《论贾谊〈新书〉"备月氏、浑窳之变"》，《社会科学》2010年第3期。

羹”故事[①]。《史记》卷七《项羽本纪》：

> 当此时，彭越数反梁地，绝楚粮食，项王患之。为高俎，置太公其上，告汉王曰：“今不急下，吾烹太公。”汉王曰：“吾与项羽俱北面受命怀王，曰‘约为兄弟’，吾翁即若翁，必欲烹而翁，则幸分我一桮羹。”项王怒，欲杀之。项伯曰：“天下事未可知，且为天下者不顾家，虽杀之无益，祗益祸耳。”项王从之。

虽然彭越“绝楚粮食，项王患之”，但是项羽所谓“吾烹太公”，只是恫吓，并非“无食”至于“甚矣惫”的直接对策。秦汉战争史中确有食人以解决“无食”问题的情形。如《后汉书》卷三九《刘平传》：“更始时，天下乱，平弟仲为贼所杀。其后贼复忽然而至，平扶侍其母，奔走逃难。仲遗腹女始一岁，平抱仲女而弃其子。母欲还取之，平不听，曰：‘力不能两活，仲不可以绝类。’遂去不顾，与母俱匿野泽中。平朝出求食，逢饿贼，将亨之，平叩头曰：‘今旦为老母求菜，老母待旷为命，愿得先归，食母毕，还就死。’因涕泣。贼见其至诚，哀而遣之。平还，既食母讫，因白曰：‘属与贼期，义不可欺。’遂还诣贼。众皆大惊，相谓曰：‘常闻烈士，乃今见之。子去矣，吾不忍食子。’于是得全。”另有战争中以人肉为军粮情形，如《太平御览》卷八六二引《世语》曰：“初，太祖乏

① 《后汉书》卷二四《马援传》载马援致杨广书：“援素知季孟孝爱，曾、闵不过，夫孝于其亲，岂不慈于其子？可有子抱三木，而跳梁妄作，自同分羹之事乎？”李贤注：“三木者，谓桎、梏及械也。”“分羹谓乐羊也。”《资治通鉴》卷四二“汉光武帝建武六年”胡三省注则说：“余谓此正引高帝答项羽之事。”

食，程昱掠其本县供三旬粮，颇杂以人脯。由是失朝望，故位不至公也。”

7. “析骸易子之祸”讨论之二：儿童史的发现

有学者说，“两汉的围城战争是中国史上较少发生人吃人的时代”①。其实，秦汉史籍频繁出现“人相食”②、“民相食”③、“人民相食”④、“民人相食”⑤、“人庶相食”⑥、“人相食啖”⑦、“士民”“相食”⑧、“吏士相食”⑨、“百姓相食”⑩ 的记载。有学者以为所谓“食人现象”“食人事件”“食人惨剧”“如噩梦一般始终萦绕着秦汉

①黄文雄：《中国食人史》，前卫出版社，2005 年 4 月版，第 29 页。

②《汉书》卷一上《高帝纪上》；《汉书》卷六《武帝纪上》；《汉书》卷九《元帝纪上》；《汉书》卷二四上《食货志上》；《汉书》卷二四下《食货志下》；《汉书》卷二六《天文志》；《汉书》卷二七中之下《五行志中之下》；《汉书》卷七五《翼奉传》；《汉书》卷九九中《王莽传中》；《汉书》卷九九下《王莽传下》；《后汉书》卷五《安帝纪》；《后汉书》卷七《桓帝纪》；《后汉书》卷一一《刘盆子传》；《后汉书》卷一七《冯异传》；《岑彭传》；《后汉书》卷二三《朱浮传》；《后汉书》卷二九《赵孝传》；《后汉书》卷三一《第五伦传》李贤注引《东观记》；《三国志》卷一《魏书·武帝纪》；《三国志》卷八《魏书·公孙度传》；《三国志》卷一〇《魏书·荀彧传》；《三国志》卷一五《魏书·刘馥传》。

③《后汉书》卷一上《光武帝纪上》；《后汉书》卷五《安帝纪》；《后汉书》卷七《桓帝纪》；《后汉书》卷九《献帝纪》；《后汉书》卷七三《公孙瓒传》；

④《汉书》卷七五《夏侯胜传》；《三国志》卷六《魏书·董卓传》；《三国志》卷二七《魏书·王昶传》裴松之注引《别传》。

⑤《三国志》卷一《魏书·武帝纪》裴松之注引《魏书》。

⑥《后汉书》卷一三《公孙述传》。

⑦《后汉书》卷九《献帝纪》；《后汉书》卷七二《董卓传》。《论衡·论死》言“败乱之时，人相啖食”。《风俗通义·怪神》也说到“人相啖食”情形。

⑧《后汉书》卷七五《袁术传》。

⑨《资治通鉴》卷六二“汉献帝建安元年”。

⑩《后汉书》卷七五《吕布传》；《三国志》卷七《魏书·张邈传》。

帝国”[①]。其中有因“围城战争”导致者，如《后汉书》卷一七《岑彭传》：“汉兵攻之数月，城中粮尽，人相食。”《后汉书》卷二三《朱浮传》：“（彭）宠攻浮转急。……浮城中粮尽，人相食。”不过，我们确实没有看到明确具体的“易子而食”的历史记录。也许正是如此，人们总是以先秦“易子而食”的历史回顾，来警示当代的执政者。

虽然史载未见“易子而食”文字，但是却不能全然否定这种现象发生的可能性。《史记》卷一二〇《汲郑列传》记载，汲黯出使还报：“臣过河南，河南贫人伤水旱万余家，或父子相食，臣谨以便宜，持节发河南仓粟以振贫民。臣请归节，伏矫制之罪。”[②]所谓“父子相食”情形，可能比“易子而食”对亲族感情的毁害更为严重。“父子相食”史例，很可能也反映了未成年人生命权利受到粗暴否定的情形。

“父子相食”情形，很可能使未成年人的生存权利被剥夺。贾谊所言“易子而齩其骨”，“易子孙而齩其骨”，“易子而食”，如果“易子”之“子”指示的对未成年人的杀害尚可以以为存在疑义，则“易子孙而齩其骨”之“孙”应确指未成年人，显然是可以肯定的。

秦汉时期有一则残害未成年人的故事同样流传很广。当事人身份明确且知名度甚高。对于其表现，却有不同的判定。异议

---

①参看郭俊然：《秦汉时期的食人现象述论》，《乌鲁木齐职业大学学报（人文社会科学版）》，2013 年 3 期。也有学者写道，“在大灾荒年头，汉代‘人相食’的现象较为普遍”。廖衍勋：《“易子而咬其骨”句意浅探——兼与柴、张二同志商榷》。

②《汉书》卷五〇《汲黯传》作“臣过河内，河内贫人伤水旱万余家，或父子相食”。

的发生，在于政治文化的影响。

这就是“乐羊食子”的故事。《战国策·中山策》记载：“乐羊为魏将，攻中山。其子时在中山，中山君烹之，作羹致于乐羊。乐羊食之。古今称之：乐羊食子以自信，明害父以求法。”元至正刊本鲍彪注：“此害于父道，而羊为之，求为殉国之法也。”因政治追求而毁害人伦亲情，是历史上常见的现象[①]。然而“乐羊食子”一例涉及的是很可能尚未成年的亲人的生存权利，这一故事及后人的评价，作为文化现象都值得我们深思。

8.“放麑啜羹”比较

吴汉击灭公孙述，在成都“放兵大掠，焚述宫室”，刘秀“闻之怒，以谴汉”，又责难汉副将刘尚，语中涉及乐羊故事：“城降三日，吏人从服，孩儿老母，口以万数，一旦放兵纵火，闻之可为酸鼻！尚宗室子孙，尝更吏职，何忍行此？仰视天，俯视地，观放麑啜羹，二者孰仁？良失斩将吊人之义也！”事载《后汉书》卷一四《公孙述传》。李贤解释“放麑啜羹”：“《韩子》曰：‘孟孙猎得麑，使秦西巴持之。其母随而呼，秦西巴不忍而与其母。’《战国策》曰：‘乐羊为魏将而攻中山。其子在中山，中山君烹其子而遗之羹，乐羊啜之，尽一杯，而攻拔中山。’”所谓“观放麑啜羹，二者孰仁”者，秦西巴“放麑”即以未成年“麑”“与其母”与乐羊“啜羹”事在“仁”的道德标尺面前的比较，体现刘秀以“仁”

①参看王子今：《吴起杀妻论》，《南京师大学报（社会科学版）》2013 年第 4 期。宋代诗人于石《感兴五首》之一写道：“吴起为鲁将，杀妻殊不仁。乐羊伐中山，食子太无情。功名苟为重，骨肉无乃轻。以此谋富贵，何如甘贱贫。”《紫岩诗选》卷一，文渊阁《四库全书》本。

约兵，执政理念有较高境界。“猎得麑”，“其母随而呼”者，应是幼“麑”无疑。与此形成对应论说的乐羊之子，在刘秀的心目中料想也是未成年儿童。而“孩儿老母，口以万数，一旦放兵纵火，闻之可为酸鼻”语突出强调“孩儿”命运，也是我们思考当时未成年人境遇时必须注意的。《公孙述传》还记载：“述以兵属延岑，其夜死。明旦，岑降吴汉。乃夷述妻子，尽灭公孙氏，并族延岑。”所谓“夷述妻子”，其中“子”很可能包括“孩儿”。吴汉杀降行为之“族延岑”，延岑家族如有未成年“孩儿”，当然不可能幸免。

《后汉书》卷三七《桓荣传》“论曰”也说到“乐羊食子”事：“昔乐羊食子，有功见疑；西巴放麑，以罪作傅。盖推仁审伪，本乎其情。君人者能以此察，则真邪几于辨矣。”“推仁审伪，本乎其情”的话，也是一种文化评判[①]。“乐羊食子”，似乎被看作背离“仁”而近乎“伪”的行为。《韩非子·说林上》《淮南子·人间》《说苑·贵德》《风俗通义·十反》和《抱朴子》外篇《良规》等都以乐羊和秦西巴对照，《说苑·贵德》：“巧诈不如拙诚。乐羊以有功而见疑，秦西巴以有罪而益信，由仁与不仁也。”褒贬是明显的。

汉末，“河右扰乱，隔绝不通”，敦煌太守病故，功曹张恭被推

---

① “昔乐羊食子，有功见疑；西巴放麑，以罪作傅”句，李贤注：“并解见《吴汉传》。”今按：《吴汉传》，应是《公孙述传》之误。《资治通鉴》卷四三“汉光武帝建武十二年”胡三省注内容比较完整：“《韩子》曰：孟孙猎得麑，使秦西巴持之。其母随而呼，秦西巴不忍，放而与其母。孟孙怒而逐西巴，既而复之，使傅其子。《战国策》曰：乐羊为将，为魏文侯攻中山。中山之君烹其子而遗之羹，乐羊坐于幕下而啜之，尽一杯。文侯谓睹师赞曰：乐羊以我故而食其子之肉。答曰：子且食之，其谁不食？既拔中山，文侯赏其功而疑其心。”

举行长史事，遣子张就东诣曹操“请太守”。途中被敌对势力“所拘执，劫以白刃”。据《三国志》卷一八《魏书·张就传》，张就私下致书张恭：“大人率厉燉煌，忠义显然，岂以就在困厄之中而替之哉？昔乐羊食子，李通覆家，经国之臣，宁怀妻孥邪？今大军垂至，但当促兵以掎之耳，愿不以下流之爱，使就有恨于黄壤也。”张就书信中，对“乐羊食子”持全面肯定评价。所谓“经国之臣，宁怀妻孥邪”是否可以赞许，以及家庭亲情是否即“下流之爱”，人们会有不同的认识。张就自比乐羊之子，就其言辞表现，已经是成熟的政治人物。《三国志》卷四五《蜀书·杨戏传》记载，巴西太守庞羲威胁汉昌长程畿：“尔子在郡，不从太守，家将及祸！”程畿回答：“昔乐羊为将，饮子之羹，非父子无恩，大义然也。今虽复羹子，吾必饮之。”程畿子程郁身为郡吏，曾受庞羲遣“索兵自助”，也应是成年人[①]。而乐羊之子，尚未可排除未成年人的可能。张就言“经国之臣，宁怀妻孥”，比乐羊之子为“妻孥”“孥”。而上古语言习惯称“妻孥”[②]之“孥”如“妻儿”[③]之“儿”、“妻息”[④]

---

①《资治通鉴》卷六四“汉献帝建安六年”则说程畿子名程祁：“（庞）羲怒，使人谓畿曰：‘不从太守，祸将及家？’畿曰：‘乐羊食子，非无父子之恩，大义然也。今虽羹祁以赐畿，畿啜之矣。’”

②《诗·小雅·常棣》：“宜尔室家，乐尔妻帑。”毛传：“帑，子也。”郑玄笺：“族人和则得保乐其家中之大小。”“妻帑”就是“妻孥”。郑玄是将“妻孥”理解为“家中之大小”的。《国语·越语下》：“若以越国之最为不可赦也，将焚宗庙，系妻孥。”

③《后汉书》卷二八上《冯衍传》：“诚使故朝尚在，忠义可立，虽老亲受戮，妻儿横分，邑之愿也。”《后汉书》卷八一《独行传·范式》：“营护平子妻儿，身自送丧于临湘。”《三国志》卷四二《郤正传》裴松之注引桓谭《新论》：“幼无父母，壮无妻儿。”

④《三国志》卷三二《蜀书·先主传》裴松之注引《英雄记》：“遂破沛城，（刘）备单身走，获其妻息。”《三国志》卷三二《吴书·孙策传》裴松之注引《吴录》：“获其妻息男女七人。”

之“息”,多指尚未独立的子女。后世语汇“妻小”之“小”与其义近。

上文说到来歙事迹。他在斥责隗嚣背弃刘秀政权,抗拒中央指令时说:“足下推忠诚,遣伯春委质,是臣主之交信也。今反欲用佞惑之言,为族灭之计,叛主负子,违背忠信?吉凶之决,在于今日。”王遵的劝诫,也说:“……重以伯春之命哉!”隗嚣的儿子隗恂,字伯春,入质汉室[①]。据《后汉书》卷二三《窦融传》,窦融致隗嚣书写道:“后遣伯春委身于国,无疑之诚,于斯有效。”又说:“融闻智者不危众以举事,仁者不违义以要功。今以小敌大,于众何如?弃子徼功,于义何如?且初事本朝,稽首北面,忠臣节也。及遣伯春,垂涕相送,慈父恩也。俄而背之,谓吏士何?忍而弃之,谓留子何?”“迄今伤痍之体未愈,哭泣之声尚闻。幸赖天运少还,而将军复重于难,是使积痾不得遂瘳,幼孤将复流离,其为悲痛,尤足愍伤,言之可为酸鼻!庸人且犹不忍,况仁者乎?”所谓“弃子徼功”即“违义以要功”的批判,也体现了对“乐羊食子”而致“有功”之行为的否定。《后汉书》卷二四《马援传》载马援致杨广书也说到隗嚣远在中原的质子隗恂:“援间至河内,过存伯春,见其奴吉从西方还,说伯春小弟仲舒望见吉,欲问伯春无它否,竟不能言,晓夕号泣,婉转尘中。又说其家悲愁之状,不可言也。夫怨仇可刺不可毁,援闻之,不自知泣下也。”特别值得注意的,是马援随即说到了“分羹之事”。虽然隗恂当时的年岁不能确知,但思念他的“欲问伯春无它否,竟不能言,晓夕号泣,婉转尘中”的“伯春小弟仲舒”,看来是未成年人。隗恂未成年的可能性也是存在的。还有一个现象值得关注,即窦融言“幼孤将复流

① 《后汉书》卷一五《来歙传》。

离,其为悲痛,尤足愍伤",这里所谓"幼孤",是指较广阔社会层面的未成年人。这种"悲痛""愍伤"透露的对未成年人的深心关切,显然体现了社会意识的进步。

三　儿戏：游艺生活

小儿遨戏

游戏玩乐，是儿童生活的主要特征[①]。于是《史记》卷二五《律书》说“年六七十翁”恬然逸乐，有“游敖嬉戏如小儿状”语。秦汉时期儿童游艺生活的形式与内容，兼及社会物质生活史与社会精神生活史，关心秦汉史的社会史学者，应该有探考其详的兴趣。通过游艺形式了解儿童生活，也是一个可以获得特殊发现的视角。

秦汉“小儿”“游敖嬉戏”之“状”，可以通过诸多历史资料进行分析。

1. 掩雀 · 捕蝉

王充在《论衡 · 自纪》中回顾个人身世，说明个人志趣时，曾

---

①如《后汉书》卷三六《贾逵传》所谓“自为儿童，常在太学，不通人间事”，以及《后汉书》卷八二下《方术列传下 · 公沙穆》所谓“自为儿童不好戏弄，长习《韩诗》《公羊春秋》，尤锐思《河》《洛》推步之术”那种与正常游艺活动几乎完全隔绝的情形，应当只是罕见的例外。

经说了这样一段话：

> 建武三年，充生。为小儿，与侪伦遨戏，不好狎侮。侪伦好掩雀、捕蝉、戏钱、林熙，充独不肯，（父）诵奇之。六岁教书，恭愿仁顺，礼敬具备，矜庄寂寥，有巨人之志。

《太平御览》卷九四四引《论衡》曰："王充建武三年生，为小儿，不妄狎人，而不掩雀、捕蝉。"所说表述其少有志向，与众不同，然而我们也可以由此知道当时一般"小儿""遨戏"的通常形式是所谓"掩雀、捕蝉、戏钱、林熙"。"林熙"，刘遂盼《集解》引孙人和曰："林熙者，即攀援树木之戏也。"《淮南子·修务》说到"木熙"，高诱解释说："熙，戏也。"[①] 按照孙人和的说法，"《淮南子》'木熙'，《论衡》'林熙'，其义一也。"还应当注意到，"熙"又有"嬉"的意思。《晏子春秋·内篇杂下》"楚王欲辱晏子指盗者为齐人晏子对以橘"节："王笑曰：'圣人非所与熙也，寡人反取病焉。'"吴则虞《晏子春秋集释》指出，孙星衍《晏子春秋音义》"熙"作"嬉"，"云一本作'熙'。《说文》：'媐，说乐也。'""黄以周云：'凌本同《音义》。'""则虞案：……黄本、緜眇阁本、吴勉学本、杨本、归评本亦作'嬉'。"[②] 高亨总结古字通假现象，指出"嬉与熙"通假之例："《庄子·马蹄》：'含哺而熙。'《初学记》九引熙作嬉。"[③] 明代学者方以智《通雅》卷七《释诂》写道："《史》相如《大人赋》

---

①《淮南子·人间》："宾曰：'臣不敢以死为熙。'"高诱注："熙，戏也。"

②吴则虞：《晏子春秋集释》，中华书局 1962 年 1 月版，第 392 页，第 395 页。

③高亨纂著，董治安整理：《古字通假会典》，齐鲁书社 1989 年 7 月版，第 389 页。前《晏子春秋集释》及此例承孙闻博提示。

‘吾欲往乎南嬉’,《汉书》作‘南娭’。‘娭’又与‘戏’‘熙’俱通。《淮南》‘木熙’、《庄子》‘鼓腹而熙’是也。”

所谓“林熙者,即攀援树木之戏”的解释如果成立,则正符合儿童活动的共同特征,同时也与“掩雀”“捕蝉”行为有某种相关性。

后世“掩雀”故事,有《宋史》卷一《太祖纪一》:“尝与韩令坤博土室中,雀斗户外,因竞起掩雀,而室随坏。”

“捕蝉”方式,明人徐𤊹《徐氏笔精》卷八《杂记》“捕蝉”条写道:“今之稚子捕蝉,每用桃胶涂竹竿梢上,粘之即得。曹子建云:‘怪柔竿之冉冉兮,运微粘而我缠。欲翻飞而逾滞兮,知性命之长捐。’盖自古已然矣。”《艺文类聚》卷九七引魏陈王曹植《蝉赋》则可见如下文句:“有翩翩之狡童,运微黏而我缠。委厥体于膳夫,归炎炭而就燔。”由委体“膳夫”以及“炎炭”“就燔”云云,可知“捕蝉”以为食品的情形。而所谓“翩翩之狡童”者,当然值得关心未成年人游戏方式的人们重视。在曹植所生活的时代,儿童“捕蝉”,应当确是取“柔竿”“微粘”方式①。

《汉书》卷二八下《地理志下》说,乐浪郡有县名“黏蝉”,

①《艺文类聚》卷九七引晋傅咸《黏蝉赋》可以为参考:“樱桃为树则多阴,为果则先熟。有蝉鸣焉,聊命黏取。退惟当蝉之得意于斯树,不知黏之将至。亦犹人之得于富贵,而不虞祸之将来也。有嘉果之珍树,蔚弘覆于我庭。在赫赫之隆暑,独肃肃而自清。遂寓目以周览,见鸣蜩于纤枝。翳翠叶以长吟,信厥乐之在斯。苟得意于所欢,曾黏往之莫知。匪尔命之遵薄,坐偷安而忘危。嗟悠悠之耽宠,请兹览以自规。”《太平御览》卷九四四引傅咸《粘蝉赋》曰:“樱桃其为树则多荫,其为果则先熟,故种之于厅事。之前时以盛暑,逍遥其下,有蝉鸣焉。仰而见之,聊命粘取,以弄小儿。退惟当蝉之得意于斯树,而不虞粘之将来也。”其中“聊命粘取,以弄小儿”情节,涉及“粘蝉”与“小儿”情趣的关系。

《续汉书·郡国志五》作“占蝉”。应当是与“捕蝉”行为相关的地名。

2. 挽满

《后汉书》卷三四《梁冀传》说“贵戚”梁冀少时品行趣好，涉及多种“儿戏”形式：

> 少为贵戚，逸游自恣，性嗜酒，能挽满、弹棋、格五、六博、蹴鞠、意钱之戏，又好臂鹰走狗，骋马斗鸡。

李贤为《后汉书》作注，对于这些游戏的形式分别予以解释，对于所谓“挽满”，是这样说的：

> “挽满”，犹引强也。

“挽满”，应是习射游戏。人们自然会联想到《史记》卷一一〇《匈奴列传》所说匈奴未成年人“引弓射鸟鼠”情形：

> 儿能骑羊，引弓射鸟鼠；少长则射狐兔：用为食。士力能毌弓，尽为甲骑。

所谓“少长”，司马贞《索隐》：“‘少长’谓年稍长。”所谓“毌弓”，司马贞《索隐》：“上音弯，如字亦通也。”同样的记录，《汉书》卷九四上《匈奴传上》写作：

> 儿能骑羊，引弓射鸟鼠，少长则射狐菟，肉食。士力能弯

弓，尽为甲骑。

对于“引弓射鸟鼠”，颜师古注：“言其幼小则能射。”所谓“少长”，颜师古注解释说：“‘少长’言渐大。”元代学者郝经《郝氏续后汉书》卷七九上《北狄》采用这段文字，然而写作：“儿能骑羊，则引弓射鸟鼠。”以一个“则”字，说明了“骑羊”和“引弓射鸟鼠”的关系。

明代诗人张元凯《边词十二首》之三写道：“匈奴约和亲，边烽昼不举。士卒渐忘战，军中罢超距。盘跚弄婴儿，拍手学蛮语。草间骑羝羊，引弓射鸟鼠。”[①] 说匈奴儿童习俗，影响到内地汉民。其实，以农耕生产作为主要经济形式的内地人，也有儿童以“猎”为游戏内容的情形。如东汉仙异人物苏耽的有关传说，《艺文类聚》卷九五引《列仙传》曰：“苏耽与众儿俱戏猎，常骑鹿。鹿形如常。鹿遇险绝之处，皆能超越。众儿问曰：‘何得此鹿，骑而异常鹿耶？’答曰：‘龙也。’”这种“戏猎”的形式，值得我们注意。

匈奴儿童骑射获取物“用为食”或“肉食”，体现出游戏形式与生产形式和生活形式密切相关的情形，与前说曹植《蝉赋》“狡童”黏蝉事所谓“委厥体于膳夫，归炎炭而就燔”其实颇多类同。

苏轼诗有“买牛但自捐三尺，射鼠何劳挽六钧”句[②]，所谓

---

①〔明〕张元凯：《伐檀斋集》卷一《五言古诗》。

②〔宋〕苏轼：《次韵王定国得颍倅二首》之一，《东坡全集》卷一五《诗七十二首》。又杨万里有“顾不屑千室之邑而割鸡，真辱此六钧之弓于射鼠”句，《答庐陵赵宰》，《诚斋集》卷六〇《启》。也有说暮年“射鼠”的，如〔金〕王寂《议论英发坐客尽倾至于通练世务商较人物虽博学老儒或有所不及仆喜其为人临分以二诗赠行且将以为定交之券也》：（转下页）

"射鼠何劳挽六钧",说"射鼠"未必"引强",正符合儿童力不胜强的身体特征。

3. 蹴鞠

梁冀少时喜好"蹴鞠"之戏,说明这种游戏形式也是汉代儿童游艺项目之一。李贤注:"刘向《别录》曰:'蹴鞠者,传言黄帝所作,或曰起战国之时。蹋鞠,兵埶也,所以讲武知有材也。'"

有人称"蹴鞠"为"打毬"。尚秉和《历代社会风俗事物考》中"各种游戏"题下说到"打毬":

> 打毬(古戏失传之一)
>
> 打毬古名蹴鞠,《史记·扁鹊传》:处后蹴鞠。注:打毬也。《汉书·艺文志》有《蹴鞠经》,可见其戏甚古。《荆楚岁时记》云:按刘向《别录》:寒食蹴鞠,黄帝所造,以练武士,本兵势也。或云起于战国。鞠与毬同,古人蹴蹋,以为戏也。自汉以来,好此戏、善此戏者甚多,皆不录,述其可考见当时打毬情状者。

所述内容包括"打毬之时节及其规矩""汉时打毬窟室中""古毬制造之法",以及"打毬""赌物""毬场""毬门""毬杖"等[①]。

以"蹴鞠"为"打毬"的解说,见于《史记》卷一一一《卫将

(接上页)"笑我残年方射鼠,喜君巨手学屠龙。"《盛京通志》卷一一〇《历朝艺文二》。也说"射鼠"是力弱者所为。

①尚秉和:《历代社会风俗事物考》,岳麓书社1991年6月版,第377—379页。

军骠骑列传》张守节《正义》所谓“蹋鞠”“即今之打毬也”。已经有学者论证其形式不同,不应“把两种运动混为一谈”[①]。其实按照《史记》注家的理解,二者又是有共通之处的。《史记》卷一一一《卫将军骠骑列传》说到“蹋鞠”是一种军中运动:“其在塞外,卒乏粮,或不能自振,而骠骑尚穿域蹋鞠。”裴骃《集解》:“徐广曰:‘穿地为营域。’”司马贞《索隐》:“穿域蹵鞠。徐氏云‘穿地为营域’。《蹵鞠书》有《域说》篇,又以杖打,亦有限域也。今之鞠戏,以皮为之,中实以毛,蹵蹋为戏。刘向《别录》云‘蹴鞠,兵势,所以陈武事,知有材力也’。《汉书》作‘蹴鞠’。《三仓》云‘鞠毛可蹴以为戏’。鞠音巨六反。”张守节《正义》:“按:《蹵鞠书》有《域说》篇,即今之打毬也。黄帝所作,起战国时。程武士,知其材力也,若讲武。”作为军事体育活动,大概曾有“以杖打”和“蹵蹋为戏”两种形式,但均“有限域”,即都有专门的场地,是锻炼和考察“材力”的方式。《说文·革部》:“蹋鞠也。”段玉裁注:“刘向《别录》曰:‘蹵鞠者,传言黄帝所作。或曰:起战国之时。蹋鞠,兵势也。所以练武士、知有材也。皆因嬉戏而讲练之。’《汉艺文志》‘兵技巧十三家’有《蹵鞠》二十五篇[②]。郭朴注《三苍》云:‘毛丸可蹋戏者曰鞠。’按鞠居六、求六二切。《广韵》曰:‘今通谓之毬子。’巨鸠切。古今字也。”[③]

---

①李建民:《中国古代游艺史》,东大图书公司1993年3月版,第115—120页。

②今按:《汉书》卷三〇《艺文志》:“凡诸子百八十九家,四千三百二十四篇。出蹵鞠一家,二十五篇。”又“兵技巧”类有“《蹵鞠》二十五篇”。言:“右兵技巧十三家,百九十九篇。省《墨子》重,入《蹵鞠》也。”颜师古注:“鞠以韦为之,实以物,蹴蹋之以为戏也。蹴鞠,陈力之事,故附于兵法焉。”

③〔汉〕许慎撰,〔清〕段玉裁注:《说文解字注》,上海古籍出版社据经韵楼藏版1981年10月影印版,第108页。

较早关于“蹴鞠”的记载，见于《史记》卷六九《苏秦列传》载苏秦说齐王时说到临淄形势：“临菑甚富而实，其民无不吹竽鼓瑟，弹琴击筑，斗鸡走狗，六博蹋鞠者。”裴骃《集解》引刘向《别录》曰：“蹵鞠者，传言黄帝所作，或曰起战国之时。蹋鞠，兵势也，所以练武士，知有材也，皆因嬉戏而讲练之。”司马贞《索隐》：“《别录注》云：‘蹴亦蹋也。’崔豹云：‘起黄帝时，习兵之埶。’”

汉代画像资料中可以看到“蹴鞠”游戏的形式①。河西汉代遗址也出土过被判定为“鞠”的实物②。《敦煌马圈湾汉代烽燧遗址发掘报告》称这件文物遗存为“蹴鞠”，列为“体育用品”：

> 体育用品　一件
>
> 蹴鞠　一件。标本T12:01，内填丝绵，外用细麻绳和白绢搓成的绳，捆扎成球形。直径5.5厘米。《汉书·东方朔传》：“郡国狗马蹴鞠剑客辐凑董氏。常从游戏北宫，驰逐平乐，观鸡鞠之会，角狗马之足，上大欢乐之。”此件似为随军子女之玩具。③

这是通过考古方式发现数量甚少的儿童玩具实例之一。所谓“蹴鞠”，或称“鞠”较为合宜。

---

①王建中、闪修山：《南阳两汉画像石》，文物出版社1990年6月版，图版95；刘朴：《汉画像石中的体育活动研究》，人民出版社2009年10月版，第164—210页；季伟主编：《汉代乐舞百戏概论》，中国文联出版社2009年12月版，第194—196页。

②王仁波主编：《秦汉文化》，学林出版社2001年5月版，第299页。

③甘肃省文物考古研究所：《敦煌马圈湾汉代烽燧遗址发掘报告》，甘肃省文物考古研究所编：《敦煌汉简》，中华书局1991年6月版，第63页。

"蹋鞠,兵势也,所以练武士、知有材也,皆因嬉戏而讲练之。"可知是通过"嬉戏"方式进行的快乐的军训方式。"蹴鞠"在汉代是一种军事体育运动,但是在民间亦盛行。《盐铁论·国疾》于是说:"里有俗,党有场,康庄驰逐,穷巷蹋鞠。"从梁冀的爱好来看,可能也是当时男孩子们喜好的运动型游戏方式。

《汉书》卷六五《东方朔传》:"……于是董君贵宠,天下莫不闻。郡国狗马蹴鞠剑客辐凑董氏。常从游戏北宫,驰逐平乐,观鸡鞠之会,角狗马之足,上大欢乐之。于是上为窦太主置酒宣室,使谒者引内董君。"《资治通鉴》卷一八"汉武帝元光五年"引录此文,"观鸡鞠之会"句下胡三省注:"斗鸡及蹴蹹也。鞠,毬也,以皮为之。"东方朔先言"蹴鞠"者"辐凑董氏",后言"观鸡鞠之会……上大欢乐之",可知"蹴鞠"又曾经是上层社会习好的"游戏"形式。"鸡鞠"之辞,后来成为记忆西京盛世繁华的文化符号。宋人韩维《又和寒食感怀》诗:"絮飞丝堕满春阴,叹息流光节物深。鸡鞠自喧游侠地,莺花空思长年心。"[①] 苏籀《寒食后出郊》诗:"澹淹东风酒一卮,笙篁鸡鞠傲春晖。绿波泛滟心微荡,邃苑提携手未挥。"[②] 清人吴伟业记述明代汴梁"赵宋故宫"形势,也写道:"……南有繁台遗址。四方贤士大夫曳裾来游,比于相如、严助、它王小子侯鸡鞠狗马多豪少年之戏。"[③]

4. 鸠车之乐

在距秦汉时期并不很久的年代,晋人杜夷《幽求子》写道:

---

①《南阳集》卷八。

②《双溪集》卷三。

③〔清〕吴伟业:《绥寇纪略》卷八《汴渠垫》。

"儿年五岁,有鸠车之乐;七岁,有竹马之欢。"《锦绣万花谷》卷一六引张华《博物志》:"小儿五岁曰鸠车之戏,七岁曰竹马之戏。"可知"鸠车""竹马"一类儿童游艺形式在民间曾经广泛普及。

1977年出土的山东嘉祥核桃园齐山村北汉画像石,1978年出土的山东嘉祥满硐宋山村北汉画像石,傅惜华《汉代画像全集》著录的山东滕县汉画像石,以及陕西绥德刘家沟汉画像石,都可以看到反映"孔子见老子"传说的画面。其中立于孔子与老子之间的童子,应当就是传说中的神童项橐。据《中国画像石全集》所收录汉画像石图版,突出显示项橐形象者,有山东平邑功曹阙北面画像,山东嘉祥武氏西阙正阙身北面画像,山东泰安大汶口墓门楣东段画像,山东嘉祥宋山汉画像,山东嘉祥洪福院汉画像,山东滕州官桥镇车站村出土汉画像,陕西绥德刘家沟出土汉画像等[①]。

值得注意的是,在反映"孔子见老子"传说的画面中,站立居中,形象表现为童子的项橐,往往手持下附小型车轮的木柄。这一器物所象征的,应当就是鸠车[②],与此对应的老子作为身份标志的象征物,则是藜杖[③]。汉画像石画面中屡见项橐以鸠车作为

---

①《中国画像石全集》,山东美术出版社、河南美术出版社2000年6月版。

②山东省博物馆、山东省文物考古研究所:《山东画像石选集》,齐鲁书社1982年3月版;傅惜华:《汉代画像全集》,巴黎大学北京汉学研究所1950年版;李林、康兰英、赵力光:《陕北汉代画像石》,陕西人民出版社1995年3月版。

③以藜草老茎作杖,质坚而轻,古时老者以为行具。《庄子·让王》:"原宪华冠纵履,杖藜而应门。"《史记》卷五五《留侯世家》记述黄石公神话,张守节《正义》引《括地志》:"孔文祥云:'黄石公状,须眉皆白,杖丹黎,履赤舄。'"《拾遗记》卷六:"刘向于成帝之末,校书天禄阁,专精覃思,夜有老人,着黄衣,植青藜杖,登阁而进。"

年龄标志[①],也反映了当时儿童喜好“鸠车之乐”“鸠车之戏”是相当普遍的情形。

通过河南南阳李相公庄汉墓出土的许阿瞿墓志画像,可以真切地看到儿童手牵鸠车游戏的情形。画面可见帏幔下有一身着长襦的束发为总角的儿童端坐于榻上,右侧榜题“许阿瞿”三字。榻前置案,案上有酒餐具。画面右方描绘一儿童“牵一木鸠,鸠有两轮,后一人执鞭赶鸠”。画面体现了富家小主人令僮儿表演所谓“鸠车之戏”以取乐的情形。志文记述许阿瞿“年甫五岁,去离世荣,遂就长夜,不见日星”[②],可见,“年五岁有鸠车之乐”,“小儿五岁曰鸠车之戏”的说法,也反映了汉代社会风习。宋张世南《游宦纪闻》卷五:“鸠车,儿戏之物。”元陶宗仪《辍耕录》卷一七:“鸠车,儿戏之具。”[③]这种玩具又成为儿童年龄的标志物。《锦绣万花谷》前集卷一六引《博物志》:“鸠车竹马。小儿五岁曰鸠车之戏,七岁曰竹马之戏。”《绀珠集》卷一三:“竹马鸠车。王元长曰:‘小儿五岁曰鸠车之戏,七岁曰竹马之戏。’”《类说》卷二三及卷六〇都写道:“鸠车竹马。王元长曰:‘小儿五岁曰鸠车之戏,七岁曰竹马之游。”[④]唐人潘炎《童谣赋》:“荧惑之星兮列天文,降为童谣兮告圣君。发自鸠车之岁,称为竹马之

---

①参看王子今:《“秦项橐”故事考议》,《秦文化论丛》第14辑,三秦出版社2007年10月版。

②南阳市博物馆:《南阳发现东汉许阿瞿墓志画像石》,《文物》1974年第8期;闪修山、王儒林、李陈广编著:《南阳汉画像石》,河南美术出版社1989年6月版,第73页。或说这种游戏形式为“牵木鸠奔跑玩耍”。王建中、闪修山:《南阳两汉画像石》,文物出版社1990年6月版,图版282—284。

③〔明〕方以智《通雅》卷三三《器用·古器》同。

④《海录碎事》卷八上,《谈苑》卷四同。

群。……"[①] 明汪砢玉《珊瑚网》卷三三："余弄鸠车时，家甫得陆天游画上题云：'溪山清眺，陆广为文伯作。'" 卷三八："余弄鸠车时，见先荆翁斋阁悬山水二幅。" 清人王士禄《减字木兰花·羁所七忆》其四："桃花醎雪，掌里双珠光似月。几载身傍，次第鸠车看绕床。……"[②] "鸠车之岁"，"弄鸠车时"，都是后来对于童年之"忆"的表述，"鸠车" 成为 "儿戏" 场面的典型标志。所谓 "弄鸠车" "鸠车之乐" "鸠车之戏" 情形，通过许阿瞿画像可以得到反映。

"鸠车" 实物，在汉代文物资料中可以看到遗存。

洛阳涧西区 M45 出土一件陶鸠车，M41 还出土一件铜鸠车，与 M45 的陶鸠车形状雷同。这两座墓都是儿童墓。墓中随葬品多为死者生前珍爱之物。汉代儿童墓出土鸠车，说明这是当时民间较为流行的儿童玩具。

日本藤井有邻馆收藏有较完整的一件汉代铜鸠车，两轮，有长尾，尾端扁平。用力牵曳，则尾部翘起，若缓行，则尾端摩地，正可以仿拟鸠鸟飞翔和行走时的不同形态。分析这一铜鸠车的形制，可能鸠鸟头部上方的空銎也可以安插类似山东和陕北汉画像石所表现的用以儿童手持的长柄。鸠鸟耳侧似有穿孔，看来又可以穿系绳索牵引运行[③]。

洛阳中州路西汉初期房屋基址中出土一件所谓 "陶鸽"，残长 11.5 厘米，腹宽 6 厘米，厚 5.5 厘米，"首尾残缺，两翼在背上交叠，腹下有一方形洞，可插入柱状物，发掘报告执笔者推测可能

---

① 《文苑英华》卷八五。
② 《炊闻词上》，《十五家词》卷一〇。
③ ［日］林巳奈夫：《漢代の文物》，京都大学人文科学研究所昭和五一年版，图 8—64。

是安装在房顶上的装饰[1]。然而由其形制大小判断，房顶装饰之说显然难以成立。这件"陶鸽"应正名为"陶鸠"。

后世"博古"学者的金石学论著中可以看到有关"鸠车"实物的记述。其中有可能确实是"汉物"者。

《重修宣和博古图》卷二七可见两幅"鸠车"图像。前者被判定为"汉鸠车"，后者则称"六朝鸠车"：

> 前一器高二寸二分，长三寸二分，阔一寸七分。轮径各二寸二分。重一十两。无铭。
>
> 后一器高一寸八分，长三寸二分，阔一寸二分。轮径各一寸三分。重三两。无铭。
>
> 右二器，状鸤鸠形，置两轮间。轮行则鸠从之。前一器，汉物也。其禽背负一子，有钮置之前，以贯绳，盖絷维之所也。后一器，六朝物也。其禽前后负二子，亦有钮以贯绳焉。尾际又有小轮以助之。盖制度略相似，但增损不同耳。按《鸤鸠》之诗以况毋道均一，故象其子以附之，因以为儿童戏。若杜氏《幽求子》所谓"儿年五岁，有鸠车之乐；七岁，有竹马之欢"者是也。

《西清古鉴》卷一一有"鸠车尊"。图侧说明文字写道："右高五寸一分，深四寸四分，口径二寸四分，轮径各二寸六分，通长五寸五分，重二十五两。此与前二器皆弄具也，与祭器自别。""弄具"应当就是玩具。同书卷三八有"唐鸠车"。编辑者写道："右高二

---

①中国科学院考古研究所：《洛阳中州路（西工段）》，科学出版社 1959 年 1 月版，第 48—49 页。

寸一分，长三寸五分，阔三寸六分，轮径二寸，重一十二两。《博古图》亦载此器，引杜氏'年五岁有鸠车之乐'云云。盖儿戏所用，非上世制也。"此说"《博古图》亦载此器，引杜氏'年五岁有鸠车之乐'云云"，而《博古图》言"六朝鸠车"。其图亦与《博古图》略有不同。使用这种玩具的游戏方式看来在历史上沿袭甚久。

5. 竹马之欢

有关竹马这种儿童跨骑竹竿仿拟跃马奔走的传统游戏方式，最早的明确记载，也见于汉代[①]。《后汉书》卷三一《郭伋传》说，汉光武帝建武年间，并州牧郭伋为官廉正，"素结恩德"，以致"民得安业"，据说"所到县邑，老幼相携，逢迎道路"。最为生动，流传最为久远的，是体现他与美稷县儿童友情的故事：

> （郭伋）始至行部，到西河美稷，有童儿数百，各骑竹马，道次迎拜。伋问："儿曹何自远来？"对曰："闻使君到，喜，故来奉迎。"伋辞谢之。及事讫，诸儿复送之郭外，问："使君何日当还？"伋谓别驾从事计日告之。行部既还，先期一日，伋为违信于诸儿，遂止于野亭，须期引入。

这一史事，后来反复为人称引，成为官民间关系融洽感情和睦的

---

①《墨子·耕柱》："子墨子谓鲁阳文君曰：'大国之攻小国，譬犹童子之为马也。童子之为马也，足用而劳。'"一说其中所谓"童子之为马"就是竹马。毕沅注："言自劳其足，谓竹马也。"然而似仍不能看作"竹马"出现的确证。孙诒让《墨子间诂》："案：此直言童子戏效为马耳，不必竹马，毕说并非。"

典型[1]。这一记录还被看作“美稷”地方（今内蒙古准格尔旗西北）当时有竹类生长的生态环境史料[2]。

又如《三国志》卷八《魏书·陶谦传》裴松之注引《吴书》：

> （陶谦）少孤，始以不羁闻于县中。年十四，犹缀帛为幡，乘竹马为戏，邑中儿童皆随之。

也是反映民间儿童竹马之戏的记载。

鸠车之戏与竹马之戏成为具有代表性的儿童游艺内容，于是有“鸠竹”之说[3]。鸠车与竹马都以一种以运动为形式的游戏，表现了儿童欢跃活泼的情绪特征，其中透露的“不羁”的性格倾向，或许在某种意义上代表着社会生活中积极的生机和进步的希望。特别是“童儿数百，各骑竹马，道次迎拜”，“乘竹马为戏，邑中儿

①如庾信《周车骑大将军贺娄公神道碑》：“竹马来迎，已知名于郭伋。”梁孝元帝《赋得竹》诗：“作龙还葛水，为马向并州。”罗隐《投宣武郑尚书二十韵》诗：“骑儿逢郭伋，战士得文翁。”刘商《送贾使君拜命》诗：“人咏甘棠茂，童谣竹马群。”苏轼《次前韵再送周正孺》诗：“竹马送细侯，大钱送刘宠。”

②文焕然指出：“美稷在今内蒙准格尔旗（N39.6°）西北，长城以北，当时能够产竹，今却不能生长。”又说：“历史上经济栽培竹林的分布北界有所南移，汉代以前其最北地区似在N40°左右的西河美稷（今内蒙准格尔旗西北），现今似在N36.5°的河北涉县以南。其变迁幅度之所以小于同时期一些热带、亚热带代表性动植物，主要是它含有人工栽培之因素。”文焕然：《二千多年来华北西部经济栽培竹林之北界》，《历史地理》第11辑，上海人民出版社1993年6月版，第249页，第257页。以为美稷制作“竹马”原料来自于“栽培竹林”，恐不确。参看王子今：《秦汉时期生态环境研究》，北京大学出版社2007年9月版，第232—236页。

③如俞樾《春在堂随笔》卷一〇：“忆儿时鸠竹，随处嬉遨。”

童皆随之”所体现的群体精神，尤其引人注目[①]。

美稷“童儿数百，各骑竹马”与陶谦“乘竹马为戏，邑中儿童皆随之”的游戏形式，应当较为简易。“竹马”作为儿童游戏用具，其实通常只是一根象征“马”的竹竿。通用辞书一般都是这样解释的。如《辞源》：

> 【竹马】儿童游戏时当马骑的竹竿。《后汉书·郭伋传》：“始至行郡[②]，到西河美稷，有童儿数百，各骑竹马，道次迎拜。”《世说新语·方正》：“（诸葛靓）与（晋）武帝有旧……相见礼毕，酒酣，帝曰：‘卿故复忆竹马之好不？’”后人常用儿童骑竹马迎郭伋事称颂地方官吏。唐白居易《长庆集》五五《赠楚州郭使君》诗：“笑看儿童骑竹马，醉携宾客上仙舟。”《全唐诗》五四九赵嘏《淮信贺滕迈台州》：“旌旆影前横竹马，咏歌声里乐樵童。”[③]

又《汉语大词典》：

> 【竹马】①儿童游戏时当马骑的竹竿。《后汉书·郭伋传》：“始至行部，到西河美稷，有童儿数百，各骑竹马，道次迎拜。”后用为称颂地方官吏之典。唐许浑《送人之任邛州》诗：“群童竹马交迎日，二老兰觞初见时。”宋苏轼《次前韵再送周正孺》：“竹马迎细侯，大钱送刘宠。”清王端履《重论文斋

---

①王子今：《漫说“竹马”》，《历史大观园》1992年第10期；《“竹马”源流考》，《比较民俗研究》1993年第9期。

②今按：“行郡”，应是“行部”误排。

③商务印书馆1981年修订第1版，第3册第2345页。

笔录》卷五："先君集中有《依韵答卢石甫明府二律》，皆再任时倡和之作也，敬录于左：'迎来竹马又三年，爱景薰风话果然。'"②即蔕马。南方农村耘稻时所用的一种农具。[①]

又《现代汉语词典》：

【竹马】①儿童放在胯下当马骑的竹竿。②一种民间歌舞用的道具，用竹片、纸、布扎成马形，可系在表演者身上。[②]

看来，说到"竹马"，多以《后汉书》卷三一《郭伋传》为第一书证，而共同的解释，是儿童"当马骑的竹竿"，而并非"竹马戏""竹马灯"等"民间歌舞用的道具"[③]。

6. 玩具："泥车、瓦狗""诸戏弄小儿之具"

鸠车，在汉代民间已经是一种普及程度相当高的儿童玩具。鸠车仿车辆结构设计制作，作为交通文化的一种曲折反映，也是值得重视的。有学者总结文献所见汉代车辆名称，有 90 种之多，尽管确实"在称谓上多有重叠"[④]，仍然可以说明当时车辆制造业

①汉语大词典出版社 1991 年 12 月版，第 8 册第 1095 页。

②商务印书馆 1996 年 7 月修订第 3 版，第 1640 页。

③关传友《中华竹文化》在讨论"竹的民俗文化"时说到"竹马戏"。"马"为"竹篾编织"，"周围用绸布或彩纸糊裱成马的模样"。中国文联出版社 2000 年 12 月版，第 423—424 页。《汉语大词典》有"竹马灯"词条："一种民间舞蹈形式。竹马一般用篾片扎成骨架，外面糊纸或布，分前后两截，系在舞者腰上如骑马状。"汉语大词典出版社 1991 年 12 月版，第 8 册第 1095 页。

④王振铎遗著：《东汉车制复原研究》（李强整理补注），科学出版社 1997 年 3 月版，第 118 页。

的发达和车辆在社会生活中的作用。而鸠车的出现和普及,其实是可以说明有关现象的又一例证。正如研究者所说,考察古代车制应当首先分清两个体系,“一种是代表着政府的官工业,一种是民间的工业。前者标志着少数工艺的高度成就,后者代表着普遍的技术水平。观察车辆技术需要从这两个方面着手,不能有所轩轾。”① 鸠车制作可以看作“民间的工业”及“普遍的技术水平”的一种特殊的反映,因而有不宜忽视的意义。

汉代“鸠车”实物,早已见于宋人著述。日本藤井有邻馆收藏有较完整的 1 件汉代铜质鸠车,两轮,有长尾,尾端扁平,强力牵曳,则尾部翘起,若缓行,则尾端摩地,正可以仿拟鸠鸟飞翔和行走时的不同形态。②

1955 年发掘的洛阳涧西区小型汉墓中, M45 出土一件陶鸠车。发掘报告写道:“体为鸟形,实腹,两翼成车轮状,中有一轴,可拉动,质地属夹砂红陶。” M41 还出土一件铜鸠车,据介绍,“与 M45 的陶鸠车形状雷同,在鸟的腹部两旁,向外凸有圆轮轴,其轮未见。” 铜鸠车的车轮可能为木质,已朽坏。M41 和 M45 都是儿童墓,前者墓室长度仅为 1.5 米,后者仅为 1.4 米。发掘者分析这一“贫苦人民的墓地”出土器物发现的规律,以为“鸠车出自儿童墓,铜镜多佩于成年者的墓中,疑亦为两汉时代的葬俗”③。洛阳中州路西汉初期房屋基址中曾经出土一件被发掘报告执笔者定名为“陶鸽”的器物,观察其形制,联系同类器物的发现,可

---

①王振铎遗著:《东汉车制复原研究》(李强整理补注),第 2 页。

②[日]林巳奈夫:《漢代の文物》,京都大学人文科学研究所昭和五一年版,图 6—64。

③中国科学院考古研究所:《洛阳中州路(西工段)》,科学出版社 1959 年 1 月版,第 48—49 页。

以推知其实很可能也是儿童玩具陶鸠车的残件①。

汉墓同类出土物设计的新巧与制作的精细，还说明社会生产对此类需求已经有足够的重视。王符在《潜夫论·浮侈》中批评奢华世风，指出：

> 或作泥车、瓦狗、马骑、倡俳，诸戏弄小儿之具以巧诈。

彭铎《潜夫论笺校正》说："泥车、瓦狗、马骑、倡俳，汉墓中多有之。"汉墓随葬品中多见此类遗物确实是事实，除了许阿瞿墓等情形以外，这一现象应当看作汉代社会一般休闲生活的内容和形式的一种体现，但是"诸戏弄小儿之具"的说法，又说明这类器物原本只是儿童玩具。而针对儿童这一特殊社会层次的市场需求能够影响生产导向，或许反映了汉代社会的某种文化风格，这也是值得我们重视的。

战争"儿戏"

按照一般儿童心理学的观点，游戏，是儿童最初的主要的实践活动形式。通过游戏活动，儿童更深刻地体验着成人的社会实践生活②。有的儿童心理学家还指出，"儿童最好的学习方法就是

---

①王子今：《汉代民间的玩具车》，《文物天地》1992 年第 2 期。

②朱智贤主编：《儿童心理发展的基本理论》，北京师范大学出版社 1982 年 3 月版，第 11 页。

玩耍和操作他们环境中的事物”[①]。儿童游艺对成人社会活动的直接模仿，以活泼生动的历史现象透露出文化传递关系的特征，使得其内容可以作为我们考察古代文化继承形式的窗口。

《三国志》卷八《魏书·陶谦传》裴松之注引《吴书》说到的陶谦“缀帛为幡，乘竹马为戏”情形，就是摹习战争生活的例证之一。

1. 细柳营：汉文帝的“儿戏”感叹

司马迁在《史记》卷五七《绛侯周勃世家》中记载，汉文帝为防备匈奴进犯关中近畿地方，进行了特别的军事部署：

> 文帝之后六年，匈奴大入边。乃以宗正刘礼为将军，军霸上；祝兹侯徐厉为将军，军棘门；以河内守亚夫为将军，军细柳：以备胡。

汉文帝亲自劳军，先至霸上和棘门，来到周亚夫屯驻细柳的营地时，有不平常的体验：

> 上自劳军。至霸上及棘门军，直驰入，将以下骑送迎。已而之细柳军，军士吏被甲，锐兵刃，彀弓弩，持满。天子先驱至，不得入。先驱曰：“天子且至！”军门都尉曰：“将军令曰‘军中闻将军令，不闻天子之诏’。”居无何，上至，又不得入。于是上乃使使持节诏将军：“吾欲入劳军。”亚夫乃传

① ［美］大卫·埃尔金德：《儿童与青少年——皮亚杰理论之阐释》，周毅等译，西南师范大学出版社1988年3月版，第56页。

言开壁门。壁门士吏谓从属车骑曰："将军约，军中不得驱驰。"于是天子乃按辔徐行。至营，将军亚夫持兵揖曰："介胄之士不拜，请以军礼见。"天子为动，改容式车。使人称谢："皇帝敬劳将军。"成礼而去。既出军门，群臣皆惊。

据司马迁记述，汉文帝深心感叹其军纪严明：

文帝曰："嗟乎，此真将军矣！曩者霸上、棘门军，若儿戏耳，其将固可袭而虏也。至于亚夫，可得而犯邪！"称善者久之。

月余，三军皆罢。乃拜亚夫为中尉。

汉文帝赞赏周亚夫治军风格所谓"此真将军矣！曩者霸上、棘门军，若儿戏耳"，也可以从侧面反映当时"儿戏"模仿军事，是当时相当普遍的情形。

2. 以"军旅战陈"为主题的"儿戏"

以军事生活和战争场景作为"儿戏"主题的具体的实例，又有《三国志》卷一五《魏书·贾逵传》：

（贾逵）自为儿童，戏弄常设部伍。

"祖父习异之，曰：'汝大必为将率。'口授兵法数万言。"裴松之注引《魏略》曰："逵世为著姓，少孤家贫，冬常无袴，过其妻兄柳孚宿，其明无何，着孚袴去，故时人谓之通健。""家贫"至此，"戏弄"仍然追求军事主题，可知这种游戏形式在社会上下普遍通行的情形。

又如《三国志》卷九《魏书·夏侯渊传》裴松之注引《世语》说夏侯渊第三子夏侯称幼时事迹：

> 称字叔权。自孺子而好合聚童儿，为之渠帅，戏必为军旅战陈之事，有违者辄严以鞭捶，众莫敢逆。

游戏时严格军令军法的执行，完全仿效成人社会。儿童游戏模仿军事生活和战争行为的情形，在历代都相当普遍。这可能因为这种游戏形式更适于男性儿童追求刺激的心理特性的缘故。

3. 关于“童子佩刀”

历史文献中可以看到有关汉代“童子佩刀”的记载。《续汉书·舆服志下》有这样的内容：

> 建武时，匈奴内属，世祖赐南单于衣服，以中常侍惠文冠，中黄门童子佩刀云。

《后汉书》卷八九《南匈奴列传》：“单于比立九年薨。”又写道：

> 比弟左贤王莫立，帝遣使者赍玺书镇慰，拜授玺绶，遗冠帻，绛单衣三袭，童子佩刀、绲带各一。

又说：“其后单于薨，吊祭慰赐，以此为常。”什么是“童子佩刀”呢？李贤的解释是：“童子刀，谓小刀也。”这种“童子佩刀”作为宫廷近臣用物，又往往用以赐匈奴贵族，其形制之精美当无可怀疑。

“童子佩刀”定名的由来,或许可以从一个侧面反映当时社会上下曾经流行仿照实用武器制作的儿童玩具。而儿童使用这种玩具,也体现他们的游艺生活往往有模拟兵战的情形。

认识所谓“中黄门童子佩刀”,也许应当注意《汉书》卷七九《冯奉世传》说冯参“少为黄门郎给事中”事,以及《后汉书》卷一〇上《皇后纪上·光武郭皇后》:“帝善(郭)况小心谨慎,年始十六,拜黄门侍郎。”《三国志》卷九《魏书·曹玄传》:“(曹玄)少知名,弱冠为散骑黄门侍郎。”据《后汉书》卷四八《杨终传》,“太后兄卫尉马廖,谨笃自守,不训诸子。终与廖交善,以书戒之”,其中写道:“今君位地尊重,海内所望,岂可不临深履薄,以为至戒!黄门郎年幼,血气方盛,既无长君退让之风,而要结轻狡无行之客,纵而莫诲,视成任性,鉴念前往,可为寒心。君侯诚宜以临深履薄为戒。”所说“黄门郎年幼”,是指马廖的儿子马防和马光。据李贤注,当时“俱为黄门郎”[①]。杨终劝诫马廖关于马防、马光“黄门郎年幼,血气方盛”语,可以帮助我们理解“中黄门童子佩刀”相关情形。

博弈:儿童智力竞争

有迹象表明,秦汉皇族贵戚豪富之家的儿童游艺,可能还曾经流行博弈等智力层次要求比较高的形式。明人陆深说:“世间

①王子今、吕宗力:《汉代“童子郎”身份与“少为郎”现象》,《南都学坛》2011年第4期。

玩戏之具，惟弈盛传。……俗云：尧以弈诲丹朱也。”[①] 可知很早就有“弈”作为游戏形式，参与者可以始于儿童阶段的说法。

1. 少年汉景帝和吴太子的博局

《史记》卷一〇六《吴王濞列传》记载：

> 孝文时，吴太子入见，得侍皇太子饮博。吴太子师傅皆楚人，轻悍，又素骄，博，争道，不恭，皇太子引博局提吴太子，杀之。[②]

“博，争道”史例，又见于《史记》卷八六《刺客列传》荆轲故事：“荆轲游于邯郸，鲁句践与荆轲博，争道，鲁句践怒而叱之，荆轲嘿而逃去，遂不复会。”稍晚故事又有《晋书》卷五九《成都王颖传》：“成都王颖字章度，武帝第十六子也。太康末受封，邑十万户。后拜越骑校尉，加散骑常侍、车骑将军。贾谧尝与皇太子博，争道。颖在坐，厉声呵谧曰：‘皇太子，国之储君，贾谧何得无礼！’谧惧。”此皇太子即晋惠帝司马衷，“泰始三年，立为皇太子，时年九岁。太熙元年四月己酉，武帝崩。是日，皇太子即皇帝位”[③]。时年十六岁。“贾谧尝与皇太子博，争道”时，皇太子尚是

---

① 〔明〕陆深：《俨山外集》卷一八《豫章漫抄一》。

② 《汉书》卷三五《荆燕吴传·吴王刘濞》：“皇太子引博局提吴太子，杀之。”颜师古注：“提，掷也。”《史记》卷一〇六《吴王濞列传》还写道：“于是遣其丧归葬。至吴，吴王愠曰：‘天下同宗，死长安即葬长安，何必来葬为！’复遣丧之长安葬。吴王由此稍失藩臣之礼，称病不朝。”

③ 《晋书》卷四《惠帝纪》。

少年。贾谧当时“侍讲东宫”[①],年龄或与司马衷相当。

从《吴王濞列传》所记载皇太子即后来的汉景帝刘启和吴太子刘贤[②]的生死博局,反映了皇家幼童游戏时骄悍相争的情形。刘启被立为太子时,只是一个九岁的儿童。吴楚七国之乱爆发时,少时曾以博局掷击吴太子致死的汉景帝年三十四岁[③],时吴王刘濞已“不能朝请二十余年”,可知吴太子因博戏争道而致死时,刘启和刘贤两位太子均是未成年少儿。

皇太子刘启因游戏时的争执竟然出手伤人,致死人命,是中国古代宫廷史中引人注目的一则史例。这位后来成为一代明君的历史人物在少年时期形成的性格特征,也通过这一故事有所透露[④]。

2. 弹棋、格五、六博

关于《后汉书》卷三四《梁冀传》所说梁冀“少为贵戚,逸游自恣,性嗜酒,能挽满、弹棋、格五、六博、蹴鞠、意钱之戏,又好臂鹰走狗,骋马斗鸡”,其中“弹棋、格五、六博”,李贤注解释说:

> 《蓺经》曰:“弹棋,两人对局,白黑棋各六枚,先列棋相当,更先弹也。其局以石为之。”

---

①《晋书》卷四〇《贾谧传》。

②《史记》卷一〇六《吴王濞列传》司马贞《索隐》:“姚氏案:《楚汉春秋》云:‘吴太子名贤,字德明。’”

③《汉书》卷九七上《外戚传上·孝文窦皇后》:“孝惠七年,生景帝。”《史记》卷一一《孝景本纪》:“孝景皇帝崩。”裴骃《集解》:“皇甫谧曰:‘帝以孝惠七年生,年四十八。’”《汉书》卷五《景帝纪》颜师古注引臣瓒曰:“帝年三十二即位,即位十六年,寿四十八。”

④参看王子今、焦南峰:《汉景帝评传》,三秦出版社 2006 年 5 月版,第 18—19 页。

《前书》吾丘寿王善格五。《音义》云:"簺也,音苏代反。"《说文》曰:"簺,行棋相塞谓之'簺'。"鲍宏《簺经》曰:"簺有四采,塞、白、乘、五是也。至五即格,不得行,故谓之'格五'。"

《楚词》曰:"琨蔽象棋有六博。"王逸注云:"投六著,行六棋,故云'六博'。"鲍宏《博经》曰:"用十二棋,六棋白,六棋黑。所掷头谓之'琼'。琼有五采,刻为一画者谓之'塞',刻为两画者谓之'白',刻为三画者谓之'黑',一边不刻者五塞之间,谓之'五塞'。"

"六博"是汉代甚为普及的游戏形式。其方式,据说是"行棋之前要投箸","根据投的结果,决定行棋的步子"。如孙机说,"投箸有点碰运气,所以班固《弈旨》说:'夫博悬于投,不专在行;优者有不遇,劣者有侥幸。'[①] 但实际上行棋仍可发挥相当的机动性"[②]。李学勤也说,"投箸富偶然性,行棋则多凭机智"。而六博游戏的规则,如"博局上不同位置的术语"等,"是当时妇孺皆知的"[③]。所说"孺"对于六博规则的熟悉,是我们应当注意的。

梁冀多种"逸游"形式,单纯从"少为贵戚,逸游自恣"文句看,未能明确是少时行为,还是一贯的性好。可是由吴太子与汉太子"博"时"争道"竟然致死的故事,可知"六博"很可能曾经

①原注:"《御览》卷七五三引。"今按,《太平御览》卷七五三引班固《弈指》无此文。严可均《全后汉文》有辑。标出处为《艺文类聚》七十四,《御览》七百五十三,《古文苑》。此处文字实出自《古文苑》卷一七。

②孙机:《汉代物质文化资料图说》,文物出版社1991年9月版,第394页。

③李学勤:《〈博局占〉与规矩纹》,《缀古集》,上海古籍出版社1998年10月版,第170—171页。

是社会通行的少儿游戏。由《史记》卷一二四《游侠列传》所谓“剧孟行大类朱家，而好博，多少年之戏”等，可知这里所说的“少年之戏”，应当包括“博”，或者包括“博”相类似的其他的“戏”。

关于所谓“格五”，《汉书》卷六四上《吾丘寿王传》也有“年少，以善格五召待诏”语。因为对于“格五”这种游戏形式的熟悉，竟然可以得到政治优遇。

3. 六博口诀：“三辅儿童皆诵之”

大量的文物资料可以说明，在汉代社会，六博作为游艺形式在民间也是十分普及的。《史记》卷一二六《滑稽列传》记录了齐威王和淳于髡的一段关于饮酒的著名对话：“威王大说，置酒后宫，召髡赐之酒。问曰：‘先生能饮几何而醉？’对曰：‘臣饮一斗亦醉，一石亦醉。’威王曰：‘先生饮一斗而醉，恶能饮一石哉！其说可得闻乎？’髡曰：‘赐酒大王之前，执法在傍，御史在后，髡恐惧俯伏而饮，不过一斗径醉矣。若亲有严客，髡帣韝鞠䐁，侍酒于前，时赐余沥，奉觞上寿，数起，饮不过二斗径醉矣。若朋友交游，久不相见，卒然相睹，欢然道故，私情相语，饮可五六斗径醉矣。若乃州闾之会，男女杂坐，行酒稽留，六博投壶，相引为曹，握手无罚，目眙不禁，前有堕珥，后有遗簪，髡窃乐此，饮可八斗而醉二参。日暮酒阑，合尊促坐，男女同席，履舄交错，杯盘狼藉，堂上烛灭，主人留髡而送客，罗襦襟解，微闻芗泽，当此之时，髡心最欢，能饮一石。故曰酒极则乱，乐极则悲；万事尽然，言不可极，极之而衰。’以讽谏焉。齐王曰：‘善。’乃罢长夜之饮，以髡为诸侯主客。宗室置酒，髡尝在侧。”有关“六博投壶，相引为曹，握手无罚，目眙不禁”致使参与者“窃乐”的文字，说明“六博”曾经风行于社会，只是这种游戏的具体规则我们今天已经难以详尽说明[①]。

诸多画像资料和陶制模型反映“六博”游戏，但似未见表现儿童“六博”的资料。《西京杂记》卷四有如下文字，涉及“三辅儿童”也热衷于这种游戏的情形，也不妨借为考察汉代儿童游戏的参考：

> 许博昌，安陵人也，善陆博。窦婴好之，常与居处。其术曰：“方畔揭道张，张畔揭道方，张究屈玄高，高玄屈究张。”又曰：“张道揭畔方，方畔揭道张，张究屈玄高，高玄屈究张。”三辅儿童皆诵之。

下文写道：“法用六箸，或谓之究。以竹为之，长六分，或用二箸。博昌又作《大博经》一篇，今世传。”

所谓总结六博之术的口诀“三辅儿童皆诵之”，似可说明这一游艺形式的盛行，有可能并不仅限于上层社会。

---

①陆深说：“古之摴蒱、陆博，今皆不传。汉魏所尚弹棋，亦不复见矣。滕元霄自叙少时以累棋蜡凤为戏，不知所谓蜡凤者，又何事耶？黄山谷小词又有打揭之戏，至谓‘小五出来，跋翻和九，若要十一花下死，〔那〕管十三不如十二’。似有谱者。此虽无益之事，览之茫然，殊以博洽为愧。”《俨山外集》卷一八《豫章漫抄一》。明代学者徐应秋也表现出对探索游戏史的兴趣，对于“陆博”，亦引用陆深之说。又写道：“又今人以双陆子垒高为胜，王建《宫词》有云：‘分明闲坐赌樱桃，休却投壶玉腕劳。各把沉香双陆子，局中斗垒阿谁高。’”《玉芝堂谈荟》卷三一“累棋蜡凤”条。然而据《旧唐书》卷一六一《李光颜传》、卷一九六上《吐蕃传上》，《新唐书》卷一七一《李光颜传》、卷二一六上《吐蕃传上》，《旧五代史》卷一三五《僭伪列传·刘崇》，似乎“六博之艺”“陆博之戏”依然为社会所熟悉。大约失传正在唐宋之间。

4. 孔融儿女“弈棋”

考古工作者在汉景帝阳陵南阙门遗址的发掘中，发现了一件陶质汉代围棋棋盘残件。据推断，应为守陵人消闲游艺用具[①]。

这件围棋棋盘，虽然不是皇家贵族用物，但是因为出土于汉景帝陵园，也很自然地会使人联想到汉景帝刘启少时与吴太子博戏“争道”过失杀人的故事。不过，使用棋盘与使用博局，游戏的形式是不一样的。

《后汉书》卷七〇《孔融传》说，孔融56岁时被处死，“女年七岁，男年九岁，以其幼弱得全，寄它舍。”而孔融被拘执时，“二子方弈棋”。《三国志》卷一二《魏书·崔琰传》裴松之注引《魏氏春秋》：“十三年，（孔）融对孙权使，有讪谤之言，坐弃市。二子年八岁，时方弈棋，融被收，端坐不起。左右曰：‘而父见执，不起何也？’二子曰：‘安有巢毁而卵不破者乎！’遂俱见杀。”

《太平御览》卷三八四引《魏氏春秋》：“融被收，二子年八岁，时方弈棋，端坐不起。左右曰：‘而父见执，不起何也？’二子曰：‘安有巢毁而卵不破者乎？’”《太平御览》卷七五三引《魏氏春秋》曰：“孔融被诛，二子碁而不起。左右曰：‘尔父见执，不起何也？’二子曰：‘安有巢毁而卵不破者乎？’”《孔北海集》附录《魏氏春秋》也说：“二子年八岁，时方弈棋，融被收，端坐不起。”可能《后汉书》卷七〇《孔融传》所谓“女年七岁，男年九岁”较“二子年八岁”更为合理。

《太平御览》卷七五三引《晋书》曰：“王质入山斫木，见二童围棋。坐观之，及起，斧柯已烂矣。”《说郛》卷五九上《虞喜志

---

①李岗：《汉阳陵围棋棋局》，《中国文物报》1999年12月5日。

林》:“信安山有石室。王质入其室,见二童子方对棋。看之,局未终,视其所执伐薪斧,柯已烂朽。遽归,乡里已非矣。”时距孔融遇害事不远。“二童围棋”或“二童子方对棋”情节,可与孔融儿女“奕棋”故事对照理解。汉晋时代,所谓“围棋”“弈棋”“对棋”者,看来是儿童普遍喜好的游戏。

“烂柯”故事或说即发生在汉代。明代学者胡应麟《少室山房笔丛》卷二九引录《神仙传》:“汉神爵元年,东吴金华山世传多地行仙,有木客薪于山中,见两黄冠棋于松下。木客隅坐而窥之,黄冠棋自若也。良久欠伸欲归,俄失黄冠所在,而棋残之局在地未收。举手中斧,视之柄已烂坏。大惊,疾驰出山,而陵谷已改,国邑非旧。问路人今为何时,有对者曰:‘宋元嘉十三年也。’于是木客太息,因隐于山中。”这里出现了比较明确的年代数据,自汉宣帝“神爵元年”(前 61)到南朝宋文帝“元嘉十三年”(436),棋局之间,须臾已近五百年。胡应麟讨论王质“烂柯”故事:“《神仙传》事在汉世,安知此说不因彼假托耶?”以为金华山木客事可能是传说的本原。《述异记》卷上则说:“信安郡石室山,晋时王质伐木至,见童子数人棋而歌,质因听之。”①

①有关“烂柯”典故的最早的文献记录,却并没有“童子”“黄冠”“围棋”“对棋”情节。《水经注》卷四〇《渐江水》:“《东阳记》云:信安县有悬室坂,晋中朝时,有民王质,伐木至石室中,见童子四人弹琴而歌,质因留,倚柯听之。童子以一物如枣核与质,质含之便不复饥。俄顷,童子曰:其归。承声而去,斧柯漼然烂尽。既归,质去家已数十年,亲情凋落,无复向时比矣。”“石室中”“俄顷”,世间则“已数十年”。《太平御览》卷七六三及卷九六五引《东阳记》、卷五七九引郑缉之《东阳记》、卷四七引《郡国志》,有大致同样的记载。

5.“意钱之戏”

关于少年“贵戚”梁冀所喜好的所谓“意钱之戏”，李贤注写道：

> 何承天《纂文》曰：“诡亿一曰射意，一曰射数，即‘摊钱’也。”

所引何承天《纂文》文字对于“意钱”的形式有所说明。清人黄生《义府》卷下则说“意钱”即猜枚，并否定“摊钱”之说：

> 〔意钱〕即今猜枚，曰“射”，曰“意”，曰“掩”，居然可见。注引何语以为“摊钱”，则李贤之误也。

“意钱之戏”，据说就是王充为小儿时“侪伦”喜好的“戏钱”。孙诒让《札迻》卷九即指出：“‘戏钱’，盖即‘意钱’。”其形式有可能是猜度钱之有无、正反或者数目[①]。“意钱”作为游戏形式，传衍相当长久。

晚世文化迹象中有与“意钱”有关者，其中有些形式，有可能继承了秦汉时期的儿童游戏“意钱”“戏钱”。或许可以帮助我们理解汉代儿童“意钱”游戏的具体情形[②]。

---

①元人姚文奂《竹枝词》中描写“晚凉船过柳洲东”的游戏形式：“剥将莲肉猜拳子，玉手双开各赌空。”如果“玉手”之中换作“钱”，或许就类似于“意钱”游戏。

②《宋书》卷七四《臧质传》记载：“质少好鹰犬，善蒲博意钱之戏。”《南史》卷一八《臧质传》也有同样的文字。《隋书》卷二九《地理志上》（转下页）

《续汉书·五行志一》记述了汉桓帝时京城民间流传的童谣:"桓帝之初,京都童谣曰:'城上乌,尾毕逋。公为吏,子为徒。一徒死,百乘车。车班班,入河间。河间姹女工数钱,以钱为

(接上页)记述梁州风习,也说到"意钱":"其风俗大抵与汉中不别。其人敏慧轻急,貌多蕞陋,颇慕文学,时有斐然,多溺于逸乐,少从宦之士,或至耆年白首,不离乡邑。人多工巧,绫锦雕镂之妙,殆侔于上国。贫家不务储蓄,富室专于趋利。其处家室,则女勤作业,而士多自闲,聚会宴饮,尤足意钱之戏。"唐人张仲素的《春游曲三首》中的第二首,也涉及"意钱"游戏:"骋望登香阁,争高下砌台。林间踏青去,席上意钱来。"又唐人岑参《燉煌太守后庭歌》写道:"醉坐藏钩红烛前,不知钩在若个边。为君手把珊瑚鞭,射得半段黄金钱。"有的研究者认为,诗中描述的是"藏钩"之戏,又以《说郛》本晋人周处《风土记》的记载以为说明:"义阳腊日饮祭之后,叟妪儿童为藏钩之戏,分为二曹,以校胜负,若人偶,即敌对,若人奇,则使一人为游附,或属上曹,或属下曹,名为'飞鸟',以齐二曹人数。一钩藏在众手中,曹人当射之所在。一藏为一筹,三筹为一都。"《太平御览》卷七五四引《风土记》:"腊日饮祭之后,嫂妪儿童为藏驱之戏,分二曹,以效胜负,若人偶,即敌对,人奇,则使奇人为游附,或属上曹,或属下曹,名为'飞鸟',以齐二曹人数。一驱藏在数十手中,曹人当射知所在。一藏为筹,五筹为一赌。"论者以为"半段黄金钱",正指"金钩"。并引《梦溪笔谈》卷一四所录毗陵郡士人家女子《拾得破钱诗》"半轮残月掩尘埃,依稀犹有开元字"为证。其实,或钩,或彄,或钱,都是随身常用之物,又便于握藏。很可能"意钱"之戏与"藏钩"之戏也有某种关联。《旧五代史》卷一三五《僭伪列传·刘崇》关于后汉高祖刘知远的从弟刘崇的品性,也有"少无赖,好陆博意钱之戏"的记述。可知"意钱之戏"是民间相当普及的儿童游戏形式。又清人黄遵宪《番客行》诗有"意钱十数人,相聚捉迷藏"句,说"意钱"之戏似乎可以同时"十数人"参与。民国《定番县乡土教材调查报告》中关于"赌博"的内容中,说到"双钱宝"的游戏,又解释说,即"以双手紧握住铜元,任人猜正反"。这种形式,可能与古时所谓"意钱"有关。后世以钱为道具的游戏,还有"摊钱""簸钱""卓钱锅子""打金钱""撇泥钱""金钱掷地""龟背戏""选仙钱""马钱""掼钱""掑钱""捻钱""以钱为鞯""秋千系钱""飞钱""散钱行"等。参看王子今:《钱神——钱的民俗事状和文化象征》,陕西人民出版社 2006 年 4 月版,第 210—225 页。

室金为堂。石上慊慊舂黄粱。梁下有悬鼓，我欲击之丞卿怒。'”对于“河间姹女工数钱，以钱为室金为堂”以及以下几句的解释是：“河间姹女工数钱，以钱为室金为堂者，灵帝既立，其母永乐太后好聚金以为堂也。石上慊慊舂黄粱者，言永乐虽积金钱，慊慊常苦不足，使人舂黄粱而食之也。梁下有悬鼓，我欲击之丞卿怒者，言永乐主教灵帝，使卖官受钱，所禄非其人，天下忠笃之士怨望，欲击悬鼓以求见，丞卿主鼓者，亦复谄顺，怒而止我也。”据刘昭注补，“姹女”，“一本作‘妖女’。”《续汉书》刘昭注补对于“数钱”，其实没有作实质性的解释。“数”，在这里是指通常归于“数术”之学的筮法，即占卜之术。“数”本来与“筮”音近。《左传·僖公十五年》：“龟，象也。筮，数也。”《史记》卷一二七《日者列传》：“试之卜数中以观采。”司马贞《索隐》：“卜数犹术数也。音所具反。刘氏云‘数，筮也’，亦通。筮必用《易》大衍之数者也。”可见，“数钱”，其实也就是“筮钱”“卜钱”。后代妇女有称作“掷金钱”的游戏形式，往往具有卜问的性质，其实也是一种“戏钱”[①]。

---

①如唐人无名氏《宫词》写道：“金钱掷罢娇无力，笑倚栏干屈曲中。”在这里，“掷金钱”似乎是一种休闲消遣的游艺形式，而诗中所谓“春”“浓”“娇”“笑”，透露出后宫女子这种“金钱”之“掷”，为孤寂的深宫生活，带来了异常的快乐。又如王涯《宫词三十首》之十四：“百尺仙梯倚阁边，内人争下掷金钱。”情形也大略相同。《开元天宝遗事》卷上“戏掷金钱”条写道：“内廷嫔妃每至春时，各于禁中结伴三人至五人掷金钱为戏，盖孤闷无所遣也。”同书卷下又有“投钱赌寝”条，其中又有这样的内容：“明皇未得妃子，宫中嫔妃辈投金钱赌侍帝寝，以亲者为胜。召入妃子，遂罢此戏。”这里所说的“赌”，实际上还是“卜”。唐玄宗召入杨玉环后，“六宫粉黛无颜色”，“三千宠爱在一身”，“投钱赌寝”或者“投钱卜寝”可能逐渐丧失意义，于是“遂罢此戏”。古人又有《金钱卜欢》诗，如元人杨维桢作：“紫姑坛上祝方兄，忽听呼卢掷地声。星斗未（转下页）

儿童游戏：成年生活的仿习

未成年人的游戏不免表现出对他们所熟悉的成年人生产和生活方式的模仿。这种情形对于他们后来的性格养成、行为趣向和职业择定，都有一定的意义。从社会生活史的全面关注的角度考察这种现象，也会有所发现。

1. 少年刘备“羽葆盖车”志向

前说贾逵“自为儿童，戏弄常设部伍”故事，“祖父习异之，曰：‘汝大必为将率。’口授兵法数万言”。贾习注意到儿童游戏与“大”即成人之后职业功名的关系。贾逵后来在曹操军中“与夏侯尚并掌军计”，魏文帝时代“进封阳里亭侯，加建威将军”①。

《三国志》卷三二《蜀书·先主传》说到刘备的出身时，也有关于他“少时”故事的记载：

> 先主少孤，与母贩履织席为业。舍东南角篱上有桑树生，高五丈余，遥望见童童如小车盖，往来者皆怪此树非凡，或谓当出贵人。先主少时，与宗中诸小儿于树下戏，言：“吾必当乘此羽葆盖车。”叔父子敬谓曰：“汝勿妄语，灭吾门也！”年十五，母使行学，与同宗刘德然、辽西公孙瓒俱事故九江太守同郡卢植。

（接上页）分牛女会，阴阳先判雨云生。”又明人凌云翰作：“底事春来减玉肌，藁砧一去杳无期。定知玉箸偷垂处，正在金钱暗掷时。”又明人贝琼作：“字忆开元日，清光尚自全。不知人远近，犹似汝方圆。”女子相思之心，通过“掷金钱”的细节得到生动的表现。

①《三国志》卷一五《魏书·贾逵传》。

元人郝经《郝氏续后汉书》卷二《昭烈皇帝纪》字句略有不同："昭烈少孤，与母贩履织席为业。舍东南角篱上桑生，高五丈余，童童如小车盖。涿人李定曰：'是家当出贵人。'昭烈方幼，与宗中诸儿戏桑下，言：'吾必当乘此羽葆盖车。'叔父子敬曰：'汝勿妄语，灭吾门也！'年十五，母使行学，与同宗刘德然、辽西公孙瓒俱事故九江太守同郡卢植。"所谓"涿人李定曰"者，或另有所据。叔父子敬言"汝勿妄语，灭吾门也"，使人联想到《史记》卷七《项羽本纪》记述项羽故事："秦始皇帝游会稽，渡浙江，梁与籍俱观。籍曰：'彼可取而代也。'梁掩其口，曰：'毋妄言，族矣！'"

这里虽然没有具体说明刘备与诸小儿游戏的形式和内容，而"必当乘此"诸语，暗示可能与仿拟豪贵出行有关。

很可能少年刘备"与宗中诸小儿"的游戏中，曾经视此"高五丈余，遥望见童童如小车盖"的"非凡"桑树为"羽葆盖车"的仿象物。

2. "种树为戏"与"俎豆之弄"

儿童游艺形式与后来人生理想、价值取向的关系，在汉代已经受到重视。汉代文献中可以看到有关上古圣王"儿时""游戏"与"及为成人"之后行为实践与政治成功之重要关系的历史记忆。司马迁在《史记》卷四《周本纪》中写道：

> 弃为儿时，屹如巨人之志。其游戏，好种树麻、菽，麻、菽美。及为成人，遂好耕农，相地之宜，宜谷者稼穑焉，民皆法则之。帝尧闻之，举弃为农师，天下得其利，有功。

又《史记》卷四七《孔子世家》:

> 孔子为儿嬉戏,常陈俎豆,设礼容。

《北堂书钞》卷八七、《初学记》卷一三、《渊鉴类涵》卷一六七“陈俎豆”与“施金石”并列。《北堂书钞》“陈俎豆”条下引《礼记》:“《礼记·曾子问》曰:诸侯祭社稷,俎豆既陈。”《初学记》和《渊鉴类涵》引文作:“《礼记·曾子问》曰:诸侯之祭社稷,俎豆既陈。”《论衡·本性》联系“弃”与“孔子”两事,写道:

> 稷为儿,以种树为戏;孔子能行,以俎豆为弄。石生而坚,兰生而香。生禀善气,长大就成,故种树之戏,为唐司马;俎豆之弄,为周圣师。

古来圣王和圣人儿时的所谓“种树为戏”和“俎豆之弄”,对于他们后来“及为成人”“长大就成”的历史文化功业,是有重要意义的演习。汉代人的这种意见,也反映了当时社会对于儿童游戏的一种认识。

这种认识涉及儿童教育问题,对于“儿时”“游戏”赋予了较多的政治文化寄托,教育史和政治思想史研究者应当予以关注。

3.“劾鼠”故事

汉代更为典型的例证,又如《史记》卷一二二《酷吏列传》所记述的张汤的事迹:

> 张汤者,杜人也。其父为长安丞,出,汤为儿守舍。还而

鼠盗肉，其父怒，笞汤。汤掘窟得盗鼠及余肉，劾鼠掠治，传爰书，讯鞫论报，并取鼠与肉，具狱磔堂下。其父见之，视其文辞如老狱吏，大惊，遂使书狱。

《汉书》卷五九《张汤传》："父为长安丞，出，汤为儿守舍。还，鼠盗肉，父怒，笞汤。汤掘熏得鼠及余肉，劾鼠掠治，传爰书，讯鞫论报，并取鼠与肉，具狱磔堂下。父见之，视文辞如老狱吏，大惊，遂使书狱。"《史记》"掘窟得盗鼠"，《汉书》作"掘熏得鼠"。"熏"，似乎更符合对付"鼠"的通常方式。"汤为儿守舍"，颜师古注："称为'儿'者，言其尚幼小也。"对于所谓"传爰书，讯鞫论报"，"具狱磔堂下"，颜师古的解释是："传谓传逮，若今之追逮赴对也。爰，换也，以文书代换其口辞也。讯，考问也。鞫，穷也，谓穷核之也。论报，谓上论之而获报也。讯音信。""具为治狱之文，处正其罪而磔鼠也。"张汤审讯"盗肉"之鼠，程序文词一如"老狱吏"，其实也反映儿童游戏模仿成人言行活动的情形。张汤审鼠的程序，劾—掠治—传爰书—讯鞫—论报—具狱磔堂下，符合人们对秦汉审判程序的知识[①]。有关这种仿照真实完整司法程序的"模拟法庭"的记述，曾经是法律史学者认识汉代司法程式的重要资料[②]。

---

①结合张家山汉简《奏谳书》中有关案例的记载，学界认为，秦汉时期处理刑事案件通常经过告劾—讯—鞫—论—报的程序，而其中的讯、鞫、论，就是审判程序。参见张建国：《帝制时代的中国法》，法律出版社 1999 年版，第 305—306 页。

②有学者指出："在相当长的一段时期，由于汉代司法方面文献记载的匮乏，关于少年张汤审鼠的记述，遂成为学界研究秦汉时期司法制度的最为重要的文献，有学者就认为在张家山汉简出土以前，关于汉代司法制度，尤其是审判程序的研究，许多都是基于张汤模拟法庭对老鼠（转下页）

张汤后来终于成为酷吏典型、司法名臣，其突出的行政表现被认为与儿童时代的游戏形式有关。

又如《隶释》卷三《仙人唐公房碑》有“画地为狱，召鼠诛之”情节，与张汤事相仿：

> 鼠啮軵车被具，君乃画地为狱，召鼠诛之，视其腹中果有被具。

情节和张汤故事十分相似。只是并没有说明唐公房“画地为狱，召鼠诛之”时的年龄。

4. 牧童路温舒的行政预演与张禹“为儿”时的“多知”表现

我们说类似的情形可能是相当普遍的，又可以举路温舒故事为例。《汉书》卷五一《路温舒传》记载：

> 父为里监门，使温舒牧羊，温舒取泽中蒲，截以为牒，编用写书。稍习善，求为狱小吏，因学律令，转为狱史，县中疑事皆问焉。太守行县，见而异之，署决曹史。又受《春秋》，通大义，举孝廉，为山邑丞。

以蒲为牒“编用写书”的儿戏，成为后来从政生活的一种预演。又如《汉书》卷八一《张禹传》也有这样的内容：

（接上页）审判的推测。”曲词、赵晓耕：《张汤审鼠与中国传统司法程序》，《中国人大》2009年第1期。

(张)禹为儿,数随家至市,喜观于卜相者前。久之,颇晓其别蓍布卦意,时从旁言。卜者爱之,又奇其面貌,谓禹父:"是儿多知,可令学经。"及禹壮,至长安学。

后来张禹以"经学精习",成为名相。其"多知"的资质被发现,竟然是在"为儿"时由于对"卜相者"的观察和模仿而被发现的。

5. 管辂"画地"习天文

《三国志》卷二九《魏书·方技传·管辂》裴松之注引《辂别传》说到"神童"管辂童孩时代游戏情形:

辂年八九岁,便喜仰视星辰,得人辄问其名,夜不肯寐。父母常禁之,犹不可止。自言:"我年虽小,然眼中喜视天文。"常云:"家鸡野鹄,犹尚知时,况于人乎?"与邻比儿共戏土壤中,辄画地作天文及日月星辰。每答言说事,语皆不常,宿学耆人不能折之,皆知其当有大异之才。

《太平御览》卷三八五引录管辂事迹,列于《人事部·幼智下》题下。

管辂后来果然"明天文地理变化之数"。他幼时"与邻比儿共戏土壤中,辄画地作天文及日月星辰"的情节,应是对成人相关活动的仿拟。所谓"喜仰视星辰,得人辄问其名"的"人",应是成人。"我年虽小,然眼中喜视天文"的早期爱好,后来也影响到他的人生方向。

6. “儿戏”与率军执政才具

前引《三国志》卷一五《魏书 · 贾逵传》所谓贾逵“自为儿童,戏弄常设部伍”事,下文又可见:“祖父(贾)习异之,曰:‘汝大必为将率。’”后来贾逵果然为曹操信用,得“掌军计”,有“才兼文武”[①] “精达事机”[②]之誉。而夏侯称“自孺子而好合聚童儿,为之渠帅,戏必为军旅战陈之事”,后来果然成为勇武之士,得到曹操的赏识。《三国志》卷九《魏书 · 夏侯渊传》裴松之注引《世语》:“渊与之田,见奔虎,称驱马逐之,禁之不可,一箭而倒。名闻太祖,太祖把其手喜曰:‘我得汝矣!’”

《史记》卷三九《晋世家》又有儿童游戏终竟演成政治现实的故事:“武王崩,成王立,唐有乱,周公诛灭唐。成王与叔虞戏,削桐叶为珪以与叔虞,曰:‘以此封若。’史佚因请择日立叔虞。成王曰:‘吾与之戏耳。’史佚曰:‘天子无戏言。言则史书之,礼成之,乐歌之。’于是遂封叔虞于唐。”

幼时游戏也是对成人谋生方式的一种学习,今后从业手段的一种演练。基本的生活习性,往往因此而养成。《史记》卷一一〇《匈奴列传》中说到的:“儿能骑羊,引弓射鸟鼠[③];少长则射狐兔:用为食。士力能毌弓,尽为甲骑。”可以看作实例之一。曹操生于汉末豪族之家,《三国志》卷一《魏书 · 武帝纪》说:“太祖少机警,有权数,而任侠放荡,不治行业。”裴松之注引《曹瞒传》也说,“太祖少好飞鹰走狗,游荡无度。”然而据《三国志》卷二《魏书 · 文帝纪》裴松之注引曹丕《典论 · 自叙》的记述,他教育曹

---

① 《三国志》卷一五《魏书 · 贾逵传》裴松之注引《孙资别传》。

② 《三国志》卷一五《魏书 · 刘司马梁张温贾传》评曰。

③ 《汉书》卷九四上《匈奴传上》同句,颜师古注:“言其幼小则能射。”

丕，却注意自幼就以游艺形式进行军事训练，这对于曹丕后来在艰险“戎旅”生涯中的表现有积极的意义：

> 余时年五岁，上以世方扰乱，教余学射，六岁而知射，又教余骑马，八岁而能骑射矣。以时之多故，每征，余常从。建安初，上南征荆州，至宛，张绣降。旬日而反，亡兄孝廉子修、从兄安民遇害。时余年十岁，乘马得脱。夫文武之道，各随时而用，生于中平之季，长于戎旅之间，是以少好弓马，于今不衰；逐禽辄十里，驰射常百步，日多体健，心常不厌。

《三国志》卷二《魏书·文帝纪》裴松之注引《魏书》又说，曹丕幼年除“骑射”外，又曾经历“击剑”训练[①]：“年八岁，能属文。有逸才，遂博贯古今经传诸子百家之书。善骑射，好击剑。”曹丕幼时游艺而兼军事技能锻炼的情形，可能在当时的军人世家中相当普遍。

7.“儿童游戏集团”

有的儿童心理学家曾经指出，“幼儿交友的主要场面是游戏。他们以游戏为中介和别的儿童建立了种种伙伴关系。”[②]《汉书》卷四九《晁错传》可见“幼则同游，长则共事”的说法，说明了儿童时期游艺活动中建立的友情可能会形成延续长久的相对牢

---

① 《汉书》卷五七上《司马相如传上》也说：“（司马相如）少时好读书，学击剑。”又《后汉书》卷二四《马严传》：“严少孤，而好击剑，习骑射。”

② ［日］堀ノ内敏：《儿童心理学》，谢艾群译，湖南人民出版社 1980 年 6 月版，第 151 页。

固亲密的社会关系。《三国志》卷二一《魏书·吴质传》裴松之注："少游遨贵戚间，盖不与乡里共沉浮。"也说明了同样的事实。大约"贵戚"之游艺生活，与乡里贫贱阶层不大相同，至于《史记》卷一一七《司马相如列传》所谓"幼孤为奴，系累号泣"者，当然更是另外的情形。不过，处在相同的年龄阶段，不同社会等级还会有相对一致的共同的兴趣爱好，例如《汉书》卷八九《循吏列传·龚遂》所谓"(昌邑)王尝久与驺奴宰人游戏"的情形，就值得我们注意。

有的儿童心理学研究者认为："游戏就是幼儿的生活本身，对儿童身心的发展有重大的意义。主要的影响有以下几点：A. 对身体、运动能力的影响；B. 对情绪发展的影响；C. 对智能、创造性的发展的影响；D. 对社会性的发展的影响。"对于上文说到的陶谦"缀帛为幡，乘竹马为戏，邑中儿童皆随之"事，即可以就其中体现的儿童游戏"对社会性的发展的影响"作深入的理解。据说，"儿童的伙伴集团，最初只是一群不相识的生人。这个群体作为集团继续活动下去，就出现领袖，建立了某人和某人的特定交友关系"。"不论是儿童集团或成人集团，只要是作为一个集团的活动，没有领袖就不能有效的进行。即使是幼儿游戏集团，长期持续活动下去，也会有相当明确地担负领袖任务的人物出现。"[①] 陶谦，就是这样的"儿童游戏集团"的"领袖人物"。《后汉书》卷六二《陈寔传》说，陈寔"自为儿童，虽在戏弄，为等类所归"，也反映了大致同样的情形。不过陶谦是因"年十四"，长于一般"邑中儿童"而成为游戏中的核心的，而陈寔则可能是由于个人其他资质之优异而具有了在"等类"之中的号召力。

---

① [日]堀ノ内敏：《儿童心理学》，第151页，第159—160页。

8. 儿童和成人共同的游戏

前说“六博”,是儿童和成人共同的游戏。

儿童与成人共同享有大体一致的游艺条件,可能是不同文化系统都存在的现象。在与两汉年代相当的罗马帝国时代,“在竞技会上,儿童及他们的教师有为他们保留的位置”。据说儿童与成年亲属待遇相同的情形,也见于社会下层。“在罗马,贫苦公民有一些免费席,当然对每个家庭,这种位子的数目是有限的:他们在看台上也是分开的。孩子们,男孩和女孩出席观看。”①

儿童与成人共同的游艺形式,导致了文化趣味与文化追求的接近。世代之间文化交流渠道的开通和文化传承关系的建立,游艺活动也成为条件之一。

《西京杂记》卷四所记载“韩嫣好弹”故事,可以帮助我们理解儿童行为的这种文化意义:

> 韩嫣好弹,常以金为丸,所失者日有十余。长安为之语曰:“苦饥寒,逐金丸。”京师儿童,每闻嫣出弹,辄随之,望丸之所落,辄拾焉。

“所失者日有十余”,似乎并不是每弹尽失,大约儿童随拾金丸的目的,有追逐财富的因素。但也不尽如此,成人游乐而儿童尾随,其实是十分常见的情形。使用弹丸,是较初级的射击取获方式。汉人赵晔《吴越春秋》卷九《勾践阴谋外传》写道:“弩生于弓,

---

① [法]安德烈·比尔基埃等主编:《家庭史》第1卷《遥远的世界,古老的世界》,袁树仁等译,三联书店1998年5月版,上册第379页。

弓生于弹。”用弹丸射击禽鸟的游戏形式，在汉代社会曾经相当普及。

汉宣帝时，曾经颁布三辅毋得以春夏“弹射飞鸟”的诏令[①]。《初学记》卷一九引汉张子并《诮青衣赋》有“随珠弹雀”语。又《易林》卷二写道：“公子王孙，把弹摄丸；发辄有得，室家饶足。”《韩诗外传》卷一〇又有“黄雀方欲食螳螂，不知童挟弹丸在下，迎而欲弹之”的说法。可知弹射飞禽，曾经是成人与儿童共同喜好的游戏[②]。

此外，蹴鞠，既是儿童习好的游戏，也作为军事训练科目推行于成人。

“戏或是戏”：少年汉昭帝的“弄田”

《汉书》卷七《昭帝纪》可见关于汉昭帝九岁时耕于“弄田”的记录，注家就此有不同的解说。现在看来，东汉末年学者应劭“时帝年九岁，未能亲耕帝籍，钩盾，宦者近署，故往试耕为戏弄也”的理解应当是正确的。汉昭帝耕于“弄田”事迹被看作继承礼制传统的表现，在正史系统中受到重视。考察上古未成年人生活中类似的例证，也可以将汉昭帝“耕于钩盾弄田”理解为皇家少年尝试参与社会劳动及执政能力学习实践的一种特殊形式。

---

①《汉书》卷八《宣帝纪》记录元康三年（前63）六月诏：“其令三辅毋得以春夏擿巢探卵，弹射飞鸟。具为令。”强调春夏两季不得破坏鸟巢，探取鸟卵，射击飞鸟。

②《盐铁论·取下》：“昔商鞅之任秦也”，“用师若弹丸”。也可以说明一般人对于弹射形式的熟悉。

1. 少年汉昭帝“耕于钩盾弄田”

《汉书》卷七《昭帝纪》记载了始元二年(前 85)少年汉昭帝在“钩盾弄田”参与耕作实践的故事:

> (春二月)己亥,上耕于钩盾弄田。

荀悦《前汉纪》卷一六《孝昭一》:“(汉武帝后元二年三月)皇帝戊辰即位,年八岁。”“始元元年春二月……己亥,上耕于钩盾弄田。”所谓“耕于钩盾弄田”是一个九岁孩子的行为。

这一历史记录在正史系统中是受到重视的。《宋书》卷一四《礼志一》:“耕籍之礼尚矣,汉文帝修之。及昭帝幼即大位,耕于钩盾弄田。”《南齐书》卷九《礼志上》:“汉世躬藉,肇发汉文。诏云:‘农,天下之本,其开藉田。’……昭帝癸亥耕于钩盾弄田。”

关于汉昭帝“耕于钩盾弄田”的时日,《汉书》卷七《昭帝纪》和《前汉纪》卷一六《孝昭一》均作“始元元年春二月”“己亥”日,《资治通鉴》不著此事,《太平御览》卷八九引《汉书》,及《通志》卷五下《前汉纪第五下》均作“己亥”日。而《南齐书》卷九《礼志上》则作“癸亥”日[①]。据徐锡祺《西周(共和)至西汉历谱》,始元二年(前 85)二月无“癸亥”日,“己亥”日即公历 3 月 19 日,在谷雨后第 9 日[②]。

---

①〔明〕梅鼎祚编《梁文纪》卷一〇《殿中郎顾暠之议》亦作“昭帝癸亥耕于钩盾弄田”。文渊阁《四库全书》本。

②徐锡祺:《西周(共和)至西汉历谱》,北京科学技术出版社 1997 年 12 月版,下册第 1513 页。

陕西西安地区四季划分,“进入季春的主要物候为桑树芽开放,红叶李始花(平均日期 3 月 27 日 ±8 天)”,季春“主要农事活动:番茄、黄瓜大田定苗;棉花播种;春玉米播种;马铃薯下种,栽种红苕等”[①]。陕西杨陵现今物候季节划分,进入“春季播种、育苗造林”的“季春”的“物候标志是红叶李始花(平均日期为 3 月 27 日 ±5 天)”[②]。秦及西汉时期气候较现今温暖湿润,应当更早即进入“播种”“下种”“栽种”时令,“(春二月)己亥,上耕于钩盾弄田”是合理的。而“癸亥”日较“己亥”日晚 24 天,即相当于公历 4 月 12 日,已经错过了耕种时节。

汉昭帝耕于“弄田”故事,存留在长久的历史记忆中。唐代诗人温庭筠有“至今南顿诸耆旧,犹指榛芜作弄田”诗句[③]。宋代学者宋祁的作品中至少 5 次说到“弄田”[④]。清乾隆帝诗文中“弄

---

①韩涛、孙友信、董长根:《陕西省西安地区的四季划分与自然历(1963—1982 年)》,宛敏渭主编:《中国自然历选编》,科学出版社 1986 年 6 月版,第 353 页。据《西安地区自然历》,平均日期为 3 月 19 日的物候现象是“蒲公英始花”,“火棘开始展叶”。第 362 页。

②查振道、李斌如:《陕西省杨陵地区物候季节的划分和自然历》,宛敏渭主编:《中国自然历续编》,科学出版社 1987 年 12 月版,第 405—406 页。《陕西省杨陵地区自然历(1982—1984 年)》没有平均日期 3 月 19 日的物候现象,平均日期 3 月 18 日的物候现象是“蜡梅开花末期”,“黄鼠始见”。第 410—411 页。

③《奉天西佛寺》,《温庭筠诗集》卷四。《四部丛刊》景清述古堂钞本。

④如《闻后苑赐宴》诗:“液池綷鸟栖连籞,钩盾祥麰遍弄田。”《赐禁中所种稻米》诗:“中天铜雀长鸣罢,清籞滮池告稔初。刈敛方从弄田出,颁分更自导官余。”《景文集》卷一三。《进幸南园观刈宿麦诗》:“臣某言:伏以囿游神隩,素谨于弄田;霄极嘉生,式登于首种。”《景文集》卷一九。《皇帝幸玉津园省敛颂》:“若夫南直斗城,外敞琨苑,励储胥、长杨之禁,均郊野近蜀之富。先时斥官壖之地,以收课谷,领勾盾之职,因为弄田。……”《景文集》卷三四。《进耤田颂表》:“自昔车牛马耦,仅出偏方;钩盾弄田,罔稽正典。……”《景文集》卷三六。清武英殿聚珍版丛书本。

田”凡38见[①]。

2. 弄田：“年幼”“戏弄”之田

《汉书》卷七《昭帝纪》颜师古注对于少年汉昭帝耕于“弄田”，提示了应劭和臣瓒的意见，又发表了自己的见解。看来，对于“弄田”的理解是有所不同的：

> 应劭曰：“时帝年九岁，未能亲耕帝籍，钩盾，宦者近署，故往试耕为戏弄也。”臣瓒曰：“《西京故事》‘弄田’在未央宫中。”师古曰：“‘弄田’为宴游之田，天子所戏弄耳，非为昭帝年幼创有此名。”[②]

按照颜师古的说法，“弄田”是“天子所戏弄”的“宴游之田”。与“籍田”场地比较而言，只是没有那么正规庄严而已，并非“为昭帝年幼创有此名”。这样的解说似乎还是有影响的。明代学者王世贞说：“钩盾弄田，宴游之田，天子所弄也。”[③]说成年“天

---

①乾隆《御制文集》初集卷七，《御制诗集》初集卷二二、卷二五、卷三一、卷三九、卷四四，二集卷八、卷三二、卷八五，三集卷一四、卷一七、卷三〇、卷三一、卷四〇、卷五一、卷五四、卷五六、卷六四、卷八一，四集卷二七、卷四一、卷八七，五集卷一二、卷一四、卷二八、卷三〇、卷四三、卷六四、卷八〇、卷八六、卷八七、卷九六，余集卷四、卷一一。文渊阁《四库全书》本。

②〔明〕彭大翼《山堂肆考》卷二二九《补遗·地理》“弄田”条：“《汉昭帝纪》：‘上耕于钩盾弄田。’注云：‘谓宴游之田，天子所戏弄耳。非谓昭帝才创此名也。’”

③〔明〕王世贞：《弇州四部稿》卷一六九《说部·宛委余编十四》。明万历刻本。

子”也使用“弄田”。清乾隆帝《春耦斋记》写道:“皇考岁举耕耤之典,必先演耕于园北弄田。”[①]可知清代制度有“弄田”,以为“岁举耕耤之典”之前的“演耕”之地,与皇帝“年幼”无关。又《春行遇雨》诗四首其四:“渔蓑樵笠镇逢迎,仿佛江乡画里行。不倩东风吹雨去,弄田明晓试春耕。”[②]“弄田”是“试春耕”的场地。

清代学者齐召南在其《汉书》研究论著中则认为:“按《百官表》,少府属官有‘钩盾令丞’[③]。后书《志》:钩盾令一人。本注:宦者典诸近池苑囿游观之处[④]。则应劭说是。”[⑤]

现在看来,应劭“时帝年九岁,未能亲耕帝籍,钩盾,宦者近署,故往试耕为戏弄也”的解释大致是可以成立的。“弄田”的真实名义,应当与未成年人的“戏弄”有关。

3.“弄田”在礼制体系中的地位

按照应劭的说法,汉昭帝作为九岁孩童,不能“亲耕帝籍”,于是在“弄田”“试耕为戏弄”。

《汉书》和《前汉纪》都说汉昭帝“耕于钩盾弄田”是在春二

①乾隆《御制文初集》卷七《记》。文渊阁《四库全书》本。

②乾隆《御制诗初集》卷二五《古今体一百四首乙丑二》。文渊阁《四库全书》本。

③《汉书》卷一九上《百官公卿表上》:“少府,秦官,掌山海池泽之税,以给共养,有六丞。”“又中书谒者、黄门、钩盾、尚方、御府、永巷、内者、宦者八官令丞。”颜师古注:“钩盾主近苑囿。”

④《续汉书·百官志三》:“钩盾令一人,六百石。本注曰:宦者。典诸近池苑囿游观之处。”

⑤〔清〕齐召南:《前汉书考证》,文渊阁《四库全书》本《汉书》卷七《昭帝纪》附。

月“己亥”日[1]。而《南齐书》则说“昭帝癸亥耕于钩盾弄田”。

《南齐书》卷九《礼志上》载录殿中郎顾暠之议：“郑玄称先郊后吉辰，而不说必‘亥’之由。卢植明子亥为辰，亦无常辰之证。汉世躬藉，肇发汉文，诏云‘农，天下之本，其开藉田’[2]。斯乃草创之令，未睹亲载之吉也。昭帝癸亥耕于钩盾弄田，明帝癸亥耕下邳，章帝乙亥耕定陶，又辛丑耕怀，魏之烈祖实书辛未，不系一辰，征于两代矣。推晋之革魏，宋之因晋，政是服膺康成，非有异见者也。班固序亥位云‘阴气应亡射，该藏万物，而杂阳阂种’。且亥既水辰，含育为性，播厥取吉，其在兹乎？固序丑位云‘阴大旅助黄钟宣气而牙物’。序未位云‘阴气受任，助蕤宾君主种物，使长大茂盛’。是汉朝迭选，魏室所迁，酌旧用丑，实兼有据。”其中说到选日“必‘亥’”的情形。

“班固序亥位”所言，见于《汉书》卷二一上《律历志上》：“应钟，言阴气应亡射，该臧万物而杂阳阂种也。位于亥，在十月。”颜师古注：“孟康曰：‘阂，臧塞也，阴杂阳气，臧塞为万物作种也。’晋灼曰：‘外闭曰阂。’”“亥”的意义，强调了前一个农耕周期结束时保藏了“种”。

清人孙承泽《春明梦余录》卷一五《先农坛》又明确写道：

---

① 《太平御览》卷八九引《汉书》：“己亥，上耕于钩盾弄田。”注：“应劭曰：时帝年九岁，未能亲耕帝籍。钩盾，宦者近署。故往试耕为戏弄也。案：《西京故事》：弄田，在未央宫中也。”

② 《史记》卷一〇《孝文本纪》：“（二年）正月，上曰：‘农，天下之本，其开籍田，朕亲率耕，以给宗庙粢盛。’”裴骃《集解》引应劭曰：“古者天子耕籍田千亩，为天下先。籍者，帝王典籍之常。”引韦昭曰：“籍，借也。借民力以治之，以奉宗庙，且以劝率天下，使务农也。”又引瓒曰：“景帝诏曰‘朕亲耕，后亲桑，为天下先’。本以躬亲为义，不得以假借为称也。籍，蹈籍也。”

"天子耕用亥日盖亥之地直上天仓星。"也使人联想到"种""臧塞"于"仓"的常识。《释名》卷一《释天》对于"亥"的理解,似乎更为直白:"亥,核也。收藏百物核,取其好恶真伪也。亦言物成皆坚核也。"[①]《说文·亥部》:"亥,荄也。十月微昜起,接盛侌。从二。二,古文上字也。一人男,一人女也。从乚,象裹子咳咳之形也。""亥而生子,复从一起。"段玉裁注:"许云'荄也'者,'荄',根也。阳气根于下也。十月于卦为坤,微阳从地中起接盛阴,即'壬'下所云'阴极阳生'。"[②]均强调"亥"象征生命与生命现象的涵义。说到"亥"的语义,另一种联想或许也可以在有关未成年人生活的研究时参考,即指言未成年人的称谓用字"孩"的结构,似乎也以"亥"标志生命力的旺盛。

"籍田",也就是春耕、春播、春种的天子仪礼。汉代"籍田",体现了执政集团重农、劝农的政策导向,成为重要的国家礼仪[③]。少年汉昭帝"(春二月)己亥","耕于钩盾弄田",也有同样的意义。

汉昭帝"弄田""试耕"的行为,虽是"戏弄",却也是遵行礼制的表现。宋代学者王禹偁《籍田赋》写道:

> 臣谨按:周制,孟春之月,天子亲载耒耜,躬耕籍田。所

---

①《释名》卷一《释天》释"癸":"癸,揆也。揆度而生,乃出土也。"由此也可以理解籍田《南齐书》言"昭帝癸亥耕于钩盾弄田","癸"受到重视的思路。

②又《说文·壬部》:"壬,位北方也,侌极昜生。""象人裹妊之形。承亥壬以子生之叙也。"

③王健:《汉代祈农与籍田仪式及其重农精神》,《中国农史》2007年2期;陈二峰:《论汉代的籍田礼》,《南都学坛》2009年第3期。

以事天地、山川、社稷、先王醴酪粢盛，于是乎取之，恭之至也。自周德下衰，礼文残缺，故宣王之时有虢公之谏。秦皇定伯，鲜克由礼。汉祖隆兴，日不暇给。孝文、孝景，始复行焉。昭帝弄田，亦其义也。

又说："于是修帝籍，劳圣躬。抚御耦以无怠，履游场而有踪。将循乎千亩之制，岂止乎数步之中。耕钩盾之弄田，但矜儿戏……"[①]而所谓"昭帝弄田，亦其义也"已经明确指出，汉昭帝的"试耕"动作，虽然形式是"儿戏"，其意义却是庄重严肃地在遵行礼制。

据王祯《农书》，"籍田"即"耤田"，是重要的行政制度，其内在意义，是动员"天下之农"、"天下""庶人"、"天下""民力"努力"耘耔"，以成就农事："耤田，天子亲耕之田也。古者耤田千亩，天子亲耕，用供郊庙齍盛。躬劝天下之农。'耤'之言借也，王一耕之，庶人耘耔以终之，谓借民力成之也。"汉代"耤田"已经逐渐成为制度，帝王每予重视：

至汉文帝开耤田，置令丞，春始东耕[②]。景帝诏：朕亲耕

① 〔宋〕王禹偁：《小畜集》卷一《古赋》。〔元〕富大用《古今事文类聚遗集》卷六《寺监部遗·杂著》录王禹偁《籍田赋》，"天子亲载耒耜，躬耕籍田"后有"务本劝农之道也"数字。又"秦皇定伯"作"秦皇定霸"，"汉祖隆兴"作"汉祖龙兴"，"抚御耦以无怠"作"抚御耦以无意"，"千亩之制"作"千亩之际"。文渊阁《四库全书》本。

② 〔宋〕郑樵《通志》卷四二《礼略第一·吉礼上》"籍田"条："汉文帝制曰：'农，天下之本，遂开籍田，朕躬耕以给宗庙粢盛。'《汉旧仪》云：'春始东耕，于籍田官祀先农一太牢。百官皆从。赐三辅二百里内孝悌、力田、三老帛种百谷万斛，为立籍田仓，置令丞。谷皆以给天地宗庙群神之祀，以为粢盛。'"

以奉宗庙粢盛，为天下先[①]。武帝制策曰：今朕亲耕以为农先[②]。昭帝耕于钩盾弄田。明帝东巡，耕于下邳[③]。章帝北巡，耕于怀县。[④]

"昭帝耕于钩盾弄田"，可以看作"耤田"系列表演中的一个节目。虽然"弄田""试耕为戏弄"，所谓"弄田"却应当看作服务于这种礼制程式的一个学习处所、试验场地、操演空间。

4. 重农宣传？勤政表演？耕作游戏？劳动实习？

"耕于""弄田"，自然首先是帝王进行重农宣传和勤政表演的一种方式，但是对于尚是未成年人的汉昭帝来说，又是一种耕作游戏，也是一种劳动实习。

宋代名臣范祖禹《论农事札子》（七月十日）写道："昔汉昭帝耕于钩盾弄田，其事至微，史臣书之，盖以昭帝欲知稼穑之艰难，与周公戒成王之意同也。"[⑤] 以为汉昭帝从事这种耕作形式的动机，在于求"知"，在于自"戒"。

元代官员许有壬作《弄田赋》，序文说到自己服务于"中台"

---

① 《汉书》卷五《景帝纪》："（后二年夏四月）诏曰：'……朕亲耕，后亲桑，以奉宗庙粢盛，为天下先。'"

② 《汉书》卷五六《董仲舒传》："天子……复册之曰：'……今朕亲耕籍田以为农先……'""仲舒对曰：'……陛下亲耕籍田以为农先……'"

③ 《后汉书》卷二《明帝纪》："（永平十五年春二月）癸亥，帝耕于下邳。"

④ 《后汉书》卷三《章帝纪》："（元和三年春正月）辛丑，帝耕于怀。"〔元〕王祯：《农书》卷一一《农器图谱一・田制门》。

⑤ 〔宋〕范祖禹：《范太史集》卷一四《奏议》。文渊阁《四库全书》本。又〔宋〕吕祖谦编：《宋文鉴》皇朝文鉴卷五九《奏议》。《四部丛刊》景宋刊本。

时，“尝与议农政，因语农官：上林隙地可规治蓺五谷，若古‘弄田’”。然而这一建议不被采纳，甚至受到嘲讽：“其说既不行，且有窃笑之者。”《弄田赋》写道，“王政之大，无以加于农乎。林林总总，以食为天。茹饮俗变，稼穑兴焉。”而汉代“弄田”之置，是对先古圣王创立的重农传统的继承：“炎刘去古而未远，贻谋亦慎乎其传。未央宫中，不事流连，树蓺有地，是为弄田。谓昭帝幼冲，未能亲于帝籍，钩盾近省，姑试耕以为剧。何考信之不核，致流传之昧，实盖祖宗为敦本而设，虽曰游弄，而亦不忘乎稼穑也。”许有壬似乎愿意淡化“弄田”服务于“游弄”的性质，而注意到其实际实现的教育效能。他写道：“天下之治，生于敬畏，目击之顷，知农夫之艰难，粒米之不易，有不愓然而悟，凛然而惴者乎？”他又将“弄田”名义的“弄”与皇室贵族子弟通常的“游弄”形式进行了对比：“其为弄也，非奇技淫巧以斁常也，非狗马游猎以导荒也，非郑卫哇邪以塞聪也，非妖艳靡曼以作蒙也，非以人为玩若董贤、邓通也。”

许有壬作《弄田赋》写道：“日底天庙，土脉膏滋，爰驱觳觫，俶载其时。耰而人立，甚险竿之嶔危；播而子落，若渊客之珠玑。人牛前逝，牵石后随，又如跳丸之飘忽，走索之飞驰。俄青倏覆乎畦畛，何眩人之能为，恶莠乱苗，尤务去恶。俄颖俄栗，挃挃其获，盖始于举耜，而终于铚艾，莫不可玩而可乐。顾俳优之亵狎，器物之不轨，鱼龙曼衍之鄙，吞刀吐火之诡，何足以辱天视之一睨哉！”他认为汉代盛行的“鱼龙曼衍”与“吞刀吐火”一类游艺形式的“鄙”与“诡”，不足以“辱天视之一睨”。而所谓“始于举耜，而终于铚艾，莫不可玩而可乐”，即指出农田劳作的艰难辛劳之中自有快乐，实在是不可多得的清醒见识。

汉昭帝“弄田”故事，在唐史纪录中可以看到翻版。“开元之盛，种麦苑中，太子侍登，治并古隆，是亦‘弄田’之遗意，惜其有始而无终。于惟我朝，登三迈五，南郊畇畇，有田千亩，大臣代耕，岁事修举，而斋宫尚稽于享醴，玉趾未亲于举武。是以畚庸之士，拳拳有望于复古。昔周公之相成王也，《书》有《无逸》，《诗》有《七月》，知稼穑王业之艰难，丕显文承武之谟烈，率妇子而亲观，宜诗人之播说。臣愿割苑中数亩之隙，俾从事于播种，备《春秋》之游豫，洊未央之名弄。然后讲三推之仪，明五礼之重。”[①] 其中所谓“开元之盛，种麦苑中，太子侍登，治并古隆”，事见《新唐书》卷八二《十一宗诸子·太子瑛》：“帝种麦苑中，瑛、诸王侍登，帝曰：‘是将荐宗庙，故亲之，亦欲若等知稼穑之难。’”许有壬以为开元故事“是亦‘弄田’之遗意”，指出汉昭帝时的“弄田”有使皇族少年“知稼穑王业之艰难”的教育作用。他提出的“臣愿割苑中数亩之隙，俾从事于播种，备《春秋》之游豫，洊未央之名弄”的建议，也是要继承这样的做法。

5.“戏弄”与童年学习实践

“弄田”的“弄”，即所谓“未央之名弄”，应有“戏弄”、“玩弄”的意义。《说文·廾部》：“弄，玩也。”段玉裁注：“《玉部》曰：‘玩、弄也。’《小雅》：‘载弄之璋。’《左传》曰：‘弱不好弄。’又曰：‘君以弄马之故。’《国语》曰：‘还弄吴国于股掌之上。’”《说文·玉部》：“玩，弄也。”段玉裁注：“《廾部》曰：‘弄，玩也。’是为转注。《周礼》曰：‘玩好之用。’”

宋人朱翌讨论“弄”的字义：“汉有‘弄臣’、‘弄儿’、‘弄

---

①〔元〕许有壬：《至正集》卷一《古赋》，又《圭塘小藁》卷一《古赋》。文渊阁《四库全书》本。

田'。春秋时有'弄马',见子常肃爽马事。"[1] 与"弄田"并说的"弄臣""弄儿",见于《史记》卷九六《张丞相列传》:"文帝度丞相已困(邓)通,使使者持节召通,而谢丞相曰:'此吾弄臣,君释之。'"[2]《汉书》卷六八《金日磾传》:"日磾子二人皆爱,为帝弄儿,常在旁侧。弄儿或自后拥上项,日磾在前,见而目之。弄儿走且啼曰:'翁怒。'上谓日磾:'何怒吾儿为?'其后弄儿壮大,不谨,自殿下与宫人戏,日磾适见之,恶其淫乱,遂杀弄儿。弄儿即日磾长子也。上闻之大怒,日磾顿首谢,具言所以杀弄儿状。上甚哀,为之泣,已而心敬日磾。"[3] 汉代类似的说法还有"弄优"。《盐铁论·取下》:"耳听五音,目视弄优者,不知蒙流矢、距敌方外者之死也。""弄马"亦见于汉代文献。《汉书》卷四六《赵广汉传》:"又使骑士戏车弄马盗骖。"颜师古注引孟康曰:"戏车弄马之技也。驰盗解骖马,御者不见也。"[4] 类似语言现象,又有"弄丸"[5]"弄

---

①〔宋〕朱翌:《猗觉寮杂记》卷下。清《知不足斋丛书》本。

②又《汉书》卷七七《毋将隆传》:"时侍中董贤方贵,上使中黄门发武库兵,前后十辈,送董贤及上乳母王阿舍。隆奏言:'武库兵器,天下公用,国家武备,缮治造作,皆度大司农钱。……今贤等便僻弄臣,私恩微妾,而以天下公用给其私门,契国威器共其家备。民力分于弄臣,武兵设于微妾,建立非宜,以广骄僭,非所以示四方也。'"又《汉书》卷九三《佞幸传》赞:"主疾无嗣,弄臣为辅。"

③又《汉书》卷九八《元后传》:"太后旁弄儿病在外舍,(王)莽子亲候之。"颜师古注:"服虔曰:'官婢侍史生儿,取以作弄儿也。'"

④又《三国志》卷三《魏书·明帝纪》裴松之注引《魏略》:"岁首建巨兽,鱼龙曼延,弄马倒骑,备如汉西京之制。"

⑤《庄子·徐无鬼》:"市南宜僚弄丸而两家之难解。"《淮南子·主术》:"市南宜僚弄丸,而两家之难无所关其辞。"可知西汉时仍然通行"弄丸"的说法。

珠"[1]"弄笔"[2]"弄矢"[3]等，都说"戏弄""玩弄"某物的动作方式[4]，与"弄田"指"戏弄""玩弄"对象"田"不同[5]。与"弄田"语言形式类似的，有年代稍晚所谓"弄具"[6]。

唐人王棨有《耕弄田赋》，对汉昭帝耕于"弄田"的言行颇多想象，然而作为历史评论，实有深意。其文曰："汉昭帝之御乾，时犹眇年，能首率乎农务，遂躬耕乎弄田，理叶生知，蚤识邦家之本；事殊儿戏，斯为教化之先。当其天驷既端，土膏初起，命开钩盾之侧，将幸上林之里。有司于是整沟塍，修耒耜。别置膏腴之所，取法百廛；旁观龌龊之间，如方千里。帝乃驾雕辇，出深宫，展三推而不异，籍千亩以攸同。且曰：朕位极元首，身惭幼冲，每访皇王之业，无先播植之功，未遂躬亲于彼神皋之内，聊将树艺于兹禁苑之中，然后俯天颜，拥农器，向畎浍以懋力，对锄耰而多思。岂无宴乐，不如敬顺于天时；亦有游畋，莫若勤劳于农事。是则非同学稼，粗表亲耕，既留心于东作，宁无望于西成。环卫近臣，尽起西畴之兴；宫闱侍女，微生南亩之情。于时稼政既修，稻人是率，千牛之列有序，九扈之官咸秩，神农旧务尝废于他年，后稷

①《文选》卷四张衡《南都赋》："游女弄珠于汉皋之曲。"

②王充《论衡·佚文》："天文人文，文岂徒调墨弄笔为美丽之观哉？"黄晖以为应作"夫文人文章，岂徒调墨弄笔，为美丽之观哉"。

③《西京杂记》卷四："京兆有古生者，学纵横、揣磨、弄矢、摇丸、樗蒲之术。"

④取其引申之义，又有"弄法"（《史记》卷一二九《货殖列传》，卷一三〇《太史公自序》；《汉书》卷六〇《杜延年传》）、"弄兵"（《汉书》卷九九中《王莽传中》，卷九九下《王莽传下》）、"弄权"（《汉书》卷二四下《食货志下》，卷三六《刘向传》）、"弄机"（《三国志》卷一四《魏书·程昱传》，卷三五《蜀书·诸葛亮传》）等说法。

⑤"弄臣""弄儿""弄优"，则是指代"戏弄""玩弄"对象的称谓。

⑥《晋书》卷二一《礼志下》："元帝又诏罢三日弄具。"又见《南齐书》卷九《礼志上》。

余风复兴于此日。嘉夫戏或是戏，为胜不为，审殷阜之由此，知艰难之在斯。自昔庸君，多昧三时之务；惟兹少主，能分五地之宜。故得教化下敷，皇猷上建，人忘荷锸之苦，俗有带牛之愿，因知剪桐叶以命封，未若耕斯田而天下劝。”[①] 汉昭“少主”，“时犹眇年”，“身惭幼冲”，不愿沉溺于“宴乐”“游畋”生活，而有意“敬顺于天时”，“勤劳于农事”，于是“稼政既修”，“教化下敷”。论者虽然说“事殊儿戏，斯为教化之先”，强调其政治文化意义，然而又有“戏或是戏，为胜不为”的感慨，仍然注意到汉昭帝这一表现“儿戏”的成分。特别是结句言“因知剪桐叶以命封，未若耕斯田而天下劝”，明确与古来著名“儿戏”对照，值得读者思考。

“剪桐叶以命封”故事，见于《史记》卷三九《晋世家》：“成王与叔虞戏，削桐叶为珪以与叔虞，曰：‘以此封若。’”又《史记》卷五八《梁孝王世家》：“成王与小弱弟立树下，取一桐叶以与之，曰：‘吾用封汝。’”[②] 我们又想到“儿戏”作为学习实践形式对后来成年事业发展的关系。典型例证有《史记》卷四《周本纪》：“弃为儿时，屹如巨人之志。其游戏，好种树麻、菽，麻、菽美。及为成人，遂好耕农，相地之宜，宜谷者稼穑焉，民皆法则之。帝尧闻之，举弃为农师，天下得其利，有功。”又《史记》卷四七《孔子世家》：“孔子为儿嬉戏，常陈俎豆，设礼容。”《论衡·本性》两事并说：“稷为儿，以种树为戏；孔子能行，以俎豆为弄。石生而坚，

① 〔清〕董诰等编：《全唐文》卷七六九，上海古籍出版社 1990 年 12 月版，第 3552 页至第 3553 页。

② 《汉书》卷二八上《地理志上》颜师古注引应劭曰：“《韩诗外传》周成王与弟戏以桐叶为圭，‘吾以此封汝。’周公曰：‘天子无戏言。’王应时而封，故曰应侯乡，是也。”又引臣瓒曰：“《吕氏春秋》曰成王以戏授桐叶为圭以封叔虞，非应侯也。《汲郡古文》殷时已自有国，非成王之所造也。”

兰生而香。生禀善气，长大就成，故种树之戏，为唐司马；俎豆之弄，为周圣师。”所谓“以种树为戏”，“以俎豆为弄”，可以看作经济管理和文化指导能力幼年学习培养的历史榜样。从这样的角度来理解汉昭帝耕于“弄田”的意义，也许是适宜的。

还应当注意到，通过文献记载和文物资料提供的信息，可知在汉代社会，多有未成年人参与农耕劳作的情形[①]。司马迁自叙生平：“迁生龙门，耕牧河山之阳。年十岁则诵古文。二十而南游江、淮……”则从事“耕牧”劳动时，在“年十岁”之前，正与汉昭帝耕于“弄田”的年岁相当。当然，虽然都是儿童参与“耕”的实践，但是社会条件、生活背景、心理动机和实际情形都是不同的。

---

①王子今：《汉代劳动儿童——以汉代画像遗存为中心》，《陕西历史博物馆馆刊》第17辑，三秦出版社2010年11月版。

四　童蒙教育

儿童学习生活

秦汉时期是中国教育史发展的重要阶段。对于儿童启蒙而言,这一时期的教育形式和教育内容都已经实现了重要的历史进步。秦汉童蒙教育的进步,是当时文化成就的突出内容之一。秦汉童蒙教育在中国古代教育史上也有特别值得重视的地位。有学者总结说:“蒙养教育在秦汉以后便进入有教材有组织形式的阶段。”[1] 就家庭教育而言,有学者认为,这一时期是中国传统“家庭教育框架定型时期”,“以后的家教发展都是在此框架内丰富完善而已”[2]。

当时,民间儿童教育程序形成了“幼童入小学”、“成童已上入大学”的大体确定的模式。官方对教育的干预也对童蒙教育

①乔卫平、程培杰:《中国古代幼儿教育史》,安徽教育出版社1989年7月版,第15页。

②马镛:《中国家庭教育史》,湖南教育出版社1997年5月版,第43—44页。

的进步有促进作用。童蒙教育有向社会其他年龄层次普及的趋向，也值得我们注意。而“小学”逐渐成为专门学科的称谓，也是学术史进程中的重要现象。

了解汉代童蒙教育的形态，对于认识和理解中国教育史、汉代社会史以及汉代儿童的精神生活，都是有益的。

1.《四民月令》的民间蒙学记录

《四民月令》被看作反映东汉洛阳地区农耕生活秩序的论著。《四民月令》中有关于乡村学校的内容。

《四民月令》反映民间教育的内容有：

> （正月）农事未起，命成童已上入大学，学《五经》，师法求备，勿读书传。研冻释，命幼童入小学，学篇章。
>
> （八月）暑小退，命幼童入小学，如正月焉。
>
> （十月）农事毕，命成童以上入大学，如正月焉。
>
> （十一月）研冰冻，命幼童读《孝经》《论语》篇章，入小学。

“成童”，原书本注：“谓年十五以上至二十。”“幼童”，原书本注：“谓九岁以上至十四。”“篇章”，原书本注：“谓《六甲》《九九》《急就》《三仓》之属。”

“学书《篇章》”，《太平御览》卷六〇八引作“学《篇章》”。有学者以为：“依‘本注’的说明，篇章是《六甲》《九九》《急就》《三仓》之属；其中《急就》《三仓》等字书，应当学会书写，《九九》是算学初步，仅仅书写不够，必须领会、熟练。再与上文

'学《五经》' 对比，也无必要在 '学' 下增加分动词。"[1]

有的研究者分析《四民月令》提供的资料，指出："汉代教育制度，八九岁的小孩入小学识字和计数；十二三岁的大小孩进一步学《孝经》《论语》，仍在小学；成童以上则入太学学五经。"[2]

关于"研冻释""研冰冻"文字，类书引录或有不同。《北堂书钞》卷一〇四引崔寔《四民月令》云："正月，砚冻释，命幼童入小学，学《篇章》。十一月，砚冰，命幼童读《孝经》《论语》。"《艺文类聚》卷五八引崔寔《四民月令》曰："正月，砚冻释，命童幼入小学，学《篇章》。十一月，砚冻，读《孝经》《论语》。"《太平御览》卷六〇五引崔实《四民月令》曰："正月，砚冻释，命童幼入小学，学《篇章》。十一月，砚冻，命童幼读《孝经》《论语》。"

《四民月令》中的相关资料，反映乡间存在早期启蒙教育的形式。避开酷暑和严寒季节，是当时童蒙教育的原则之一。事实上，后来每个学年休暑假和寒假的学制定式，在汉代民间教育形式中已经可以看到萌芽。

而所谓"(正月)农事未起，命成童已上入大学"，"(十月)农事毕，命成童以上入大学"，则说明更高一级的"成童"教育，又有避开农忙季节的特征。《汉书》卷六五《东方朔传》："朔初来，上书曰：'臣朔少失父母，长养兄嫂。年十三学书，三冬文史足用。……"颜师古注引如淳曰："贫子冬日乃得学书，言文史之事足可用也。"可见一般贫家子弟，即使幼童也只能在冬日就学。

---

①石声汉：《四民月令校注》，中华书局 1965 年 3 月版，第 10 页。
②缪启愉：《四民月令辑释》，农业出版社 1981 年 5 月版，第 105 页。

2. 承宫求学经历

《太平御览》卷三八四引《东观汉记》有关承宫事迹的记载，涉及乡村私学的办学情景：

> 承宫，琅琊姑苏人[①]。少孤，年八岁为人牧猪。乡里徐子盛明《春秋经》，授诸生数百人。宫过其庐下，见诸生讲诵，好，因弃其猪听经。猪主怪其不还，来索见宫，欲笞之门下。生共禁止，因留精舍门下樵薪。

乡村学校的作用，对于教育普及和文化传播，意义十分显著[②]。《后汉书》卷二七《承宫传》写道：

> 承宫字少子，琅邪姑幕人也。少孤，年八岁为人牧豕。乡里徐子盛者，以《春秋经》授诸生数百人。宫过息庐下，乐其业，因就听经，遂请留门下，为诸生拾薪。执苦数年，勤学不倦。经典既明，乃归家教授。

"乡里"教师徐子盛讲《春秋》，规模至于"授诸生数百人"。承宫以"为诸生拾薪"或"樵薪"的方式取得旁听资格。学成后，"经典既明"，又"归家教授"。应当依然是"乡里"教师。这些情形，都可以帮助我们了解汉代乡间学校的教育形式。

---

①今按："姑苏"，对照下引《后汉书》卷二七《承宫传》，显为"姑幕"之误。
②张保同：《世家大族与东汉乡村教育》，《南都学坛》2010年第3期。

3. 儿童初学年龄

《汉书》卷二四上《食货志上》引录《礼记·内则》的说法，告知我们“八岁入小学”的情形。有学者指出，汉代儿童“入小学的年龄大致为八、九岁”。所举例证为：“《论衡·自纪篇》：王充‘八岁出于书馆’。《东观汉记》卷十七：刘秀九岁‘入小学’。”[①]

也许对汉代儿童的学龄还可以作更细致的讨论。

《论衡·自纪》关于自己的求学历程，作者有这样的自陈：

> 建武三年，充生。为小儿，与侪伦遨戏，不好狎侮。侪伦好掩雀、捕蝉，戏钱、林熙，充独不肯。诵奇之。六岁教书，恭愿仁顺，礼敬具备，矜庄寂寥，有巨人之志。父未尝笞，母未尝非，闾里未尝让。八岁出于书馆，书馆小僮百人以上，皆以过失袒谪，或以书丑得鞭。充书日进，又无过失。手书既成，辞师受《论语》《尚书》，日讽千字。经明德就，谢师而专门，援笔而众奇。所读文书，亦日博多。

前说“六岁教书”，又说“八岁出于书馆”，则入学年龄其实是六岁。八岁时已经完成“书”的学习程序，开始读《论语》《尚书》了。

《论衡·实知》在关于项橐事迹的辩论中又有“七岁未入小学”的说法。于是有学者在所编《王充年谱》中“六岁”条写道：“《自纪篇》云：‘六岁教书……’可见王充是在六岁时，开始接受启蒙教育的。”又“八岁”条写道：“《自纪篇》云：‘八岁，出于书馆’，汉制，七岁未入小学。这说明王充受了两年的启蒙教育，至

①彭卫、杨振红：《中国风俗通史·秦汉卷》，上海文艺出版社2002年3月版，第361页。

八岁那年，才离开书馆，进入小学的。”[①] 然而仍多有学者将“出于书馆”误解为“入于书馆”。田昌五写道：“据王充自称，他自幼很聪明，六岁开始读书识字，八岁到书馆读书……”[②] 邓红也理解为“八岁入学馆读书”[③]。黄晖《王充年谱》将“六岁教书”句置于“充七岁”条下，又写道：“按：《御览》卷三八五引《会稽典录》云：‘七岁教书数。’与《自纪篇》差一年。”“八岁出于书馆，书馆小僮百人以上，皆以过失袒谪，或以书丑得鞭。充书日进，又无过失”句置于“充八岁”条下。“充书日进，又无过失。手书既成，辞师受《论语》《尚书》，日讽千字”句置于“充九岁”条下。又有说明：“按：八岁出于书馆，手书之成，尚须时日。受《论语》《尚书》，当为隔年事，故志于此。”[④] 钟肇鹏《王充年谱》亦将“六岁教书”句置于“七岁”条下，又写道：“案《太平御览》卷三八五引《会稽典录》云‘七岁教书数’，与《自纪篇》差一岁，《自纪篇》所云系实足年龄，故记于此。”而“八岁”条下写道：“学于书馆。”“九岁”条下引录“《自纪篇》：‘八岁出于书馆……’”[⑤] 对于“六岁教书”之“教书”，郑文的解释是“学识字、写字”。对“出于书馆”的“出”，郑文则理解为“出入”：“出于书馆：即上学堂读书。”[⑥] 释“出”为“出入”，似嫌生硬。

有的学者注解“六岁教书”：“书：写字。”对“八岁出于书

---

①徐敏：《王充哲学思想探索》，三联书店 1970 年 8 月版，第 160 页。
②田昌五：《王充——古代的战斗唯物论者》，人民出版社 1973 年 11 月版，第 6 页。
③邓红：《王充新八论》，中国社会科学出版社 2003 年 1 月版，第 13 页。
④黄晖：《论衡校释》，中华书局 1990 年 2 月版，第 4 册第 1218—1219 页。
⑤钟肇鹏：《王充年谱》，齐鲁书社 1983 年 9 月版，第 8—9 页。
⑥郑文：《论衡析诂》，巴蜀书社 1999 年 1 月版，第 1038 页。

馆”，有如下注释：“书馆：汉代教儿童识字书写的私塾。——八岁到书馆学习。”[1] 如此解说似出现逻辑上的前后矛盾，“六岁”学习“写字”，至于“八岁”，却又“到书馆学习”“识字书写”。时序似有颠倒。

现在看来，王充六岁开始学习识字书写，八岁“离开书馆，进入小学”的理解可能是正确的。当然，我们也不能排除王充六岁先接受家庭初步教育——“教书”，八岁又正式接受“书馆”的教育这种可能。这样的理解，并不影响这位学者少有勤学之“志”的形象。

“出”虽然不宜直接解释为“出入”，但似乎也有接近“进”的意思。《说文·出部》：“出，进也。象艸木益兹上出达也。”[2] 段玉裁注：“本谓艸木，引伸为凡生长之偁，又凡言外出为内入之反。”不过，“出，进也”的“进”，并非“入”的意思，而是说“上进”[3]。《释名·释言语》：“出，推也，推而前也。”[4] 王先谦解释说：“凡物之出，若有推而前进者，故以‘推’训‘出’。”[5] 也有以“到、临”释“出”者，所用书证见于《汉书》[6]。而对“出”通常的理解，仍是“外达”[7]。

①北京大学历史系《论衡》注释小组：《论衡注释》，中华书局 1979 年 10 月版，第 4 册第 1671 页。

②〔清〕孙诒让《名原》：“古‘出’字取足形出入之义，不象草木上出形。”

③〔清〕桂馥《说文解字义证》关于“出”字的解释，有“明出地上进”的说法。

④《释名·释言语》又说：“进，引也，引而前也。”

⑤王先谦：《释名疏证补》，上海古籍出版社 1984 年 3 月版，第 190 页。

⑥《汉语大字典》，四川辞书出版社、湖北辞书出版社 1993 年 11 月版，第 130 页。书证为：“《汉书·霍光传》：‘筑神道，北临昭灵，南出承恩。’”

⑦〔清〕朱骏声：《说文通训定声》，武汉市古籍书店 1983 年 6 月版，第 618 页。

《后汉书》卷二八上《冯衍传》记载："（冯）衍幼有奇才，年九岁，能诵《诗》。"《后汉书》卷三六《范升传》说："（范升）九岁通《论语》《孝经》。"《太平御览》卷三八四引《东观汉记》写道："（班固）年九岁，能属文诵诗赋。"[①]"（承宫）年八岁为人牧猪。乡里徐子盛明《春秋经》，授诸生数百人。宫过其庐下，见诸生讲诵，好，因弃其猪听经。猪主怪其不还，来索见宫，欲笞之门下。生共禁止，因留精舍门下樵薪。"冯衍"年九岁"能诵读《诗经》，范升"九岁"精通《论语》《孝经》，班固"年九岁"能诗文，承宫"年八岁"已经开始学《春秋》。此前自然还有识字的阶段。《三国志》卷二《魏书·文帝纪》裴松之注引《魏书》说曹丕"年八岁，能属文"。又《太平御览》卷八三五引《徐邈别传》说，徐邈"岐嶷朗慧聪悟，七岁涉学，诗赋成章"，也是类似的情形。《后汉书》卷二四《马援传》说，马严的儿子马续"七岁能通《论语》，十三明《尚书》，十六治《诗》，博观群籍，善《九章算术》"。从"七岁能通《论语》"推想，最初"涉学"的年龄一定更小一些。《三国志》卷九《魏书·夏侯渊传》裴松之注引《世语》说，夏侯荣"幼聪惠，七岁能属文，诵书日千言，经目辄识之"。也是同样的例子。《三国志》卷二一《魏书·刘廙传》写道：

> 刘廙字恭嗣，南阳安众人也。年十岁，戏于讲堂上，颍川司马德操拊其头曰："孺子，孺子，'黄中通理'，宁自知不？"

《太平御览》卷三八四引文，"十岁"写作"七岁"。则也可以看作"七岁涉学"之例。《后汉书》卷三六《张霸传》记载：

---

① 《后汉书》卷四〇上《班固传》同。

> 张霸字伯饶，蜀郡成都人也。年数岁而知孝让，虽出入饮食，自然合礼，乡人号为“张曾子”。七岁通《春秋》，复欲进余经，父母曰：“汝小未能也。”霸曰：“我饶为之。”故字曰“饶”焉。

《太平御览》卷三八五引《益部耆旧传》“故字曰‘饶’焉”作“故字‘伯饶’”。“七岁通《春秋》”，可知就学更早。

《后汉书》卷一〇上《皇后纪上·和熹邓皇后》记载：

> （延平）六年，太后诏征和帝弟济北、河间王子男女年五岁以上四十余人，又邓氏近亲子孙三十余人，并为开邸第，教学经书，躬自监试。

“年五岁以上”就可以“教学经书”，这是比较早就入学读经的教育史的记录。《太平御览》卷三八四引《东观汉记》：

> 张堪字君游，年六岁，受业长安，治《梁丘易》。才美而高，京师号曰“圣童”。

则六岁已经达到较高的学术层次[①]。推想最初就学的年龄应当比五岁更早。《三国志》卷二八《魏书·锺会传》裴松之注引“会为

---

①《后汉书》卷三一《张堪传》：“堪早孤，让先父余财数百万与兄子。年十六，受业长安，志美行厉，诸儒号曰‘圣童’。”如“年十六，受业长安”则不足为奇，而“圣童”之号由来亦可疑。吴树平《东观汉记校注》据《太平御览》卷三八四引文，注：“‘年六岁’，聚珍本同。范晔《后汉书·张堪传》作‘年十六’。”中州古籍出版社 1987 年 3 月版，下册第 572 页。

其母传”曰：

> （锺会）年四岁授《孝经》，七岁诵《论语》，八岁诵《诗》，十岁诵《尚书》，十一诵《易》，十二诵《春秋左氏传》《国语》，十三诵《周礼》《礼记》，十四诵成侯《易记》，十五使入太学问四方奇文异训。

所谓“年四岁授《孝经》”，可以看作儿童就学年龄的一项历史记录了。

4. 初级教育程式

“学书”，是当时启蒙教育的初阶。

项羽最初步的学习就是“学书”。《史记》卷七《项羽本纪》：“项籍少时，学书不成，去；学剑，又不成。项梁怒之。籍曰：‘书足以记名姓而已。剑一人敌，不足学，学万人敌。’于是项梁乃教籍兵法。”“学书”是最基本的识字过程[①]，项羽“书足以记名姓而已”的消极态度，可能使得他无法真正进入“小学”的学习阶段。于是后人对他有“元来不读书”“原来不读书”“从来不读书”的评价[②]。

---

① 《史记会注考证》：“雨森精翁曰：‘考《东方朔传》，书，即文史，言识古人姓名已。一说：书，六书也，如保氏所教，据此则下记姓名，犹曰名刺之用。’愚按后说是。‘去’犹罢也。”

② 〔唐〕章碣《焚书坑》诗：“竹帛烟销帝业虚，关河空锁祖龙居。坑灰未冷山东乱，刘项元来不读书。”〔唐〕韦縠《才调集》卷八。〔五代〕王定保《唐摭言》卷一〇引作“刘项从来不读书”。〔宋〕王安石《唐百家诗选》卷一七引作“刘项原来不读书”。

王国维《观堂集林》卷四《汉魏博士考》说,“汉人就学,首学书法。”“汉时教初学之所,名曰‘书馆’,其师名曰‘书师’,其书用《仓颉》《凡将》《急就》《元尚》诸篇。其旨在使学童识字习字。”[①]项羽少时“学书”的故事,说明这一情形在战国末年至于秦代就已经形成。

《三国志》卷一一《魏书·邴原传》裴松之注引《原别传》写道:

> 原十一而丧父,家贫,早孤。邻有书舍,原过其旁而泣。师问曰:“童子何悲?”原曰:“孤者易伤,贫者易感。夫书者,必皆具有父兄者,一则羡其不孤,二则羡其得学,心中恻然而为涕零也。”师亦哀原之言而为之泣曰:“欲书可耳!”答曰:“无钱资。”师曰:“童子苟有志,我徒相教,不求资也。”于是遂就书。一冬之间,诵《孝经》《论语》。自在童龀之中,嶷然有异。

学校称“书舍”,“童子”邴原求学,首先表达的意向是“欲书”。“就书”后果然学业“嶷然有异”。所谓“一冬之间,诵《孝经》《论语》”,说明“学书”之后,是可以很快转入研习经典的学习阶段的。

据《后汉书》卷五《安帝纪》:“(汉安帝刘祜)年十岁,好学《史书》,和帝称之,数见禁中。”李贤注:“《史书》者,周宣王太史籀所作之书也。凡五十五篇,可以教幼童。”如果李贤对《史书》的解释不误,则这种“可以教幼童”的启蒙教育形式,有更为久远的传统。

---

①王国维:《王国维遗书》,上海古籍书店1983年9月版,第1册第7页。

5.《二年律令·史律》"学童"身份

张家山汉简《二年律令》中有《史律》，有学者认为"对了解秦汉时期的教育及仕进制度及秦汉政治生活中的神秘主义的形成提供了新资料"[1]。其实，《二年律令·史律》中涉及特殊社会称谓"学童"的文字，对于我们了解秦汉时期未成年人的生活，也包含着有意义的信息。其中可见如下内容：

> 史、卜子年十七岁学。史、卜、祝学童学三岁，学佴将诣大史、大卜、大祝，郡史学童诣其守，皆会八月朔日试之。（四七四）
>
> 试史学童以十五篇，能风（讽）书五千字以上，乃得为史。有（又）以八體（体）试之，郡移其八體（体）课大史，大史诵课，取冣（最）一人以为其县令（四七五）
>
> 史，殿者勿以为史。三岁壹并课，取冣（最）一人以为尚书卒史。（四七六）
>
> 卜学童能风（讽）书史书三千字，征卜书三千字，卜九发中七以上，乃得为卜，以为官处（？）。其能诵三万以上者，以为（四七七）
>
> 卜上计六更。缺，试修法，以六发中三以上者补之。（四七八）
>
> 以祝十四章试祝学童，能诵七千言以上者，乃得为祝五更。大祝试祝，善祝、明祠事者，以为冗祝，冗之。（四七九）

---

①曹旅宁：《张家山汉简〈史律〉考》，《张家山汉律研究》，中华书局2005年8月版，第175页。

不入史、卜、祝者，罚金四两，学佴二两。（四八〇）

此外，又有这样的规定：

谒任卜学童，令外学者，许之。□□学佴敢擅繇（徭）使史、卜、祝学童者，罚金四两。”（四八四）[①]

通过简文我们了解到，当时有“史学童”“卜学童”“祝学童”身份，学习期限为三年，结业后分别往太史、太卜、太祝处，“郡史学童”则往郡守处，统一于八月朔日考试。对于“史学童”“卜学童”和“祝学童”，有不同的考试科目。律文明确规定，“试史学童”有最低的要求，达到这一要求的，“乃得为史”。“有（又）以八體（体）试之”，“郡史学童”的学习成绩由“大史”主持评定，“冣（最）一人”，即名次领先者，得以任用于较好的职位，“以为其县令”；“殿者”，即名次落后者不予任用，“勿以为史”。“三岁壹并课”，成绩领先的“冣（最）一人”，可以任命为“尚书卒史”。对于“卜学童”和“祝学童”，律文也规定了考试的细节。

所谓“□□学佴敢擅繇（徭）使史、卜、祝学童者，罚金四两”，似乎是说在未结业之前，不得擅自役使学童，以免影响他们的学业。

有学者理解“敢擅繇（徭）使史、卜、祝学童者，罚金四两”简文，为“学室的师傅役使史、卜、祝学僮的罚则”，并以为睡虎地秦

---

①张家山二四七号汉墓竹简整理小组：《张家山汉墓竹简〔二四七号墓〕》，文物出版社 2001 年 11 月版，第 203—205 页。

简《除弟子律》中“使其弟子赢律，及治(笞)之，赀一甲；决革，二甲”反映了弟子“除了学吏事之外还要受师傅的役使，甚至笞打”[①]。应当注意到，所谓“擅繇(徭)使史、卜、祝学童”，应主要是指强令“学童”服役。而按照秦汉制度，入学室的学童等学吏弟子是不与兵戍徭役的[②]。

汉律对于七岁以下儿童犯罪有特殊处置的规定[③]。而《二年律令·具律》又有：“公士、公士妻及□□行年七十以上，若年不盈十七岁，有罪当罚者，皆完之。”（八三）[④]与文献对照，所谓“年不盈十七岁”，不免令人生疑。而“史、卜子年十七岁学”也是类似的情形，值得我们探讨。

《汉书》卷三〇《艺文志》写道：“汉兴，萧何草律，亦著其法，曰：‘太史试学童，能讽书九千字以上，乃得为史。又以六体试之，课最者以为尚书御史史书令史。吏民上书，字或不正，辄举劾。’六体者，古文、奇字、篆书、隶书、缪篆、虫书，皆所以通知古今文字，摹印章，书幡信也。”《说文解字·叙》：“《尉律》：‘学僮十七已上，始试。讽籀书九千字，乃得为史。又以八体试之，郡移大史并课，冣者以为尚书史。书或不正，辄取劾之。’”[⑤]情形完全可以和《二年律令·史律》对照。“学僮”，段玉裁注：“‘僮’，今

---

①曹旅宁：《张家山汉简〈史律〉考》，《张家山汉律研究》，第181页。

②张金光：《论秦汉的学吏制度》，《文史哲》1984年第1期。

③如《汉书》卷二三《刑法志》：“定令：年未满七岁，贼斗杀人及犯殊死者，上请廷尉以闻。”

④张家山二四七号汉墓竹简整理小组：《张家山汉墓竹简〔二四七号墓〕》，第13页，第146页。

⑤关于《汉书》卷三〇《艺文志》与《说文解字·叙》引文的不同，段玉裁《说文解字注》说：“(《说文解字》)‘八体’，《汉志》作‘六体’。考‘六体’乃亡新时所立，汉初萧何艸律，当沿秦‘八体’耳。班《志》固(转下页)

之‘童’字。”

《二年律令》所见“史学童”“卜学童”“祝学童”身份，体现出汉代行政人才培养制度的特殊形式。他们成为吏员的后备力量，或许与“史、卜子”一类出身条件有关①。然而所谓“学三岁”，可知确经历了正规的学习阶段。我们在讨论汉代儿童的学习生活的时候，也不应忽略了这样一个人群。

“小学”的意义

汉代教育史和学术史文字遗存中出现了“小学”名义。汉代的“小学”可以看作教育科目，堪与后世初级教育“小学”相比。“小学”又因专门的教育设计和教育方式，在学术体系中占有了一席之地。

（接上页）以为试学童为萧何律文也。自‘学僮十七’至‘辄举劾之’，许与班略异，而可互相补正。班云‘大史试学童’，许则云郡县以‘讽籀书’试之，‘又以八体试之’，而后‘郡移大史’试之。此许详于班也。班云‘六体’，许则云‘八体’，此许覈于班也。班云‘以为尚书御史史书令史’，许云‘尚书史’，此班详于许也。班云‘吏民上书，字或不正，辄举劾’，许不言‘吏民上书’。此亦班详于许也。班书之成虽在许前，而许不必见班书，固别有所本矣。”

①睡虎地秦简《秦律十八种·内史杂》：“非史子殹（也），毋敢学学室，犯令者有罪。”《编年记》又记载“喜揄史”事。“史子”，整理小组解释为“史的儿子”。所谓“学室”，则为专门“学校”。可见秦代已经有类似制度。黄留珠：《“史子”、“学史”与“喜揄史”》，《人文杂志》1983 年第 2 期；张金光：《论秦汉的学吏制度》，《文史哲》1984 年第 1 期；曹旅宁：《张家山汉简〈史律〉考》，《张家山汉律研究》，第 175—183 页。

1. 余子入小学

《汉书》卷二四上《食货志上》说到传统农耕社会的生产和生活秩序的基本原则，即所谓“先王制土处民富而教之之大略”，其中是包括如何“教之”的内容的：

> 是月，余子亦在于序室。八岁入小学，学六甲五方书计之事，始知室家长幼之节。十五入大学，学先圣礼乐，而知朝廷君臣之礼。其有秀异者，移乡学于庠序；庠序之异者，移国学于少学。诸侯岁贡少学之异者于天子，学于大学，命曰造士。行同能偶，则别之以射，然后爵命焉。

对于所谓“余子”，颜师古注引苏林的解释：“余子，庶子也。或曰，未任役为余子。”对于这两种理解，颜师古自己的解说，倾向于“未任役者”的说法，而不赞同“庶子”的说法：“未任役者是也。幼童皆当受业，岂论嫡庶乎？”所谓“未任役者”，类同汉代通行称谓“未使男”“未使女”。可见，当时教育的对象，首先是儿童。

2. 学六甲五方书计之事

“八岁入小学”，“十五入大学”，“小学”是指初级教育。

对于“学六甲五方书计之事”，颜师古注：“苏林曰：‘五方之异书，如今秘书学外国书也。’臣瓒曰：‘辨五方之名及书艺也。’师古曰：‘瓒说是也。’”瓒说较苏林说更为接近事实，但是并没有完整说明《食货志》的意思。“六甲五方”“之事”并不仅仅是“辨五方之名”，“书计之事”也不仅仅是“书艺”。所谓“学六甲五方书计之事”，应是指基本知识和书写计算的技能。顾炎武说：“‘六甲’者，四时六十甲子之类；‘五方’者，九州岳渎列国之名；‘书’者，六书；‘计’者，九数。瓒说未尽。”周寿昌说：“此《礼记·内则》之言。礼，‘九年教之数日’，郑注，‘朔望与六甲也’，犹言学数干支也。‘六年教之数与方名’，郑注，‘方名，东西’，即所云‘五方’也。以东西该南北中也。‘十年出就外傅，居宿于外，学书记’，即‘书计’也。‘书’，文字；‘计’，筹算也。六书九数，皆古人小学之所有事也。”[①]“数”学，是当时“小学”的重要内容之一[②]。《论衡·自纪》中，王充自述“六岁教书”，《太平御览》卷三八五引《会稽典录》作“七岁教书数”，也包括了“数”。《四民月令》说“正月”事：“研冻释，命幼童入小学，学书《篇章》。”据原书本注，《篇章》包括《九九》之属。

所谓“六甲五方”，“六甲”是关于时间的知识，“五方”是关于空间的知识。“书计”二字，“计”是不可以省略的。柳诒徵曾经说，“汉时小学，兼重书算。《汉书·律历志》：‘数者一、十、百、

---

①金少英：《汉书食货志集释》，中华书局1986年10月版，第37页。

②《汉书》卷二一上《律历志上》：“数者，一、十、百、千、万也，所以算数事物，顺性命之理也。《书》曰：‘先其算命。’本起于黄钟之数，始于一而三之，三三积之，历十二辰之数，十有七万七千一百四十七，而五数备矣。其算法用竹，径一分，长六寸，二百七十一枚而成六觚，为一握。径象乾律黄钟之一，而长象坤吕林钟之长。其数以《易》大衍之数五十，其用四十九，成阳六爻，得周流六虚之象也。夫推历生律制器，规圜矩方，权重衡平，准绳嘉量，探赜索隐，钩深致远，莫不用焉。度长短者不失豪氂，量多少者不失圭撮，权轻重者不失黍絫。纪于一，协于十，长于百，大于千，衍于万，其法在算术。宣于天下，小学是则。职在太史，羲和掌之。”其中“小学是则”语，值得重视。所谓“探赜索隐，钩深致远，莫不用焉”，告知人们，当时的开明士人对于数学的认识，不仅重视其“算法”，也注意到这种“算术”训练对于开发智力和培养正确思想方法的意义。

千、万也，所以算数事物，顺性命之理也。……其法在算术。宣于天下，小学是则。职在太史，羲和掌之。'盖仍周代保氏教'六书九数'之法。故汉人多通算学。郑玄通《九章算术》，著于史传。"[①]指出了算术受到重视的事实。汉代简牍资料中九九表和字书往往同出，表明算术教育的重要。而据《史记》卷三〇《平准书》"(桑)弘羊，雒阳贾人子，以心计，年十三侍中"，也说明"计"在行政操作中的意义。桑弘羊能够迅速上升，终于成为理财名臣，就是儿童数学教育成就的标志[②]。

"始知室家长幼之节"在"学六甲五方书计之事"之后，可知当时教育理念，道德教育似乎是寓于知识教育之中的。对于当时蒙学的这一特点，有教育史家分析说："启蒙教育犹重品德伦常和日常行为规范的培养，并且寓于书算教材和教学之中，以收课程简、重点突出之效。"[③]

3. 学术史的"小学"

《汉书》卷三〇《艺文志》中"小学"专为一种，列于《易》《书》《诗》《礼》《乐》《春秋》《论语》《孝经》之后。"小学"一种中的书目，有：

> 《史籀》十五篇。周宣王太史作大篆十五篇，建武时亡

---

①柳诒徵：《中国文化史》，上海古籍出版社2001年10月版，上册第366页。

②西汉另一位"以心计"入官的实例，是《汉书》卷八八《儒林列传·梁丘贺》："梁丘贺字长翁，琅邪诸人也。以能心计，为武骑。"

③毛礼锐、沈灌群主编：《中国教育通史》，山东教育出版社1986年4月版，第2卷第112—113页。

六篇矣。

《八体六技》。

《苍颉》一篇。上七章，秦丞相李斯作；《爰历》六章，车府令赵高作；《博学》七章，太史令胡毋敬作。

《凡将》一篇。司马相如作。

《急就》一篇。元帝时黄门令史游作。

《元尚》一篇。成帝时将作大匠李长作。

《训纂》一篇。扬雄作。

《别字》十三篇。

《苍颉传》一篇。

扬雄《苍颉训纂》一篇。

杜林《苍颉训纂》一篇。

杜林《苍颉故》一篇。

凡小学十家，四十五篇。入扬雄、杜林二家二篇。

班固进行了当时的学术史总结，对于“小学”有这样的说明：

《易》曰：“上古结绳以治，后世圣人易之以书契，百官以治，万民以察，盖取诸《夬》。”“夬，扬于王庭”，言其宣扬于王者朝廷，其用最大也。古者八岁入小学，故《周官》保氏掌养国子，教之六书，谓象形、象事、象意、象声、转注、假借，造字之本也。汉兴，萧何草律，亦著其法，曰：“太史试学童，能讽书九千字以上，乃得为史。又以六体试之，课最者，以为尚书、御史、史书令史。吏民上书，字或不正，辄举劾。”六体者，古文、奇字、篆书、隶书、缪篆、虫书，皆所以通知古今文字，摹印章，书幡信也。古制，书必同文，不知则阙，问诸故老，至于衰世，是非无正，人用其私。故孔子曰："吾犹及史之阙文也，今亡矣夫！"盖伤其浸不正。《史籀篇》者，周时史官教学童书也，与孔氏壁中古文异体。《苍颉》七章者，秦丞相李斯所作也；《爰历》六章者，车府令赵高所作也；《博学》七章者，太史令胡母敬所作也：文字多取《史籀篇》，而篆体复颇异，所谓秦篆者也。是时始造隶书矣，起于官狱多事，苟趋省易，施之于徒隶也。汉兴，闾里书师合《苍颉》《爰历》《博学》三篇，断六十字以为一章，凡五十五章，并为《苍颉篇》。武帝时司马相如作《凡将篇》，无复字。元帝时黄门令史游作《急就篇》，成帝时将作大匠李长作《元尚篇》，皆《苍颉》中正字也。《凡将》则颇有出矣。至元始中，征天下通小学者以百数，各令记字于庭中。扬雄取其有用者以作《训纂篇》，顺续《苍颉》，又易《苍颉》中重复之字，凡八十九章。臣复续扬雄作十三章，凡一百二章，无复字，六艺群书所载略备矣。《苍颉》多古字，俗师失其读，宣帝时征齐人能正读者，张敞从受之，传至外孙之子杜林，为作训故，并列焉。

班固总结"六略三十八种"文献学成就中，对于"小学"一种的综合分析，是字数最多的。其中说到"臣复续扬雄作十三章……"颜师古注引韦昭曰："臣，班固自谓也。作十三章，后人不别，疑在《苍颉》下篇三十四章中。"

4. 小学之科目

汉代的初级教育"小学"，其实可以和近代教育之"小学"相类比。

王国维《观堂集林》卷四《汉魏博士考》写道："刘向父子作

《七略》，'六艺'一百三家，于《易》《书》《诗》《礼》《乐》《春秋》之后，附以《论语》、《孝经》、'小学'三目，'六艺'与此三者，皆汉时学校诵习之书。以后世之制明之：'小学'诸书者，汉小学之科目；《论语》《孝经》者，汉中学之科目，而'六艺'则大学之科目也。"①

王国维"汉小学之科目""汉中学之科目"与"大学之科目"之说，认识基础应与西方近代教育体系对中国教育的影响有关。

"小学"起初是与"大学"对应的，指初级教育。

5."小学"成为学科方向

大致正是在西汉时期，"小学"又专门指称文字学。有学者指出："以'小学'指称文字学，始于西汉，具体说，始于刘向、刘歆父子。他们在那部可称为世界上第一个图书分类目录的《七略》里，第一次把周秦以来的字书及'六书'之学，称为'小学'。小学的创始人，便是扬雄、杜林、许慎、郑玄。"②

《汉书》卷一二《平帝纪》记录了汉平帝元始五年（5）宣布的最后一道政令："征天下通知逸经、古记、天文、历算、锺律、小学、《史篇》、方术、《本草》及以《五经》《论语》《孝经》《尔雅》教授者，在所为驾一封轺传，遣诣京师。"据说响应征召前来长安的学者多达数千人。李约瑟说，这是在王莽的倡议下召开的"中国历史上第一次科学专家会议"③。当时，"小学"俨然已经成为一个学

---

①王国维：《王国维遗书》，上海古籍书店1983年9月版，第1册第7页。

②胡奇光：《中国小学史》，上海人民出版社1987年11月版，第1—2页。

③李约瑟：《中国科学技术史》，科学出版社、上海古籍出版社1990年7月版，第1卷《导论》第112页。

科专业了。

后来人们将文字、音韵、训诂之学称为“小学”，则是宋代的事情了。

蒙学书的遗存和“蒙学”的扩展性理解

上文说到《汉书·艺文志》所列“小学”的图书内容。其实，考古工作收获中也有当时民间蒙学书出土，从而为认识当时民间教育状况提供了重要的信息。

1.《流沙坠简》中的“小学”书

罗振玉、王国维在简牍学名著《流沙坠简》的《小学术数方技书考释》中，已经就“斯坦因博士所得古简”中的“字书”有所讨论。他列入“小学类”的出土文献，有《苍颉》和《急就篇》[①]。陈直亦曾经著文《苍颉急就篇的残简》，就居延汉简和敦煌汉简中发现的《苍颉篇》《急就篇》的遗存有所讨论[②]。

1977年安徽阜阳双古堆1号汉墓的发掘，获得《苍颉篇》遗存124枚残简。现存完整的字有541字，“包括《苍颉》《爰历》《博学》三篇。四字为句，有韵可寻。现存成句或不成句的不足二百，按照汉代《苍颉篇》八百二十五句计算，还不到全篇的四分

---

①罗振玉、王国维：《流沙坠简》，中华书局1993年9月版，第75—82页。

②陈直：《居延汉简综论》，《居延汉简研究》，天津古籍出版社1986年5月版，第144—148页。

之一。文中避秦王政讳”[①]。

李学勤《新发现简帛与秦汉文化史》一文对于“双古堆竹简”中“重要的小学书《仓颉篇》”有所分析。李学勤写道：“众所周知，秦代李斯作《仓颉篇》，赵高作《爰历篇》，胡母敬作《博学篇》，是当时学习文字的读本。汉代学师把三篇合在一起，仍以《仓颉篇》为题。这是一部中国文字学上有很大意义的书，可惜久已佚失。古书中仅保存了零星几句引文，敦煌、居延汉简曾发现此书，也不过少数几条。双古堆汉简《仓颉篇》文字较多，而且有些文句和汉以后流传的不同，很可能还是秦代的原貌。”[②]

2. 居延出土《苍颉篇》《急就篇》

1972 年至 1976 年居延甲渠候官（破城子）遗址的发掘，出土四枚写有《苍颉篇》文字的汉简。1977 年玉门花海汉代烽燧遗址的发掘，出土三枚有《苍颉篇》内容的简。1990 年至 1992 年对敦煌悬泉置遗址的发掘，也获得了《苍颉篇》和《急就篇》汉简[③]。有学者指出，“这些字书本身可能并不是基层吏卒习字书写”，“可能是吏卒对照练习的范本”。

居延汉简又有简例“☑□甲渠河北塞举二烽燔苍颉作书”（E.P.T50:134A）。研究者认为：“‘苍颉作书’四个字是《苍颉篇》的内容，它和官文书放到一起，内容互不相属，所以合理的解释是，边塞吏卒利用废弃的简牍练习字书上的字。与此相对应

①骈宇骞：《简帛文献概述》，万卷楼图书有限股份公司 2005 年 4 月版，第 269 页。

②李学勤：《新发现简帛与秦汉文化史》，《李学勤集——追溯 · 考据 · 古文明》，黑龙江教育出版社 1989 年 5 月版，第 313 页。

③骈宇骞：《简帛文献概述》，第 269 页。

的,那些字书的性质只是习字的范本。”[①]

3.《九九术》

《流沙坠简》说到列有乘法口诀的简文,列于“术数类”中,题《九九术》。其内容为:

九九八十一　八八六十四　五七卌五　□□□□二三而六　大凡千一百一十

八九七十二　七八五十六　四七廿八　五五廿五二二而四

七九六十三　六八卌八　三七廿一　四五廿□□□

五八卌　三五十五

罗振玉、王国维说:“此简‘二二而四’,今法作‘二二如四’”,参证古代文献,以为后来“二二如四”的说法形成较晚,“知改‘而’作‘如’,始于宋代也”[②]。骈宇骞对于罗振玉等有关论证中的疏误有所澄清,指出1987年出土于湖南张家界古人堤的东汉木牍《九九乘法表》文作“二五如十”,可证罗振玉等“改‘而’作‘如’,始于宋代”说不确[③]。

居延汉简中被称作《九九乘法表》的文字遗存还有一些。例

①沈刚:《居延汉简中的习字简述略》,《古籍整理研究学刊》2006年第1期。

②罗振玉、王国维:《流沙坠简》,第92—93页。

③骈宇骞:《简帛文献概述》,第336—337页。

如简 75.19：

宣耿

九九八十一	四九卌六	八八六十四
八九七十二	三九廿七	七八五十六
七九六十三	二九十八	六八卌八
六九五十四		五八卌
五九卌五		四八卅二
		三八廿四

肩水金关简也有相关内容，例如：

六九五十四☐(削衣)　　　　　　　　　　(73EJT6:193)

《九九乘法表》近年在里耶秦简和张家界汉简中也有发现[①]，对于我们认识算学在秦汉社会的普及，提供了新的资料。

4. 蒙学教材成为成年人读物

居延汉简和敦煌汉简提供了反映当时西北边塞军事生活的丰富信息。我们看到的军队基层组织关于戍卒日常劳作的记录《日迹簿》，关于武器装备的登记《守备器簿》，此外，粮食发放的

①湖南省文物考古研究所：《湖南龙山县里耶战国秦汉城址及秦代简牍》，《考古》2007 年第 7 期；湖南省文物考古研究所、中国文物研究所：《湖南张家界古人堤遗址与出土简牍概述》，《中国历史文物》2003 年第 2 期；湖南省文物考古研究所、中国文物研究所：《湖南张家界古人堤简牍释文及简注》，《中国历史文物》2003 年第 2 期。

记录、衣物存放的记录、个人债务的记录等等，应当多是出自普通军人之手。在基层烽燧承担后世称作“文书”的责任的士兵们，保留了书体精美的作品，今天的书法研究者仍然视为珍宝。而烽燧一般值勤人数不过三五人。这样的识字率，是惊人的。《史记》卷一二三《大宛列传》说，张骞通西域之后，其随从吏卒多上书求使：“自博望侯开外国道以尊贵，其后从吏卒皆争上书言外国奇怪利害，求使。”是“卒”也可以上书的实例。《汉书》卷六一《张骞传》说：“自骞开外国道以尊贵，其吏士争上书言外国奇怪利害，求使。”《史记》“吏卒”，此称“吏士”。然而下文依然说到“吏卒”：“其吏卒亦辄复盛推外国所有，言大者予节，言小者为副，故妄言无行之徒皆争相效。”据《汉书》卷七四《魏相传》，河南太守魏相得罪霍光，受到迫害，“事下有司。河南卒戍中都官者二三千人，遮大将军，自言愿复留作一年以赎太守罪。河南老弱万余人守关欲入上书。”则是内地可以看作与“卒”“上书”类同的史例。通过许多简牍资料可以得知，汉王朝军队中“卒”的文化素质，有些是在服役期间形成的。

居延汉简中关于西北边塞守备部队军人学习风气的资料，有蒙学书如《仓颉篇》、《急就章》等以及“九九表”的实物遗存。数量颇多的习字简，则是边塞军事人员书写练习的遗存。

《苍颉篇》、《急就篇》和《九九术》这类“书数”“书计”“书算”的初级文化教材，为什么能够在西北边地军事营区频繁发现？有学者曾经提供了研究汉代边塞军人的文化学习的收获①。

①邢义田：《汉代边塞吏卒的军中教育——读〈居延汉简〉札记之三》，《大陆杂志》1993年第3期；陈晓鸣：《由汉简“方”与“幡”看汉代边卒的文化学习》，《史学月刊》2004年第6期；肖从礼：《评〈由汉简“方”与“幡”看汉代边卒的文化学习〉——兼与陈晓鸣先生商榷》，《甘肃社（转下页）

我们更为注意的，是数量颇多的成年士卒在应用蒙学课本提高自己的文化素质。

面对这种现象，也许我们应当以更为宽广的视角理解当时"蒙学"的意义基础。当时在戍守西北边防的军队中，这些教材承担了成人扫盲和进行初级文化培训的作用。

《列女传·母仪传》早期教育故事

《汉书》卷三〇《艺文志》"儒五十三家，八百三十六篇"中，有"刘向所序六十七篇"。原注："《新序》《说苑》《世说》《列女传颂图》也。"[①]《汉书》卷三六《刘向传》："向以为王教由内及外，自近者始。故采取《诗》《书》所载贤妃贞妇，兴国显家可法则，及孽嬖乱亡者，序次为《列女传》，凡八篇，以戒天子。"《艺文类

（接上页）会科学》2006年第6期；沈刚：《居延汉简中的习字简述略》，《古籍整理研究学刊》2006年第1期。

①张舜徽标点："《刘向所序》六十七篇。《新序》《说苑》《世说》《列女传》颂图也。"其次又有："《扬雄所序》三十八篇。《太玄》十九，《法言》十三，《乐》四，《箴》二。"对于"《刘向所序》六十七篇"，或以为标点明显有误。《汉书》中华书局点校本即作："刘向所序六十七篇。《新序》《说苑》《世说》《列女传颂图》也。"中华书局1962年6月版，第1727页。陈国庆编《汉书艺文志注释汇编》同，中华书局1983年6月版，第114页。然而张舜徽"《刘向所序》""《扬雄所序》"的处理方式亦自有考虑。于"《刘向所序》……"条下写道："顾实曰：'称所序者，盖犹今之丛书也。……"《张舜徽集·汉书艺文志通释》，华中师范大学出版社2004年3月版，第278页。顾实《汉书艺文志讲疏》原文作"称曰所序者，盖犹今之丛书也"。然而，顾实书中"刘向所序"及"扬雄所序"均不用书名号。上海古籍出版社1987年2月版，第109页。

聚》卷二五引刘向《七略别录》:“臣向与黄门侍郎歆所校《烈女传》,种类相从为七篇。以著祸福荣辱之效,是非得失之分,画之于屏风四堵。”《烈女传》就是《列女传》。《贞观政要》卷二《任贤》写道:唐太宗引虞世南为上客,“尝命写《列女传》以装屏风。于时无本,世南暗书之,一无遗失字”[①]。这一故事,体现了帝王对《列女传》的重视以及文士对《列女传》的熟悉。据顾实《汉书艺文志讲疏》,“《列女传》八篇,郝懿行妻王圆照、汪远孙妻梁瑞,俱有注本”[②]。有学者指出:“《列女传》存八卷,《颂图》或有或无,《隋志》入史部杂史类,清《四库全书》著录入子部儒家类。”[③]

《列女传》作为中国最早的妇女史专著,其中《母仪传》中“教训”“子孙”的故事,有值得重视的历史文化意义。早期教育主题由礼仪向道德的转变,体现出《列女传》成书前后鲜明的时代文化特征。考察汉代教育史,确实可以看到相应的例证。而东汉以后家庭中母亲主持的早期教育偏重文化偏重理论的倾向的出现,也是值得我们特别注意的。

《列女传·母仪传》早期教育故事对于认识汉代妇女的地位和儿童的生活,都提供了有意义的信息。讨论教育史、家庭教育史、妇女史和未成年人生活史,不应忽略《列女传·母仪传》中举示的以女子为主体的家庭早期教育典范[④]。其中前代“母仪”事

---

①事又见《旧唐书》卷七二《虞世南传》,卷一四九《蒋乂传》,《新唐书》卷一〇二《虞世南传》,卷一三二《蒋乂传》。

②顾实讲疏:《汉书艺文志讲疏》,第109页。

③陈国庆编:《汉书艺文志注释汇编》,中华书局1983年6月版,第115页。

④有学者总结汉代家庭教育,言及刘邦、刘秀等“帝王家庭教育”,刘向、郑玄、杨震、樊宏、邓禹等“士大夫的家教”,任氏的“商贾家教”,关于“汉代的家庭教育艺术”,说到陈寔、张汤之父、疏广、万石君、司马谈、马援、张奂等“典型事例”,并不涉及“母仪”故事,不免遗憾。马镛:《中(转下页)

迹，作为作者为汉代妇女提示的言行榜样，应当理解为汉代相关社会意识的一种反映。

1. 母仪：胎养子孙，以渐教化

《列女传·母仪传》"小序"写道："惟若母仪，贤圣有智。行为仪表，言则中义。胎养子孙，以渐教化。既成以德，致其功业。姑母察此，不可不法。"其中所谓"胎养子孙，以渐教化"，明确了母亲在家族中对于"子孙"除"胎养"外，还有"教化"的责任。

《列女传·母仪传》中一共有14个故事。即：1. 有虞二妃；2. 弃母姜嫄；3. 契母简狄；4. 启母涂山；5. 汤妃有㜪；6. 周室三母；7. 卫姑定姜；8. 齐女傅母；9. 鲁季敬姜；10. 楚子发母；11. 邹孟轲母；12. 鲁之母师；13. 魏芒慈母；14. 齐田稷母。除了"有虞二妃"以自身道德榜样影响天下后世[①]，并没有直接"教化""子孙"情节之外，都强调了"教化"作为"母道"最重要的主题的理念[②]。

关于传说时代的"母仪"故事，《列女传·母仪传·弃母姜嫄》："姜嫄之性，清静专一，好种稼穑。及弃长，而教之种树桑麻。弃之性明而仁，能育其教，卒致其名。"《列女传·母仪

（接上页）国家庭教育史》，湖南教育出版社1997年5月版，第49—66页。

① 《列女传·母仪传·有虞二妃》："二女承事舜于畎亩之中，不以天子之女故而骄盈怠嫚，犹谦谦恭俭，思尽妇道。""天下称二妃聪明贞仁。""君子曰：二妃德纯而行笃，《诗》云：'不显惟德，百辟其刑之。'此之谓也。颂曰：元始二妃，帝尧之女。嫔列有虞，承舜于下。以尊事卑，终能劳苦。瞽瞍和宁，卒享福祜。"

② 《列女传·母仪传·弃母姜嫄》："颂曰：弃母姜嫄，清静专一。……卒为帝佐，母道既毕。"

传·契母简狄》："简狄性好人事之治，上知天文，乐于施惠。及契长，而教之理，顺之序。契之性聪明而仁，能育其教，卒致其名。"《列女传·母仪传·启母涂山》："涂山独明教训而致其化焉。及启长，化其德而从其教，卒致令名。"[①] 姜嫄故事"教之种树桑麻"体现的生产技术传授，应是社会较普遍层面共同的早期教育内容。通常教育史的讨论中，似乎不将这种劳动技艺的传授列入研究对象[②]。简狄故事"教之理，顺之序"，则明显包含礼仪教育的意义[③]。涂山故事所说到的"德"，可能有较后世"道德"概念更宽泛的内涵。

殷商王族妇女重视"教训"的史例，则有《列女传·母仪传·汤妃有娎》："殷汤娶以为妃，生仲壬、外丙，亦明教训，致其功。"《新序·杂事》写道："汤之兴也，以有莘。"《说郛》卷七〇下《女孝经·举恶》也说："殷之兴也，以有莘氏。"《太平御览》卷一三五引《列女传》的记述，语义比较完整："汤妃，有莘之女也。择德高如伊尹者为之臣佐，汤致王。训正后宫，嫔御有序，咸无嫉妒逆理之人。生三子：太丁、外丙、仲壬，教诲有成。太丁早卒，丙、壬嗣登大位。"《初学记》卷九引《帝王世纪》："汤娶有莘

①《艺文类聚》卷一五引《列女传》曰："涂山独明教训，启化其德，卒致令名。禹为天子，启嗣而立，能继禹之道。"

②儒学教育理念强调政治素质的培育而鄙视生产技能。典型的表现见于《论语·子路》："樊迟请学稼。子曰：'吾不如老农。'请学为圃。曰：'吾不如老圃。'樊迟出，子曰：'小人哉樊须也！'上好礼则民莫敢不敬。上好义则民莫敢不服。上好信则民莫敢不用情。夫如是，则四方之民襁负其子而至矣，焉用稼？"

③《礼记·仲尼燕居》："子曰：'礼也者，理也。'"《礼记·乐记》："礼也者，理之不可易者也。"《孔子家语·论礼》："礼者，理也。"《管子·心术上》："礼者，因人之情缘义之理而为之节文者也。故礼者，谓有理也。理也者，明分以谕义之意也。故礼出乎义，义出乎理，理因乎宜者也。"

氏女为正妃，生太子丁、外丙、仲壬。太子早卒，外丙代立。”《史记》卷三《殷本纪》：“汤崩，太子太丁未立而卒，于是乃立太丁之弟外丙，是为帝外丙。帝外丙即位三年，崩，立外丙之弟中壬，是为帝中壬。帝中壬即位四年，崩，伊尹乃立太丁之子太甲。”可能“汤妃”有莘氏女对外丙、仲壬等的“教训”促成了帝“功”[①]。

《列女传·母仪传·周室三母》：“三母者，太姜、太任、太姒。”这三位女子的“德教”“肖化”之功，对于西周“文武之兴”有重要意义，于是颂辞有“三姑之德，亦甚大矣”语。“周室三母”的事迹有比较详细的记录：“太姜者，王季之母，有吕氏之女。太王娶以为妃。生太伯、仲雍、王季。贞顺率导，靡有过失。”“君子谓太姜广于德教。”[②]太任则是“胎教”早期的成功实践者。“太任

---

①《艺文类聚》卷一五引《列女传》曰：“汤妃，有莘之女也。德高而名，训正后宫，嫔御有序，伊尹为之媵臣，佐汤致王。”《后汉书》卷八〇上《文苑列传上·崔琦》记载崔琦作《外戚箴》有“有莘崇汤”句。李贤注：“《列女传》曰‘汤娶有莘氏女，德高而明，伊尹为之媵臣，佐汤致王，训正后宫，嫔御有序，咸无嫉妒’也。”说有莘氏女“亦明教训”仅限于“训正后宫”。《初学记》卷九引《帝王世纪》：“汤娶有莘氏女为正妃，生太子丁、外丙、仲壬。太子早卒，外丙代立。”《史记》卷三《殷本纪》：“汤崩，太子太丁未立而卒，于是乃立太丁之弟外丙，是为帝外丙。帝外丙即位三年，崩，立外丙之弟中壬，是为帝中壬。帝中壬即位四年，崩，伊尹乃立太丁之子太甲。”张守节《正义》：“《尚书·孔子序》云‘成汤既没，太甲元年’，不言有外丙、仲壬，而太史公采《世本》，有外丙、仲壬，二书不同，当是信则传信，疑则传疑。”或许孔子不言汤之后有外丙、仲壬，可以理解为这两任殷王统治的七年间完全延续着成汤之政。也可能有莘氏女在此期间实际控制着政权。《焦氏易林》卷一《谦·旅》：“有莘季女，为王妃后。贵夫寿子，母字四海。”卷三《遯·随》：“有莘季女，为王妃后。贵夫寿子，母尊四海。”

②《艺文类聚》卷一五引《列女传》曰：“太姜者，太王之妃，有台氏之女也。贤而有色，生太伯、仲雍、季历。化导三子，皆成贤德。”《史记》卷四《周本纪》张守节《正义》引《列女传》：“太姜，太王娶以为妃，生太伯、仲雍、王季。太姜有色而贞顺，率导诸子，至于成童，靡有过失。”

者，文王之母，挚任氏中女也。王季娶为妃。太任之性，端一诚庄，惟德之行。及其有娠，目不视恶色，耳不听淫声，口不出敖言，能以胎教。”“文王生而明圣，太任教之，以一而识百。君子谓太任为能胎教。古者妇人妊子，寝不侧，坐不边，立不跸，不食邪味，割不正不食，席不正不坐，目不视于邪色，耳不听于淫声，夜则令瞽诵诗，道正事。如此，则生子形容端正，才德必过人矣。故妊子之时，必慎所感，感于善则善，感于恶则恶。人生而肖万物者，皆其母感于物，故形音肖之。文王母可谓知肖化矣。”[①]“太姒者，武王之母，禹后有莘姒氏之女。仁而明道。”“太姒生十男：长伯邑考，次武王发，次周公旦，次管叔鲜，次蔡叔度，次曹叔振铎，次霍叔武，次成叔处，次康叔封，次聃季载。太姒教诲十子，自少及长，未尝见邪僻之事。及其长，文王继而教之，卒成武王、周公之德。君子谓太姒仁明而有德。《诗》曰：‘大邦有子，伣天之妹。文定厥祥，亲迎于渭。造舟为梁，不显其光。’又曰：‘太姒嗣徽音，则百斯男。’此之谓也。”[②]

《列女传·母仪传·卫姑定姜》写道：“君子谓定姜能以辞教。《诗》云：‘我言惟服。’此之谓也。”“颂曰：卫姑定姜……恩爱慈惠……聪明远识，丽于文辞。”《列女传·母仪传·齐女傅

---

①《艺文类聚》卷一五引《列女传》曰：“太任者，王季之妃，挚任之女也。端一诚庄，唯德之行。及其有娠也，目不视恶色，耳不听恶声，口不出傲言。”“生文王。文王生而明圣，太任教以一而知〔百〕，其卒为周宗。君子谓太任为能胎教。”

②《艺文类聚》卷一五引《列女传》曰：“太姒者，文王之妃，莘姒之女也，号曰‘文母’。”“旦夕勤劳，以尽妇道。文王治外，文母治内。生十子。太姒教诲十子，自少及长，常以正道押持之，卒成武王、周公之德。”《史记》卷三五《管蔡世家》张守节《正义》引《列女传》：“太姒生十男，教诲自少及长，未尝见邪僻之事，言常以正道持之也。”

母》:“砥厉女之心以高节,以为人君之子弟,为国之夫人,尤不可有邪僻之行焉。女遂感而自修。”这两则故事虽然都并非以子女作为教育对象,然而以“教训”影响政治生活方向的理念,却与其他“母仪”榜样是大体一致的。

“鲁季敬姜”的事迹有生动的情节,其德行多次受到孔子赞赏[①]。我们所特别注意的,是她对于儿子早期教育的重视。《列女传·母仪传·鲁季敬姜》:“鲁季敬姜者,莒女也,号戴己,鲁大夫公父穆伯之妻,文伯之母,季康子之从祖叔母也。博达知礼。穆伯先死,敬姜守养。文伯出学而还归,敬姜侧目而盼之,见其友上堂,从后阶降而却行,奉剑而正履,若事父兄。文伯自以为成人矣。敬姜召而数之曰:‘昔者武王罢朝而结丝袜绝,左右顾无可使结之者,俯而自申之,故能成王道。桓公坐友三人,谏臣五人,日举过者三十人,故能成霸业。周公一食而三吐哺,一沐而三握发,所执贽而见于穷闾隘巷者七十余人,故能存周室。彼二圣一贤者,皆霸王之君也,而下人如此,其所与游者,皆过己者也,是以日益而不自知也。今以子年之少而位之卑,所与游者,皆为服役,子之不益,亦以明矣。’文伯乃谢罪。于是乃择严师贤友而事之,所与游处者,皆黄耄倪齿也。文伯引衽攘卷而亲馈之。敬姜曰:‘子成人矣。’君子谓敬姜备于教化。《诗》云:‘济济多士,文王以宁。’此之谓也。”

《列女传·母仪传·楚子发母》:“君子谓子发母能以教诲。《诗》云:‘教诲尔子,式穀似之。’此之谓也。”同样属于战国时期故事的,还有《列女传·母仪传·邹孟轲母》《列女传·母仪传·鲁之母师》《列女传·母仪传·魏芒慈母》以及《列女

①颂曰:“仲尼贤焉,列为慈母。”

传·母仪传·齐田稷母》。“魏芒慈母”以继母身份，却能“以礼义之渐，率导八子，咸为魏大夫卿士，各成于礼义”，于是“君子谓慈母一心”。“齐田稷母”是廉政教育故事[①]，和“楚子发母”同样，针对的也是成年儿子。“鲁之母师”故事，则树立了对“诸妇”即儿媳妇们“能以身教”的榜样，其中“妇人有三从之义，而无专制之行，少系父母，长系于夫，老系于子”的说教，也许当时有维护家族秩序的意义，今天读来已经意近陈腐。然而她在坚持礼教的同时“不揜人情”多予理解的做法[②]，也是值得肯定的。

2.“邹孟轲母”榜样

“邹孟轲母”教子事迹，是《列女传·母仪传》中最具亮点的故事。其中也有涉及孟轲“既妻”即“处齐”时事，而我们更为关

---

①《列女传·母仪传·齐田稷母》：“田稷子相齐，受下吏之货金百镒，以遗其母。母曰：‘子为相三年矣，禄未尝多若此也。岂修士大夫之费哉？安所得此？’对曰：‘诚受之于下。’其母曰：‘吾闻士修身洁行，不为苟得，竭情尽实，不行诈伪，非义之事，不计于心，非理之利，不入于家，言行若一，情貌相副。今君设官以待子，厚禄以奉子，言行则可以报君。夫为人臣而事其君，犹为人子而事其父也，尽力竭能，忠信不欺，务在效忠，必死奉命，廉洁公正，故遂而无患。今子反是，远忠矣。夫为人臣不忠，是为人子不孝也。不义之财，非吾有也。不孝之子，非吾子也。子起。’田稷子惭而出，反其金，自归罪于宣王，请就诛焉。宣王闻之，大赏其母之义，遂舍稷子之罪，复其相位，而以公金赐母。君子谓稷母廉而有化。《诗》曰：‘彼君子兮，不素飧兮。’无功而食禄，不为也，况于受金乎？颂曰：田稷之母，廉洁正直。责子受金，以为不德。忠孝之事，尽材竭力。君子受禄，终不素食。”

②《列女传·母仪传·鲁之母师》说到这样一个情节：“归办家事，天阴还，失早，至闾外而止，夕而入。”她就此解释说：“腊月礼毕事闲，从诸子谒归视私家，与诸妇孺子期夕而返。妾恐其醽醵醉饱，人情所有也。妾返太早，不敢复返，故止闾外，期尽而入。”“颂曰：‘九子之母，诚知礼经。谒归还反，不揜人情。德行既备，卒蒙其荣。鲁君贤之，号以尊名。”

注的，是有关“孟子之少也”时的教育方式。

“颂曰：‘孟子之母，教化列分。处子择艺，使从大伦。子学不进，断机示焉。子遂成德，为当世冠。’”这里突出表彰的，也是“孟母”教育“处子”的情节。《列女传·母仪传·邹孟轲母》写道：

> 邹孟轲之母也，号孟母。其舍近墓。孟子之少也，嬉游为墓间之事，踊跃筑埋。孟母曰：“此非吾所以居处子。”乃去，舍市傍。其嬉戏为贾人炫卖之事。孟母又曰：“此非吾所以居处子也。”复徙舍学宫之旁。其嬉游乃设俎豆，揖让进退。孟母曰：“真可以居吾子矣。”遂居。及孟子长，学六艺，卒成大儒之名。君子谓孟母善以渐化，《诗》云：“彼姝者子，何以予之？”此之谓也。

这就是著名的“孟母三徙”或“孟母三迁”故事。明代学者陈士元《孟子杂记》卷一《孟母》引录《列女传》故事，又写道：“元按：晋左九嫔《孟母赞》云：‘邹母善导，三徙成教。邻止庠序，俎豆是效。’而韩丕著《孟母碑》赞择邻之教①，人多讽诵焉。今山东邹县城南有中庸精舍，世传思孟传道之所，即孟母三迁之地也。”

《列女传·母仪传·邹孟轲母》中两次出现“孟子之少也”文辞。第二次是说“孟母”对于孟子不应中断学业的教育：

> 孟子之少也，既学而归。孟母方绩，问曰：“学所至矣？”

---

①《宋史》卷二九六《韩丕传》：“太平兴国三年举进士，声名籍甚，公卿多荐之者。尝著《孟母碑》《返鲁颂》，人多讽诵之。”

孟子曰："自若也。"孟母以刀断其织。孟子惧而问其故。孟母曰："子之废学，若吾断斯织也。夫君子学以立名，问则广知。是以居则安宁，动则远害。今而废之，是不免于厮役，而无以离于祸患也，何以异于织绩而食，中道废而不为，宁能衣其夫子而长不乏粮食哉？女则废其所食，男则堕于修德，不为窃盗，则为虏役矣。"孟子惧，旦夕勤学不息，师事子思，遂成天下之名儒。君子谓孟母知为人母之道矣。《诗》云："彼姝者子，何以告之？"此之谓也。

《太平御览》卷五一一引《列女传》说到这一故事，文句有所不同："邹氏孟轲之母，见孟子少而学归，母方织，问之曰：'子之废学，若吾断织。'孟子惧，因更勤不息，遂成大儒。"

《列女传·母仪传·邹孟轲母》最后的"颂曰"，主要在赞美"孟母"对未成年孟子进行"教化"的成功："处子择艺，使从大伦。子学不进，断机示焉。"因而最终"子遂成德，为当世冠"。

《列女传·母仪传》中，"邹孟轲母"的故事是最醒目的"德教""肖化"的榜样。

3."孟母"事迹的文化影响

《后汉书》卷六〇上《马融传上》说马融学术成就，包括："注《孝经》、《论语》、《诗》、《易》、'三礼'、《尚书》《列女传》《老子》《淮南子》《离骚》，所著赋、颂、碑、诔、书、记、表、奏、七言、琴歌、对策、遗令，凡二十一篇。"可知学界对《列女传》的重视。《列女传》与儒学大家马融所研究的其他奠基的并列关系，体现出这部书学术地位的重要。

《后汉书》卷一〇下《皇后纪下·顺烈梁皇后》："少善女工，

好史书，九岁能诵《论语》，治《韩诗》，大义略举。常以《列女图画》置于左右，以自监戒。”李贤注：“刘向撰《列女传》八篇，图画其象。”《太平御览》卷一三七《皇规部三·孝顺梁皇后》引《续汉书》曰：“（梁皇后）既有女工之巧，尤好史书学问之事，九岁能诵《孝经》《论语》，遂治《韩诗》，大义略举，常以《列女传图》置在左右。”看来，在上层妇女的日常生活中，《列女传》有一定的影响。敦煌汉简所见一条涉及“列女传”字样的简文，编号和释文有所不同：

1. ⍁□ □分列女传书　（789）①
2. ⍁□ □分列女传书　（2204）②
3. ⍁□ 郡公列女传书　（2204）③

释文虽然存在异议，然而对于“列女传”三字的辨识，意见是统一的。这一遗存，或许可以从另一角度反映这部著作传播的广泛。

《列女传》中的“孟母”故事，自然也是妇女们“以自监戒”的榜样。

《晋书》卷五一《皇甫谧传》记载，这位亦曾著作《列女传》的学者曾经在“孟母”精神的作用下“勤力不怠”，刻苦求学，终成大器：

---

①林梅村、李均明编：《疏勒河流域出土汉简》，文物出版社1984年3月版，第83页。

②吴礽骧、李永良、马建华释校：《敦煌汉简释文》，甘肃人民出版社1991年1月版，第239页。

③甘肃省文物考古研究所编：《敦煌汉简》，中华书局1991年6月版，下册释文第305页。

皇甫谧字士安，幼名静，安定朝那人，汉太尉嵩之曾孙也。出后叔父，徙居新安。年二十，不好学，游荡无度，或以为痴。尝得瓜果，辄进所后叔母任氏。任氏曰："《孝经》云：'三牲之养，犹为不孝。'汝今年余二十，目不存教，心不入道，无以慰我。"因叹曰："昔孟母三徙以成仁，曾父烹豕以存教，岂我居不卜邻，教有所阙，何尔鲁钝之甚也！修身笃学，自汝得之，于我何有！"因对之流涕。谧乃感激，就乡人席坦受书，勤力不怠。居贫，躬自稼穑，带经而农，遂博综典籍百家之言。沉静寡欲，始有高尚之志，以著述为务，自号玄晏先生。著《礼乐》《圣真》之论。后得风痹疾，犹手不辍卷。

据《晋书》卷三二《后妃传下·元敬虞皇后》，这位皇后的名字竟然就是"孟母"。潘岳《闲居赋》写道："祁祁生徒，济济儒术，或升之堂，或入之室。教无常师，道在则是。故髦士投绂，名王怀玺，训若风行，应犹草靡。此里仁所以为美，孟母所以三徙也。"[①]这里所谓"孟母三徙"不仅仅是一般的用典，同时也是一种文化景仰的体现，一种文化追求的宣言，一种文化理念的坚守。又如《晋书》卷九六《列女传》序写道："……至若恭姜誓节，孟母求仁，华率傅而经齐，樊授规而霸楚，讥文伯于奉剑，让子发于分菽，少君之从约礼，孟光之符隐志，既昭妇则，且擅母仪。"两晋时期"孟母"影响之深刻，自然是以汉代文化倾向为基础的。

又如《魏书》卷六〇《韩显宗传》："孔父云里仁之美，孟母弘三徙之训，贤圣明诲，若此之重。"[②]"孟母"，竟然列于"贤圣"之

①《文选》卷一六，《晋书》卷五五《潘岳传》。
②又见《北史》卷四〇《韩显宗传》。

中。庾信《周骠骑大将军开府仪同三司冠军伯柴烈李夫人墓志铭》"断织停机，无忘于训子"[①]，也由自"孟母"故事。《唐才子传》卷一《王翰》记载，王翰"神气轩举"，"工诗多壮丽之词"，"文士祖咏、杜华等尝与游从"。据说杜华的母亲崔氏曾经说："吾闻孟母三迁，吾今欲卜居，使汝与王翰为邻矣。"

"孟母"后来被看作"教子"成功的典范。《宋史》卷二六五《贾黄中传》："拜给事中、参知政事。太宗召见其母王氏，命坐，谓曰：'教子如是，真孟母矣。'作诗以赐之，颁赐甚厚。"又《宋史》卷二六六《苏易简传》："及易简参知政事，召薛氏入禁中，赐冠帔，命坐，问曰：'何以教子成此令器？'对曰：'幼则束以礼让，长则教以诗书。'上顾左右曰：'真孟母也。'"探寻"孟母"之文化影响的历史源头，我们自然不能忽视将"孟母""三徙之训"等"教化"故事首次正式传播于世的《列女传·母仪传·邹孟轲母》。

清代学者朱彝尊《经义考》卷二三六《孟子》写道："孟母三迁、断织诸事，不见《史记》。《韩诗外传》所载在《史记》前。刘向《列女传》所载尤详。"《韩诗外传》卷九：

> 孟子少时诵，其母方织。孟子辍然中止，乃复进。其母知其諠也，呼而问之，曰："何为中止？"对曰："有所失复得。"其母引刀裂其织，以此诫之。自是之后，孟子不复諠矣。孟子少时，东家杀豚。孟子问其母曰："东家杀豚何为？"母曰："欲啖汝。"其母自悔，而言曰："吾怀妊是子，席不正不坐，割不正不食，胎教之也。今适有知而欺之，是教之

① 《庾子山集》卷一六。

不信也。”乃买东家豚肉以食之，明不欺也。《诗》曰：“宜尔子孙绳绳兮。”言贤母使子贤也。

“《韩诗外传》所载在《史记》前”的说法还可以讨论。而《韩诗外传》较《列女传》多“买东家豚肉以食之，明不欺也”情节，而无“孟母”故事中最著名的“三徙”“三迁”事。

“孟母”故事在后世的影响，如杜甫诗“缥缈苍梧帝，推迁孟母邻”[①]，“终始任安义，荒芜孟母邻”[②]，苏轼诗“杯盘惯作陶家客，弦诵尝叨孟母邻”[③]所体现的，千百年来已经深入人心。《三字经》写道：“人之初，性本善。性相近，习相远。苟不教，性乃迁。教之道，贵以专。”所举出的第一个例子，就是“昔孟母，择邻处；子不学，断机杼”。“孟母”形象的文化纪念碑，可以说是刘向的《列女传》最初奠立了坚稳的基石。

4. 汉代“明于教训”的“母仪”典范

明代学者陈士元《孟子杂记》卷一《孟母》写道：“元按：晋左九嫔《孟母赞》云：断机激子，广以坟奥。聪达知礼，敷述圣道。今邹县孟祠有断机堂，可以观后代追崇之意矣。然《列女传》又谓乐羊子妻劝夫勤学，亦有断机事。而学如累丝之语，取譬甚切。岂亦慕孟母之懿矩而效法者邪？”“乐羊子妻劝夫勤学”事见《后汉书》卷八四《列女传·乐羊子妻》：“河南乐羊子之妻者，不知何氏之女也。……（羊子）远寻师学。一年来归，妻跪问其

---

①《九家集注杜诗》卷三一《奉送十七舅下邵桂》。
②《九家集注杜诗》卷三六《奉赠萧二十使君》。
③《东坡诗集注》卷二〇《潘推官母李氏挽词》。

故。羊子曰：‘久行怀思，无它异也。’妻乃引刀趋机而言曰：‘此织生自蚕茧，成于机杼，一丝而累，以至于寸，累寸不已，遂成丈匹。今若断斯织也，则捐失成功，稽废时月。夫子积学，当日知其所亡，以就懿德。若中道而归，何异断斯织乎？’羊子感其言，复还终业，遂七年不反。妻常躬勤养姑，又远馈羊子。”[①] 宋人孙奕《示儿编》卷一六《杂记·事类》：“孟轲之母断机（《列女传》），乐羊之妻断织（《后》）。”乐羊子妻以“断织”励学，如同范晔著《后汉书》，专立《列女传》一样，具有明显的仿拟痕迹。

“孟母”故事在汉代形成广泛的影响，是有时代文化的特定背景的。

西汉时期，儒学地位在政治权力的作用下显著上升。这一历史变化的明显标志，是汉武帝时代完成了“罢黜百家，表章《六经》”[②] 的文化体制的转变。儒学因传承系统和流传地域不同而出现的各个学派，在当时走向逐渐一致。这一时期，儒学在以齐鲁为基地向西传布的过程中，一方面进行着自身的学术改造，一方面完成着自身的学术统一。儒学在社会作用空前提升的同时显露出渗入社会生活各个细部的趋向。儒学与民间巫术的结合，也有充分的历史文化遗存以为证明。儒学在社会各个层次的普及，在很大程度上是通过教育的方式实现的。东汉王朝重视太学建设，而私学在民间又有极大的影响。据《后汉书》卷七九上《儒

---

① 《后汉书》卷八四《列女传·吴许升妻》写道，吴人许升妻吕荣屡屡劝说许升“修学”，“数劝升修学，每有不善，辄流涕进规”。“升感激自厉，乃寻师远学，遂以成名。”应是与“乐羊子妻”意义类似的事迹。参看王子今：《汉代社会的读书生活》，《大连图书馆百年纪念学术论文集》，万卷出版公司 2007 年 11 月版。

② 《汉书》卷六《武帝纪赞》。

林列传上》，曹曾“门徒三千人”。牟纡“隐居教授，门生千人”。宋登“教授数千人”。杨伦“讲授于大泽中，弟子至千余人”。据《后汉书》卷七九下《儒林列传下》，杜抚“弟子千余人”。丁恭“诸生自远方至者，著录数千人”。楼望“诸生著录九千余人”。张玄“诸儒皆伏其多通，著录千余人”。谢该“门徒数百千人”。许慎“门徒常千人，其著录者万六千人”。当时的私学规模，“若乃经生所处，不远万里之路，精庐暂建，赢粮动有千百，其耆名高义开门受徒者，编牒不下万人”。正是在这样一种教育高潮期，家族内教育的积极性也得到开发。

一些家族中以“母道”[①] “母德”[②] 为形象标志的知识女性，承担了推广教育的责任。汉文帝皇后窦姬重视黄老之学，她以宗族和政治两方面的强势地位使得子孙们都受到相应的“教化”。司马迁《史记》卷四九《外戚世家》记载：“窦太后好黄帝、老子言，帝及太子诸窦不得不读《黄帝》《老子》，尊其术。”她的文化倾向，直到其孙儿汉武帝刘彻登基后依然有显著的影响。《后汉书》卷一〇上《皇后纪上·和熹邓皇后》记载：“（延平）六年，太后诏征和帝弟济北、河间王子男女年五岁以上四十余人，又邓氏近亲子孙三十余人，并为开邸第，教学经书，躬自监试。”这是又一例皇家女性尊贵者指导“子孙”“勤学”的史例[③]。平民社会中女子鼓励和支持晚辈求学的实例，则有《太平御览》卷六九七引《列女传》：“翟方进学于京师，后母怜其幼，随之长安，织履以给之。”

东汉才女班昭，既是成功的史学家、文学家，也是著名的教

①《列女传·母仪传·弃母姜嫄》：“颂曰：……卒为帝佐，母道既毕。”
②《列女传·母仪传·楚子发母》：“颂曰：……君子嘉焉，编于母德。”
③参看王子今：《两汉童蒙教育》，《史学集刊》2007年第3期。

育家。《后汉书》卷八四《列女传·曹世叔妻》写道："扶风曹世叔妻者，同郡班彪之女也，名昭，字惠班，一名姬。博学高才。世叔早卒，有节行法度。兄固著《汉书》，其八表及《天文志》未及竟而卒，和帝诏昭就东观臧书阁踵而成之。帝数召入宫，令皇后诸贵人师事焉，号曰'大家'。""大家"即大姑[①]，班昭在宫中以既长既师的身份，承担了教育的职责。《后汉书》卷一〇上《皇后纪上·和熹邓皇后》说，汉和帝皇后邓绥"六岁能史书，十二通《诗》《论语》"，"志在典籍，不问居家之事"，"家人号曰'诸生'"。而十五岁入宫后，即从学于班昭。"自入宫掖，从曹大家受经书，兼天文、筭数。"接受了更正规的教育。当时著名大儒马融，也曾经从班昭研读《汉书》。杜甫《奉贺阳城郡王太夫人恩命贺邓国太夫人》诗写道："奕叶班姑史，芬芳孟母邻。义方兼有训，词翰两如神。委曲承颜体，鶱飞执主身。可邻忠与孝，双美画麒麟。"[②]即说明了班昭与"孟母"的继承关系。而班昭曾经为《列女传》作注，也是见诸史籍的。在杜甫笔下，"忠与孝"是"双美"。就教育史上的成就而言，"奕叶班姑史，芬芳孟母邻"也是"双美"。

在汉魏之际因活跃政治表演而声名显赫的锺会，据《三国志》卷二八《魏书·锺会传》说，"少敏惠夙成"。五岁时，往见中护军蒋济，蒋济有"非常人也"的评价。裴松之注引其母传："夫人性矜严，明于教训，会虽童稚，勤见规诲。年四岁授《孝经》，七岁诵《论语》，八岁诵《诗》，十岁诵《尚书》，十一诵《易》，十二诵《春秋左氏传》《国语》，十三诵《周礼》《礼记》，十四诵成侯《易

---

①〔清〕吴玉搢《别雅》卷二"大姑大家也"条："《后汉书·列女传》'曹大家'，即大姑也。'姑'、'家'声近，故字亦通用。"

②《九家集注杜诗》卷三四。

记》，十五使入太学问四方奇文异训。谓会曰：'学猥则倦，倦则意怠；吾惧汝之意怠，故以渐训汝，今可以独学矣。'[①]雅好书籍，涉历众书，特好《易》《老子》，每读《易》孔子说鸣鹤在阴、劳谦君子、籍用白茅、不出户庭之义，每使会反覆读之，曰：'《易》三百余爻，仲尼特说此者，以谦恭慎密，枢机之发，行己至要，荣身所由故也，顺斯术已往，足为君子矣。'正始八年，会为尚书郎，夫人执会手而诲之曰：'汝弱冠见叙，人情不能不自足，则损在其中矣，勉思其戒！'"锺会日后的政治方向姑且不论，他在自我设计的特定的人生道路上取得的成功，显然与他母亲的引导和教育有直接的关系。锺会母亲的"教训"和"规诲"，得体得法[②]。其内容，包括人生的哲理和历史的经验，也包括全面的文化知识。而"以渐训"的程序步骤，提供了成功教育的典范。而蒙学初级阶段最终实现"独学"境界的追求，也体现了教育思想和教育方式的成熟。

就《列女传·母仪传》各篇"颂曰"的内容看[③]，《启母涂山》"教训以善"，《汤妃有㜪》"化训内外"，又《契母简狄》："教以事理，推恩有德。契为帝辅，盖母有力。"《鲁季敬姜》："通达知礼，德行光明。匡子过失，教以法理。""教训""化训"的主题是"德"。"孟母三徙"或"孟母三迁"所谓"教化列分"，所谓"使从大伦"，也首先强调的是道德导向。实际上，"教以事理"与"教以法理"，也许提示了更宽广的教育内容。而锺会故事所见母亲主持的早期教育偏重文化偏重理论的倾向的出现，也是我们在思

---

①《太平御览》卷六一三引《锺会母传》："夫人明于教训。会虽童稚，勤见规诲。年四岁受《孝经》，十五入大学。谓会曰：'学猥则倦，倦则意怠。吾惧汝之怠，故以渐训汝，今可以独学矣。'"

②参看王子今：《汉代神童故事》，《学习时报》2007年6月25日。

③据《颜氏家训·书证》，《列女传》"向所造，其子歆又作'颂'"。

考汉代文化史时应当予以特别注意的。以往幼儿教育史的总结强调道德教育的主题，有学者说："自汉代以来，不管蒙养教育的内容如何，方法如何，千篇一律都是教人'向善背恶'，或以圣人的嘉言善行，启发童蒙；或以道德的说教，训戒童蒙；或以生活中的道德礼仪，去规范童蒙。"[1] 现在看来，这样的结论可能并不准确。如果我们以为"汉代以来"的"蒙养教育"果真"千篇一律都是""道德"主题，则可能忽略许多家庭"以智育为主的幼教方式"，忽略成人社会"特别关心子弟智力方面的表现"[2] 的用心。

①乔卫平、程培杰：《中国古代幼儿教育史》，安徽教育出版社 1989 年 7 月版，第 157 页。

②熊秉真：《童年忆往：中国孩子的历史》，麦田出版股份有限公司 2000 年 4 月版，第 89 页，第 88 页。

五　“神童”的出现

“秦项橐”故事

《战国策》和《史记》可见“项橐”故事,这位颇有识见的神童据说曾经“为孔子师”。或说《论语·子罕》中的“达巷党人”就是“项橐”。“项橐”故事在汉代得以广泛流传。《新序》所见“秦项橐”的说法,应与《秦策》记录“甘罗”事迹有关,很可能也与“秦人爱小儿”的文化风格有关。

1. “秦项橐七岁为圣人师”

《新序》卷五《杂事》有一段引录孔子“后生可畏”名言的文字,说到所谓“秦项橐”故事:

> 齐有闾丘卬,年十八,道遮宣王,曰:“家贫亲老,愿得小仕。”宣王曰:“子年尚稚,未可也。”闾丘卬曰:“不然,昔有颛顼,行年十二而治天下,秦项橐七岁为圣人师,由此观之,卬不肖耳,年不稚矣。”宣王曰:“未有咫角骖驹而能服重致

远者也，由此观之，夫士亦华发堕颠而后可用耳。”闾丘卬曰：“不然。夫尺有所短，寸有所长，骅骝绿骥，天下之俊马也，使之与狸鼬试于釜灶之间，其疾未必能过狸鼬也；黄鹄白鹤，一举千里，使之与燕服翼，试之堂庑之下，庐室之间，其便未必能过燕服翼也。辟闾巨阙，天下之利剑也，击石不缺，刺石不锉，使之与管槁决目出眯，其便未必能过管槁也，由此观之，华发堕颠，与卬何以异哉？”宣王曰：“善。子有善言，何见寡人之晚也？”卬对曰：“夫鸡豚讙嗷，即夺钟鼓之音；云霞充咽，则夺日月之明；谗人在侧，是以见晚也。《诗》曰：‘听言则对，谮言则退。’庸得进乎？”宣王拊轼曰：“寡人有过，寡人有过。”遂载与之俱归而用焉。故孔子曰：“后生可畏，安知来者之不如今？”此之谓也。

这段文字讲述了少年有志则可以超越成年人的道理，孔子的话可以看作总结性的评论：“后生可畏，安知来者之不如今？”孔子语录包涵着历史辩证法因素，体现出一种积极的历史乐观主义精神。

“项橐”故事传递了多种文化信息。我们认为更值得重视的，是“秦项橐”即以为“项橐”是秦人的说法。

2.“项橐”故事的早期记录

“项橐”故事较早见于《战国策》和《史记》。

《战国策·秦策五》“文信侯欲攻赵以广河间”题下写道：

文信侯欲攻赵以广河间，使刚成君蔡泽事燕三年，而燕太子质于秦。文信侯因请张唐相燕，欲与燕共伐赵，以广河间之地。张唐辞曰:“燕者必径于赵,赵人得唐者,受百里之地。”文信侯去而不快。少庶子甘罗曰:“君侯何不快甚也?”文信侯曰:“吾令刚成君蔡泽事燕三年,而燕太子已入质矣。今吾自请张卿相燕,而不肯行。”甘罗曰:“臣行之。”文信君叱去曰:“我自行之而不肯,汝安能行之也?”甘罗曰:“夫项橐生七岁而为孔子师,今臣生十二岁于兹矣!君其试臣,奚以遽言叱也?”

甘罗见张唐曰:“卿之功,孰与武安君?”唐曰:“武安君战胜攻取,不知其数;攻城堕邑,不知其数。臣之功不如武安君也。”甘罗曰:“卿明知功之不如武安君欤?”曰:“知之。”“应侯之用秦也,孰与文信侯专?”曰:“应侯不如文信侯专。”曰:“卿明知为不如文信侯专欤?”曰:“知之。”甘罗曰:“应侯欲伐赵,武安君难之,去咸阳七里,绞而杀之。今文信侯自请卿相燕,而卿不肯行,臣不知卿所死之处矣!”唐曰:“请因孺子而行!”令库具车,厩具马,府具币,行有日矣。甘罗谓文信侯曰:“借臣车五乘,请为张唐先报赵。”

见赵王,赵王郊迎。谓赵王曰:“闻燕太子丹之入秦与?”曰:“闻之。”“闻张唐之相燕与?”曰:“闻之。”“燕太子入秦者,燕不欺秦也。张唐相燕者,秦不欺燕也。秦、燕不相欺,则伐赵,危矣。燕、秦所以不相欺者,无异故,欲攻赵而广河间也。今王赍臣五城以广河间,请归燕太子,与强赵攻弱燕。”赵王立割五城以广河间,归燕太子。赵攻燕,得上谷三十六县,与秦什一。

我们看到,鼓舞和激励“生十二岁”的“孺子”甘罗取得成功的,是所谓“项橐生七岁而为孔子师”。

《史记》卷七一《樗里子甘茂列传》也有关于甘罗事迹的记载，甘罗说服吕不韦时，同样举“项橐生七岁为孔子师”事，相关细节似更为具体：

> 秦始皇帝使刚成君蔡泽于燕，三年而燕王喜使太子丹入质于秦。秦使张唐往相燕，欲与燕共伐赵以广河间之地。张唐谓文信侯曰：“‘臣尝为秦昭王伐赵，赵怨臣，曰：‘得唐者与百里之地。’今之燕必经赵，臣不可以行。”文信侯不快，未有以强也。甘罗曰：“君侯何不快之甚也？”文信侯曰：“吾令刚成君蔡泽事燕三年，燕太子丹已入质矣，吾自请张卿相燕而不肯行。”甘罗曰：“臣请行之。”文信侯叱曰：“去！我身自请之而不肯，女焉能行之？”甘罗曰：“大项橐生七岁为孔子师。今臣生十二岁于兹矣，君其试臣，何遽叱乎？”
>
> 于是甘罗见张卿曰：“卿之功孰与武安君？”卿曰：“武安君南挫强楚，北威燕、赵，战胜攻取，破城堕邑，不知其数，臣之功不如也。”甘罗曰：“应侯之用于秦也，孰与文信侯专？”张卿曰：“应侯不如文信侯专。”甘罗曰：“卿明知其不如文信侯专与？”曰：“知之。”甘罗曰：“应侯欲攻赵，武安君难之，去咸阳七里而立死于杜邮。今文信侯自请卿相燕而不肯行，臣不知卿所死处矣。”张唐曰：“请因孺子行。”令装治行。行有日，甘罗谓文信侯曰：“借臣车五乘，请为张唐先报赵。”文信侯乃入言之于始皇曰：“昔甘茂之孙甘罗，年少耳，然名家之子孙，诸侯皆闻之。今者张唐欲称疾不肯行，甘罗说而行之。今愿先报赵，请许遣之。”始皇召见，使甘罗于赵。
>
> 赵襄王郊迎甘罗。甘罗说赵王曰：“王闻燕太子丹

入质秦欤？”曰：“闻之。”曰：“闻张唐相燕欤？”曰：“闻之。”“燕太子丹入秦者，燕不欺秦也。张唐相燕者，秦不欺燕也。燕、秦不相欺者，伐赵，危矣。燕、秦不相欺无异故，欲攻赵而广河间。王不如赍臣五城以广河间，请归燕太子，与强赵攻弱燕。”赵王立自割五城以广河间。秦归燕太子。赵攻燕，得上谷三十城，令秦有十一。

《战国策》“项橐”，《史记》作“大项橐”，司马贞《索隐》：“音托。尊其道德，故云‘大项橐’。”所谓“大项橐”的“大”，是否表示“尊其道德”，可能还有讨论的必要。《四库全书考证》卷二四《史部·史记下》：“‘夫项橐生七岁为孔子师。’案毛本《索隐》‘夫’作‘大’，注云：‘尊其道德，故云大项橐。’各本‘大’俱作‘夫’，或《正义》本与《索隐》异，姑仍之。又《索隐》‘故云大项橐’，刊本脱‘大’字，据毛本改。”笔者曾经以为“大项橐”可能是“夫项橐”的误写[①]。然而山东平阴出土汉画像石所见“孔子见老子”画面，“右边一人躬身向左，脑后榜题‘老子’；其前一小儿与之对立，小儿手上扬，头上方榜题‘太□诧(詑？)’小儿身后为孔子及其弟子，共12人，除左边第二人外，皆向右立。最前面的孔子躬身侧立，脑后榜题‘孔子’；其后为‘左丘明’、‘颜渊’，皆躬身侧立；颜渊之后的‘闵子’回头与‘伯牛’对话；其后为‘冉仲

---

① 《战国策·秦策五》：“甘罗曰：‘夫项橐生七岁而为孔子师，今臣生十二岁于兹矣！君其试臣，奚以遽言叱也？’”《太平御览》卷四〇四引《春秋后语》：“甘罗请张唐相燕，吕不韦叱曰：‘我自请不行，汝安能行之！’甘罗曰：‘夫项橐十岁为孔子师，今臣十二岁矣。君其试臣，何遽叱乎？’”王子今：《“秦项橐”故事考议》，《秦文化论丛》第14辑，三秦出版社2007年10月版。

弓’、‘□□’、‘子赣’、‘冉□□’,其后三人榜题不清，最后二人相对而语。”[1] 其中“太□诧(?)”,应当就是“太后讬”。“太后讬”即“大项橐”的文化地位,超过了“受业身通”,“皆异能之士”[2],又“崇仁厉义”[3] 的“仲尼弟子”们。看来,汉代曾经通行“大项橐”称谓。而有些“夫项橐”写法,反而有可能是“大项橐”的讹误。

《论语·子罕》:“达巷党人曰:‘大哉孔子！博学而无所成名。’子闻之,谓门弟子曰:‘吾何执？执御乎？执射乎？吾执御矣。’”《汉书》卷五六《董仲舒传》载董仲舒对策,其中说道:“此亡异于达巷党人,不学而自知。”颜师古注引孟康曰:“人,项橐也。”《史记》卷四七《孔子世家》称之为“达巷党人童子”。孟康所说或许本此。方观旭《论语偶记》说:“《史记·孔子世家》称‘达巷童子’。童子而知圣学之博,正不学自知者。《四书考异》以为不本正典不足信[4],然汉人相传如此,当必有据。”

对于“项橐”故事,论者以为“汉人相传如此,当必有据”。其实后来有人是持怀疑态度的。唐人皮日休《文薮》卷七专有“无项讬”条,否定“项讬”事迹的真实性[5]。对于“项橐”故事的

---

①平阴县博物馆:《山东平阴县实验中学出土汉画像石》,《华夏考古》2008年第3期。

②《史记》卷六七《仲尼弟子列传》。

③《史记》卷一三〇《太史公自序》。

④〔清〕翟灏:《四书考异》。

⑤〔唐〕皮日休《文薮》卷七“无项讬”条:“符朗著《符子》,言项讬诋訿夫子之意者,以吾道将不胜于黄老,呜呼！孔子门,唯称少,故仲尼曰:颜氏之子,其殆庶几乎！又曰:贤哉回也！叹其道与己促,固不足夫蔽之也。如讬之年,与回少远矣;讬之智,与回又远矣。岂仲尼不称之于其时耶？夫四科之外,有七十子;七十子外,有三千之徒。其人也有一善,仲尼未尝不称之。岂于项氏独掩其贤哉？必不然也。呜呼,项氏之有无,(转下页)

起源，学人亦颇有疑议。如宋代学者王应麟《困学纪闻》卷七："甘罗曰：'项橐七岁为孔子师。'董仲舒对策：'此亡异于达巷党人，不学而自知。'孟康注：'人，项橐也。'《隶释》载《逢盛碑》以为'后橐'。孟康之说未知所出，《论语》注疏无之。"①考论其是否"有据"自然重要，不过，也许分析"汉人相传如此"这一文化现象，也是有意义的。

3."项橐"故事在汉代的流传

《淮南子·说林》："吕望使老者奋，项讬使婴儿矜，以类相慕。"高诱注："项讬年七岁，穷难孔子而为之作师，故使小儿之畴自矜大也。"《淮南子·修务》也写道："夫项讬七岁为孔子师，孔子有以听其言也。"

《论衡·实知》讨论"圣人"是否"不学自知，不问自晓"时，也涉及"项橐"故事。王充写道：

> 难曰："夫项讬年七岁教孔子。案七岁未入小学，而教孔子，性自知也。孔子曰：'生而知之，上也；学而知之，其次也。'②夫言生而知之，不言学问，谓若项讬之类也。王莽之时，勃海尹方年二十一，无所师友，性智开敏，明达六艺。魏都牧淳于仓奏：'方不学，得文能读诵，论义引五经文，文说

（接上页）亦如乎庄周称盗跖、渔父也，墨子之称噻戻、娟婵也。岂足然哉！岂足然哉！"《皮日休文集》卷七《杂著》，《四部丛刊》景明本。参看萧涤非等整理《皮子文薮》上海古籍出版社1981年版第70页。《文薮》，《说郛》卷二六下引作皮日休《文薮杂著》。

①明人胡爌《拾遗录》沿袭此说。

②《论语·季氏》。

议事，厌合人之心。'帝征方，使射蜚虫，筴射无非知者[①]，天下谓之圣人。夫无所师友，明达六艺，本不学书，得文能读，此圣人也。不学自能，无师自达，非神如何？"

曰：虽无师友，亦已有所问受矣；不学书，已弄笔墨矣。儿始生产，耳目始开，虽有圣性，安能有知？项讬七岁，其三四岁时，而受纳人言矣[②]。尹方年二十一，其十四五时，多闻见矣。性敏才茂，独思无所据[③]，不睹兆象，不见类验，却念百世之后，有马生牛，牛生驴，桃生李，李生梅，圣人能知之乎？臣弑君，子弑父，仁如颜渊，孝如曾参，勇如贲、育，辩如赐、予，圣人能见之乎？孔子曰："其或继周者，虽百世可知也。"[④]又曰："后生可畏，焉知来者之不如今也？"[⑤]论损益，言"可知"；称后生，言"焉知"。后生难处，损益易明也。此尚为远，非所听察也。使一人立于墙东，令之出声，使圣人听之墙西，能知其黑白、短长、乡里、姓字、所自从出乎？沟有流堑，泽有枯骨，发首陋亡，肌肉腐绝，使圣人询之，能知其农商、老少、若所犯而坐死乎[⑥]？非圣人无知，其知无以知也。知无以知，非问不能知也。不能知，则贤圣所共病也。

王充的分析自有认识论方面的深意，我们更为注意的，是"项橐"故事在汉代广泛流行的文化史的事实。

①黄晖《论衡校释》："'非'当为'弗'。"
②黄晖《论衡校释》："'而'读'能'。"
③《太平御览》卷九七〇引作"使圣人空坐独思"。
④《论语·为政》。
⑤《论语·子罕》。
⑥黄晖《论衡校释》："'若'犹'与'也。"

《隶释》卷一〇《童子逢盛碑》赞扬“年十二而夭”的逢盛“聪睿敏达”,有“才亚后橐,当为师楷”的文字。洪适说:“其文云‘才亚后橐,当为师楷’,甘罗曰‘项橐七岁为孔子师’,《董仲舒传》孟康以‘达巷党人’为项橐,《赵广汉传》‘鲘箭’之‘鲘’音‘项’。碑以童子当为师楷,故比之项橐。‘后’‘鲘’偏旁相类,‘鲘’有‘项’音,故借‘后’为‘鲘’,又借‘鲘’为‘项’也。”

汉代文化遗存中的这一现象,应当是社会意识的反映。看来,“项橐”事迹在当时是相当普及的历史知识。

4. 名列神童榜的“项橐”

《文选》卷二〇颜延年《皇太子释奠会诗》:“庶士倾风,万流仰镜。”李善注引嵇康《高士传》:“孔子问项橐曰:‘居何在?’曰:‘万流屋。’注:‘言与万物同流匹也。’”论者或以为“语实鄙弱”[①],然而由此可知在汉晋之际,“项橐”故事的传播又有新的情节。《正诬论》说:“颜、项夙夭,夷、叔馁死,比干尽忠而有剖心之祸,申生笃孝而致雉经之痛。”[②]“颜、项”连称,以“项橐”与“颜回”并列。《三国志》卷二五《魏书·杨阜传》裴松之注引皇甫谧《列女传》赵昂妻语,有所谓“夫项讬、颜渊,岂复百年,贵义存耳”。《颜氏家训·归心》也说到“项橐、颜回之短折,原宪、伯夷之冻馁,盗跖、庄蹻之福寿,齐景、桓魋之富强”。“项橐”又名列“颜回”之前,尤为引人注目。似乎人们确实是将“项橐”作为“圣人师”“孔子师”看待的。

---

①〔清〕俞正燮:《癸巳类稿》卷一一《项橐考》,《俞正燮全集》,黄山书社2005年9月版,上册第525—527页。

②《释文纪》卷四五。

后来，“项橐”又成为著名神童而受到尊重。

元人陈世隆《北轩笔记》写道：“《庄子》逸篇：‘蒲衣八岁而舜师之。’《战国策》：‘甘罗言：项橐七岁为孔子师。’古之圣贤必有师，其名见书传间多矣。蒲衣、项橐，诚何如人？《列女传》：‘罣子生五岁而赞禹言。’幼悟者，三子其最乎！桓谭《新论》云：‘殷之伊尹，周之太公，秦之百里奚，咸有天才，皆年七十余乃升为王霸师。’[①]是皆学行之成于晚者，乃知生而颖异者，世不常有，或遭坎壈而失诸盛年者，犹当晚学不可遽自弃也。”明人陈士元《名疑》卷二也说：“达巷党人，颜师古《汉书注》云：‘项橐也。’此必有据。古今幼悟绝伦者有三人：蒲衣八岁而友舜，睾子五岁而赞禹言，项橐七岁而为孔子师。”明徐应秋《玉芝堂谈荟》卷四“七岁有圣德”条写道：“古人夙慧可记者，神农之子炎帝柱，七岁而有圣德。见《路史》。颛顼年十二而治天下。见《新序》。满衣八岁为舜师。见皇甫谧《高士传》。荀仲豫称禹十二岁为司空。见《傅子》。罣子生五岁而佐禹。见《列女传》。项橐生七岁为孔子师。见《新序》。甘罗十二卦上卿。见《战国策》。王子晋生八岁而服师旷。见《尸子》。”又明胡应麟《少室山房笔丛》卷六《史书占毕二・外篇》也说，“世知项橐八岁而师孔，而不知蒲衣八岁而师舜也。甘罗十二上卿，少矣。而伯益五岁掌火，尤少也。唐文十八创业，少矣。而放勋十六配天，尤少也”。所谓“幼悟绝伦”，所谓“夙慧可记”，“项橐”是公认的典型之一。

有人甚至以“鲁连之屈田巴，项讬之抗孔叟”并称[②]，是在肯定“项橐”“幼悟”“夙慧”的同时，赞扬了其不畏威权的性格。

---

①《太平御览》卷四〇四引桓谭《新论》。

②〔南朝宋〕释慧琳《龙光寺竺道生法师诔并序》，《广弘明集》卷二三。

"秦项橐七岁为圣人师",也有说"八岁"的[①],或说应为"十岁"[②],然而普遍的认识,是"项橐七岁"[③]。

汉代画像资料中所见"项橐",往往立于被命名为"孔子见老子"的画面中间,手持一竿,下有车轮。有的画面所持物上有鸟形装饰。这应当就是鸠车[④]。鸠车在画面中的作用,正是为了标示人物的年龄。宋张世南《游宦纪闻》卷五:"鸠车,儿戏之物。"元陶宗仪《辍耕录》卷一七:"鸠车,儿戏之具。"[⑤]这种玩具又成为儿童年龄的标志物。《锦绣万花谷》前集卷一六引《博物志》:"鸠车竹马。小儿五岁曰鸠车之戏,七岁曰竹马之戏。"《绀珠集》卷一三:"竹马鸠车。王元长曰:'小儿五岁曰鸠车之戏,七岁曰竹马之戏。'"《类说》卷二三及卷六〇都写道:"鸠车竹马。王元长曰:'小儿五岁曰鸠车之戏,七岁曰竹马之游。"[⑥]这样看来,在汉代画像创作者的意识中,"项橐"的年龄绝不会是"十岁",而有可能比"七岁"还要年幼。

---

①〔明〕胡应麟《少室山房笔丛》卷六《史书占毕二・外篇》:"世知项橐八岁而师孔。"

②《论衡・实知》:"云项讬七岁,是必十岁。"《太平御览》卷四〇四引《春秋后语》:"甘罗曰:'夫项橐十岁为孔子师。'"

③〔清〕俞正燮:《癸巳类稿》卷一一《项橐考》说:"谓项讬十岁,则《论衡》私议矣。"《俞正燮全集》,上册第527页。刘盼遂说:"《天中记》引《图经》云:'项橐,鲁人。十岁而亡,时人尸而祝之,号小儿神。'是仲任定项讬十岁,竟有据也。俞理初必以论衡为私议,失之拘墟矣。"黄晖《论衡校释》:"《御览》四〇四引《春秋后语》作'十岁',误。"中华书局1990年2月版,第4册第1080页,第1076页。然而说"项橐""十岁而亡",并非说见孔子时已是十岁。

④参看王子今:《汉代民间的玩具车》,《文物天地》1992年第2期。

⑤〔明〕方以智《通雅》卷三三《器用・古器》同。

⑥《海录碎事》卷八上,《谈苑》卷四同。

5. 关于“秦项橐”

俞正燮《项橐考》说：“《新序·杂事五》云：‘秦项橐七岁为圣人师。’则项橐是秦人。”①《新序》所谓“秦项橐”，清人潘维城《论语古注集笺》：“《新序·杂事》篇……以项橐为秦人，此当由甘罗尝言之，故以为秦人。”这是对于“秦项橐”由来的一种解释。其实，“项橐”故事较早见于《秦策》，应当也是进行相关分析值得注意的线索之一。

不过，由于“项橐”事迹与孔子有密切的关系，而考虑到唐代学者韩愈“孔子西行不到秦”的名言②，则“秦项橐”之说不免可疑。也有对韩愈的说法持异议者。如宋代学者王应麟《困学纪闻》卷一八：“致堂曰：韩退之赋石鼓曰：孔子西行不到秦，故不见录。孔子编诗岂必身历而后及哉？信斯言也，《车邻》《驷铁》胡为而收之也？”这一意见否定韩说，而依然认定孔子不曾“身历”秦地。程大昌《澹台祠友教堂记》也写道：“夫子尝欲适赵，及河而返，曰：‘洋洋乎丘之不济此，命也。’韩愈亦曰：‘孔子西行不到秦。’是秦、赵之地，皆未始经行也。”③

《列子·汤问》：“孔子东游，见两小儿辩斗。问其故。一儿曰：‘我以日始出时去人近，而日中时远也。’一儿‘以日初出远，而日中时近也’。一儿曰：‘日初出大如车盖；及日中，则如盘盂：此不为远者小而近者大乎？’一儿曰：‘日初出沧沧凉凉；及其日中如探汤：此不为近者热而远者凉乎？’孔子不能决也。两小儿笑曰：‘孰为汝多知乎？’”有人以此“两小儿”事与“项橐”相联

---

①《俞正燮全集》，上册第525—526页。

②〔唐〕韩愈：《石鼓歌》，〔宋〕魏仲举编《五百家注昌黎文集》卷五。

③《江城名迹》卷一，《江西通志》卷一二五。

系，则“孔子东游”提示的方向也应当不涉及秦地。

程树德《论语集释》在“达巷党人”句下对“项橐”事有所讨论。其中引录《一统志》：“达巷在滋阳县西北五里，相传即达巷党人所居。”并引《礼记·曾子问》：“子曰：‘昔者吾从老聃助葬于巷党。’”又写道：“其地当在王畿，滋阳今属兖州府。此出方志附会，未敢信也。”①

《元丰九域志》卷一《京东路·郓州》所列“古迹”有“项橐墓”。其地与“兖州府”相近。此说与《天中记》引《图经》所谓“项橐，鲁人”相合。又有“项橐”遗迹在山西的说法。《明一统志》卷二一《汾州府》：“项橐祠在州城西北三十五里。”《大清一统志》卷一〇六《汾州府》：“项橐祠在汾阳县西三十里。”《山西通志》卷一六五《汾州府》：“项橐祠在西三十里。”此皆“出方志附会，未敢信也”，然而也可以说明“项橐”传说影响之广大。

“秦项橐”的说法形成甚早，探究其原因，也许应当注意秦人爱重儿童这一文化特征。《史记》卷一〇五《扁鹊仓公列传》记载：

> 扁鹊名闻天下。过邯郸，闻贵妇人，即为带下医；过雒阳，闻周人爱老人，即为耳目痹医；来入咸阳，闻秦人爱小儿，即为小儿医；随俗为变。

“秦人爱小儿”，与赵地“贵妇人”、“周人爱老人”同样成为地域文化的鲜明特色。受到史家重视的与“周人爱老人”正相对应的“秦人爱小儿”现象，应当与秦文化重于进取的倾向有密切关系。

①程树德：《论语集释》，中华书局1990年8月版，第2册第568页。

这一风习，也使我们联想到草原畜牧民族“壮者食肥美，老者食其余；贵壮健，贱老弱”的风俗传统。而匈奴文化这一特征的形成，据说可以于“以战攻为事”之情形寻找原因[①]。

圣童·奇童·神童

秦汉时期的神异儿童多有值得重视的历史表现。《太平御览》卷三八四引《东观汉记》说到张堪“年六岁”，“才美而高，京师号曰‘圣童’”事[②]。大致正是在汉代前后，又出现了“神童”称谓[③]。“神童”故事的发生与传播，体现出社会文化的繁荣和民间教育的进步。从未成年人生活史和未成年人教育史的角度考察，相关文化现象也值得特别重视。

汉代神童故事，都是在特定的时代背景下发生的。当时社会比较普遍地重视读书，重视学习，应当是神童较大面积出现的文化因素和历史因素。而汉代社会具有比较积极的崇尚奋发进取

---

①《史记》卷一一〇《匈奴列传》。司马迁还写道：“汉使或言曰：‘匈奴俗贱老。’中行说穷汉使曰：‘而汉俗屯戍从军当发者，其老亲岂有不自脱温厚肥美以赍送饮食行戍乎？’汉使曰：‘然。’中行说曰：‘匈奴明以战攻为事，其老弱不能斗，故以其肥美饮食壮健者，盖以自为守卫，如此父子各得久相保，何以言匈奴轻老也？’”

②〔明〕徐应秋《玉芝堂谈荟》卷四“七岁圣”条：“《益都耆旧传》：张霸七岁通《春秋》，号为‘圣童’。《后汉书》：张堪六岁受业，号‘圣童’。”

③有学者指出，“民众对早慧的推崇并不是汉代才出现的。目前可以肯定的是，早在春秋时期，人们对早慧的评价已经较高。”崔建华：《秦汉社会对早慧现象的认知》，《社会科学战线》2014 年第 11 期。但是应当注意到，“神童”称谓出现并形成深刻的社会影响，是带有鲜明时代特征的文化现象。

的“少年”精神，或许也是神童故事得以发生和传播的条件之一。

1. 雄子神童乌

《华阳国志·先贤士女总赞论》关于扬雄的赞颂之辞中，有这样的文句：“雄子神童乌，七岁预雄《玄》文。年九岁而卒。”《华阳国志·后贤志》附《益梁宁三州先汉以来士女目录》列有“文学神童杨乌”，本注：“雄子也，七岁预父《玄》文，九岁卒。”说扬雄的儿子杨信，字子乌，七岁的时候就对扬雄著《太玄》有所助益。《法言·问神》：“育而不苗者，吾家之童乌乎。九龄而与我《玄》文。”《太平御览》卷三八五引《刘向别传》：“杨信字子乌，雄第二子，幼而明慧。雄笔《玄经》不会，子乌令作九数而得之。雄又拟《易》‘羝羊触藩’，弥日不就。子乌曰：‘大人何不云荷戟入榛？’”《太平御览》卷五五六引桓谭《新论》：“杨子雄为郎，居长安，素贫。比岁亡其两男，哀痛之，皆持归葬于蜀，以此困乏。”

一说“七岁预雄《玄》文”，“七岁预父《玄》文”；一说“九龄而与我《玄》文”。无论“七岁”和“九龄”孰正孰误，这个曾经给大学问家扬雄有所提示的儿童，都是“神童”。现在看来，杨信很可能是最早被称作“神童”的聪慧幼儿了①。

---

①《水经注》卷一一赵一清补《滹沱水》说到可能更早的“神童”：“王山祠下引《水经》云：行唐城内北门东侧祠后有神女庙，庙前有碑，其文云：王山将军，故燕蓟之神童，后为城神圣女者，此土华族石神夫人之元女。赵武灵王初营斯邑，城弥载不立，圣女发叹，应与人俱，遂妃神童，潜刊贞石，百堵皆兴，不日而就。故此神后之灵应不泯焉。”陈桥驿指出，赵一清说“现在都已无法考实”。陈桥驿：《水经注校释》，杭州大学出版社 1999 年 4 月版，第 215 页。今按：赵一清补《滹沱水》所说“神童”，其实与我们通常所说的“神童”不同。

《隶释》卷六《郎中郑固碑》说到“杨乌”：“先是君大男孟子，有杨乌之才，善性形于岐嶷，□□见于垂髦，年七岁而夭，大君夫人所共哀也，故建□共坟，配食斯坛，以慰考妣之心。”可知所谓“杨乌之才”，已经成为社会普遍认可的有关幼童智慧的标志性符号。

2. 曹冲的“智意”

《三国志》卷二〇《魏书·武文世王公传·邓哀王冲》说到曹操的爱子曹冲五六岁时“智意”已有若成人：“邓哀王冲字仓舒。少聪察岐嶷，生五六岁，智意所及，有若成人之智。”又引一生动实例以为说明：

> 时孙权曾致巨象，太祖欲知其斤重①，访之群下，咸莫能出其理。冲曰：“置象大船之上，而刻其水痕所至，称物以载之，则校可知矣。”太祖大悦，即施行焉。

曹冲的“智意”，还应用于帮助曹操调整政策倾向：“时军国多事，用刑严重。太祖马鞍在库，而为鼠所啮，库吏惧必死，议欲面缚首罪，犹惧不免。冲谓曰：‘待三日中，然后自归。’冲于是以刀穿单衣，如鼠啮者，谬为失意，貌有愁色。太祖问之，冲对曰：‘世俗以为鼠啮衣者，其主不吉。今单衣见啮，是以忧戚。’太祖曰：‘此妄言耳，无所苦也。’俄而库吏以啮鞍闻，太祖笑曰：‘儿衣在侧，尚

---

① “太祖欲知其斤重”，《太平御览》卷七六八作“太祖欲知其轻重”。中华书局用上海涵芬楼影印宋本1960年2月复制重印版，第3407页。文渊阁《四库全书》本《太平御览》卷一五一引《魏志》作“太祖欲知其觔重”。

啮，况鞍县柱乎？'一无所问。冲仁爱识达，皆此类也。凡应罪戮，而为冲微所辨理，赖以济宥者，前后数十。"

"年十三，建安十三年疾病，太祖亲为请命。及亡，哀甚。"曹冲以"微所辨理"，"济宥"，"应罪戮"者数十事，竟然都在十三岁前幼儿时。以曹操之大智，不可能全为曹冲"鼠啮衣""啮鞍"事例表现的聪慧所蒙蔽，大概亦多以接受委婉批评的形式乐意成全这种"济宥"的情形。

曹冲"称象"故事，曾经留下深刻的历史记忆。北周庾信《周大将军崔说神道碑》称颂崔说"特秉英灵"，言"称象于船，胜衣能对"。"称象于船"，注家引《魏志》曹冲故事[①]。唐人李乂诗作有"魏国君王称象处，晋家蕃邸化龙初"句[②]。对于曹冲测定"巨象""斤重"之方式的建议，人们多予称赞。唐末五代人李瀚《蒙求》："朱云折槛，申屠断鞅。卫玠羊车，王恭鹤氅。管仲随马，苍舒称象。丁兰刻木，伯瑜泣杖。"[③]"苍舒称象"被看作少儿应当习知的榜样。宋杨亿《大宋故光禄大夫检校太保左卫上将军兼御史大夫上柱国信国公食邑一千户食实封二百户追封周王谥悼献墓志铭》可见"标称象之能，叹苍舒之早世"文辞[④]。叶适《习学记言序目》卷二七《三国志》"魏志"条写道："仓舒童孺而有仁人之心，痕舟称象，为世开智物理，盖天禀耶。"宋费衮《梁溪漫志》卷八"称象出牛之智"条肯定曹冲智慧的启示意义："智之端，人

---

① 〔北周〕庾信撰，〔清〕倪璠注，许逸民校点：《庾子山集注》卷一三，中华书局1980年10月版，第774页。

② 《享龙池乐章十首》第八章，《旧唐书》卷三〇《音乐志三》；《唐享龙池乐章》第八章，《乐府诗集》卷七《郊庙歌辞》。

③ 《全唐诗》卷八八一。

④ 《武夷新集》卷一一《墓志三》。

皆有之，惟智过人者能发其端，后人触类而长之，无所不可。魏曹冲五六岁，有成人之智。孙权曾致巨象，曹操欲知其重，冲曰：‘置象大船之上，而刻其水痕所至，称物而载之，则校可知矣。’操大悦而行之。本朝河中府浮梁，用铁牛八维之，一牛且数万斤。治平中，水暴涨绝梁牵，牛没于河，募能出之者。真定府僧怀丙，以二大舟实土，夹牛维之，用大木为权衡状钩牛，徐去其土，舟浮牛出。转运使张焘以闻，赐以紫衣。此盖因曹冲之遗意也。”明胡应秋《玉芝堂谈荟》卷四“七岁又圣德”条将“曹冲六岁知称象以船刻其水痕”列入“古人夙慧可记者”。明胡应麟《少室山房笔丛》卷二二《华阳博议上》：“曹冲刻舟以称巨象，悬镜以舞山鸡，此类皆性识所钟，靡关学习。可名夙慧，不属多闻。”

清人何焯对曹冲“称象”事的真实性提出质疑。《义门读书记》卷二六《三国志·魏志》“邓哀王冲传”条写道：“孙策以建安五年死。时孙权初统事，至建安十五年，权遣步骘为交州刺史，士燮率兄弟奉承节度。此后或能致巨象。而仓舒已于建安十三年前死矣。知此事之妄饰也。置船刻水，疑算术中本有此法。《能改斋漫录》引《符子》所载燕昭王大豕命水官浮舟而量之事。”宋人吴曾《能改斋漫录》言浮舟量大豕事，其实是直接说道曹冲故事的。《能改斋漫录》卷二《事始》“以舟量物”条：“魏武帝时，孙权曾致巨象，武帝欲知其斤重。邓哀王曰：‘置象大船之上，而刻其水痕所至，称物以载之，则不校可知矣。’武帝实时行焉。时王方五六岁。予按。符子曰：‘朔人献燕昭王以大豕，曰养奚若。使曰：‘豕也，非大圊不居，非人便不珍。今年百二十矣，人谓豕仙。’王乃命豕宰养之，十五年，大如沙坟，足如不胜其体。王异之，令衡官桥而量之，折十桥，豕不量。命水官浮舟而量之，其重千钧，其巨无用’云云。乃知以舟量物，自燕昭时已有此法矣，不始于邓哀王也。”[①]

陈寅恪发现曹冲“称象”故事其实“为外国输入者”，“有佛教故事，辗转因袭杂糅附会于其间”，著文《三国志曹冲华佗传与佛教故事》，以为第一例。陈寅恪说，何焯《义门读书记》“知其事为妄饰”，吴曾《能改斋漫录》“谓其事已在前”，“然皆未得其出处也。”他指出，“考北魏吉迦夜共昙曜译杂宝藏经壹弃老国缘云：‘天神又问，此大白象有几斤？而群臣共议，无能知者。亦募国内，复不能知。大臣问父，父言，置象船上，着大池中，画水齐船，深浅几许，即以此船量石着中，水没齐画，则知斤两。即以此智以答。”陈寅恪认为，曹冲“称象”故事，即因此而附会：“寅恪案：杂宝藏经虽为北魏时所译，然其书乃杂采诸经而成，故其所载诸国缘，多见于支那先后译出之佛典中。如卷八之难陀与那伽斯那共论缘与那先比丘问经之关系，即其一例。因知卷壹之弃老国缘亦当别有同一内容之经典，译出在先。或虽经译出，而书籍亡逸，无可征考。或虽未译出，而此故事仅凭口述，亦得辗转流传

---

①《艺文类聚》卷九六引《符子》说“燕昭王”“大豕”故事，言及“浮舟”，却没有“浮舟而量之”情节：“邦人献燕昭王以大豕者，曰：‘于今百二十岁，邦人谓之豕仙。’其群臣言于昭王曰：‘是豕无用。’王命宰夫膳之。豕既死，乃见梦于燕相曰：‘今仗君之灵而化吾生也，始得为鲁津之伯。而浮舟者食我以粳粮之珍，而欣君之惠，将报子焉。’后燕相游于鲁津，有赤龟衔夜光而献之。”《太平御览》卷九〇三引《符子》曰：“朔人献燕昭王以大豕，曰‘养奚若’。使曰：‘豕也，非大圊不居，非人便不珍，今年百二十矣，人谓豕仙。’王乃命豕宰养之，十五年，大如沙坟，足如不胜其体。王异之，令衡官桥而量之，折十桥，豕不量。又命水官舟而量之。其重千钧。其巨无用，燕相谓王曰：‘奚不飨之、’王乃命宰夫膳之。夕见梦于燕相曰：‘造化劳我以豕形，食我以人秽，吾患其生久矣。仗君之灵，得化吾生，始得为鲁津之伯。’燕相游乎鲁津，有赤龟奉璧而献。”原注：“一云‘夜光珠’。”

至于中土，虽附会为仓舒之事，以见其智。但象为南方之兽，非曹氏境内所能有，不得不取其事与孙权贡献事混为一谈，以文饰之，此比较民族文学之通例也。”[①]

何焯及陈寅恪对曹冲“称象”故事提出的否定性意见，对于我们辨疑思考，是有启示意义的。然而以“建安十五年”孙权始控制“交州”行政，以为“此后或能致巨象”，而曹冲“已于建安十三年前死矣”，断定“此事之妄饰”，似稍嫌武断。《禹贡》说“扬州”“荆州”均有“齿革”之贡，孔颖达疏引孔氏传：“齿象至豫章。”《淮南子·地形》：“南方阳气之所积，暑湿居之。……其地宜稻，多兕象。”汉代野象的分布，也并不仅限于“交州”。据研究者绘制的《中国野生亚洲象分布北界变迁示意图》，“公元200多年至公元580多年”，其北界在秦岭淮河一线[②]。陈寅恪所举北魏时译经“置象船上，着大池中，画水齐船，深浅几许，即以此船量石着中，水没齐画，则知斤两”方式，推断：“亦当别有同一内容之经典，译出在先。或虽经译出，而书籍亡逸，无可征考。或虽未译出，而此故事仅凭口述，亦得辗转流传至于中土……”亦断定“附会为仓舒之事”。陈寅恪甚至就此对《三国志》记载的真实性也提出了意见[③]。不过，以为此“佛教故事”较“仓舒之事”为先，显然需要论证。而断定《符子》燕昭王“大豕”“舟而量之”事迹的

---

①陈寅恪：《寒柳堂集》，上海古籍出版社1980年6月版，第157—158页。

②文焕然：《再探历史时期中国野象的变迁》，文焕然等著：《中国历史时期植物和动物变迁研究》，重庆出版社2006年6月版。

③陈寅恪写道：“陈承祚著三国志，下笔谨严。裴世期为之注，颇采小说故事以补之，转失原书去取之意，后人多议之者。实则三国志本文往往有佛教故事，杂糅附益于其间，特迹象隐晦，不易发觉其为外国输入者耳。”举曹冲故事可以“证明之”。他认为，考察这一情形，“或亦审查古代史料真伪之一助也”。《寒柳堂集》，第157页。

生成和传播，其“出处”“为外国输入者”，也应有说服力足够的证据。

而且，即使可以判定曹冲“称象”故事为“妄饰”，为“附会”，还有其他事迹可以说明曹冲的智慧，并不影响他“少聪察岐嶷，生五六岁，智意所及，有若成人之智”的史实。裴松之注引《魏书》载魏文帝策所谓“俾聪哲之才，成于弱年”诸语，当然不可以理解为“妄饰”或“附会”。

3. “慧心”与“教训”

《艺文类聚》卷三一引《先贤行状》曰：“杜安入太学时，号曰‘神童’。时贵戚慕安高行，多有与书者，不辄发以虑后患，常凿壁藏书。当时皆嘉其虑远。”《后汉书》卷四三《乐恢传》说到“颍川杜安”。李贤注引《华峤书》曰：“安亦节士也，年十三入太学，号‘奇童’。洛阳令周纡自往候安，安谢不见。京师贵戚慕其行，或遗之书，安不发，悉壁藏之。及后捕案贵戚宾客，安开壁出书，印封如故。”也有杜安“号曰‘神童’”的说法[①]。

有学者把才学方面表现出异能的儿童，归为“才智型早慧”。如班固“年九岁，能属文诵诗赋”[②]；应奉“少聪明，自为童儿及长，凡所经履，莫不暗记。读书五行并下”[③]；荀爽“幼而好学，年十二，能通《春秋》《论语》”[④]；荀悦“年十二，能说《春秋》。家贫

---

①《册府元龟》卷七七三《幼敏第一》：“杜安，年十岁名称乡里，至十五入太学，号曰‘神童’。”

②《后汉书》卷四〇上《班固传》。

③《后汉书》卷四八《应奉传》。

④《后汉书》卷六二《荀爽传》。

无书，每之人间，所见篇牍，一览多能诵记”[①]；曹植“年十岁余，诵读《诗》《论》及辞赋数十万言，善属文”[②]等。论者以为体现的是“技艺、学问方面的优长”[③]。

《太平御览》卷三八五引《何晏别传》曰：“晏时小养魏宫，七八岁便慧心大悟，众无愚智莫不贵异之。魏武帝读兵书，有所未解，试以问晏，晏分散所疑，无不冰释。”神童何晏竟然熟悉兵学，其知识面之广，确实令人惊异。

在汉魏之际有非常政治表现的锺会，也是著名的“神童”。《三国志》卷二八《魏书 · 锺会传》说他“少敏惠夙成”。五岁时得蒋济“非常人也”的评价，裴松之注引其母传说其母“明于教训”，锺会时虽“童稚”，也能“勤见规诲”，“年四岁授《孝经》”，循序引导，终得成就学业。锺会后来的政治表现，史家多作负面评价[④]。然而就他自我规划的人生方向而言，在某种意义上依然可以说取得了成功。这种成功，与他母亲早期教育“以渐训”的用心有直接的关系。

可见，“神童”的出现，除了自在的“慧心”而外，也有“明于教训”“勤见规诲”的因素。

4.“神童”组合

《说郛》卷五七上陶潜《群辅录》说到东汉晚期在邻近地方

---

①《后汉书》卷六二《荀悦传》。

②《三国志》卷一九《魏书 · 曹植传》。

③崔建华：《秦汉社会对早慧现象的认知》，《社会科学战线》2014年第11期。

④如清代学者何焯就《三国志》卷二八《王毌丘诸葛邓锺传》发表的史评说：“诸人惟锺会可加以逆名。”〔清〕何焯著，崔高维点校：《义门读书记》卷二六《三国志 · 魏志》“王毋丘诸葛邓锺传”条，中华书局1987年6月版，第455页。

同时出现的五位“神童”，即所谓“济北五龙”：

> 胶东令卢氾昭字兴先，乐城令刚戴祈字子陵，颍阴令刚徐晏字孟平，泾令卢夏隐字叔世，州别驾蛇丘刘彬字文曜，一云世州。
>
> 右济北五龙，少并有异才，皆称“神童”。当桓灵之世，时人号为“五龙”。见《济北英贤传》。

在陶潜笔下，此“五龙”和“八俊”“八顾”“八及”并说，应当也是“桓灵之世”社会舆论人物品评的记录。

《山堂肆考》卷一〇三“济北五龙”条：“《济北英贤传》：纪昭、戴所、徐宴、夏隐、刘彬，时号为‘济北五龙’。按纪昭，汉桓灵时人。又晋索靖字幼安，燉煌人，少有逸群之量，与氾衷、张彪、索紾、索永俱诣太学，驰名海内，号‘燉煌五龙’。”[①] 名字或有异字，所说历史主题是一致的。

德才超逸人物形成组合力量，共同影响社会政治文化，从而受到一定重视的情形，可能自汉初“四皓”起始。陶潜《群辅录》所突出强调的“群”，可能反映了与“八俊”“八顾”“八及”舆论评价有关的人才意识。《群辅录》又题《圣贤群辅录》，一名《四八目》。文渊阁四库全书本《史记》卷五五《留侯世家》张照《考证》：“陶潜《四八目》即《圣贤群辅录》，别名《四八目》，盖所载如‘四佐’‘四凶’‘八元’‘八恺’之类，四与八居多，后人遂呼之为

---

① 〔明〕徐应秋《玉芝堂谈荟》卷四“兄弟十龙”条：“济北氾昭、戴祈、徐晏、夏隐、刘彬，俱‘神童’，号‘燉煌五龙’。”“燉煌”字误。应是与索靖、氾衷、张彪、索紾、索永事迹混淆。

‘四八目’耳。”“群辅”追求作为人才理念的一种表现，是值得重视的[①]。

值得我们特别注意的，是所谓“济北五龙，少并有异才，皆称‘神童’”的情形。出身一个地区的“神童”组合，体现了当时区域文化的某种特征。而“燉煌五龙”中，至少索靖“少有逸群之量”，也是一位杰出少年。

5. “神童”品德评价

与因才学得名的“神童”不同，有的奇异少年以对社会关系处理的练达表现出特殊识见。如伏波将军马援幼子客卿，“年六岁，能应接诸公，专对宾客。”[②]张既“少小工书疏，为郡门下小吏，而家富。自惟门寒，念无以自达，乃常畜好刀笔及版奏，伺诸大吏有乏者辄给与，以是见识焉”[③]。另外，又有的道德方面显现出优长之处的少年，也为当时社会看重。

《后汉书》卷三五《郑玄传》：“乐安国渊、任嘏，时并童幼，（郑）玄称渊为国器，嘏有道德，其余亦多所鉴拔，皆如其言。”《说郛》卷五八下刘昭《幼童传》：“任嘏。乐安任嘏者，十二就师，学不再问，一年通三经。乡人歌曰：‘蒋氏翁，任氏童。’言蒋氏之门老而方笃，任家之学幼而多慧。”《册府元龟》卷七七三《幼敏第一》：“任昭，先名嘏，世为著姓，夙智蚤成。乡人为之语曰：‘蒋氏翁，任氏童。’年十四始学，疑不再周，三年中诵《五经》，皆晓其

---

①王子今：《秦汉称谓研究》，中国社会科学出版社 2014 年 4 月版，第 741—754 页。

②《后汉书》卷二四《马援传》。

③《三国志》卷一五《魏书·张既传》裴松之注引《魏略》。

义，兼包群言，无不综览。于时学者号之为‘神童’。”《隋书》卷三四《经籍志三》著录：“《任子道论》十卷，魏河东太守任嘏撰。”就是这位汉末“神童”的文化贡献。《册府元龟》卷七八七《德行》：“任嘏幼号‘神童’。及汉末荒乱，家贫卖鱼，会官税鱼，鱼贵数倍。嘏取直如常。又与人共买生口，各雇八匹。后生口家来赎时，价直六十匹。共买者欲随时价取赎，嘏自取本价八匹。共买者惭，亦退还取本价。”看来郑玄“嘏有道德”的评价是准确的。而“神童”不唯“夙智蚤成”，尤重视道德修养，任嘏的事迹引人注目。

作为品德教育典范的著名的孔融让梨的故事，《太平御览》卷三八五也是列于《人部·幼智》题下的：“《孔融别传》曰：孔文举年四岁时，每与诸兄共食梨，引小者。人问其故，答曰：我小儿，法当取小。由此宗族奇之。”[①]

提出“才智型早慧”现象的学者认为，与此相对应的是“道德型早慧”[②]。汉代“神童”因“德行”称重的现象，值得文化史学者重视。

汉末又有这样一位“神童”，评价者指出他“虽有才，性质不端”，将导致其人生的败局。《册府元龟》卷八四二《知人》：“何祯，明帝时为秘书丞。时谯人胡康年十五以异才见选，又陈损益，求试剧县。诏特引见，众论翕然，号为‘神童’。诏付秘书，使博览典籍。帝以问祯：‘康才何如？’祯答曰：‘康虽有才，性质不端，必有负败。’后果以过见谴。”何祯的预言不知道有没有特别

①事又见《太平御览》卷二八七《兵部·机略六》。

②崔建华：《秦汉社会对早慧现象的认知》，《社会科学战线》2014年第11期。

的心理背景，但是对“神童”的评价注意到才华与品性之间的关系，其人才观的眼光是值得肯定的。宋人马永易《实宾录》卷六“神童”条也说到胡康故事：“魏胡康，年十五以异才见送，又陈损益，求试剧县，诏特引见，众论翕然，号为‘神童’。”原注：“《刘劭传》裴松之云：‘魏朝不闻有胡康，疑是孟康。’”

又如，前说曹冲以幼童之影响力，尽可能维护下层官吏的权益，“凡应罪戮，而为冲微所辨理，赖以济宥者，前后数十”。这种生命营救透露出来的“仁爱”，也是可以看作道德表现的。

6. 早而辩慧

两汉“神童”事迹除了多体现为儿童的博学外，更多则言其机辩。

《后汉书》卷六一《黄琬传》记载：“琬字子琰。少失父。早而辩慧。祖父琼，初为魏郡太守，建和元年正月日食，京师不见而琼以状闻。太后诏问所食多少，琼思其对而未知所况。琬年七岁，在傍，曰：‘何不言日食之余，如月之初？’琼大惊，即以其言应诏，而深奇爱之。后琼为司徒，琬以公孙拜童子郎，辞病不就，知名京师。时司空盛允有疾，琼遣琬候问，会江夏上蛮贼事副府，允发书视毕，微戏琬曰：‘江夏大邦，而蛮多士少。’琬奉手对曰：‘蛮夷猾夏，责在司空。’因拂衣辞去。允甚奇之。”盛允“江夏大邦，而蛮多士少”的戏言，由自黄琼是江夏安陆人。

常林故事也以“幼智”著名。《三国志》卷二三《魏书·常林传》写道：“常林字伯槐，河内温人也。年七岁，有父党造门，问林：‘伯先在否？汝何不拜！’林曰：‘虽当下客，临子字父，何拜之有？’于是咸共嘉之。”对“临子字父”的批评，与当时“子讳父字”的风习有关。

《后汉书》卷七〇《孔融传》说："孔融字文举，鲁国人，孔子二十世孙也。"据说"幼有异才"。李贤注引《融家传》说他"幼有自然之性"。除让梨故事外，《后汉书》卷七〇《孔融传》所记载孔融见李膺事，尤其透露出他的机敏：

> 年十岁，随父诣京师。时河南尹李膺以简重自居，不妄接士宾客，敕外自非当世名人及与通家，皆不得白。融欲观其人，故造膺门。语门者曰："我是李君通家子弟。"门者言之。膺请融，问曰："高明祖父尝与仆有恩旧乎？"融曰："然。先君孔子与君先人李老君同德比义，而相师友，则融与君累世通家。"众坐莫不叹息。
>
> 太中大夫陈炜后至，坐中以告炜。炜曰："夫人小而聪了，大未必奇。"融应声曰："观君所言，将不早惠乎？"膺大笑曰："高明必为伟器。"①

孔融对答之机智，使汉末名高一时的大名士也不能不赞叹。

7. 奇童"孔融女"

孔融后来为曹操集团杀害。他的子女虽然没有"神童"名誉，敏锐的眼光和镇定的态度却也继承了孔融的风格，堪称少见的"奇童"。《后汉书》卷七〇《孔融传》记载：

> 初，女年七岁，男年九岁，以其幼弱得全，寄它舍。二子

①李贤注："膺，颍川襄城人。《融家传》曰：'闻汉中李公清节直亮，意慕之，遂造公门。'李固，汉中人，为太尉，与此传不同也。"

方弈棋，融被收而不动。左右曰："父执而不起，何也？"答曰："安有巢毁而卵不破乎！"主人有遗肉汁，男渴而饮之。女曰："今日之祸，岂得久活，何赖知肉味乎？"兄号泣而止。或言于曹操，遂尽杀之。及收至，谓兄曰："若死者有知，得见父母，岂非至愿！"乃延颈就刑，颜色不变，莫不伤之。

这位"年七岁"女童面对死亡的镇定，或许可以使许多成年男子惭服。正如《世说新语·言语》所评价："八岁小儿，能悬了祸患，聪明特达，卓然既远，则其忧乐之情，固亦有过成人矣。"

"孔融女"的孝心和勇气，有人认为可以和汉文帝时代引救父上书导致刑法改革的缇萦相比。南宋学者林同《孝诗》中有《缇萦》和《孔融女》两首：

缇萦

父淳于公有罪当刑，萦上书乞没为官婢，赎父罪。文帝悲怜之，诏除肉刑。

仁矣文皇诏，悲哉少女书。至今民受赐，非但活淳于。

孔融女

七岁，父先为曹操所杀，女临刑曰："若死者有知，得见父母，岂非至愿！"

不忧身即死，惟恐死无知。倘得从父母，宁非我所期。[1]

---

[1]〔宋〕陈起编：《江湖小集》卷九五《林同孝诗》，列于"妇女之孝二十首"。《两宋名贤小集》卷二三九题《孝诗》。

其诗意境浅窳，文句平拙，然而表现了后世人对这两位奇女童的深刻记忆。

有学者列数历代"神童"事，在汉代"神童"中，是包括缇萦的[①]。这样的看法，也可以在认识"神童"及相关文化现象时作为参考。

"神童"成年表现

陈炜就孔融表现所说"夫人小而聪了，大未必奇"，其实是相当普遍的现象。然而有的著名的"神童"，在成年之后却有更为引人注目的文化表现。他们后来的事迹，证明早年"神童"的称号并不是虚名。可能正是未成年人时的学习和积累，成为后来成功的文化基础。

1. 郑玄"括囊大典"

东汉晚期著名大学问家郑玄，据说十六岁时得到了"神童"称号。《太平御览》卷八三九引《郑玄别传》说：

> 玄年十六，号曰"神童"。民有献嘉禾者，欲表府，文辞鄙略，玄为改作，又著《颂》一篇。侯相高其才，为修冠礼。

《太平御览》卷九七八引《郑玄别传》作："民有献嘉瓜者，异本

---

①赵忠心：《中国神童——先秦、秦汉》，中国法制出版社 2003 年 1 月版，第 66—70 页。

同实，县欲表府，文词鄙略，君为改作，又著《颂》一篇，侯相高其才。"卷五八八引文则作"著《颂》二篇"[①]。王利器据郑珍说，于《郑康成年谱》中写作："玄年十六，号曰'神童'。民有献嘉禾嘉瓜者，异本同实，县欲表府，文词鄙略，玄为改作，又著颂二篇。侯相高其才，为修冠礼。"[②]

郑玄十七岁时，曾经观气象而发布了准确的预言。《太平御览》卷八六八引《郑玄别传》写道："年十七，在家，见大风起，诣县曰：'某时当有火灾，宜祭爟禳，广设禁备。'时火果起，而不为害。"所谓"宜祭爟禳"，是在当时文化背景下适合礼俗传统的预防措施，而"广设禁备"，则是切实的消防措施了。

《太平广记》卷二一五引《玄列传》说："玄八九岁，能下算乘除。"《世说新语·文学》：

> 郑玄在马融门下，三年不得相见。高足弟子传授而已。尝算浑天不合，诸弟子莫能解。或言玄能者，融召令算，一转便决。众咸骇服。及玄业成辞归，既而融有"礼乐皆东"之叹。

刘孝标注引《玄别传》：

---

①《太平御览》卷五八八引《郑玄别传》："民有嘉瓜者，异本同实，县欲表附，文辞鄙略，君为改作，又著《颂》二篇，侯相高其才。"

②王利器：《郑康成年谱》，齐鲁书社1983年3月版，第32页。引郑珍说："此事，《御览》惟《禾部》（八三九）所引文详，《颂门》（五八八）云：'著颂二篇。'乃原文也，纂人依类隶事，故于禾则去其嘉瓜，于瓜（九七八）则去嘉禾，各云著颂一篇，至《颂门》亦不及嘉禾，则由传抄误脱。（《传注》）"

玄少好学书数，十三诵《五经》，好天文、占候、风角、隐术。年十七，见大风起，诣县曰："某时当有火灾。"至时果然，智者异之。年二十一，博极群书，精历数图纬之言，兼精算术。

看来，郑玄不仅精通"《五经》""礼乐"，对于当时"书数""天文"等实用之学，也相当熟悉。

郑玄成年之后最突出的学术成就，在于对经学的新的整理和解说。正如《后汉书》卷三五《郑玄传》所说："括囊大典，网罗众家，删裁繁芜，刊改漏失，自是学者略知所归。"《赞》语遂有"孔书遂明"的评价。徐复说："汉儒经学，至郑玄而集今古文之大成。""余谓郑氏破除家法，广罗众说，遍注群经，其所包容之宏富，当世殆无其匹。即以训诂而言，亦多独创，可资称说。"[①]

《后汉书》卷三五《郑玄传》记载了他和当时另一位著名学问家的对话："时汝南应劭亦归于绍，因自赞曰：'故太山太守应中远北面称弟子何如？'玄笑曰：'仲尼之门，考以四科[②]。回赐之徒，不称官阀。'劭有惭色。"对于"官阀"的鄙视，表现出郑玄在学识之外，亦有高节清志。

郑玄后来的成就，应当和他少年时好学高才的"神童"资质有关。

2. 管辂"仰观如神"

《三国志》卷二九《魏书·方技传·管辂》注引《辂别传》说

①徐复：《〈郑玄辞典〉序》，唐文编著：《郑玄辞典》，语文出版社 2004 年 9 月版，第 1 页。

②李贤注："'四科'，谓德行、言语、政事、文学。"

到管辂年少好学深思，才情得到学界发现的生动故事：

> 每答言说事，语皆不常，宿学者人不能折之，皆知其当有大异之才。及成人，果明《周易》，仰观、风角、占、相之道，无不精微。体性宽大，多所含受；憎己不仇，爱己不褒，每欲以德报怨。常谓："忠孝信义，人之根本，不可不厚；廉介细直，士之浮饰，不足为务也。"自言："知我者稀，则我贵矣，安能断江、汉之流，为激石之清？乐与季主论道，不欲与渔父同舟，此吾志也。"其事父母孝，笃兄弟，顺爱士友，皆仁和发中，终无所阙。臧否之士，晚亦服焉。父为琅邪即丘长，时年十五，来至官舍读书。始读《诗》《论语》及《易》本，便开渊布笔，辞义斐然。于时黉上有远方及国内诸生四百余人，皆服其才也。琅邪太守单子春雅有材度，闻辂一黉之俊，欲得见，辂父即遣辂造之。大会宾客百余人，坐上有能言之士，辂问子春："府君名士，加有雄贵之姿，辂既年少，胆未坚刚，若欲相观，惧失精神，请先饮三升清酒，然后言之。"子春大喜，便酌三升清酒，独使饮之。酒尽之后，问子春："今欲与辂为对者，若府君四坐之士邪？"子春曰："吾欲自与卿旗鼓相当。"辂言："始读《诗》《论》《易》本，学问微浅，未能上引圣人之道，陈秦、汉之事，但欲论金木水火土鬼神之情耳。"子春言："此最难者，而卿以为易邪？"于是唱大论之端，遂经于阴阳，文采葩流，枝叶横生，少引圣籍，多发天然。子春及众士互共攻劫，论难锋起，而辂人人答对，言皆有余。至日向暮，酒食不行。子春语众人曰："此年少盛有才器，听其言论，正似司马犬子游猎之赋，何其磊落雄壮，英神以茂，必能明天文地理变化之数，不徒有言也。"于是发声徐州，号之"神童"。

《太平御览》引《管辂别传》这一故事,列于卷三八五《人事部·幼智下》及卷六一七《学部·谈论》。“三升清酒”,《艺文类聚》卷一七引作“酒三斗”[①]。

《艺文类聚》卷五五引《管辂别传》:“冀州刺史裴徽召文学从事。一相见,清谈终日,不觉罢倦。再相见,转为巨鹿从事。三相见,转为治中。四相见,转为别驾。至前十日,举为秀才。”[②]《太平御览》卷二六三引《管辂别传》说:“赵孔曜言辂于冀州刺史裴徽,即檄召辂。一相见,清论终日,不觉疲倦。天时大热,移床在庭前树下,乃至鸡鸣,向晨然后出。自尔四见,引辂为别驾。”

所谓“发声徐州”,说少年管辂因“才器”异常,气质表现“磥硌雄壮,英神畅茂”,于是在徐州地方声名响亮,号称“神童”。《太平御览》卷三八〇引《管辂别传》记载诸葛原对管辂的评价:“卿有冰鉴之才,所见者妙,仰观如神。”[③]可以推知这位“神童”在成年之后,依然才具出众。所谓“仰观如神”之“如神”二字,表现这位“神童”的“英神畅茂”,依然显示在他后来的人生路程之中。

---

① 《艺文类聚》卷一七引《管辂别传》:“辂谓子春曰:‘府君名士,加有雄贵之资。辂既年少,胆未坚刚,若欲相观,惧失精神。请先饮酒三斗,然后与言。’子春大喜,酌三斗,独使饮之。于是辂人人答对,言皆有余。”

② 《太平御览》卷六一七引作:“冀州刺史裴徽召辂为文学从事,相见亲辂终日不觉罢倦。再相见转为治中,四相见,转为别驾。前至十月,举为秀才。”

③ 《艺文类聚》卷二九、《初学记》卷一八及《太平御览》卷四八九引作诸葛乐语,文辞略有不同。

3. 孔融“高明”“伟器”

孔融“幼有异才”[①]。或说“幼有自然之性”[②]。孔融见李膺回应陈炜“夫人小而聪了,大未必奇”语所谓“观君所言,将不早惠乎”,表现出机智和勇气。李膺遂有“高明必为伟器”赞叹。

“高明必为伟器”的判断,成为准确的预言。

孔融在李膺廷前表现了出奇的从容与敏捷,绝不因为面对名人高士有丝毫畏惧。这似乎成为他的人生态度的特殊的亮点。

少年孔融“性好学,博涉多该览”。他不仅学识博厚,而且明大义,有胆气,敢于和黑暗政治势力斗争。孔融在党锢之祸发生时勇敢掩护反宦官的名士张俭,事后不避危难,慷慨争死,也因此成为名士:

> 山阳张俭,以中正为中常侍侯览所忿疾,览为刊章下州郡捕俭。俭与融兄褒有旧,亡投褒。遇褒出,时融年十六,俭以其少不告也。融知俭长者,有窘迫色,谓曰:“吾独不能为君主邪!”因留舍藏之。后事泄,国相以下密就掩捕,俭得脱走,登时收融及褒送狱。融曰:“保纳藏舍者融也,融当坐之。”褒曰:“彼来求我,罪我之由,非弟之过,我当坐之。”兄弟争死,郡县疑不能决,乃上谳,诏书令褒坐焉。融由是名震远近,与平原陶丘洪、陈留边让,并以俊秀,为后进冠盖。[③]

---

①《后汉书》卷七〇《孔融传》。

②《后汉书》卷七〇《孔融传》李贤注引《融家传》。

③《三国志》卷一二《魏书·孔融传》裴松之注引《续汉书》。《后汉书》卷七〇《孔融传》也记载张俭结怨中常侍侯览,“览为刊章下州郡,以名捕俭”。张俭流亡,投奔旧友孔融兄孔褒,不遇,“时融年十六,”竟勇敢收留。“后事泄,国相以下,密就掩捕,俭得脱走,遂并收褒、融送狱”。兄弟争死,一时传诵。

张俭和他的朋友们对抗正统政治的斗争，体现出新的社会力量的立场。他们中虽然相当一部分人出身于官僚富户阶层，和官僚士大夫有比较密切的关系，但是少年英锐，思想较为新进，言行较为勇敢，又和民间有较多的接触，对于弊政的危害，也有较为直接的感受。社会矛盾的激化，使他们受到深刻的思想震动，认识到汉王朝面临的严重危机。他们所接受的儒学教育，其中民本思想的积极因素也对他们的观念倾向发生了一定的影响。对于他们的表现，翦伯赞评价为："小所有者阶层中的知识分子起来了"，"被称为士大夫的知识分子之出现于政治斗争的前线……"[①] "时融年十六"，在少年时代就以鲜明的政治态度参与了这一斗争，是值得重视的文化表现。

孔融后来面对政治强权清醒的政治判断和刚强的政治品格，依然表现出少年时期已经形成的清奇风骨。孔融与曹操的政治分歧虽然不可以一一作合理与不合理的判定，但是他勇敢地反权威的立场，确实形成了醒目的历史影响。《后汉书》卷七〇《孔融传》因而有"高志直情"，"严气正性"，"懔懔焉，皜皜焉，其与琨玉秋霜比之可也"的称誉。

不过，我们也看到对成年孔融的具有否定性倾向的评价。时人有对于他主管地方行政失败的批评："宰北海，政散人流。"[②] 史家亦有"融负其高气，志在靖难，而才疏意广，迄无成功"，议政语多"侮慢"，"发辞偏宕，多致乖忤"的评议[③]。有学者注意到，"孔融作为东汉晚期早慧者的典型代表，其人生教训曾引起诸葛亮的

①翦伯赞：《秦汉史》，北京大学出版社 1983 年 5 月版，第 405 页。
②《后汉书》卷七〇《孔融传》李贤注引虞浦《江表传》载郗虑语。
③《后汉书》卷七〇《孔融传》。

关注。出自‘荆楚名族’的来敏为避难而投奔益州牧刘璋,刘备夺蜀后,来敏对刘备部属地位的快速上升感到不满,多次口出怨言。诸葛亮斥责道:‘来敏乱群,过于孔文举。’[①]可见,孔融事迹是诸葛亮观察蜀国政治形势的一个参照,在诸葛亮心目中,作为政治人物的孔融,其形象是负面的。”[②]孔融言辞“侮慢”“偏宕”,高层决策者以为“乖忤”“乱群”,其实仍然可以看作“高志直情”“严气正性”的表现。

4. 关于“大未必奇”

《后汉书》卷七〇《孔融传》记载:“太中大夫陈炜后至,坐中以告炜。炜曰:‘夫人小而聪了,大未必奇。’融应声曰:‘观君所言,将不早惠乎?’膺大笑曰:‘高明必为伟器。’”下文写道:“年十三,丧父,哀悴过毁,扶而后起,州里归其孝。”可知孔融以“观君所言,将不早惠乎”对应陈炜“夫人小而聪了,大未必奇”语时,在十三岁之前。

孔融少时事迹还有体现政治见识和政治勇气的情节:“山阳张俭为中常侍侯览所怨,览为刊章下州郡,以名捕俭。俭与融兄

---

①原注:《宋书》卷六二《王微传》。《三国志》卷四二《蜀书·来敏传》注引《诸葛亮集》所收教令:“昔成都初定,议者以为来敏乱群,先帝以新定之际,故遂含容,无所礼用。”其中不见“过于孔文举”的说法。田余庆先生曾在相关论文中或将这两处记载放在一起,或在正文中引《宋书》而在注释中提示参看《三国志》。分别见《李严兴废与诸葛用人》《暨艳案及相关问题》二文,田余庆:《秦汉魏晋史探微》,中华书局2004年2月版第198、311页。说明田先生相信,诸葛亮说出来敏乱群“过于孔文举”这样的话是可能的,尽管是“忿激之言”。《李严兴废与诸葛用人》,第204页。

②崔建华:《秦汉社会对早慧现象的认知》,《社会科学战线》2014年第11期。

褒有旧，亡抵于褒，不遇。时融年十六，俭少之而不告。融见其有窘色，谓曰：‘兄虽在外，吾独不能为君主邪？’因留舍之。后事泄，国相以下，密就掩捕，俭得脱走，遂并收褒、融送狱。二人未知所坐。融曰：‘保纳舍藏者，融也，当坐之。’褒曰：‘彼来求我，非弟之过，请甘其罪。’吏问其母，母曰：‘家事任长，妾当其辜。’一门争死，郡县疑不能决，乃上谳之。诏书竟坐褒焉。融由是显名，与平原陶丘洪、陈留边让齐声称。州郡礼命，皆不就。”孔融掩护张俭，事发后又秉义“争死”，于是成就大名。

其实，陈炜“夫人小而聪了，大未必奇”的说法，也指出了社会所见颇为普遍的带有规律性的现象。王安石《伤仲永》著名的感叹人所共知[①]。而诸葛亮对于其子诸葛瞻的预见性判断，也值得我们深思。《三国志》卷三五《蜀书·诸葛瞻传》：

> 瞻字思远。建兴十二年，亮出武功，与兄瑾书曰：“瞻今已八岁，聪慧可爱，嫌其早成，恐不为重器耳。”年十七，尚公主，拜骑都尉。其明年为羽林中郎将，屡迁射声校尉、侍中、尚书仆射，加军师将军。瞻工书画，强识念，蜀人追思亮，咸爱其才敏。每朝廷有一善政佳事，虽非瞻所建倡，百姓皆传相告曰：“葛侯之所为也。”是以美声溢誉，有过其实。景耀四年，为行都护卫将军，与辅国大将军南乡侯董厥并平尚书事。六年冬，魏征西将军邓艾伐蜀，自阴平由景谷道旁入。瞻督诸军至涪停住，前锋破，退还，住绵竹。艾遣书诱瞻曰：“若降者必表为琅邪王。”瞻怒，斩艾使。遂战，大败，临陈死，时年三十七。众皆离散，艾长驱至成都。

---

①〔宋〕王安石：《临川文集》卷七一《杂著》，文渊阁《四库全书》本。

诸葛瞻据说“工书画，强识念”，史称“才敏”，但可能“建倡”“善政佳事”有限，借助蜀人对“葛侯”的“追思”，“美声溢誉，有过其实”。裴松之注：“干宝曰：‘瞻虽智不足以扶危，勇不足以拒敌，而能外不负国，内不改父之志，忠孝存焉。’”[①] 诸葛瞻显然非可以“扶危”“拒敌”的军政人才，诸葛亮“嫌其早成，恐不为重器耳”的预见是准确的。

“早成”文例又见于《三国志》卷一五《魏书·司马朗传》：“司马朗字伯达，河内温人也。九岁，人有道其父字者，朗曰：‘慢人亲者，不敬其亲者也。’客谢之。十二，试经为童子郎，监试者以其身体壮大，疑朗匿年，劾问。朗曰：‘朗之内外，累世长大，朗虽稚弱，无仰高之风，损年以求早成，非志所为也。’监试者异之。”盲目追求所谓“早成”，对于明智者来说，“非志所为也”。

5.“以幼慧为忌”

宋代诗人杨万里《送李童子西归》诗有“万人回头看不足，莫言幼慧长不奇”句[②]，说明“夫人小而聪了，大未必奇”，长期以来可能已经成为社会成见。

有学者注意到东汉后期以来对“早慧”的反思。认为这种反思在三国时期形成了鲜明的历史表现：“清代学者指出，‘三国之俗以幼慧为忌’：‘三国之末，离乱已久，人心皇皇，皆以苟全乱世为保身之计，幼而聪慧，人皆以为忌。令狐愚为白衣时，常有高

---

① 《三国志》卷三五《蜀书·诸葛瞻传》还记载：“瞻长子尚，与瞻俱没。”裴松之注引《华阳国志》曰：“尚叹曰：‘父子荷国重恩，不早斩黄皓，以致倾败，用生何为！’乃驰赴魏军而死。”

② 《诚斋集》卷六。

志，众人谓愚必兴令狐氏。族父弘农太守邵独以为愚性倜傥，不修德而愿大，必覆我宗。诸葛恪少有盛名，吴大帝深器重之，而恪父瑾常以为戚，曰非保家之主。父友奋威将军张承亦以恪必败诸葛氏。此可以知当时之风俗矣。'[①] 所谓'必覆我宗'、'必败诸葛氏'、'非保家之主'，皆可说明三国之人或将家族成员的早慧视作家族命运的不祥之兆。毋庸置疑，这一思想与东汉人锺皓所提倡的'保身全家'一致。"

论者还以为，"三国时期'以幼慧为忌'观念的盛行，应当不仅仅是一种心态的延续"，"东汉末年士大夫在乱世中的特殊遭际"或许也有重要的影响[②]。这样的推断，也是有一定道理的。

①原注："〔清〕刘体仁：《通鉴札记》，北京图书馆出版社，2004年，第239~240页。"

②崔建华：《秦汉社会对早慧现象的认知》，《社会科学战线》2014年第11期。

六　劳动儿童与儿童劳动

儿童"耕牧"生活

汉代社会劳动中，有未成年人参与。汉代画像遗存中，可以看到表现儿童劳动场景的珍贵画面。通过这些文物资料，我们可以认识当时社会生产和社会生活的一个重要的侧面。而汉代未成年人地位和作用的研究，也因此获得了可靠而生动的资料。

汉代社会注重人口增衍，当时爱护儿童的意识虽然已经相当普及，儿童的基本权益甚至生存权在复杂的文化背景下依然难以保障。许多下层社会的儿童很早就承受着沉重的生活负担。汉代未成年人自幼弱时就不得不经历艰苦劳作的事例很多。如《后汉书》卷四四《胡广传》说，"（胡）广少孤贫，亲执家苦"。《焦氏易林》卷一二《井·讼》："少孤无父，长失慈母。悖悖茕茕，莫与为福。"[①] 可以帮助我们理解"少孤"情形以及汉代人对这种人生境遇的感觉。又如《后汉书》卷八一《独行列传·刘茂》："刘

①校宋本重雕《焦氏易林》，艺文印书馆1970年5月版，第311页。"莫与为福"，文渊阁《四库全书》本作"莫与为耦"。

茂字子卫，太原晋阳人也。少孤，独侍母居。家贫，以筋力致养，孝行著于乡里。”所谓“以筋力致养”，当然是指从事体力劳动，只是我们不能十分清楚刘茂养母尽孝，辛苦支撑家庭生计所采取的具体方式。

司马迁在《史记》卷一三〇《太史公自序》中说到早年曾经经历“耕牧”生产实践：

> 迁生龙门，耕牧河山之阳。年十岁则诵古文。二十而南游江、淮……

张守节《正义》解释“河山之阳”：“河之北，山之南也。案：在龙门山南也。”所谓“龙门山南”，即司马迁家乡。按照司马迁自述语序，可知“耕牧河山之阳”在“年十岁”之前。

司马迁父“谈为太史公”[①]，以这样的家世出身尚且有幼年“耕牧”体验，可知当时社会中下层阶级儿童多数应经历过这种劳动生活。

1. “田中”“作业”

关于刘茂事迹，《后汉书》言其“少孤，独侍母居”，又说“家贫，以筋力致养”，而《东观汉记》卷一八《刘茂传》又记载：“刘茂，字子卫，为郡门下掾。赤眉攻太原，茂负太守孙福逾墙出，藏城西门下空穴中，担谷给福及妻子百余日。福表为议郎。”通过成年刘茂对“担谷”这种劳动技能的熟悉，似乎可以推想他早年

---

①裴骃《集解》：“如淳曰：‘《汉仪注》太史公，武帝置，位在丞相上。天下计书先上太史公，副上丞相，序事如古《春秋》。’”

或有田间劳作的锻炼。

农耕劳作，是中国传统社会最主要的生产方式。汉代未成年人参与田间劳动的情形，历史文献有颇多信息透露。

实现汉王朝建国功业的领袖刘邦，虽然发迹之前即有“不事家人生产作业”的生活态度[①]，其家族中的未成年人却经历过艰苦的田作实践。《史记》卷八《高祖本纪》记载：

> 高祖为亭长时，常告归之田。吕后与两子居田中耨，有一老父过请饮，吕后因餔之。老父相吕后曰：“夫人天下贵人。”令相两子，见孝惠，曰：“夫人所以贵者，乃此男也。”相鲁元，亦皆贵。老父已去，高祖适从旁舍来，吕后具言客有过，相我子母皆大贵。高祖问，曰：“未远。”乃追及，问老父。老父曰：“乡者夫人婴儿皆似君，君相贵不可言。”高祖乃谢曰：“诚如父言，不敢忘德。”及高祖贵，遂不知老父处。

所谓“吕后与两子居田中耨”，“两子”者，就是刘邦帝业后来的继承人汉惠帝刘盈和嫁给张敖、成为赵国王后的鲁元公主。《汉书》卷一上《高帝纪上》只说“吕后及两子居田”，没有了“耨”的劳作记录。《论衡·骨相》从《汉书》说。《通志》卷五上《前汉纪·高祖》则从《史记》。

汉代未成年人学事农耕，并且以这种劳作形式供养家人的史例，有《后汉书》卷五四《杨震传》李贤注引《续汉书》记载杨震事迹：

---

① 《史记》卷八《高祖本纪》。

少孤贫，独与母居，假地种殖，以给供养。诸生尝有助种蓝者，震辄拔，更以距其后，乡里称孝。

所谓“假地种殖”，似乎可以理解为不得不承受地租剥削。所谓“种蓝”，告知我们杨震经营的是经济作物。“以距其后”，就是“以拒其后”[①]。又如《后汉书》卷七六《循吏列传·第五访》所见第五访故事：

少孤贫，常佣耕以养兄嫂。有闲暇，则以学文。

所谓“佣耕”，明确体现出农业生产中的雇佣关系。

汉代画像所见儿童劳动场景，多有田间劳作的表现。如江苏睢宁双沟征集的一件汉画像石，有儿童参与耕作的画面。有研究者定名为“牛耕画像”。画面内容，可见“二牛引拉一犁，一农夫扶犁耕地，一儿童随墒播种”[②]。陕西绥德出土墓门石柱画像也可以看到类似场面。有研究者称为“牛耕图”，画面内容的解释，或说：“一人扶耩举鞭耕耘；一童子手提小袋点播下种”[③]；或说：“两头牛由一根缰绳拴在一起，抬着杠曳引耕犁。耕者身着褐衣，一手举鞭，一手扶犁，俯首缓步前行。后面一小孩，手提袋状物紧

①姚之骃《后汉书补遗》卷二〇《司马彪〈续后汉书·杨震〉》：“杨震种植蓝以供食母。诸生尝有助种蓝者，辄拔更种，以拒其后。乡里称孝。”注：“案范《书》不载。”

②汤池主编：《中国画像石全集》第4卷《江苏、安徽、浙江汉画像石》，山东美术出版社2000年6月版，第76页，图一〇六，图版说明第36页。

③李林、康兰英、赵力光编著：《陕北汉代画像石》，陕西人民出版社1995年3月版，第187页。

跟，疑为点籽。”[①]

山东泰安大汶口镇东门外出土画像石刻孝子赵苟故事，据有的研究者描述，画面可见“一老者扶鸠杖坐于独轮车上”，榜题显示身份为赵苟的父亲。“车前一人执锄间苗，榜题‘孝子赵苟’”，“车后一童推车”[②]。然而从画面形象看，童子推动车轮的动作不合情理，其姿态似是有其他意义。但是整个画面以田间为共同背景是没有疑义的。成都曾家包汉墓“农作图”中，“有一耕者，在水芋地劳动”。从身材比例看，应是少年劳作者。与右侧“二人并列踩碓”比较，体型也有鲜明差异[③]。山东金乡城东香城堌堆出土汉画像石，可见牛耕画面。有研究者分析画面构图，写道：“二牛拉一犁耕地，扶犁者一人，牵牛者一人，赶牛者一人……”其实，还应当看到，右侧耕牛身下有一牛犊正在吃奶。画面右上角又有一牛犊向同一方向前来。两牛之间，稍近于耕牛后侧，有一小儿。这个儿童有可能一如图一和图二，直接参与着耕作。然而从他迈步到犁铧之前的位置看，也很有可能是照应牛犊的牧童形象[④]。

2.“牧”“养”

身为儿童参与劳动生活，多有从事畜牧的情形。前引司马迁在《史记》卷一三〇《太史公自序》中对早年经历的追述：“迁生

①汤池主编：《中国画像石全集》第5卷《陕西、山西汉画像石》，山东美术出版社2000年6月版，第81页，图一〇七，图版说明第27页。

②蒋英炬主编：《中国画像石全集》第1卷《山东汉画像石》，山东美术出版社2000年6月版，第177页，图二三〇，图版说明第76页。

③高文主编：《中国画像石全集》第7卷《四川汉画像石》，山东美术出版社2000年6月版，第40页，图四六，图版说明第14页。

④赖非主编：《中国画像石全集》第2卷《山东汉画像石》，山东美术出版社2000年6月版，第20页，图二七，图版说明第9页。

龙门，耕牧河山之阳。年十岁则诵古文。二十而南游江、淮……”从文意理解，司马迁“年十岁”以前有“耕牧”经历。所谓“河山之阳”，张守节《正义》：“河之北，山之南也。案：在龙门山南也。”《汉书》卷六二《司马迁传》：“迁生龙门，耕牧河山之阳。”颜师古注：“河之北，山之南也。”也对“耕牧”不作解说。然而通过当时使用“耕牧”一语的行文习惯，可以帮助我们理解幼年司马迁“耕牧河山之阳”的生活形式。

《史记》卷三〇《平准书》：“齐相卜式上书曰：‘臣闻主忧臣辱。南越反，臣愿父子与齐习船者往死之。’天子下诏曰：‘卜式虽躬耕牧，不以为利，有余辄助县官之用。今天下不幸有急，而式奋愿父子死之，虽未战，可谓义形于内。赐爵关内侯，金六十斤，田十顷。’”汉武帝诏书说到“卜式虽躬耕牧”，而上文关于卜式身份是这样写叙的：“初，卜式者，河南人也，以田畜为事。亲死，式有少弟，弟壮，式脱身出分，独取畜羊百余，田宅财物尽予弟。式入山牧十余岁，羊致千余头，买田宅。”可知其主要经营方式是“牧”。《汉书》卷五八《公孙弘卜式兒宽传》赞语称颂汉武帝时代“群士慕向，异人并出”，“汉之得人，于兹为盛”，“是以兴造功业，制度遗文，后世莫及”，首先就说：“公孙弘、卜式、兒宽皆以鸿渐之翼困于燕雀，远迹羊豕之间，非遇其时，焉能致此位乎？”下文又说“卜式拔于刍牧”。《史记》卷一一二《平津侯主父列传》后人补记引用了班固这段话，对于“远迹羊豕之间”，裴骃《集解》：“韦昭曰：‘远迹谓耕牧在于远方。’”司马贞《索隐》：“案：公孙弘牧豕，卜式牧羊也。”

看来司马迁未成年时参与劳动的方式“耕牧”，很可能亦如“公孙弘牧豕，卜式牧羊”一般，是以“牧”为主的劳作。

《史记》卷一一一《卫将军骠骑列传》：“大将军卫青者，平阳人也。其父郑季，为吏，给事平阳侯家，与侯妾卫媪通，生青。青同母兄卫长子，而姊卫子夫自平阳公主家得幸天子，故冒姓为卫氏。字仲卿。长子更字长君。长君母号为卫媪。媪长女卫孺，次女少儿，次女即子夫。后子夫男弟步、广皆冒卫氏。青为侯家人，少时归其父，其父使牧羊。先母之子皆奴畜之，不以为兄弟数。”这位为汉帝国扩张创立显赫军功的名将[①]，“少时”亦曾“牧羊”。

少年以低下身份从事“牧羊”劳作的类似情形，又如《汉书》卷七六《王尊传》记载：

> 王尊字子赣，涿郡高阳人也。少孤，归诸父，使牧羊泽中。尊窃学问，能史书。年十三，求为狱小吏。数岁，给事太守府，问诏书行事，尊无不对。

可知王尊“牧羊泽中”在“年十三”以前。史上另一位著名的出身牧童后来成为著名学者的承宫，《后汉书》卷二七《承宫传》有相关事迹的介绍：

> 承宫字少子，琅邪姑幕人也。少孤，年八岁为人牧豕。乡里徐子盛者，以《春秋经》授诸生数百人，宫过息庐下，乐

---

①〔唐〕耿湋《上将行》：“谁道古来多简册，功臣唯有卫将军。”（《全唐诗》卷二六九）又元人诗句“甘泉论功谁第一”（台哈布哈《卫将军玉印歌》，〔清〕顾嗣立编：《元诗选》初集卷四九），“将军功业汉山河”（揭傒斯：《题姑苏陆友仁所藏卫青印》，《元诗选》初集卷三〇）。〔明〕童瑄《燕歌行赠徐七遵诲》诗：“君不见汉世匈奴多系颈，至今犹说卫将军。”（〔明〕曹学佺编：《石仓历代诗选》卷三六九《明诗次集三・童瑄》）

其业，因就听经，遂请留门下，为诸生拾薪。执苦数年，勤学不倦。

承宫“为人牧豕”时，年龄不过“八岁”。后来得到旁听学习机会，“为诸生拾薪”，也在少年时。据《三国志》卷二八《魏书·邓艾传》记载，名将邓艾也曾经有牧童经历：

邓艾字士载，义阳棘阳人也。少孤，太祖破荆州，徙汝南，为农民养犊。年十二，随母至颍川，读故太丘长陈寔碑文，言“文为世范，行为士则”，艾遂自名范，字士则。

邓艾“为农民养犊”时，尚不满十二岁。又如《三国志》卷二三《魏书·杨俊传》记载：

本郡王象，少孤特，为人仆隶，年十七八，见使牧羊而私读书，因被棰楚。俊嘉其才质，即赎象着家，聘娶立屋，然后与别。①

王象“见使牧羊”，而由于“私读书，因被棰楚”的情形，显示“牧羊”“仆隶”生存条件的艰辛。前引《后汉书》承宫故事，《太平御览》卷九〇三引《东观汉记》有更具体的情节：“承宫，字少子，琅琊人，少孤，年八岁，人令牧豕。乡里徐子盛明《春秋经》，授诸生数百人。宫过其庐下，见诸生讲诵，好之，因弃猪而听经。猪

① 《三国志》所谓“年十七八”，《太平御览》卷六一一引《魏志》作“年十七”。

主怪不还，行索，见宫，欲笞。门下生共禁止，因留精舍门下，拾薪。执苦数年，遂通经。”“猪主”因承宫“弃猪而听经”“欲笞”的情形，以及“为人仆隶”的王象“见使牧羊而私读书，因被棰楚”事[①]，都反映了全无尊严的“牧豕”“牧羊”少年们生活境遇的恶劣。

未成年人以“牧”“养”为劳作形式的情形，在汉代画像中也有表现。陕西绥德王得元墓画像石可见放牧牛羊的画面。研究者称之为“牧放图”，又形容这一场面：“左边群马出栅，迎着朝阳夺道而驰”，“右边牛马成群，食饱饮足，浴夕阳踏碎步，悠然归来”[②]。其实右边应是“牛羊成群”，只是最前列有一马驹，牛群和羊群后一人骑马执鞭状物，应是牧人形象。而羊群中有一少年步行而前，牛羊队列中唯一回首的小山羊，正是面对这一少年。陕西绥德出土的一件墓门楣画像，牧羊儿童身高大略仅仅与羊相当[③]。重庆沙坪坝出土石棺石刻，有一人牵马，马后随一马驹。从画面人物体形看，牵马者应是未成年人。画面主题或定为“送别”[④]，可能未必确当。从最右侧挑担人所携带酒、鱼的情形看，大概画师刻工要表现的是主人短距离出行前的情景，画面中并没有看到送行人。牵马者应是养马少年。

少年成为养马专业人员，在西汉宫廷史中即有实例。武昭时代名臣金日磾就是以“黄门养马”“胡儿”的身份得到信用的。

---

①《三国志》卷二三《魏书・杨俊传》。

②《陕北汉代画像石》，第 58—59 页。

③《中国画像石全集》第 5 卷《陕西、山西汉画像石》，第 81 页，图一〇七，图版说明第 27 页。

④龚廷万、龚玉、戴嘉陵编著：《巴蜀汉代画像集》，文物出版社 1998 年 12 月版，图 152。

《汉书》卷六八《金日磾传》："日磾以父不降见杀，与母阏氏、弟伦俱没入官，输黄门养马，时年十四矣。""久之，武帝游宴见马，后宫满侧。日磾等数十人牵马过殿下，莫不窃视，至日磾独不敢。日磾长八尺二寸，容貌甚严，马又肥好，上异而问之，具以本状对。上奇焉，即日赐汤沐衣冠，拜为马监，迁侍中驸马都尉光禄大夫。日磾既亲近，未尝有过失，上甚信爱之，赏赐累千金，出则骖乘，入侍左右。贵戚多窃怨，曰：'陛下妄得一胡儿，反贵重之！'上闻，愈厚焉。"

汉代画像多见未成年人参与服务性劳作的画面，其身份应为僮仆。表现儿童养马驯马的画面，有陕西绥德四十里铺画像石。养马人身份，或称之为"马夫"①。从体态和发型看，这两位"马夫"大概都是未成年人。重庆璧山云坪乡水井湾崖墓3号石棺有一童子与一骏马嬉戏的场面，图版说明的表述是"一人牵马"，也应看作体现未成年人"养马"劳作的表现②。四川宜宾白溪石棺石刻画面可见未成年人仆从牵马追随主人的情景，马的后方有一更年幼者，很可能也是饲马的儿童③。四川彭山1号石棺有二者相见甚欢，并肩会谈，画面右侧一小儿饲喂马匹。据图版说明："上侧右为骏马，拴于树上，一侍从作饮马状。"④

---

①《中国画像石全集》第5卷《陕西、山西汉画像石》，第94—95页，图一二四，图版说明第32页。

②《中国画像石全集》第7卷《四川汉画像石》，第133页，图一六七，图版说明第14页。

③《巴蜀汉代画像集》，图60。

④《中国画像石全集》第7卷《四川汉画像石》，第119页，图一五五，图版说明第14页。参看王子今：《汉代劳动儿童——以汉代画像遗存为中心》，《陕西历史博物馆馆刊》第17辑，三秦出版社2010年11月版。

3. 苏耽故事所见“童牧”劳动方式

《水经注》卷三九《耒水》说到有关汉末“牧牛”儿童苏耽的传说。传说富有神异色彩：

> 黄溪东有马岭山，高六百余丈，广圆四十许里。汉末有郡民苏耽栖游此山。《桂阳列仙传》云：耽，郴县人，少孤，养母至孝。言语虚无，时人谓之痴。常与众儿共牧牛，更直为帅，录牛无散。每至耽为帅，牛辄徘徊左右，不逐自还。众儿曰：汝直，牛何道不走耶？耽曰：非汝曹所知。即面辞母云：受性应仙，当违供养。涕泗又说：年将大疫，死者略半，穿一井饮水，可得无恙。如是有哭声甚哀。后见耽乘白马还此山中，百姓为立坛祠，民安岁登，民因名为马岭山。

苏耽故事也是体现汉代儿童“牧牛”劳作的文字遗存。《桂阳列仙传》多神秘主义色彩，然而其中所见“更直为帅，录牛无散”者，应是比较真实的记录。这种“众儿”“牧牛”之方式，使我们对一种劳动形式增益了新的知识。“常与众儿共牧牛，更直为帅，录牛无散。每至耽为帅，牛辄徘徊左右，不逐自还。众儿曰：汝直，牛何道不走耶？”显现出一种集体劳作的方式，所谓“更直”，应当即轮流值班。

关于苏耽传说，《太平御览》卷四九引《郡国志》曰：

> 郴州马岭山，本名牛脾山。山上有仙人苏耽坛。即郴人也。为儿童时，与众童牧更直守牛，每耽守牛，牛不敢散。尝与众儿猎，即乘鹿。人笑之。曰：“龙也。”去郡百二十

里。母临食，晚往买鲊，须臾即还。一旦，有众宾来。耽启母曰："受性当仙，仙人合召耽去。今年疾疫甚，饮家中井水即无恙。又种药于园梅树下，可治百病。卖此水及药，过于供养。"便去。母遽视之，众宾皆白鹤也。以耽常乘白马，故号马岭山。

其中记录苏耽和他的同年伙伴的合作形式，所谓"与众童牧更直守牛"，出现了"众童牧"称谓，是我们没有看到过的。

又《太平御览》卷一八九引《桂阳列仙传》曰："苏耽启母曰：'有宾客来会，耽受性当仙，今招耽去。违于供养，今年多疫，窃有此井水饮之，可得无恙。卖此水过于供养。'使宾客随去焉。"卷八二四引《桂阳先贤传》曰："苏耽尝闻夜有众宾来，耽告母曰：'人招耽去，已种药着后园梅树下，治百病，一叶愈一人。卖此药，过足供养。'"[①] 宋人李石《续博物志》卷七："苏耽，郴县人。尝与众儿共牧牛，更直为师录。每至耽直，牛不逐自还。既而辞母仙去。又说：'年疫，穿一井饮之，可得无恙。'"

关于苏耽生活的年代，《湖广通志》卷七五《仙释志·直隶郴州》称"汉苏耽"[②]。《湖广通志》卷七九《古迹志·直隶郴州》称"东汉苏耽"。《江西通志》卷一〇五《仙释·南康府》据《名胜志》则说："苏躭，吴时道士。"参考所谓"年将大疫，死者略半"，"今年疾疫甚"，"今年多疫"以及"年疫"等，与《水经注》"汉末"

①文渊阁《四库全书》本作《淮阳先贤传》。上海涵芬楼影印宋本作《桂阳先贤传》。涵芬楼影印宋本"苏耽常闻夜有众宾来"，据文渊阁《四库全书》本改"常"为"尝"。

②同书卷八一《陵墓志·直隶郴州》："汉苏仙母潘氏墓，即苏耽母，在橘井观之左。"也以"汉"标识其时代。

的说法大致符合。

4. 樵薪

一种比较普遍的儿童劳动形式是“樵薪”。古来有“樵童牧竖”“牧子樵童”的说法。所谓“樵童”，指从事“樵薪”劳作的儿童。讨论未成年人的劳作形式，应当注意到“樵薪”一类活动。

《史记》卷一二六《滑稽列传》记述若干先秦故事，然而也透露出汉代社会生活情状。如说孙叔敖“其子穷困负薪”，又有“贫困负薪以自饮食”，“穷困负薪而食”的说法。《后汉书》卷五六《王畅传》载王畅语，可见所谓“孙叔敖相楚，其子被裘刈薪”。虽然不能确定孙叔敖子当时是否未成年人，但是对照“牧豕”童子承宫艰苦求学，“请留门下，为诸生拾薪”的故事，可知孙叔敖子未成年的可能性是存在的。《后汉书》卷三九《周磐传》说孝子蔡顺事迹：

> （周）磐同郡蔡顺，字君仲，亦以至孝称。顺少孤，养母。尝出求薪，有客卒至，母望顺不还，乃噬其指，顺即心动，弃薪驰归，跪问其故。母曰：“有急客来，吾噬指以悟汝耳。”

“少孤”者“出求薪”，也是类似故事[①]。蔡顺“求薪”“弃薪”的动作，体现从事樵采一类劳作。

又如《三国志》卷五五《吴书·黄盖传》裴松之注引《吴书》

---

①《艺文类聚》卷八〇引《汝南先贤传》曰：“蔡顺以至孝称。顺少孤，养母，尝出求薪，有客卒至，母望顺不还，乃噬其指。顺即心动，弃薪驰归，恐问其故。母曰：‘有急客来，吾噬指以悟汝耳。’”

说孙吴名将黄盖事迹：

> 故南阳太守黄子廉之后也，枝叶分离，自祖迁于零陵，遂家焉。盖少孤，婴丁凶难，辛苦备尝，然有壮志，虽处贫贱，不自同于凡庸，常以负薪余闲，学书疏，讲兵事。

黄盖少年时“处贫贱”“辛苦备尝”，曾经以“负薪”为生。

承宫故事前引《后汉书》所谓“遂请留门下，为诸生拾薪”，《太平御览》卷九〇三引《东观汉记》“因留精舍门下，拾薪”，又《太平御览》卷六一一引谢承《后汉书》“因留之，为诸生拾薪”，均作“拾薪”，而《太平御览》卷三八四引《东观汉记》即写作：“因留精舍门下樵薪。”所谓“求薪”“拾薪”“樵薪”“负薪”，都是贫苦少年的劳作形式。

《后汉书》卷七四上《袁绍传》可见袁绍上书有“臣以负薪之资，拔于陪隶之中”语。李贤注：“负薪谓贱人也。《礼记》曰：‘问士之子长幼，长曰能负薪矣，幼曰未能负薪。’”可知“负薪”是未成年人最初从事劳作的形式。

《后汉书》卷七九上《儒林列传上》说东汉晚期太学教育走向衰落的情形，有如下文字：

> 自安帝览政，薄于蓺文，博士倚席不讲，朋徒相视怠散，学舍颓敝，鞠为园蔬，牧儿荛竖，至于薪刈其下。

“学舍”毁败，沦为荒芜。其中所见“牧儿荛竖”称谓，“荛竖”应当是指割取柴草的未成年劳动者。《资治通鉴》卷五一“汉顺帝永建五年”采用了这一记录，胡三省注：“荛竖，刈草者也。”

未成年人劳动生活体现的雇佣关系和依附关系

雇佣劳动是秦汉时期生产关系中常见的形式。崔寔《政书》有“客庸一月千”的佣工价格记录。《九章算术》卷六《均输》写道:“今有均赋粟,甲县四万二千算,粟一斛二十,自输其县;乙县三万四千二百七十二算,粟一斛一十八,佣价一日一十钱,到输所七十里;丙县一万九千三百二十八算,粟一斛一十六,佣价一日五钱,到输所一百四十里;丁县一万七千七百算,粟一斛一十四,佣价一日五钱,到输所一百七十五里;戊县二万三千四十算,粟一斛一十二,佣价一日五钱,到输所二百一十里;己县一万九千一百三十六算,粟一斛一十,佣价一日五钱,到输所二百八十里。凡六县赋粟六万斛,皆输甲县。六人共车,车载二十五斛,重车日行五十里,空车日行七十里,载输之间各一日。粟有贵贱,佣各别价,以算出钱,令费劳等。问县各粟几何?”明确说到“佣价”。所谓“佣各别价”,体现出雇佣劳动价格浮动频繁不能稳定的事实。这也说明了这种经济关系的复杂性。又如“今有取佣负盐二斛,行一百里,与钱四十。今负盐一斛七斗三升、少半升,行八十里。问与钱几何?”所谓“取佣”“与钱”说的也是类似的经济关系。陈直指出居延汉简所见“雇钱”,“系边郡戍所临时雇工的钱,由官府付给的。其他雇佣工资,见于居延敦煌木简中的尚多”。以为“居延竹简中记载客庸的工资”,可以说明当时的“佣工问题”①。当时未成年人参与雇佣劳动的情形,也见于历史文献记载。

①陈直:《两汉经济史料论丛》,陕西人民出版社1980年12月版,第209页,第283页。

人身依附关系是当时社会关系和生产关系的值得重视的形式。秦汉未成年人参与劳作,多有因奴婢身份在阶级压迫下经历苦难的情形。

1. 劳动力"佣赁"

《后汉书》卷八〇下《文苑列传下·刘梁》说,刘梁"少孤贫,卖书于市以自资"。这是一种特殊的"自资"形式,但是很可能以家有一定数量的藏书为条件[①]。如《后汉书》卷二七《杜林传》所谓"家既多书"情形。而更多的"孤贫"少年,往往不得不被迫出卖劳动力。通过史籍记录可以得知,在以"佣"为标志的生产关系的链条中,确实有未成年人在苦难中艰辛求生。

《后汉书》卷二七《郑均传》:"郑均字仲虞,东平任城人也。少好黄老书。兄为县吏,颇受礼遗,均数谏止,不听。即脱身为佣,岁余,得钱帛,归以与兄。曰:'物尽可复得,为吏坐臧,终身捐弃。'兄感其言。遂为廉絜。"郑均"脱身为佣",我们虽然不清楚他从事的劳作形式,但是"佣"这种经济关系,是确定的。

又如《后汉书》卷八〇下《文苑列传下·侯瑾》写道:

> 侯瑾字子瑜,敦煌人也。少孤贫,依宗人居。性笃学,恒佣作为资,暮还辄爇柴以读书。

①参看王子今:《汉代社会的读书生活》,《大连图书馆百年纪念学术论文集》,万卷出版公司 2007 年 11 月版。

“恒佣作为资”[①],或写作“为人佣赁”[②],说明了侯瑾经济生活的特点。关于东汉刘茂事迹,《后汉书》卷八一《独行列传·刘茂》所谓“少孤,独侍母居”,“以筋力致养”,很有可能也是出卖劳动力以供养母亲。这些记载反映了当时以雇佣形式体现的社会关系,传递了重要的社会经济史信息和社会生活史信息。

2.“为人将车”

《史记》卷一〇四《田叔列传》褚少孙补述说到西汉名臣任安事迹,涉及少年时生活于底层社会时辛苦劳作的情节:

> 任安,荥阳人也。少孤贫困,为人将车之长安。

翦伯赞曾经指出:“这里所谓‘为人将车’就是受人之雇为人赶车。”[③]“受人之雇”,与上文第五访“少孤贫,常佣耕以养兄嫂”体现的生产关系类似。“将车”虽然技术要求较高,然而也是辛苦的劳作形式。

汉代画像资料中可以看到未成年人“为人赶车”的情形。江苏邳州陆井墓出土汉画像石,表现主人博戏情景,右侧置一解套的牛车,而牛在左侧,一未成年人手牵挂系牛鼻的缰绳。有研究者解释为“屋外左侧刻一儿童坐在杌子上逗牛”[④]。这位儿童,应

---

①《太平御览》卷八二九引《汉皇德颂》曰:“侯瑾字子瑜,燉煌人,少孤贫,依宗人居。性笃学,恒佣作为资。暮还,辄爇柴读书。”

②《艺文类聚》卷八〇引《汝南先贤传》曰:“侯瑾甚孤贫,依宗人居,昼为人佣赁,暮辄燃柴薪以读书。”

③翦伯赞:《两汉时期的雇佣劳动》,《北京大学学报》1959 年第 1 期。

④《中国画像石全集》第 4 卷《江苏、安徽、浙江汉画像石》,第 105 页,图一四三,图版说明第 48 页。

是来客所乘牛车的御者。山西离石马茂庄出土墓室门侧画像可见如下画面："一人牵牛车行进，牛昂首前行，车为辎车，四人在旁随之而行。"[①] 牵牛者身高不及牛背，与随行"四人"比较，亦小大悬殊，可知应是儿童。四川乐山张公桥崖墓石刻画像，画面中驾车者也是未成年人[②]。安徽定远靠山乡出土汉画像石，"画像刻四维轺车一辆，舆内一乘者一驭者，一骑先导，一骑者背'金吾'护卫，一挑夫随后"[③]。其中"驭者"，是未成年人。陕西绥德刘家湾出土汉画像石"车骑出行图"可见"三辆轺车"，御者看来都是童子[④]。

居延汉简多见有关"将车"的简文[⑤]。甘肃武威雷台汉墓出土铜车马有隶书铭刻，其御者身份，驾驭"小车马"者称"御奴"，而驾驭"輂车马"即货运车马者则称作"将车奴"[⑥]。可知"将车"者的身份是相当低的[⑦]。既然称"奴"，则显现另有不同的人身依附关系。

①《中国画像石全集》第5卷《陕西、山西汉画像石》，第208页，图二八二，图版说明第77页。

②《巴蜀汉代画像集》，图146。

③《中国画像石全集》第4卷《江苏、安徽、浙江汉画像石》，第161页，图二一二，图版说明第71页。

④《陕北汉代画像石》，第90页。《中国画像石全集》第5卷《陕西、山西汉画像石》，第92—93页，图一二一，图版说明第31页。

⑤例如"里上造史赐年廿五长七尺二寸黑色为兰少卿将车"（14.12），"将车觻得万岁里"（77.7），"将车觻得安世里公乘工未央年卅长七尺二寸黑色"（334.13），"给车觻得新都里郝毋伤年卅六岁长七尺二寸黑色"（334.36），"将车河南郡荧阳"（346.39）等。《候粟君所责寇恩事》简册也可见有关寇恩"将车"的文字："恩从觻得自食为业将车到居延"（E.P.F22:18），"恩又从觻得自食为业将车莝斩来到居延"（E.P.F22:27）。

⑥甘博文：《甘肃武威雷台东汉墓清理简报》，《文物》1972年第2期；甘肃省博物馆：《武威雷台汉墓》，《考古学报》1974年第2期。

⑦参看王子今：《关于居延"车父"简》，《简帛研究》第2辑，法律出版社1996年9月版。

3. “为人仆隶”

除了出卖劳动力外，有的未成年人甚至出卖自身。《三国志》卷二三《魏书·杨俊传》说王象经历：

> 少孤特，为人仆隶，年十七八，见使牧羊而私读书，因被棰楚。

《艺文类聚》卷九四引《魏志》曰：“杨俊同郡王象，孩少孤特，为人仆隶，年十七八，见使牧羊而私读书，因获箠楚。”《太平御览》卷八三三引《魏志》作：“见使牧羊而私读书，用获箠楚。”王象“为人仆隶”在“年十七八”之前“孩少”时，应当看作未成年时境遇。这显然是值得研究者注意的反映当时阶级关系的资料。

汉代画像中表现这种“为人仆隶”的人身依附关系的画面相当多。当时“僮”的表现值得注意。“僮”通常随侍主人身侧，承担服务性工作。如山东微山两城镇汉画像石即可见“僮”侍奉主人的情形[①]。陕西绥德四十里铺出土墓门楣石刻画像也可以看到主人身后侧立的少年“仆隶”[②]。四川南溪2号石棺画像有两人执首言欢场面，各自身后都站立着少年僮仆。即图版说明所谓“左右有侍者”[③]。四川泸州11号石棺画像可见主人宴饮时，“身后一

---

①《中国画像石全集》第2卷《山东汉画像石》，第44—45页，图五三，图版说明第17页。

②《中国画像石全集》第5卷《陕西、山西汉画像石》，第134页，图一七六，图版说明第77页。

③《中国画像石全集》第7卷《四川汉画像石》，第106页，图一三五，图版说明第43页。

侍者”恭敬服务，精心伺候饮食的情形[①]。陕西横山孙家园子汉墓出土石刻画像也有类似的场面[②]。四川郫县犀浦王孝渊残碑，画面有少女形象的服务人员跪在主人身侧。据图版说明：“侧刻一跪女，为侍者。”[③]他们劳作的实际情形，可以通过江苏铜山汉王乡东沿村出土汉画像石的内容得以理解。画面可见两个僮仆抬运一件酒器[④]。重庆璧山三号石棺刻画的内容，也有“短袍束腰”的少年僮仆艰难担运两件盛酒容器的情形[⑤]。

司马相如笔下所谓“幼孤为奴”[⑥]、“幼孤为奴虏”[⑦]的情形，曾经成为执政者关注的社会问题。这种现象发生的重要原因，是严重灾荒及阶级关系紧张导致的下层民众的极度的贫困。

---

①《中国画像石全集》第7卷《四川汉画像石》，第156页，图一九三，图版说明第61页。

②《中国画像石全集》第5卷《陕西、山西汉画像石》，第175页，图二三〇，图版说明第65页。

③《中国画像石全集》第7卷《四川汉画像石》，第48页，图五七，图版说明第16页。

④《中国画像石全集》第4卷《江苏、安徽、浙江汉画像石》，第1页，图一，图版说明第1页。

⑤《中国画像石全集》第7卷《四川汉画像石》，第132页，图一六七，图版说明第14页。参看王子今：《汉代劳动儿童——以汉代画像遗存为中心》，《陕西历史博物馆馆刊》第17辑，三秦出版社2010年11月版。

⑥《史记》卷一一七《司马相如列传》。

⑦《汉书》卷五七下《司马相如传下》。

汉代西北边塞军事生活中的未成年人

河西汉简提供的历史信息中，可以看到西北边塞人口构成包括有“小男”“小女”“使男”“使女”“未使男”“未使女”。这些未成年人均作为军人家属出现在名籍等资料中。关注少年儿童在人口构成中的比率，可以了解当时当地社会生活的一个侧面。讨论他们在军事环境中的生活，对于认识当时战争史、社会史，都是有意义的。边地战争对未成年人造成的生存危害和生活艰险，可以通过史籍记载的相关内容有所体会。

1. “家属妻子”名籍

陕西历史博物馆藏来自武都的汉简，有学者认为从内容和形制看，应属于河西汉简。简文出现“妻子从者”字样：

（1）（上残）□□□□□□□□□☑
四百六十七石二
妻子从者百九十九人用粟二百
卌石四
妻子从者百七十八人用粟二百
七十四石五斗☑ （12A）
（上残）一十八人 （12B）①

关于“妻子从者”，敦煌汉简可见：

①王子今、申秦雁：《陕西历史博物馆藏武都汉简》，《文物》2003年第4期；何双全：《非“武都汉简”辨》，2003年8月8日《中国文物报》。

（2）●高望部元始元年十月吏妻子从者奴私马致（545）

（3）●元始三年七月玉门大煎都万世候长马阳所赍操妻子从者奴婢出关致藉☐ （795）

（4）五凤三年三月丁丑朔癸卯士吏带敢言之候官隧和吏妻子私从者三月名藉一编敢言之 （998）

居延汉简文书可见《卒家属名籍》（203.15）、《省卒家属名籍》（58.16；133.8）、《卒家属廪名籍》（276.4A）、《卒家属在署名籍》（185.13）、《卒家属见署名籍》（194.3）、《戍卒家属居署名籍》（E.P.T65:134）、《卒家属掾署名籍》（194.3，174.13）、《卒家属居署廪名籍》（E.P.T40:18）、《戍卒家属在署廪名籍》（191.10），又有《家属妻子居署省名籍》（E.P.T40:18），突出了"妻子"身份。敦煌汉简又有《卒史妻子集名籍》（1612A）。有学者认为，这些文书，可以"暂统称之为'卒家属廪名籍'"，"是给戍卒家属发放粮食的名单"[①]。居延汉简可见与记录军人家属的名籍有关的简文，又有"所移觻得书曰他县民为部官吏卒与妻子在官"（220.5），"敢言之谨移卒妻子"（E.P.T65:506）等。又有明确可知并非"给戍卒家属发放粮食的名单"者，除前引敦煌汉简（3）"……妻子从者奴婢出关致藉"外，又有居延汉简"竟宁元年正月　吏妻子出入关致籍"（E.P.T51:136）、"☒鸿嘉五年吏妻子及葆出入关名籍"（73EJT21:35A）、"☒鸿嘉五年五月吏妻子出入关及葆"（73EJT21:35B）等[②]。出现"妻子"字样的简

①李均明、刘军：《简牍文书学》，广西师范大学出版社1999年6月版，第341—343页。

②又有"橐佗野马隧吏妻子与金关门为出入符"（73EJT21:136），橐佗候官与肩水金关为吏妻子葆庸出入符齿十从一　至百左居官右移金（转下页）

文，又如“四卿妻子家室它为如何马谁使随养视之闻取从者邪”（173），言“妻子家室”，简文“从者”，尚未知是否与“妻子从者”之“从者”相同。简（4）“妻子私从者”与“妻子从者”的异同，还需要讨论。简（2）又增列“奴”，称“妻子从者奴”。简（3）又有“奴婢”，称“妻子从者奴婢”。但是“妻子”称谓应当都包括“妻”和“子”①。“五校吏士妻子议遣乌孙归义侯赱清子女到大煎都候鄣”（90），“没校妻子皆为敦德还出妻计八九十口宜遣吏将护续食”（116），“府卒男宗妻子□四”（494），“▨为妻子葆处居▨，▨劳四月適奉▨”（243.25）等简文，均涉及“妻子”的生活境遇。

（接上页）关符合以从事（右齿）（73EJT22:99），“櫜他候官与肩水金关为吏妻子葆庸出入符齿十　从第一至百左居官右移金关葆合以从事　第卅一”（左齿）（73EJT24:19），“居摄三年六月丙子朔丙子张掖……吏妻子家属夕客如牒谒移……”（73EJT24:75A）。

①秦汉文献及出土资料迄今所见“妻子”称谓，均指代“妻”与“子”。如言司法事务文例，《汉书》卷六《武帝纪》颜师古注引应劭曰：“吴楚七国反时，其首事者妻子没入为官奴婢。”又如正式法律文书张家山汉简《二年律令·收律》：“奴有罪，毋收其妻子为奴婢者。”（180）如“妻子”只言“妻”，则无从言“没入为官奴”，“收其”“为奴”。可知法定意义的“妻子”，即“妻”与“子”。以“妻子”言“妻”情形的出现，当年代稍晚。一些辞书相互蹈袭，释《诗·小雅·常棣》“妻子好合，如鼓瑟琴”之“妻子”为“妻”或“妻也”，或特别说“子为助词”，如《辞源》，商务印书馆1979年7月版，第741页；《中文大字典》，中国文化研究所1962年至1968年版，第3568页；《汉语大词典》，汉语大词典出版社1989年11月版，第4卷第319页。其实《常棣》主题正如毛序所说：“燕兄弟也。闵管蔡之失道，故作《常棣》焉。”郑玄笺：“周公吊二叔之不咸，而使兄弟之恩疏，召公为作此诗而歌之以亲之。”“亲之”者，即家族团结。如只强调与“妻”的好合，似是误解。孔颖达疏：“此说族人室家和好，其子长者从王在堂，孩稚或从母亦在兼言焉。”《诗·小雅·常棣》所谓“妻子”的语义，是包括“其子长者”及“孩稚”的。

“卒妻”身份学界曾有讨论[①]，而简文“吏妻子”“吏士妻子”“卒史妻子”涉及“妻子”之所谓“子”，是我们讨论未成年人生活应当注意的[②]。

2. “家属妻子”名籍中的未成年家庭成员

河西汉简“家属妻子”名籍中可见“小男”“小女”和“未使男”“未使女”。例如：

（5）永光四年正月己酉	妻大女昭武万岁里孙第卿年廿一
	子小女王女年三岁
橐佗延寿	长孙时符　弟小女耳年九岁　皆黑色　（29.1）
（6）	妻大女昭武万岁里□□年卌二
永光四年正月己酉	子大男辅年十九岁
橐佗吞胡隧长张彭祖符	子小男广宗年十二岁
	子小女女足年九岁
	辅妻南来年十五岁　皆黑

①参看王子今：《中国女子从军史》，军事谊文出版社 1998 年 7 月版，第 63—68 页；翟麦玲：《试释“女子乘亭鄣”中“女子”的身份》，《中国史研究》2008 年第 1 期；王子今：《汉代军队中的“卒妻”身份》，《南都学坛》2009 年第 1 期。

②个别简例，如肩水金关简“还知放病卧隧中武妻子病在隧外厩内中已□□”（73EJT24:194），敦煌简“□□□妻子持牛车一两　十月乙巳出东门”（527），未可判明“妻子”是“妻”与“子”，抑或只是“妻”一人，只能暂且存疑。

色　　（29.2）

（7）制虏卒张孝

妻大女弟年卅四用谷二石一斗六升大

子未使女解事年六用谷一石一斗六升大·凡用谷三石三斗三升少　　（55.25）

（8）明君年卌一□老不□　　女小女来

□王□□年□□□□　二　子小女利　　（58.20）

（9）妻大女□新年廿七

子小男大□年十一

子小男汪年四　　（103.24）

（10）　执胡燧卒富凤

妻大女君以年廿八用谷二石一斗六升大

子使女始年七用谷一石六斗六升大

子未使女寄年三用谷一石一斗六升大·凡用谷五石　　（161.1）

（11）第四燧卒虞护

妻大女胥年十五

弟使女自如年十二　见署用谷四石八斗一升少

子未使女真省年五　　（194.20）

（12）　第五燧卒徐谊

妻大女眇年卅五

子使女待年九　见署用谷五石三斗一升少

子未使男有年三（203.3）

（13）武成隧卒孙青肩

妻大女年卅四用谷二石一斗六升大
子使女于年十用谷一石六斗六升大
子未使女女足年六用谷一石一斗六升大　凡用谷五石　（203.7）

（14）俱起隧卒王并

妻大女严年十七用谷二石一斗六升大
子未使女毋知年二用谷一石一斗六升大
●凡用谷三石三斗三升少　（203.13）

（15）□

妻大女待年廿七
子未使男偃年三
子小男霸年二

省茭用谷五石三斗一升少　（203.23）

（16）制虏卒张放

妻大女自予年廿三用谷二石一斗六升大
子未使男野年二用谷一石六斗六升大（231.25）

（17）□惊虏隧卒徐□

妻大女商弟年廿八用谷二石一斗六升大
子未使男益有年四用谷一石六斗六升大
子□□年一用谷一斗

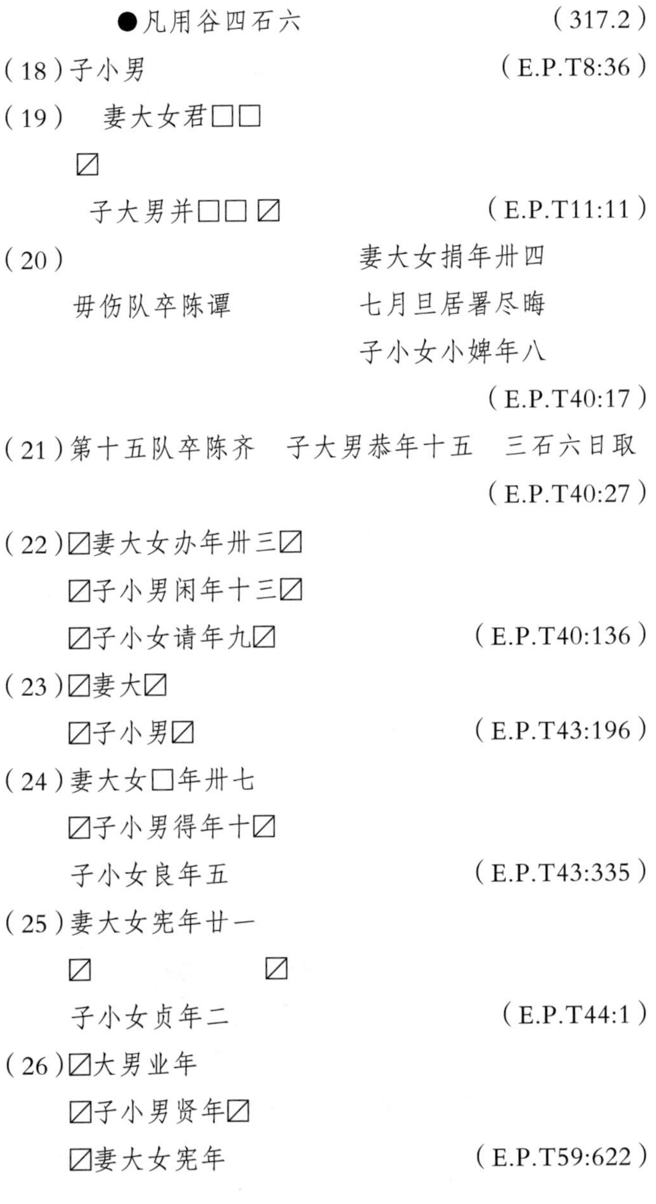

●凡用谷四石六　（317.2）

（18）子小男　（E.P.T8:36）

（19）　妻大女君□□

⧄

子大男并□□ ⧄　（E.P.T11:11）

（20）　　　　妻大女捐年卅四

毋伤队卒陈谭　　七月旦居署尽晦

　　　　　　　　子小女小婢年八

（E.P.T40:17）

（21）第十五队卒陈齐　子大男恭年十五　三石六日取

（E.P.T40:27）

（22）⧄妻大女办年卅三⧄

⧄子小男闲年十三⧄

⧄子小女请年九⧄　（E.P.T40:136）

（23）⧄妻大⧄

⧄子小男⧄　（E.P.T43:196）

（24）妻大女□年卅七

⧄子小男得年十⧄

子小女良年五　（E.P.T43:335）

（25）妻大女宪年廿一

⧄　　　　⧄

子小女贞年二　（E.P.T44:1）

（26）⧄大男业年

⧄子小男贤年⧄

⧄妻大女宪年　（E.P.T59:622）

（27）☒妻大女止年廿☒

☒子小女君来年五☒　　　（E.P.T59:675）

（28）　　　●妻大女君宪年廿四

止北隧卒王谊●子未使女女足年五岁　　═

●子小男益有年一岁 用谷四石少

皆居署廿九日 七月乙卯妻取

卩

用谷四石少　　　（E.P.T65:119）

（29）　　　妻大女临年廿八

□□□□当遂里士伍王恽年卅五 子小男崇年七

子小男尊年三　（E.P.T65:121）

（30）☒子大男□年二十用☒

☒母大女婢年五十用谷☒　　　（E.P.T65:222）

（31）☒妻大女服年廿二岁☒

☒子小男章年二岁☒　　　（E.P.T65:288）

（32）妻大女曾年卅三　　十一石七斗九升大

☒子小男盖邑年十　　妻取卩

子小男奴年二　　　（E.P.T65:413）

（33）　　　妻大女次年□

☒□里泛谭

●子小女耐年　　　（E.P.T65:454）

（34）☒□大男□年五□□☒

☒□小女□年□□　☒　　　（E.P.W:149）

（35）☒皮氏里王雷年卅八　☒

妻子大女觻得当穿富里□□成禹

年廿六

子小女倭倭年一岁　　　车一二两

（73EJT3:88）

通过这些简文，可知河西汉代边塞参与军事生活的人群中，包括一定数量的未成年人。他们的相关个人信息列入官方资料之中，使得我们今天可以片断了解当时社会生活的这样一个特殊的侧面。

又如敦煌汉简“诛虏隧长杜世子小男会”（359），“候长匽未使女伤风年七岁”（821），“邮适亭长张奇子小男带　一石六斗六升少”（1051）等，也是性质类同的资料。

3. 未成年人与家庭人口结构

通过以上涉及未成年人的简文，可以进行他们在家庭人口结构中所占比例的测定。

试就其中出现年龄信息的简文列出下表：

简号	家庭人口	其中未成年人	未成年人年龄	成年人年龄
（5）	5	2	3　9	26
（6）	6	3	9　12　15	19　42
（7）	2	1	6	
（9）	4	2	4　11	
（10）	4	2	3　7	
（11）	5	3	5　12　15	
（12）	4	2	3　9	
（13）	3	2	6　10	
（14）	3	1	2	
（15）	4	2	2　3	27

续表

简号	家庭人口	其中未成年人	未成年人年龄	成年人年龄
(16)	3	1	2	23
(17)	4	2	1　4	28
(20)	3	1	8	34
(21)	2	1	15	
(22)	4	2	9　13	33
(23)	3	1		
(24)	4	2	5　10	37
(25)	3	1	2	21
(26)	4	1	?	
(27)	3	1	5	
(28)	4	2	1　5	24
(29)	4	2	3　7	28　35
(30)	3			20　50
(31)	3	1	2	22
(32)	4	2	2　10	33
(33)	3	1		
(34)	3	1	?	
(35)	3	1	1	26　48

简(6)“辅妻南来年十五岁”,简(11)“妻大女胥年十五”,简(21)“子大男恭年十五”,出现3例“年十五”,按照当时认识,均已视作成年人。但是以现今常识判断,仍列入未成年人之中。

获得年龄资料的未成年人共41人,平均年龄6.293岁。其中3岁以下的幼儿14人,最年幼者只有1岁(3例)。这一情形,当然与服役人员正当青壮年有直接关系。但是军人挈妇将雏,也势必会影响军事勤务的值行。而这些未成年人的安全和生活质量，也会受到严峻的军事生活条件的限定。

简文提供全家年龄数据的有（29）（35）2 例，可以据此计算这两个家庭的平均年龄：

简例	年龄数据	平均年龄
（29）	3 7 28 35	18.25
（35）	1 26 48	25

这可能是比较珍贵的家庭人口年龄构成的资料。

4. 战争背景下未成年人的生活情状

匈奴“侵暴中国”，劫掠人口是主要形式之一，“得人以为奴婢”是激发战争热情的因素之一。入犯汉地往往“杀略吏民甚众”，未成年人成为主要的受害者。据《史记》卷一一〇《匈奴列传》记载：

> 孝文皇帝前六年，汉遗匈奴书曰：“皇帝敬问匈奴大单于无恙。使郎中系雩浅遗朕书曰：‘右贤王不请，听后义卢侯难氏等计，绝二主之约，离兄弟之亲，汉以故不和，邻国不附。今以小吏败约，故罚右贤王使西击月氏，尽定之。愿寝兵休士卒养马，除前事，复故约，以安边民，使少者得成其长，老者安其处[①]，世世平乐。’朕甚嘉之，此古圣主之意也。……”

匈奴表示和善之意时所谓“使少者得成其长”，体现出战争对未成年人生命危害的残酷。《史记》卷一一〇《匈奴列传》又有这样

① 《汉书》卷九四上《匈奴传上》作“使少者得成其长，老者得安其处”。

的记载：

> 孝文帝后二年，使使遗匈奴书曰："皇帝敬问匈奴大单于无恙。使当户且居雕渠难、郎中韩辽遗朕马二匹，已至，敬受。先帝制：长城以北，引弓之国，受命单于；长城以内，冠带之室，朕亦制之。使万民耕织射猎衣食，父子无离，臣主相安，俱无暴逆。今闻渫恶民贪降其进取之利，倍义绝约，忘万民之命，离两主之欢，然其事已在前矣。书曰：'二国已和亲，两主欢说，寝兵休卒养马，世世昌乐，闟然更始。'朕甚嘉之。圣人者日新，改作更始，使老者得息，幼者得长，各保其首领而终其天年。朕与单于俱由此道，顺天恤民，世世相传，施之无穷，天下莫不咸便。……"

所谓"父子无离"，所谓"幼者得长"，也透露出战争"暴逆"对于"幼者"的严重威胁。

边地社会在战争背景下，"少者"不"得成其长"，"幼者"不"得长"，是相当普遍的情形。而边塞特殊环境中儿童的生活情境，也有若干迹象可以体现。

敦煌马圈湾汉代烽燧遗址出土当时军人及其家属的遗物中，有未成年人的生活用品。

出土的履，有发掘者认为"为男性成人所用"的"麻布履"1件。也有"似为妇女所用"的"涂漆麻线编织履"1件。另有值得特别关注的儿童穿用的履。发掘报告中写道：

> 麻线编织履　一件。标本T2：020。以细麻线编织，口呈椭圆形，底长15厘米，宽5.5厘米，履前部已磨破。为3—4岁小孩所用。

另有所谓“玩具衣”即女孩喜爱的玩偶的服装：

> 玩具衣　三件。标本T3:017。以素绢手工缝制，以深红色绢作领和袖，以深蓝色绢作袖缘。衣长4厘米，胸围3.4厘米，两袖长2.6厘米，领边宽0.6厘米，下摆残。依古代衣服制度，似仿襦制作。

又出土一件“蹴鞠”游戏的用物，发掘报告执笔者认为可能是“随军子女之玩具”：

> 蹴鞠　一件。标本T12:01，内填丝绵，外用细麻绳和白绢搓成的绳，捆扎成球形。直径5.5厘米。《汉书·东方朔传》：“郡国狗马蹴鞠剑客辐凑董氏。常从游戏北宫，驰逐平乐，观鸡鞠之会，角狗马之足，上大欢乐之。”此件似为随军子女之玩具。[①]

推测“似为随军子女之玩具”，可能是因为形体较小的缘故。

看来，边塞儿童也有与一般儿童共同的生活情趣。细心制作的“蹴鞠”和“手工缝制”的“玩具衣”，都说明在特殊的军事生活背景下，他们的父母对子女可能表现出了更多的关爱。

居延出土汉简有关于未成年人“病死”的内容：

> (36)月十三日送省卒食道上长周育子病死取急归卒冯

---

①甘肃省文物考古研究所:《敦煌马圈湾汉代烽燧遗址发掘报告》,《敦煌汉简》,中华书局1991年6月版,下册第56页,第55页,第63页。

同病　　　　　　　　　　　　　　　　　　（E.P.F22:492）

敦煌汉简又有这样的简文：

（37）助茂秉刃伤大君头一所男庶人吉助茂缚秉元夫与吉共摎杀秉并使从兄粱杀秉子小男毋畐砍杀秉妻　（222）

这可能是一起刑事案件的记录。“秉”的全家被杀害，其中包括“秉子小男毋畐”。当然，这起杀人案并不涉及与匈奴的战争，但是有可能与边地民风强悍有关[①]。

5.“童儿”“上城”：未成年人直接的战争参与

战争形势下的兵役制度可能会征调现代社会看来并未成年者参与直接的军事生活。遇异常紧张危急的情形，更年幼的儿童也有可能投入战争。

《淮南子·人间训》讲述祸福相对而生，彼此转化的道理，有涉及兵战的这样的故事：

昔者，宋人好善者，三世不解。家无故而黑牛生白犊，

①《史记》卷一二九《货殖列传》言燕地风习，说到“边胡”地理条件的作用：“东北边胡。上谷至辽东，地踔远，人民希，数被寇，大与赵、代俗相类，而民雕捍少虑。”《汉书》卷二八下《地理志下》也说“迫近戎狄”地方的风习：“天水、陇西……及安定、北地、上郡、西河，皆迫近戎狄，修习战备，高上气力，以射猎为先。……故此数郡，民俗质木，不耻寇盗。”《汉书》卷六九《赵充国传》：“山西天水、陇西、安定、北地处势迫近羌胡，民俗修习战备，高上勇力鞍马骑射。……其风声气俗自古而然，今之歌谣慷慨，风流犹存耳。”

以问先生,先生曰:“此吉祥,以飨鬼神。”居一年,其父无故而盲,牛又复生白犊,其父又复使其子以问先生。其子曰:“前听先生言而失明,今又复问之,奈何?”其父曰:“圣人之言,先忤而后合。其事未究,固试往复问之。”其子又复问先生,先生曰:“此吉祥也,复以飨鬼神。”归致命其父,其父曰:“行先生之言也。”居一年,其子又无故而盲。其后楚攻宋,围其城。当此之时,易子而食,析骸而炊,丁壮者死,老病童儿皆上城,牢守而不下。楚王大怒,城已破,诸城守者皆屠之。此独以父子盲之故,得无乘城。军罢围解,则父子俱视。夫祸福之转而相生,其变难见也。

所谓“老病童儿皆上城”,是战争年代“丁壮者死”的情况下经常发生的事情。《论衡·福虚》也说“宋人有好善行者”同样的故事,但是战争情势写作:“其后楚攻宋,围其城。当此之时,易子而食之,析骸而炊之,此独以父子俱盲之故,得毋乘城。军罢围解,父子俱视。此修善积行神报之效也。”《列子·说符》类似故事,“先生之言”作“孔子之言”。也没有“老病童儿皆上城”情节,只说“丁壮者皆乘城而战”,“此人以父子有疾皆免”。

“老病童儿皆上城”的情形如果在汉代北边战争中发生,随军“童儿”的生命历程必然要直接经受攻与守两军近战拼杀的残酷的考验。

6. 边塞少数民族未成年人

前引敦煌汉简“五校吏士妻子议遣乌孙归义侯疌清子女到大煎都候鄣”(90),涉及“归义”的“乌孙”未成年人。敦煌汉简又有:

（38）车师侯伯与妻子人民桼十桼人愿降归德钦将伯等及乌孙归义 （88）

所谓“妻子人民”中，应当包括未成年人。

额济纳汉简又有：

（39）□大且居蒲妻子人众凡万余人皆降余览喜拜之□□□□□□符蒲等

其□□□□质修待子入余□□入居……仮奏辩诏命宣扬威□安杂□ （2000ES9SF4:9）

（40）校尉苞□□度远郡益寿塞徼召余十三人当为单乎者苞上书谨□□为单乎者十三人其一人葆塞稽朝候咸妻子家属及与同郡虏智之将业 （2000ES9SF4:10）①

外族来降的“妻子人众”、“妻子家属”其中的“子”，应当包括未成年人。这些记录，也是讨论汉代西北边塞军事生活中未成年人这一主题应当予以关注的。只是简文内容透露的信息有限。他们在边地频繁战争条件和复杂民族关系背景下的生活，必然要克服诸多艰难困苦。简（39）“妻子人众凡万余人”的数量规模相当惊人，理应成为民族史研究者和边地社会生活史研究者考察的对象。反映类同历史情节的简牍资料很可能还会陆续面世。我们对于相关资料的整理与发表心怀热切的期待。

---

①释文据孙家洲主编：《额济纳汉简释文校本》，文物出版社2007年10月版。

“贩”“卖”经营与其他劳作

秦汉时期是包括商业的多种社会经济形式普遍得到空前发展的历史阶段。未成年人的参与，充实了投入各种生产和经营的人力，推动了经济的进步。“贩”“卖”经营及一些服务型劳作的工作强度可能较许多田间耕作形式为轻，适合未成年人的体力条件。

1. “卖履舍长”刘备

《后汉书》卷七一《朱儁传》写道，“朱儁字公伟，会稽上虞人也。少孤，母尝贩缯为业。儁以孝养致名，为县门下书佐，好义轻财，乡闾敬之。时同郡周规辟公府，当行，假郡库钱百万，以为冠帻费，而后仓卒督责，规家贫无以备，儁乃窃母缯帛，为规解对。母既失产业，深恚责之。儁曰：‘小损当大益，初贫后富，必然理也。’”①朱儁的慷慨导致“母既失产业”，行为颇不合情理。我们更为注意的，则是朱儁少年时既然致力“孝养”，很可能协助过母亲“贩缯”的劳作。

据《三国志》卷三二《蜀书·先主传》的明确记载，少年刘备有参与类似劳作的经历：

> 先主少孤，与母贩履织席为业。

刘备未成年时的劳动，包括民间日常服用的手工制作和贩卖经

① 《太平御览》卷八一四引张璠《汉记》曰：“朱隽少孤，母以贩缯彩为事。同郡周起负官债百万，县催责之。隽窃母帛，为起解债。”

营。《太平御览》卷七〇九引《蜀志》则曰："先主少孤，每贩履织席为业。"[①] 说刘备自己"贩履织席为业"，并非只是辅助其母。《太平御览》卷六九七引《蜀志》曰："先主少孤，织履为业。曹公骂云'卖履舍长'。"亦直说少年刘备自己"织履""卖履"的经营[②]。"贩履"，被看作刘备早年行为的一种标志。唐人王季友《酬李十六岐》诗："炼丹文武火未成，卖药贩履俱逃名。出谷迷行洛阳道，乘流醉卧滑台城。"[③] 以为刘备"贩履"是有意识的避世逃名，其说不妥。"贩履"应是未成年刘备因"少孤贫"不得不采取的生活方式。

应当注意到，刘备这种自产自销的经营，首先是"织席""织履"的手工生产程序。

四川新都出土汉画像砖被定名为"市集"者，画面左下方可以看到未成年人形象，但是因为表现内容不很明朗，我们尚不能确定是否可以作为少年从事"贩""卖"活动的文物证明[④]。

2."年十五""酒家胡"文学形象

汉代西北方向文化交流道路开通，出现"商胡贩客，日款于

---

①文渊阁《四库全书》本。"每贩履织席为业"，中华书局用上海涵芬楼影印宋本复制重印本则作"母贩履织席为业"。

②《资治通鉴》卷六〇"汉献帝初平二年"作："少孤贫，与母以贩履为业。"《华阳国志》卷六《刘先主志》："先主幼孤，其母贩履织席。"则不言刘备参与劳作。由曹操"卖履舍长"骂语，可知此说不足取。

③《石仓历代诗选》卷四六。

④《巴蜀汉代画像集》，图28。

塞下"[①]，"商贾胡貊，天下四会"[②]，边地"通货羌胡，市日四合"[③]，内地也多有"西域贾胡"活动的情形[④]。汉乐府有关"酒家胡"的诗句，也值得注意。

南朝陈徐陵编《玉台新咏》卷一有"辛延年《羽林郎》诗一首"，宋人郭茂倩编《乐府诗集》卷六三《杂曲歌辞三》收入，题《羽林郎》，作者署"后汉辛延年"。诗句讲述了霍将军家奴倚势"调笑酒家胡"的故事："昔有霍家奴，姓冯名子都。依倚将军势，调笑酒家胡。胡姬年十五，春日独当垆。长裾连理带，广袖合欢襦。头上蓝田玉，耳后大秦珠。两鬟何窕窕，一世良所无。一鬟五百万，两鬟千万余。不意金吾子，娉婷过我庐。银鞍何煜爚，翠盖空踟蹰。就我求清酒，丝绳提玉壶。就我求珍肴，金盘鲙鲤鱼。贻我青铜镜，结我红罗裾。不惜红罗裂，何论轻贱躯。男儿爱后妇，女子重前夫。人生有新故，贵贱不相逾。多谢金吾子，私爱徒区区。""辛延年《羽林郎》"，被看作汉乐府的名篇。

郭茂倩题解试图说明汉代"羽林郎"制度："《汉书》曰：'武帝太初元年，初置建章营骑，后更名羽林骑，属光禄勋。又取从军死事之子孙，养羽林官，教以五兵，号羽林孤儿。'颜师古曰：

① 《后汉书》卷八八《西域传》。

② 《三国志》卷二一《魏书·傅嘏传》裴松之注引《傅子》。

③ 《后汉书》卷三一《孔奋传》。

④ 《后汉书》卷二四《马援传》："伏波类西域贾胡，到一处辄止。"《东观汉记》卷一六《杨正传》："杨正为京兆功曹，光武崩，京兆尹出，西域贾胡共起帷帐设祭，尹车过帐，贾牵车令拜。尹疑止车，正在前导曰：'礼，天子不食支庶，况夷狄乎！'敕坏祭，遂去。"《后汉书》卷三四《梁冀传》："起菟苑于河南城西，经亘数十里。""移檄所在，调发生菟，刻其毛以为识，人有犯者，罪至刑死。尝有西域贾胡，不知禁忌，误杀一兔，转相告言，坐死者十余人。"

‘羽林宿卫之官,言其如羽之疾,如林之多。一说羽所以为主者羽翼也。’[①]《后汉书·百官志》曰:‘羽林郎,掌宿卫侍从,常选汉阳、陇西、安定、北地、上郡、西河六郡良家补之。’[②]《地理志》曰‘汉兴,六郡良家子选羽林’是也[③]。又有《胡姬年十五》,亦出于此。”[④]《乐府诗集》卷六一《杂曲歌辞一》题下有文字说明:“《宋书·乐志》曰:‘古者天子听政,使公卿大夫献诗,耆艾修之,而后王斟酌焉。’”[⑤]下文又说道:“汉魏之世,歌咏杂兴,而诗之流乃有八名:曰行,曰引,曰歌,曰谣,曰吟,曰咏,曰怨,曰叹,皆诗人六义之余也。”又说:“杂曲者,历代有之,或心志之所存,或情思之所感,或宴游欢乐之所发,或忧愁愤怨之所兴,或叙离别悲伤之怀,或言征战行役之苦,或缘于佛老,或出自夷虏。兼收备载,故总谓之‘杂曲’。”[⑥]所谓“心志”“情思”,“忧愁愤怨”云云,切近多数“杂曲”主题。而“或出自夷虏”语,尤其值得辛延年《羽林郎》研究者关注。

---

①《汉书》卷一九上《百官公卿表上》:“羽林掌送从,次期门,武帝太初元年初置,名曰建章营骑,后更名羽林骑。又取从军死事之子孙养羽林,官教以五兵,号曰羽林孤儿。羽林有令丞。宣帝令中郎将、骑都尉监羽林,秩比二千石。”颜师古注:“羽林,亦宿卫之官,言其如羽之疾,如林之多也。一说羽所以为王者羽翼也。”

②《续汉书·百官志二》:“羽林中郎将,比二千石。本注曰:主羽林郎。羽林郎,比三百石。本注曰:无员。掌宿卫侍从。常选汉阳、陇西、安定、北地、上郡、西河凡六郡良家补。”

③《汉书》卷二八下《地理志下》:“汉兴,六郡良家子选给羽林、期门,以材力为官,名将多出焉。”

④〔宋〕郭茂倩:《乐府诗集》,中华书局1979年11月版,第909页。

⑤《宋书》卷一九《乐志一》:“古者天子听政,使公卿大夫献诗,耆艾修之,而后王斟酌焉。”以下680字,中华书局《乐府诗集》标点本均引作《宋书·乐志》出,误。

⑥《乐府诗集》,第884—885页。

有关辛延年《羽林郎》的研究，曾经发生激烈争论。焦点在于阶级感情和阶级立场的分析。有学者以为，“酒家胡”即“当垆”“胡姬年十五”者的态度，“含有阶级敌意”。有的讨论，甚至“上升为政治批判”[①]。尽管争议热烈，但是讨论者对于辛延年《羽林郎》的年代判断，大体认同创作于汉代的说法。

人们讨论辛延年《羽林郎》，或说其中“蕴藏着丰富而鲜明的‘民主性的精华’”，而“胡姬的庄严形象”即“人民的形象”[②]，或说《羽林郎》“歌颂了两汉劳动妇女的反抗精神”[③]，或说“《羽林郎》中的酒家胡女有不可侵犯的尊严”，表现出“在道德人格上的伟大”[④]。也许诗中女子的族属及其以“酒家”为标识的生存方式更值得我们注意。

黄节指出：“两汉称胡者不止北方之种。《后汉书·马援传》：‘伏波类西域贾胡，到一处辄止。’是西域诸种亦称胡。此言酒家胡，盖即所谓贾胡也。”[⑤]聂石樵又据诗句中所见“大秦珠”强化其论证：“酒家胡，并非泛指中原之外的民族，而是具体指西域之民族。西域之民族杂居内地，多以商贾为业，号称‘西域贾胡’。《后汉书》卷一百十八《西域传》：‘商胡贩客，日款于塞下。’因此诗中之胡女，应即西域人。而且从其妆饰看，有所谓‘大秦珠’者，《后汉书·西域传》关于大秦国之记载云：‘其人民

①曹道衡、刘跃进：《先秦两汉文学史料学》，中华书局2005年2月版，第412—413页。

②萧涤非：《评〈羽林郎〉解说中的错误》，《文史哲》1955年第3期，收入《乐府诗词论薮》，齐鲁书社1985年5月版，第31页，第39页，第41页。

③张永鑫：《汉乐府研究》，江苏古籍出版社1992年6月版，第187页。

④赵敏俐：《汉代诗歌史论》，吉林教育出版社1995年12月版，第193—194页。

⑤黄节：《汉魏乐府风笺》，中华书局2008年1月版，第263页。

皆长大平正，有类中国，故谓之大秦。土多金银奇宝，有夜光璧、明月珠、骇鸡犀、珊瑚、虎魄、琉璃、琅玕、朱丹、青碧。刺金缕绣，织成金缕罽、杂色绫……’这段文献记载，可以和诗中胡女之妆饰相印证，说明此胡女确属西域人。”①

《羽林郎》中“酒家胡”究竟是“具体指西域之民族”，或是“泛指中原之外的民族”，还可以讨论。但是确指非汉人的少数民族，应是没有疑义的。我们并不清楚所谓“胡姬年十五，春日独当垆”是否继续着她们在故乡的经营方式。但是我们确知在汉地是有妙龄女子“当垆”的情形的。最典型的就是卓文君故事②。这种服务形式有吸引顾客的用意③。由前引“此言酒家胡，盖即西域贾胡也”的意见，似乎也有理由推定，汉代“商胡”“贾胡”们的基本经营形式，与汉人商贾比较，是存在一致性的。

有关“酒家胡”诗句所谓“胡姬年十五”，可以看作未成年人女子从事特殊服务业经营的例证。

---

①聂石樵：《先秦两汉文学史稿 · 两汉卷》，北京师范大学出版社 1994 年 4 月版，第 381 页。

②《史记》卷一一七《司马相如列传》：“相如与俱之临邛，尽卖其车骑，买一酒舍酤酒，而令文君当炉。相如身自着犊鼻裈，与保庸杂作，涤器于市中。卓王孙闻而耻之，为杜门不出。”《汉书》卷五七上《司马相如列传上》也写道：“相如与俱之临邛，尽卖车骑，买酒舍，乃令文君当卢。相如身自着犊鼻裈，与庸保杂作，涤器于市中。卓王孙耻之，为杜门不出。”汉人因此“耻之”的情感反应，是值得注意的。不仅“卓王孙耻之”，卓文君自己在《长卿诔》中也有“永托为妃兮不耻当垆”的咏叹。〔明〕梅鼎祚《西汉文纪》卷二二。有学者指出此文“可能系后人伪托”。踪凡编：《司马相如资料汇编》，中华书局 2008 年 11 月版，第 3 页。然而也可以作为考察民间传统意识的参考。

③〔宋〕王楙《野客丛书》卷一五“设法”条写道：“今用女倡卖酒，名曰‘设法’。或者谓汉晋未闻。仆谓此即卓文君当垆之意。晋人阮氏醉卧酒垆妇人侧，司马道子于园内为酒垆列肆，使姬人酤鬻酒肴是矣。”

3. 辅助型服务型劳作

汉代画像反映的未成年人劳动生活，其实并不限于以上内容。有些画面，表现了史籍未曾具体载录的劳动形式。

例如，山东沂南汉墓出土画像石可见未成年人参与着所谓"装粮、扫粮"劳作的画面。画面右端有儿童执箕，承担着谷物出入仓时与粮食计量等相关的辛苦。据报告执笔者描述，"一戴尖顶帽子的人，双手拿着扫帚在扫地下散的粮食归大堆，一人从其背后走来，右手拿着箕，也是为扫粮食用的。这些人都是地主家里的仆役"①。

成都曾家包汉墓出土画像砖所见"养老图"中自仓房走出，为一持鸠杖长者双手用标准量器"捧送粮食"的少年，所从事的也是类似的劳动②。

这些可以看作辅助型劳作的形式，在经济活动中处于次要地位，然而却也是不可以缺失的。

《后汉书》卷七九上《儒林列传上·周防》说到另外一种值得注意的特殊的儿童劳动方式：

> 周防字伟公，汝南汝阳人也。父扬，少孤微，常修逆旅，以供过客，而不受其报。

---

①曾昭燏、蒋宝庚、蔡忠义：《沂南古画像石墓发掘报告》，文化部文物管理局1956年3月版，第20页，拓片第35幅；《中国画像石全集》第1卷《山东汉画像石》，第153页，图二〇四，图版说明第67页。

②《中国画像石全集》第7卷《四川汉画像石》，第40页，图四八，图版说明第14页。参看王子今：《汉代劳动儿童——以汉代画像遗存为中心》，《陕西历史博物馆馆刊》第17辑，三秦出版社2010年11月版。

李贤注："杜预注《左传》曰：'逆旅，客舍也。'"所谓"常修逆旅，以供过客"，应是经常致力于"逆旅"建筑及其他设施的维修，以服务于往来旅人。对于周防来说，"常修逆旅，以供过客"，并不是营生手段。一位"孤微"少年辛苦劳作"而不受其报"即类似于"义工"的情形[①]，值得中国古代教育史、道德史和未成年人生活史研究者关注。

①陈直研究"两汉工人的类别"，提出"有义工的名称"："《隶释》卷十五，有延熙七年（公元一六四年）蜀郡属国辛通达、李仲曾造桥碑，有义工王文宰、王汉期两人的题名。义工，盖为人民参加造桥工作而不受酬报的。"《两汉经济史料论丛》，陕西人民出版社1980年12月版，第208—209页。

七　社会灾难、社会犯罪与受害儿童

“略卖”人口犯罪与未成年受害者

秦汉时期多有“略卖”人口犯罪。《史记》卷一〇〇《季布栾布列传》说，“(栾)布为人所略卖为奴”。王莽曾经指出当时社会压迫的残酷，说道：“兼并起，贪鄙生，强者规田以千数，弱者曾无立锥之居。又置奴婢之市，与牛马同兰[①]，制于民臣，颛断其命。奸虐之人因缘为利，至略卖人妻子，逆天心，悖人伦，缪于‘天地之性人为贵’之义[②]。《书》曰‘予则奴戮女’，唯不用命者，然后被此辜矣。”[③] 所谓“略卖人妻子”，其“子”当然多是未成年人。这种犯罪行为，是与“置奴婢之市，与牛马同兰”这种标志社会形态的历史现象密切相关的。“奸虐之人”“逆天心，悖人伦，缪于‘天地之性人为贵’之义”的行为虽然当时就受到社会谴责，然而由于“因缘为利”的原因，“略卖”未成年人的犯罪不能禁止。

---

①颜师古注：“‘兰’谓遮兰之，若牛马兰圈也。”
②颜师古注：“《孝经》称孔子曰‘天地之性人为贵’，故引之。‘性’，生也。”
③《汉书》卷九九中《王莽传中》。

1. 窦少君“为人所略卖”故事

儿童为人“略卖”，被迫“为其主”辛苦劳作的情形明确见于史籍记载。

《史记》卷四九《外戚世家》记录了窦皇后弟窦少君的特殊经历。姐弟离别时的场景与相见时的言辞，通过司马迁真切的细节描述，足可动人心弦：

> 窦皇后兄窦长君，弟曰窦广国，字少君。少君年四五岁时，家贫，为人所略卖，其家不知其处。传十余家，至宜阳，为其主入山作炭，暮卧岸下百余人，岸崩，尽压杀卧者[①]，少君独得脱，不死。自卜数日当为侯，从其家之长安。闻窦皇后新立，家在观津，姓窦氏。广国去时虽小，识其县名及姓，又常与其姊采桑堕，用为符信，上书自陈。窦皇后言之于文帝，召见，问之，具言其故，果是。又复问他何以为验？对曰："姊去我西时，与我决于传舍中，丐沐沐我，请食饭我，乃去。"于是窦后持之而泣，泣涕交横下。侍御左右皆伏地泣，助皇后悲哀。乃厚赐田宅金钱，封公昆弟，家于长安。

窦少君“年四五岁时”，“为人所略卖”，“传十余家”，从事的是“入山作炭”劳作，曾经经历生死劫难。这种儿童被“略卖”，“十余家”转手，惨遭奴役的情形，在社会秩序不稳定的时期，可能并不罕见。

---

① 《太平御览》卷八七一引《史记》："寒卧岸下，岸崩，百余人皆压死。"

在“作炭”劳作中,一次因山体滑坡灾害“尽压杀卧者”[①]多至“百余人”的事故,说明“其主人”[②]的生产规模。劳动者生命安全不能得到基本保障的情形,不能不令读史者深深叹息。

窦少君故事因为主人公与窦太后的特殊关系,得司马迁记录,成为我们了解当时社会犯罪导致儿童受害的宝贵信息。其实,通过王莽指责“略卖人妻子”的言辞可以得知,社会下层相关情形可能是比较普遍的。

2.“奴虏”身份

武威雷台汉墓出土资料可见“御奴”、“将车奴”身份。《史记》卷一一七《司马相如列传》载司马相如著文难蜀父老,则有“幼孤为奴,系累号泣”的说法。《汉书》卷五七下《司马相如传下》又写作“幼孤为奴虏,系絫号泣”。司马相如的说法,可能较王象“少孤特,为人仆隶”的遭遇更为悲惨。

《后汉书》卷一三《隗嚣传》说到两汉之际因社会危机、自然灾变和行政失败导致的严重的灾难:

> 攻战之所败,苛法之所陷,饥馑之所夭,疾疫之所及,以万万计。其死者则露尸不掩,生者则奔亡流散,幼孤妇女,流离系虏。

“幼孤”被奴役,成为“系虏”“奴虏”“奴”,可能是这种社会动荡的条件下相当普遍的现象。

---

① 《汉书》卷九七上《外戚传上·孝文窦皇后》写作“尽厌杀卧者”。

② “为其主入山作炭”,《汉书》卷九七上《外戚传上·孝文窦皇后》作“为其主人入山作炭”。

“劫质”犯罪与未成年受害者

“质子”制度，是先秦时期稳定外交关系的一种形式。就秦史而言，《史记》卷五《秦本纪》：“昭襄王为质于燕。”“泾阳君质于齐。”“庄襄王为秦质子于赵。”都是类似的记载。《史记》卷六《秦始皇本纪》张守节《正义》说，又有“二国敌亦为交质”的情形。卷七〇《张仪列传》：“秦太子入质于楚，楚太子入质于秦。”应当就是这种“交质”。汉王朝与周边国家的外交联系，也可见“质”的作用。如卷一一〇《匈奴列传》：“为遣其太子入汉为质，以求和亲。”“以单于太子为质于汉。”[①] 卷一二三《大宛列传》：“(宛)遣其子入质于汉。”《汉书》卷六一《李广利传》：“诸所过小国闻宛破，皆使其子弟从入贡献，见天子，因为质焉。”卷九四下《匈奴传下》：“(乌孙)卑援疐恐，遣子趋逯为质匈奴。”卷九六上《西域传上》：“楼兰既降服贡献，匈奴闻，发兵击之。于是楼兰遣一子质匈奴，一子质汉。”《后汉书》卷四《和帝纪》：“西域都护班超大破焉耆、尉犁，斩其王。自是西域降服，纳质者五十余国。”《后汉书》卷四七《班超传》：“西域五十余国悉皆纳质内属焉。”《后汉书》卷九〇《鲜卑传》说，汉安帝永初年间，“通胡市，因筑南北两部质馆。鲜卑邑落百二十部，各遣入质”。所谓“质馆”，李贤注：“筑馆以受降质。”《后汉书》卷九〇《乌桓传》：“及王莽篡位，欲击匈奴，兴十二部军，使东域将严尤领乌桓、丁令兵屯代郡，皆质其妻子于郡县。乌桓不便水土，惧久屯不休，数求谒去。莽不肯遣，遂自亡畔，还为抄盗，而诸郡尽杀其质，由是结

①陈金生：《汉匈质子关系及其作用述评》，《甘肃联合大学学报》(社会科学版)2009年第3期。

怨于莽。”人质成为战争的牺牲品。他们的悲剧人生，告知我们在暴力的夹缝中弱子们命运的惨淡。汉代政治集团之间出现紧张的形势时，也往往通过“为质”这种形式调整相互的关系。《汉书》卷九九下《王莽传下》记载：“莽拜将军九人，皆以虎为号，号曰‘九虎’，将北军精兵数万人东，内其妻子宫中以为质。”《三国志》卷一五《魏书·张既传》说：“武威颜俊、张掖和鸾、酒泉黄华、西平曲演等并举郡反，自号‘将军’，更相攻击。俊遣使送母及子诣太祖为质，求助。”人质的生命安全往往受到严重的威胁。

“劫质”与控制“质”以取得政治斗争有利地位的传统方式相关，是汉代军事政治争斗的惯用手段。“劫质”也是严重危害社会安全的犯罪行为。史籍中屡有反映的“劫质”情形，多有以未成年人为对象者。相关现象，应当引起社会史和司法史研究者的关注。有人“劫执”桥玄少子以“求货”，桥玄以强硬态度拒绝，并力促对犯罪者的攻击，致使其子被杀。桥玄又建议朝廷“凡有劫质，皆并杀之，不得赎以财宝，开张奸路”。据说因此降低了“劫质”发案率。人们在这一事件中的表现，反映了面对“劫质”犯罪的不同的情感倾向和不同的处置方式，可以看作社会史研究和司法史研究的重要素材。而未成年人在法律和亲情复杂纠结时完全被动的地位，以及他们的生命权利在作案者和办案者双方都未得到应有尊重，甚至其生死在历史记忆中往往缺失的情形，也都值得人们深思。

1. 劫 · 劫执 · 劫质

苏轼诗作有《和陶劝农六首》，序文写道：“海南多荒田，俗以贸香为业。所产秔稌，不足于食，乃以薯芋杂米作粥糜以取饱。予既哀之。乃和渊明《劝农》诗，以告其有知者。”其第一首却是讲“汉黎”民族关系的：“咨尔汉黎，均是一民。鄙夷不训，夫岂其真。怨愤劫质，寻戈相因。欺谩莫诉，曲自我人。”苏轼在这里发表了相当开明、相当清醒的关于处理民族关系时应重视尊重和理解的意见。对于很可能因“曲自我人”而导致的“怨愤劫质，寻戈相因”的冲突，施元之注：“《后汉·顺帝纪》：‘益州盗贼劫质令长，杀列侯。’《左传·昭公元年》：‘日寻干戈，以相征讨。’”[①]其中所谓“劫质”，据东汉史事。原始史料即《后汉书》卷六《顺帝纪》：“（阳嘉三年）三月庚戌，益州盗贼劫质令长，杀列侯。”另一起民族战争中发生的“劫质”事件，即《后汉书》卷七二《董卓传》李贤注引《献帝春秋》曰：“梁州义从宋建、王国等反，诈金城郡降，求见凉州大人故新安令边允、从事韩约。约不见，太守陈懿劝之，使（王）〔往〕，国等便劫质约等数十人[②]，金城乱。懿出。国等扶以到护羌营杀之[③]，而释约、允等。陇西以爱憎露布冠约、允名以为贼，州购约、允各千户侯。约、允被购，‘约’改为‘遂’，‘允’改为‘章’。”汉末军阀韩遂被“劫质”而后“以为贼”“被购”的经历，《三国志》卷一《魏书·武帝纪》裴松之注引《典略》写道：“会凉州宋扬、北宫玉等反，举（边）章、（韩）遂为主，章寻病卒，遂为扬等所劫，不得已，遂阻兵为乱，积三十二年。”

---

①〔清〕王文皓辑注，孔凡礼点校：《苏轼诗集》卷四一，中华书局 1982 年 3 月版，第 2254—2255 页。

②〔宋〕刘攽《后汉书刊误》：“注：‘陈懿劝之，使王国’，案此‘王’字当作‘往’字。陈懿劝约使往也。”《后汉书》中华书局点校本《校勘记》：“按：《刊误》谓此‘王’当作‘往’，陈懿劝约使往也。今据改。”中华书局 1965 年 5 月版，第 2346 页。

③中华书局点校本《校勘记》：“按：《校补》谓作‘扶’无义，当是‘挟’之讹。”第 2346 页。

贵族官僚被“劫质”的情形，即所谓“士大夫系虏劫质之害”[①]者，又见于《汉书》卷七六《张敞传》：“胶东、勃海左右郡岁数不登，盗贼并起，至攻官寺，篡囚徒，搜市朝，劫列侯。”又如《汉书》卷九九下《王莽传下》：“成纪隗崔兄弟共劫大尹李育。”《后汉书》卷一八《臧宫传》：“妖巫维汜弟子单臣、傅镇等，复妖言相聚，入原武城，劫吏人。”《后汉书》卷五〇《孝明八王列传·乐城靖王党》：“中平元年，黄巾贼起，（安平王刘续）为所劫质，囚于广宗。”多是社会剧烈动乱发生时出现的“劫质”现象。

至于因治安危机而发生的“劫质”案，则如《后汉书》卷五一《桥玄传》所说，“自安帝以后，法禁稍弛，京师劫质，不避豪贵”。竟然在帝国政治中心“京师”频繁发生。《三国志》卷九《魏书·夏侯惇传》裴松之注引孙盛曰：“自安顺已降，政教陵迟，劫质不避王公。”也说东汉晚期“劫质”这种行为常常以高官贵族为对象。《后汉书》卷七二《董卓传》说，汉末发生“劫质公卿”情形，竟是实力派军阀郭汜所为。这一指责，又见于《后汉纪》卷二八。

或许可以看作“政教陵迟”表现的汉末最极端的情形，又有强势宦官劫持天子的案例。历史文献亦称“劫质”。如《后汉书》卷七八《宦者列传·张让》记载：“（张）让等数十人劫质天子，走河上。”

其实，在未必“政教陵迟”，相反史称“中兴”时代的汉宣帝执政时，也有“劫质”事件发生。《前汉纪》卷一八记载赵广汉事：“富人苏回为郎，二人私劫质之。有顷，广汉至，晓贼曰：‘释质，束手，善相遇，幸逢赦。’贼惊愕，即出，叩头。广汉为跪谢曰：

---

①〔宋〕孙觌：《燕超堂记》，《鸿庆居士集》卷二一《记》。

'幸全活郎,甚厚!' 遂送狱,敕吏谨遇之,给酒肉。冬当断,预为调棺敛具。皆曰:'死无所恨矣。'" 可能作为原始记录的《汉书》卷七六《赵广汉传》的文字,略有不同而更为具体:"富人苏回为郎,二人劫之。有顷,广汉将吏到家,自立庭下,使长安丞龚奢叩堂户晓贼,曰:'京兆尹赵君谢两卿,无得杀质,此宿卫臣也。释质,束手,得善相遇,幸逢赦令,或时解脱。' 二人惊愕,又素闻广汉名,即开户出,下堂叩头,广汉跪谢曰:'幸全活郎,甚厚!' 送狱,敕吏谨遇,给酒肉。至冬当出死,豫为调棺,给敛葬具,告语之,皆曰:'死无所恨!'"

《赵广汉传》在营救人质苏回故事之前又写道:"长安少年数人会穷里空舍,谋共劫人。坐语未讫,广汉使吏捕治具服。" 同一事,《前汉纪》卷一八亦写作:"长安少年数人会穷里空舍,谋欲劫人。语未及竟,广汉知之,使吏捕治之,具伏。" 也使用了 "劫人" 的说法。可知 "劫" "劫人" 和 "劫质" 大致同义的事实。其实,在司马迁生活的时代,《史记》卷一二九《货殖列传》说齐地风习,"怯于众斗,勇于持刺,故多劫人者"。又分析 "求富益货" 动机导致的犯罪行为,"其在闾巷少年,攻剽椎埋,劫人作奸,掘冢铸币,任侠并兼,借交报仇,篡逐幽隐,不避法禁,走死地如骛者,其实皆为财用耳"[①]。其中 "劫人",也不排除包括 "劫质" 行为的可能。

对于《赵广汉传》所谓 "劫",颜师古注正是这样解释的:"劫取其身为质,令家将财物赎之。"

---

①又如《史记》卷一二七《日者列传》记载对于官场 "贤者" 的批评,指责其行为无异于 "劫人" 犯罪:"今公所谓贤者,皆可为羞矣。卑疵而前,孅趋而言;相引以势,相导以利;比周宾正,以求尊誉,以受公奉;事私利,枉主法,猎农民;以官为威,以法为机,求利逆暴:譬无异于操白刃劫人者也。"

《三国志》卷四九《吴书·刘繇传》:“繇年十九,从父韪为贼所劫质,繇篡取以归,由是显名。举孝廉,为郎中,除下邑长。”策划和施行“劫质”行为者,被斥作“贼”。《续汉书·天文志中》又有“恶人所劫”的说法。桥玄则以为“国贼”。“劫质”又写作“劫执”。见《后汉书》卷五一《桥玄传》。

后世政论家有以为当时政治生活中也多“劫质诱略之术”的意见,以为与“制礼”“教化”方面的社会道德缺失有关①,注意到相关现象发生的时代文化背景。这一意见,研究者可以参考。

2. 赵苞等“战不顾亲”故事中的未成年人质牺牲

《后汉书》卷八一《独行列传·赵苞》记录了发生在民族战争中的一起情节特殊的“劫质”事件:

> (赵苞)初仕州郡,举孝廉,再迁广陵令。视事三年,政教清明,郡表其状,迁辽西太守。抗厉威严,名振边俗。以到官明年,遣使迎母及妻子,垂当到郡,道经柳城,值鲜卑万余人入塞寇钞,苞母及妻子遂为所劫质,载以击郡。苞率步骑二万,与贼对阵。贼出母以示苞,苞悲号谓母曰:“为子无状,欲以微禄奉养朝夕,不图为母作祸。昔为母子,今为王臣,义不得顾私恩,毁忠节,唯当万死,无以塞罪。”母遥谓曰:“威豪,人各有命,何得相顾,以亏忠义!昔王陵母对汉

①如〔宋〕张方平《乐全集》卷六《刍荛论》“姑息之赏”条写道:“……乃至楚汉,历世之王各乘间衅,互行窥图,得之为英杰,失之为奸叛。莫不威之以斧钺,宠之以轩冕。是犹鬻贩买卖之道,劫质诱略之术,岂先王尊教化、褒功德、法天秩而制礼之意欤?”

使伏剑，以固其志，尔其勉之。”苞即时进战，贼悉摧破，其母妻皆为所害。

苞殡敛母毕，自上归葬。灵帝遣策吊慰，封鄃侯。

苞葬讫，谓乡人曰：“食禄而避难，非忠也；杀母以全义，非孝也。如是，有何面目立于天下！”遂欧血而死。

这是一个著名的宣传“忠义”的悲壮故事。赵苞母子因此成就高大形象。但是我们不能不注意到，在鲜卑“入塞寇钞”时，“为所劫质”的不仅“苞母”，还有他的“妻子”。

按照上古通常文例，此所谓“妻子”，应是指“妻”与“子”。不过，史家记述说“贼悉摧破，其母妻皆为所害”，只言“其母妻”，没有明说其“子”的生死。可以推想，应当也被杀害。值得注意的是，后世发表政论者说赵苞事，往往只言其“母”，而忽略其“妻子”①，透露出某种思想倾向。

---

①如《二程遗书》卷二四：“东汉赵苞为边郡守，虏夺其母，招以城降。苞遽战而杀其母。非也。以君城降而求生其母，固不可。然亦当求所以生母之方，奈何遽战乎？不得已身降之可也。王陵母在楚。而使楚质以招陵。陵降可也。徐庶得之矣。”〔宋〕陈淳《北溪大全集》卷三九《答问》：“若东溪赵苞，于鲜卑入寇之时，其母为所质以要之，乃亟战以杀其母，则大非所宜矣。”〔元〕郑玉《赵苞论》：“为苞之计，唯当对寇自杀，使城守之责，归之佐贰，破其挟制之谋，绝其觊觎之念。母在寇中，遂为弃物。一老妇人，杀之何益？寇必委而去之，不求生其母，而母自生矣。”《师山集》卷二《论》。〔明〕方孝孺《赵苞》：“彼鲜卑者，众多而可以计取，性贪而可以利诱。其质母而攻城也，所欲得者货财耳。能出数十万赂之，而以母为请，彼乐得吾之利，未必不从者也。苟利未足盈其心，则求而避之。彼虽得吾城，吾徐以计攻之，未有不胜者也。不此之图，而使母死于寇手，虽可以存天下，君子犹不忍也，况一城乎？”《逊志斋集》卷五《杂著》。〔明〕程敏政《咏史十四首之五》：“王陵在汉军，母伏剑于楚。赵苞守渔阳，母作鲜卑虏。二子皆名臣，忍独遗其母。忠孝有偏重，贤者当（转下页）

明人王祎《大事记续编》卷一八作为史籍记录此事，也说："贼悉摧破，其母为贼所害。"同样不言其"妻子"，可知其"母"是赵苞"义不得顾私恩，毁忠节"故事的主角，其他是可以省略的。可以看到"孝"排位在"忠节""忠义"之后。而对于其"妻子"即一般妇女儿童的生命价值的态度，更排位在"孝"之后。因此其"子"恝然置之，甚至致使历史记忆的缺失。这是我们在讨论未成年人社会地位时不能不关注的。

《白孔六帖》卷九一《寇盗》有"执母妻子"条，列载李忠、邳彤、赵苞、孔奋事迹。李忠事见《后汉书》卷二一《李忠传》："进围巨鹿，未下，王郎遣将攻信都，信都大姓马宠等开城内之，收太守宗广及忠母妻，而令亲属招呼忠。时宠弟从忠为校尉，忠即时召见，责数以背恩反城，因格杀之。诸将皆惊曰：'家属在人手中，杀其弟，何猛也！'忠曰：'若纵贼不诛，则二心也。'世祖闻而美之，谓忠曰：'今吾兵已成矣，将军可归救老母妻子，宜自募吏民能得家属者，赐钱千万，来从我取。'忠曰：'蒙明公大恩，思得效命，诚不敢内顾宗亲。'世祖乃使任光将兵救信都，光兵于道散降王郎，无功而还。会更始遣将攻破信都，忠家属得全。"虽然刘秀言"将军可归救老母妻子"，而前说马宠收"忠母妻"，不言"子"。《白孔六帖》则说"收……忠母妻子而令亲属招忠"，是

（接上页）自处。我爱徐元直，翩然别新主。"《篁墩文集》卷六二《诗》。〔明〕李梦阳《事势篇》："或问赵苞、徐庶之事。空同子曰：苞伤勇哉，不战而死可也。不战而死，犹足以存母。"《空同集》卷六六。〔清〕魏裔介《汉赵苞论》："东汉赵苞之事，世未有定论也。"程子、方正学各有说，"李卓吾《藏书》则又置赵苞于杀母逆贼之列。是三说者，将何从焉？""程子之论非也。卓吾以苞为杀母之贼，则又太过。""惟方正学之论，颇为合宜。"《兼济堂文集》卷一四《论》。

包括“子”的。邳彤事见《后汉书》卷二一《邳彤传》：“信都复反为王郎，郎所置信都王捕系彤父弟及妻子，使为手书呼彤曰：‘降者封爵，不降族灭。’彤涕泣报曰：‘事君者不得顾家。彤亲属所以至今得安于信都者，刘公之恩也。公方争国事，彤不得复念私也。’会更始所遣将攻拔信都，郎兵败走，彤家属得免。”孔奋事见《后汉书》卷三一《孔奋传》：

> 既至京师，除武都郡丞。时陇西余贼隗茂等夜攻府舍，残杀郡守，贼畏奋追急，乃执其妻子，欲以为质。奋年已五十，唯有一子[①]，终不顾望，遂穷力讨之。吏民感义，莫不倍用命焉。郡多氐人，便习山谷，其大豪齐锺留者，为群氐所信向。奋乃率厉锺留等令要遮钞击，共为表里。贼窘惧逼急，乃推奋妻子以置军前，冀当退却，而击之愈厉，遂禽灭茂等，奋妻子亦为所杀。

《太平御览》卷三一〇引《东观汉记》：“孔奋为武都郡丞，妻子时在郡，为隗嚣余党所攻，杀太守，得奋妻子。奋追贼，贼推奋子于军前。奋年五十，惟有一子。不顾，遂擒贼，而其子见屠。”推于军前及“见屠”，则只说其“子”。由有关孔奋事迹的记载，可知“妻子”应是指“妻”与“子”。《白孔六帖》所辑“执母妻子”诸事，应当都是包括“子”的。

这些记录中“子”有时可以被忽略，也许也可以看作当时社会意识中未成年人受到轻视的迹象之一。

《太平御览》卷三一〇“战不顾亲”题下与邳彤、赵苞、孔奋

---

①《白孔六帖》作：“奋五十，唯有二子。”

并列，又有田邑故事。引《后汉书》曰：

> 世祖遣宗正刘延攻天井关与上党。太守田邑连战十余合，延不得进。邑迎母弟及妻子，为延所获。冯衍乃遗邑书。邑报书曰："仆虽驽怯，亦欲为人者也，岂苟贪生而畏死？闻老母诸弟见执于军，而邑安然不顾者，岂非重其节乎？若使人居天地，寿如金石，要长生而避死地可也。今百年之期，未有能至，老壮有间，相去几何？诚使故朝尚在，忠义可荣，虽老亲受戮，妻儿横分，邑之愿也。"

据《后汉书》卷二八上《冯衍传上》："邑迎母弟妻子，为延所获。"[①] "邑报书曰：'……诚使故朝尚在，忠义可立，虽老亲受戮，妻儿横分，邑之愿也。'" 由田邑 "妻儿横分" 语，可知所谓 "妻子" 确实是说 "妻" 与 "子"。

汉末乱世，各家军事势力的竞争中，曹操集团成员毕谌也经历过 "母弟妻子" 被 "劫质" 的遭遇。《三国志》卷一《魏书·武帝纪》："初，公为兖州，以东平毕谌为别驾。张邈之叛也，邈劫谌母弟妻子。公谢遣之，曰：'卿老母在彼，可去。' 谌顿首无二心，公嘉之，为之流涕。既出，遂亡归。及布破，谌生得，众为谌惧，公曰：'夫人孝于其亲者，岂不亦忠于君乎！吾所求也。' 以为鲁相。" 张邈劫质毕谌 "母弟妻子"，曹操只说 "卿老母在彼"，称赞他的 "孝"，全不言其 "妻子"。"孟德待毕谌" 者，即曹操对毕谌

---

①李贤注引《东观记》曰："邓禹使积弩将军冯愔将兵击邑，愔悉得邑母弟妻子。"

叛往降来的宽容，被看作“假以怀四方之士”的政治表演[①]，是体现曹操人才政策的重要案例。然而“夫人孝于其亲者，岂不亦忠于君乎”云云，则是当时社会时代观念的体现。《太平御览》卷二六三引《曹操别传》曰：“武皇帝为兖州，以毕谌为别驾。兖州乱，张孟卓劫谌母弟。帝见谌曰：‘孤绥抚失和，闻卿母弟为张邈所执，人情不相远，卿可去孤自遣，不为相弃。’谌涕泣曰：‘当以死自效，帝亦垂涕答之。谌明日便亡走。及破下邳，得谌。还以为掾。”叙事情节略异，而只说“母弟”，关于毕谌“妻子”被“劫”“执”的历史记忆完全丧失了。

3. 赵月之死

汉末又有袁术“劫质”陈珪之子故事，见于《三国志》卷六《魏书·袁术传》：“时沛相下邳陈珪，故太尉球弟子也。术与珪俱公族子孙，少共交游。书与珪曰：‘昔秦失其政，天下群雄争而取之，兼智勇者卒受其归。今世事纷扰，复有瓦解之势矣。诚英乂有为之时也。与足下旧交，岂肯左右之乎？若集大事，子实为吾心膂。’珪中子应，时在下邳。术并胁质应，图必致珪。”袁术以陈应作人质胁迫陈珪顺从的行为，史称“胁质”。《资治通鉴》卷六二“汉献帝建安二年”：“术以书召珪，又劫质其子，期必致珪。”

---

① 〔清〕何焯《义门读书记》卷二六《三国志·魏志》“武帝纪”条：“三年。‘初，公为兖州，以东平毕谌为别驾’至‘以为鲁相’。孟德待毕谌尚尔，况昭烈之于元直乎？”“四年。‘初，公举种孝廉’至‘释其缚而用之’。释毕谌、魏种而用之，皆假以怀四方之士。于时宿儒世胄，大抵在河北、汉南也。评所谓‘矫情任算，不念旧恶’，指此类。”所谓“评”者，指《三国志》卷一《魏书·武帝纪》最后陈寿的“评曰”。崔高维点校，中华书局 1987 年版，第 426 页。

又写作“劫质”。袁术之召，被陈珪拒绝。陈应的命运未可详知。《资治通鉴》在记录陈珪答书袁术之后写道：“术欲以故兖州刺史金尚为太尉，尚不许而逃去，术杀之。”可知陈应当时在何等严峻的危境之中。陈应是陈珪“中子”。陈珪答书的另一个儿子陈登在曹操和吕布的政治竞争中有所表现。而袁术和吕布曾子女议亲。袁术之子和吕布之子年在婚龄。由所谓“术与珪俱公族子孙，少共交游”，大略年齿相当，推想“珪中子应”时未成年，是有可能的。

马超在天水地方的军事权威，受到姜叙、杨阜、赵昂等人以武装抗击为形式的否定。《三国志》卷二五《魏书·杨阜传》写道：“超闻阜等兵起，自将出。”而城中反马超势力“闭冀城门，讨超妻子”。于是，“超袭历城，得叙母。叙母骂之曰：‘汝背父之逆子，杀君之桀贼，天地岂久容汝，而不早死，敢以面目视人乎！’超怒，杀之”。而据裴松之注引皇甫谧《列女传》载“姜叙母”事迹：“及超入历，执叙母，母怒骂超。超被骂大怒，即杀叙母及其子，烧城而去。”马超的动作起初是“执”，有“劫质”的意义。而最终“杀叙母及其子”，姜叙之子的牺牲，在《三国志》中又被隐没了。

据《三国志》卷二五《魏书·杨阜传》裴松之注引“谧又载‘赵昂妻’曰”，应即皇甫谧《列女传》记载赵昂妻异的故事，“昂为羌道令，留异在西。会同郡梁双反，攻破西城，害异两男。异女英，年六岁，独与异在城中。异见两男已死，又恐为双所侵，引刀欲自刎，顾英而叹曰：‘身死尔弃，当谁恃哉！……’”于是“乃以溷粪涅麻而被之，尠食瘠形”，委曲求生。而马超为控制关陇，“又劫昂，质其嫡子月于南郑。欲要昂以为己用，然心未甚信”。及赵昂参与反马超起事，赵月的安危出现问题。赵昂因此心存忧虑，然而其妻异则态度坚定，以为在“忠义”“君父”面前，“丧元不足为重，况一子哉？”据皇甫谧记载：

> 及昂与杨阜等结谋讨超，告异曰：“吾谋如是，事必万全，当奈月何？”异厉声应曰：“忠义立于身，雪君父之大耻，丧元不足为重，况一子哉？夫项讬、颜渊，岂复百年，贵义存耳。”昂曰：“善。”遂共闭门逐超，超奔汉中，从张鲁得兵还。异复与昂保祁山，为超所围，三十日救兵到，乃解。超卒杀异子月。

作为被扣押的人质，赵昂和异的“嫡子”赵月终于被马超杀害。我们从“项讬、颜渊”的比拟，可知他的年龄应在少年。

4. 桥玄少子人生悲剧

“劫质”行为更多见于治安史的记录，如前引赵广汉事迹。而“劫质”未成年人案，最典型的，是桥玄少子作为人质被劫持后来又被杀害的事件。

桥玄曾历任齐相、上谷太守、汉阳太守、将作大匠、度辽将军、河南尹、少府、大鸿胪、司空、司徒、尚书令、侍中、光禄大夫、太尉。《后汉书》卷五一《桥玄传》记载了这位在桓、灵时代地位显赫的“豪贵”经历的“劫质”风波：

> 光和元年，迁太尉。数月，复以疾罢，拜太中大夫，就医里舍。
>
> 玄少子十岁，独游门次，卒有三人持杖劫执之，入舍登楼，就玄求货，玄不与。有顷，司隶校尉阳球率河南尹、洛阳令围守玄家。球等恐并杀其子，未欲迫之。玄瞋目呼曰：

“奸人无状，玄岂以一子之命而纵国贼乎！”促令兵进。于是攻之，玄子亦死。

玄乃诣阙谢罪，乞下天下：“凡有劫质，皆并杀之，不得赎以财宝，开张奸路。”诏书下其章。初自安帝以后，法禁稍弛，京师劫质，不避豪贵，自是遂绝。

关于东汉“京师劫质”的猖獗，有“法禁益弛，京师劫质，白昼群行，而汉亡矣”的说法，以为导致王朝衰灭的政治危局重要表现。对人身安全的威胁“不避豪贵”，确实也是下层社会暴力反抗阶级压迫的一种形式。然而从维护法制的角度看，“劫质”罪行危害了社会安定。这种行为的冲击，和“法禁”之“弛”互为因果，以致动摇了汉帝国的政治根基，于是桥玄斥之为“国贼”。

有人以为以“劫质”者为“国贼”是不合适的。如明人邵宝写道：“劫质而并杀之可乎？执而治之可也。货以免焉，而徐图执之，亦可也。苟疾之甚而快于一去彼，被质者何不幸如之，如之何其可也？且杀人于货，其视夫弑父与君者异矣，谓之‘国贼’，不亦过乎！”桥玄是以“豪贵”身份发表以上司法见解的。将自己身家的利益和“国”的利益联系在一起，将自己身家的安全和“国”的安全联系在一起，是他的意识基点。一般的人或许不会取这种态度。这样说来，邵宝对“国贼”称谓使用的不理解，也是可以理解的。

坚持不向后人统称“劫匪”“绑匪”的“劫质”者妥协的史例，还有《三国志》卷九《魏书·夏侯惇传》记载夏侯惇被“执质”事：“太祖征陶谦，留惇守濮阳。张邈叛迎吕布，太祖家在鄄城，惇轻军往赴，适与布会，交战。布退还，遂入濮阳，袭得惇军辎重。遣将伪降，共执持惇，责以宝货，惇军中震恐。惇将韩浩乃勒兵屯惇营门，召军吏诸将，皆案甲当部不得动，诸营乃定。遂诣惇所，叱持质者曰：‘汝等凶逆，乃敢执劫大将军，复欲望生邪！且吾受命讨贼，宁能以一将军之故，而纵汝乎？’因涕泣谓惇曰：‘当奈国法何！’促召兵击持质者。持质者惶遽叩头，言‘我但欲乞资用去耳’。浩数责，皆斩之。惇既免，太祖闻之，谓浩曰：‘卿此可为万世法。’乃著令，自今已后有持质者，皆当并击，勿顾质。由是劫质者遂绝。”裴松之注引孙盛曰：“案《光武纪》，建武九年，盗劫阴贵人母弟，吏以不得拘质迫盗，盗遂杀之也。然则合击者，乃古制也。自安、顺已降，政教陵迟，劫质不避王公，而有司莫能遵奉国宪者，浩始复斩之，故魏武嘉焉。”所谓“建武九年，盗劫阴贵人母弟”事，《后汉书》卷一〇上《皇后纪上·光烈阴皇后》：“九年，有盗劫杀后母邓氏及弟䜣。”杭世骏《考证》：“《光烈阴皇后纪》：‘九年有盗劫杀后母邓氏及弟䜣。’臣世骏按：《三国志》注引孙盛曰：‘按《光武纪》，建武九年，盗劫阴贵人母弟，吏以不得拘质迫盗，盗遂杀之’，即此事也。章怀失注。孙盛作《汉晋阳秋》，在范史前百年，所按《光武纪》，必后汉时班固等所撰者。”[①] 据《后汉书》卷一〇上《皇后纪上·光烈阴皇后》：“更始元年六月，遂纳后于宛当成里，时年十九。”建武九年时应为30岁。其弟阴䜣被“盗劫”者杀害时的年龄，尚未可考定。但随其母生活，也不能排除未成年的可能。

在营救过程中被杀害的年仅10岁的桥玄少子，是汉代“劫质”事件中未成年受害者的典型。

---

① 《后汉书》卷一〇上《考证》，文渊阁《四库全书》本。

5. “勿顾质”：桥玄与曹操共同的强硬

桥玄少子的营救方式，“（阳）球等恐并杀其子，未欲迫之”，而桥玄则“促令兵进。于是攻之”，终于导致“玄子亦死”。两者的不同，在于对其少子生命的态度。桥玄以其生父身份，坚定地持不向“奸人”“国贼”妥协的态度，事后又向皇帝建议：“凡有劫质，皆并杀之，不得赎以财宝，开张奸路。”得到诏书的肯定，据说使得“劫质”行为有所收敛，“自安帝以后，法禁稍弛，京师劫质，不避豪贵”的情形，“自是遂绝”。夏侯惇故事中“惇将韩浩”的态度一如桥玄表现的翻版，不过，和“国法”对应的不是亲子而是主将。韩浩的立场受到曹操的嘉奖，又有“卿此可为万世法”的明确肯定。“乃著令，自今已后有持质者，皆当并击，勿顾质。”据说也是“由是劫质者遂绝”。

面对“劫质”行为取“不顾质”的态度，“皆当并击”，“皆并杀之”，体现出桥玄和曹操共同的强硬。

桥玄和曹操虽然不是一代人，然而其心相通。桥玄汉灵帝时历任河南尹、少府①、大鸿胪、司空、司徒、光禄大夫、太尉②。据《后汉书》卷五一《桥玄传》，“梁国睢阳人也”。与曹操出身之地临近③。这位汉末重臣对曹操有知遇之恩，而曹操的感激之心亦

---

①《后汉书》卷五一《桥玄传》。

②《后汉书》卷八《灵帝纪》。

③《宋书》卷二七《符瑞志上》：“初桓帝之世，有黄星见于楚宋之分。辽东殷馗曰：‘后五十年，当有真人起于谯沛之间，其锋不可当。’灵帝熹平五年，黄龙见谯。光禄大夫乔玄问太史令单飏曰：‘此何祥也？’飏曰：‘其国后当有王者兴。不及五十年，亦当复见天事恒象，此其征也。’内黄殷登嘿记之。其后曹操起于谯，是为魏武帝。建安五年于黄星见之，岁五十年矣，而武帝破袁绍，天下莫敌。”殷馗语“谯沛之间”，《三国志》（转下页）

颇深切："初，曹操微时，人莫知者，尝往候玄，玄见而异焉，谓曰：'今天下将乱，安生民者，其在君乎！'操常感其知己[①]。及后经过玄墓，辄凄怆致祭。自为其文曰：'故太尉桥公，懿德高轨，泛爱博容。国念明训，士思令谟。幽灵潜翳，邈哉缅矣！操以幼年，逮升堂室，特以顽质，见纳君子。增荣益观，皆由奖助，犹仲尼称不如颜渊，李生厚叹贾复[②]。士死知己，怀此无忘。'[③]'怀旧惟顾，念之凄怆。奉命东征，屯次乡里，北望贵土，乃心陵墓。裁致薄奠，公其享之！'"李贤注："《魏志》曰'建安七年，曹公军谯，遂至浚仪，遣使以太牢祀桥玄，进军官度'也。"《三国志》卷一《魏书·武帝纪》的记述是："七年春正月，公军谯"，为"旧土人民，死丧略尽，国中终日行，不见所识"感伤，于是颁令："其举义兵已

（接上页）卷一《魏书·武帝纪》写作"梁沛之间"。《三国志》卷九《魏书·曹洪传》："太祖起义兵讨董卓，至荥阳，为卓将徐荣所败。太祖失马，贼追甚急，洪下，以马授太祖，太祖辞让，洪曰：'天下可无洪，不可无君。'遂步从到汴水，水深不得渡，洪循水得船，与太祖俱济，还奔谯。"后魏文帝时曹洪"下狱当死"，裴松之注引《魏略》："卞太后责怒帝，言'梁沛之间，非子廉无有今日'。诏乃释之。"可知当时人言"梁沛之间"，是包括"谯"的。

①《三国志》卷一《魏书·武帝纪》："太祖少机警，有权数，而任侠放荡，不治行业，故世人未之奇也。唯梁国桥玄、南阳何颙异焉。玄谓太祖曰：'天下将乱，非命世之才不能济也。能安之者，其在君乎！'"《三国志》卷一《魏书·武帝纪》裴松之注引《魏书》曰："太尉桥玄，世名知人，睹太祖而异之，曰：'吾见天下名士多矣，未有若君者也！君善自持。吾老矣！愿以妻子为托。'由是声名益重。"

②李贤注："《论语》孔子谓子贡曰：'汝与回也孰愈？'子贡曰：'赐也何敢望回。'子曰：'吾与汝俱不如也。'""复少好学，师事舞阴李生。李生奇之，曰：'贾君国器也。'"

③曹操还写道："又承从容约誓之言：'徂没之后，路有经由，不以斗酒只鸡过相沃酹，车过三步，腹痛勿怨。'虽临时戏笑之言，非至亲之笃好，胡肯为此辞哉？"

来，将士绝无后者，求其亲戚以后之，授土田，官给耕牛，置学师以教之。为存者立庙，使祀其先人……”随后又“遣使以太牢祀桥玄”[①]。对于桥玄的礼祀，应当也是对“旧土人民”“将士”“死丧”牺牲之怀念的一种延续方式。在谯地“凄怆伤怀”，在睢阳亦“念之凄怆”，桥玄陵墓所在，距离曹操“乡里”不远。曹操对桥玄的深切情感，除“至亲之笃好”外，其实也有浓烈的乡情。魏文帝曹丕当政，又曾经“行自谯过梁，遣使以太牢祀故汉太尉桥玄”[②]。

桥玄的行政风格果决坚毅[③]，因有“方直”之誉[④]，又“以刚断称”[⑤]，史称“严明有才略”[⑥]，又说“性刚急无大体”[⑦]。“有持质者，皆当并击，勿顾质”的处置方式，正与此一致。曹操也有类似事迹[⑧]。二人的相知相亲，不是偶然的，或许体现了身居“天下将乱”

①《太平御览》卷四四二引《魏志》："太祖常感其知己，后经过玄墓，辄怅然致祭。"《太平御览》卷五五七引《魏略》："操感其知己，及后经过玄墓，辄凄怆致祭。"

②《三国志》卷二《魏书·文帝纪》。参看王子今：《沛谯英雄的两次崛起与汉王朝的兴亡》，《安徽史学》2011年第2期。

③《后汉书》卷五一《桥玄传》："玄少为县功曹。时豫州刺史周景行部到梁国，玄谒景，因伏地言陈相羊昌罪恶，乞为部陈从事，穷案其奸。景壮玄意，署而遣之。玄到，悉收昌宾客，具考臧罪。昌素为大将军梁冀所厚，冀为驰檄救之。景承旨召玄，玄还檄不发，案之益急。昌坐槛车征，玄由是著名。""又为汉阳太守。时上邽令皇甫祯有臧罪，玄收考髡笞，死于冀市，一境皆震。"

④《后汉书》卷六〇下《蔡邕传下》。

⑤《三国志》卷一《魏书·武帝纪》裴松之注引张璠《汉纪》。

⑥《三国志》卷一《魏书·武帝纪》裴松之注引《续汉书》。

⑦《后汉书》卷五一《桥玄传》。

⑧《三国志》卷一《魏书·武帝纪》裴松之注引《曹瞒传》言曹操任洛阳北部尉时事迹："太祖初入尉廨，缮治四门。造五色棒，县门左右各十余枚，有犯禁，不避豪强，皆棒杀之。后数月，灵帝爱幸小黄门蹇硕叔父夜行，即杀之。京师敛迹，莫敢犯者。"

之世共同的政治理想和政治态度。桥玄作为地方行政长官，又有极端激切偏执的表现。《后汉书》卷五一《桥玄传》："郡人上邽姜岐守道隐居，名闻西州。玄召以为吏，称疾不就。玄怒敕督邮尹益逼致之，曰：'岐若不至，趣嫁其母！'益固争不能得，遽晓譬岐。岐坚卧不起。郡内士大夫亦竞往谏玄，乃止。时颇以为讥。"据《高士传》卷下《姜岐》，桥玄的强横无理即所谓"性刚急无大体"，还有更为恶劣的历史记录："姜岐字子平，汉阳上邽人也。少失父，独以母、兄居。治《书》《易》《春秋》，恬居守道，名重西州。延熹中，沛国桥玄为汉阳太守，召岐，欲以为功曹。岐称病不就。玄怒敕督邮尹益收岐：'若不起者，趣嫁其母，而后杀岐。'益争之，玄怒益，挝之。益得杖且谏曰：'岐少修孝义，栖迟衡庐，乡里归仁，名宣州里，实无罪状。益敢以死守之。'玄怒乃止。岐于是高名逾广。"由桥玄"趣嫁其母"恶毒威胁所透露的对亲情的漠视，或许可以从另一角度理解桥玄少子人生悲剧发生的特殊背景。

参考《三国志》卷一《魏书·武帝纪》陈寿"评曰"所谓"太祖运筹演谋，鞭挞宇内，擥申、商之法术，该韩、白之奇策"，可知曹操行政秉承法家学说，注重实用效应的倾向。这正可以说明东汉末年法家学说的文化地位在一定意义上又得以重新上升的情形[①]。而桥玄与曹操政治理念的近同，以及面对"劫质"现象态度

---

①《三国志》卷三五《蜀书·先主传》裴松之注引《诸葛亮集》载先主遗诏敕后主，其中有这样的话："可读《汉书》《礼记》，闲暇历观诸子及《六韬》《商君书》，益人意智。闻丞相为写《申》《韩》《管子》《六韬》一通已毕，未送，道亡，可自更求闻达。"《商君书》被刘备列于指令刘禅阅读的基本书目之中，诸葛亮亦推崇"《申》《韩》"，是引人注目的文化现象。"益人意智"的评价，说明商鞅的理论在社会政治生活中又受到重视。（转下页）

之一致的强硬，也许可以作为社会思想史和社会意识史考察的一个标本。

6.《日知录》说桥玄少子事

顾炎武《日知录》卷二六《后汉书》说到桥玄少子遭遇“劫质”案导致的人生悲剧：

> 桥玄以太尉罢官，就医里舍。少子十岁，独游门次。卒有三人持杖劫执之。入舍登楼，就玄索货。其家之不贫可知。乃云“及卒，家无居业，丧无所殡”。史传之文前后矛盾。玄以灵帝之世，三为三公，亦岂无钱者？

所谓“及卒，家无居业，丧无所殡”事，见《后汉书》卷五一《桥玄传》：“玄以光和六年卒，时年七十五[①]。玄性刚急无大体，然谦俭下士，子弟亲宗无在大官者。及卒，家无居业，丧无所殡，当时称之。”

（接上页）参看王子今：《秦汉时期法家的命运》，《社会科学》2004年第9期。正如有的学者指出的：“终至在汉魏之际的历史条件下，法家之学的兴盛又达到了一个高峰。”王铁：《汉代学术史》，华东师范大学出版社1995年12月版，第244页。

① 〔宋〕王楙《野客丛书》卷一〇《桥玄逸事》：“《后汉书》云，玄举孝廉，补洛阳左尉，时梁不疑云云，弃官还乡里，后四迁为齐相。考蔡邕《碑》云，举孝廉，除郎中、雒阳左尉云云，解印绶去，辟司徒，举高第，补侍御史，以诏书考司隶校尉赵祈事，廷尉郭贞私与公书，公封书以闻，辟大将军梁公幕府，羌戎匪茹，震惊陇汉，西府举公，拜凉州刺史，不动干戈，挥鞭而定西域。又值馑荒，诸郡饥馁，公开仓廪以救之。主者以旧典宜先请，公曰：‘若先请，民已死矣。’廪讫奏之。诏嘉有汲黯忧民之心，迁齐相。皆《传》所不载。又《传》谓光和六年卒，《碑》谓光和七年五月薨。”王文锦点校，中华书局1987年7月版，第110页。

顾炎武的质疑是有道理的。从桥玄少子"独游门次"竟被"劫执"的故事中犯罪人"入舍登楼,就玄索货"的情节看,确实"其家之不贫可知"。当然,以桥玄之"谦俭",且"子弟亲宗无在大官者",亲援关系空间不大,终年时并不富足,也是很可能的。我们不能完全排除其家道中落的可能。孙志祖曾经这样写道:"桥公于元和元年里居被劫,卒于六年。此五六年间,虽有陆贾之橐,荡然无余,亦事理所恒有。"论者又说:"公为人刚急则有之,未闻以贪黩称,不可以此议史文之矛盾。"杨宁也说:"……以子被劫而云有钱,亦不然。"[①] 但是其"少子十岁"被"劫质"事件发生时,居处有"楼",手中有"货",与后来所谓"家无居业,丧无所殡"情景差别很大。显然当时"其家""不贫"。

形容桥玄"性刚急","为人刚急"之所谓"刚急"一语,又见《后汉书》卷一〇上《皇后纪上·明德马皇后》:"吾素刚急,有匈中气,不可不顺也。"《三国志》卷二八《魏书·邓艾传》:"艾性刚急,轻犯雅俗,不能协同朋类,故莫肯理之。"马皇后语出于自谦,而言邓艾者,透露鄙薄之意。后人以"刚急"形容性格特征,而与"柔缓"对应。如《二程遗书》卷二四《邹德久本》:"今人言天性柔缓,天性刚急,俗言天成,皆生来如此。"

由顾炎武的思路,可知汉代"劫质"行为的主要对象是富家。因此也可以了解社会治安史中"劫质"案的发生,其实也是因财富占有不公平现象而引起的。然而本来并不应当为社会的这种危机承担责任的未成年人往往因"劫质"受到伤害,甚至可能丧失生命,确实使得读史的人们不能不深心愀怆。

---

① 〔清〕顾炎武著,黄汝成集释:《日知录集释》,岳麓书社1994年5月版,第900页。

“卖子”“鬻子孙”现象与“卖人法”

汉代文献记录屡见有关“卖子”“鬻子孙”的史实。未成年人被迫成为买卖对象的情形，严重违背社会伦理、破坏家庭结构、伤害亲族感情，在史家笔下被看作灾难和罪恶。而未成年人确实往往因此遭受沉重的身心迫害。这一情形政论家亦视为社会危机的征象，对上层执政者每多警告。国家行政集团对“卖子”“鬻子孙”现象往往予以关注，有时亦采取相应的对策。汉光武帝建武二年(26)诏宣布民有“卖子”而“欲归父母者，恣听之”，又强调“敢拘执，论如律”。建武七年(31)诏言同类事又说到“敢拘制不还，以卖人法从事”，建武十三年(37)“诏益州民自八年以来被略为奴婢者，皆一切免为庶人；或依托为人下妻，欲去者，恣听之；敢拘留者，比青、徐二州以略人法从事”。可知有相关法律条文予以禁止。张家山汉简《二年律令·盗律》确有对“不当卖而私为人卖”之“卖人”情形予以惩罚的内容。“卖子”“鬻子孙”现象的发生，是社会不平等导致的下层民众的生存艰险在战乱和灾害时的极端化显现。追索其原因，应当重视当时社会人身奴役制度的存在及影响。在综合考虑法律史诸种信息的基础上，对于因“大饥馑”“高祖乃令民得卖子，就食蜀汉”的理解，或许可以得以澄清。

1.“卖子”“鬻子孙”史事

《汉书》卷二四上《食货志上》回顾汉初经济史，言“接秦之敝”，在社会经济秩序遭受严重破坏的形势下，又因“诸侯并起，民失作业，而大饥馑”，于是出现“卖子”现象。

对于汉武帝时代的军事扩张等政策导致的社会压力,《汉书》卷六四下《贾捐之传》载录贾捐之的批评:“赖圣汉初兴,为百姓请命,平定天下。至孝文皇帝,闵中国未安,偃武行文,则断狱数百,民赋四十,丁男三年而一事。时有献千里马者,诏曰:‘鸾旗在前,属车在后,吉行日五十里,师行三十里,朕乘千里之马,独先安之?’于是还马,与道里费,而下诏曰:‘朕不受献也,其令四方毋求来献。’当此之时,逸游之乐绝,奇丽之赂塞,郑卫之倡微矣。夫后宫盛色则贤者隐处,佞人用事则诤臣杜口,而文帝不行,故谥为孝文,庙称太宗。”在颂扬汉文帝“行文”之成功之后,贾捐之指出汉武帝时代发生的政策转变:“至孝武皇帝元狩六年,太仓之粟红腐而不可食,都内之钱贯朽而不可校。乃探平城之事,录冒顿以来数为边害,籍兵厉马,因富民以攘服之。西连诸国至于安息,东过碣石以玄菟、乐浪为郡,北却匈奴万里,更起营塞,制南海以为八郡,则天下断狱万数,民赋数百,造盐铁酒榷之利以佐用度,犹不能足。当此之时,寇贼并起,军旅数发,父战死于前,子斗伤于后,女子乘亭鄣,孤儿号于道,老母寡妇饮泣巷哭[①],遥设虚祭,想魂乎万里之外。淮南王盗写虎符,阴聘名士,关东公孙勇等诈为使者,是皆廓地泰大,征伐不休之故也。”所谓“廓地泰大,征伐不休”危害之严重,致使“民众久困”,竟然至于“嫁妻卖子”:

> 今天下独有关东,关东大者独有齐楚,民众久困,连年流离,离其城郭,相枕席于道路。人情莫亲父母,莫乐夫妇,至嫁妻卖子,法不能禁,义不能止,此社稷之忧也。

---

①颜师古注:“泪流被面以入于口,故言饮泣也。”

《汉纪》卷二一《孝元皇帝纪上》"初元三年"对同一历史迹象的记载文句略异:"……及孝武皇帝,西连诸国至于安息,东过碣石至于乐浪,北却匈奴万里,南制南海为八郡,兵革数起,父战于前,子斗于后,女子乘亭鄣,孤儿啼于道,老母寡妇饮泣街巷,设虚祭于道傍,招神魂于万里之外。扩地泰大,征伐不休,而天下断狱万数,民赋数百。今关东困乏,至有嫁妻卖子,此社稷之忧。"同样对导致"卖子"现象的行政失误的批评,荀悦以为"天下断狱万数"也是直接原因[①]。

处理民族关系的不当政策,包括"赋役"和"酷刑"的沉重压迫,也会导致类似现象的发生。《后汉书》卷八六《南蛮传》说"板楯蛮夷"反叛,"连年不能克。帝欲大发兵,乃问益州计吏,考以征讨方略。汉中上计程包对曰:'板楯七姓,射杀白虎立功,先世复为义人。其人勇猛,善于兵战。'"程包说,巴郡板楯人曾有功于平定羌乱,然而却因地方基层官吏的盘剥奴役被迫反抗:

> 忠功如此,本无恶心。长吏乡亭更赋至重,仆役棰楚,过于奴虏,亦有嫁妻卖子,或乃至自刭割。虽陈冤州郡,而牧守不为通理。阙庭悠远,不能自闻。含怨呼天,叩心穷谷。愁苦赋役,困罹酷刑。故邑落相聚,以致叛戾。

程包以为"今但选明能牧守,自然安集,不烦征伐也"。后来朝廷调整政策,"宣诏赦之,即皆降服"。

---

① 《两汉纪》,张烈点校,中华书局 2002 年 6 月版,上册第 375 页。《汉书》卷六四下《贾捐之传》言"天下断狱万数",以为与"民赋数百,造盐铁酒榷之利以佐用度,犹不能足"共同构成前提背景。

2. 汉高帝政策疑议：“令民得卖子？”“令民无得卖子？”

《汉书》卷一上《高帝纪上》：“（汉高帝二年六月）关中大饥，米斛万钱，人相食。令民就食蜀汉。”又《汉书》卷二四上《食货志上》记载或许可以理解为与此对应的历史记录：

> 汉兴，接秦之敝，诸侯并起，民失作业，而大饥馑。凡米石五千，人相食，死者过半。高祖乃令民得卖子，就食蜀汉。

《食货志》的记载，《太平御览》卷三五引《汉书》则作：

> 汉兴，接秦之敝，诸侯并起，民失作业，而大饥馑。米石五千，人相食，死者过半。高祖乃命民得鬻子，就食蜀汉。

看来，“卖子”“鬻子”似乎得到行政权力以“命”“令”形式的批准。然而《太平御览》卷八二八引《汉书》却是另一种说法：

> 汉兴，接秦之敝，诸侯并起，民失作业，而大饥馑。米石五千，人相食，死者过半。高祖令民无得卖子，就食蜀汉。

一言“令民得卖子”，一言“令民无得卖子”，两说比较，刘邦的政治意向竟然完全相反。所谓“就食蜀汉”，是缓和灾情的一种有效措施，或许也是“令民无得卖子”的一种政策性补偿。“令民无得卖子”与“令民得卖子”、“命民得鬻子”比较，也许更符合历史的真实。

《资治通鉴》卷九“汉高帝二年”取《汉书》卷一上《高帝纪上》说：“（六月）关中大饥，米斛万钱，人相食。令民就食蜀汉。”

不言“令民得卖子”或“令民无得卖子”事。

然而,宋徐天麟《西汉会要》卷四九《民收四》“奴婢”条,卷五〇《食货一》“劝农桑”条,卷五五《食货六》“荒政”条,均引《食货志》作“令民得卖子”。清马端临《文献通考》卷一一《户口考二》“奴婢”条也写道:“汉高祖令民得卖子。”看来,“令民得卖子”之说颇得史家认同。

3. 贾谊和晁错的警告

《汉书》卷二四上《食货志上》记载,汉文帝时,贾谊发表的建议充实“公私之积”的政论言及“卖子”现象:

> 文帝即位,躬修俭节,思安百姓。时民近战国,皆背本趋末,贾谊说上曰:
>
> 《筦子》曰:“仓廪实而知礼节。”民不足而可治者,自古及今,未之尝闻。古之人曰:“一夫不耕,或受之饥;一女不织,或受之寒。”生之有时,而用之亡度,则物力必屈。古之治天下,至孅至悉也,故其畜积足恃。今背本而趋末,食者甚众,是天下之大残也①;淫侈之俗,日日以长,是天下之大贼也。残贼公行,莫之或止;大命将泛,莫之振救。生之者甚少而靡之者甚多,天下财产何得不蹷!汉之为汉几四十年矣,公私之积犹可哀痛②。失时不雨,民且狼顾③;岁恶不入,请卖爵、子。

---

①颜师古注:“本,农业也。末,工商也。言人已弃农而务工商矣,其食米粟者又甚众。残谓伤害也。”

②颜师古注:“言年载已多,而无储积。”

③颜师古注:“郑氏曰:‘民欲有畔意,若狼之顾望也。’李奇曰:‘狼性怯,走喜还顾。言民见天不雨,今亦恐也。’师古曰:‘李说是也。’”

既闻耳矣[①],安有为天下阽危者若是而上不惊者![②]

对于所谓“请卖爵、子”,颜师古注:“如淳曰:‘卖爵级又卖子也。’”

同样的意见,贾谊《新书·无蓄》的表述是:“《管子》曰:‘仓廪实,知礼节;衣食足,知荣辱。’民非足也,而可治之者,自古及今,未之尝闻。古人曰:‘一夫不耕,或为之饥;一妇不织,或为之寒。生之有时而用之无节,则物力必屈。古之为天下者至悉也,故其蓄积足恃。今背本而以末,食者甚众,是天下大残;从生之害者甚盛,是天下之大贼也;汰流、淫佚、侈靡之俗日以长,是天下之大祟也。残贼公行,莫之或止;大命贬败,莫之振救;何计者也,事情安所取?生之者甚少而靡之者甚众,天下之势,何以不危?汉之为汉几四十岁矣,公私之积犹可哀痛也。故失时不雨,民且狼顾矣;岁恶不入,请卖爵鬻子。既或闻耳矣,安有为天下阽危若此而上不惊者!”[③]《汉书》卷二四上《食货志上》所谓“请卖爵、子”,此作“请卖爵鬻子”,可知如淳“卖爵级又卖子”的解释是正确的。

贾谊《新书·忧民》强调国家粮食储备的重要:“王者之法,民三年耕而余一年之食,九年而余三年之食,三十岁而民有十年之蓄。故禹水九年,汤旱七年,甚也野无青草,而民无饥色,道无乞人。岁复之后,犹禁陈耕。古之为天下,诚有具也。王者之法,国无九年之蓄谓之不足,无六年之蓄谓之急;无三年之蓄则国非其国也。”针对汉初经济形势,也说到灾年“未获”而“富人不贷,

---

①颜师古注:“如淳曰:‘闻于天子之耳。’”

②颜师古注:“阽危,欲坠之意也。”

③〔汉〕贾谊撰,阎振益、钟夏校注:《新书校注》,中华书局2000年7月版,第163页。

贫民且饥，天时不收，请卖宅鬻子”的情形：

> 今汉兴三十年矣，而天下愈屈，食至寡也，陛下不省邪？未获耳，富人不贷，贫民且饥；天时不收，请卖爵鬻子，既或闻耳。曩顷不雨，令人寒心。壹雨尔，虑若更生。天下无蓄若此，甚极也。其在王法谓之何？必须困至乃虑，穷至乃图，不亦晚乎！窃伏念之，愈使人悲。[①]

也指出“鬻子”现象因“天时不收”和“富人不贷”的共同作用而发生的情形。

据《汉书》卷二四上《食货志上》，晁错建议调整经济政策，指出“农人”生活的困苦：“今农夫五口之家，其服役者不下二人，其能耕者不过百亩，百亩之收不过百石。春耕夏耘，秋获冬臧，伐薪樵，治官府，给繇役；春不得避风尘，夏不得避暑热，秋不得避阴雨，冬不得避寒冻，四时之间亡日休息；又私自送往迎来，吊死问疾，养孤长幼在其中。”农夫如此辛劳，因天灾发生和暴政压力，会面临不得不“鬻子孙”的极端困境：

> 勤苦如此，尚复被水旱之灾，急政暴赋，赋敛不时，朝令而暮改。当具有者半贾而卖，亡者取倍称之息，于是有卖田宅、鬻子孙以偿责者矣。[②]

---

①《新书校注》，中华书局 2000 年 7 月版，第 124 页。

②《前汉纪》卷七《孝文一》作：“卖田宅、鬻子孙以偿债者众也。”《通典》卷一《食货一 · 田制上》：“于是有卖田宅、鬻子孙以偿债者矣。”《白孔六帖》卷八四《债负》引作：“故有鬻子孙、卖田宅以偿债也。”又将“鬻子孙”置于“卖田宅”之前。

贾谊和晁错所说,并非危言耸听,应当都是看到了经济问题和行政问题的严重,察觉到社会危机的相关迹象,向最高执政者提出的警告。

贾谊和晁错所说是承平之世经济秩序出现严重问题时的情形,至于战乱之世,战争背景下未成年人被迫“为人仆隶”的情形可能相当普遍,战火之余孑遗人口“非锋刃之余,则流亡之孤”,“幼孤”“流离”是最为惨重的悲剧[①]。战争致使“死者则露尸不掩,生者则奔亡流散,幼孤妇女,流离系虏”[②],“幼孤”们更可能成为遭受残酷奴役的“系虏”。

4.《淮南子》与《政论》的政治批判

汉代以“政论”为主题的文献遗存,也可以看到“鬻子”“卖子”等社会现象。

《淮南子·本经训》也曾经指出,“鬻子”现象是社会危机严重的表征之一。论者以为“末世之政”的危害:

> 末世之政,田渔重税,关市急征,泽梁毕禁,网罟无所布,耒耜无所设,民力竭于徭役,财用殚于会赋,居者无食,行者无粮,老者不养,死者不葬,赘妻鬻子,以给上求,犹弗能赡,愚夫蠢妇皆有流连之心,凄怆之志……

《淮南子·本经训》指出的“赘妻鬻子”现象发生的原因,与天灾无关,完全在于行政失误,即所谓“重税”“急征”“徭役”“会赋”

---

①《后汉书》卷二三《窦融传》。
②《后汉书》卷一三《隗嚣传》。

导致的沉重压力，民众“赘妻鬻子，以给上求，犹弗能赡”。“赘妻”，高诱注：“赘，从嫁也。或作赁妻。”刘文典说：“《群书治要》引，作‘犹不能赡其用’。澹、赡古通用。”[①]

所谓“愚夫蠢妇皆有流连之心，凄怆之志”，高诱注：“流连，犹澜漫，失其职业也。凄怆，伤悼之貌。”杨树达指出高注“流连”之不合理：“赘妻鬻子，则骨肉生离，故有流连之心。流连即今语之留恋，谓不能决舍也。高注云澜漫，谬以千里矣。”[②]《淮南子·本经》此“流连”语义，应与《汉书》卷八六《师丹传》载汉哀帝策免师丹诏“间者阴阳不调，寒暑失常，变异娄臻，山崩地震，河决泉涌，流杀人民，百姓流连，无所归心”之“流连”相近。又《汉书》卷一〇〇上《叙传上》载班伯语：“‘式号式呼’，《大雅》所以流连也。”颜师古注：“《大雅·荡》之诗曰：‘式号式呼，俾昼作夜。’言醉酒号呼，以昼为夜也。流连，言作诗之人嗟叹，而泣涕流连也。”如果《淮南子·本经》“流连之心”之“流连”即“嗟叹”，即“泣涕流连”，则与“凄怆之志”之“凄怆”彼此对应。此说正符合同篇上文所谓“人之性，心有忧丧则悲，悲则哀”的意思。

有的辞书说，“流连”“亦作‘流涟’。哭泣流泪貌”。书证即《西京杂记》卷一：“高帝戚夫人善鼓瑟击筑，帝常拥夫人倚瑟而弦歌，毕，每泣下流涟。”我们还看到嵇康《声无哀乐论》：“声音和比，感人之最深者也。劳者歌其事，乐者舞其功。夫内有悲痛之心，则激切哀言，言比成诗，声比成音，杂而咏之，聚而听之，心动于和声，情感于苦言，嗟叹未绝而泣涕流涟矣。”[③]魏晋时“流

①刘文典撰，冯逸、乔华点校：《淮南鸿烈集解》，中华书局 1989 年 5 月版，上册第 266 页。

②杨树达：《淮南子证闻》，上海古籍出版社 1985 年 4 月版，第 74 页。

③《嵇中散集》卷五，文渊阁《四库全书》本。

涟”习见于文献,如《晋书》卷一〇《恭帝纪》:“观其摇落,人有为之流涟者也。”卷五六《江统传》:“拜辞道左,悲泣流涟。”卷八二《徐广传》:“野民运遭革命,流涟于旧朝。”卷九六《列女传·王凝之妻谢氏》:“道韫风韵高迈,叙致清雅,先及家事,慷慨流涟,徐酬问旨,词理无滞。”多例为“哭泣流泪貌”,然而《徐广传》“流涟于旧朝”,则接近杨树达所谓“流连即今语之留恋,谓不能决舍也”。

《通典》卷一《食货一·田制上》引崔寔《政论》对秦政的回顾,也说到“下户”“贫者”的悲惨境遇:

> 历代为虏犹不赡于衣食,生有终身之勤,死有暴骨之忧。岁小不登,流离沟壑,嫁妻卖子,其所以伤心腐藏,失生人之乐者,盖不可胜陈。[1]

虽然《政论》的批判从字面看,直接针对“暴秦”,但是所指责的经济现象是“并兼”,即汉代逐渐盛起,影响危重的社会问题。有关“嫁妻卖子”等文字如果读作时政批判,也是合理的。

5.“僮”的普遍存在与“卖子”“鬻子孙”现象

“卖子”“鬻子”“鬻子孙”现象中的受害未成年人的去向与前途,即他们未来的社会角色究竟是怎样的呢?

《汉书》卷六四上《严助传》淮南王安上书,说到人口所属权转移现象中与“卖子”“鬻子”“鬻子孙”有所不同的“赘子”:

---

①〔唐〕杜佑撰:《通典》,中华书局据原商务印书馆万有文库十通本1984年2月影印版,第12页。

> 间者,数年岁比不登,民待卖爵赘子以接衣食,赖陛下德泽振救之,得毋转死沟壑。

对于所谓“赘子”,颜师古注:

> 如淳曰:“淮南俗卖子与人作奴婢,名为赘子,三年不能赎,遂为奴婢。”师古曰:“赘,质也。一说,云赘子者,谓令子出就妇家为赘婿耳。赘婿解在《贾谊传》。”

所谓“赘子”,一种解说,以为即“卖子与人作奴婢”。对于上文讨论的《淮南子·本经》“赘妻鬻子”,多有研究者与此“赘子”联系起来理解。

杨树达说:“《说文·贝部》云:‘赘,以物质钱也,从敖贝。’敖贝犹放贝,当复取之。《汉书·严助传》载淮南王安《谏诛闽越疏》云:‘间者数年岁比不登,民待卖爵赘子以接衣食。’如淳曰:‘淮南俗:卖子与人作奴婢,名为赘子,三年不能赎,遂为奴婢。’此赘妻与彼文赘子义同。高云从嫁,似非其义。两文皆出刘安,故如淳知为淮南俗矣。”[①] 有学者以为《淮南子·本经》“赘妻鬻子”,应为“鬻妻赘子”。张双棣《淮南子校释》“笺释”:“易顺鼎云:《一切经音义》八十引许注:‘赘者,卖子与人作奴婢也。’按:今注乃高注,故与许异。《淮南》本文当作‘赘妻鬻子’。《汉书·严助传》:‘卖爵赘子,以接衣食。’如淳注:‘淮南俗卖子与人作奴婢,名为赘子,三年不能赎,遂为奴婢。’可与此互证。陶

①杨树达:《淮南子证闻》,第74页。

方琦与易说同。”[①]

汉代社会奴婢数量众多。以《史记》卷三〇《平准书》所见，就有：“乃募民能入奴婢得以终身复，为郎增秩，及入羊为郎，始于此。”“卜式相齐，而杨可告缗遍天下[②]，中家以上大抵皆遇告。杜周治之，狱少反者。乃分遣御史廷尉正监分曹往，即治郡国缗钱，得民财物以亿计，奴婢以千万数，田大县数百顷，小县百余顷，宅亦如之。”“其没入奴婢，分诸苑养狗马禽兽，及与诸官。诸官益杂置多，徒奴婢众，而下河漕度四百万石，及官自籴乃足。”

“奴婢”又称作“僮”。《史记》卷一二九《货殖列传》“僮手指千”，裴骃《集解》引《汉书音义》：“奴婢也。”《汉书》卷五七上《司马相如列传上》：“卓王孙僮客八百人。”颜师古注：“‘僮’谓奴。”王莽批判秦制，有“置奴婢之市，与牛马同兰”语[③]。而《汉书》卷四八《贾谊传》载贾谊《陈政事疏》也说到“今民卖僮者，为之绣衣丝履偏诸缘，内之闲中”情形。颜师古注：“服虔曰：‘闲，卖奴婢阑。’”关于“僮”，颜师古注引如淳曰：“僮，谓隶妾也。”“僮”通常专指未成年的“奴婢”[④]。《急就篇》：“妻妇聘嫁赍媵。”颜师古注：“僮，谓仆使之未冠笄者也。”汉代画像资料多见贵族豪富身边未成年服务人员形象，所表现的身份职任，应当就

①张双棣：《淮南子校释》，北京大学出版社1997年8月版，上册第883—884页。

②裴骃《集解》：“瓒曰：‘商贾居积及伎巧之家，非桑农所生出，谓之缗。《茂陵中书》有缗田奴婢是也。’”

③《汉书》卷九九中《王莽传中》。

④《说文·人部》：“僮，未冠也。从人，童声。”朱骏声《说文通训定声》：“十九以下八岁以上也。”《论衡·偶会》：“僮谣之语当验。”“僮谣”就是童谣。

是“僮”[1]。“僮”的普遍存在，与“卖子与人作奴婢”现象的发生有密切的关系。

《史记》卷一一六《西南夷列传》记载：“巴蜀民或窃出商贾，取其筰马、僰僮、髦牛，以此巴蜀殷富。”《史记》卷一二九《货殖列传》概括巴蜀经济地理形势，说道：“(巴蜀)南御滇僰，僰僮。”《汉书》卷二八下《地理志下》说巴蜀“南贾滇、僰僮，西近邛、莋马旄牛”。颜师古注：“言滇、僰之地多出僮隶也。”《史记》卷一一六《西南夷列传》司马贞《索隐》：“韦昭云：‘僰属犍为，音蒲北反。’服虔云：‘旧京师有僰婢。’”服虔所言“僰婢”，是珍贵的社会文化信息[2]。四川屏山福延镇斑竹林遗址M1汉代画像石棺墓出土陶俑(M1:22)，据发掘简报介绍，“墓主人应该是汉人，而非少数夷”，而陶俑“从外形看，似乎并非汉族”[3]，体现出不同民族间特殊的人身依附关系。如果我们推想这件陶俑表现的是“僰僮”身份，或许是有一定道理的。

6. 汉光武帝诏与“卖人法”“略人法”

所谓“卖子”“鬻子”“鬻子孙”情形导致的未成年人的生活景况，相当多数应当已经成为丧失人身自由的奴隶。《后汉书》卷一上《光武帝纪上》：

---

①王子今：《汉代劳动儿童——以汉代画像遗存为中心》，《陕西历史博物馆馆刊》第17辑，三秦出版社2010年11月版。

②参看王子今：《秦汉称谓研究》，中国社会科学出版社2014年4月版，第434—435页。

③四川省文物考古研究院、宜宾市博物院、屏山县文物保护管理所：《四川屏山县斑竹林遗址M1汉代画像石棺墓发掘简报》，《四川文物》2012年第5期。

（建武二年五月）癸未诏曰：民有嫁妻卖子欲归父母者，恣听之。敢拘执，论如律。

经历“卖子”情境的未成年人“欲归父母者，恣听之”，并予以法律力量的保障，体现出对前引贾捐之所谓“人情莫亲父母”的情感关系的尊重。还应当注意，建武二年（26）这一诏令颁布的背景，是对奴婢生存条件予以保障的一系列政策的推行。

所谓“论如律”的“律”，应当怎样理解呢？建武七年（31）五月，刘秀又有与本节讨论主题相关的值得重视的诏令颁布，其中与“论如律”对应的文字是“以卖人法从事”：

甲寅，诏吏人遭饥乱及为青、徐贼所略为奴婢下妻，欲去留者，恣听之。敢拘制不还，以卖人法从事。

李贤注：“言从卖人之事以结其罪。”

建武十三年（37），刘秀又颁布一道解放“被略为奴婢者”及“依托为人下妻，欲去者”的诏书：

冬十二月甲寅，诏益州民自八年以来被略为奴婢者[1]，皆一切免为庶人；或依托为人下妻，欲去者，恣听之；敢拘留者，比青、徐二州以略人法从事。

其中明确说到“略人法”。

顾炎武《日知录》卷二七“后汉书注”条对于李贤解释“以卖

①李贤注：“谓公孙述时也。”

人法从事”时所谓“言从卖人之事以结其罪”提出不同解说：“言比略卖人口律罪之，重其法也。”[1] 惠栋《后汉书补注》卷一于“略为奴婢下妻”下注：“《方言》曰：就室曰搜，于道曰略。略，强取也。栋案：汉《盗律》有劫略之科。”又于“以卖人法从事”下写道：“《盗律》云：‘略人略卖人和卖为奴婢者，死。’陈群《新律序》曰：‘《盗律》有和卖买人，案此则《汉律·盗篇》有卖人之条。前二年诏曰：敢拘执，论如律。所谓律者即卖人法也。’”[2] 王先谦《后汉书集解》全引惠栋此说。沈家本《汉律摭遗》卷二“和卖买人”条引录汉光武帝建武七年诏之后写道：“又十三年诏：‘益州民自八年以来被略为奴婢者，皆一切免为庶民。或依托为人下妻，欲去者，恣听之，比青、徐二州，以略人法从事。’”除前说“以卖人法从事”之外，又言“以略人法从事”[3]。提示我们注意所谓“略人法”。

沈家本《刑法分考十五》“奴婢放赎之制”条写道：“按：两汉免良之诏，历朝多有，而以建武时为多。惟西汉所免者多官奴婢，建武所免者乱时略取之人，为不同耳。邓后所免遣者，又多掖庭宫人，尤为旷典。”[4]沈家本《汉律摭遗》又对刘秀建武七年和建武十三年这两道诏书体现“建武所免者乱时略取之人”情形进行了较为具体的讨论：

---

①〔清〕顾炎武著，黄汝成集释，栾保群、吕宗力校点：《日知录集释》，上海古籍出版社 2006 年 12 月版，下册第 1549 页。

②清嘉庆九年冯集梧刻本。

③〔清〕沈家本撰，邓经元、骈宇骞点校：《历代刑法考》，中华书局 1985 年 12 月版，第 3 册第 1402 页。

④〔清〕沈家本撰：《历代刑法考》，第 1 册第 406—407 页。

按:《王莽传》:“秦为无道,置奴婢之市,与牛马同兰,制于民臣,颛断其命。奸虐之人因缘为利,至略卖人妻子,逆天心,悖人伦,缪于天地之性人为贵之义。”① 是秦时和卖买人,在所不禁。《汉律》特立“和卖买人”之条,此力矫秦之弊俗,乃世辄谓汉法皆承于秦,非通论矣。建武二诏,系是一事,而一引卖人律,一引略人律,可见卖人、略人《汉律》本在一条。光武承大乱之后,于良人之略为奴婢者尤为注意,屡颁诏诰,盖深有念于贵人之义,故反复申命,不惮烦也。此二事并是略人,然一是略良人为妻,故罪至弃市,一是赎身之旧奴婢,故仅止免侯,事状不同,拟罪亦不同也。《唐律》略卖人为奴婢者绞,盖亦源于汉法。②

刘秀诏所谓“卖人法”“略人法”,沈家本此称“卖人律”“略人律”。

那么,“卖子”“鬻子”是否违犯汉法呢?从前引贾捐之言所谓“嫁妻卖子,法不能禁”看,“卖子”确实是违法行为。张家山汉简《二年律令·盗律》中可以看到如下律文:

智(知)人略卖人而与贾,与同罪。不当卖而私为人

①《汉书》卷九九中《王莽传中》载“莽曰”:“古者,设庐井八家,一夫一妇田百亩,什一而税,则国给民富而颂声作。此唐虞之道,三代所遵行也。秦为无道,厚赋税以自供奉,罢民力以极欲,坏圣制,废井田,是以兼并起,贪鄙生,强者规田以千数,弱者曾无立锥之居。又置奴婢之市,与牛马同兰,制于民臣,颛断其命。奸虐之人因缘为利,至略卖人妻子,逆天心,悖人伦,缪于‘天地之性人为贵’之义。”颜师古注:“《孝经》称孔子曰‘天地之性人为贵’,故引之。性,生也。”

②〔清〕沈家本撰:《历代刑法考》,第3册第1402页。

卖，卖者皆黥为城旦舂；买者智（知）其请（情），与同罪。（六七）[①]

“卖子”“鬻子”“鬻子孙”，或许即属于“不当卖而私为人卖”情形。

《唐律疏议》卷二〇《贼盗》有“略人略卖人”条：“诸略人、略卖人不和为略。十岁以下，虽和，亦同略法[②]。为奴婢者，绞；为部曲者，流三千里；为妻妾子孙者，徒三年。因而杀伤人者，同强盗法。”刘俊文“解析”：“现存史料证明，类似此律之规定早具于汉。汉律有‘略人法’及‘卖人法’。”所举史例即“《后汉书》卷一《光武纪》”载建武七年诏与建武十三年诏。并指出：“《汉书》中多载其法应用之实例”，如《汉书》卷一六《高惠高后文功臣表》“曲逆献侯嗣侯陈何”“坐略人妻，弃市”案及卷一七《景武昭宣元成功臣表》“蒲侯嗣侯苏夷吾”“坐婢自赎为民，后略以为婢，免”案等[③]。

《唐律疏议》卷二〇《贼盗》又有以下内容，涉及“卖子”“鬻子”“鬻子孙”现象：

> 诸略卖期亲以下卑幼为奴婢者，并同斗殴杀法；无服之卑幼亦同。即和卖者，各减一等。其卖余亲者，各从凡人和略法。

---

①张家山二四七号汉墓竹简整理小组编著：《张家山汉墓竹简〔二四七号墓〕》（释文修订本），文物出版社 2006 年 5 月版。

②【疏】议：“十岁以下，未有所知，易为诳诱，虽共安和，亦同略法。”

③刘俊文撰：《唐律疏议笺解》，中华书局 1996 年 6 月版，下册第 1419—1423 页。

【疏】议曰：期亲以下卑幼者，谓弟、妹、子、孙及兄弟之子孙、外孙、子孙之妇及从父弟、妹，并谓本条杀不至死者。假如斗杀弟妹徒三年，杀子孙徒一年半；若略卖弟妹为奴婢，同斗杀法徒三年，卖子孙为奴婢徒一年半之类。故云"各同斗殴杀法"。如本条杀合至死者，自入"余亲"例。无服之卑幼者，谓己妾无子及子孙之妾，亦同"卖期亲以下卑幼"，从本杀科之，故云"亦同"。假如杀妾徒三年，若略卖亦徒三年之类。"即和卖者，各减一等"，谓减上文"略卖"之罪一等：和卖弟、妹，徒二年半；和卖子孙，徒一年之类。其卖余亲，各从凡人和略法者，但是五服之内，本条杀罪名至死者，并名"余亲"，故云"从凡人和略法"。

刘俊文"解析"指出："此条规定卖亲属罪之刑罚。按卖亲属罪，指以威力掠卖或两和相卖内外亲属为奴婢之行为。此类行为虽属于贩卖人口罪，但因是亲属相犯，带有'九族不睦'之性质，故律定为重罪，列入'十恶'之'不睦'；同时因亲属有尊卑长幼之名分，处罚有别于常犯，故律设此专条，不与一般贩卖人口罪同科。类似此律之规定，后魏律已有之。"言"《魏书》卷一一一《刑罚志》载后魏宣武帝景明中，三公郎中崔鸿议冀州人费羊皮卖女一案，引后魏律(当是《盗律》)"事：

三公郎中崔鸿议曰："案律：'卖子有一岁刑；卖五服内亲属，在尊长者死，期亲及妾与子妇流。'唯买者无罪文。然卖者既以有罪，买者不得不坐。但卖者以天性难夺，支属易遗，尊卑不同，故罪有异。"

刘俊文说："据文可知，后魏律卖亲属罪有专条，刑有差等：卖子孙者绞，卖期亲卑幼以下流，卖五服尊长者死。与唐律此条相较，大旨不异而科刑稍重，足证二者之间存在承袭演变之关系。"[①]《魏书》卷一一一《刑罚志》又记载：延尉少卿杨均议曰："谨详《盗律》'掠人、掠卖人为奴婢者，皆死'，别条'卖子孙者，一岁刑'。卖良是一，而刑死悬殊者，由缘情制罚，则致罪有差。"也没有说到"卖子孙者绞"。刘俊文或据尚书李平奏："冀州阜城民费羊皮母亡，家贫无以葬，卖七岁子与同城人张回为婢。回转卖于鄃县民梁定之，而不言良状。案盗律'掠人、掠卖人和卖人为奴婢者，死'。回故买羊皮女，谋以转卖。依律处绞刑。"费羊皮案比较复杂，议者有"卖子葬亲，孝诚可美"之说，最后定案，结论为："诏曰：'羊皮卖女葬母，孝诚可嘉，便可特原。张回虽买之于父，不应转卖，可刑五岁。'"对于"卖子孙"的刑罚处置，考察法史"承袭演变之关系"，显然，关注汉律的相关内容是必要的。

《开元占经》卷五四《辰星占二·辰星犯东方七宿》"辰星犯尾六"条说："辰星守尾，大饥，人相食，民异其国。君子卖衣，小人卖子。"[②]所谓"小人卖子"，似乎又隐含某种道德批判意味。

7. 沈家本说辨议

虽然依沈家本《汉律》"力矫秦之弊俗"之说，"令民无得卖子"似乎有更明显的合理性。但是沈家本在《历代刑法考》中《刑法分考十五》"奴婢"条又引录《汉书》卷九九中《王莽传中》

---

①刘俊文撰：《唐律疏议笺解》，下册第1431—1434页。

②〔唐〕瞿昙悉达编，李克和校点：《开元占经》，岳麓书社1994年12月版，上册第577页。

涉及秦汉人口“卖人”“略人”现象及奴婢制度问题，又以按语形式进行了司法史的判断：

> 《汉书·王莽传》：莽曰：秦为无道，厚赋税以自供奉，置奴婢之市，与牛马同兰，师古曰：“兰谓遮兰之，若牛马兰圈也。制于民臣，颛断其命。奸虐之人因缘为利，至略卖人妻子，逆天心，悖人伦，缪于‘天地之性人为贵’之义。《书》曰‘予则奴戮女’，唯不用命者，然后被此辜矣。今更名奴婢曰‘私属’，皆不得卖买。”
>
> 按：买卖奴婢，实始于秦，有《莽传》可证。汉接秦敝，其俗未改，王莽禁之，不得谓其非也，惟莽遇事操切，转病民耳。
>
> 《汉书·食货志》：汉兴，接秦之敝，诸侯并起，民失作业，而大饥馑。凡米石五千，人相食，死者过半。高祖乃令民得卖子，就食蜀汉。贾谊说上曰：岁恶不入，请卖爵、子，既闻耳矣。注：如淳曰：“卖爵级又卖子也。”
>
> 按：贾谊所言，盖即指高祖时事。[①]

沈家本此说“买卖奴婢，实始于秦”，“汉接秦敝，其俗未改”，显然与前引《汉律》“力矫秦之弊俗”，又言“乃世辄谓汉法皆承于秦，非通论矣”之说完全不同。

不过，沈家本两说看起来自相矛盾，但其实还是体现出清晰的逻辑关系的。沈说：“建武二诏，系是一事，而一引卖人律，一引略人律，可见卖人、略人《汉律》本在一条。光武承大乱之后，

---

①〔清〕沈家本撰：《历代刑法考》，第1册第393—394页。

于良人之略为奴婢者尤为注意，屡颁诏诰，盖深有念于贵人之义，故反复申命，不惮烦也。此二事并是略人，然一是略良人为妻，故罪至弃市，一是赎身之旧奴婢，故仅止免侯，事状不同，拟罪亦不同也。”“卖人律”与“略人律”惩罚的“卖人”和“略人”，应是指“乱时略取之人”，“良人之略为奴婢”，而与刘邦特许的“民得卖子”是有明显区别的。而前引《汉书》卷六四上《严助传》颜师古注引如淳曰“淮南俗卖子与人作奴婢，名为赘子，三年不能赎，遂为奴婢”的情形，很可能亦存在于汉高帝二年刘邦“令民得卖子”的临时性举措导致的合法的“卖子”现象中，这也是可以大致推知的。

8. 刘邦时代“卖子”现象的再讨论

考虑到汉初法律禁止“不当卖而私为人卖”情形，上文讨论刘邦“令民无得卖子”与“令民得卖子”、“命民得鬻子”之异文，也许《汉书》卷二四上《食货志上》“令民得卖子”的记载是准确的。作为特殊情况下的非常措施，原本“不当卖”情形得到特许，成为“当卖”。

前引《汉书》卷二四上《食货志上》的记载：“汉兴，接秦之敝，诸侯并起，民失作业，而大饥馑。凡米石五千，人相食，死者过半。高祖乃令民得卖子，就食蜀汉。”似与《汉书》卷一上《高帝纪上》的如下记录有对应关系：“（汉高帝二年六月）关中大饥，米斛万钱，人相食。令民就食蜀汉。”两条史料共同之处在于“大饥”或“大饥馑”导致“人相食”，而执政者处理社会危机的对策都有“令民就食蜀汉”形式。但是二者之间的区别也是明显的。《高帝纪》言“关中大饥，米斛万钱”，《食货志》则言“大饥馑，凡米石五千”，没有区域指示。因此，如果以为“高祖乃令民得卖子，就食蜀汉”事在汉高帝二年六月，似乎未能提供确证。《资治通鉴》卷九“汉高帝二年”的处理方式是取用《高帝纪》说：

> 六月，汉王还栎阳。壬午，立子盈为太子，赦罪人。汉兵引水灌废丘，废丘降。章邯自杀，尽定雍地。以为中地、北地、陇西郡。关中大饥，米斛万钱，人相食，令民就食蜀汉。初，秦之亡也，豪桀争取金玉。宣曲任氏独窖仓粟。及楚汉相距荥阳，民不得耕种，而豪桀金玉尽归任氏。任氏以此起，富者数世。

关中新定，又面对随即“楚汉相距荥阳”的战争形势，刘邦缓解“大饥”的政策，应是不得已而为之。司马迁有关“任氏”事迹的记录[①]，《资治通鉴》亦置于“关中大饥，米斛万钱，人相食，令民就食蜀汉”之后，值得我们注意。

就现有历史信息看，《汉书》卷二四上《食货志上》所谓“汉兴……而大饥馑……高祖乃令民得卖子，就食蜀汉”，与《汉书》卷一上《高帝纪上》汉高帝二年六月“关中大饥，米斛万钱，人相食，令民就食蜀汉”的记录即使不能完全对应，也应理解为确凿可信的历史真实。而“令民得卖子，就食蜀汉”，就当时刘邦实际控制区域与移民方向判断，灾区亦即刘邦政策的施用空间确实应当是“关中”。

---

① 《史记》卷一二九《货殖列传》：“宣曲任氏之先，为督道仓吏。秦之败也，豪杰皆争取金玉，而任氏独窖仓粟。楚汉相距荥阳也，民不得耕种，米石至万，而豪杰金玉尽归任氏，任氏以此起富。富人争奢侈，而任氏折节为俭，力田畜。田畜人争取贱贾，任氏独取贵善。富者数世。”

八　社会上层儿童生活考察

秦二世胡亥童年故事及相关问题

贾谊记载了一次"诏置酒飨群臣,召诸子赐食"的高层酒会上,公子胡亥下陛时故意践败群臣履的故事。分析这一儿童故事,可以发现汉代未成年人教育受到重视的情形。西汉以来的政论家以此作为秦二世胡亥道德批判、秦政批判以及更宽广领域的政治文化分析的对象。或以为"胡亥少习刻薄之教"体现的早期教育的缺失与秦朝行政体系的覆败有直接关系。而秦时文化政策和文化导向的问题,亦使得社会风尚受到影响。汉初重视太子教育,保傅制度得以健全。贾谊的相关论著对于皇族教育的这一历史进步有积极作用。而胡亥故事被贾谊作为反面参照,值得我们注意。

1. 童年胡亥的恶作剧

汉文帝时代的思想家贾谊在《新书·春秋》中,记录了秦二世胡亥童年生活中的这样一则故事:

二世胡亥之为公子，昆弟数人。诏置酒飨群臣，召诸子赐食，先罢。胡亥下陛，视群臣陈履状善者，因行残败而去[①]。诸侯闻之，莫不大息。及二世即位，皆知天下之弃之也。[②]

《新书·春秋》随后讲述了孙叔敖出游见两头蛇事：

孙叔敖之为婴儿也，出游而还，忧而不食。其母问其故，泣而对曰："今日吾见两头蛇，恐去死无日矣。"其母曰："今蛇安在？"曰："吾闻见两头蛇者死，吾恐他人又见，吾已埋之也。"其母曰："无忧，汝不死。吾闻之，有阴德者，天报以福。"人闻之，皆谕其能仁也。及为令尹，未治而国人信之。[③]

又《新序·杂事》："孙叔敖为婴儿之时，出游见两头蛇，杀而埋之。归而泣。其母问其故。叔敖对曰：'闻见两头之蛇者死，向者吾见之，恐去母而死也。'其母曰：'蛇今安在？'曰：'恐他人又见，杀而埋之矣。'其母曰：'吾闻有阴德者，天报以福，汝不死也。'及长，为楚令尹，未治而国人信其仁也。"[④]《列女传》卷三《仁智传》"孙叔敖母"条也写道："楚令尹孙叔敖之母也。叔敖

①罗振义、钟夏《新书校注》："'残'，《新序》、卢本作'践'。"中华书局2000年7月版，第260页。

②《新书校注》："'之弃之'，《新序》作'必弃之'，于义为长。"第260页。《太平御览》卷六九七引《贾谊书》亦作"必弃之"。

③《新书校注》，第250页。

④赵善诒：《新序疏证》，华东师范大学出版社1989年3月版，第3页。

为婴儿之时，出游见两头蛇，杀而埋之。归见其母而泣焉。母问其故，对曰：'吾闻见两头蛇者死，今者出游见之。'其母曰：'蛇今安在？'对曰：'吾恐他人复见之，杀而埋之矣。'其母曰：'汝不死矣！夫有阴德者，阳报之，德胜不祥，仁除百祸，天之处高而听卑。《书》不云乎：皇天无亲，惟德是辅。尔嘿矣，必兴于楚。'及叔敖长，为令尹，君子谓叔敖之母知道德之次。《诗》云：母氏圣善。此之谓也。"[①]孙叔敖能够独自"出游"，遇意外情形，可以从容处置，与其母有思路清晰语义明确的对答，可知"孙叔敖之为婴儿也"之"婴儿"称谓在秦汉时期有较宽泛的指代范围，与后世"婴儿"只是指初生儿不同[②]。《艺文类聚》卷九六引《贾谊书》作"孙叔敖之为儿出游还"，《太平御览》卷四〇三引《贾谊书》作"孙叔敖之为儿也出游归"，卷九二三引作"孙叔敖之为儿出游还"，也说明"婴儿"与"儿"义近。

贾谊将"二世胡亥之为公子"时故事与孙叔敖"孙叔敖之为婴儿"时故事并列，是要进行比较说明的。如此则可知"二世胡亥之为公子"时，也在孩童时。

胡亥践败群臣履故事，《太平御览》卷六九七引《贾谊书》：

> 二世胡亥之为公子也，诏置酒享群臣，召诸子赐食，先罢。胡亥下阶，群臣陈履状善者，因行践败而去。诸侯闻之

---

①张涛：《列女传译注》，山东大学出版社 1990 年 8 月版，第 98—99 页。

②秦汉时期文献所见"婴儿"称谓，涵义有所不同。或指"初生"儿，与今义接近。或指幼儿，与"大人"对应，义近今人所谓少年儿童。或说"女曰婴，男曰儿"，自有性别区分。当时"婴儿"称谓指代对象的复杂，体现秦汉时期是汉语社会称谓形成和使用逐步确定化的历史阶段。参看王子今：《说秦汉"婴儿"称谓》，《南都学坛》2010 年第 2 期。

者，莫不太息。及二世即位，皆知天下必弃之。

文字略有不同，特别值得我们注意的，是所谓“因行残败而去”写作“因行践败而去”。

“诸侯闻之，莫不太息”之所谓“诸侯”，有作“诸子”者。如《新序》卷五《杂事》即写作：

> 秦二世胡亥之为公子也，昆弟数人。诏置酒飨群臣，召诸子。诸子赐食先罢，胡亥下阶，视群臣陈履状善者，因行践败而去。诸子闻见之者，莫不太息。及二世即位，皆知天下必弃之也。故二世惑于赵高，轻大臣，不顾下民，是以陈胜奋臂于关东，阎乐作乱于望夷。阎乐，赵高之婿也，为咸阳令，诈为逐贼，将吏卒入望夷宫，攻射二世。就数二世，欲加刃，二世惧，入，将自杀。有一宦者从之。二世谓曰：“何谓至于此也？”宦者曰：“知此久矣。”二世曰：“子何不早言？”对曰：“臣以不言，故得至于此。使臣言，死久矣。”然后二世喟然悔之，遂自杀。[①]

唐人周昙《胡亥》：“鹿马何难辨是非，宁劳卜筮问安危。权臣为乱多如此，亡国时君不自知。”又《再吟》：“盗贼纵横主恶闻，遂为流矢犯君轩。怪言何不早言者，若使早言还不存。”[②] 应是就此发表的感叹。

---

①《新序疏证》，第 154 页。

②《全唐诗》卷七二九。

后人引录这一故事，或“践败”或“残败”[①]，或“诸侯”或“诸子”[②]，或“闻之”或“闻见之”，各有不同。而“践败”似乎较“残败”表述更为合理。

如果故事的原始版确实是“诸侯闻之者，莫不太息”，而不是“诸子闻见之者，莫不太息”，则事应在秦始皇二十六年（前221）实现统一前。据《史记》卷六《秦始皇本纪》“二世皇帝元年，年二十一”，则“胡亥下阶，群臣陈履状善者，因行践败而去”情形，发生在他九岁之前。

我们不知道最初见于贾谊记录的胡亥童年这一故事是否真确。清人惠士奇《礼说》卷一三《秋官二》写道：“秦置酒飨群臣，先召诸子赐食。罢而出，胡亥下陛，视群臣陈履杖善者，残败之而去。盖燕飨在堂，履杖不上堂，陈于陛下僻隐之处。故胡亥下陛得坏之。”可知胡亥下陛或下阶践败群臣履的情节，是符合当时的礼俗制度的。秦汉礼制，“祠庙上殿当解履”[③]。例外得到特殊恩准可“剑履上殿”者，只有萧何、梁冀、董卓、曹操等数人[④]。“解

① 《太平御览》卷六九七引《贾谊书》、《经济类编》卷四《帝王类四》、《渊鉴类涵》卷三七五引《贾谊书》等引作“践败”。〔清〕马骕《绎史》卷一五〇《秦亡》、李锴《尚史》卷七《秦本纪·始皇帝二世皇帝》、惠士奇《礼说》卷一三《秋官二》等引作“残败”。

② 〔明〕冯琦、冯瑗《经济类编》卷四《帝王类四》等引作“诸子”。〔清〕马骕《绎史》卷一五〇《秦亡》与李锴《尚史》卷七《秦本纪·始皇帝二世皇帝》等引作“诸侯”。

③ 《三国志》卷一《魏书·武帝纪》裴松之注引《魏书》。

④ 《史记》卷五三《萧相国世家》,《后汉书》卷三四《梁冀传》、《后汉书》卷七二《董卓传》、《三国志》卷一《魏书·武帝纪》。又《汉书》卷七七《郑崇传》：“哀帝擢为尚书仆射。数求见谏争，上初纳用之。每见曳革履，上笑曰：‘我识郑尚书履声。’”君臣相见未必在殿上。

履”表示尊敬[①]。有人解说胡亥践履故事以为:“陈履,陈放的鞋子。古人席地而坐,有时把鞋脱下来放在自己跟前。‘陈履’当指这一习俗。”[②]所谓“把鞋脱下来放在自己跟前”,不符合胡亥故事的真实情节。

又值得我们注意的是,惠士奇说“视群臣陈履杖善者,残败之而去”,不仅仅是“履”,还有“杖”。马骕《绎史》卷一五〇《秦亡》与李锴《尚史》卷七《秦本纪·始皇帝二世皇帝》也引作“视群臣陈履杖善者,残败之而去”。

“败”可以与“残”联系起来理解,针对“状善者”而言,应是指损坏。以为只是扰乱的解释[③],也不合理。考虑到“杖”因幼童“践”之的力度有限,难以致“败”,《太平御览》卷六九七引《贾谊书》所谓“胡亥下阶,群臣陈履状善者,因行践败而去”,似乎可信程度更高。

2. 关于“胡亥少习刻薄之教”

如果说,胡亥“践败”“群臣陈履状善者”故事表现出这位政

---

①如《汉书》卷六五《东方朔传》记述:“上曰:‘愿谒主人翁。’主乃下殿,去簪珥,徒跣顿首谢曰:‘妾无状,负陛下,身当伏诛。陛下不致之法,顿首死罪。’有诏谢。主簪履起,之东箱自引董君。”《三国志》卷一《魏书·武帝纪》裴松之注引《魏书》载曹操令也说到“解履”表示“尊”“敬”的意义:“辛未,有司以太牢告至,策勋于庙,甲午始春祠,令曰:‘议者以为祠庙上殿当解履。吾受锡命,带剑不解履上殿。今有事于庙而解履,是尊先公而替王命,敬父祖而简君主,故吾不敢解履上殿也。……’”

②吴云、李春台校注:《贾谊集校注》,中州古籍出版社1989年5月版,第198页。

③或解释说:“胡亥把排列得整整齐齐的群臣的鞋子,践踏得乱七八糟,而后离去。”王洲明、徐超校注:《贾谊集校注》,人民文学出版社1996年11月版,第258页。

治人物幼时就暴露顽劣心性，有恶意破坏损毁美好事物的心理特征，那么后世政论家在秦政批判中发表的有关秦二世胡亥早期教育偏失的议论，也值得我们在分析其心理素质时有所注意。

《三国志》卷二〇《魏书·武文世王公传·广平哀王俨》裴松之注引《魏氏春秋》载宗室曹冏上书曰：

> 胡亥少习刻薄之教，长遭凶父之业，不能改制易法，宠任兄弟，而乃师谭申、商，谘谋赵高；自幽深宫，委政谗贼，身残望夷，求为黔首，岂可得哉？遂乃郡国离心，众庶溃叛，胜、广倡之于前，刘、项弊之于后。[①]

“师谭申、商”，明人唐顺之《稗编》卷九五《封建》引曹冏《六代论》作“师模申、商”。《文选》卷五二曹元首《六代论》与明冯琦等编《经济类编》卷八〇《地类二·封建》录魏曹冏《六代论》、《三国志文类》卷三九录曹冏《六代兴亡论》则均作“师谟申、商”。

所谓“少习刻薄之教”，《文选》卷五二曹元首《六代论》作“少习克薄之教”[②]。李善注：“《史记》曰：‘赵高故常教胡亥书及狱律令法事。’《史记》太史公曰：‘商君，其天资刻薄人也。’”李善注文据《史记》卷六《秦始皇本纪》，而“常教”本作“尝教”：“赵高故尝教胡亥书及狱律令法事，胡亥私幸之。”又《资治通鉴》

---

①〔元〕郝经《续后汉书》卷二九下《曹操诸子曹丕诸子列传》中引录曹冏上书：“胡亥少习刻薄之教，长遵凶父之业，不能改制易法，宠任兄弟，而乃师谟申、商，谘谋赵高，自幽深宫，委政谗贼，身残望夷，求为黔首，岂可得哉？遂乃郡国离心，众庶溃败，胜、广唱之于前，刘、项毙之于后。”

②李善对“六代论”的解释是：“论夏、殷、周、秦、汉、魏也。”

卷七“秦始皇三十七年”:“赵高者生而隐宫,始皇闻其强力,通于狱法,举以为中车府令,使教胡亥决狱。胡亥幸之。”所谓“天资刻薄人”语,据《史记》卷六八《商君列传》:“太史公曰:‘商君其天资刻薄人也。’”司马贞《索隐》:“谓天资其人为刻薄之行。刻,谓用刑深刻。薄,谓弃仁义不悃诚也。”朱熹、杨慎说韩非也是“刻薄人”[①]。据明人魏学洢《韩非论》,卫鞅、韩非、李斯有同样心境[②]。也许在某种意义上可以说,“刻薄”,是法家学派人物共同的心理特征,共同的思维方式,共同的文化性格[③]。西汉名臣匡衡有“任温良之人,退刻薄之吏”的建议[④],第五伦批评东汉初行政,指责有的地方长官“以刻薄之姿,临人宰邑,专念掠杀,务为严苦,吏民愁怨,莫不疾之”,这种行政方式竟然得到赞扬,“而今之议者反以为能,违天心,失经义,诚不可不慎也”[⑤]。朱穆对于社会政治生活,也有“虚华盛而忠信微,刻薄稠而纯笃稀”的评论[⑥]。体现“刻薄”其实也曾经是一种持续长久的政风。

---

①杨慎分析《韩非子》“柳下惠吏于鲁,三黜而不去。人谓之曰:子未可以去乎?下惠曰:苟与人之异,何所往而不黜乎?犹且黜乎?宁于故国耳”文,以为:“此与《论语》所载同一事也。《论语》所载,衍而明;《韩非》所载,简而峭。朱子言刻薄人善作文字。信然。”〔明〕杨慎:《丹铅续录》卷一《经说·杂》。

②〔明〕魏学洢:《茅檐集》卷七《杂著四》。

③李约瑟的如下分析可以在判断法家文化风格时以为参考:“(法家)以编订‘法律’为务,并认为自己主要的责任是以封建官僚国家来代替封建体制。他们倡导的极权主义颇近于法西斯,正如我们在前面〔第六章(b)〕已经提到的,后来当秦朝因做得过头而为汉朝所取代时,法家遭到了失败。”李约瑟:《中国科学技术史》第2卷《科学思想史》,科学出版社、上海古籍出版社1990年8月版,第1页。

④《汉书》卷八一《匡衡传》。

⑤《后汉书》卷四一《第五伦传》。

⑥《后汉书》卷四三《朱穆传》。

所谓“胡亥少习刻薄之教”或者“胡亥少习克薄之教”,是在对秦政的批判中涉及执政者的行政理念教育和行政能力培训。这种教育培训自“少”而始,是值得我们重视的。

赵高对胡亥的司法行政能力培训方式,正体现了秦政“以吏为师”的原则。据《史记》卷六《秦始皇本纪》,秦始皇三十四年(前213),李斯建议:“臣请史官非秦记皆烧之。非博士官所职,天下敢有藏《诗》《书》、百家语者,悉诣守、尉杂烧之。有敢偶语《诗》《书》者弃市。以古非今者族。吏见知不举者与同罪。令下三十日不烧,黥为城旦。所不去者,医药卜筮种树之书。若欲有学法令,以吏为师。”于是“制曰:‘可’”。《史记》卷八七《李斯列传》也记载:李斯说:“臣请诸有文学《诗》《书》百家语者,蠲除去之。令到满三十日弗去,黥为城旦。所不去者,医药卜筮种树之书。若有欲学者,以吏为师。”“始皇可其议,收去《诗》《书》百家之语以愚百姓,使天下无以古非今。”一说“若欲有学法令,以吏为师”,一说“若有欲学者,以吏为师”,似前说更为准确。

其实,这一行政原则在《韩非子·五蠹》中已经明确提出:“明主之国,无书简之文,以法为教;无先王之语,以吏为师;无私剑之捍,以斩首为勇。是境内之民,其言谈者,必轨于法;动作者,归之于功;为勇者,尽之于军。是故无事则国富,有事则兵强,此之谓王资。既畜王资,而承敌国之衅,超五帝,侔三王者,必此法也。”看来,李斯只不过更为明确地贯彻着韩非已经提出的政治思想原则。理解韩非的“王资”之说,则“若欲有学法令,以吏为师”和“若有欲学者,以吏为师”的表述,都是完满的。

宋人陆游曾经在对秦汉之际法家的历史文化作用进行评判时指出:“法家者流肆于秦汉之际,以吏为师,而先王之泽熄;以律为书，而圣人之道微。”[1] 我们还可以看到宋儒发表的对秦时“童幼”教育方式的直接的批评：“古者学童六岁至十岁，教之数与方名及朔望、六甲、书计之事。盖循末以穷本，因蓺以济道。滥觞乎小学之源，而涵泳乎大学之海，终其身不厌。至秦不然，弃其道本而志其艺末。丞相李斯等虽颇作《苍颉》《爰历》《博学》篇，然天下方专学法令，以吏为师，《诗》《书》六艺之言，弃不习。学者进无所依，退无可玩，自童幼鄙之，以为书足记姓名而已。”[2] 文化政策和文化导向的问题，使得社会风尚受到影响。

3. “指鹿为马”事与胡亥的知识层次

著名的“指鹿为马”故事以极其特殊的情节，成为秦末政治生活荒诞式黑暗的典型标志。而政治史上的这一段喜剧表演，又是以秦二世胡亥的知识层次为发生背景的。

《史记》卷六《秦始皇本纪》记载：“（秦二世三年）八月己亥，赵高欲为乱，恐群臣不听，乃先设验，持鹿献于二世，曰：‘马也。’二世笑曰：‘丞相误邪？谓鹿为马。’问左右，左右或默，或言马以阿顺赵高。或言鹿，高因阴中诸言鹿者以法。后群臣皆畏高。”《资治通鉴》卷八“秦二世三年”不言具体日期，于“秋七月”作回顾：“初，中丞相赵高欲专秦权，恐群臣不听，乃先设验。持鹿献于二世，曰：‘马也。’二世笑曰：‘丞相误邪？谓鹿为马。’问左右，或默，或言马以阿顺赵高，或言鹿者，高因阴中诸言鹿者

---

① 〔宋〕陆游：《删定官供职谢启》，《渭南文集》卷七。

② 〔宋〕罗愿：《书〈急就篇〉后》，《罗鄂州小集》卷四。所谓“书足记姓名而已”，出《史记》卷七《项羽本纪》：“项籍少时，学书不成，去学剑，又不成。项梁怒之。籍曰：‘书足以记名姓而已。剑一人敌，不足学，学万人敌。’于是项梁乃教籍兵法，籍大喜，略知其意，又不肯竟学。”

以法。后群臣皆畏高，莫敢言其过。”陆贾《新语·辨惑》讲述这一故事，情节有所不同，“持鹿献于二世”作“驾鹿而从行”：“夫众口之毁誉，浮石沉木。群邪所抑，以直为曲，视之不察，以白为黑。夫曲直之异形，白黑之异色，天下之易见也。然而目缪心惑者，众邪误之。秦二世之时，赵高驾鹿而从行。王曰：‘丞相何为驾鹿？’高曰：‘马也。’王曰：‘丞相误邪，以鹿为马也。’高曰：‘乃马也。陛下以臣之言为不然，愿问群臣。’于是乃问群臣，群臣半言马半言鹿。当此之时，秦王不能自信其直目，而从邪臣之言。鹿与马之异形，乃众人之所知也。然不能分别是非，况于暗昧之事乎？《易》曰：‘二人同心，其义断金。’群党合意，以倾一君。孰不移哉！”[①] 王符《潜夫论·潜叹》关于“指鹿为马”事的讨论，又涉及人才的选用：“赵高专秦，将杀二世，乃先示权于众。献鹿于君，以为骏马。二世占之曰：‘鹿。’高曰：‘马。’二世收目独视，曰：‘丞相误邪？此鹿也。’高终对以马。问于朝臣，朝臣或助二世而非高，高因白二世：‘此皆阿主惑上，不忠莫大。’乃尽杀之。自此之后，莫敢正谏，而高遂杀二世于望夷，竟以亡。夫好之与恶效于目，而鹿之与马者，著于形者也。已又定矣，还至谗如臣妾之饰伪言而作辞也，则君王失己心，而人物丧我体矣。”“其辨贤不肖也，不若辨鹿马之审固也。此二物者，皆得进见于朝堂，暴质于心臣矣，及欢爱、苟媚、佞说、巧辨之惑君也，犹炫耀君目，变夺君心，便以好为丑，以鹿为马，而况于郊野之贤、阙外之士，未尝得见者乎？”[②]

①王利器撰：《新语校注》，中华书局1986年8月版，第75—76页。

②〔清〕汪继培笺，彭铎校正：《潜夫论笺校正》，中华书局1985年9月版，第100—102页。

其实，胡亥与赵高之间除“指鹿为马”故事而外，还有“献蒲为脯”故事。

《太平御览》卷八六三引臧荣绪《晋书》曰：“赵高为丞相，指鹿为马，持蒲作肉。”宋人王楙《野客丛书》卷二二“以蒲为脯”条写道：“《文选》潘安仁《西征赋》曰：‘野蒲变而为脯，苑鹿化而为马。’铣注：‘赵高欲为乱，恐群臣不听，乃先设验，以蒲为脯，以鹿为马，献于二世。群臣言蒲与鹿者阴诛之。’按今《史记》但闻指鹿为马，不闻以蒲为脯之说，此见汉人杂说。臧荣绪《晋书》常引以为言，《艺文类聚》‘蒲门’载赵高此事，谓出于《史记》，误矣。”

与“以蒲为脯”相联系，又有“以青为黑，黑为黄”的情形。宋人王应麟《困学纪闻》卷五《礼记》：“《后汉》崔琦对梁冀曰：‘将使玄黄改色，马鹿易形乎？’[①]注言‘马鹿’而不言‘玄黄’。按《礼器》‘或素或青，夏造殷因’，注云：‘变白黑言素青者，秦二世时，赵高欲作乱，或以青为黑，黑为黄。民言从之，至今语犹存也。’琦所谓‘玄黄改色’，即此事也。”[②]明人周婴《卮林》卷三“以蒲为脯”条引“《丛谈》曰”即《野客丛书》语，又写道：“释曰：李善《文选注》引《风俗通》曰：‘秦相赵高指鹿为马，束蒲为脯，二世不觉。’应氏书此条今亡。然《风俗通》固非杂说也。又案《礼器》曰：‘三代之礼一也，民共由之，或素或青，夏造殷因。’郑玄注曰：‘素尚白，黑尚青也。变白黑言素青者，秦二世时赵高

① 《后汉书》卷八〇上《文苑列传上·崔琦》载崔琦对梁冀的批评：“欲钳塞士口，杜蔽主听，将使玄黄改色，马鹿易形乎？”李贤注即引《史记》赵高、胡亥故事。

② 〔宋〕王应麟著，〔清〕翁元圻等注，栾保群、田松青、吕宗力校点：《困学纪闻》，上海古籍出版社 2008 年 12 月版，第 661 页。

欲作乱，或以青为黑，黑为黄。民言从之，至今语犹存也。’然则赵高于时不但以蒲为脯、鹿为马矣。”清人王士祯《池北偶谈》卷二二《谈异三》“论语谶”条说：“《风俗通古今注》云：‘赵高用事，献蒲为脯，指鹿为马。’郑康成《礼器注》：‘赵高欲作乱，以青为黑，黑为黄。’今人但知‘鹿马’一语。”[①] 清人吴景旭《历代诗话》卷一六《丙集中之上·赋》“野蒲”条讨论潘岳《西征赋》“野蒲变而成脯，苑鹿化以为马”语，也指出：“郑玄《礼器注》云：赵高欲作乱，或以青为黑，黑为黄。民言从之，至今语犹存也。后汉崔琦对梁冀曰：‘将使玄黄改色，马鹿异形乎？’此语亦世罕知。”看来，与“指鹿为马”相匹配，已经形成了一个赵高的谎言组合。当然，其中形成较大历史文化影响的是“指鹿为马”故事。

宋人胡仲弓有诗曰：“商君金徙木，赵高鹿为马。徒欲取民信，疑心随解瓦。罔民适自欺，何以刑天下。四维已灭亡，命脉存已寡。焚书火咸阳，斯言信非假。”[②] 以“赵高鹿为马”与“商君金徙木”并说，其实是不妥当的。赵高事绝不是“取民信”，而是欺胡亥一人。“指鹿为马”策略能够实现设计者预想的效应，不在于所谓“惑君”之谋，所谓“炫耀君目，变夺君心”之术的高明，而在于所谓“二世不觉”，所谓“秦王不能自信其目”，所谓“君王失已心”表现出来的愚蠢。正如有人指出的，“秦二世愚，故高指鹿为马，非高能愚二世也”[③]。对于胡亥之“愚”，历代多有评判[④]。

---

①〔清〕王士祯撰：《池北偶谈》，中华书局 1982 年 1 月版，第 536 页。

②〔宋〕胡仲弓：《苇航漫游稿》卷一《五言古诗·感古十首之六》。

③《新五代史》卷六八《闽世家·王鏻》载王仁达语。

④如〔宋〕章如愚编《群书考索》续集卷四九《舆地门·历代》：“胡亥愚蒙，秦关洞开。”〔元〕陈栎《历代通略》卷一《秦》：“夫胡亥立，是为二世。愚骙昏暴，蹙秦脉而亡之。民不胜刑，骇惧思乱，二世不知也。”

宋代诗人刘克庄《后村集》卷一五《诗·杂咏一百首》题“十憸”下有《李斯》一首。诗曰:“焚余宁有籍,坑后更无儒。不解愚刘项,翻令二世愚。”所谓“二世愚”是由试图“愚刘项”的文化政策所导致的。也就是说,“指鹿为马”故事,可以读作反映秦王朝文化败势的政治寓言。

《韩非子·外储说右上》:“夫马似鹿者而题之千金。”《论衡·讲瑞》:“韩子曰:马之似鹿者千金。”又说“良马似鹿”。《艺文类聚》卷九五引《韩子》:“夫马似鹿者千金。”这是说“马似鹿”者,也有“鹿似马”者。宋人罗愿《尔雅翼》卷二〇《释兽三》:“陶隐居云:‘古称马之似鹿者直百金。今荆楚之地,其鹿绝似马。当解角时,望之无辨。土人谓之马鹿。’以是知赵高指鹿为马,盖以类尔。”[①]从这一认识出发理解“指鹿为马”故事,也许可以引发更多的思考。然而,即使将“赵高指鹿为马,盖以类尔”仅仅看作一种生物学知识的测试,也并不影响我们关于“二世愚”的判断。看来,胡亥在从赵高学习的“书及狱律令法事”之外,其他方面很可能所知甚少。这种在知识结构上某些重要方面严重贫乏的弊病,自然也是与秦政的文化偏执有重要的关系的。

4. 胡亥早期教育的缺失与秦朝行政体系的覆败

贾谊书说胡亥践履故事,时人有“皆知天下必弃之”的预言。前引曹冏的历史评论“胡亥少习刻薄之教,长遵凶父之业”,“遂

①李学勤分析睡虎地秦简《日书》和放马滩秦简《日书》所见十二禽名,指出“睡虎地简十二禽只有午禽为鹿是真正的异说,放马滩简便完全与后世说一致”,即作“马”。《〈日书〉盗者章研究》,《简帛佚籍与学术史》,时报文化出版企业有限公司1994年12月版,第168页。承孙闻博提示,睡虎地秦简《日书》也出自“荆楚之地”。

乃郡国离心，众庶溃败，胜、广唱之于前，刘、项毙之于后"，则将胡亥的早期教育与秦政的败亡联系起来。

经赵高、李斯沙丘之谋，胡亥成为秦政的继承人。秦二世当政，历史曾经出现一次可能的转机。贾谊《过秦论》有对秦二世行政的分析，据《史记》卷六《秦始皇本纪》引录："今秦二世立，天下莫不引领而观其政。夫寒者利裋褐而饥者甘糟糠，天下之嗷嗷，新主之资也。此言劳民之易为仁也。乡使二世有庸主之行，而任忠贤，臣主一心而忧海内之患，缟素而正先帝之过，裂地分民以封功臣之后，建国立君以礼天下，虚囹圄而免刑戮，除去收帑污秽之罪，使各反其乡里，发仓廪，散财币，以振孤独穷困之士，轻赋少事，以佐百姓之急，约法省刑以持其后，使天下之人皆得自新，更节修行，各慎其身，塞万民之望，而以威德与天下，天下集矣。即四海之内，皆欢然各自安乐其处，唯恐有变，虽有狡猾之民，无离上之心，则不轨之臣无以饰其智，而暴乱之奸止矣。二世不行此术，而重之以无道，坏宗庙与民，更始作阿房宫，繁刑严诛，吏治刻深，赏罚不当，赋敛无度，天下多事，吏弗能纪，百姓困穷而主弗收恤。然后奸伪并起，而上下相遁，蒙罪者众，刑戮相望于道，而天下苦之。自君卿以下至于众庶，人怀自危之心，亲处穷苦之实，咸不安其位，故易动也。是以陈涉不用汤武之贤，不藉公侯之尊，奋臂于大泽而天下回应者，其民危也。故先王见始终之变，知存亡之机，是以牧民之道，务在安之而已。天下虽有逆行之臣，必无回应之助矣。故曰'安民可与行义，而危民易与为非'，此之谓也。贵为天子，富有天下，身不免于戮杀者，正倾非也。是二世之过也。"这里所谓"二世之过"，即陆贾《新语·道基》指出的"秦二世尚刑而亡，故虐行则怨积"导致的民心的离散。

秦政治危局的一个极端性的标志，是高端行政中枢重要干部多被锄灭。《史记》卷六《秦始皇本纪》的记述是：赵高说二世曰："先帝临制天下久，故群臣不敢为非，进邪说。今陛下富于春秋，初即位，奈何与公卿廷决事？事即有误，示群臣短也。天子称朕，固不闻声。"秦二世于是常居禁中，政事只与赵高决断，而公卿稀得朝见。一时关东"盗贼益多，而关中卒发东击盗者毋已"。右丞相冯去疾、左丞相李斯、将军冯劫进谏："关东群盗并起，秦发兵诛击，所杀亡甚众，然犹不止。盗多，皆以戍漕转作事苦，赋税大也。请且止阿房宫作者，减省四边戍转。"秦二世的回答有来自《韩非子》的依据："吾闻之韩子曰：'尧舜采椽不刮，茅茨不翦，饭土塯，啜土形，虽监门之养，不觳于此。禹凿龙门，通大夏，决河亭水，放之海，身自持筑臿，胫毋毛，臣虏之劳不烈于此矣。'凡所为贵有天下者，得肆意极欲，主重明法，下不敢为非，以制御海内矣。夫虞、夏之主，贵为天子，亲处穷苦之实，以徇百姓，尚何于法？朕尊万乘，毋其实，吾欲造千乘之驾，万乘之属，充吾号名。且先帝起诸侯，兼天下，天下已定，外攘四夷以安边竟，作宫室以章得意，而君观先帝功业有绪。今朕即位二年之间，群盗并起，君不能禁，又欲罢先帝之所为，是上毋以报先帝，次不为朕尽忠力，何以在位？'"于是，"下去疾、斯、劫吏，案责他罪。去疾、劫曰：'将相不辱。'自杀。斯卒囚，就五刑"。秦王朝重臣"去疾、斯、劫"之死，宣告这一强大帝国行政体系的主要支柱已经摧折。

胡亥引"韩子"涉及先古圣王的言论，有人认为即荀悦《申鉴》卷四《杂言上》说到的"秦二世之申欲而非笑唐虞"。宋代学者叶适《习学记言》卷一九《史记》"始皇本纪"条说："天下反秦，二世死在旦夕，方引韩非语，'欲造千乘之驾、万乘之属，充吾号名'。亡国之君，举动如此，固不足怪。然参以《李斯传》，恐先后差误。"《史记》卷八七《李斯列传》记载，李斯数欲请间谏，二世不许。而二世责问李斯曰："吾有私议而有所闻于韩子也，曰'尧之有天下也，堂高三尺，采椽不斲，茅茨不翦，虽逆旅之宿不勤于此矣。冬日鹿裘，夏日葛衣，粢粝之食，藜藿之羹，饭土匦，啜土铏，虽监门之养不觳于此矣。禹凿龙门，通大夏，疏九河，曲九防，决渟水致之海，而股无胈，胫无毛，手足胼胝，面目黎黑，遂以死于外，葬于会稽，臣虏之劳不烈于此矣'。然则夫所贵于有天下者，岂欲苦形劳神，身处逆旅之宿，口食监门之养，手持臣虏之作哉？此不肖人之所勉也，非贤者之所务也。彼贤人之有天下也，专用天下适己而已矣，此所贵于有天下也。夫所谓贤人者，必能安天下而治万民，今身且不能利，将恶能治天下哉！故吾愿赐志广欲，长享天下而无害，为之奈何？"《秦始皇本纪》和《李斯列传》的相关记述可能确有"先后差误"，然而并不影响我们对秦二世政治意识和文化倾向的分析。胡亥对传说时代模范君主简朴艰辛生活情境和工作作风的否定，表现出与儒学精神的明显距离。我们以为更值得注意的，是秦二世知识构成的问题。相关传说不闻于儒学经典而"闻之韩子"，"有所闻于韩子"，提示我们秦二世起始于早期教育的法家学说知识积累的长久，而于"《诗》《书》百家语"文化体系则相对无知。

直接推促秦帝国灭亡的秦二世时代"繁刑严诛，吏治刻深"的政治风格，与"胡亥少习刻薄之教"，"师谟申、商"，以法家理论为基底的文化资质关系甚大。而赵高与胡亥在"狱律令法"教育方面的师生结合，更助长了执政理念方面的偏执。为了强化专制统治，赵高建议："严法而刻刑，令有罪者相坐诛，至收族，灭大臣而远骨肉；贫者富之，贱者贵之。……"于是，"二世然高之言，乃更为法律"。皇族大臣亦多受到迫害，"财物入于县官，相连坐者不可胜数”[①]。

秦亡于二世。明人黄尊素《壮怀赋》写道：“咸阳铸金，胡亥践阼。佣耕养鸿鹄之羽，戍卒筑鲸鲵之渡。揭竿斩木，社沉庙堕。长城遂倾，阿房非故。”[②]唐人周昙《赵高》诗有这样的历史评论：“赵高胡亥速天诛，率土兴兵怨毒痡。丰沛见机群小吏，功成儿戏亦何殊。”[③]论者指出“赵高胡亥”之历史罪责，然而对刘邦“丰沛”功臣集团的建国成就亦不表示敬意，以为“功成儿戏”。观史作“儿戏”，体现出特殊的史学视角。而通过其对立一方类同“儿戏”的表现，例如胡亥“视群臣陈履状善者，因行残败而去”等行为，考察历史文化的相关现象，也是有意义的事。

5. 秦二世教训与汉初的太子教育

秦二世胡亥的教训，是政治史的教训，也是教育史的教训。自西汉以后，明智之士都十分看重这一教训。

《史记》卷一一七《司马相如列传》写道：“还过宜春宫，相如奏赋以哀二世行失也。其辞曰：‘……弥节容与兮，历吊二世。持身不谨兮，亡国失埶。信谗不寤兮，宗庙灭绝。呜呼哀哉！操行之不得兮，坟墓芜秽而不修兮，魂无归而不食。敻邈绝而不齐兮，弥久远而愈佅。精罔阆而飞扬兮，拾九天而永逝。呜呼哀哉！’”[④]其中有对胡亥“持身不谨”，“操行之不得”导致“亡国失埶”，“宗庙灭绝”的感叹。唐人元稹《论教本书》[⑤]写道：“胡亥

---

① 《史记》卷八七《李斯列传》。

② 《历代赋选》外集卷六。

③ 《全唐诗》卷七二九。

④ 《艺文类聚》卷四〇引文题“汉司马相如《吊秦二世赋》”。

⑤ 《文苑英华》卷六七六原题注：“宪宗元和四年。”

之生也,《诗》《书》不得闻,圣贤不得近。彼赵高者,诈宦之戮人也,而傅之以残忍戕贼之术,且曰恣睢天下以为贵,莫见其面以为尊,是以天下之人未尽愚,而胡亥固已不能分兽畜矣。赵高之威摄天下,而胡亥固已自幽于深宫矣。”[①] 元稹的这篇文字,《新唐书》卷一七四《元稹传》引作:“胡亥之生也,《诗》《书》不得闻,圣贤不得近,彼赵高刑余之人,傅之以残忍戕贼之术,日恣睢,天下之人未尽愚,而亥不能分马鹿矣。高之威慑天下,而亥自幽深宫矣。若秦亡,则有以致之也。”[②] 除了“兽畜”作“马鹿”外,“若秦亡,则有以致之也”一句也值得注意。

朱熹在相关论说中引录:“贾谊云:秦二世今日即位,而明日射人。”[③] 明代学者王世贞也说:“秦之胡亥,受治狱于赵高。晨即位,而暮射人,而望夷之祸成矣。”[④] 宋人叶适曾经在讨论唐代帝位继承关系时同样引录了贾谊的这一说法:“高宗孱懦,而继太宗之后,狃于所习,故亦以用兵为戏。贾谊所谓‘胡亥今日即位,而明日射人也’。”[⑤] 贾谊所谓“胡亥今日即位,而明日射人”见于著名的《陈政事疏》,亦称《治安策》。《汉书》卷四八《贾谊传》的记述是:“谊数上疏陈政事,多所欲匡建,其大略曰:……”其中有关于太子教育的一节,强调“贵礼义”的原则,而以秦二世教训为诫。贾谊说:

---

① 《旧唐书》卷一六六《元稹传》,《文苑英华》卷六七六。

② 《增注唐策》卷四亦作“胡亥不能分马鹿矣”。

③ 《朱子语类》卷一二〇。

④ 〔明〕王世贞:《弇州四部稿》卷一六四《说部宛委余编九》“山西第一问”条。

⑤ 〔宋〕叶适:《习学记言序目》卷四一《唐书四 · 列传》,中华书局1977年10月版,第606页。

> 夫三代之所以长久者，以其辅翼太子有此具也。及秦而不然。其俗固非贵辞让也，所上者告讦也；固非贵礼义也，所上者刑罚也。使赵高傅胡亥而教之狱，所习者非斩劓人，则夷人之三族也。故胡亥今日即位而明日射人，忠谏者谓之诽谤，深计者谓之妖言，其视杀人若艾草菅然。岂惟胡亥之性恶哉？彼其所以道之者非其理故也。

贾谊又写道："鄙谚曰：'不习为吏，视已成事。'又曰：'前车覆，后车诫。'夫三代之所以长久者，其已事可知也；然而不能从者，是不法圣智也。秦世之所以亟绝者，其辙迹可见也；然而不避，是后车又将覆也。夫存亡之变，治乱之机，其要在是矣。天下之命，县于太子；太子之善，在于早谕教与选左右。夫心未滥而先谕教，则化易成也；开于道术智谊之指，则教之力也。若其服习积贯，则左右而已。夫胡、粤之人，生而同声，耆欲不异，及其长而成俗，累数译而不能相通，行者有虽死而不相为者，则教习然也。臣故曰选左右早谕教最急。夫教得而左右正，则太子正矣，太子正而天下定矣。《书》曰：'一人有庆，兆民赖之。'此时务也。"贾谊以历史经验论说教育学原理，有相当强的说服力。而"秦世""亟绝"的"辙迹"，是被作为"早谕教"的反面教训的。

贾谊所谓"夫教得而左右正，则太子正矣，太子正而天下定矣"的说法，体现出自赵高、胡亥历史教训得到的认识。毛泽东对于贾谊《治安策》有很高的评价。他在 1958 年 4 月 27 日致田家英的信中写道："《治安策》一文是西汉一代最好的政论，贾谊于南放归来著此，除论太子一节近于迂腐以外，全文切中当时事理，有一种颇好的气氛，值得一看。”[1] 毛泽东以为其中有关太子教育的内容价值稍低，即所谓“论太子一节近于迂腐”，应当自有在否定儒学“德义”宣传思想基点上的考虑。然而我们关注秦汉时期政治素质培养理念的发生和发展时，不能不注意贾谊总结秦二世教训提出的建设性意见。

贾谊“使赵高傅胡亥而教之狱，所习者非斩劓人则夷人之三族也，故今日即位，而明日射人”语，在《新书》中，见于卷五《保傅》。保傅制度在西汉前期因高层执政者的特殊重视得以健全[2]，不能说与贾谊就秦二世教训提出的警告和发表的建议没有关系。贾谊因此被称作“汉代对保傅教育思想论述最全面的”“教育家”[3]。有人认为贾谊“一生把主要精力放在教育太子的工作上，是一个有丰富太子教育实践经验、又有太子教育理论的太子教育专家”。[4] 所谓“一生”“主要精力”云云，许多学者可能未必赞同。但是贾谊确实是第一位就最高执政者的权力继承资格培育进行认真说明和全面论证的思想家。而他的论述，以秦史中的失败君主胡亥作为反面参照，也是值得我们注意的。

---

①毛泽东信中还说：“如伯达、乔木有兴趣，可给一阅。”《毛泽东书信选集》，人民出版社 1983 年 12 月版，第 539 页。

②有论者指出：“保傅之官在先秦就已经设置，秦始皇统一中国以后，保傅教育不知如何实施。后世相传赵高为胡亥之师，但文献没有明确记载。不过，据《汉书·百官公卿表》记载秦代已设置了詹事、中庶子及洗马等师保官。汉代建立之初，刘邦便请博士叔孙通兼太子太傅，又请张良兼太子少傅。但这时师傅之职是临时性的，不是正式的官位。保傅官职的制度化是从汉高后执政以后，逐步完成的。”乔卫平、程培杰：《中国古代幼儿教育史》，安徽教育出版社 1989 年 7 月版，第 195 页。

③乔卫平、程培杰：《中国古代幼儿教育史》，第 197 页。

④陈汉才：《中国古代幼儿教育史》，广东高等教育出版社 1996 年 7 月版，第 45 页。

深宫悲剧童年："短折"皇子·"夭摧"少帝·"劫迁"幼主

帝王家的儿童，其早期人生经历所谓"生于深宫之中，长于妇人之手"[①]，与一般社会成员不同。他们也许一出生，生死安危就决定于不同集团的激烈的权力争斗。阴谋、嫉恨、诅咒和仇杀重重包围着这些幼小的生命。尽管有钟鸣鼎食的优越的物质生活条件，特殊的精神氛围却往往使得孤独感和偏执性情很早就在这些儿童的心里萌生。王充《论衡·齐世》可见"上世之人""坚强老寿，百岁左右"，而"下世之人""夭折早死"的说法。桓谭《新论·祛蔽》也说，"古昔平和之世，人物蒙美盛而生，皆坚强老寿"，而"后世遭衰薄恶气，娶嫁又不时，勤苦过度，是以身生子皆俱伤，而筋骨血气不充强，故多凶短折"。指出了多种条件威胁民众生命的情形。所谓"凶短折"，曾经是民间习用语。《尚书·洪范》："六极：一曰'凶短折'；二曰'疾'；三曰'忧'；四曰'贫'；五曰'恶'；六曰'弱'。"对于列为第一的所谓"凶短折"，有不同的理解。"郑玄以为'凶短折'皆是夭枉之名，未龀曰'凶'，未冠曰'短'，未婚曰'折'。《汉书》卷二七下之上《五行志下之上》云：伤人曰'凶'，禽兽曰'短'，草木曰'折'。一曰'凶'，夭是也；

①《荀子·哀公》："鲁哀公问于孔子曰：'寡人生于深宫之中，长于妇人之手，寡人未尝知哀也，未尝知忧也，未尝知劳也，未尝知惧也，未尝知危也。'"《汉书》卷五三《景十三王传》："赞曰：昔鲁哀公有言：'寡人生于深宫之中，长于妇人之手，未尝知忧，未尝知惧。'信哉斯言也！虽欲不危亡，不可得已。是故古人以宴安为鸩毒，亡德而富贵，谓之不幸。汉兴，至于孝平，诸侯王以百数，率多骄淫失道。何则？沉溺放恣之中，居势使然也。自凡人犹系于习俗，而况哀公之伦乎！"

兄丧弟曰‘短’;父丧子曰‘折’。”[①]《左传·昭公十九年》载子产语:“寡君之二三臣,札瘥夭昏。”杜预《集解》:“大死曰‘札’,小疫曰‘瘥’,短折曰‘夭’,未名曰‘昏’。”“短折”即“夭”,应当是确切的解释。皇家成员中的儿童尽管有较好的卫生营养条件,但是由于政治身份的特殊,也多遭遇“短折”“夭摧”的悲剧。

有学者研究两汉诸帝年寿,据他的考论,汉平帝十四岁崩,汉殇帝二岁崩,汉冲帝三岁崩,汉质帝九岁崩。都在未成年时去世。诸帝子嗣早夭者多例:明帝子“千乘哀王建、济阴悼王长,俱早夭”,章帝子“平春悼王全、城阳怀王淑、广宗殇王万岁,俱早夭”,“和帝数失皇子……诸皇子夭殁,前后十数”,“桓帝有子而早殇”。献帝子“二早殇”[②]。

1.“孝惠子”疑案

西汉初年发生的吕氏之乱,使得汉王朝经历了一场政治危机。汉惠帝时代,吕后专权。惠帝死后,少帝立,吕氏家族逐渐控制了中枢要害部门。

这位新登基的少帝身世比较复杂,又自知出身,有与吕后离心的言辞,后来竟然被吕后杀害。《史记》卷九《吕太后本纪》记载:“宣平侯女为孝惠皇后时,无子,详为有身,取美人子名之,杀其母,立所名子为太子。孝惠崩,太子立为帝。帝壮,或闻其母死,非真皇后子,乃出言曰:‘后安能杀吾母而名我?我未壮,壮即为变。’太后闻而患之,恐其为乱,乃幽之永巷中,言帝病甚,

---

①《尚书》孔颖达疏。

②金公亮:《两汉诸帝年寿子嗣考证》,《说文月刊》第3卷第12期(1943年)。

左右莫得见。太后曰：'凡有天下治为万民命者，盖之如天，容之如地，上有欢心以安百姓，百姓欣然以事其上，欢欣交通而天下治。今皇帝病久不已，乃失惑惛乱，不能继嗣奉宗庙祭祀，不可属天下，其代之。'群臣皆顿首言：'皇太后为天下齐民计所以安宗庙社稷甚深，群臣顿首奉诏。'帝废位，太后幽杀之。五月丙辰，立常山王义为帝，更名曰弘。"《太平御览》卷八七称两位"少帝"为"前少帝"和"后少帝"。这位初名刘义后来更名刘弘的新立少帝，随即也走向悲剧结局。

吕后逝世，刘姓皇族身边的功臣集团以所控制的武装力量扫除了吕氏势力。

成功的政变使刘姓重新回归到权力金字塔的顶端。于是少帝刘弘的血统问题被提了出来。《史记》卷九《吕太后本纪》：

> 诸大臣相与阴谋曰："少帝及梁、淮阳、常山王，皆非真孝惠子也。吕后以计诈名他人子，杀其母，养后宫，令孝惠子之，立以为后，及诸王，以强吕氏。今皆已夷灭诸吕，而置所立，即长用事，吾属无类矣[①]。不如视诸王最贤者立之。"

少帝兄弟"皆非真孝惠子也"的说法，有足够的政治震撼力。"诸大臣"担心这些冒称刘姓的吕氏子弟成人之后必将复仇，则"吾属无类矣"。于是决议立真正的刘姓的骨肉做皇帝。其实，前一位被吕后杀害的少帝，有人以为就是吕姓之后。所谓"宣平侯女为孝惠皇后时，无子，详为有身，取美人子名之"，张守节《正义》："刘伯庄云：'诸美人元幸吕氏，怀身而入宫生子。'"

---

①《汉书》卷四〇《周勃传》颜师古注："云被诛灭无遗种。"

因为吕后专权的教训，使得大臣们担心主少母壮，将会导发新的政治危局。于是在新帝人选的讨论中，年龄竟然成为主要条件：

> 或言“齐悼惠王高帝长子，今其適子为齐王，推本言之，高帝適长孙，可立也。”大臣皆曰：“吕氏以外家恶而几危宗庙，乱功臣。今齐王母家驷钧，驷钧，恶人也，即立齐王，则复为吕氏。”欲立淮南王，以为少，母家又恶。乃曰：“代王方今高帝见子最长，仁孝宽厚。太后家薄氏谨良。且立长故顺，以仁孝闻于天下，便。”乃相与共阴使人召代王。

于是，“代王使人辞谢。再反，然后乘六乘传。后九月晦日己酉，至长安，舍代邸。大臣皆往谒，奉天子玺上代王，共尊立为天子。代王数让，群臣固请，然后听”。

大臣一度担心刘邦嫡长孙齐王会因为母家成员驷钧“恶人”的因素，致使权力旁移，历史重蹈吕后专权的覆辙。而第二人选淮南王，也因为“少，母家又恶”，不再被考虑。这些皇族儿童就这样因为吕后当政的教训，被取消了即位的机会。而代王刘恒年龄“最长”，竟然因此具有了入主未央宫的优越条件。

刘恒入长安后，有人请命愿率军“除宫”，要将已经失去权力的少帝赶出去，为新帝腾出宫殿来：

> 东牟侯兴居曰：“诛吕氏吾无功，请得除宫。”乃与太仆汝阴侯滕公入宫，前谓少帝曰：“足下非刘氏，不当立。”乃顾麾左右执戟者掊兵罢去。有数人不肯去兵，宦者令张泽谕告，亦去兵。滕公乃召乘舆车载少帝出。少帝曰：“欲将我

安之乎？”滕公曰：“出就舍。”舍少府。乃奉天子法驾，迎代王于邸。报曰：“宫谨除。”代王即夕入未央宫。

少帝是使用“乘舆车”出宫的。他“欲将我安之乎”的疑问，透露出心境的凄凉。滕公安置其“舍少府”，然而就在代王“入未央宫”当晚，就发生了流血悲剧：

夜，有司分部诛灭梁、淮阳、常山王及少帝于邸。

他们在“除宫”之后被“诛灭”时，还都是小孩子。他们是政治争斗的牺牲品，是在与代王刘恒的政治竞争失败后的牺牲品。这一竞争的焦点，是血统是否纯正。

事实上，很早以前，就有人对“少帝及梁、淮阳、常山王，皆非真孝惠子也”的说法表示怀疑。朱熹说：“到后来吕氏横做了八年，人心方愤闷不平，故大臣诛诸吕之际，因得以诛少帝。少帝但非张后子，或是后宫所出，亦不可知。史谓大臣阴谋以少帝非惠帝子，意亦可见。少帝毕竟是吕氏党，不容不诛耳。”[①] 有学者也说，对于“孝惠子”先后遇祸，“余读史始有疑焉”。论者写道：

以文疑之，则《史》云：“太后欲王吕氏，先立孝惠后宫子。”“后宫子”者，孝惠诸子邪？又云：“宣平侯女为孝惠皇后时，无子，佯为有身，取美人子名之，杀其母，立所名子为太子。孝惠崩，太子立为帝，帝壮，或闻其母死，非真皇后子，乃

---

①《朱子语类》卷一三五。

出言”云云[1]。美人子犹前后宫子，第非张后所产也。又云：“吕后长女为宣平侯张敖妻，敖女为孝惠皇后。吕太后以重亲故，欲其生子万方，终无子。诈取后宫子为子。及孝惠帝崩，天下初定未久，继嗣不明，于是贵外家，王诸吕以为辅，而以吕禄女为少帝后。”[2]此谓弘非前以太子得立而复幽死者。其言“后宫人子”，则诸称“孝惠子”者，皆使母张后而本后宫所育也。又云：“立皇子平昌侯太为吕王。”直书“皇子”愈无辨矣。况张辟彊言帝母壮子而已。独《史》云“济川王太、淮阳王武、常山王朝名为少帝弟”，后已崩，渐寓微词。然指诸封王者不若《外戚世家》“继嗣不明”之语也。

以事疑之，则齐王遗诸侯王书岂不能明斥其非是而止？谓高后春秋高，听诸吕擅废帝更立。以废立为罪，则所废非他人。及吕党已诛，大臣始谓少帝及梁、淮阳、常山王皆非真孝惠子，吕后以计诈名他人子，杀其母，养后宫，令孝惠子之。于是滕公入宫，言“足下非刘氏，不当立”[3]，丞相平等至代邸，言“子弘等皆非孝惠帝子，不当奉宗庙”[4]。此时无足顾惜矣，假有真孝惠子，谁复为吕氏证之？大臣者诚审其非，纵不能争于先，及此变更追数孽后乱国之罪，彼昏童孺何自而至布告天下，以易置之，顾不大公至正欤？方且相与阴谋曰：今皆已夷灭诸吕，而置所立，即长用事，吾属无类矣。

①《史记》卷九《吕太后本纪》。“佯为有身”，原文作“详为有身”。

②《史记》卷四九《外戚世家》。“诈取后宫子为子”，原文作“诈取后宫人子为子”。

③《史记》卷九《吕太后本纪》。

④《史记》卷一〇《孝文本纪》。

那么，这些“惠帝子”是被冤杀了吗？论者又说：“谓孝惠诸子冤乎？否也。夫以扫除吕党，援立贤主，培西都久安之基，平、勃委曲济事，非无功天下，后世恶得而疑之？疑之者，大臣自疑之也。余又考班《志》云：‘皇后亡子，后宫美人有男，太后使皇后名之，而杀其母。惠帝崩，嗣子立，有怨言，太后废之，更立吕氏子弘为少帝。’[①] 此著本末最详。乃知始立者似真孝惠庶子，亦与齐王书论废立事合。弘书‘吕氏子’，余可推矣。于《外戚恩泽侯表》诸吕之间列义、朝、武、大四侯，云‘以孝惠子侯’。如淳注《本纪》引《恩泽侯表》曰：‘皆吕氏子也。’《表》或逸此语，吁赖孟坚以决马《史》之疑，《史》之疑决，则幸无疑于汉大臣者。”[②]

明代学者张宁就“诸大臣迎立代王恒，后九月至即位，诛吕氏所名孝惠子弘等”史事，针对所谓“孝惠子”，也有认真的考论：

> 按惠帝崩时，年二十有三。因人彘事，日纵淫乐，非不能近妇人者。《史记》云：“宣平侯女为孝惠皇后时，无子，佯为有身，取美人子名之，杀其母，立所名子为太子。孝惠崩，太子立，既壮，闻其母死，非真皇后子，乃出言：‘后安能杀吾母？我壮即为变。’”然则少帝实为孝惠所御美人之子无疑。张后特不当杀其所生母，而诈为己所出。其事盖后世所常有，决非他人子也。若取他人子入宫，何以称为“美人”？少帝既解事，又安敢昌言以仇后？其后太后欲王诸吕，先立孝惠后宫子某为某王，亦言“后宫”，未尝言取异姓也。及少帝幽废，又云：“五月丙辰，立常山王义为帝，更名弘。”亦未尝

① 《汉书》卷二七上《五行志上》。
② 〔宋〕叶寘：《爱日斋丛钞》卷一。

言立所名他人子也。太后崩后，齐王发兵诛诸吕，遗诸侯书曰："诸吕擅废帝更立，又比杀三赵王。今高后崩，而帝春秋富，未能治天下"，"寡人率兵入诛不当为王者"。盖指吕台等耳，亦未尝正言帝非刘姓，不当主天下也。及平诸吕罢兵，乃书："诸大臣相与阴谋曰：'少帝及诸王皆非真孝惠子，吕后以计诈名他人子。''今已灭诸吕，而置所立，即长用事，吾属无类，不如视诸王最贤者立之。'"[①]及考《西汉书》亦云："大臣相与阴谋，以为少帝及三弟皆非孝惠子，复共诛之。"[②]而《五行传》遂附会为"吕氏子"[③]。且高后欲王诸吕，不过违高帝之约，王陵、樊哙犹力争以为不可，诸将相戚属皆有后言，史不绝书。若立他姓，是无宗社矣。况后废置时，固尝有诏，诸大臣顾反无一言以争，又无私议少见于史。至于齐王举兵西向，直指京师，盖已无所顾忌，正当首揭此举，昭告神人与天下，共正大义。曾无一语及之，何也？使诸大臣初知而不敢言，则后崩兵起之时，可得言矣。使其不知，则今日之谋，曷从而得之耶？自是承讹袭舛，而燕王旦亦藉此说，以拟孝昭。使其事遂成，则真伪亦无辩矣。观迁、固之书，所谓"相与阴谋"，所谓"即长用事，吾属无类"，所谓"不如"，所谓"复共"，微词奥意若将不能已而尚可已焉者，不过各为身计而已。迁、固为本朝人臣，礼宜讳而不显。后世论史者因见纲目书他人子与太子即位之下，又书少帝及诸王皆非真子于诛吕后所名孝惠子弘之下，遂并废帝俱斥为异姓，是盖昡

①引文与《史记》卷九《吕太后本纪》略异。
②《汉书》卷三《高后纪》。
③《汉书》卷二七上《五行志上》。

于“他人”二字，而不详考“美人”之故；混于非真之谋，而不历究后宫之繇；一于分注备事之文，而不原夫提纲显微之要旨。愚以其事变甚大，窃独有感，姑考论之。[①]

所谓惠帝“日纵淫乐，非不能近妇人者”，是切合史实的分析。所谓“后废置时，固尝有诏，诸大臣顾反无一言以争，又无私议少见于史”，“至于齐王举兵西向，直指京师，盖已无所顾忌，正当首揭此举，昭告神人与天下，共正大义。曾无一语及之，何也？使诸大臣初知而不敢言，则后崩兵起之时，可得言矣。使其不知，则今日之谋，曷从而得之耶？”质问相当有力。而“燕王旦亦藉此说，以拟孝昭。使其事遂成，则真伪亦无辩矣”的分析，尤可发人深思。

现在看来，“孝惠子”疑案固然不能完全澄清，但“少帝及梁、淮阳、常山王”即使确实是“吕氏子”，在汉文帝入宫当夜“有司分部诛灭梁、淮阳、常山王及少帝于邸”事件，就他们的短暂生命来说，毕竟是惨厉的收局。

2. 赵飞燕姊妹暗杀皇子案例

有学者指出：“中国人有祖先崇拜的宗教，道德系统中又有不孝有三无后为大的信条，所以对于后嗣是看得很重的。在多妻的家庭中，假如有一个女人，生了儿子，他的地位，便较那些没有儿子的人要高些。这种优越的地位，每每招别的妻妾的嫉妒，所以他的儿子，不但得不到庶母的钟爱，有时也许连生命也送在庶母的手中。”[②] 帝王身边女子相互嫉妒以致残杀对方生子的情形，

①〔明〕张宁：《方洲集》卷二八。

②吴景超：《两汉多妻的家庭》，《金陵学报》第1卷第1期（1931年）。

在帝制时代的后宫中屡屡发生。

汉成帝时，赵飞燕入宫，大受宠幸。随即召入其妹，两人贵倾后宫。赵飞燕立为皇后，其妹为昭仪。姊妹专宠十余年，然而都没有生子。汉成帝暴崩，民间归罪赵昭仪。赵昭仪自杀。汉哀帝立，赵飞燕成为皇太后。然而，数月之后，司隶解光奏言，揭露了汉成帝的儿子被杀害的案情。据《汉书》卷九七下《外戚传下·孝成赵皇后》记载，解光说：

> 臣闻许美人及故中宫史曹宫皆御幸孝成皇帝，产子，子隐不见。

许美人和曹宫都曾经为汉成帝"产子"，然而这两个皇子后来都消失了。解光奏言陈述了他的调查报告：

> 臣遣从事掾业、史望验问知状者掖庭狱丞籍武，故中黄门王舜、吴恭、靳严，官婢曹晓、道房、张弃，故赵昭仪御者于客子、王偏、臧兼等，皆曰宫即晓子女，前属中宫，为学事史，通《诗》，授皇后。房与宫对食①，元延元年中宫语房曰："陛下幸宫。"后数月，晓入殿中，见宫腹大，问宫。宫曰："御幸有身。"其十月中，宫乳掖庭牛官令舍②，有婢六人。中黄门田客持诏记，盛绿绨方底，封御史中丞印，予武曰："取牛官令舍妇人新产儿，婢六人，尽置暴室狱，毋问儿男女，谁儿也！"武迎置狱。宫曰："善臧我儿胞，丞知是何等儿也！"

①颜师古注："应劭曰：'宫人自相与为夫妇名对食，甚相妒忌也。'"
②颜师古注："乳，产也。"

> 后三日，客持诏记与武，问“儿死未？手书对牍背。”武即书对：“儿见在，未死。”有顷，客出曰：“上与昭仪大怒，奈何不杀？”武叩头啼曰：“不杀儿，自知当死；杀之，亦死！”即因客奏封事，曰：“陛下未有继嗣，子无贵贱，唯留意！”奏入，客复持诏记予武曰：“今夜漏上五刻，持儿与舜，会东交掖门。”武因问客：“陛下得武书，意何如？”曰：“憕也。”[①]武以儿付舜。舜受诏，内儿殿中，为择乳母，告：“善养儿，且有赏。毋令漏泄！”舜择弃为乳母，时儿生八九日。后三日，客复持诏记，封如前予武，中有封小绿箧，记曰：“告武以箧中物书予狱中妇人，武自临饮之。”武发箧中有裹药二枚，赫蹏书，曰：“告伟能：努力饮此药，不可复入。女自知之！”伟能即宫。宫读书已，曰：“果也，欲姊弟擅天下！我儿男也，额上有壮发，类孝元皇帝。今儿安在？危杀之矣！奈何令长信得闻之？”宫饮药死。后宫婢六人召入，出语武曰：“昭仪言：‘女无过。宁自杀邪，若外家也？’我曹言愿自杀。”即自缪死。武皆表奏状。弃所养儿十一日，宫长李南以诏书取儿去，不知所置。

解光奏言说，我派遣一位名叫业的掾和一位名叫望的史调查此案。询问了知情人掖庭狱丞籍武，以前的中黄门王舜、吴恭、靳严，以及官婢曹晓、道房、张弃，曾经服侍赵昭仪的于客子、王偏、臧兼等，都说曹宫是官婢曹晓的女儿，原先属于中宫编制，曾经学习文化，通《诗经》，在皇后身边服务。当时宫女相互结伴，仿

①颜师古注：“服虔曰：‘憕，直视貌也。’师古曰：‘憕……字本作瞪，其音同耳。’”

照民间夫妇关系，称作“对食”。元延元年（前 12），曹宫对自己的“对食”道房说：“陛下爱幸我了。”数月之后，曹晓来到殿中，看到曹宫腹部隆起，问曹宫是怎么回事。曹宫回答：“陛下爱幸，致使怀孕了。”十月中，曹宫在掖庭牛官令舍生产，有宫婢六人服侍。中黄门田客持皇帝诏记，盛装在绿绨方底书囊中，用御史中丞印封缄，对籍武说：“取牛官令舍新生婴儿以及宫婢六人，都投入暴室狱中，不管婴儿是男是女，是谁所生！”籍武遵命。曹宫说：“请好好保存我儿胞衣，您知道这婴儿的来历！”三天之后，田客又持诏记来，交付籍武，问：“婴儿死了没有？把答复写在牍的背面。”籍武于是写道：“婴儿还在，没有死。”一会儿，田客又出来质问：“上和昭仪大怒，为什么不杀了婴儿？”籍武叩头哭诉：“不杀婴儿，自知当死；可是杀了婴儿，也是死罪！”于是托田客奏上：“陛下还没有继承人，皇子生无贵贱，应当留心爱护！”奏言呈上，田客再次持诏记传达籍武：“今夜漏上五刻的时候，在东交掖门，把孩子交给王舜。”籍武问：“陛下看到我的奏言，是什么表情？”田客答道：“目光直视。”籍武将婴儿交给了王舜。王舜接受诏命，将婴儿安置在殿中，为他选择了乳母，吩咐道：“好好抚养这孩子，会有赏赐的。要注意保密，切勿泄漏消息！”王舜选择的乳母是张弃。三天之后，田客又持诏记交付籍武，封缄一如以往，其中有密封的绿色小箧。诏记指示：“告籍武以箧中物品和书信交予狱中妇人，籍武要当场看着她喝下去。”打开小箧，有两丸药和一封书信，写道：“告伟能，努力饮下此药，不能再进宫了，你是知道的。”伟能就是曹宫。曹宫读完信，说：“果然如此，姊妹俩要专权天下！我的孩子是个男儿，额上有粗黑的头发，很像孝元皇帝。孩子现在在哪儿呢？经历危险，也许还能活命。这事儿怎么让太后知道呢？”曹宫饮药而死。后来曹宫的六名宫婢被召入，出来后对籍武说：“昭仪说：‘我知道你们没什么过错。你们是愿意在宫中自杀，还是到外面就死呢？’我们说愿意自杀。”于是自缢而死。籍武详细陈述了前后经过。张弃养育婴儿十一天，宫长李南以诏书将婴儿接走，后来不知下落。

关于许美人生子被杀害的具体情形，解光也有报告：

> 许美人前在上林涿沐馆，数召入饰室中若舍[①]，一岁再三召，留数月或半岁御幸。元延二年褱子[②]，其十一月乳[③]。诏使严持乳医及五种和药丸三，送美人所。后客子、偏、兼闻昭仪谓成帝曰：“常绐我言从中宫来[④]，即从中宫来，许美人儿何从生中？许氏竟当复立邪！”[⑤]怼，以手自捣[⑥]，以头击壁户柱，从床上自投地，啼泣不肯食，曰：“今当安置我，欲归耳！”帝曰：“今故告之，反怒为[⑦]！殊不可晓也。”[⑧]帝亦不食。昭仪曰：“陛下自知是，不食为何？陛下常自言‘约不负女’，今美人有子，竟负约，谓何？”帝曰：“约以赵氏，故不立许氏。使天下无出赵氏上者，毋忧也！”后诏使严持绿囊书予许美人，告严曰：“美人当有以予女，受来，置饰室中帘

①颜师古注：“或暂入，或留止也。”
②颜师古注：“褱，本怀字。”
③颜师古注：“乳谓产子也。”
④颜师古注：“绐，诳也。中宫，皇后所居。”
⑤颜师古注：“晋灼曰：‘昭仪前要帝不得立许美人为皇后，而今有子中，许氏竟当复立为皇后邪！此前约之言也。’师古曰：‘此说非也。言美人在内中，何从得儿而生也，故言何从生中。次此下，乃始言约耳。’”
⑥颜师古注：“怼，怨怒也。捣，筑也。”
⑦颜师古注：“故以许美人产子告汝，何为反怒？”
⑧颜师古注：“言其不可告语也。”

> 南。”美人以苇箧一合盛所生儿，缄封，及绿囊报书予严。严持箧书，置饰室帘南去。帝与昭仪坐，使客子解箧缄。未已，帝使客子、偏、兼皆出，自闭户，独与昭仪在。须臾开户，呼客子、偏、兼，使缄封箧及绿绨方底，推置屏风东。恭受诏，持箧方底予武，皆封以御史中丞印，曰：“告武：箧中有死儿，埋屏处，勿令人知。”武穿狱楼垣下为坎，埋其中。

许美人以往在上林涿沐馆居住，汉成帝多次召见相聚，一年之中曾经再三相召，有时留居数月，甚至缠绵半年之久。元延二年（前11）怀孕，十一月分娩。诏令靳严领着产科医生携带药品往许美人住所探视。后来于客子、王偏、臧兼听到赵昭仪对汉成帝说：“你总是骗我说从皇后中宫来，如果是从中宫来，许美人怎么会怀孕？许氏是不是要重新立为皇后了！”又由怨而怒，用手自击，用头撞墙上门柱，从床上跌扑于地，哭泣绝食，说：“给我另外找个地方住吧，我要回家！”成帝说：“我告诉你这个消息，你反而暴怒。真是不懂道理。”成帝也不吃饭。赵昭仪说：“陛下如果自己没错，为什么不吃饭？陛下常对我说‘郑重相约，不会对不起你’，今天美人有子，是背弃了自己的诺言吧，你怎么解释？”成帝说：“约定厚待赵家，所以不立许氏。让天下富贵没有超过赵氏的，你不用担心！”后来诏令靳严将一绿囊书交给许美人，对靳严说：“美人会交给你东西，你带过来，放在饰室中门帘的南面。”许美人以苇箧盛装所生婴儿，封缄之后，和放在绿囊中的回信一并交给靳严。靳严将苇箧和回信放置在饰室门帘的南面，就离开了。成帝和赵昭仪并坐，让于客子打开苇箧的封缄。随后，成帝让于客子、王偏、臧兼都离开，亲自关上门，只和昭仪留在室内。不一会儿，打开门，唤来于客子、王偏、臧兼，让他们缄封苇箧和绿绨方底书囊，移置在屏风东面。吴恭接受诏令，将这两件东西交给籍武，用御史中丞印加封，说："告知籍武，箧中有死儿，埋在僻静的地方，不要让别人知道。"籍武在狱楼墙下挖了一个坎，将苇箧和绿绨方底书囊掩埋在其中。

《外戚传下·孝成赵皇后》还记录了"故掖庭令吾丘遵"元延二年（前11）五月对籍武说的话：

> 元延二年五月，故掖庭令吾丘遵谓武曰："掖庭丞吏以下皆与昭仪合通，无可与语者，独欲与武有所言。我无子，武有子，是家轻族人，得无不敢乎？[①]掖庭中御幸生子者辄死，又饮药伤堕者无数，欲与武共言之大臣，票骑将军贪耆钱，不足计事，奈何令长信得闻之？"遵后病困，谓武："今我已死，前所语事，武不能独为也，慎语！"

正是这样的有正义感的人将史实真相透露了出来，史家又记录在文献中，使我们可以嗅到宫廷生活的血腥气味。

所谓"掖庭中御幸生子者辄死，又饮药伤堕者无数"，反映了深宫中冷酷的气氛。堕胎者无数，而"生子者辄死"，使得多少无辜的生命被残暴地杀害！

3. 少帝·殇帝·冲帝

根据《汉书》和《后汉书》中帝纪的记录，可以了解两汉帝王即位时和逝世时的年龄。

---

①颜师古注："苏林曰：'是家谓成帝也。不敢斥，故言是家。'师古曰：'遵自以无子，故无所顾惧，武既有子，恐祸相及，当止不敢言也。'"

西汉诸帝即位年龄，汉惠帝17岁，汉武帝16岁，汉宣帝18岁。而汉昭帝8岁，汉平帝9岁，孺子婴2岁，都是儿童。

东汉诸帝即位年龄，汉章帝19岁，汉桓帝15岁，少帝刘辩17岁。而汉和帝10岁，汉安帝13岁，汉顺帝11岁，汉冲帝2岁，汉质帝8岁，汉灵帝12岁，汉献帝9岁。也都是儿童。最极端的例子，汉殇帝即位时出生不过百余日。

东汉除开国皇帝汉光武帝刘秀之外，其余诸帝平均即位年龄只有12.17岁。他们平均寿命只有27.17岁。

两汉皇帝多有在险恶的宫廷斗争中被杀害者。

上文已经说到，汉惠帝之后"（吕）太后幽杀之"的所谓"前少帝"和代王入宫后"诛灭""于邸"的所谓"后少帝"，都是小皇帝遇害的史例。

《汉书》卷一二《平帝纪》记载："（元始五年）冬十二月丙午，帝崩于未央宫。大赦天下。有司议曰：'礼，臣不殇君。皇帝年十有四岁，宜以礼敛，加元服。'奏可。葬康陵。诏曰：'皇帝仁惠，无不顾哀，每疾一发，气辄上逆，害于言语，故不及有遗诏。'"颜师古注引臣瓒曰："帝年九岁即位，即位五年，寿十四。"颜师古注说："《汉注》云：帝春秋益壮，以母卫大后故怨不悦。莽自知益疏，篡杀之谋由是生，因到腊日上椒酒，置药酒中。故翟义移书云：'莽鸩弑孝平皇帝。'"

即位时年仅两岁的孺子婴后来被王莽夺取权位，在两汉之际的动乱中又再次被立为天子，被更始帝击杀。《汉书》卷八〇《宣元六王传·楚孝王刘嚣》："初，成帝时又立纡弟景为定陶王。广戚侯勋薨，谥曰炀侯，子显嗣。平帝崩，无子，王莽立显子婴为孺子，奉平帝后。莽篡位，以婴为定安公。汉既诛莽，更始时婴在长安，平陵方望等颇知天文，以为更始必败，婴本统当立者也，共起兵将婴至临泾，立为天子。更始遣丞相李松击破杀婴云。”

东汉中晚期，皇权所倚恃的亲重，因觊觎最高权力，都力图挟持皇帝，控制朝政。自汉和帝时代起，两个权力集团为此相互激烈争斗，使东汉王朝的政治关系愈为复杂，东汉王朝的政治统治愈为昏暗。这两个权力集团，就是外戚集团和宦官集团。外戚和宦官轮番把握最高政权，是从东汉开始出现的情形。外戚集团和宦官集团的阴谋争斗，使东汉政治史的画卷被涂染上昏暗的色调。东汉诸帝多有在外戚集团和宦官集团权力争夺的夹缝中艰难周旋的情形。

外戚集团易于接近皇帝，往往利用皇帝幼弱，掌握朝中大权。而宦官集团则利用皇帝逐渐成年，亟欲亲政的条件，取外戚的地位而代之。外戚集团和宦官集团轮番执政，相互间排斥异己，无所不用其极。

在士大夫看来，宦官与门阀势力相远，是“舞文巧态，作惠作福”的“刑余之丑”[①]，因此在外戚和宦官的争斗中，外戚集团可以较多地得到士大夫的支持。但是，也有少数士大夫与有权势的宦官保持比较亲密的关系，苟且以求利。

汉和帝即位时只有十岁，窦太后临朝，太后兄窦宪执掌朝政，“专总权威”。窦宪家族成员各居亲要之职，大批窦氏党徒，也占据了朝中和地方的主要职位。窦氏的奴客缇骑甚至杀人越货，横行京师。汉和帝有心重新控制中枢之权，然而身居深宫，“内外臣僚，莫由亲接，所与居者，唯阉竖而已”，不得不依靠宦官。永元四年（92），宦官郑众受命指挥所控制的一部分禁军，以政变形式清除了窦氏兄弟的势力。郑众于是因功封侯，并参与朝事，这是

---

①《后汉书》卷七八《宦者列传》。

宦官专理朝权和封侯成为贵族的开始。《后汉书》卷七八《宦者列传》写道："(郑众)遂享分土之封,超登公卿之位,于是中官始盛焉。"

元兴元年(105),汉和帝去世。邓皇后立出生仅百日的汉殇帝,自己以太后身份临朝称制,邓氏兄弟参与禁中决策。不久汉殇帝死去,年仅十三岁的汉安帝即位。

汉安帝登基时尚是少年,掌握实权的是和熹邓皇后和她的兄弟邓骘等人。邓骘是汉光武帝刘秀开国时主要功臣邓禹的孙子。邓氏家族自东汉初以来,累世贵宠,凡有侯者二十九人,公二人,大将军以下十三人,中二千石级的官僚十四人,列校二十二人,州牧、郡守四十八人,其余任侍中、将、大夫、郎、谒者等官职的,不可胜数[①]。邓太后除了重用外戚,还起用名士杨震等,以求取得士大夫的支持。邓太后去世之后,汉安帝与宦官李闰、江京等合谋,铲除了邓氏势力。此后,宦官李闰、江京等专权。他们"手握王爵,口含天宪"[②],所执掌管理的,已经绝不单纯是后宫服务于皇族的食宿游乐诸事了。当时,皇后阎氏的兄弟阎显等人也身居要职,形成了宦官集团和外戚阎氏共同专权的局面。

延光四年(125),宦官孙程等十九人杀掉阎显,拥立十一岁的济阴王刘保为帝,是为汉顺帝。汉顺帝当朝时,孙程等十九人皆得封侯,时称"十九侯"。孙程被封为浮阳侯,食邑万户,又任为骑都尉。宦官的权势于是大为增长。他们不但能够充任朝官,甚至还可以养子袭爵。

后来,汉顺帝也扶植外戚势力,相继拜皇后的父亲梁商和皇

---

①《后汉书》卷一六《邓骘传》。
②《后汉书》卷七八《宦者列传》。

后的兄长梁冀为大将军。

汉顺帝死后，梁太后和梁冀先后选立二岁的汉冲帝，八岁的汉质帝，十五岁的汉桓帝。梁冀为大将军平尚书事，把握朝权近二十年，一贯恣心横暴，多行非法之事。汉质帝初立，不满梁冀骄横，称之为“此跋扈将军也”，竟然被梁冀派人毒杀。《后汉书》卷三四《梁冀传》：

> ……顺帝乃拜(梁)冀为大将军，弟侍中(梁)不疑为河南尹。
>
> 及帝崩，冲帝始在襁褓，太后临朝，诏冀与太傅赵峻、太尉李固参录尚书事。冀虽辞不肯当，而侈暴滋甚。
>
> 冲帝又崩，冀立质帝。帝少而聪慧，知冀骄横，尝朝群臣，目冀曰：“此跋扈将军也。”[①] 冀闻，深恶之，遂令左右进鸩加煮饼，帝即日崩。

汉质帝被杀害时，只有九岁。

史称“少帝”者，常常指年幼即被废的皇帝。刘知幾《史通》卷五《称谓》：“天子见黜者，汉魏已后，谓之‘少帝’。”所谓“殇帝”的“殇”，通常指未及成年而死。《仪礼》卷二九《丧服》：“子女子子之长殇中殇。”郑玄注：“‘殇’者，男女未冠笄而死可殇者。”《逸周书》卷六《谥法》：“短折不成曰‘殇’，未家短折曰‘殇’。”朱右曾校释引《丧服传》：“十九至十六为‘长殇’，十五至十二为‘中殇’，十一至八岁为‘下殇’。”至于所谓“冲帝”，顾炎武《日知录》卷二四“冲帝”条写道：“幼主谓之‘冲帝’。《水经

---

①李贤注：“‘跋扈’犹强梁也。”

注》:汉冲帝诏曰:'翟义作乱于东,霍鸿负倚盩厔芒竹。'以孺子婴为'冲帝'。"

董卓废少帝刘辩,徙为弘农王。当时的理由是"帝天姿轻佻,威仪不恪"[①],"天子幼质,软弱不君"[②]。刘辩为董卓杀害的情形,见于《后汉书》卷一〇下《皇后纪下·灵思何皇后》:"明年,山东义兵大起,讨董卓之乱。卓乃置弘农王于阁上,使郎中令李儒进酖,曰:'服此药,可以辟恶。'王曰:'我无疾,是欲杀我耳!'不肯饮。强饮之,不得已,乃与妻唐姬及宫人饮燕别。酒行,王悲歌曰:'天道易兮我何艰!弃万乘兮退守蕃。逆臣见迫兮命不延,逝将去汝兮适幽玄!'因令唐姬起舞,姬抗袖而歌曰:'皇天崩兮后土颓,身为帝兮命夭摧。死生路异兮从此乖,奈我茕独兮心中哀!'因泣下呜咽,坐者皆歔欷。王谓姬曰:'卿王者妃,埶不复为吏民妻。自爱,从此长辞!'遂饮药而死。时年十八。"

所谓"身为帝兮命夭摧",是终于成为权力斗争的牺牲品的"幼质""天子"们共同的悲歌。

4."幼主劫执"现象:生命威胁和精神迫害

与社会犯罪中"劫质"现象有关,政治争斗中不同势力的竞争,有时以"少主""幼主"作为人质。这种情形,有时并没有实际导致未成年帝王生命终结,但是造成的生存威胁和沉重压抑,可能形成使得当事人以为生不如死的精神危害。

《史记》卷九七《郦生陆贾列传》写道:"吕太后时,王诸吕,诸吕擅权,欲劫少主,危刘氏。""劫"的对象是未成年人。

---

①《三国志》卷六《魏书·董卓传》裴松之注引《献帝起居注》载策。

②《三国志》卷六《魏书·董卓传》裴松之注引《献帝纪》。

又如《后汉书》卷八《灵帝纪》："张让、段珪等劫少帝及陈留王幸北宫德阳殿。""让、珪等复劫少帝、陈留王走小平津。"《后汉书》卷七二《董卓传》："中常侍段珪等劫少帝及陈留王夜走小平津。"《三国志》卷二二《魏书·卢毓传》裴松之注引《续汉书》："张让劫少帝奔小平津。"更为详备的记录，又见于《三国志》卷六《魏书·董卓传》"中常侍段珪等劫帝走小平津，卓遂将其众迎帝于北芒，还宫"文字下的裴松之注：

> 张璠《汉纪》曰："帝以八月庚午为诸黄门所劫，步出谷门，走至河上。诸黄门既投河死。时帝年十四，陈留王年九岁，兄弟独夜步行欲还宫，暗暝，逐萤火而行，数里，得民家以露车载送。辛未，公卿以下与卓共迎帝于北芒阪下。"
>
> 《典略》曰："帝望见卓兵涕泣。"《献帝纪》曰："卓与帝语，语不可了。乃更与陈留王语，问祸乱由起；王答，自初至终，无所遗失。卓大喜，乃有废立意。"
>
> 《英雄记》曰："河南中部掾闵贡扶帝及陈留王上至雒舍止。帝独乘一马，陈留王与贡共乘一马，从雒舍南行。公卿百官奉迎于北芒阪下，故太尉崔烈在前导。卓将步骑数千来迎，烈呵使避，卓骂烈曰：'昼夜三百里来，何云避，我不能断卿头邪？'前见帝曰：'陛下令常侍小黄门作乱乃尔，以取祸败，为负不小邪？'又趋陈留王，曰：'我董卓也，从我抱来。'乃于贡抱中取王。"
>
> 《英雄记》曰："一本云王不就卓抱，卓与王并马而行也。"①

---

①《三国志》卷六《魏书·袁绍传》："中常侍段珪等矫太后命，（转下页）

所谓“时帝年十四，陈留王年九岁”，正是少儿。“卓与帝语，语不可了”，“于贡抱中取王”或说“王不就卓抱”等情节，也体现小儿通常的心理行为情状。

曾经解救“劫质”事件中未成年受害者“少帝、陈留王”的董卓，后来“初平元年二月，乃徙天子都长安”①。当时的“九岁”童子陈留王因回答董卓关于劫质经过的询问“自初至终，无所遗失”，后来被立为帝，即汉献帝。董卓挟持汉献帝徙长安事，也被看作“劫质”，称“劫迁天子”②，“劫迁省御”③，“劫迁大驾”④。而后李傕、郭汜相争，时人谓“一人劫天子，一人质公卿”⑤，也指为“劫质”，而主要对象“天子”是未成年人。陶谦等奏记则以“幼主劫执”同时谴责董卓、李傕、郭汜罪恶⑥。

（接上页）召进入议，遂杀之，宫中乱。（袁）术将虎贲烧南宫嘉德殿青琐门，欲以迫出珪等。珪等不出，劫帝及帝弟陈留王走小平津。绍既斩宦者所署司隶校尉许相，遂勒兵捕诸阉人，无少长皆杀之。或有无须而误死者，至自发露形体而后得免。宦者或有行善自守而犹见及。其滥如此。死者二千余人。急追珪等，珪等悉赴河死。帝得还宫。”

①《三国志》卷六《魏书·董卓传》。

②《三国志》卷一《魏书·武帝纪》载曹操语。

③《三国志》卷二《魏书·文帝纪》裴松之注引《献帝传》载册诏魏王禅代天下文。

④《三国志》卷三《魏书·明帝纪》裴松之注引《献帝传》载追谥孝献皇帝赠册。

⑤《三国志》卷六《魏书·董卓传》裴松之注引华峤《汉书》载杨彪语。

⑥《后汉书》卷七一《朱儁传》：“及董卓被诛，傕、汜作乱，儁时犹在中牟。陶谦以儁名臣，数有战功，可委以大事，乃与诸豪桀共推儁为太师，因移檄牧伯，同讨李傕等，奉迎天子。乃奏记于儁曰：‘徐州刺史陶谦、前杨州刺史周乾、琅邪相阴德、东海相刘馗、彭城相汲廉、北海相孔融、沛相袁忠、太山太守应劭、汝南太守徐璆、前九江太守服虔、博士郑玄等，敢言之行车骑将军河南尹莫府：国家既遭董卓，重以李傕、郭汜之祸，幼主劫执，忠良残敝，长安隔绝，不知吉凶。……’”由陶谦等地方实力派和社会（转下页）

当然,这种上层政治生活中虽然亦危害未成年人生命安全的"劫质"行为,其实具有政变色彩,似不为社会史研究者所关注,与我们讨论的民间多见的"劫质",形式和性质都有所不同。但是对于未成年受害者的精神压力,实际上形成了严重的心理迫害。

汉代社会上层婚姻中的"待年"女子

多有学者在汉代婚姻史研究论著中讨论过汉代女子的"婚年"或"婚龄"。其中所涉及上层社会女童幼时即确定婚姻关系而"待年"的特殊情形,既是婚姻史研究的对象,也是未成年人生活史研究的对象。讨论相关文化情境,对深化汉代社会生活史的探讨,应当有积极意义。

1. 皇室贵族早婚现象

杨树达《汉代婚丧礼俗考》关于汉代女子"婚年",说到"女子有年十三而嫁者","有十四五而嫁者","有十六而嫁者","有十七八而嫁者","有十九而嫁者","古礼所称男子三十而娶,女子二十而嫁者,皆不行焉"。"故王吉深讥嫁娶太早云。"[①] "至若上官安之女,六岁立为皇后以待年,则后世童养媳之俗也。"[②]

(接上页)名流十一人列名,可知"幼主劫执"事是当时政界活跃人士的共同判断。

①《汉书》卷九二《王吉传》:"吉意以为'夫妇,人伦大纲,夭寿之萌也。世俗嫁娶太早,未知为人父母之道而有子,是以教化不明而民多夭'。"

②杨树达:《汉代婚丧礼俗考》,上海古籍出版社2000年12月版,第19页。

所举“女子有年十三而嫁者”，事见《后汉书》卷一〇上《皇后纪上·明德马皇后》：

> 初，援征五溪蛮，卒于师，虎贲中郎将梁松、黄门侍郎窦固等因谮之，由是家益失埶，又数为权贵所侵侮。后从兄严不胜忧愤，白太夫人绝窦氏婚，求进女掖庭。乃上书曰：“臣叔父援孤恩不报，而妻子特获恩全，戴仰陛下，为天为父。人情既得不死，便欲求福。窃闻太子、诸王妃匹未备，援有三女，大者十五，次者十四，小者十三，仪状发肤，上中以上。皆孝顺小心，婉静有礼。愿下相工，简其可否。如有万一，援不朽于黄泉矣。又援姑姊妹并为成帝婕妤。葬于延陵。臣严幸得蒙恩更生，冀因缘先姑，当充后宫。”由是选后入太子宫。时年十三。奉承阴后，傍接同列，礼则修备，上下安之。遂见宠异，常居后堂。

明德马皇后“年十三”“入太子宫”，就年龄而言，其实是符合所谓“东汉采女之制”的[①]。当时制度，“汉法常因八月筭人，遣中大夫与掖庭丞及相工，于洛阳乡中阅视良家童女，年十三以上，二十已下，姿色端丽，合法相者，载还后宫，择视可否，乃用登御。所以明慎聘纳，详求淑哲”[②]。不过，按照“二七十四阴道通”[③]的古代人体生理知识，“年十三”的身体发育程度，尚未具备适合婚姻的条

①刘增贵：《汉代婚姻制度》，华世出版社 1980 年 1 月版，第 82 页。

②《后汉书》卷一〇上《皇后纪上》。

③《史记》卷四七《孔子世家》张守节《正义》解释“野合”：“男八月生齿，八岁毁齿，二八十六阳道通，八八六十四阳道绝。女七月生齿，七岁毁齿，二七十四阴道通，七七四十九阴道绝。婚姻过此者，皆为野合。”

件。“二七十四阴道通”的人生史的变化,《汉书》卷九九上《王莽传上》写作“有子孙瑞”。颜师古注引张晏曰:“时年十四,始有妇人之道也。”

其实,东汉时还有一位“年十三”入宫的皇后,即《后汉书》卷一〇下《皇后纪下·顺烈梁皇后》所记载:“顺烈梁皇后讳妠,大将军商之女,恭怀皇后弟之孙也。”“永建三年,与姑俱选入掖庭,时年十三。”又如《后汉书》卷一〇下《皇后纪下·虞美人》:“虞美人者,以良家子年十三选入掖庭。”也是“年十三”入宫。又《后汉书》卷五五《章帝八王传·济北惠王寿》写道:“济北惠王寿,母申贵人,颍川人也,世吏二千石。贵人年十三,入掖庭。”也是同样的史例。据《后汉书》卷二三《窦章传》记载:“顺帝初,章女年十二,能属文,以才貌选入掖庭,有宠,与梁皇后并为贵人。”则是“年十二”“选入掖庭”,来到皇帝身边。

“上官安之女,六岁立为皇后以待年”事,杨树达引录《汉书》:“《汉书》九十七《外戚传》云:安女遂立为皇后,年甫六岁。周寿昌云:虽立为后,亦待年也。”[1]杨树达又写道:“《后汉书》十下《献穆曹皇后传》云:建安十八年,操进三女宪、节、华为夫人,聘以束帛玄纁五万匹,小者待年于国。按此亦待年,附记于此。”[2]曹操的女儿“小者待年于国”,并没有入宫。《三国志》卷一《魏书·武帝纪》的记载是:“天子聘公三女为贵人,少者待年于国。”[3]

---

①周寿昌《汉书注校补》卷五五:“遂立为皇后,年甫六岁。案:后上官安女也。时昭帝亦仅十二岁。是皇后亦可待年矣。”沈钦韩等:《汉书疏证(外二种)》,上海古籍出版社 2006 年 4 月版,下册第 825 页。

②杨树达:《汉代婚丧礼俗考》,上海古籍出版社 2000 年 12 月版,第 20 页。

③《通志》卷七《魏纪·武帝》:“天子聘太祖三女为贵人,少者待(转下页)

有学者指出，“这些人的婚龄集中趋势是十三岁”[1]，又说“女子初婚年龄在13—16岁之间”[2]，形成了婚姻史研究者、妇女史研究者和未成年人生活史研究者应当共同注意的现象。有学者认为，“不容忽视的是，婚姻本身要求必需的生理条件，女十三至十四，男十五至十六，尤其是在通行年数（即虚岁）计龄法的情况下，应是婚姻关系得以实际形成的最低年龄下限，再低于此，恐就徒有其名了。”论者又指出，“在皇室和贵族中极度早婚时有发生”[3]。我们这里所讨论的是汉代“皇室和贵族”婚姻中的“待年”现象，正是“婚姻关系”并未“实际形成”的情形。有的学者说：“中国古代，男女类多早婚，而尤以贵族及士大夫为甚。”[4]而女子的这种名义上的“早婚”，是有特殊背景的。

讨论上层社会婚姻形态中女子“待年”情形，还应注意另一特例。汉惠帝四年（前191）立鲁元公主女张氏为后。鲁元公主汉高帝五年（前202）嫁张耳子张敖，即使次年其女出生，立为惠帝后时不过10岁。惠帝去世时，“这位新寡的皇后，当时还不过十三岁的小姑娘”。因为皇后无子，吕太后不得不“取后宫美人子名之以为太子”[5]。张敖与鲁元公主的女儿，这位成为汉惠帝后

（接上页）年于国。”《通典》卷五八《礼十八·嘉三·天子纳妃后》：“后汉献帝建安十八年曹操进三女宪、节、华为夫人，聘以束帛玄纁五万匹，小者待年于国。二十年，并拜贵人。”“待年于国”注：“留住于国，待年长。”

①彭卫：《汉代婚姻形态》，三秦出版社1988年6月版，第91页。

②彭卫、杨振红：《中国风俗通史·秦汉卷》，上海文艺出版社2002年3月版，第307页。

③陶毅、明欣：《中国婚姻家庭制度史》，东方出版社1994年7月版，第157页。

④陈鹏：《中国婚姻史稿》，中华书局1990年8月版，第385页。

⑤《汉书》卷三《高后纪》。

的张姓女童，在史籍中没有留下名字，却成为一例畸形婚姻的历史见证[①]。

2. 女童“待年”情形

汉代社会上层有些幼年女子被提前锁定在婚姻的格式中，然而限于生理条件的不成熟未能“用登御”，只得“待年”。这是政治婚姻的特定条件所决定的。其背景是权势利益追求。这些未成年“童女”的幼弱之身，在政治势力争夺中被看作没有生命的砝码。

《汉书》卷九七上《外戚传上·孝昭上官皇后》记述了“上官安之女，六岁立为皇后以待年”事的经过：

> 初，桀子安取霍光女，结婚相亲，光每休沐出，桀常代光入决事。昭帝始立，年八岁，帝长姊鄂邑盖长公主居禁中，共养帝。盖主私近子客河间丁外人。上与大将军闻之，不绝主驩，有诏外人侍长主。长主内周阳氏女，令配耦帝。时上官安有女，即霍光外孙，安因光欲内之。光以为尚幼，不听。安素与丁外人善，说外人曰：“闻长主内女，安子容貌端正，诚因长主时得入为后，以臣父子在朝而有椒房之重，成之在于足下，汉家故事常以列侯尚主，足下何忧不封侯乎？”外人

①康清莲《〈史记〉中部分人物之年龄及相关历史问题考略》写道：“惠帝四年（时年二十岁）立其姊鲁元公主之女张氏（《史记》和《汉书》均无名字）为后。鲁元公主在汉五年出嫁，即使次年生女，到这时也不过十岁……这时吕后为了‘亲上加亲’一手策划的‘好事’，无怪惠帝死后，这位新寡的皇后，当时还不过十三岁的小姑娘，当然无生育可言。”《济南大学学报》（社会科学版）2009 年第 3 期。

喜，言于长主。长主以为然，诏召安女入为婕妤，安为骑都尉。月余，遂立为皇后，年甫六岁。

上官氏家族以“尚幼”之女入宫，政治目的是明确的。正如彭卫所指出的：“考其原因，乃是因为上官氏祖父上官桀、父亲上官安等人企图通过与皇帝联姻来控制昭帝。”[①] 而上官皇后入宫，又通过说服“帝长姊鄂邑盖长公主”。这一过程的完成，又曲折求托“盖主私近子客河间丁外人”。所谓“安子容貌端正，诚因长主时得入为后，以臣父子在朝而有椒房之重，成之在于足下，汉家故事常以列侯尚主，足下何忧不封侯乎？”透露出政治交易的性质。

另一则“尚幼”童女得“配耦帝”的政治婚姻，如彭卫所说：“王莽为了把持朝政，控制天子，在汉平帝年仅十一岁时，让他娶自己的女儿为皇后。”[②]“王莽女儿出嫁汉平帝时是十二岁，十三岁时立为皇后。”[③]《汉书》卷九七下《外戚传下·孝平王皇后》记载：“孝平王皇后，安汉公太傅大司马莽女也。平帝即位，年九岁，成帝母太皇太后称制，而莽秉政。莽欲依霍光故事，以女配帝，太后意不欲也。莽设变诈，令女必入，因以自重，事在《莽传》。太后不得已而许之，遣长乐少府夏侯藩、宗正刘宏、少府宗伯凤、尚书令平晏纳采，太师光、大司徒马宫、大司空甄丰、左将军孙建、执金吾尹赏、行太常事太中大夫刘歆及太卜、太史令以下四十九人赐皮弁素绩，以礼杂卜筮，太牢祠宗庙，待吉月日。明年春，遣大司徒宫、大司空丰、左将军建、右将军甄邯、光禄大夫歆奉

①彭卫：《汉代婚姻形态》，第 93 页。
②彭卫：《汉代婚姻形态》，第 93 页。
③彭卫：《汉代婚姻形态》，第 90 页。

乘舆法驾，迎皇后于安汉公第。宫、丰、歆授皇后玺绂，登车称警跸，便时上林延寿门，入未央宫前殿。群臣就位行礼，大赦天下。"事在元始三年（3）春。王莽及其家族的政治地位随即因此得以提升。"益封父安汉公地满百里。……皇后立三月，以礼见高庙。尊父安汉公号曰宰衡，位在诸侯王上。赐公夫人号曰功显君，食邑。封公子安为褒新侯，临为赏都侯。"王莽以怎样的手段迫使"太后不得已而许之？"所谓"莽设变诈，令女必入，因以自重，事在《莽传》"，其情节见《汉书》卷九九上《王莽传上》："莽既尊重，欲以女配帝为皇后，以固其权，奏言：'皇帝即位三年，长秋宫未建，液廷媵未充。乃者，国家之难，本从亡嗣，配取不正。请考论《五经》，定取礼，正十二女之义，以广继嗣。博采二王后及周公孔子世列侯在长安者適子女。'事下有司，上众女名，王氏女多在选中者。莽恐其与己女争，即上言：'身亡德，子材下，不宜与众女并采。'太后以为至诚，乃下诏曰：'王氏女，朕之外家，其勿采。'庶民、诸生、郎吏以上守阙上书者日千余人，公卿大夫或诣廷中，或伏省户下，咸言：'明诏圣德巍巍如彼，安汉公盛勋堂堂若此，今当立后，独奈何废公女？天下安所归命！愿得公女为天下母。'莽遣长史以下分部晓止公卿及诸生，而上书者愈甚。太后不得已，听公卿采莽女。莽复自白：'宜博选众女。'公卿争曰：'不宜采诸女以贰正统。'莽白：'愿见女。'太后遣长乐少府、宗正、尚书令纳采见女，还奏言：'公女渐渍德化，有窈窕之容，宜承天序，奉祭祀。'有诏遣大司徒、大司空策告宗庙，杂加卜筮。"回应都是："兆遇金水王相，卦遇父母得位，所谓'康强'之占，'逢吉'之符也。"①

---

①王莽对于随即得到的物质利益，又有"深辞让"的表演。（转下页）

元始四年(4),“四月丁未,莽女立为皇后,大赦天下”。元始五年(5),“其秋,莽以皇后有子孙瑞,通子午道”。颜师古注引张晏曰:“时年十四,始有妇人之道也。子,水;午,火也。水以天一为牡,火以地二为牝,故火为水妃,今通子午以协之。”《汉书》卷九七下《外戚传下·孝平王皇后》记载:“后立岁余,平帝崩。莽立孝宣帝玄孙婴为孺子,莽摄帝位,尊皇后为皇太后。三年,莽即真,以婴为定安公,改皇太后号为定安公太后。太后时年十八矣。”则“莽女立为皇后”时,很可能还不到十二岁。或说“平帝即位时年仅九岁,王莽把女儿给他做皇后也才九岁”①,年龄的推算恐有差误。

3. 政治变局与少年女后的“伤哀”

《汉书》卷七《昭帝纪》记载:“鄂邑长公主、燕王旦与左将军上官桀、桀子票骑将军安、御史大夫桑弘羊皆谋反,伏诛。初,桀、

(接上页)《汉书》卷九九上《王莽传上》:“信乡侯佟上言:‘《春秋》,天子将娶于纪,则褒纪子称侯,安汉公国未称古制。’事下有司,皆曰:‘古者天子封后父百里,尊而不臣,以重宗庙,孝之至也。佟言应礼,可许。请以新野田二万五千六百顷益封莽,满百里。’莽谢曰:‘臣莽子女诚不足以配至尊,复听众议,益封臣莽。伏自惟念,得托肺腑,获爵土,如使子女诚能奉称圣德,臣莽国邑足以共朝贡,不须复加益地之宠。愿归所益。’太后许之。有司奏:‘故事,聘皇后黄金二万斤,为钱二万万。’莽深辞让,受四千万,而以其三千三百万予十一媵家。群臣复言:‘今皇后受聘,逾群妾亡几。’有诏,复益二千三百万,合为三千万。莽复以其千万分予九族贫者。”陈崇“称莽功德”,言:“将为皇帝定立妃后,有司上名,公女为首,公深辞让,迫不得已然后受诏。父子之亲天性自然,欲其荣贵甚于为身,皇后之尊侔于天子,当时之会千载希有,然而公惟国家之统,揖大福之恩,事事谦退,动而固辞。《书》曰‘舜让于德不嗣’,公之谓矣。”

①史凤仪:《中国古代婚姻与家庭》,湖北人民出版社 1987 年 7 月版,第 83 页。

安父子与大将军光争权，欲害之，诈使人为燕王旦上书言光罪。"据说燕王刘旦和上官桀、桑弘羊企图废黜昭帝，而刘旦自为天子。霍光予以严厉处置。"孝昭上官皇后"在霍氏和上官氏两个家族的残厉的政治争斗中陷于极其微妙的境地。《汉书》卷二七上《五行志上》写道："先是，皇后父车骑将军上官安、安父左将军桀谋为逆，大将军霍光诛之。皇后以光外孙，年少不知，居位如故。光欲后有子，因上侍疾医言，禁内后宫皆不得进，唯皇后颛寝。皇后年六岁而立，十三年而昭帝崩，遂绝继嗣。"尽管"皇后以光外孙，年少不知，居位如故"，在亲族以重罪"伏诛"的严酷现实导致的氛围中，心理压力之沉重是可以想见的。纵然"禁内后宫皆不得进，唯皇后颛寝"，却终不能如霍光之愿而"有子"。"昭帝崩，遂绝继嗣"，这位"年六岁而立"的皇后，当时才不过十五岁左右。《汉书》卷七《昭帝纪》："（始元）四年春三月甲寅，立皇后上官氏。""（元平元年）夏四月癸未，帝崩于未央宫。"上官氏当了九年皇后。有学者说："昭帝死时上官皇后尚未成年才十四岁。"① 其实也大体接近史实。

王莽的女儿"孝平王皇后"从"立为皇后"到"皇后有子孙瑞"，即"始有妇人之道也"，"待年"时间其实并不很长。但是政治风浪的险恶，却冲击着这位富贵至于极点的少女的生活。《汉书》卷九七下《外戚传下·孝平王皇后》：

> 后立岁余，平帝崩。莽立孝宣帝玄孙婴为孺子，莽摄帝位，尊皇后为皇太后。三年，莽即真，以婴为定安公，改皇太后号为定安公太后。太后时年十八矣。

---

①史凤仪：《中国古代婚姻与家庭》，第 83 页。

这位成为“皇太后”的女子，不过十五岁而已。在“年十八”时，她所依靠的汉王朝已经灭亡了。《汉书》卷九七下《外戚传下·孝平王皇后》还写道：

> （后）为人婉瘱有节操。自刘氏废，常称疾不朝会。莽敬惮伤哀，欲嫁之，乃更号为黄皇室主，令立国将军成新公孙建世子豫饰将医往问疾。后大怒，笞鞭其旁侍御。因发病，不肯起，莽遂不复强也。及汉兵诛莽，燔烧未央宫，后曰：“何面目以见汉家！”自投火中而死。

关于所谓“欲嫁之，乃更号为黄皇室主”，《汉书》卷九九中《王莽传中》写道：“改定安太后号曰黄皇室主，绝之于汉也。”《列女传》卷八《续列女传·汉孝平王后》收录了相关记述，又有“君子”的议论：“君子谓平后体自然贞淑之行，不为存亡改意，可谓节行不亏污者矣。《诗》曰：‘髧彼两髦，实惟我仪，之死矢靡他！’此之谓也。”《容斋随笔》卷三“三女后之贤”条列举“王莽女为汉平帝后”“杨坚女为周宣帝后”“李昪女为吴太子琏妃”故事，洪迈又评价道：“三女之事略同，可畏而仰，彼为其父者，安所置愧乎？”其实，在正统观念主导的政治道德肯定的另一面，我们也应当关注这些女子深心的痛苦，即班固笔下所谓“伤哀”。

少女“孝平王皇后”的人生境遇，是典型的刚刚进入青春期人生即被埋葬的悲剧。其背景，是西汉末年错综复杂的政争。而其他在社会上层婚姻中有类似经历的女子们的“待年”生活，则各有各的苦楚，各有各的凄怨。

《艺文类聚》卷三五引魏陈王曹植《叙愁赋》曰：“时家二女弟，故汉皇帝聘以为贵人。家母见二弟愁思，故令予作赋曰：‘嗟妾身之微薄，信未达乎义方。遭母氏之圣善，奉恩化之弥长。迄盛年而始立，修女职于衣裳。承师保之明训，诵六列之篇章。观图像之遗形，窃庶几乎英皇。委微躯于帝室，充末列于椒房。荷印绂之令服，非陋才之所望。对床帐而太息，慕二亲以增伤[①]。扬罗袖而掩涕，起出户而彷徨。顾堂宇之旧处，悲一别之异乡。"《三国志》卷一《魏书·武帝纪》的记载是："天子聘公三女为贵人，少者待年于国。"《后汉书》卷一〇下《皇后纪下·献穆曹皇后》："建安十八年，操进三女宪、节、华为夫人，聘以束帛玄纁五万匹，小者待年于国。""待年于国"，李贤注："留住于国，以待年长。"曹植所谓"二弟愁思"，指曹宪、曹节。曹节即"献穆曹皇后"，在汉魏政权接递时也有激烈的表现[②]，绝不逊于洪迈表扬的"三女后之贤"。对于这种刚强性情的分析，也许未必应当皆归于"妇德"，亦应考虑冷寂的宫廷生活导致的心理压抑。而"待年于国"的曹华在预想自己未来的生活时，自然也会受到两位姐姐"太息""增伤""掩涕""彷徨"的心境的影响的。

4. "待年"与"后世童养媳之俗"

明代学者彭大翼《山堂肆考》卷二三二《补遗·人事》"待年"条写道："女子未嫁在室时谓之'待年'。"明人唐顺之《稗编》

---

① "增伤"，赵幼文校注《曹植集校注》作"憎伤"。注："憎伤，《铨评》：'《艺文》憎作增，增、憎古字通。'案作增字是。《尔雅·释言》：'增，益也。'《广雅·释诂二》：'加也。'憎为增字之形误，非古字通也。丁校非是。"人民文学出版社 1984 年 6 月版，第 61 页，第 63 页。今按："增"可以作"憎"，似可体现出文献整理者的情感倾向。

②《后汉书》卷一〇下《皇后纪下·献穆曹皇后》："魏受禅，遣使求玺绶，后怒不与。如此数辈，后乃呼使者入，亲数让之，以玺抵轩下，因涕泣横流曰：'天不祚尔！'左右皆莫能仰视。"

卷二〇《礼经二》王应电《内外论》说到古时制度："《传》曰：古者天子立后，一娶十二女。谓后与三夫人各媵其侄娣二，合之为十二。……所谓十二女者，长者先行，幼者待年于国，未必一时皆备。"所谓"待年于国"，按照《后汉书》李贤注的解释，就是"留住于国，以待年长"。"以待年长"的婚姻形式，确实如杨树达所说，"则后世童养媳之俗也"。而"待年于国"，或者"待年""在室"，却与"后世童养媳之俗"有所不同。有婚姻史专家曾经指出："童养媳乃女幼时养于婿家，待年长而后成婚也。"[①]

杨树达说："至若上官安之女，六岁立为皇后以待年，则后世童养媳之俗也。"应是确定可信的判断。这个女孩子"立为皇后，年甫六岁"，如周寿昌所说，"虽立为后，亦待年也"。而且是直接入宫，并非"待年于国"，或者"待年""在室"，确实一如"后世童养媳之俗"，"女幼时养于婿家，待年长而后成婚也"。"孝昭上官皇后"的"幼时"之"养"，就历史文献所记载而言，已经至于极端。有学者曾经据此指出："汉时嫁女之早为前后所未有。""年十七出嫁者，今世亦有之；十四岁则罕矣；若六岁者，则古今未有也。"[②]

至于"童养媳之俗"的出现年代，有学者说："关于养媳，古代没有童养媳的名称，近似的事例是有的。如周代实行的媵制：'诸侯娶一国则二国往媵之，以侄娣从。侄者何？兄之子也，娣者何？女弟也。'[③]其中侄女和妹妹年尚幼小就随同出嫁的当不在少数。秦汉以后，帝王曾选幼女进宫，成年后或供帝王自己作为

---

①陈鹏：《中国婚姻史稿》，中华书局1990年8月版，第764页。

②尚秉和：《历代社会风俗事物考》，岳麓书社1991年6月版，第205页。

③原注：《公羊传·庄公十九年》。

妃嫔，或赐与子弟为妻妾。《宋史》卷二四二《后妃传上》载，仁宗的周贵妃，四岁时随她姑姑进宫，经张贵妃抚育长大，后被仁宗宠幸。童养媳的名称，通说起于宋代[①]。元、明、清代，养媳已从帝王家普及于社会……"[②]所谓"秦汉以后，帝王曾选幼女进宫，成年后或供帝王自己作妃嫔，或赐与子弟为妻妾"，又被其他学者采纳，或写作："从秦汉以后，帝王就选拔幼女入宫，于成年后或供帝王自己作为妃嫔，或赐与子弟为妻妾。如宋仁宗的周贵妃，四岁时随其姑母入宫，经张贵妃抚育长大，后被仁宗宠幸。"[③]然而遗憾的是，论者对于秦汉时期的相关现象都没有进行必要的说明。

与"童养"有关的身份称谓，确实出现比较晚。《元史》卷一〇三《刑法志二·户婚》："诸以童养未成婚男妇转配其奴者，笞五十七。妇归宗，不追聘财。"所谓"童养未成婚男妇"，似乎可以读作"童养妇"。又如《盛京通志》卷九四《列女·奉天将军所属八旗节妇》："烈女韩氏，旅顺水师营水手范从贤童养未婚儿媳。时年十六，山东民人侯天保见韩氏少艾，蓄意屡次图奸。韩氏守正不污。后为天保所戕。天保伏法。特建坊以旌其烈。"所谓"童养未婚儿媳"，似乎可以读作"童养媳"。这两例文字，都强调其"未婚""未成婚"情形。《钦定大清会典则例》卷七一《礼部·仪制清吏司·风教》："(乾隆)七年议准童养之妻尚未成婚而能以礼自持，坚拒夫之和奸，因而致死，应照例《旌表令》，建坊于烈女父母之门。""童养之妻尚未成婚"，也强调其未婚。文渊

①陈鹏《中国婚姻史稿》也说，"此俗始于何代，史莫可考"，征之史实，"宋时当已盛行"。第764页。

②史凤仪：《中国古代婚姻与家庭》，第48—49页。

③常建华：《婚姻内外的古代女性》，中华书局2006年5月版，第151页。

阁四库全书本《土官底簿》卷上《云南》"沾益州知州"条下写道："阿哥，前元世袭曲靖宣慰使，洪武十四年归附，仍充宣慰使，兼管沾益州事。故。男阿索承袭。故。嫡长男阿周，三十二年袭。故。无儿，男斗、男系已故。同籍弟阿卑，男阿周亲侄，备马赴京进贡告袭。洪熙元年五月奉圣旨：'着他袭。钦此。'故。本官妾适璧，正统八年正月钦准袭职。故。保勘适仲，系适璧童养媳妇，应袭姑职。天顺三年十月，奉圣旨：'是，钦此。'"则说到西南少数民族地区的"童养媳妇"身份。对于与"童养媳之俗"相关的文化现象进行历史考察，是有意义的工作。在考论"童养媳之俗"的历史渊源时关注汉代社会上层婚姻中"待年"女子的生活境遇、心理特征和社会表现，显然是必要的。

东汉的"小侯"

汉代文献所见"小侯"称谓，有不同的涵义。在对先秦历史的记述中，往往指权势低微的诸侯。西汉时期封地狭陋、控制户口有限的诸侯也称作"小侯"。东汉则专指幼小的贵戚子弟。其身份是否确定是"侯"，有不同的解说。此后正史中"小侯"称谓仅《明史》一见，亦指地位较低的功臣侯[①]。可以说，"小侯"是具

① 《明史》卷一三二《蓝玉传》："（洪武）二十六年二月，锦衣卫指挥蒋瓛告玉谋反，下吏鞫讯。狱辞云：'玉同景川侯曹震、鹤庆侯张翼、舳舻侯朱寿、东莞伯何荣及吏部尚书詹徽、户部侍郎傅友文等谋为变，将伺帝出耤田举事。'狱具，族诛之。列侯以下坐党夷灭者不可胜数。手诏布告天下，条列爰书为逆臣录。至九月，乃下诏曰：'蓝贼为乱，谋泄，族诛者万五千人。自今胡党、蓝党概赦不问。'胡谓丞相惟庸也。于是（转下页）

有特定时代特征的称谓。通过对东汉“小侯”身份的讨论，或许可以发现反映当时社会结构和社会关系的某些信息，值得研究者关注。

1. “大国”与“小侯”

读西汉文献对先秦史的回述，可以看到以“如小侯”字样表现诸侯政治权势和文化影响低落的情形。如《史记》卷一五《六国年表》“鲁悼公元年，三桓胜，鲁如小侯”，卷三三《鲁周公世家》“悼公之时，三桓胜，鲁如小侯，卑于三桓之家”，卷三七《卫康叔世家》“是时三晋强，卫如小侯，属之”。所谓“小侯”，应是指地位低下的诸侯。

有关西汉时期的历史记录中依然袭用“小侯”的这一语义，控制地域偏小、控制户口较少的诸侯也称作“小侯”。

《史记》卷一八《高祖功臣侯者年表》记述汉初诸侯实力的变化：“汉兴，功臣受封者百有余人。天下初定，故大城名都散亡，户口可得而数者十二三，是以大侯不过万家，小者五六百户。后数世，民咸归乡里，户益息，萧、曹、绛、灌之属或至四万，小侯自倍，富厚如之。”前称“大侯”与“小者”，后称“萧、曹、绛、灌之属”与“小侯”。与“大侯”对应的“功臣受封者”中的“小者”，也是“小侯”。

《史记》卷一七《汉兴以来诸侯王年表》说到汉初分封导致诸侯地方势力对中央的威胁，而后削藩，至汉武帝时代行“推恩

(接上页)元功宿将相继尽矣。凡列名逆臣录者，一公、十三侯、二伯。叶升前坐事诛，胡玉等诸小侯皆别见。其曹震、张翼、张温、陈桓、朱寿、曹兴六侯，附著左方。”

令”终于实现“强本干，弱枝叶之势”的历史过程：

> 汉定百年之间，亲属益疏，诸侯或骄奢，忕邪臣计谋为淫乱，大者叛逆，小者不轨于法，以危其命，殒身亡国。天子观于上古，然后加惠，使诸侯得推恩分子弟国邑，故齐分为七，赵分为六，梁分为五，淮南分三，及天子支庶子为王，王子支庶为侯，百有余焉。吴楚时，前后诸侯或以适削地，是以燕、代无北边郡，吴、淮南、长沙无南边郡，齐、赵、梁、楚支郡名山陂海咸纳于汉。诸侯稍微，大国不过十余城，小侯不过数十里，上足以奉贡职，下足以供养祭祀，以蕃辅京师。而汉郡八九十，形错诸侯间，犬牙相临，秉其阸塞地利，强本干，弱枝叶之势，尊卑明而万事各得其所矣。

实践贾谊“众建诸侯而少其力”的战略规划[①]，达到了强化中央集权的目的。所谓“诸侯稍微，大国不过十余城，小侯不过数十里”，“小侯”与“大国”形成了对应关系。东汉有谓“小国侯”者[②]，应与西汉“小侯”义近。

2. 东汉“四姓小侯”“四姓及梁邓小侯”

东汉初期，因最高执政集团的倡起，儒学地位得以空前提升。社会进入全民崇儒的时代。《后汉书》卷七九上《儒林列传上》：

---

①《汉书》卷四八《贾谊传》。参看王子今：《贾谊政治思想的战略学意义》，《洛阳工学院学报》(社会科学版)1999年第4期。

②据《后汉书》卷四二《光武十王列传·东海恭王彊》，刘彊上书恳求“以臣无男之故，处臣三女小国侯”。

"光武中兴，爱好经术，未及下车，而先访儒雅，采求阙文，补缀漏逸。先是四方学士多怀协图书，遁逃林薮。自是莫不抱负坟策，云会京师。"在天下尚未安定之际，即营造太学校舍。"建武五年，乃修起太学，稽式古典，笾豆干戚之容，备之于列，服方领习矩步者，委它乎其中。中元元年，初建三雍。明帝即位，亲行其礼。"又曾亲自讲学，"飨射礼毕，帝正坐自讲，诸儒执经问难于前，冠带缙绅之人，圜桥门而观听者盖亿万计。其后复为功臣子孙、四姓末属别立校舍，搜选高能以受其业，自期门羽林之士，悉令通孝经章句，匈奴亦遣子入学。济济乎，洋洋乎，盛于永平矣！"

所谓"为功臣子孙、四姓末属别立校舍，搜选高能以受其业"之为"四姓末属"创造学习条件事，《东观汉记》卷二《显宗孝明皇帝纪》记载：

（永平）九年，诏为四姓小侯置学。

《后汉书》卷二《明帝纪》"永平九年"条写作："是岁，大有年。为四姓小侯开立学校，置五经师。""四姓小侯"，据李贤注，即"外戚樊氏、郭氏、阴氏、马氏诸子弟"。

马氏子弟为"小侯"者，我们知道有马援的孙子马钜。《东观汉记》卷一二《马防传》："（马防）子钜为常从小侯。六年正月斋宫中，上欲冠钜，夜拜为黄门侍郎，御章台下殿，陈鼎俎，自临冠之。"《后汉书》卷一二《马防传》："防贵宠最盛，与九卿绝席。光自越骑校尉迁执金吾。四年，封防颍阳侯，光为许侯，兄弟二人各六千户。防以显宗寝疾，入参医药，又平定西羌，增邑千三百五十户。屡上表让位，俱以特进就第。皇太后崩，明年，拜防光禄勋，光为卫尉。防数言政事，多见采用。是冬始施行十二月迎气乐，防所上也。子钜，为常从小侯。六年正月，以钜当冠，特拜为黄门侍郎。肃宗亲御章台下殿，陈鼎俎，自临冠之。”“为常从小侯”句下，李贤注：“以小侯故得常从也。”通过马钜的经历可以得知，这位“小侯”是还没有行冠礼的未成年人。

《后汉书》卷四二《光武十王列传·东海恭王彊》记载，“永平元年，彊病，显宗遣中常侍钩盾令将太医乘驿视疾，诏沛王辅、济南王康、淮阳王延诣鲁。及薨，临命上疏谢曰：‘臣蒙恩得备蕃辅，特受二国，宫室礼乐，事事殊异，巍巍无量，讫无报称。而自修不谨，连年被疾，为朝廷忧念。’”又恳求：“天恩愍哀，以臣无男之故，处臣三女小国侯，此臣宿昔常计。”“天子览书悲恸，从太后出幸津门亭发哀。使司空持节护丧事，大鸿胪副，宗正、将作大匠视丧事，赠以殊礼，升龙、旄头、鸾辂、龙旗、虎贲百人。诏楚王英、赵王栩、北海王兴、馆陶公主、比阳公主及京师亲戚四姓夫人、小侯皆会葬。”对于所谓“四姓夫人、小侯”，李贤解释说：“四姓小侯，解见《明帝纪》。夫人，盖小侯之母也。”又《后汉书》卷四二《光武十王列传·东平宪王苍》记载，刘苍薨，“令四姓小侯诸国王主悉会诣东平奔丧。”葬礼中“小侯”的表现，又可见《续汉书·礼仪志下·大丧》的记载：“谒者引诸侯王立殿下，西面北上；宗室诸侯、四姓小侯在后，西面北上。”刘彊上疏所谓“小国侯”，应接近西汉时所谓“小侯”。东汉时所谓“小侯”已另有指义。

据蔡邕《独断》卷下：“天子以正月五日毕供后上原陵，以次周遍，公卿百官皆从，四姓小侯、诸侯冢妇，凡与先帝先后有瓜葛者，及诸侯王大夫、郡国计吏、匈奴朝者、西国侍子皆会尚书官属陛西。除下先帝神座后，大夫、计吏皆当轩下，占其郡谷价、四方灾异，欲皆使先帝魂神具闻之。遂于亲陵各赐计吏而遣之。”“四姓小侯”也是重要的典礼参与人员。看来，“四姓小侯”似乎曾经以皇帝身边近侍的特殊身份成为重要仪礼的基本构成因素。其身份的特别，由自与皇帝极其亲近的关系。

汉桓帝建和二年春正月“甲子，皇帝加元服”，《后汉书》卷七《桓帝纪》记载，随即“庚午，大赦天下”，又赏赐贵族官僚及年八十以上老人：“赐河间、勃海二王黄金各百斤，彭城诸国王各五十斤；公主、大将军、三公、特进、侯、中二千石、二千石、将、大夫、郎吏、从官、四姓及梁邓小侯、诸夫人以下帛，各有差。年八十以上赐米、酒、肉，九十以上加帛二匹，绵三斤。”原先的“四姓小侯”扩大为“四姓及梁邓小侯”，成为实际上的“六姓小侯”。而“四姓小侯”已经成为标识名分等级的具有制度意义的确定符号，所以依然沿用。

邓家的“小侯”，我们知道有邓禹的儿子邓鸿以及曾经任新野功曹的邓衍或邓寅。《后汉书》卷一六《邓禹传》写道：“禹少子鸿，好筹策。永平中，以为小侯。引入与议边事，帝以为能，拜将兵长史，率五营士屯雁门。肃宗时，为度辽将军。永元中，与大将军窦宪俱出击匈奴，有功，征行车骑将军。出塞追畔胡逢侯，坐逗留，下狱死。”又《东观汉记》卷一五《虞延传》：“孝明帝时，有新野功曹邓寅，以外戚小侯每预朝会，而容姿趋步，有出于众。显宗目之，顾左右曰：‘朕之仪貌，岂若此人！’特赐舆马衣服。延以寅虽有容仪而无实行，未尝加礼。上乃诏令自称南阳功曹诣阙，拜郎中，迁玄武司马。”此“邓寅”，《后汉书》卷三三《虞延传》作“邓衍”：

> 永平初，有新野功曹邓衍，以外戚小侯，每豫朝会，而容姿趋步，有出于众。显宗目之，顾左右曰：“朕之仪貌，岂若此人！”特赐舆马衣服。延以衍虽有容仪而无实行，未尝加

礼。帝既异之，乃诏衍令自称南阳功曹诣阙。既到，拜郎中，迁玄武司马。衍在职不服父丧，帝闻之，乃叹曰："'知人则哲，惟帝难之。'信哉斯言！"衍惭而退，由是以延为明。

"诏衍令自称南阳功曹诣阙"句下李贤注引《谢承书》："帝赐舆马、衣服、剑、佩刀、钱二万，南阳计吏归，具以启延。延知衍华不副实，行不配容，积三年不用。于是上乃自敕衍称南阳功曹诣阙。"由所谓"积三年不用"，可以推知汉明帝初见邓衍时，这位"小侯"的年龄应当尚小。而邓鸿"永平中，以为小侯"，邓衍"永平初"为"外戚小侯"的情形，说明"四姓及梁邓小侯"得以并称，其实年代颇早。

《隶释》卷一七《州辅碑阴》可见"小侯新邓辰伯台"题名，这应当是通过碑刻资料发现的另一位邓家的"小侯"。"新"即"新野"。可知这位"邓辰"与"邓寅"或"邓衍"出身于一地。

"邓寅"或"邓衍"的故事告诉我们，"小侯"以贵戚子弟身份是可以优先得到仕途机会的。说明这一事实的还有秦彭事迹。《后汉书》卷七六《循吏列传·秦彭》："秦彭字伯平，扶风茂陵人也。自汉兴之后，世位相承。六世祖袭，为颍川太守，与群从同时为二千石者五人，故三辅号曰'万石秦氏'。彭同产女弟，显宗时入掖庭为贵人，有宠。永平七年，以彭贵人兄，随四姓小侯擢为开阳城门候。十五年，拜骑都尉，副驸马都尉耿秉北征匈奴。"

3."小侯学"：特殊的贵戚少年学校

有学者指出："汉代的皇族从总体上说是一个有一定文化素质的家族，这在很大程度上得益于良好的家族教育。"贾谊关于太子教育应从"初生"开始，"襁褓之中"开始，从"孩提"开始的意见，对“帝王教育产生了很大影响”[1]。也有学者说，汉代皇家贵族子弟的教育受到最高执政集团重视。“东汉皇室世传书香，不啻是一书生家庭，直至顺帝时尚余风未泯。皇室如此，则政府与社会其他家庭自可知。东汉风俗之美，此特其一例，所以政治虽坏，此后门第崛起，政府崩溃于上，而门第蔚兴于下，中国传统文化犹能在乱世延其一脉，历数百年而不衰，以待隋唐之复盛，光武重视家庭教育，要为有功。”[2]

东汉为“小侯”置专门学校，是儿童教育的特殊形式。

前引《东观汉记》卷二《显宗孝明皇帝纪》“（永平）九年，诏为四姓小侯置学”及《后汉书》卷二《明帝纪》“（永平九年）为四姓小侯开立学校，置五经师”，是教育史上引人注目的事件。李贤注引袁宏《汉纪》对所谓“四姓小侯”及相关史实有所解说：

> 永平中崇尚儒学，自皇太子、诸王侯及功臣子弟，莫不受经。又为外戚樊氏、郭氏、阴氏、马氏诸子弟立学，号“四姓小侯”，置五经师。以非列侯，故曰“小侯”。《礼记》曰“庶方小侯”，亦其义也。

“五经师”的设置，后来可能成为地方官学亦采纳的制度[3]。

---

①刘雅君：《试以秦汉史事论贾谊之“谕教太子观”》，《历史教学问题》2009年第4期；郝建平：《汉代的皇族教育刍议》，《河南科技大学学报》2009年第6期。

②王健：《汉代君主研习儒学传统的形成及其历史效应》，《中国史研究》1996年第3期。

③《隶释》卷一四《学师宋恩等题名》洪适曰：“右学师宋恩等题名，今在成都周公礼殿门之西序，蜀人谓之‘学师题名’。其称师者二十人，史二人，孝义掾、业掾各一人，易掾二人，易师三人，尚书掾、尚书师各三（转下页）

《后汉书》卷六《质帝纪》又有关于诏令充实太学师资及官员子弟"遣子受业","先能通经者"予以奖掖的记载,也涉及"四姓小侯":

> 夏四月庚辰,令郡国举明经,年五十以上、七十以下诣太学。自大将军至六百石,皆遣子受业,岁满课试,以高第五人补郎中,次五人太子舍人。又千石、六百石、四府掾属、三署郎、四姓小侯先能通经者,各令随家法,其高第者上名牒,当以次赏进。

据《东观汉记》卷一八《刘昆传》:

> 刘昆,字桓公,以明经征拜为光禄勋,授皇太子及诸王、小侯五十人经。

《后汉书》卷七九上《儒林列传·刘昆》的记载是:"令入授皇太子及诸王小侯五十余人。"又《东观汉记》卷一六《张酺传》:

> 永平九年,诏为四姓小侯开学,置五经师。张酺以《尚书》授于南宫。

《后汉书》卷四五《张酺传》的记载是:"永平九年,显宗为四姓小

(接上页)人,诗掾四人,春秋掾、议掾、文学孝掾、文学掾各一人,文学师四人,从掾位及集曹、法曹、贼曹、辞曹史又三十二人。其漫灭不可辨者十三人、汉永平中尝为四姓小侯立学。置五经师、此则蜀郡诸生也,当是郡守兴崇学校者镌石纪德,诸生既刻姓名,而诸曹史亦缀其末。"

侯开学于南宫，置五经师。酺以尚书教授，数讲于御前。以论难当意，除为郎，赐车马衣裳，遂令入授皇太子。”刘昆事和张酺事，是有关教授“小侯”的导师的比较明确的记载。

《后汉书》卷一〇上《皇后纪上·和熹邓皇后》又记录了一则皇家贵戚集团中的劝学故事：

> （元初）六年，太后诏征和帝弟济北、河间王子男女年五岁以上四十余人，又邓氏近亲子孙三十余人，并为开邸第，教学经书，躬自监试。尚幼者，使置师保，朝夕入宫，抚循诏导，恩爱甚渥。

邓太后诏征皇族贵戚“为开邸第，教学经书”，有“男女年五岁以上”的说法，则似乎没有性别限定，入学年龄也是相当早的。甚至有“尚幼者，使置师保”即有专人教授保育的特殊方式。邓太后又有言辞恳切的诏书，就“引纳群子，置之学官”的意图有所说明：

> 乃诏从兄河南尹豹、越骑校尉康等曰：“吾所以引纳群子，置之学官者，实以方今承百王之敝，时俗浅薄，巧伪滋生，五经衰缺，不有化导，将遂陵迟，故欲褒崇圣道，以匡失俗。《传》不云乎：‘饱食终日，无所用心，难矣哉！’今末世贵戚食禄之家，温衣美饭，乘坚驱良，而面墙术学，不识臧否，斯故祸败所从来也。永平中，四姓小侯皆令入学，所以矫俗厉薄，反之忠孝。先公既以武功书之竹帛，兼以文德教化子孙，故能束修，不触罗网。诚令儿曹上述祖考休烈，下念诏书本意，则足矣。其勉之哉！”

邓太后面对显赫位势有可能走向“陵迟”“祸败”的警觉，表现出非常清醒开明的政治历史意识。其中所谓“永平中，四姓小侯皆令入学，所以矫俗厉薄，反之忠孝”，对汉明帝时代以来的这种特殊教育方式，强调了道德教育为重心的出发点。

这种以贵戚子弟为培养对象的特殊的教育形式，宋人杨侃辑《两汉博闻》卷八称之为“小侯学”：

> 小侯学。《显宗纪》永平九年
>
> 为四姓小侯开立学校，置五经师。
>
> 注云：袁宏《汉纪》曰：为外戚樊氏、郭氏、阴氏、马氏诸子弟立学，号“四姓小侯”。以非列侯，故曰“小侯”。

元人胡一桂《史纂通要》卷八《东汉》也写道：“为外戚子弟立四姓小侯学，置五经师。”宋人徐天麟《东汉会要》卷一一《文学上》则将“明帝永平九年为四姓小侯开立学校，置五经师”列于“宫邸学”题下。同条又列有安帝元初六年邓太后诏，也就是前引对“小侯”们“永平中，四姓小侯皆令入学，所以矫俗厉薄，反之忠孝”，“诚令儿曹上述祖考休烈，下念诏书本意，则足矣。其勉之哉”的叮嘱。

当然，对于“小侯学”所实现的真实文化效应，我们也不能估计过高。宋代学者钱时这样说：“帝崇儒学，自皇太子、诸王侯而下莫不受经，非不美矣。然楚王英好黄老、浮屠，乃从臾之而不能救，卒与方士造成大狱。广陵王荆、淮阳王延亦皆所交非类，祝诅不道。所以受经者果为何事耶？要之，亲王出就蕃国，为择老成有学识者为之师傅，使知敬惮，不纳于邪，小人之谋，无自而入，方为尽善。若使年少不学，骄纵于外，而莫之检，非保终吉之道也。

明帝兄弟十人，而三人者不以令终，至若楚狱，杀戮无数，殆有不忍言者。而帝友于之义，亦且不能如初岁矣。区区讲受，为文具，何益哉！”[①] 钱时指出，推崇儒学，令皇家贵族子弟“莫不受经”的情形，“非不美矣”。然而这一阶层中依然有“杀戮无数”的“大狱”发生，依然有“年少不学，骄纵于外，而莫之检”的情形。因为皇亲上层集团政治利益、生活情状、文化态度以及个人品性等复杂因素，“帝崇儒学”及皇族中明智长者殷勤劝学的意图可能空具其文，并不能收获预想的显著实益。

4. “小侯”身份解说

宋人徐天麟《东汉会要》卷一八《封建下》“小侯”题下，列有这样四条内容：

> 小侯
>
> 四姓小侯。明帝永平九年为四姓小侯立学校。注云：四姓，谓外戚樊氏、郭氏、阴氏、马氏诸子弟。以非列侯，故曰“小侯”。按《颜氏家训》谓以小年获封，故曰“小侯”。
>
> 邓禹少子鸿，好筹策，永平中，以为小侯。本《传》
>
> 四姓及梁、邓小侯。《桓纪》，建和二年赐帛
>
> 马钜为常从小侯。《马防传》

其中说到“按《颜氏家训》谓以小年获封，故曰‘小侯’”，其实，颜之推《颜氏家训》卷六《书证》提出了两种解说：

① 〔宋〕钱时：《两汉笔记》卷九《明帝》，文渊阁《四库全书》本。

《汉明帝纪》:"为四姓小侯立学。"按:桓帝加元服,又赐四姓及梁、邓小侯帛。是知皆外戚也。明帝时,外戚有樊氏、郭氏、阴氏、马氏为四姓。谓之"小侯"者,或以年小获封,故须立学耳。或以侍祠猥朝,侯非列侯,故曰"小侯"。《礼》云:"庶方小侯。"则其义也。①

对于"小侯"的语义,一种解说是"年小获封",一种解说是"侯非列侯"。

现在看来,东汉的"小侯"应是未成年的外戚家族子弟,严格说来,其实并没有正式的"侯"的身份。所以称"侯"者,是因为西汉晚期以来外戚得侯已经十分普遍的缘故。所谓"小侯",在某种意义上或许也可以看作候补"侯"、预备"侯"。"小侯"之"侯",在这里并无所谓"功臣受封者"之"功臣侯"②,所谓"有功之臣而侯之"③那种"侯"的实义,然而却也是贵族的标志。

东汉"小侯"或许也可以视为反映帝制时代贵族阶层萌生形态的一种标本。"小侯学"的形式,又体现出这一社会集团重视文化教育的特点。这一情形,或许也可以理解为后来类同文化现象的历史先声。

---

①〔北齐〕颜之推撰,王利器集解:《颜氏家训集解》,上海古籍出版社 1980 年 7 月版,第 420 页。

②《史记》卷一八《高祖功臣侯者年表》。

③《史记》卷一八《高祖功臣侯者年表》张守节《正义》。

九　未成年人的赋役责任与身份继承

秦“小子军”

秦的征役制度对于强兵胜战，最终实现统一，发生过历史作用。就秦制的相关内容，学界尚多争议。考察秦昭襄王长平之战时“发年十五以上悉诣长平”事，应当有助于探究秦兵制中的征发方式，当时未成年人生活的一个侧面，也可以得到说明。秦“发年十五以上悉诣长平”的征役方式，是限于河内还是“国中”“尽行”，是偶然事件还是确定的制度，学界存在争议。“年十五”，是男性未成年人年龄的高限。即使“刘子《别录》”在文献史上年代稍晚，对于“小子军”的历史评议，依然是值得重视的。正是因为能够极大限度地开发人力资源，极大限度地调动全社会的积极性和能动性，甚至包括调发未成年人从军，秦人方能够兼并天下，实现统一。

1. 秦兵制“小子军”说

明人董说《七国考》卷一一分述秦、田齐、楚、赵、魏、韩、燕七国兵制。《秦兵制》题下有“小子军”条：

> 刘子《别录》云：“长平之役，国中男子年十五者尽行，号为‘小军’。”

“刘子《别录》”，缪文远订补本作“刘向《别录》”[①]。张金光论述秦“傅籍与编役”制度引作：“刘向《别录》说：‘长平之战，国中十五者尽行，号为小子军。’”[②]“长平之役”作“长平之战”，又缺“男子年”三字，然不详出处。

秦“长平之役”大规模调动兵员事，见《史记》卷七三《白起王翦列传》：“赵王既怒廉颇军多失亡，军数败，又反坚壁不敢战，而又闻秦反间之言，因使赵括代廉颇将以击秦。秦闻马服子将，乃阴使武安君白起为上将军。而王龁为尉裨将，令军中有敢泄武安君将者斩。赵括至，则出兵击秦军。秦军详败而走，张二奇兵以劫之。赵军逐胜，追造秦壁。壁坚拒不得入，而秦奇兵二万五千人绝赵军后，又一军五千骑绝赵壁间，赵军分而为二，粮道绝。而秦出轻兵击之。赵战不利，因筑壁坚守，以待救至。”秦昭襄王于是有异常举动：

> 秦王闻赵食道绝，王自之河内，赐民爵各一级，发年十五以上悉诣长平，遮绝赵救及粮食。

①〔明〕董说原著，缪文远订补：《七国考订补》，上海古籍出版社1987年4月版，下册第575页。

②张金光：《秦制研究》，上海古籍出版社2004年12月版，第213页。

“王自之河内”句下，张守节《正义》：“时已属秦，故发其兵。”“发年十五以上悉诣长平”句下，司马贞《索隐》：“时已属秦，故发其兵。”[①]

长平战事随即以秦军大胜结局。“至九月，赵卒不得食四十六日，皆内阴相杀食。来攻秦垒，欲出。为四队，四五复之，不能出。其将军赵括出锐卒自搏战，秦军射杀赵括。括军败，卒四十万人降武安君。武安君计曰：‘前秦已拔上党，上党民不乐为秦而归赵。赵卒反复。非尽杀之，恐为乱。’乃挟诈而尽坑杀之，遗其小者二百四十人归赵。前后斩首虏四十五万人。赵人大震。”秦昭襄王亲自到河内，“赐民爵各一级，发年十五以上悉诣长平，遮绝赵救及粮食”，对于战局发展意义重大。然而对于“发年十五以上悉诣长平”，《七国考》卷一一《秦兵制》引刘子《别录》以为“国中男子年十五者尽行”，按照张守节《正义》和司马贞《索隐》“时已属秦，故发其兵”的解说，则以为限于不久前“属秦”的“河内”地方。

《文献通考》卷一四九《兵考一·兵制》有论“秦兵制”的文字：“及孝公用商鞅，定变法之令。令民为什伍而相收连坐，告奸者与斩敌首同赏，匿奸者与降敌同罚。民有二男以上不分异者，倍其赋。有军功者，各以率受上爵。为私斗者，各以轻重被刑。宗室非有军功，论不得为属籍。行之十年，民勇于公战，怯于私斗。又以秦地旷而人寡，晋地狭而人稠，诱三晋之人耕秦地，优其田宅。而使秦人应敌于外。大率百人则五十人为农，五十人习战。凡民年二十三，附之畴官，给郡县一月而更，谓之‘卒’。复给中都一岁，谓‘正卒’。复屯边一岁，谓‘戍卒’。凡战获一首，

①河内，指今河南省黄河以北地方。有人释“王自之河内”为“（秦王）亲自到韩城、大荔一带坐镇”。张卫星：《秦战争述略》，三秦出版社2001年1月版，第106页。是地理方位理解的错误。

赐爵一级。皆以战功相君长。长平之役,年十五以上悉发,又非商鞅之旧矣。"[①]《秦会要》卷一八《兵上·兵制》引录此说[②]。这里说到"长平之役,年十五以上悉发,又非商鞅之旧矣",指出秦昭襄王"自之河内""发年十五以上悉诣长平",是兵制史上的新举措。马非百《秦集史·国防志》关于"边防兵之征发"据《文献通考》卷一四九《兵考一》,谓:"秦制:民年二十三,附之畴官,给郡县一月而更,谓卒。复给中都一岁,谓正卒。复屯边一岁,谓戍卒。"又说:"此平时之征发也。但亦有临时征发之,谓之谪戍。"[③]不言"长平之役,年十五以上悉发"事。

2. 秦征役年龄考论

杨宽、吴浩坤主编《战国会要》卷一一八《兵六·征兵》"秦王闻赵食道绝,王自之河内,赐民爵各一级,发年十五以上悉诣长平,遮绝赵救及粮食"句后有编者按:

> 云梦《秦简》《大事记》载:喜,秦昭王四十五年生,秦始皇元年"傅",登记服役。由此可知秦男子服役年龄为十五周岁始,与此印证。[④]

---

①《文献通考》,中华书局1986年9月版,第1305页。

②徐复著:《秦会要订补》,群联出版社1955年9月版,第275—276页。"民年二十三,附之畴官,给郡县一月而更,谓之'卒'",又订正为"民年二十三,附之畴官,给郡县一月而更,谓之'更卒'"。〔清〕孙楷撰,徐复订补:《秦会要订补》,中华书局1959年6月版,第286—287页。张金光以为"附之畴官"的"附",可读为"傅"。《秦制研究》,第210页。

③马非百:《秦集史》,中华书局1982年8月版,下册第700页。

④杨宽、吴浩坤主编:《战国会要》,上海古籍出版社2005年12月版,下册第1141页。

云梦睡虎地秦简《编年记》的相关文字，据整理小组释文：

> 卌五年，攻大(野)王。十二月甲午鸡鸣时，喜产。
>
> ……
>
> 今元年，喜傅。

《编年记》自“昭王元年”起。整理小组有这样的说明：“昭王，秦昭王。《韩非子》《史记·六国年表》作昭王，与简文同；《史记·秦本纪》作昭襄王。昭王元年为公元前306年。”关于“喜产”，整理小组注释：“鸡鸣时，丑时，见《尚书大传》。喜，人名。产，诞生，下面‘敢产’、‘速产’等同例。”关于“喜傅”，整理小组注释：“今，即古书中的今王、今上，指当时在位的帝王，此处指秦王政(始皇)。”“傅，傅籍，男子成年时的登记手续，《汉书·高帝纪》注：‘傅，著也。言著名籍，给公家徭役也。’据简文，本年喜十七周岁。汉制傅籍在二十或二十三岁。”[①] 注意到秦制傅籍和“汉制傅籍”年龄不同。

高敏认为，“‘喜’这个人从出生到公元前247年十二月才年满十五周岁，因此，公元前246年登记服役时，只能说已年满十五周岁，进入了十六岁。由此可见，秦始皇元年时的服役者是以年满十五周岁为成年标准的。”他说，秦昭王“发年十五以上悉诣长平”不是“偶然的特例”，而可证明“秦以十五周岁为成年标准之制”并非“始于秦始皇元年”，而是“早已有之”。“秦以十五周岁

①睡虎地秦墓竹简整理小组：《睡虎地秦墓竹简》，文物出版社1978年11月版，第5—6页，第8页，第11页；睡虎地秦墓竹简整理小组：《睡虎地秦墓竹简》，文物出版社1990年9月版，释文第5—6页，第8—9页。

始役的规定，至晚在秦昭王时期已经有了，基本上可视为秦的定制。”[①]

张金光指出：“古人计龄，本无所谓周岁、虚岁之分。其出生不论在年初或年末，生年即为一岁，逾年终则增岁。”“喜自昭王四十五年（前 262 年）生，至始皇元年（前 246 年）傅，其间恰历十七个年头，应定为十七岁始傅（不应说‘十七周岁’，更非‘十五周岁’）。”“秦‘自占年’当在八月”，“喜至其傅年的八月已满十六周岁，亦断非十五周岁或十七周岁。喜于其所自作《编年记》中，录其十七岁始傅，这是奉行十七岁始傅制度的铁证。凡种种离此之证，皆无法通过这个铁证。研究秦役政傅籍制度，应以此作为坐标定点，去解释其它矛盾现象，而绝不能削足适履。”他认为，秦昭王“发年十五以上悉诣长平”事，“究竟只不过是一个偶然的特例，而且毫无‘十五周岁始傅’的意思”。“正因为‘发年十五以上’是违例的特殊事情，《史记》才特书之。”[②]我们看到，论者虽然说“古人计龄，本无所谓周岁、虚岁之分”，在讨论中却依然使用“已满十六周岁”的说法。也许我们可以避开“所谓周岁、虚岁”的表述方式，却不能避开“计龄”需要保证精确度的事实。确实如论者所说，“睡虎地秦简《编年记》记载了喜这个家庭几个普通庶民男子的生年月名是很值得注意的”[③]，如果“计龄”只是简单地“逾年终则增岁”，只是按照所“历”“年头”计算，那么出生“月名”记录甚至更为精确的如“十二月甲午鸡鸣

---

①高敏：《关于秦时服役者年龄问题的探讨——读〈云梦秦简〉札记兼批“四人帮”》，《云梦秦简初探》，河南人民出版社 1979 年 1 月版，第 21—22 页。

②张金光：《秦制研究》，第 211—213 页。

③张金光：《秦制研究》，第 804 页。

时，喜产”一类记录又有什么意义呢？

今按：睡虎地秦墓竹简整理小组对于“喜”的年龄的计算看来是有问题的。秦昭王卌五年（前262）“十二月甲午鸡鸣时，喜产”，“今元年”（前246）“喜傅”。“喜傅”时如果在“十二月甲午”当日或稍后，只有十六周岁。如果在“十二月甲午”之前，则只有十五周岁，而绝对不是睡虎地秦墓竹简整理小组所说的“十七周岁”。

看来，杨宽等学者“由此可知秦男子服役年龄为十五周岁始，与此印证”的说法，还是有道理的。

有了这种“印证”，则可知秦昭襄王亲赴河内令“国中男子年十五者尽行”以“国中”为政策空间范围的说法大体可信，而《史记》卷七三《白起王翦列传》张守节《正义》和司马贞《索隐》“时已属秦，故发其兵”说以为“发年十五以上悉诣长平”仅限于“河内”地方的意见，似未可从。

3.“年十五”：人生的界标

“年十五”，是男性未成年人年龄的高限。以生理条件成熟标志考虑，据说“二八十六阳道通”[①]。“年十五”而具有成人的材力，被看作早熟异能。如《史记》卷一《五帝本纪》张守节《正义》引《帝王纪》言帝俈高辛事：“龆龀有圣德，年十五而佐颛顼。”秦汉时“年十五”以言行影响政局者，有张辟彊故事。《史记》卷九《吕太后本纪》：“七年秋八月戊寅，孝惠帝崩。发丧，太后哭，

①《史记》卷四七《孔子世家》张守节《正义》：“男八月生齿，八岁毁齿，二八十六阳道通，八八六十四阳道绝。女七月生齿，七岁毁齿，二七十四阴道通，七七四十九阴道绝。”

泣不下。留侯子张辟彊为侍中，年十五，谓丞相曰：‘太后独有孝惠，今崩，哭不悲，君知其解乎？’丞相曰：‘何解？’辟彊曰：‘帝毋壮子，太后畏君等。君今请拜吕台、吕产、吕禄为将，将兵居南北军，及诸吕皆入宫，居中用事，如此则太后心安，君等幸得脱祸矣。’丞相乃如辟彊计。太后说，其哭乃哀。吕氏权由此起。乃大赦天下。九月辛丑，葬。太子即位为帝，谒高庙。元年，号令一出太后。”清人邵泰衢《史记疑问》卷上就此事批评陈平：“平媚吕者也。戮信醢越，不即斩哙，皆平之甘心左右之也。良之辟谷，虑吕祸而避之也。诸吕用事，平借辟彊小儿以启端耳。至曰王诸吕无所不可，几覆刘矣。尚敢曰定刘氏后乎！”论者以为“辟彊小儿”语只是陈平“媚吕”“启端”之借口。唐代名臣李德裕评论此事亦说：“扬子美辟彊之觉陈平，非也。若以童子肤敏，善揣吕氏之情，奇之可也。若以反道合权，以安社稷，不其悖哉！授兵产、禄，几危刘氏，皆因辟彊启之。向使留侯尚存，必执戈逐之，将为戮矣。”[①]都以张辟彊“小儿”“童子”之见为非。扬雄《法言》卷七《重黎》则写道：“或问甘罗之悟吕不韦，张辟彊之觉平、勃，皆以十二龄，茂、良乎？曰：才也，茂、良不必父祖。”则肯定张辟彊幼龄之“才”。

高敏讨论“秦以十五周岁始役”制度，举《全后汉文》卷九六班昭《为兄超求代疏》：“妾窃闻古者十五受兵，六十还之。”他以为：“这是说古时候服役的年龄标准是十五岁以上到六十岁以下。班昭是东汉人，秦国的情形，也应属于她所谓‘古时’之列。”对照云梦秦简提供的数据可知，“班昭所说，确实包括秦制”[②]。今

①《历代名贤确论》卷四一，文渊阁《四库全书》本。
②高敏：《云梦秦简初探》，第22—23页。

按，班昭文字，见《后汉书》卷七七《班超传》，不烦转自《全后汉文》。李贤注："《周礼》'乡大夫'职曰：'国中七尺以及六十，野自六尺以及六十有五，皆征之。'征谓赋税从征役也。《韩诗外传》曰'二十行役，六十免役'，与《周礼》'国中'同，即知'二十'与《周礼》'七尺'同。《周礼》国中'六十'免役，野即'六十有五'，晚于国中五年。国中'七尺'从役，野'六尺'，即是野又早于国中五年。'七尺'谓'二十'，'六尺'即'十五'也。此言'十五受兵'，谓据野外为言，'六十还之'，据国中为说也。"高敏又举居延汉简"大昌里不更李恽年十六"简例，认为这位李恽"在已经开始服兵役之后仍只有十六岁，可见他开始登记服役的年龄是十五周岁。"[①] 今按：所引简例完整简文为："葆　鸾鸟大昌里不更李恽年十六"（51.5）。"葆"字的出现，说明李恽未必是简单意义上的"服兵役者"[②]。也许敦煌汉简中的如下简例更值得注意：

羊皮裘二领
相私从者敦煌始昌里阴□年十五　　羊皮裤二两　▨
革履二两（1146）

"阴□年十五"，其身份为"私从者"。陈直曾说："从者为戍卒之亲戚同族相随至戍所者，从居延简考查，每月亦发给口粮，数量则

①高敏：《云梦秦简初探》，第23页。

②有关"葆"的简文，陈直以为反映"汉代戍所吏卒，亦用质保制度"。"盖吏卒妻子有居葆宫岁月既久者，其子又承袭为戍卒，此等兵士，虽分属各县，在名籍上加葆字以别之。"《居延汉简综论》，《居延汉简研究》，天津古籍出版社1986年5月版，第59—60页。

较戍卒为九折。”[①] 所谓“私从者”，或解释为“吏士出征时私募之随从”[②]，或释为“私人的随从”[③]，所举正史记录为《汉书》卷六一《李广利传》“发恶少年及边骑，岁余而出敦煌六万人，负私从者不与”及《汉书》卷六九《赵充国传》“愿罢骑兵，留弛刑应募，及淮阳、汝南步兵与吏士私从者，合凡万二百八十一人，用谷月二万七千三百六十三斛，盐三百八斛，分屯要害处”。从赵充国的军事计划看，“私从者”也是从军人员，与正规的“骑兵”“步兵”同样列入作战系列之中，军需供应也自有份额。这位“年十五”的“阴□”，虽然可能不是正式的“服兵役者”，却也承担着大致与士兵同样的危难和辛劳。

高敏在有关论述的“增订”论证中，又提出了新的例证：“还有《史记·项羽本纪》载项羽久攻外黄不下，及其‘已降，项王怒，悉令男子年十五以上诣城东，欲坑之’。为什么项羽只想坑杀外黄城内十五岁以上的男子呢？原因就在于当时以十五岁成丁，正是这些十五岁以上的成丁男子在抵抗项羽攻城的缘故。因此，这一情况，也从一个侧面反映出秦制以十五岁成丁。”[④] 以项羽外黄杀降以“男子年十五以上”为年龄界点分析“秦制”，提出了有参考价值的意见。

①陈直：《居延汉简综论》，《居延汉简研究》，第 151 页。

②胡平生、张德芳：《敦煌悬泉汉简释粹》，上海古籍出版社 2001 年 8 月版，第 131 页。

③李天虹：《居延汉简簿籍分类研究》，科学出版社 2003 年 9 月版，第 74 页。沈刚认同此说。《居延汉简语词汇释》，科学出版社 2008 年 12 月版，第 115 页。

④高敏：《关于秦时服役者年龄问题的探讨——读〈云梦秦简〉札记》，《云梦秦简初探》（增订本），河南人民出版社 1981 年 7 月版，第 19—21 页。

4. 十五受兵

《汉书》卷一上《高帝纪上》：四年，“八月，初为算赋”。颜师古注：“如淳曰：‘《汉仪注》：民年十五以上至五十六出赋钱，人百二十为一算，为治库兵车马。’”又《后汉书》卷一下《光武帝纪下》李贤注引《汉仪注》曰：“人年十五至五十六出赋钱，人百二十，为一筭。又七岁至十四出口钱，人二十，以供天子；至武帝时又口加三钱，以补车骑马。”这样说来，似乎“年十五”也是一个重要的年龄分界。《后汉书》卷二《明帝纪》有“可以受六尺之托”语，李贤注：“‘六尺’，谓年十五已下。”也体现了“年十五”作为人生界标的意义。《后汉书》卷四七《班超传》载班昭上书，也有“妾窃闻古者十五受兵，六十还之，亦有休息不任职也”语，也就是说，年十五以前一般是“休息不任职”的。

另一史例对于认识当时“年十五”在人生阶段划分上的意义，或许也是有益的。《史记》卷五九《五宗世家》：“江都易王非，以孝景前二年用皇子为汝南王。吴楚反时，非年十五，有材力，上书愿击吴。景帝赐非将军印，击吴。吴已破，二岁，徙为江都王，治吴故国，以军功赐天子旌旗。”“年十五”自请击吴，得赐将军印“击吴”，也是少年从军的例证。刘非以“材力”“军功”著名史册，“上书愿击吴”的事迹，在当时也可能属于非常情形。

《史记》卷一〇三《万石张叔列传》记述了汉初名臣“万石君”石奋的故事：“万石君名奋，其父赵人也，姓石氏。赵亡，徙居温。高祖东击项籍，过河内，时奋年十五，为小吏，侍高祖。高祖与语，爱其恭敬……”石奋“年十五，为小吏，侍高祖”，固然也是一种“役”，但是与一般兵役、劳役比较，有所不同。而汉代少年吏的普遍存在,反映着特殊的政治文化现象[①]。

银雀山汉简被归入《守法守令十三篇》中可能可以定名为《田法》篇的如下简文:

……与年十六以至十四皆　　(1540)

为半作……　　(0598)[②]

也体现了在当时的劳作中,"年十五"是作为未成年人看待的。所确定的工作指标是"半作"即成年劳力的一半。《盐铁论·未通》:"古者,十五入大学,与小役;二十冠而成人,与戎。""与小役"和"与戎"的区别,是鲜明的。

彭卫、杨振红指出:"据居延汉简,官方对儿童尚有特定指

---

①参看王子今:《两汉的少年吏》,《文史》第51辑,中华书局2000年7月版。任吏较早的例子,有《史记》卷三〇《平准书》:"(桑)弘羊,雒阳贾人子,以心计,年十三侍中。"《汉书》卷六八《霍光传》,霍光任为郎,"时年十余岁"。卷七六《王尊传》说,王尊"年十三,求为狱小吏"。卷八四《翟方进传》:"方进年十二三,失父孤学,给事太守府为小史。"卷三六《刘向传》:"年十二,以父德任为辇郎。"《后汉书》卷八〇上《文苑列传·黄香》:"年十二,太守刘护闻而召之,署门下孝子。"秦史中有"甘罗十二为上卿"的故事,《史记》卷七一《樗里子甘茂列传》和《战国策·秦策五》都有记载。甘罗任外交官张扬国威的事迹较多传奇色彩,或有夸饰成分。但是十二岁少年在文信侯吕不韦属下承担公务的情形,可能是接近历史真实的。黄留珠曾经指出:"有关秦以童子入仕的可靠记录,当属甘罗。"并以为这种所谓"童子仕",可以列为秦"若干入仕特例"之一。(《秦汉仕进制度》,西北大学出版社1985年7月版,第68—69页。)据《史记》卷八九《李斯列传》,秦始皇时一代名相李斯,也曾"年少时,为郡小吏"。而刘邦集团的核心人物萧何、曹参等,在《史记》卷八《高祖本纪》中也被称作"少年豪吏"。

②吴九龙释:《银雀山汉简释文》,文物出版社1985年12月版,第96页,第46页。

称。简牍文书载录的年龄分层是：大男和大女，年龄在15岁以上；使男和使女，年龄在7岁至14岁；未使男和未使女，年龄在2岁至6岁。又据《居延新简》收录的简文，汉代尚有‘小男’和‘小女’概念，分别包括使男、未使男和使女、未使女。按照政府对各个年龄层所赋予的责任，大男和大女属于成年人，小男和小女属于未成年人，这意味着汉代政府有把成人年龄提早的倾向，年龄15岁以上的成童不仅要承担赋役，还要承担相应的法律责任。当时流行的‘年未满十五，过恶不在其身’的观念[①]，当与此有关。”[②]论者关于“大男和大女属于成年人，小男和小女属于未成年人”，“‘小男’和‘小女’概念，分别包括使男、未使男和使女、未使女”等意见，都是值得重视的。然而，“这意味着汉代政府有把成人年龄提早的倾向”的说法，似乎还可以讨论。也许相关现象未必“意味着汉代政府有把成人年龄提早的倾向”，在某种意义上或许可以理解为秦制某种历史惯性的反映。

5. 文物资料所见秦少年士兵

秦军中存在少年士兵的情形，可以通过文物资料得以证实。

以秦俑军阵为例。据《秦始皇陵兵马俑坑一号坑发掘报告（1974—1984）》，发掘出土的军人模型有的有胡须，有的没有胡须。“无胡须”的，只是“少数”[③]。胡须的“制作”，“与表现具体

①原注：“《后汉书·来歙列传附曾孙历》。”

②彭卫、杨振红：《中国风俗通史·秦汉卷》，上海文艺出版社2002年3月版，第354页。今按：其实，所谓“又据《居延新简》收录的简文，汉代尚有‘小男’和‘小女’概念”的说法，似可修正。《居延汉简甲乙编》中已经出现“小男”和“小女”。如29.2。

③王玉清：《秦俑面形和表情》，《文博》1984年第1期。论者还指出：“不留胡须，显得他更加年轻和举动敏捷干练。”

形象的年龄、个性和习尚有关”[①]。秦兵马俑坑出土的军官俑和士兵俑，有一部分不表现胡须，突出显示出“年龄”特征。“标本T10K：110号俑，为头绾圆锥形发髻，身穿长襦的步卒俑。窄狭的额头，面颊肌肉丰满，下巴宽大浑厚。面容流露出天真的稚气，是个年青的小战士的形象（图版一三三：1）。”[②]今按：标本T10K：110号俑为图版一三三：1，标识错误，应为图版一〇一：2。其面容表情表现出“天真的稚气”的“小战士的形象”，还有图版一〇五：2所见T19D8：6，图版一一六：2所见T10G6：29和图版一二五：4所见T2G2：93等[③]。有研究者提示人们注意“G8、12号俑……嘴上无胡须，容貌年轻，脸上带有稚气，好像刚入伍的新兵”[④]。

有研究者曾经指出，秦俑以仿拟形式个体表现的对象，有“带怯生生神情的”“恭谨从命的小兵”[⑤]。有学者通过认真观察分析，发现秦俑中的士兵俑，有的“年轻幼稚”[⑥]。有学者认为“武士俑”中，有“刚刚入伍的年轻战士”，有“遵命唯谨的小卒”[⑦]。

这些考古遗存保留的艺术形象，其实提供了关于秦军士兵从

---

①陕西省考古研究所、始皇陵秦俑坑考古发掘队：《秦始皇陵兵马俑坑一号坑发掘报告（1974 ~ 1984）》，文物出版社1988年10月版，上册第144页。

②《秦始皇陵兵马俑坑一号坑发掘报告（1974 ~ 1984）》，上册第150页，下册第106页。

③《秦始皇陵兵马俑坑一号坑发掘报告（1974 ~ 1984）》，下册第110页，第121页，第130页。

④《秦俑面形和表情》，《文博》1984年第1期。

⑤闻枚言、秦中行：《秦俑艺术》，《文物》1975年第10期。

⑥徐卫民：《秦兵马俑艺术特点浅析》，《艺术贵族》1993年第2期。

⑦王学理：《雄浑的气魄 写实的艺术——论秦俑艺术的历史地位》，《中国考古学研究论集》，三秦出版社1987年版。

役年龄的新的信息。

相信通过继续发掘和深入研究，还将有新的发现。我们可以通过对这些物证的细致考察和认真研究，得到有关秦兵制的进一步的更明朗的认识。

6. “小子军”说由来

董说《七国考》引“刘子《别录》”说到秦的“小子军”，然不详所据。秦“小子军”亦未见其他文献。而文渊阁四库全书本《七国考》凡十引《别录》，九称“刘向《别录》”①，只有言秦“小子军”一例称“刘子《别录》”，也不免使人疑惑。

不过，即使“刘子《别录》”在文献史上年代稍晚，对于“长平之役，国中男子年十五者尽行，号为‘小子军’”的历史评议，依然是值得重视的。

我们读到一位曾经自称“刘子”的宋代学者刘敞对同一史事

---

①《七国考》卷一《魏职官》“犀首”条：“刘向《别录》云：犀首，大梁官名。公孙衍尝为是官，因号‘犀首’，盖以官号也。”《七国考》卷四《田齐宫室》“稷门”条：“刘向《别录》：稷门，齐城门也。谈说之士期会于稷门之下，故曰‘稷下’。”《楚宫室》“太室”条：“据刘向《别录》云：楚有太室，王游焉。”《韩宫室》“高门”条：“刘向《别录》云：韩宫室之美，有桑林、高门，金玉布列，五色错举。”《七国考》卷八《秦器服》“相印”条：“刘向《别录》云：秦惠文王置相印，虎钮白趾。”《七国考》卷一一《田齐兵制》“威王兵法”条：“刘向《别录》：齐威王用兵，大放穰苴之法，而诸侯朝。”《七国考》卷一二《楚刑法》“鸡次之典”条：“刘向《别录》曰：楚法书曰《鸡次之典》，或曰《离次之典》。‘离次’者，失度之谓也。秦灭楚，书遂亡矣。”《韩刑法》“刑符”条：“刘向《别录》云：今民间所有上下二篇，中书六篇，皆合二篇，已备，过太史公所记也。”《七国考》卷一四《燕琐征》“黍谷”条：“刘向《别录》曰：邹子在燕，燕有黍谷，地美而寒，不生五谷。邹子居之，吹律而温气至，今名黍谷。”

的议论。刘敞有《寓辩》一文，其中这样写道：

> 臣闻秦战长平，民年十五者必赴焉。秦王又爵民于河内，以与赵战，连时而不解。臣窃度之：秦名胜赵，其众固已困矣。非十五者不可用，其民固已竭矣。

这篇文字收入《公是集》卷四八《杂著》。论者指出，秦"与赵战"，取"民年十五者必赴"的政策，虽"名胜赵"，然而"其众固已困矣"，"其民固已竭矣"。这样的批评，与西汉政论家伍被所谓"百姓力竭"[①]，贾山所谓"百姓任罢"，"力罢不能胜其役"[②]，以及《盐铁论》所谓"人罢极"[③]，"百姓不胜其求"[④]，都是一致的。与此相关，晁错所谓"祸烈"[⑤]，《淮南子》所谓"苦烈"[⑥]，都体现了人们对秦政风格的历史感觉。然而正是因为能够极大限度地开发人力资源，极大限度地调动全社会的积极性和能动性，甚至包括调发未成年人从军，秦人方能够"蚕食诸侯，并吞战国"[⑦]，实现统一。贾山《至言》所谓"秦政力并万国，富有天下，破六国以为郡县"[⑧]的历史性的成功，应当也是与"国中男子年十五者尽行"的兵役形式有关的。而秦统治下的未成年人被迫付出的历史牺牲，

---

①《史记》卷一一八《平津侯主父列传》。
②《汉书》卷五一《贾山传》。
③《盐铁论·结和》。
④《盐铁论·诏圣》。
⑤《汉书》卷四九《晁错传》。
⑥《淮南子·氾论》。
⑦《史记》卷一一八《平津侯主父列传》载主父偃语、严安语，《盐铁论·褒赏》载文学语。
⑧《汉书》卷五一《贾山传》。

也为秦帝国的成立准备了条件。

至于秦“小子军”的名义，虽然在我们民族文化的历史记忆中并没有形成十分响亮的回声，却因反映了一种特殊制度的曾经发生，值得秦史研究者重视。就征发未成年人参与战争实践的组织形式而言，“小子军”与后世所谓“童子军”的历史关系，或许也有探究的必要。

我们还应当注意这样一个事实，人们对秦“小子军”这一历史命题的关注，始于秦昭襄王时代长平之战的军事史的记录。其实，《史记》卷七三《白起王翦列传》记载，白起“尽坑杀”赵军“卒四十万人”时，曾经“遗其小者二百四十人归赵”。《资治通鉴》卷五“周赧王五十五年”记录此事，胡三省注：“四十余万人皆死，而独遗小者二百四十人得归赵。此非得脱也，白起之谲也。强壮尽死，则小弱得归者，必言秦之兵威，所以破赵人之胆，将以乘胜取邯郸也。为应侯所沮，故白起之计不得行耳。”赵军中的这些所谓“小者”，很可能也与秦军中“小子”类似。也就是说，在“天下共苦战斗不休”[①]的时代，征调未成年人从军的，或许并非只是秦昭襄王一家。

未成年人参与军事生活情形，在汉代也可以看到相关迹象。《汉书》卷四八《贾谊传》记载，贾谊上疏陈政事，说到边防问题：“今西边北边之郡，虽有长爵不轻得复，五尺以上不轻得息，斥候望烽燧不得卧，将吏被介胄而睡，臣故曰一方病矣。医能治之，而上不使，可为流涕者此也。”所谓“五尺以上不轻得息”，颜师古注：“如淳曰：‘五尺谓小儿也。言无大小皆当自为战备。’”按照这样的理解，则“西边北边之郡”在匈奴强大军事压力下，虽“小

① 《史记》卷六《秦始皇本纪》。

儿”亦参与“战备”。

里耶秦简所见“小上造”“小女子”

里耶出土可能与户籍管理资料有关的简牍中可见“小上造”“小女子”称谓，值得我们注意。“小上造”“小女子”所指代的身份，大致可以与居延汉简所见“小男”“小女”对照理解。简文既然有“子小女”“子小女子”，则理应与此对应的“子小上造”不当理解为“楚有爵称‘小上造’”，实际上，很可能“‘小’是指未成年之小”。“小上造”身份与张家山汉简《二年律令·傅律》所见“小爵”有关，反映“小爵”制度在秦代甚至在战国时期的楚地即已出现[①]。走马楼简户籍资料中出现的未成年人使用“公乘”“士伍”称谓的情形，或许可以看作相关现象的历史遗存，不妨引为参考。看来不同的时期，不同的地区，身份继承制度的具体情形是相当复杂的。然而，现在相关资料提供的信息，尚难以使历史景象十分明朗。全面理解“小上造”“小女子”称谓包涵的文化信息，还需要进行深入的工作。进一步的学术探讨，应当有助于深化对于秦汉时期未成年人生活的认识。

1. “小上造”“小女子”简例

据《里耶发掘报告》介绍，里耶发现的“户籍简牍”，“出土于

---

①关于秦汉继承制度，一些学者利用出土文献资料进行了考论。如，刘厚琴：《汉代身份继承制度探析》，《天府新论》2008年第6期；王彦辉：《试论〈二年律令〉中爵位继承制度的几个问题》，《江苏行政学院学报》2009年第2期。

里耶古城北护城壕中段底部一凹坑中（编号 K11），出土时为 51 个残段，经整理拼复缀合得整简 10 枚，残简 14 枚（段）。完整简长约 46 厘米，宽 0.9—3 厘米不等”。“由完整简可知，这批简长均为 46 厘米，分为五栏，分栏符多为墨线”，“文字具有秦和汉初的古隶特点，均为毛笔墨书”。“其内容是户籍登记。”[①] 报告执笔者公布的“户籍简牍”，编号为 1 至 28。

其中可见“小上造”“小女子”称谓，应当引起重视。例如：

1（K27）
第一栏：南阳户人荆不更蛮强
第二栏：妻曰嗛
第三栏：子小上造□
第四栏：子小女子驼
第五栏：臣曰聚
伍长

2（K1/25/50）
第一栏：南阳户人荆不更黄得
第二栏：妻曰嗛
第三栏：子小上造台
子小上造
子小上造定
第四栏：子小女虖
子小女移

①湖南省文物考古研究所：《里耶发掘报告》，岳麓书社 2007 年 1 月版，第 203 页，第 208 页。

子小女平

第五栏：五长

3（K43）

第一栏：南阳户人荆不更大□

弟不更庆

第二栏：妻曰嫘

庆妻规

第三栏：子小上造视

子小上造□

4（K28/29）

第一栏：南阳户人荆不更黄□

第二栏：妻曰负刍

第三栏：子小上造□

第四栏：子小女子女祠　毋室

5（K17）

第一栏：南阳户人荆不更黄□

子不更昌

第二栏：妻曰不实

第三栏：子小上造悍

子小上造

第四栏：子小女规

子小女移

8（K30/45）

第一栏：南阳户人不更彭奄

弟不更说

第二栏：母曰错

妾曰□

第三栏：子小上造状

9（K4）

第一栏：南阳户人荆不更喜

子不更衍

第二栏：妻大女子

隶大女子华

第三栏：子小上造章

子小上造

第四栏：子小女子赵

子小女子见

10（K2/23）

第一栏：南阳户人荆不更宋午

弟不更熊

弟不更卫

第二栏：熊妻曰□□

卫妻曰□

第三栏：子小上造传

子小上造逐

□子小上造□

[熊]子小上造□

第四栏：卫子小女子□

第五栏：臣曰𧞤

11（K13/48）

第一栏：南阳户人荆不更□□

第二栏：妻曰有

第三栏：子小上造绰

第四栏：母◇

13（K3）

第三栏：子小上造□

　　　　子小上造失

第四栏：……

20（K26）

第二栏：……

第三栏：……

第四栏：子小女子□

　　　　□小女子□

21（K31/37）

第一栏：南阳户人荆不更李貛

第二栏：妻曰[illegible]

第三栏：子小上造□

　　　　子小上造□

第四栏：……

　　　　……

第五栏：……①

出现“小上造”“小女子”者凡12例。

2. 关于“楚有‘小上造’之爵称”推想

报告执笔者认为：“‘荆’指楚国。‘不更’是秦爵的第四级，

①湖南省文物考古研究所：《里耶发掘报告》，第203—207页。

此处连言'荆不更',有可能是秦占领楚地后对居民登记时录下其原有爵位,而不是'楚地的秦不更',后文的'小上造'和17号简的'荆大夫'也可能是楚爵位,这无疑是一个很有意思的发现。"既然"'小上造'和17号简的'荆大夫'也可能是楚爵位",那么"不更"自然"也可能是楚爵位"。其实,从"荆不更"和"荆大夫"称谓,是可以推知简文内容确是反映"秦占领楚地后"社会情形的,因而也可以排除报告中说到的"这批简牍属于汉文帝以后"的可能性。

《里耶发掘报告》写道:"也有兄弟或儿子名籍并列于第一栏的,如2号简'弟不更庆'、8号简'弟不更说'、9号简'子不更衍'、10号简'弟不更熊,弟不更卫',但秦自商鞅变法之后,兄弟成年而不异室当加倍征收赋税,而10号简兄弟三人同室不分家也很值得商榷。"[①] 其实,这应当理解为"秦占领楚地后"并不能立即"匡饬异俗"[②],迅速实现所谓"大治濯俗,天下承风"[③] 的政治目标。睡虎地秦简《语书》写道:"古者,民各有乡俗,其所利及好恶不同,或不便于民,害于邦。是以圣(2)王作为法度,以矫端民心,去其邪避(僻),除其恶俗。法律未足,民多诈巧,故后有间令下者。凡法律令者,以教道(导)(3)民,去其淫避(僻),除其恶俗,而使之之于为善殹(也)。今法律令已具矣,而吏民莫用,乡俗淫失(泆)之民不止,是即法(废)主之(4)明法殹(也),而长邪避(僻)淫失(泆)之民,甚害于邦,不便于民。故腾为是而修法律令、田令及为间私方而下之,令吏明布,(5)令吏民皆明智

①湖南省文物考古研究所:《里耶发掘报告》,第208页。
②秦始皇琅邪刻石,《史记》卷六《秦始皇本纪》。
③秦始皇会稽刻石,《史记》卷六《秦始皇本纪》。

（知）之，毋巨（歫）于罪。今法律令已布，闻吏民犯法为间私者不止，私好乡俗之心不变，自从令、丞以（6）下智（知）而弗举论，是即明避主之明法殹（也），而养匿邪避（僻）之民。如此，则为人臣亦不忠矣。若弗智（知），是即不胜任、不（7）智殹（也）；智（知）而弗敢论，是即不廉殹（也）。此皆大罪殹（也），而令、丞弗明智（知），甚不便。（8）”[①] 可知秦执政者在新占领区“除其恶俗”，以自以为“善”的秦地礼俗制度强制性覆盖各地的决心。不过，要变更各地民间的“私好乡俗之心”，是需要一个过程的。马王堆汉墓出土帛书《经法》中的《君正》篇说：“一年从其俗，二年用其德，三年而民有得，四年而发号令，【五年而以刑正，六年而】民畏敬，七年而可以正（征）。一年从其俗，则知民则。二年用【其德】，民则力。三年无赋敛，则民有得。四年发号令，则民畏敬。五年以刑正，则民不幸。”[②] 很可能秦时执政集团对于这样的政治定理是有所觉悟的。所以睡虎地秦简《为吏之道》将“变民习浴（俗）（40 叁）”与“临事不敬（37 叁），倨骄毋（无）人（38 叁），苛难留民（39 叁）”，以及“须身旞（遂）过（41 叁），兴事不时（42 叁），缓令急征（43 叁），夬（决）狱不正（44 叁），不精于材（财）（45 叁），法（废）置以私（46 叁）”等行为相并列，予以否定[③]。当然，在实际行政操作实践中，可能秦人因“急政”导致了诸多可归

---

①睡虎地秦墓竹简整理小组：《睡虎地秦墓竹简》，文物出版社 1990 年 9 月版，释文注释第 13 页。今按：“私好乡俗之心”，整理小组释文作“私好、乡俗之心”。据文意改。

②马王堆汉墓整理编：《马王堆汉墓帛书・经法》，文物出版社 1976 年 5 月版，第 12 页。

③睡虎地秦墓竹简整理小组：《睡虎地秦墓竹简》，释文注释第 170 页。

于“变民习浴(俗)”的失误[①]。

发掘报告写道:“第三栏为户主儿子之名,且前多冠以‘小上造’,但简文中失载各人的年龄和身高,‘小’是指未成年之小还是楚有爵称‘小上造’不得而知。睡虎地秦简《秦律十八种·仓律》规定:‘隶臣、城旦高不盈六尺五寸,隶妾、舂高不盈六尺二寸,皆为小。’即男性在6.5尺以下,女性在6.2尺以下都为‘小’。居延汉简中‘小’指14岁以下的未成年人[②]。走马楼吴简中也把14岁以下的未成年人称为‘小’。”[③]“但简文中十数例均为‘小上造’不至于都是未成年人之小,当有成年之子,故也有可能是楚有‘小上造’之爵称。”又指出:“第四栏为户主女儿之名,一概称之为‘子小女子’……”[④]所谓“户主女儿之名,一概称之为‘子小女子’”的说法,其实并不十分准确。也有称作“子小女”的,如5号简。既然有“子小女”“子小女子”,则理应与此对应的“子小上造”不当理解为“楚有爵称‘小上造’”,实际上,很可能“‘小’是指未成年之小”。

居延汉简资料所见“小男”“小女”[⑤],应当是与里耶简的“小上造”“小女子”(或“小女”)相对应的。

发掘报告执笔者以为:“简文中十数例均为‘小上造’不至

①参看王子今:《秦王朝关东政策的失败与秦的覆亡》,《史林》1986年第2期。

②原注:“森鹿三著,金立新译:《论居延出土的卒家属廪名册》,载中国社会科学院历史研究所战国秦汉史研究室编:《简牍译丛》第1辑,中国社会科学出版社1983年。”

③原注:“于振波:《‘筭’与‘事’——走马楼户籍简所反映的算赋和徭役》,《汉学研究》22卷2期,2004年。”

④湖南省文物考古研究所:《里耶发掘报告》,第208—209页。

⑤王子今:《两汉社会的“小男”“小女”》,《清华大学学报》2008年第1期。

于都是未成年人之小，当有成年之子，故也有可能是楚有‘小上造’之爵称。”这种推想可能未必成立。如9号简：

第一栏：南阳户人荆不更喜
子不更衍
第二栏：妻大女子
隶大女子华
第三栏：子小上造章
子小上造
第四栏：子小女子赵
子小女子见

第一栏的“子不更衍”，应当就是“成年之子”。如果这种“户籍简牍”文例严格，则第三栏不当出现“成年之子”，那么“简文中十数例均为‘小上造’不至于都是未成年人之小，当有成年之子”的说法，看来并不符合事实。发掘报告说，“第一栏为户主籍贯、爵位、姓名”，“也有兄弟或儿子名籍并列于第一栏的”[①]。现在看来，以为第一栏只是“户主”信息记录的说法，可能也需要修正。

3. “小爵”及相关制度

张家山汉简《二年律令·傅律》中关于“小爵”的内容，涉及未成年人拥有爵位的制度，值得我们注意：

---

①湖南省文物考古研究所：《里耶发掘报告》，第208页。

不更以下子年廿岁，大夫以上至五大夫子及小爵不更以下至上造年廿二岁，卿以上子及小爵大夫以上年廿四岁，皆傅之。公士、（364）公卒及士五（伍）、司寇、隐官子，皆为士五（伍）。畴官各从其父畴，有学师者学之。（365）

整理小组注释："小爵，从律文看，指有爵的青年。"① 有的学者则释"小爵"为二十等爵中最低的四个等级②。刘敏指出："小爵是有年龄或身高规定的傅籍法律条文中的特殊名词，它不是二十等爵中一至四等爵的总称，而是未傅籍成人者占有的爵位，其存在与汉代的傅籍制度、力役制度、封爵制度和继承制度有关。"对简文则作出如下解说："具有四等不更以下爵者之子，二十岁傅籍；具有五等大夫至九等五大夫爵者之子，以及本人具有小爵不更以下至二等上造的未成年人，二十二岁傅籍；具有卿以上爵者之子，以及本人具有小爵大夫以上的未成年人，二十四岁傅籍。"③ 所谓"小爵""指有爵的青年"的说法是不准确的，"小爵""是未傅籍成人者占有的爵位"的说法亦不严谨。似应说"小爵"是未成年人所有的爵位。日本学者西嶋定生研究秦汉爵制，曾经注意到汉代"对男子的赐爵，从小男之际业已开始"的情形，并以文献资料和简牍资料论证："大凡赐爵之事，并不把年少者拒之

①张家山二四七号汉墓竹简整理小组：《张家山汉墓竹简〔二四七号墓〕》，文物出版社 2001 年 11 月版，第 181 页。

②朱绍侯：《西汉初年军功爵制的等级划分——〈二年律令〉与军功爵制研究之一》，《河南大学学报》2002 年第 5 期。

③刘敏：《张家山汉简"小爵"臆释》，《中国史研究》2004 年第 3 期；中国社会科学院简帛研究中心编：《张家山汉简〈二年律令〉研究文集》，广西师范大学出版社 2007 年 6 月版，第 94—104 页。

门外的。”[①] 现在我们对赐爵未成年人的形式的了解，有了更好的条件。

里耶户籍简所见“小上造”，或许可以为张家山汉简《二年律令·傅律》“小爵”的理解提供助证。其中相关信息已经告知我们，“小爵”“其存在与汉代的傅籍制度、力役制度、封爵制度和继承制度有关”的判断，已经有修正的必要了。如果同意里耶户籍简属于秦代遗存的年代判定，则应当关注“小爵”“其存在”可上推至秦代的事实。

其实，不仅里耶户籍简反映秦时，甚至包括战国时期的楚地可能已经有“小爵”制度，走马楼竹简中的有关信息，又说明这种制度甚至在三国吴地依然保留着历史遗存。

4. 走马楼竹简参考资料

走马楼竹简提供的资料中，可见“小男”“小女”以及“子男”“子女”称谓。所包括的人群，应即简文所见“小口”。户籍资料中出现的身份，还有标明其爵名及相关等级者。除“户人公乘”外，又有“子公乘”“弟公乘”“姪子公乘”“从子公乘”“妻弟公乘”“姑弟公乘”“孙公乘”等。年龄最小的仅“三岁”(《竹简〔贰〕》2734)。又有“子士伍”“弟士伍”“姪子士伍”“兄子士伍”“从弟士伍”“孙士伍”等。年龄最小的有“一岁”(《竹简〔贰〕》1609，1966，2008，2081)、“二岁”(《竹简〔壹〕》2602；《竹简〔贰〕》2123，2288，2441，1607，1690，1828，2103)者[②]。涉及

---

① [日]西嶋定生：《二十等爵制》，武尚清译，国际文化出版公司1992年8月版，第195页。

②长沙市文物考古研究所、中国文物研究所、北京大学历史学系走(转下页)

"公乘""士伍"等级简例中的这些相关身份,其实可以读作"小公乘""小士伍"。

可能"楚有爵称'小上造'"的推测,或许与秦爵有"少上造""大上造"有某种关系。

《汉书》卷一九上《百官公卿表上》:"爵:一级曰公士,二上造,三簪褭,四不更,五大夫,六官大夫,七公大夫,八公乘,九五大夫,十左庶长,十一右庶长,十二左更,十三中更,十四右更,十五少上造,十六大上造,十七驷车庶长,十八大庶长,十九关内侯,二十彻侯。皆秦制,以赏功劳。"对于"上造",颜师古注:"造,成也,言有成命于上也。"对于"少上造""大上造",颜师古注:"言皆主上造之士也。"《汉书》卷二《惠帝纪》:"上造以上及内外公孙耳孙有罪当刑及当为城旦舂者,皆耐为鬼薪白粲。"颜师古注:"应劭曰:'上造,爵满十六者也。'师古曰:'上造,第二爵名也。'"《汉书》卷二四上《食货志上》:"文帝从错之言,令民入粟边,六百石爵上造,稍增至四千石为五大夫,万二千石为大庶长,各以多少级数为差。"颜师古注:"上造,第二等爵也。"《汉书》卷九七上《外戚传上》记录后宫女子级别:"至武帝制婕妤、娙娥、傛华、充依,各有爵位,而元帝加昭仪之号,凡十四等云。昭仪位视丞相,爵比诸侯王。婕妤视上卿,比列侯。娙娥视中二千石,比关内侯。傛华视真二千石,比大上造。美人视二千石,比少上造。八子视千石,比中更。充依视千石,比左更。七子视八百石,比右庶长。良人视八百石,比左庶长。长使视六百石,比五大

(接上页)马楼简牍整理组:《长沙走马楼三国吴简·竹简〔壹〕》,文物出版社2003年10月版;长沙简牍博物馆、中国文物研究所、北京大学历史学系走马楼简牍整理组:《长沙走马楼三国吴简·竹简〔贰〕》,文物出版社2007年1月版。

夫。少使视四百石，比公乘。五官视三百石。顺常视二百石。无涓、共和、娱灵、保林、良使、夜者皆视百石。上家人子、中家人子视有秩斗食云。”颜师古注：“大上造，第十六爵。”“少上造，第十五爵。”其实，既然有“少上造”爵级，则“小上造”作为爵名使用显然是不可能的。

《续汉书·百官志五》刘昭《注补》引刘劭《爵制》曰：“二爵曰上造。造，成也。古者成士升于司徒曰造士，虽依此名，皆步卒也。”《汉书》卷二《惠帝纪》颜师古注引应劭曰：“上造有功劳。”然而我们在汉代文献中所见平民爵位，“上造”是相当普通的。汉宣帝元康四年（前62），曾经诏令若干在高后、文景及武帝时代已经因各种原因失去“列侯”地位的功臣贵族后代重新恢复先祖身份。据《汉书》卷一五《王子侯表》和卷一六《高惠高后文功臣表》所记元康四年诏复家事，这些沦为平民的贵族之后的爵级，分布最密集的是公乘、大夫、不更、簪裹、上造、公士[①]。可见汉代“上造”低级爵的性质。

《里耶发掘报告》关于记录“子小上造”的户籍简有这样的讨论意见：“承于振波先生分析并告知：张家山汉墓《二年律令·置后律》：‘疾死置后者……不更子为上造。’[②]简文中爵位为不更的户主并未去世，而且即便户主去世，也只能有后子一人为

①合计124例中，这几种爵级的分布情形为：公乘30，大夫22，不更9，簪裹12，上造12，公士31。参看王子今：《论元康四年“诏复家”事兼及西汉中期长安及诸陵人口构成》，《中日学者论中国古代城市社会》，三秦出版社2007年5月版。

②原注：“张家山二四七号汉墓整理小组：《张家山汉墓竹简》，文物出版社2001年，第182页。”今按：“张家山二四七号汉墓整理小组”应为“张家山二四七号汉墓竹简整理小组”。简文“不更子为上造”，应为“不更后子为上造”。

上造，不可能同为上造。据《二年律令·傅律》：‘不更子以下年廿岁……皆傅之’；‘不为后而傅者……不更至上造子为公卒’[①]。简文中的‘子’均为‘子小上造’，如果将‘小’理解为未到傅籍年龄的‘小’，他们不得有爵位，即便到了傅籍年龄，如 2 号简户主有三个儿子，至少应该有两个儿子为‘公卒’，不可能都是‘上造’。简文所记与西汉初年法律规定的情况相去甚远。秦时对爵位的控制相当严格，简文所反映的情况当不可能发生。众所周知，频繁且大规模赐爵主要发生在汉文帝以后，但是，说这批简属于汉文帝以后证据也不充分，首先，汉简名籍在使用‘大’、‘小’等表示年龄的名称时，一般也同时标明具体年龄，而这些简无一人标明年龄。其次，这批简的爵位也过于整齐划一，所有男子，无论是否成年，都有爵位，而且除一例爵位为大夫而外(第 17 号简)，其余都为上造和不更，令人不解；户人爵位前的‘荆’字，应该有其特定的含义，值得研究。”[②]

关于早期爵制的形成，特别是秦国以外地方的相关文化现象的认识，尚存在许多疑问。《孟子·万章下》说“周室班爵禄”：“天子一位，公一位，侯一位，伯一位，子男同一位。”后来《汉书》卷二五下《郊祀志下》所见王莽的说法“爵天子”也以为周的五等爵制包括天子。《左传·襄公二十一年》“庄公为勇爵”，学者的理解也不一样[③]。不过，对于《左传·成公十三年》所见晋人捕

---

①原注：“张家山二四七号汉墓整理小组：《张家山汉墓竹简》，文物出版社 2001 年，第 1175 页。”今按：“张家山二四七号汉墓整理小组”漏排“竹简”二字，“第 1175 页”应为“第 182 页”。

②湖南省文物考古研究所：《里耶发掘报告》，第 209 页。

③杜注以为“设爵位，以命勇士”，《左氏会笺》则理解为：“爵，饮酒器。设此以觞勇士，因名勇爵。非爵位也。”

获的秦人“不更女父”,“不更”被解释为“秦爵”[①]。楚国是否有“不更”之爵,我们是不清楚的。然而《韩非子·和氏》说吴起改革,有“三世而收爵禄”的措施。有学者认为“这是以军功爵彻底否定旧秩序”[②]。有学者指出,“执圭”或“执珪”,就是楚爵[③]。看来,里耶户籍简所见“荆不更”正如《里耶发掘报告》所说:“‘荆不更’,有可能是秦占领楚地后对居民登记时录下其原有爵位”,“17 号简的‘荆大夫’也可能是楚爵位,这无疑是一个很有意思

①杜预《春秋经传集解》:“不更,秦爵。”

②[日]西嶋定生:《二十等爵制》,第 348 页。论者又有注释:“关于楚国的世族压抑策,在《韩非子》喻老篇,作为春秋时代楚庄王时的事情,而跟相传的‘楚邦之法,禄臣再世而收地’这一孙叔敖之说法联在一起。关于这个错误,参看增渊龙夫《关于韩非子喻老篇所谓楚邦之法》(《一桥论丛》四〇之六,1959 年)。”《二十等爵制》,第 351 页。

③《太平御览》卷八〇六引《说文》曰:“圭,瑞玉也。上员下方,以封诸侯。楚爵有执圭。”董说《七国考》卷一“执珪”:“《文选注》:‘楚爵功臣,赐以圭,谓之执圭,比附庸。’《国策注》:‘楚国之法,破军杀将,其官为上柱国,封上爵执珪者,谓既为上柱国之官,又虚受执珪之爵也。’余按:‘上柱国’、‘执珪’皆楚官名。‘封上爵执珪’即今尚书加宫保之比。《文选注》未明。《国策》:‘楚尝与秦构难,战于汉中,通侯、执珪死者七十余人。’注:‘通侯、执珪皆楚官。’又:‘楚襄王以执珪授庄辛。’《淮南子》云:‘佽非爵为执珪。’又云:‘子发攻蔡,逾之,宣王郊迎列田百顷而封之执珪。’又云:‘吴起为楚减爵禄之令,而功臣畔矣。’徐注:‘减爵,减执珪之类。’”缪文远《七国考订补》:“董氏所引《文选注》乃《淮南·道应》篇许慎注。又执圭乃爵名,诸书所载甚明,当与官名区别。”又补《通鉴·周纪》三赧王三年胡注:“执珪,楚爵也,执珪而朝者也。”《七国考订补》,上海古籍出版社 1987 年 4 月版,上册第 79—80 页。今按:“‘上柱国’‘执珪’皆楚官名”的说法,应出自以为官名爵名不当并列的误解。《史记》卷六《秦始皇本纪》琅邪刻石:“列侯武城侯王离、列侯通武侯王贲、伦侯建成侯赵亥、伦侯昌武侯成、伦侯武信侯冯毋择、丞相隗状、丞相王绾、卿李斯、卿王戊、五大夫赵婴、五大夫杨樛从,与议于海上。”西嶋定生已经指出,“这里,我们可看到与官名丞相并列的列侯、伦侯、卿、五大夫之爵称”。《二十等爵制》,第 40 页。

的发现”。也许“荆不更”“荆大夫”可以成为我们认识楚国爵制的一个新的突破口。

《里耶发掘报告》所谓“所有男子,无论是否成年,都有爵位,而且除一例爵位为大夫而外(第17号简),其余都为上造和不更”,由简1第五栏所谓“臣曰聚”可知此说不确。上文已经说到,据简文所见“荆不更”和“荆大夫”称谓,已大致可以排除“这批简属于汉文帝以后”的可能。关于是否必须“户主”“去世”其身份方可继承,是否“即便户主去世,也只能有后子一人为上造,不可能同为上造”,走马楼简未成年“公乘”“士伍”身份也许有益于我们的思考。看来不同的时期、不同的地区,身份继承制度的具体情形是相当复杂的。然而,现在相关资料提供的信息,尚难以使历史景象十分明朗。显然全面理解“小上造”“小女子”称谓包涵的文化信息,还需要进行深入的工作。而进一步的学术探讨,是有助于深化对于秦汉时期未成年人生活的认识的。

两汉社会的“小男”“小女”

汉代未成年人有确定的法律身份。其特定称谓在文献记录和文物资料中都有遗存。许多历史迹象表明,未成年人中以“小男”“小女”标志的身份,或主动或被动地初步参与了社会生产和其他社会活动。

“小男”“小女”身份包括“使男”“使女”和“未使男”“未使女”。“使”字,可以理解为初步具有了基本劳作能力,大致已堪可使役。当时“小男”较“小女”享受更高的社会待遇的情形,值得我们注意。

1. 使男·使女——未使男·未使女

彭卫、杨振红指出:“据居延汉简,官方对儿童尚有特定指称。简牍文书载录的年龄分层是:大男和大女,年龄在15岁以上;使男和使女,年龄在7岁至14岁;未使男和未使女,年龄在2岁至6岁。又据《居延新简》收录的简文,汉代尚有‘小男’和‘小女’概念,分别包括使男、未使男和使女、未使女。按照政府对各个年龄层所赋予的责任,大男和大女属于成年人,小男和小女属于未成年人,这意味着汉代政府有把成人年龄提早的倾向,年龄15岁以上的成童不仅要承担赋役,还要承担相应的法律责任。当时流行的‘年未满十五,过恶不在其身’的观念[①],当与此有关。”[②]也许“这意味着汉代政府有把成人年龄提早的倾向”的说法还可以讨论,然而论者关于“大男和大女属于成年人,小男和小女属于未成年人”,“‘小男’和‘小女’概念,分别包括使男、未使男和使女、未使女”等意见,都是值得重视的。

其实,所谓“又据《居延新简》收录的简文,汉代尚有‘小男’和‘小女’概念”的说法,似并不符合事实。《居延汉简甲乙编》中已经可以看到“‘小男’和‘小女’概念”。例如:

妻大女昭武万岁里□□年卌二
永光四年正月己酉　子大男辅年十九岁

①原注:“《后汉书·来歙列传附曾孙历》。”
②彭卫、杨振红:《中国风俗通史·秦汉卷》,上海文艺出版社2002年3月版,第354页。

橐佗吞胡隧长张彭祖符　　子小男广宗年十二岁
子小女女足年九岁
辅妻南来年十五岁
皆黑色　　（29.2）

永田英正、张春树、池田温等学者都曾提出“大男”“大女”年龄为15岁以上的意见[①]。有的日本学者对于“小男”和“小女”的身份，以为包括“使男”“使女”和“未使男”“未使女”[②]。也有学者提出疑议。根据是居延汉简中有“‘未使男’和‘小男’并见”的简例：

妻大女待年廿七
☐　子未使男偃年三　省茭用谷五石三斗一升少
子小男霸年二　　（203.23）

为什么“子小男霸年二”列于“子未使男偃年三”之后，成为一个疑点。或以为“小男”“小女”还“另有其身份与意义”[③]。

现在看来，“‘未使男’和‘小男’并见”仅此一例，似乎未可从根本上动摇“‘小男’和‘小女’概念，分别包括使男、未使男和

① ［日］永田英正：《居延汉简研究》，张学锋译，广西师范大学出版社2007年7月版，第137页；张春树：《居延汉简中所见的汉代边塞制度》，《清华学报》新5卷2期，1966年，第154—269页。［日］池田温：《中国古代籍帐研究》，龚泽铣译，中华书局1984年8月版，第71页。

② ［日］池田温：《中国古代籍帐研究》，第71—73页。

③耿慧玲：《由居延汉简看大男大女使男使女未使男未使女的问题》，《简牍学报》第7期，1980年。

使女、未使女”的观点。张家山汉简《二年律令》中的《金布律》出现“大男”“大女”“使小男”“使小女”“未使小男”“未使小女”的称谓，也说明了这一判断是正确的。

至于“使男”“使女”和“未使男”“未使女”的“使”字，陈槃认为和“使役”有关。他在有关“使男使女”的讨论中写道：“言‘使男’、‘未使男’、‘使女’、‘未使女’，‘使’者，《荀子·解蔽》‘况于使之者乎’，《注》‘使，役也’。是其义。《论语·学而》：‘使民以时。’‘使男’‘使女’犹言‘使民’矣。”又引汉安帝元初三年冬十月诏：“诏郡国中都官，系囚减死一等，勿笞，诣冯翊、扶风屯，妻子自随，占著所在。女子勿输。”陈槃写道：“按汉世边塞屯戍，多以弛刑之徒，妻子与俱。居延之屯，亦不例外。至于服役，由安帝诏令推之，则屯戍女子，服役是其当然。‘勿输’乃例外矣。唯言‘女子勿输’，则男子必输作矣。虽隧长家属亦在服役之列，盖已属公廪，则不能无义务故。”

陈槃又引录了夏鼐的不同意见：“夏作铭氏以余说为不然，谓‘使男’‘使女’之‘使’字，虽源于使役之‘使’，然已成当时户籍中之专门名词，并非指实际服役；否则十五岁以上之男女亦当服役，何以称‘大男’‘大女’，而不统称‘使男’‘使女’？按《汉书·昭帝本纪》元凤四年《注》：‘民年七岁至十五岁，年出二十三钱为口赋；民年十五至五十六，年出百二十钱为算赋。’①知‘使男’‘使女’者，乃纳口赋之民；‘大男’‘大女’者，乃纳算赋之民；‘未使男’‘未使女’者，乃未及纳赋年龄之婴孩。此当

①原注：“槃按《后汉书·光武纪》注引《汉仪注》作，‘人年十五至五十六，出赋钱，人百二十为一算；又七岁至十四岁出口钱，人二十，以供天子。至武帝时又口加三钱，以补车骑马’。”

为其时户籍中登记之通用语，简文即依此意使用。”陈槃写道：“此论甚有理致，今附存于此。”

其实，“使男”“使女”和“未使男”“未使女”的“使”字，可以理解为具有了基本劳作能力。“使”解释为“役”“用”“教”“令”“事”，都是可以的，但是并非只是指君主对臣民的“使”，也包括家族尊长对一般成员的“使”。《释名·释长幼》说：“男，任也，典任事也。”毕沅注：“《白虎通·嫁娶》篇云：‘男者，任也。任功业也。’[①]《说文》：‘男，丈夫也，从田力，言男用力于田也。’[②]用力于田，典任事之义也。”其实，我们所理解的“使男”“使女”和“未使男”“未使女”的“使”，在某种意义上可能也与“任”的涵义接近。

2. “七岁为断”

“使男”“使女”和“未使男”“未使女”以“七岁”作为年龄界定，也值得注意。

对于“七岁为断”情形，陈槃又有如下分析：“考简文，男自七岁则为‘使男’，六岁以下，则曰‘未使男’[③]。女子年限，今唯知八岁以上为已使，六岁以下为未使。至于是否亦七岁则使同于男子，无文可考。惟汉代制诏、法令等，其涉及年限者不拘男女，大都以七岁为起点。《汉仪注》：‘人年十五至五十六，出赋钱，

①《白虎通·嫁娶》未见“男者，任也，任功业也”语。《白虎通·爵》：“男者，任也。”《太平御览》卷三六〇引《白虎通》：“‘男’‘女’者何？谓‘男’，男，任也，任功业也。女者，如也，如从人也。”

②段玉裁注：“古‘男’与‘任’同音。故‘公侯伯子男’，王莽‘男’作‘任’。”

③原注：“顷得杨莲生兄示书，始知其旧亦有此说。六一年六月廿日补记。”

人百二十,为一算;又七岁至十四岁,出口钱,人百二十,以供天子。'[①]《汉书·刑法志》:'至成帝鸿嘉元年,定令:年未满七岁,贼斗杀人及犯殊死者,上请廷尉以闻。'又《贡禹传》:'宜令儿七岁去齿,乃出口钱';又《平帝纪》:'诏云……男子年八十以上、七岁以下,家非坐不道,诏所名捕,它皆无得系'[②];《后汉书·刘隆传》:'父礼与安众侯崇起兵诛莽,事泄,隆以年未七岁,故得免';又《顺帝纪》:永建'三年春正月丙子,京师地震,汉阳地陷裂。甲午诏:实核伤害,赐年七岁以上钱,人二千';又《纪》:永和'三年……夏四月戊戌,遣光禄大夫,案行金城、陇西,赐压死者,年七岁以上钱,人二千'[③];又《公孙瓒传》:'乃居于京,以铁为门,斥去左右,男人七岁以上,不得入易门,专侍妻妾。'[④]由此言之,则女子亦七岁以上为已使,同于男子,盖可知也。《周礼·秋官·司厉》职:'其奴,男子入于罪隶,女子入于舂稾。凡有爵者与未龀者,皆不为奴。'郑注:'龀,毁齿也。男年八岁、女七岁而毁

①原注:"《后汉书·光武纪》引。"今按:"出口钱,人百二十",应是"人二十"。

②今按:《汉书》卷一二《平帝纪》载录诏书原文为:"诏曰:'盖夫妇正则父子亲,人伦定矣。前诏有司复贞妇,归女徒,诚欲以防邪辟,全贞信。及眊悼之人刑罚所不加,圣王之所制也。惟苛暴吏多拘系犯法者亲属,妇女老弱,构怨伤化,百姓苦之。其明敕百寮,妇女非身犯法,及男子年八十以上七岁以下,家非坐不道,诏所名捕,它皆无得系。其当验者,即验问。定著令。'"颜师古注:"幼弱,谓七岁以下。老眊,谓八十以上。"

③原注:"《桓帝纪》:永寿元年、永康元年振灾,赐七岁以上钱,同。"今按:还有一条相关史料不应遗漏。《后汉书》卷五《安帝纪》记延光元年(122)事:"是岁,京师及郡国二十七雨水,大风,杀人。诏赐压溺死者年七岁以上钱,人二千。"

④今按:《后汉书》卷七三《公孙瓒传》:"瓒虑有非常,乃居于高京,以铁为门。斥去左右,男人七岁以上不得入易门。专侍姬妾,其文簿书记皆汲而上之。令妇人习为大言声,使闻数百步,以传宣教令。"

齿。’[①]郑氏此注，与《说文》同[②]。而《贡禹传》云：‘宜令民七岁去齿，乃出口钱。’[③]是谓男女皆七岁而毁齿也。罪隶之子，七岁毁齿则为奴，盖古人观念以为，年七岁以上则使，此其制，岂非亦有取于此欤？荀爽《女诫》：‘圣人制礼，以隔阴阳。七岁之男，王母不抱；七岁之女，王父不持。’[④]是又谓古人制礼，亦有七岁之一观念矣。”

关于《汉书》卷二三《刑法志》“定令：年未满七岁，贼斗杀人及犯殊死者，上请廷尉以闻”，陈槃又有这样的考论：“《志》又云，孝景后三年，复下诏曰：‘其著令，年八十以上，八岁以下及孕者未乳、师、朱儒当鞠系者，颂系之。’此‘八岁以下’，俞樾以为本作‘七岁以下’，引《孝平纪》元始三年诏为证；又引《礼记·曲礼》‘八十九十曰耄，七年曰悼。悼与耄，虽有罪，不加刑焉。’谓此正汉制所本[⑤]。槃按《周礼·秋官·司刺》注：‘郑司农云，幼弱老旄，若今时律令，年未满八岁、八十以上，非手杀人，他皆不坐。’此‘八岁’，疑亦当作‘七岁’。《后汉书·光武纪》，建武三年，诏曰：‘男子八十以上、十岁以下，及妇人从坐者，自非不道，诏所名捕，皆不得系。’此‘十岁’，疑亦当作‘七岁’。古文书‘十’作‘丨’，‘七’作‘+’，最易相乱。”[⑥]

---

①今按：郑玄注原文为“龀，毁齿也。男八岁、女七岁而毁齿”。

②今按：《说文·齿部》：“龀，毁齿也。男八月生齿，八岁而龀。女七月生齿，七岁而龀。”

③原注：“《汉仪注》亦云：‘七岁至十四岁出口钱。’”

④原注：“《全后汉文》卷六十七。”

⑤原注：“详《湖楼笔谈》卷四。”

⑥陈槃：《汉晋遗简偶述》，《汉晋遗简识小七种》，“中研院”史语所专刊之六十三，“中研院”史语所1975年6月版，第27—30页。今按：《后汉书》卷一〇上《皇后纪上·光烈阴皇后》：“七岁失父”，（转下页）

张家山汉简《二年律令·具律》:“吏民有罪当笞,谒罚金一两以当笞者,许之。有罪年不盈十岁,除;其杀人,完为城旦舂。”(八六)[①] 这里的“有罪年不盈十岁”,是否可能也是“有罪年不盈七岁”的误写呢?《二年律令·具律》又有:“公士、公士妻及□□行年七十以上,若年不盈十七岁,有罪当罚者,皆完之。”(八三)[②] 与文献对照,所谓“年不盈十七岁”,也使人产生疑惑。出土汉简法律史料提供的信息,与我们从传世文献中得到的认识有所不同。《礼记·曲礼上》说:“八十九十曰‘耄’,七年曰‘悼’。‘悼’与‘耄’虽有罪,不加刑焉。”郑玄注:“‘悼’,怜爱也。”对于所谓“虽有罪,不加刑”,他的解释是“爱幼而尊老”。

汉代刑罚制度的年龄界定中多见“七岁以下”的说法,而所谓“八岁以下”之“八”,也可能并非“七”的误字。这一情形使我们想到当时社会观念中男童和女童的年龄界定有“八岁”和“七岁”的不同。《说文·齿部》:“龀,毁齿也。男八月生齿,八岁而龀。女七月生齿,七岁而龀。”《周礼》郑玄注:“男八岁、女七岁而毁齿。”而《白虎通·嫁娶》又说:“七,岁之阳也。八,岁之阴也。”“阳数七,阴数八,男八岁毁齿,女七岁毁齿。”事实上,七岁与八岁之间,应当是一个年龄转换的大致界限。

(接上页)中华书局点校本《校勘记》:“按:《袁纪》作‘十岁丧父’。”

①张家山二四七号汉墓竹简整理小组:《张家山汉墓竹简〔二四七号墓〕》,第14页,第146页。

②张家山二四七号汉墓竹简整理小组:《张家山汉墓竹简〔二四七号墓〕》,第13页,第146页。

3."小男"和"小女"的待遇差别

《管子·海王》记录了一段管子主张进行盐业管理的言论。其中说道:"十口之家,十人食盐。百口之家,百人食盐,终月大男食盐五升少半,大女食盐三升少半;吾子食盐二升少半。此其大历也。"尹知章注:"少半,犹劣薄也。"此说误。"少半",这里是指三分之一。对于"吾子"的理解,尹注:"吾子,谓小男小女也。"解说是正确的。陈奂说:"《地数》篇曰'凡食盐之数,婴儿二升少半',则'吾子'谓婴儿也。"安井衡引《正字通》云:"古本《管子》'吾子'作'童子'",以为"盖谓唐以前之本"。俞樾以为:"'吾'当读为'牙'。《后汉书·崔骃传》注曰:'童牙,谓幼小也。''吾子'即牙子,其作'吾'者,'牙''吾'古同声,犹驺吾之或作驺牙矣。《太玄·勤》次三曰'羁角之吾,其泣呱呱',义与此同。张佩纶说,《太玄·勤》次三'羁角之吾,其泣呱呱,小得縕扶',宋衷注:'羁角,谓童幼也。'王涯注:'吾者,吾吾然无所归之貌。'疑《太玄》之'吾'即本此。'吾子'谓羁角之童幼。疑'吾'与'牙'通。《后汉·崔骃传》《达旨》曰'甘罗童牙以报赵',注:童牙,谓幼小也。"[①]

《管子》"吾子食盐二升少半"的"吾子"是指"童子""幼小""婴儿""小男小女",学者们的判断基本是一致的。正如马非百所说:"'吾子'二字,指未成年之小男小女而言。各家解释皆无异议。"[②]

---

①黎翔凤:《管子校注》,中华书局2004年6月版,第1249—1250页。

②马非百还指出:"观《墨子·公孟篇》:'公孟子曰:三年之丧,学吾子之慕父母。'下文又云:'子墨子曰:夫婴儿子之智,独慕父母而已。'上言'吾子',下言'婴儿子',可见吾子即婴儿,《墨子》中早已言之矣。"(转下页)

《管子》有关食盐月消费量的说法，以为大男五又三分之一升，大女三又三分之一升，小男小女二又三分之一升。

小男小女食盐消费数量一致，处于相同的等级。这意味着他们的口粮消费量大概也应当是一致的。

然而，汉代相关资料却告诉我们与此不同的事实。

有学者已经注意到居延汉简中反映的口粮配给制度，"'未使男'的用谷数为一石六斗六升大，和'使女'的数量相同"[①]。如果表列不同身份的口粮定量，可以看到这样的情形：

身份	用谷
大男	三石
大女	二石一斗六升大
使男	二石一斗六升大
使女	一石六斗六升大
未使男	一石六斗六升大
未使女	一石一斗六升大

"'未使男'的用谷数""和'使女'的数量相同"，"使男"的用谷数也和"大女"的相同。实际上，"使男"和"未使男"都跨越了一个年龄等级，而与更高年龄段的女子享受同样的口粮定量。未成年人口粮消费的这种性别差异，是耐人寻味的。

张家山汉简《二年律令》中的《金布律》，还有这样的条文：

（接上页）《管子轻重篇新诠》，中华书局1979年12月版，上册第194—195页。

①耿慧玲：《由居延汉简看大男大女使男使女未使男未使女的问题》，《简牍学报》第7期，1980年。

诸内作县官及徒隶，大男，冬禀布袍表里七丈、络絮四斤，绔（袴）二丈、絮二斤；大女及使小男，冬袍五丈六尺、絮三斤，绔（袴）丈八尺、絮（四一八）

二斤；未使小男及使小女，冬袍二丈八尺、絮一斤半斤；未使小女，冬袍二丈、絮一斤。夏皆禀禅，各半其丈数而勿禀绔（袴）。夏以四月尽六月，冬（四一九）

以九月尽十一月禀之。布皆八稯、七稯。以裘皮绔（袴）当袍绔（袴），可。（四二〇）[①]

配给冬装的规格，也体现出等级差异，而“使小男”和“大女”为一等，“未使小男”和“使小女”为一等。夏装“各半其丈数”，执行着同样的等级规格。

也就是说，除了口粮供给制度之外，衣装供给制度也同样优待未成年人中的男性。这一情形，体现出汉代社会对于未成年男性给予了更多的物质生活关照。其出发点，应当在于这种社会构成对于未来社会将发挥更重要的作用。天水放马滩秦简《日书》甲种可见“平旦生女日出生男夙食女莫食男日中女日西中男”（放16）等内容，又有“得男子矣”（放22，放24）的预言[②]，可见人们对得子性别的关注。陈直《关中秦汉陶录》著录“长宜子孙常得男”陶文[③]，也表达了当时人求子愿望的性别追求。《史

①张家山二四七号汉墓竹简整理小组：《张家山汉墓竹简〔二四七号墓〕》，第189页。

②何双全：《天水放马滩秦简综述》，《文物》1989年第2期。

③陈直有文字说明：“汉长宜子孙常得男陶盖，陶皆纯青，出土地址未详，科学院所藏。文七字‘长宜子孙常得男’男字减笔。”陈直：《关中秦汉陶录》，中华书局2006年2月版，上册第78—79页。

记》卷一〇《孝文本纪》记载缇萦著名故事："齐太仓令淳于公有罪当刑，诏狱逮徙系长安。太仓公无男，有女五人。太仓公将行会逮，骂其女曰：'生子不生男，有缓急非有益也！'"《史记》卷一〇五《扁鹊仓公列传》又作"缓急无可使者！"① 所谓"生子不生男，有缓急非有益也！""缓急无可使者！"应体现了当时社会观念的普遍倾向。《史记》卷四九《外戚世家》记载：卫子夫为皇后，卫氏权势上升，"贵震天下。天下歌之曰：'生男无喜，生女无怒，独不见卫子夫霸天下！'"也说明通常情形下"生男"之"喜"与"生女"之"怒"。

关于"小女子"称谓

里耶户籍简中出现"小女子"7次，"大女子"2次，计5枚简，又有"小女"5次，计2简。这里出现了一个问题，即简文中出现的称谓是"大女""小女"还是"大女子""小女子"。

1. "小女"还是"小女子"

在2007年11月10日至11日于台北举行的"2007中国简帛学国际论坛"上，笔者提交题为《试说里耶户籍简所见"小上造""小女子"》的论文，讨论了相关问题。拙文是将简文所见称

① 《史记》卷一〇五《扁鹊仓公列传》："文帝四年中，人上书言意，以刑罪当传西之长安。意有五女，随而泣。意怒，骂曰：'生子不生男，缓急无可使者！'"《汉书》卷二三《刑法志》："齐太仓令淳于公有罪当刑，诏狱逮系长安。淳于公无男，有五女，当行会逮，骂其女曰：'生子不生男，缓急非有益！'"

谓读作“大女子”“小女子”的。当时听到“中研院”历史语言研究所邢义田教授的意见。他认为,“大女子”“小女子”,其实应当读作“大女”“小女”,随后的“子”字是名字的第一字,应当接后续字连读。笔者以为这是非常重要的提示。

在论文发表后对评议意见的答复中,笔者举出了可以反映秦汉社会“小女子”已经是习用称谓的几条例证。如《后汉书》卷八三《逸民列传·韩康》:“韩康字伯休,一名恬休。京兆霸陵人。家世著姓,常采药名山,卖于长安市,口不二价,三十余年。时有女子从康买药,康守价不移。女子怒曰:‘公是韩伯休那?乃不二价乎!’康叹曰:‘我本欲避名,今小女子皆知有我焉,何用药为!’乃遁入霸陵山中。”皇甫谧《高士传》有大略相同的故事[①]。

又如《太平御览》卷一四引张璠《汉记》曰:“灵帝和光元年[②],虹昼见御座殿庭前,色青赤。上引蔡邕问之。对曰:‘虹蜺,小女子之祥。’”聚珍本《东观汉记》卷二一《蔡邕传》:“诏问有黑气堕温明殿东庭中,如车盖,腾起奋迅,五色,有头,体长十余丈,形似龙似虹蜺。邕对:‘虹著于天而降施于庭,以臣所闻,则所谓天投蜺者也。’虹昼见御座殿庭前,色青赤。上引邕问之。对曰:‘虹蜺,小女子之祥。’”吴树平《东观汉记校注》写道:“‘小女子之祥’,此条不知聚珍本从何书辑录。”“疑聚珍本误以《汉记》文字辑入《东观汉记》。”[③] 闻一多曾经将《太平御览》

①《太平御览》卷八二八皇甫谧《高士传》:“韩康字伯休,京兆霸陵人。常采药名山,卖于长安市,口不二价,三十余年。时女子从买药,康守价不与。女子怒曰:‘是韩伯休耶?乃不二价!’康叹曰:‘我本避名,今小女子皆知有,何用药为!’乃遁霸陵山中。”

②应为“光和元年”。

③吴树平校注:《东观汉记校注》,中州古籍出版社1987年3月版,下册第734—735页。

卷一四引张璠《汉记》所见“小女子”与《诗·候人》“季女斯饥”、郑笺“幼弱者饥”联系起来分析，写道：“小女子不就是季女吗？”[①]

韩康所谓“今小女子皆知有我焉”，蔡邕所谓“虹蜺，小女子之祥”，都说明“小女子”称谓的通行。

又如《太平御览》卷九〇三引《魏志》所见预言家管辂故事：“管辂尝至郭恩家，碓上鸡斗。谓恩曰：‘当有老人将豚一口从东候公。舍有小口伤，亦无所苦。’明日果有亲知老翁携肫馈恩。恩射鸡为馔，迸箭着小女子脚。举家惶怖，竟无所害。”今本《三国志》卷二九《魏书·方技传·管辂》情节有所不同：“辂又至郭恩家，有飞鸠来在梁头，鸣甚悲。辂曰：‘当有老公从东方来，携豚一头，酒一壶。主人虽喜，当有小故。’明日果有客，如所占。恩使客节酒、戒肉、慎火，而射鸡作食，箭从树间激中数岁女子手，流血惊怖。”前者作“迸箭着小女子脚”，后者作“箭从树间激中数岁女子手”。“小女子”和“数岁女子”的对应关系，则是明确的。前者所见“小口”称谓，见于长沙走马楼三国吴简[②]。汉代经济管理涉及人口时，本已有按照年龄段区分，即“大小口有差”的制度[③]。

①闻一多：《朝云考》，《闻一多全集》，湖北人民出版社 1994 年 1 月版，第 3 卷第 42 页。

②如长沙走马楼竹简：“其三百卌四人小口々收钱五合一千六百七十”（1—4436），“·其五百六十一人小口(?)收钱五合三千二百八十钱”（2—4408）。长沙市文物考古研究所、中国文物研究所、北京大学历史学系走马楼简牍整理组编著：《长沙走马楼三国吴简·竹简〔壹〕》，上册第 324 页，下册第 987 页；长沙简牍博物馆、中国文物研究所、北京大学历史学系走马楼简牍整理组编著：《长沙走马楼三国吴简·竹简〔贰〕》，中册第 390 页，下册第 806 页。

③《后汉书》卷六《顺帝纪》：“（阳嘉元年二月）丁巳，皇后谒高庙、光武庙，诏禀甘陵贫人，大小口有差。”这是政府救济行为。而赋税的（转下页）

与河西汉简多见“小男”“小女”称谓不同,走马楼竹简现今所获得的资料多见“小女”,少见“小男”。走马楼竹简“小口”与“大口”的年龄界定。或许可以通过走马楼竹简所见“小女”的年龄分析,获得参考信息。“小女”与“大女”的年龄界点应当在十五岁左右。如果我们推想“小口”与“大口”的界定也是如此,或许不会有大的差误。

其实,还有与里耶户籍简年代更为相近的数据,可以帮助我们理解“小女子”称谓问题。

2. 云梦漆器文字“大女子”的参考意义

裘锡圭曾经指出:“云梦秦墓出土的漆器上,往往有‘宦里大女子嬰’①、‘大女子嫠’②、‘蘲(原释‘阴’)里’、‘士五(伍)军’、‘左里□□’、‘大女子嵳’、‘钱里大女子’、‘上造□’、‘舆里□’、‘舆昌月’、‘昌武□’一类针刻人名。宦里、舆昌、昌武等都是里

(接上页)征收也有“大小口有差”的情形。例如《后汉书》卷八六《南蛮传》记载:“岁令大人输布一匹,小口二丈,是谓賨布。虽时为寇盗,而不足为郡国患。”“大人”与“小口”岁输賨布的比率是2比1。《后汉书》卷八五《东夷列传·高句骊》:“自今已后,不与县官战斗而自以亲附送生口者,皆与赎直,缣人四十匹,小口半之。”也是2比1的比率。

①原注:“《文物》1973年9期25页图五。”图下文字说明:“彩绘漆盘底上的针刻字。”据发掘简报:“彩绘漆盘二件。形制完全相同”,“两件的背面底部有针刻字(图五)”。湖北省博物馆、孝感地区文教局、云梦县文化馆:《湖北云梦西汉墓发掘简报》,《文物》1973年第9期。未能明确是否两件“彩绘漆盘底上的针刻字”“完全相同”,都是“宦里大女子”。

②原注:“同上32页图二三。”图下文字说明:“漆耳杯外底针刻字。”据发掘简报:“漆耳杯六十二件”,“有些耳杯的外底或耳下有针刻字或烙印文”。湖北省博物馆、孝感地区文教局、云梦县文化馆:《湖北云梦西汉墓发掘简报》,《文物》1973年第9期。

名,大女子、士伍、上造等是身分。"[①] 其中"宦里大女子嬰""大女子骛""大女子娄""钱里大女子"等,都是可以与里耶户籍简中简9(K4)第二栏"妻大女子媐""隶大女子华"对照理解的称谓形式。"大女子娄"句后,原注:"《文物》1976年9期54页。"查《文物》1976年第9期刊湖北孝感地区第二期亦工亦农文物考古训练班《湖北云梦睡虎地十一座秦墓发掘简报》,第54页图五—9即"大女子娄",而图五—6"□大女子"也是相类同的信息,不宜遗漏。荆州谢家桥一号汉墓出土第1号竹牍,有文字:"五年十一月癸卯朔庚午,西乡虎敢言之:郎中大夫昌自言:母大女子恚死,以衣器、葬具及从者子、妇、偏下妻、奴婢、马、牛、物、人一牒。百九十七枚。昌家复,毋有所与。有诏令谒告地下丞以从事,敢言之。"这座墓下葬的时间是"西汉吕后五年十一月二十八日(前184年12月26日)"[②]。"母大女子恚死"文例,也是当时社会习用"大女子"称谓的证明。与"大女子"对应的"小女子"称谓,自然也是当时通行于民间的。

3. 名字资料的对照分析

"中研院"历史语言研究所刘欣宁教授在《里耶户籍简牍与"小上造"再探》一文中写道:"与'小上造'相对,王子今先生指出未成年女性称为'小女'或'小女子';然而邢义田先生却认为只称为'小女','小女子'之'子'字,实为其名的第一个字,如简

①裘锡圭:《啬夫初探》,《云梦秦简研究》,中华书局1981年7月版,第278页。

②荆州博物馆:《湖北荆州谢家桥一号汉墓发掘简报》,《文物》2009年第4期。

1‘子小女子驼’,‘子驼’乃为其名。邢先生之观察十分具有见地,只是如依其说,这批简出现的三十个女性名字(扣除残缺者),共有九位以‘子’字开头,比例是否偏高?有可能是此地特殊的女性命名习惯使然,但前方不衔接‘大女’、‘小女’的十六位,无一名字以‘子’字开头。简9所载之户内,妻子、女儿与‘隶’之名皆以‘子’字起头,恐怕也过于巧合。‘小女子’或许仍应释为一词。”[①]刘欣宁的分析,是有道理的。“这批简出现的三十个女性名字(扣除残缺者),共有九位以‘子’字开头,比例是否偏高”的疑问,确实值得思考。刘增贵教授在关于汉代妇女名字的论著中,列有《汉代妇女名字总表》,其中名字中出现“子”字的,有“羊子”(成帝时婢,《汉书》卷九七下《外戚传下》),“卫子夫”(武帝卫皇后,《史记》卷一一一《卫将军骠骑列传》),“王子羽”(爰书提及女子,《居延新简》EPS4T2.52),“刘鬲子”(平帝妹封尊德君,《汉书》卷九七下《外戚传下》),“刘园子”(梁荒王女弟,《汉书》卷四七《文三王传》)。实际上仅有“卫子夫”“王子羽”两例符合我们讨论的情形,即名字中“以‘子’字开头”[②]。这样的情形,在577例中,所占“比例”不足0.35%。就是说,从文献遗存和考古资料综合分析,妇女以“子”字作为名字的第一字的情形,在汉代其实并不普遍。

此外,如果确实“‘小女子’之‘子’字,实为其名的第一个字,如简1‘子小女子驼’,‘子驼’乃为其名”,那么,简4(K28/29)第四栏“子小女子女祠 毋室”,其姓名则很可能为“黄子女祠”,这也与我们了解的秦汉人定名规律不能相合。

---

①简帛网,2007年11月20日,http://www.bsm.org.cn/show_article.php?id=751。

②刘增贵:《汉代妇女的名字》,《新史学》7卷4期,1996年12月。

看来,许多迹象表明,里耶户籍简所见“小女子”是可以理解为确定的称谓的。而这一称谓对于理解秦汉时期社会结构的意义,也应当受到重视。

附论:走马楼简所见未成年“公乘”“士伍”

走马楼简户籍资料中出现的未成年人使用“公乘”“士伍”称谓的情形,应是秦汉社会爵制的后期遗音。里耶“户籍简牍”中所见“小上造”称谓,或许与此有某种渊源关系。未成年“公乘”“士伍”的社会身份,可能与张家山汉简《二年律令·傅律》所见“小爵”有关。不同的时期,不同的地区,身份继承制度的具体情形是相当复杂的。全面理解相关制度及其所包涵的文化信息,还需要进行深入的工作。进一步的学术探讨,应当有助于深化对于秦汉三国时期未成年人生活以及当时社会状况的认识。

1. 未成年人拥有爵名情形

走马楼竹简提供的户籍资料中,可见“小男”“小女”以及“子男”“子女”称谓。所包括的人群,应即简文“其三百卅四人小口々收钱五合一千六百七十”(《竹简》〔壹〕4436)及“·其五百六十一人小口(?)收钱五合三千二百八十钱”(《竹简》〔贰〕4408)所见“小口”[①]。

---

①长沙市文物考古研究所、中国文物研究所、北京大学历史学系走马楼简牍整理组编著:《长沙走马楼三国吴简·竹简〔壹〕》,文物出版社2003年10月版,上册第324页,下册第987页;长沙简牍博物馆、(转下页)

走马楼简户籍资料中出现的身份，又有不写作“小男”“子男”，而标明其爵名及相关等级者。除数量颇多的“户人公乘”外，又有“子公乘”“弟公乘”“姪子公乘”“从子公乘”等，多是未成年人。如《长沙走马楼三国吴简·竹简〔壹〕》可见：

子公乘
四岁（3944）；
七岁（3010，3013，3014）；
八岁（3324，3914，3917，3929，4035）；
十岁（2561，3052，3321，3906）；
十一岁（3363）；
十四岁（3382）；
十五岁（8573）；
弟公乘
三岁（2975）；
五岁（2958，3284）；
六岁（10530，10534）；
七岁（10512，10542）；
八岁（3072，10491）；
十岁（2922）；
十二岁（10511）；

（接上页）中国文物研究所、北京大学历史学系走马楼简牍整理组编著：《长沙走马楼三国吴简·竹简〔贰〕》，文物出版社2007年1月版，中册第390页，下册第806页。

姪子公乘

七岁（3924，3946）；

十五岁（3362）；

从子公乘

？岁（3054）。[①]

又有“子士伍”“弟士伍”以及仅写作“士伍”而可以明确为未成年人者：

子士伍

三岁（2646）；

七岁（2585）；

九岁（7645）；

弟士伍

二岁（2602）；

三岁（2658）；

五岁（7706，8944）；

十岁（2603，10390）；

士伍

四岁（7644）；

五岁（7644）；

①高敏分析《长沙走马楼三国吴简·竹简〔壹〕》提供的资料，注意到“民户中的未成年者，不乏拥有‘公乘’爵者”，所录“民户中未成年人拥有‘公乘’爵的竹简”15例，并说明“不是同类竹简的全部”。《从〈长沙走马楼三国吴简·竹简·壹〉看孙权时期的赐爵制度实况》，《中州学刊》2005年第4期。

六岁（7645）。

"士伍"或写作"仕伍"[①]。《长沙走马楼三国吴简·竹简〔贰〕》亦可见以上身份标示形式，又有"子男公乘""男弟公乘""男姪公乘""兄子公乘""妻弟公乘""姑弟公乘""孙公乘"等：

子公乘
三岁（2734）；
七岁（6646）；
十岁（1591，1774，1938，2017）；
十一岁（1780，2410）；
十二岁（6773）；
十三岁（1544，1719）；
十四岁（6917）；
十五岁（1741，1776）；
子男公乘
十二岁（1858）；
十四岁（7356）；
弟公乘（男弟公乘）
六岁（3381）；
七岁（2038，2217，7538）；
八岁（4548）；
九岁（1839）；

①长沙市文物考古研究所、中国文物研究所、北京大学历史学系走马楼简牍整理组编著：《长沙走马楼三国吴简·竹简〔壹〕》。

十岁(1591);

十一岁(1694,1733,1934,1976,2688,7102);

十二岁(1654,1858,1885,2272,2367,6714);

十三岁(1598,1962,2359);

十四岁(1639,6917);

十五岁(1609,1909);

姪子公乘

四岁(4176);

十岁(1807);

十一岁(1757);

十三岁(1749);

十四岁(2155);

男姪公乘

十一岁(1942);

十五岁(2078);

兄子公乘

十五岁(6742);

妻弟公乘

十五岁(6966);

姑弟公乘

十二岁(1769);

孙公乘

十三岁(2470)。

简5097"☑□公乘梨年七岁☑",也是未成年"公乘"。"士伍"身份则除上述称谓外,又可见"子男士伍""男士伍""姪子士伍”“姪士伍”“兄子士伍”“孙士伍”“孙子士伍”等：

子士伍

一岁（1848）；

二岁（2045，2123，2288）；

三岁（1575，1628，1684，1813，1920，2413，2664，7596）；

四岁（1631，1799，1832，1843，1870，1896，1927，1974，2185）；

五岁（1745，1838，1926，2124，2126）；

六岁（1631，2118，2148，2495）；

七岁（1649，1860，2007，2066，2098，2109，2407，2661，6737[①]，7388）；

八岁（1760，1893，2290，6762）；

九岁（1586，1912，2012，2293，2408，2428）；

十岁（2104）；

十二岁（2221）；

子男士伍

二岁（2441）；

四岁（2052）；

五岁（1538）；

八岁（1558，2063）；

男士伍

八岁（2072）；

弟士伍（男弟士伍）

一岁（1609，1966，2008，2081）；

①简文写作“士五”。

二岁(1607,1690,1715,1828,2103,2383);

三岁(1563,1643,1844,1918,1919,1963,1966,2118,2412,2440,2646,2685,7596);

四岁(1547,1607,1618,1620,1631,1638,1662,1721,1726,1735,1789,1865,1896,1923,2086,2101,2103,2164,2495,2550);

五岁(1537,1558,1752,1779,1930,1976,1979,2108,2188,2204,2355,2612,7379,7537);

六岁(1565,1619,1774,1789,1853,1965,1967,1979,2008,2053,2086,2114,2249,2366,2393,2443,3381,6701,7549,7703,7965);

七岁(1559,1586,1634,1648,1693,1716,1842,1891,1912,2435,2493);

八岁(1665,1718,1913,1994,2086,2211,2337,2392,6801,7510);

九岁(1569,1581,1615,1619,1638,1668,1813,1845,1878,2017,2019,2383,2530);

姪子士伍

三岁(1765);

四岁(1561,2323,2373,2440,2557);

五岁(1627,1744,2044,2094,2200,2291);

七岁(1601,1614,1683,2108);

八岁(1559,1901,2089);

九岁(1716,2293);

十二岁(1828);

侄士伍(男侄士伍)

七岁(2120);

八岁(1845);

兄子士伍

□岁(1988);

从弟士伍

四岁(1758);

□士伍

一岁(2038);

三岁(2573);

四岁(1969,2470);

五岁(2622);

九岁(1918);

十四岁(2315);

孙士伍

四岁(1955);

五岁(1952);

孙子士伍

七岁(1640);

十岁(2104)。[①]

"士伍"在二十等爵之外。《汉官旧仪》卷下:"秦制二十爵。男子赐爵,一级以上有罪以减,年五十六免。无爵为士伍,年六十乃免

①长沙简牍博物馆、中国文物研究所、北京大学历史学系走马楼简牍整理组编著:《长沙走马楼三国吴简·竹简〔贰〕》。

老，有罪各尽其刑。”《史记》卷五《秦本纪》：“（秦昭襄王）五十年十月，武安君白起有罪为士伍迁阴密。”[①] 裴骃《集解》：“如淳曰：‘尝有爵而以罪夺爵，皆称士伍。’”《史记》卷一一八《淮南衡山列传》：“士伍开章等七十人与棘蒲侯太子谋反。”裴骃《集解》引如淳曰：“律‘有罪失官爵称士伍’者也。”“士伍”似乎相当于军中较一般“战士”地位稍高的上等兵[②]。

2. “士伍”身份

在汉代社会结构的等级层次中，“士伍”虽然是无爵者，但是地位高于普通“庶人”。张家山汉简《二年律令·户律》：“关内侯九十五顷，大庶长九十顷，驷车庶长八十八顷，大上造八十六顷，少上造八十四顷，右更八十二顷，中更八十（310）顷，左更七十八顷，右庶长七十六顷，左庶长七十四顷，五大夫廿五顷，公乘廿顷，公大夫九顷，官大夫七顷，大夫五顷，不（311）更四顷，簪褭三顷，上造二顷，公士一顷半顷，公卒、士五（伍）、庶人各一顷，

---

① 《史记》卷七三《白起王翦列传》：“免武安君为士伍，迁之阴密。”《七国考》卷一二“士伍”条：“《史记》昭襄王五十年十月，武安君有罪为士伍，迁阴密。如淳曰：尝有爵而以罪夺爵，谓之士伍。自二级以上有刑罪则贬爵，自一级以下有刑罪刑矣。”《焦氏易林》卷四《巽·震》：“日月运行，一寒一暑。荣宠赫赫，不可得保。颠陨坠堕，更为士伍。”又《中孚·晋》：“日月运行，一寒一暑。荣光赫赫，不可得保。颠蹶殒坠，更为士伍。”也说到这一情形。

② 《太平御览》卷三三四引《魏武军令·船战令》曰：“雷鼓一通，吏士皆严。再通，士伍皆就船，整持橹棹，战士各持兵器就船，各当其所。幡鼓各随将所载船。鼓三通，大小战船以次发，左不得至右，右不得至左，前后不得易处。违令者斩。”

司寇、隐官各五十亩。(312)"[①]"士五",正与《长沙走马楼三国吴简·竹简〔贰〕》简6737"☑□子士五年七岁☑"[②]相同。有学者注意到走马楼竹简中的"士伍",以为:"汉代'士伍',是指无爵或失去爵位的人;三国的'士伍'称谓,则是世袭兵。这里的'士伍',书写在本来是爵位的地方,与'真吏'标注位置不同,未必就是三国时期的兵户。"[③]没有将未成年"士伍"与未成年"公乘"联系起来考虑,似有不妥。

日本学者西嶋定生研究秦汉爵制,曾经注意到"对男子的赐爵,从小男之际业已开始"的情形,并以文献资料和简牍资料论证:"大凡赐爵之事,并不把年少者拒之门外的。"[④]现在我们对赐爵未成年人的形式的了解,有了更好的条件。高敏指出:"民户中未成年人之获得'公乘'爵者人数不少,他们之中年龄最小者五岁,最大者十三岁[⑤]。这些人如此年轻何以能获得第八级'公乘'呢?显然是其父辈因为多次获得赐爵通过爵可累计而超过'公乘'爵级时转移给其兄弟、子侄的结果。《后汉书》卷二《明帝纪》即明确规定:'其赐天下男子爵,人二级;三老、孝悌、力田、人三级;爵过公乘,得移与子、若同产、同产子……'同书卷三《章帝纪》也说:'(永平)十八年冬十月丁未,大赦天下。赐民爵,人二级;为父后及孝悌、力田,人三级……爵过公乘,得移与子若

①张家山二四七号汉墓竹简整理小组:《张家山汉墓竹简〔二四七号墓〕》,文物出版社2001年11月版,第175—176页。

②长沙简牍博物馆、中国文物研究所、北京大学历史学系走马楼简牍整理组编著:《长沙走马楼三国吴简·竹简〔贰〕》,下册第854页。

③张荣强:《孙吴简中的户籍文书》,《历史研究》2006年第4期。

④[日]西嶋定生:《二十等爵制》,武尚清译,国际文化出版公司1992年8月版,第195页。

⑤今按:实际上最小三岁,最大十五岁。

同产子。’为了防止民户因赐爵而获得免役的特权，就制定了‘民爵不得过公乘’的规定。超过部分就转给其兄弟、儿子及侄子。孙吴时期在长沙郡实行赐民爵制的过程中，明显地继承了东汉明帝、章帝时的规定，但民户转移其爵级给其子弟者众多，以致民户中未成年者获得‘公乘’爵者大有人在，实则表明三国时期的吴国‘赐民爵’之滥，其本身就是毫无价值的一种表明。”[①] 不过，这一分析，似未可说明未成年“士伍”密集出现的情形以及未成年“公乘”和未成年“士伍”的关系。也许出现这些现象的社会因素，还要更复杂一些。

---

①高敏:《从〈长沙走马楼三国吴简·竹简·壹〉看孙权时期的赐爵制度实况》,《中州学刊》2005 年第 4 期。

一〇　少年吏：未成年人的参政机会

甘罗童冠立功故事辨议

《战国策》可见甘罗“生十二岁”为秦立功的故事。《史记》说甘罗因此封“以为上卿”。太史公曰：“甘罗年少，然出一奇计，声称后世。”甘罗少年立功的故事在后世有久远的影响，其情节甚至有所夸衍和炫饰。有学者指出，甘罗事迹“未免近于神话”，有些情节难以考证，只能“存疑”。然而考察相关历史文化现象，仍可以丰富我们对秦文化的认识。秦行政史的某些特征，可以因甘罗童冠而封上卿的特殊境遇有所体现。中国古代未成年人议政与参政的可能性和实际表现，也可以通过对这种生动的故事进行考察。甘罗故事的历史影响，也可以看作传播史研究的课题。

1.《战国策》《史记》甘罗事迹

《战国策·秦策五》说到甘罗自请说服张唐相燕，解决吕不韦面临政治难题的故事：“文信侯欲攻赵以广河间，使刚成君蔡泽事燕三年，而燕太子质于秦。文信侯因请张唐相燕，欲与燕共伐赵，以广河间之地。张唐辞曰：'燕者必径于赵，赵人得唐者，受百里之地。'文信侯去而不快。少庶子甘罗曰：'君侯何不快甚也？'文信侯曰：'吾令刚成君蔡泽事燕三年，而燕太子已入质矣。今吾自请张卿相燕，而不肯行。'甘罗曰：'臣行之。'文信君叱去曰：'我自行之而不肯，汝安能行之也？'甘罗曰：'夫项橐生七岁而为孔子师，今臣生十二岁于兹矣！君其试臣，奚以遽言叱也？'甘罗见张唐曰：'卿之功，孰与武安君？'唐曰：'武安君战胜攻取，不知其数；攻城堕邑，不知其数。臣之功不如武安君也。'甘罗曰：'卿明知功之不如武安君欤？'曰：'知之。''之用秦也，孰与文信侯专？'曰：'应侯不如文信侯专。'曰：'卿明知为不如文信侯专欤？'曰：'知之。'甘罗曰：'应侯欲伐赵，武安君难之，去咸阳七里，绞而杀之。今文信侯自请卿相燕，而卿不肯行，臣不知卿所死之处矣！'唐曰：'请因孺子而行！'令库具车，厩具马，府具币。"据《史记》卷七一《樗里子甘茂列传》记述：

甘罗者，甘茂孙也。茂既死后，甘罗年十二，事秦相文信侯吕不韦[①]。

秦始皇帝使刚成君蔡泽于燕，三年而燕王喜使太子丹入质于秦。秦使张唐往相燕，欲与燕共伐赵以广河间之地。张唐谓文信侯曰："臣尝为秦昭王伐赵，赵怨臣，曰：'得唐者与百里之地。'今之燕必经赵，臣不可以行。"文信侯不快，未有以强也。甘罗曰："君侯何不快之甚也？"文信侯曰："吾令刚成君蔡泽事燕三年，燕太子丹已入质矣，吾自请张卿相燕而不肯行。"甘罗曰："臣请行之。"文信侯叱曰："去！我

①司马贞《索隐》："《战国策》云甘罗事吕不韦为庶子。"

身自请之而不肯，女焉能行之？”甘罗曰：“大项橐[1]生七岁为孔子师。今臣生十二岁于兹矣，君其试臣，何遽叱乎？”于是甘罗见张卿曰：“卿之功孰与武安君？”卿曰：“武安君南挫强楚，北威燕、赵，战胜攻取，破城堕邑，不知其数，臣之功不如也。”甘罗曰：“应侯之用于秦也，孰与文信侯专？”张卿曰：“应侯不如文信侯专。”甘罗曰：“卿明知其不如文信侯专与？”曰：“知之。”甘罗曰：“应侯欲攻赵，武安君难之，去咸阳七里而立死于杜邮。今文信侯自请卿相燕而不肯行，臣不知卿所死处矣。”张唐曰：“请因孺子行。”令装治行。

甘罗身份，据《战国策》说是吕不韦门下少庶子。动员张唐出行的方式，是以武安侯白起死于杜邮的悲剧相威胁。

甘罗又自愿出使赵国。秦王嬴政召见，“使甘罗于赵”。而甘罗果然取得外交成功，使秦国得到了实际利益。《战国策·秦策五》：“行有日矣，甘罗谓文信侯曰：‘借臣车五乘，请为张唐先报赵。’见赵王，赵王郊迎。谓赵王曰：‘闻燕太子丹之入秦与？’曰：‘闻之。’‘闻张唐之相燕与？’曰：‘闻之。’‘燕太子入秦者，燕不欺秦也。张唐相燕者，秦不欺燕也。秦、燕不相欺，则伐赵，危矣。燕、秦所以不相欺者，无异故，欲攻赵而广河间也。今王赍臣五城以广河间，请归燕太子，与强赵攻弱燕。’赵王立割五城

①司马贞《索隐》：“尊其道德，故云‘大项橐’。”泷川资言《史记会注考证》引张守节《正义》：“尊其道德，故曰‘大’。”《史记会注考证》又写道：“枫山、三条本，‘夫’作‘大’，索隐本、正义本亦作‘大’。《策》作‘夫’。《策》义为长。”《史记会注考证附校补》，上海古籍出版社 1986 年 4 月版，第 1413 页。施之勉说：“按，黄善夫本，凌本、殿本，并作‘夫’。”《史记会注考证订补》，华冈出版有限公司 1976 年 5 月版，第 1221 页。

以广河间，归燕太子。赵攻燕，得上谷三十六县，与秦什一。”《史记》卷七一《樗里子甘茂列传》：

> 行有日，甘罗谓文信侯曰：“借臣车五乘，请为张唐先报赵。”文信侯乃入言之于始皇曰：“昔甘茂之孙甘罗，年少耳，然名家之子孙，诸侯皆闻之。今者张唐欲称疾不肯行，甘罗说而行之。今愿先报赵，请许遣之。”始皇召见，使甘罗于赵。赵襄王郊迎甘罗。甘罗说赵王曰：“王闻燕太子丹入质秦欤？”曰：“闻之。”曰：“闻张唐相燕欤？”曰：“闻之。”“燕太子丹入秦者，燕不欺秦也。张唐相燕者，秦不欺燕也。燕、秦不相欺者，伐赵，危矣。燕、秦不相欺无异故，欲攻赵而广河间。王不如赍臣五城以广河间，请归燕太子，与强赵攻弱燕。”赵王立自割五城以广河间。秦归燕太子。赵攻燕，得上谷三十城，令秦有十一。

所谓“令秦有十一”，司马贞《索隐》：“谓以十一城与秦也。”甘罗以外交行为中的口舌辩议，实现了秦的领土扩张。他的功绩，得到秦国执政集团的肯定。《史记》卷七一《樗里子甘茂列传》：“甘罗还报秦，乃封甘罗以为上卿，复以始甘茂田宅赐之。”太史公曰：“甘罗年少，然出一奇计，声称后世。虽非笃行之君子，然亦战国之策士也。”《索隐述赞》也有“甘罗妙岁，卒起张唐”的赞语。

“太史公曰”又有“方秦之强时，天下尤趋谋诈哉”语。甘罗故事即“战国之策士”故事，体现于在外交活动中“谋诈”策略的优胜。

2. 甘罗事志疑

关于甘罗的功绩,《战国策》:"归燕太子。赵攻燕,得上谷三十六县,与秦什一。"《史记》:"秦归燕太子。赵攻燕,得上谷三十城,令秦有十一。"梁玉绳《史记志疑》卷二九《樗里子甘茂列传第十一》以为并非事实:"案:此仍《秦策》然妄也。燕太子丹自秦逃归,非秦归之。秦连岁攻赵,救亡不暇,安能攻燕。始皇十九年赵灭后,代王与燕合军上谷,是时为始皇二十五年,何云得上谷三十城。(《策》作'三十六县'。)皆非事实。"① 泷川资言《史记会注考证》:"中井积德曰:按《燕世家》《荆轲传》,并言丹亡归,无秦归之之事。又《燕》《赵世家》,并不见上谷之役,盖辩士之浮言,非事实也。愚按,梁玉绳亦有此说。"②

杨宽《战国史》分析战国史料的复杂性,提出"合纵连横史料的去伪存真"的任务。他说,"纵横家的缺点,偏面强调依靠外交活动造成合纵或连横的有利形势,过分夸大计谋策略的作用",而《史记》对材料的采用,确实可以看到"司马迁未能去伪存真,反而以伪为真"的情形③。

如果甘罗迫使赵国攻燕,而赵以部分新占领区"与秦"的说法不是事实,则"甘罗还报秦,乃封甘罗以为上卿,复以始甘茂田宅赐之"的说法失却依据。这自然成为讨论甘罗事迹时不可以回避的问题。

马非百《秦集史》中《人物传》有关于甘罗事迹的内容:"至甘茂之孙甘罗,说赵与秦共攻燕,得上谷三十城,令秦有十一。梁

---

①〔清〕梁玉绳:《史记志疑》,中华书局 1981 年 4 月版,第 1260 页。
②《史记会注考证附校补》,上海古籍出版社 1986 年 4 月版,第 1413 页。
③杨宽:《战国史》(增订本),上海人民出版社 1998 年 3 月版,第 15 页。

玉绳以此事系《策》文之妄。谓秦连岁攻赵，赵救亡不暇，安能攻燕？始皇十九年，赵灭后，代王与燕合兵，军上谷。是时为始皇二十五年，何得云得上谷三十城？然吾观《赵世家》悼襄王九年，即始皇十一年，有‘赵攻燕，取狸阳城’之记载，《正义》云：案燕无狸阳，当作渔阳。渔阳、上谷皆代郡东邻地。是攻燕确为事实。如此时赵果未取得渔阳、上谷之地，则国亡之后，代王嘉岂能驻军上谷以与燕合兵耶？惟甘罗以髫龄之年，竟能使于四方不辱君命，而秦廷君臣亦居然信任之而不疑，未免近于神话。始存疑于此，俾后之君子有所旁证云。”①

《后汉书》卷四四《胡广传》说到甘罗与子奇、贾谊、终军等“年乖”“弱冠”时“显用”“扬声”，李贤注文，有一段话特别值得注意。中华书局点校本作：“《史记》曰，秦欲与燕共伐赵，以广河间之地。甘罗年十二，使于赵，说赵王立割五城，以广河间。秦乃封罗为上卿。”②虽不作明确正式的引文处理，但“史记”标示为书名。李贤所引《史记》未知所出，然而其中所谓“秦欲与燕共伐赵，以广河间之地”以及“使于赵，说赵王立割五城，以广河间”的情节，应当比“赵攻燕，得上谷三十六县，与秦什一”，“赵攻燕，得上谷三十城，令秦有十一”的说法更为可信。也许这一记录，可能片断保存了甘罗事迹的历史真实。

杨宽《战国史》第九章《秦的统一》第一节《秦兼并六国和完成统一》中，有“秦攻取赵的上党和河间”的内容③，可以在讨论甘罗事迹时读作形势背景资料的介绍。其情形，全是军事实力的较量。

---

①马非百：《秦集史》，中华书局 1982 年 8 月版，第 172—173 页。

②《后汉书》，中华书局 1965 年 5 月版，第 1508 页。

③杨宽：《战国史》（增订本），第 428—430 页。

3. 与甘罗并说的“子奇”

前引文献所谓“甘罗、子奇”、“子奇、甘罗”，与甘罗并说的“子奇”，也是先秦罕见的少年异才的典范。

《后汉书》卷四四《胡广传》：“甘、奇显用，年乖强仕，终、贾扬声，亦在弱冠。”李贤注引《史记》说到“甘罗年十二，使于赵，说赵王立割五城，以广河间。秦乃封罗为上卿”，又引“《说苑》曰：‘子奇年十八，齐君使主东阿，东阿大化。’《礼记》曰：‘四十强而仕。’”“《前书》：终军年十八，为博士弟子，自请愿以长缨必羁南越王而致之阙下。上奇其对，擢为谏大夫，往说越。越听命，天子大悦。贾谊年十八，以诵诗属文称于郡中，文帝召为博士。”我们注意到，在少年成功者的组合中，甘罗往往名列在先。尽管就时序来说，应当子奇在前而甘罗在后，但是这里却说“甘、奇显用，年乖强仕”。《后汉书》卷六〇下《郎𫖮传》郎𫖮荐李固云：“颜子十八，天下归仁[①]。子奇稚齿，化阿有声。”李贤注：“子奇，齐人，年十八为阿邑宰。出仓廪以振贫乏，邑内大化。见《说苑》。”[②]“子奇”故事和“甘罗”故事往往并说，一东一西，一齐一秦，体现类似事迹在当时影响的广泛。元人于钦《齐乘》卷六《人物》也说：“子奇，齐人。十八为阿邑宰，出仓廪以赈贫乏，邑内大化。见《说苑》。”子奇故事未见今本《说苑》。《说苑·尊贤》：“介子推行年十五而相荆，仲尼闻之，使人往视，还曰：‘廊下有二十五俊士，堂上有二十五老人。’仲尼曰：‘合二十五人之

---

①李贤注：“《论语》曰：颜渊问仁。孔子曰：克己复礼为仁，一日克己复礼，天下归仁焉。”

②蔡邕《荐边文礼》：“夫若以年齿为嫌，则颜渊不得冠德行之首，子奇不得纪治阿之功。”《蔡中郎集》卷三。

智，智于汤武；并二十五人之力，力于彭祖。以治天下，其固免矣乎！'"[1]

《新序·杂事》则有齐地另一"后生可畏"的事迹："齐有闾丘印，年十八，道遮宣王曰：'家贫亲老，愿得小仕。'宣王曰：'子年尚稚，未可也。'闾丘印对曰：'不然。昔有颛顼，行年十二，而治天下，秦项橐七岁为圣人师。由此观之，印不肖耳，年不稚矣。'宣王曰：'未有咫角骖驹，而能服重致远者也。由此观之，夫士亦华发堕颠而后可用耳。'闾丘印曰：'不然。夫尺有所短，寸有所长，华骝绿骥，天下之俊马也，使之与狸鼬试于釜灶之间，其疾未必能过狸鼬也；黄鹄白鹤，一举千里，使之与燕服翼试之堂庑之下，庐室之间，其便未必能过燕服翼也。辟闾巨阙，天下之利剑也，击石不缺，刺石不锉，使之与营橐决目出眯，其便未必能过营橐也。由此观之，华发堕颠，与印何以异哉？'宣王曰：'善。子有善言，何见寡人之晚也？'印对曰：'夫鸡豚讙嗷，即夺钟鼓之音；云霞充咽，则夺日月之明。谗人在侧，是以见晚也。《诗》曰：听言则对，谮言则退。庸得进乎。'宣王拊轼曰：'寡人有过，寡人有过。'遂载舆之俱归，而用焉。故孔子曰：'后生可畏，安知来者之不如今。'此之谓也。"[2]

"甘罗"故事可以与先秦其他类似"年尚稚"而实现成功实践的少年事迹对照理解。不过，就传播至今的文本看，甘罗成功时的年龄，较其他东方少年还是要小一些。

---

① 〔汉〕刘向撰，赵善诒疏证：《说苑疏证》，华东师范大学出版社 1985 年 2 月版，第 227 页。

② 〔汉〕刘向编著，石光瑛校释，陈新整理：《新序校释》，中华书局 2001 年 1 月版，第 774—781 页。今按：孔子"后生可畏"语，已见《论语·子罕》。

4. 与甘罗并说的"张辟彊"

《金史》卷一一一《内族思烈传》赞曰:"思烈夙惠,请诛权奸以立主威,有甘罗、辟彊之风。所谓'茂、良不必父祖'者也。"① 百衲本《金史》作"思烈夙惠"②,殿本作"思烈夙慧"③,文渊阁四库全书本作"色埒夙慧"。"夙慧"之"慧"应是正字。在《金史》作者笔下和甘罗成为一个"夙慧"少年组合的,是历史表现于甘罗之后的张辟彊。

这位张姓少年,以留侯之子的身份,在吕氏当政时代的政治迷雾中,表现出非常的透视能力。《史记》卷九《吕太后本纪》:"七年秋八月戊寅,孝惠帝崩。发丧,太后哭,泣不下。留侯子张辟彊为侍中,年十五,谓丞相曰:'太后独有孝惠,今崩,哭不悲,君知其解乎?'丞相曰:'何解?'辟彊曰:'帝毋壮子,太后畏君等。君今请拜吕台、吕产、吕禄为将,将兵居南北军,及诸吕皆入宫,居中用事,如此则太后心安,君等幸得脱祸矣。'丞相乃如辟彊计。太后说,其哭乃哀。吕氏权由此起。乃大赦天下。九月辛丑,葬。太子即位为帝,谒高庙。元年,号令一出太后。"

扬雄《法言·重黎》已经将张辟彊与甘罗并说:"或问甘罗之悟吕不韦,张辟彊之觉平、勃,皆以十二龄。茂、良乎?曰:才也茂、良,不必父祖。"④ 宋人王观国《学林》卷二《法言》写道:"扬雄《法言》曰:'或问甘罗之悟吕不韦,张辟彊之觉平、勃,皆

---

①中华书局点校本作"茂良不必父祖"。1975年7月版,第2455页。今按:"甘罗、辟彊"分断,则"茂良"亦应分断作"茂、良"。

②《二十五史(百衲本)》,浙江古籍出版社1998年5月版,第7册第381页。

③《二十五史》,上海古籍出版社、上海书店1986年12月版,第9册第263页,总第7183页。

④汪荣宝:《法言义疏》,中华书局1987年3月版,第375页。

以十二龄。'《前汉·外戚传》曰:'惠帝崩,太后发丧,哭而泣不下。留侯子张辟彊年十五,为侍中,谓丞相陈平曰:帝无壮子,太后畏君等。今请拜诸吕居中用事,则太后心安。'《法言》云十二龄,而《汉书》云十五者,观辟彊启陈平之语,殆非十二龄所能言。当从《汉书》年十五也。"[①] 已经就张辟彊的年龄予以澄清。言"十二龄"者,似是要与甘罗取齐。《学林》所论,据"《前汉·外戚传》"而不据《史记》,似有不妥。

有学者写道:"'皆以十二龄'者,《史》《汉》皆云辟彊为侍中,年十五,此云十二,或别有所据,或所据《史记》如此也。"[②] 其实,扬雄对年龄的记述,与其他记载比较,有时也许并不十分确定。甚至对自家亲子年龄的说法,也与他说不同,而令人以为不知哪一种说法可以采信。例如,《太平御览》卷三八五引《刘向别传》:"杨信字子乌,雄第二子,幼而明慧。"《华阳国志·先贤士女总赞论》关于扬雄的赞颂之辞中,有这样的文句:"雄子神童乌,七岁预雄《玄》文。年九岁而卒。"《华阳国志·后贤志》附《益梁宁三州先汉以来士女目录》列有"文学神童杨乌"。书中的注解写道:"雄子也。七岁预父《玄》文,九岁卒。"然而《法言·问神》:"育而不苗者,吾家之童乌乎。九龄而与我《玄》文。"[③] 年龄出现了两年的差误[④]。

---

①〔宋〕王观国:《学林》,中华书局 1988 年 1 月版,第 68 页。

②《法言义疏》,第 377 页。

③《法言义疏》,第 377 页。

④有学者考订:"子云为郎,在成帝元延二年,时年四十三。《新论》(转下页)

5. 甘罗“声称后世”

司马迁所谓甘罗“声称后世”，是确定的事实。

《后汉书》卷八二《崔寔传》：“甘罗童牙而报赵。”李贤注：“‘童牙’，谓幼小也。”《艺文类聚》卷三一引《文士传》曰：“桓驎伯父焉，官至太尉。驎年十二在座，焉告客曰：‘吾此弟子，知有异才，殊能作诗赋。’客乃为诗曰：‘甘罗十二，杨乌九龄。昔有二子，今则桓生。’驎即应声答曰：‘邈矣甘罗，超等绝伦。伊彼杨乌，命世称贤。嗟予蠢弱，殊才伟年。仰惭二子，俯媿过言。’”《太平御览》卷三八五引作：“桓驎，字符凤，沛国龙元人。伯父焉，知名，官至太尉。驎精敏，年十三四在焉坐，有宿客为诗曰：‘甘罗十二，杨乌九龄。昔有二子，今则桓生。参差等踪，异世齐名。’驎即应声答曰：‘邈矣甘罗，超等绝伦。卓彼杨乌，命世称贤。嗟予蠢弱，殊才侔年。仰惭二子，俯媿过言。”[①] 桓驎，汉桓帝时任议郎。“邈矣甘罗，超等绝伦”的说法，表现了甘罗故事的历史影响。

《三国志》卷三八《蜀书·秦宓传》：“秦宓字子敕，广汉绵竹人也。少有才学，州郡辟命，辄称疾不往。奏记州牧刘焉，荐儒

（接上页）云‘比岁亡其两男’，则童乌之卒，盖元延三、四年间事。九龄与《玄》，可谓智百常童。”此取“九龄”参与《太玄》成书之说。《法言义疏》，第167页。

① 《太平御览》卷五一二引张骘《文士传》：“桓驎字符凤，伯父焉，官至太尉。精察好学，年十三四，在焉坐。有宿年客，焉告之曰：‘吾此弟子，颇有异才，今已涉猎书传，殊能作诗赋。君试为口赋，试与之。’客乃为诗曰：‘甘罗十二，杨乌九龄。昔有二子，今则桓生。参差等踪，异世齐名。’驎即答曰：‘邈矣甘罗，超等绝伦。卓彼杨乌，命世称贤。嗟予蠢弱，殊才侔年。仰惭二子，俯愧过言。’”

士任定祖曰：‘昔百里、蹇叔以耆艾而定策，甘罗、子奇以童冠而立功，故《书》美黄发，而《易》称颜渊，固知选士用能，不拘长幼，明矣。’”[①]《晋书》卷三五《裴秀传》：“渡辽将军毌丘俭尝荐秀于大将军曹爽，曰：‘生而岐嶷，长蹈自然；玄静守真，性入道奥；博学强记，无文不该；孝友著于乡党，高声闻于远近。诚宜弼佐谟明，助和鼎味，毗赞大府，光昭盛化。非徒子奇、甘罗之俦，兼包颜、冉、游、夏之美。’爽乃辟为掾，袭父爵清阳亭侯，迁黄门侍郎。”可见甘罗故事流传之广泛，影响之久远。甘罗，被看作“以童冠而立功”的优异人才。

《魏书》卷一一一《刑罚志》说到法律史中涉及未成年人治罪原则的一个特殊案例：

> 熙平中，有冀州妖贼延陵王买，负罪逃亡，赦书断限之后，不自归首。廷尉卿裴延儁上言：“法例律：‘诸逃亡，赦书断限之后，不自归首者，复罪如初。’依《贼律》，谋反大逆，处置枭首。其延陵法权等所谓月光童子刘景晖者，妖言惑众，事在赦后，亦合死坐。”正崔纂以为：“景晖云能变为蛇雉，此乃傍人之言。虽杀晖为无理，恐赦晖复惑众，是以依违，不敢专执，当今不讳之朝，不应行无罪之戮。景晖九岁小儿，口尚乳臭，举动云为，并不关已。‘月光’之称，不出其口。皆奸吏无端，横生粉墨，所谓为之者巧，杀之者能。若以妖言惑众，据律应死，然更不破□惑众，赦令之后，方显其事；律令之外，更求其罪。赦律何以取信于天下，天下焉得不疑于赦律乎！《书》曰：与杀无辜，宁失有罪。又案法例律：‘八十

① 《通志》卷一一八上“《易》称颜渊”作“《易》称颜回”。

已上，八岁已下，杀伤论坐者上请。'议者谓悼耄之罪，不用此律。愚以老智如尚父，少惠如甘罗，此非常之士，可如其议，景晖愚小，自依凡律。"灵太后令曰："景晖既经恩宥，何得议加横罪，可谪略阳民。余如奏。"

其中说到身为"九岁小儿，口尚乳臭"的"月光童子刘景晖""妖言惑众"事，具体情节似是"云能变为蛇雉"。讨论者关于"法例律"中有关"八十已上，八岁已下，杀伤论坐者上请"的规定，有"以老智如尚父，少惠如甘罗，此非常之士，可如其议"语，可知长期以来，民间意识中，甘罗已是"少惠"的典型。

《北齐书》卷一〇《高祖十一王列传·彭城景思王浟》："彭城景思王浟，字子深，神武第五子也。元象二年，拜通直散骑常侍，封长乐郡公。博士韩毅教浟书，见浟笔迹未工，戏浟曰：'五郎书画如此，忽为常侍开国，今日后宜更用心。'浟正色答曰：昔甘罗，幼为秦相，未闻能书。凡人唯论才具何如，岂必动夸笔迹。博士当今能者，何为不作三公？'时年盖八岁矣。毅甚惭。"其中"昔甘罗幼为秦相"句，《北史》卷五一《齐宗室诸王传上·神武诸子传·彭城王浟》写作"昔甘罗为秦相"[①]。又《金史》卷一一一《内族思烈传》赞语所谓"思烈夙惠"，"有甘罗、辟彊之风"语，上文已经引录。

6."甘罗相秦"传说

甘罗"夙慧"故事，在儒学教育得以普及，"幼智""神童"期望在社会各个层次家庭中普遍萌生的背景下，得到更好的传播条

① 《通志》卷八五上亦作"昔甘罗幼为秦相"。

件。韩驹《仙泉虞童子郎使者闻诸朝三年不加考故作二绝以赠之归》诗就“汉时童子郎”有所咏叹，其中涉及对“甘罗”的赞誉：“七岁澜翻数万言，饥鹰引子望腾骞。时人不识甘罗辈，寂寞题诗归故园。”“不作西京童子郎，时人何自识黄香。还乡再诵五千卷，十八重来谒太常。”[①] 诗句所谓“时人不识甘罗辈”，作为对卓特少年的肯定，言辞生动有力。

《史记》说甘罗因功得封，“以为上卿”。《七国考》卷一《秦职官·上卿》：“秦封甘罗为上卿。”据考证，秦所封“上卿”，除甘罗外，先后有姚贾、甘茂、蒙骜、蒙毅、茅焦等[②]。对于甘罗地位的上升，或说“甘罗幼岁成名”[③]，或以为“甘罗十二为秦上卿”是“少年早达”“英龄早达”之一例[④]。其实，“上卿”只是官僚等级，而非具体职位。《史记》卷六《秦始皇本纪》裴骃《集解》及张守节《正义》皆引《说苑》：“立茅焦为傅，又爵之上卿。”今本《说苑·正谏》：“立焦为仲父，爵之上卿。”[⑤]《汉书》卷一九上《百官公卿表上》：“御史大夫，秦官，位上卿。”“前后左右将军，皆周末官，秦因之，位上卿。”可能正因为如此，《七国考》有关“职官”的内容有“上卿”，而《战国会要·职官》不列“上卿”条[⑥]。

前引《北齐书》与《北史》谓“昔甘罗为秦相”或者“昔甘罗，幼为秦相”的说法，都说明甘罗故事情节又有增衍。称甘罗曾经

---

①〔明〕曹学佺：《蜀中广记》卷一〇三《诗话记第三》。

②〔明〕董说著，缪文远订补：《七国考订补》，上海古籍出版社 1987 年 4 月版，第 6 页。

③〔明〕万民英：《星学大成》卷五。

④〔明〕徐应秋：《玉芝堂谈荟》卷二“少年早达”。

⑤《说苑疏证》，第 246 页。

⑥杨宽、吴浩坤主编：《战国会要》，上海古籍出版社 2005 年 12 月版。

成为秦相的传说，曾经得以广泛的流传。

唐代学人罗隐写道："甘罗之童子耳，秦国之良相。"[①] 宋人笔记《中吴纪闻》引张敏叔作古风《送朱天锡童子》云："黄金满籯富有余，一经教子金不如。君家有儿不肯娱，口诵《七经》随卷舒。渥洼从来产龙驹，鹙鹭乃是真凤雏。一朝过我父子俱，自称穷苦世为儒。雪窗夜映孙康书，春陇昼荷儿宽锄。翻然西入天子都，出门慷慨曳长裾。神童之科今有无，谈经射策皆壮夫。古来取士凡数涂，但愿一一令吹竽。甘罗相秦理不诬，世人看取掌中珠。折腰未便赋归欤，待君释褐还乡闾。"宋神宗曾"大称赏之"，"每登对，上必问：'闻卿作《朱童子》诗，试为举似。'由此诗名益著。"[②] 是"甘罗相秦"的说法得到传布。此后，又有所谓"甘罗十二相秦"[③]，"甘罗十二为宰相"[④]，"甘罗十二为太宰"[⑤] 传说，流播相当广泛。又宋人赵与时《宾退录》说到"路德延处朱友谦幕府作《孩儿诗》五十韵"，其中有"项橐称师日，甘罗作相年"句，也在宣传扩散"甘罗作相"的说法[⑥]。

唐人李匡乂《资暇集》有"甘罗"条，已经就此予以澄清："世咸云甘罗十二为秦相，大误也。案《史记》云：罗事相吕不韦，因说赵有功，始封为上卿，不曾为丞相也。相秦者是罗祖名茂。"[⑦] 宋人黄朝英《靖康缃素杂记》"甘罗"条也写道："《史记》:

---

①〔唐〕罗隐：《两同书》卷上《强弱》。

②〔宋〕龚明之：《中吴纪闻》卷三"张敏叔"条，上海古籍出版社 1986 年 10 月版，第 66 页。

③〔宋〕魏了翁：《仪礼要义》卷三二《丧服经传五》。

④《演禽通纂》卷上《古人得时得地消息赋》。

⑤《演禽通纂》卷上《古人得失赋》。

⑥〔宋〕赵与时：《宾退录》卷六，上海古籍出版社 1983 年 8 月版，第 72 页。

⑦〔唐〕李匡乂：《资暇集》卷中。

甘罗者，甘茂孙也。茂既死，甘罗年十二事秦相文信侯吕不韦。后因说赵有功，始皇封为上卿。未尝为秦相也。世之人见其事秦相吕不韦，因相传以为甘罗十二为秦相，大误也。唐《资暇集》又谓相秦者是罗祖名茂。以《史记》考之，又不然。茂得罪于秦王，亡秦入齐，又使于楚。楚王欲置相于秦，范蜎以为不可，故秦卒相向寿，而茂竟不得复入秦，卒于魏。以此观之，则茂亦未尝相秦也。杜牧之《偶题》云：'甘罗昔作秦丞相。'其亦不考其实，而误为之说也。"[①] 又王楙《野客丛书》"北固甘罗"条说，"牧之又有诗曰：'甘罗昔作秦丞相。'或者又谓《史记》：甘罗年十二事秦相文信侯吕不韦，后因说赵有功，始皇封为上卿，未尝为秦相也。仆考《北史·彭城王浟传》曰：昔甘罗为秦相，未闻能书。《仪礼》疏曰：甘罗十二相秦，未必要至五十。则知此谬已久，牧之盖循袭用之耳"[②]。梁玉绳《史记志疑》卷二九在"秦乃封甘罗以为上卿"句下写道：

> 附案：甘罗十二为丞相，此世俗妄谈，乃《仪礼》丧服《传》《疏》已有甘罗十二相秦之语，岂非误读《国策》《史记》乎？李匡乂《资暇集》、宋黄朝英《靖康缃素杂记》并辨相秦之谬，而不言及贾疏，独《野客丛书》曾及之。《困学纪闻》六引李邕为李思训碑云："罩子赞禹，甘生相秦。"唐杜牧《樊川集》《偶题》云"甘罗曾作秦丞相"。皆不考之故也。然其误实不始于贾氏，《北齐书·彭城王浟传》"甘罗幼为秦

① 〔宋〕黄朝英：《靖康缃素杂记》卷一〇，《说郛》卷二七下何光远《鉴戒录》同。

② 〔宋〕王楙：《野客丛书》卷二〇。

相，未闻能书”，则知误已久矣。

这应当看作传播史研究的一个有意义的案例。《北齐书》所记载，不是诗人辞句，也不是学者论说，可以读作秦史于后世社会形成印象的一种反映。

明人胡应麟《少室山房笔丛》卷六《史书占毕二·外篇》写道：“世知项橐八岁而师孔，而不知蒲衣八岁而师舜也。甘罗十二上卿，少矣，而伯益五岁掌火，尤少也。唐文十八创业，少矣，而放勋十六配天，尤少也。”对于这种将传说不加分析考证而完全取信的态度，《四库全书总目》有所批评：“《史书占毕》大抵掉弄笔端，无所考证，至云‘世知项橐八岁而师孔子，不知蒲衣八岁而师尧；甘罗十二上卿，少矣，而伯益五岁掌火，尤少’，以小说委谈入之史论，殊为可怪。”

“甘罗年少”“妙岁”而以“奇计”强秦的故事，已经形成广泛深远的影响。与甘罗相关史事的正与误、实与虚，有些已经可以澄清，有些尚难以辨正。甘罗故事确实多有疑点。其中存在“近于神话”的情节。但即使是“神话”，其所以能够发生与流传的原因，依然值得我们思考。

关于甘罗请命时充满自信的话语，《战国策》写作：“夫项橐生七岁而为孔子师，今臣生十二岁于兹矣！”《史记》则作：“大项橐生七岁为孔子师。今臣生十二岁于兹矣……”前引《新序·杂事》引发孔子“后生可畏”名言的文字，则称之为“秦项橐”：“秦项橐七岁为圣人师……”“秦项橐”即以为“项橐”是秦人的说法，特别值得注意。

两汉的少年吏

秦史中“甘罗十二为上卿”的故事人所熟知，《史记》卷七一《樗里子甘茂列传》和《战国策·秦策五》都有记载。甘罗以外交官身份立功域外，张扬国威的事迹有较为浓重的传奇色彩，或许有夸饰成分。但是十二岁少年在文信侯吕不韦属下承担公务的情形，可能是接近历史真实的①。我们还知道，秦始皇时一代名相李斯，也有“年少时，为郡小吏”②的经历。而刘邦集团的核心人物萧何、曹参等，也曾经被司马迁称作“少年豪吏”③。

汉代有关少年为吏的历史记载更为多见。考察这一政治文化现象，不仅有益于深化对汉代政治生活的认识，而且有益于增进对当时社会风貌与时代精神的理解。

以政治文化的视角考察，少年吏现象，反映若干未成年人开始初步经历行政实践。“少为吏”情形，可以看作未成年人获得参政机会的一种途径。

1. 中枢机关和皇家近卫机构的少年从政者

少年石奋在刘邦身边任小吏，后逐步升迁的事迹，是汉初

---

①黄留珠曾经指出：“有关秦以童子入仕的可靠记录，当属甘罗。”并以为这种所谓“童子仕”，可以列为秦“若干入仕特例”之一。《秦汉仕进制度》，西北大学出版社 1985 年 7 月版，第 68—69 页。安作璋则据云梦睡虎地秦简《内史杂》律的规定：“除佐必当壮以上，毋除士五(伍)新籍”及《礼记·曲礼上》所谓“三十曰壮”指出：“说明秦代任‘佐’这样的低级官职必须在三十岁以上才有资格。”《秦汉官吏法研究》，齐鲁书社 1993 年 12 月版，第 31 页。

②《史记》卷八七《李斯列传》。

③《史记》卷八《高祖本纪》。

较早的有关少年吏的史例。《史记》卷一〇三《万石张叔列传》写道：

> 万石君名奋，其父赵人也，姓石氏。赵亡，徙居温。高祖东击项籍，过河内，时奋年十五，为小吏，侍高祖。高祖与语，爱其恭敬，问曰："若何有？"对曰："奋独有母，不幸失明。家贫。有姊，能鼓琴。"高祖曰："若能从我乎？"曰："愿尽力。"于是高祖召其姊为美人，以奋为中涓，受书谒。

据《史记》记载，与石奋大约同时任"中涓"的，还有王吸、曹参、周勃、灌婴、靳歙等。《史记》卷五六《陈丞相世家》说，陈平初见刘邦，起初就是石奋接待，"是时万石君奋为汉王中涓，受平谒，入见平"。

《史记》卷九六《张丞相列传》记载的赵尧少时为吏的事迹也值得我们注意：

> 赵尧年少，为符玺御史。赵人方与公谓御史大夫周昌曰："君之史赵尧，年虽少，然奇才也，君必异之，是且代君之位。"周昌笑曰："尧年少，刀笔吏耳，何能至是乎！"居顷之，赵尧侍高祖。高祖独心不乐，悲歌，群臣不知上之所以然。赵尧进请问曰："陛下所为不乐，非为赵王年少而戚夫人与吕后有却邪？备万岁之后而赵王不能自全乎？"高祖曰："然。吾私忧之，不知所出。"尧曰："陛下独宜为赵王置贵强相，及吕后、太子、群臣素所敬惮乃可。"高祖曰："然。吾念之欲如是，而群臣谁可者？"尧曰："御史大夫周昌，其人坚忍质直，且自吕后、太子及大臣皆素敬惮之。独昌可。"高祖

曰："善。"于是乃召周昌，谓曰："吾欲固烦公，公强为我相赵王。"周昌泣曰："臣初起从陛下，陛下独奈何中道而弃之于诸侯乎？"高祖曰："吾极知其左迁，然吾私忧赵王，念非公无可者。公不得已强行！"于是徙御史大夫周昌为赵相。既行久之，高祖持御史大夫印弄之，曰："谁可以为御史大夫者？"孰视赵尧，曰："无以易尧。"遂拜赵尧为御史大夫。尧亦前有军功食邑，及以御史大夫从击陈豨有功，封为江邑侯。

"年少"时即任符玺御史的赵尧以其特殊的智敏，得到特殊的优遇。虽然起初不过是一"刀笔吏"，然而因为近侍君王，为所"孰视"，终于受到重用。

许多汉代官僚都曾经有"少为郎"的经历。较为著名的，有：

张安世 《汉书》卷五九《张汤传》："安世字子孺，少以父任为郎。"

杜缓 《汉书》卷六〇《杜周传》："缓少为郎。"

苏武兄弟 《汉书》卷五四《苏武传》："武字子卿，少以父任，兄弟并为郎。"

霍光 《汉书》卷六八《霍光传》："乃将光西至长安，时年十余岁，任光为郎。"

上官桀 《汉书》卷九七上《外戚传上·孝昭上官皇后》："桀，陇西上邽人也。少时为羽林期门郎。"

许广汉 《汉书》卷九七上《外戚传上·孝宣许皇后》："父广汉，昌邑人，少时为昌邑王郎。"

韩增 《汉书》卷三三《韩王信传》："增少为郎。"

淳于长 《汉书》卷九三《淳于长传》："淳于长字子孺，

魏郡元城人也。少以太后姊子为黄门郎。”

刘歆 《汉书》卷三六《刘歆传》:“歆字子骏,少以通诗书能属文召见成帝,待诏宦者署,为黄门郎。”

王莽 《汉书》卷三六《刘歆传》:“莽少与歆俱为黄门郎。”

班穉 《汉书》卷一〇〇《叙传上》:“穉少为黄门郎中常侍。”

翟义 《汉书》卷八四《翟方进传》:“义字文仲,少以父任为郎。”

公孙述 《后汉书》卷一三《公孙述传》:“公孙述字子阳,扶风茂陵人也。哀帝时,以父任为郎。”“少为郎,习汉家制度。”

马廖 《后汉书》卷二四《马廖传》:“廖字敬平,少以父任为郎。”

梁松 《后汉书》卷三四《梁松传》:“松字伯孙,少为郎。”

桓郁 《后汉书》卷三七《桓郁传》:“郁字仲恩,少以父任为郎。”

桓焉 《后汉书》卷三七《桓焉传》:“焉字叔元,少以父任为郎。”

周勰 《后汉书》卷六一《周勰传》:“勰字巨胜,少尚玄虚,以父任为郎。”

袁绍 《后汉书》卷七四上《袁绍传》:“绍少为郎,除濮阳长。”《三国志》卷六《魏书·袁绍传》裴松之注引《英雄记》:“绍生而父死,二公爱之。幼使为郎,弱冠除濮阳长,有清名。”

《后汉书》卷三四《梁商传》说，梁商“少以外戚拜郎中，迁黄门侍郎”。也值得注意。曹魏时期夏侯玄“少知名，弱冠为散骑黄门侍郎”[①]，也是以贵族身份得任为帝王近侍之职的。

上述诸例中，明确写作“少以父任为郎”的记载，尤为引人瞩目。

此外，西汉官僚中，辛庆忌“少以父任为右校丞”，萧望之“少以父任为太子庶子”，冯野王“少以父任为太子中庶子”，冯参“少为黄门郎给事中”，王商“少为太子中庶子”。李陵曾经“少为侍中建章监”，也是人们都熟悉的。其事皆见《汉书》本传。

帝王多用少年在身边服务，除了如刘邦于石奋所谓“爱其恭敬”，即可能偏好其乖巧伶俐而外，或许还有其他特殊的因素，如《史记》卷五九《五宗世家》：“胶西于王端，以孝景前三年吴楚七国反破后，端用皇子为胶西王。端为人贼戾，又阴痿，一近妇人，病之数月。而有爱幸少年为郎。”而达官贵族子弟“少以父任为郎”，或任为其他近卫官职，可能也取其对上层生活的熟习和政治倾向的可靠。

东汉政治生活中相当活跃的宦者集团里，也多有少年时期就加入其中以及少年时期就成为宦官的。《后汉书》卷七八《宦者列传》写道：“吕强字汉盛，河南成皋人也。少以宦者为小黄门，再迁中常侍。”“张让者，颍川人；赵忠者，安平人也。少皆给事省中，桓帝时为小黄门。”又说：“曹腾字季兴，沛国谯人也。安帝时，除黄门从官。顺帝在东宫，邓太后以腾年少谨厚，使侍皇太子书，特见亲爱。及帝即位，腾为小黄门，迁中常侍。”曹腾“除黄门从官”时，自然尚属“年少”，而初入宫时，年龄当然更小。

---

①《三国志》卷九《魏书·诸夏侯曹传·夏侯玄》。

2. 地方官府中的少年吏员

如果注意到高门贵族子弟担任朝廷中枢和皇帝近卫职务，是有特殊背景的特殊实例，那么，一些下级官吏和平民出身的少年在地方官府中任职的事实，则更应当受到重视。

《史记》卷一一二《平津侯主父列传》记载，汉武帝时代的丞相公孙弘，“少时为薛狱吏”。

名臣任安也有“少孤贫困”，曾经“求事为小吏”的经历。《史记》卷一〇四《田叔列传》褚少孙补述：

> 任安，荥阳人也。少孤贫困，为人将车之长安，留，求事为小吏，未有因缘也，因占著名数。武功，扶风西界小邑也，谷口蜀刬道近山。安以为武功小邑，无豪，易高也，安留，代人为求盗亭父。后为亭长。……其后除为三老，举为亲民，出为三百石长，治民。

类似史例，又有《汉书》卷四二《任敖传》：“任敖，沛人也，少为狱吏。”

官署中少年任史官者可见多例，如：《汉书》卷七七《郑崇传》：“崇少为郡文学史。”《汉书》卷八三《薛宣传》：“薛宣字赣君，东海郯人也，少为廷尉书佐都船狱史。”《汉书》卷八五《谷永传》：“永少为长安小史。”《汉书》卷九二《陈遵传》：“遵少孤，与张竦伯松俱为京兆史。”据《汉书》卷八四《翟方进传》，翟方进少时也曾经“给事太守府为小史”。《后汉书》卷七七《酷吏列传·周纡》也写道：“（周纡）少为廷尉史。”

史籍中又多见“少为郡吏”的情形。例如：

《汉书》卷七六《赵广汉传》:“赵广汉字子都,涿郡蠡吾人也,故属河间。少为郡吏、州从事。”

《后汉书》卷一二《彭宠传》:“宠少为郡吏。”

《后汉书》卷一八《陈俊传》:“陈俊字子昭,南阳西鄂人也。少为郡吏。”

《后汉书》卷七六《许荆传》:“荆少为郡吏。”

《后汉书》卷八二上《方术列传上·谢夷吾》:“谢夷吾字尧卿,会稽山阴人也。少为郡吏。”

《三国志》卷一七《魏书·张辽传》:“张辽字文远,雁门马邑人也。……少为郡吏。汉末,并州刺史丁原以辽武力过人,召为从事,使将兵诣京都。”

《三国志》卷一八《魏书·庞德传》:“庞德字令明,南安狟道人也,少为郡吏州从事。”

此外,下述诸例也反映了相同的情形:

《后汉书》卷一三《隗嚣传》:“隗嚣字季孟,天水成纪人也,少仕州郡。”

《后汉书》卷三一《杜诗传》:“杜诗字君公,河内汲人也,少有才能,仕郡功曹。”

《后汉书》卷四六《陈宠传》:“宠,明习家业,少为州郡吏。”

《后汉书》卷四一《锺离意传》:“锺离意字子阿,会稽山阴人也,少为郡督邮。”

《后汉书》卷三一《陆康传》:“康少仕郡。”

《后汉书》卷六二《韩韶传》:“韩韶字仲黄,颍川舞阳人也，少仕郡。”“子融，字符长。少能辩理而不为章句学。声名甚盛，五府并辟。”

《后汉书》卷七六《童恢传》：“恢少仕州郡为吏。”

《后汉书》卷七《桓帝纪》李贤注：“《谢承书》曰：‘抗徐字伯徐，丹阳人，少为郡佐史。’”

《后汉书》卷七五《刘焉传》：“焉少任州郡。”

《后汉书》卷七六《孟尝传》：“尝少修操行，仕郡为户曹史。”

《汉书》卷七六《韩延寿传》：“韩延寿字长公，燕人也，徙杜陵，少为郡文学。”《汉书》卷七六《王章传》：“王章字仲卿，泰山巨平人也，少以文学为官。”所任职位，应当也是郡文学。《后汉书》卷三四《梁冀传》李贤注：“挚虞《三辅决录注》曰：‘士孙奋字景卿，少为郡五官掾……’”也是反映少年郡吏的实例。

《汉书》卷七四《丙吉传》：“元帝时，长安士伍尊上书，言‘臣少时为郡邸小吏，窃见孝宣皇帝以皇曾孙在郡邸狱’。”说到少年郡邸小吏。《后汉书》卷二〇《王霸传》：“霸亦少为狱吏。”则未能明确是否郡国狱吏。与此类同的情形，又有《汉书》卷七六《尹翁归传》：“尹翁归字子兄，河东平阳人也，徙杜陵。翁归少孤，与季父居。为狱小吏，晓习文法。”

少年县吏，也见诸史籍。如：

《后汉书》卷二二《马成传》：“马成字君迁，南阳棘阳人也，少为县吏。”

《后汉书》卷六七《魏朗传》：“魏朗字少英，会稽上虞人也，少为县吏。”

《后汉书》卷五三《周燮传》:"良字君郎,出于孤微,少作县吏。"

《后汉书》卷六二《陈寔传》:"陈寔字仲弓,颍川许人也。出于单微。自为儿童,虽在戏弄,为等类所归。少作县吏。"

《后汉书》卷五一《桥玄传》:"玄少为县功曹。"

《后汉书》卷七九下《儒林列传下·赵晔》:"赵晔字长君,会稽山阴人也,少尝为县吏。"

《三国志》卷一二《魏书·毛玠传》:"毛玠字孝先,陈留平丘人也,少为县吏。"

《汉书》卷八九《黄霸传》说,"霸少为阳夏游徼",也是少年县吏。

少年担任基层官职的情形,则可见:

《汉书》卷八三《朱博传》:"朱博字子元,杜陵人也,家贫,少时给事县为亭长。"

《汉书》卷八九《朱邑传》:"朱邑字仲卿,庐江舒人也,少时为舒桐乡啬夫。"

《后汉书》卷一八《臧宫传》:"臧宫字君翁,颍川郏人也,少为县亭长、游徼。"

《后汉书》卷三三《虞延传》:"虞延字子大,陈留东昏人也。……少为户牖亭长。"

《后汉书》卷三三《郑弘传》:"弘少为乡啬夫。"

《后汉书》卷三五《郑玄传》:"玄少为乡啬夫。"

也有少时曾经为乡啬夫，又曾经为郡县吏的情形。如《后汉书》卷二一《任光传》："任光字伯卿，南阳宛人也。少忠厚，为乡里所爱。初为乡啬夫，郡县吏。"《后汉书》卷六二《锺皓传》："皓少以笃行称，公府连辟，为二兄未仕，避隐密山，以诗律教授门徒千余人。同郡陈寔，年不及皓，皓引与为友。皓为郡功曹，会辟司徒府，临辞，太守问：'谁可代卿者？'皓曰：'明府欲必得其人，西门亭长陈寔可。'"陈寔年龄比锺皓还要小，由亭长任为郡功曹，可能和任光的经历相近。

3. 少年军吏

有关少年军吏的资料也值得注意。

例如，《后汉书》卷一六《邓骘传》："骘字昭伯，少辟大将军窦宪府。"

《后汉书》卷二一《耿纯传》说，耿纯为东郡太守。时东郡未平，纯视事数月，盗贼清宁。此后：

> 居东郡四岁，时发干长有罪，纯案奏，围守之，奏未下，长自杀。纯坐免，以列侯奉朝请。从击董宪，道过东郡，百姓老小数千随车驾涕泣。云"愿复得耿君"。帝谓公卿曰："纯年少被甲胄为军吏耳。治郡乃能见思若是乎？"

耿纯早年追随刘秀，"年少被甲胄为军吏"[①]，这样的情形，在两汉

---

①《后汉书》卷一上《光武帝纪上》："昌城人刘植，宋子人耿纯，各率宗亲子弟，据其县邑，以奉光武。"《后汉书》卷二一《耿纯传》："纯学于长安，因除为纳言士。王莽败，更始立，使舞阴王李轶降诸郡国"，耿纯（转下页）

开国功臣中，应当不在少数。

居延汉简中可以看到这样的边塞军事防卫系统的档案记录：

> 修行……□□□年十八　　今除补甲沟终古燧燧长代张薄（E.P.T2:11）

比较当时戍卒年龄大都较大的事实，十八岁任燧长，显然是值得注意的。

《后汉书》卷七○《郑太传》记载郑太说董卓："明公出自西州，少为国将，闲习军事，数践战场，名振当世，人怀慑服。"其说是在政治高压之下"惧"而后出的"诡词"，自然不免夸饰成分。所谓"少为国将"，不过是说少年即开始军事生涯而已。据《三国志》卷六《魏书·董卓传》，"董卓字仲颖，陇西临洮人也。少好侠，尝游羌中，尽与诸豪帅相结。后归耕于野，而豪帅有来从之者，卓与俱还，杀耕牛与相宴乐。诸豪帅感其意，归相敛，得杂畜千余头以赠卓。汉桓帝末，以六郡良家子为羽林郎。卓有才武，旅力少比，双带两鞬，左右驰射。为军司马，从中郎将张奂征并州

（接上页）进言，"轶奇之，且以其巨鹿大姓，乃承制拜为骑都尉，授以节，令安集赵、魏"。"会世祖度河至邯郸，纯即谒见，世祖深接之。纯退，见官属将兵法度不与它将同，遂求自结纳，献马及缣帛数百匹。世祖北至中山，留纯邯郸。会王郎反，世祖自蓟东南驰，纯与从昆弟欣、宿、植共率宗族宾客二千余人，老病者皆载木自随，奉迎于育。拜纯为前将军，封耿乡侯，欣、宿、植皆偏将军，使与纯居前，降宋子，从攻下曲阳及中山。"这一经历尚可称为"年少被甲胄为军吏"，则任"纳言士"时，年更少矣。"纳言士"，李贤注："王莽法古置纳言之官，即尚书也。每官皆置士，故曰纳言士也。"可知相当于尚书属吏。

有功，拜郎中，赐缣九千匹，卓悉以分与吏士。”而裴松之注引《吴书》曰：“郡召卓为吏，使监领盗贼。胡尝出钞，多虏民人，凉州刺史成就辟卓为从事，使领兵骑讨捕，大破之，斩获千计。并州刺史段颎荐卓公府，司徒袁隗辟为掾。”两说有所不同，推想“以六郡良家子为羽林郎”或“郡召卓为吏，使监领盗贼”，当在少年时。

两汉真正的“少为国将”之例，是《史记》卷五九《五宗世家》：“江都易王非，以孝景前二年用皇子为汝南王。吴楚反时，非年十五，有材力，上书愿击吴。景帝赐非将军印，击吴。”以及《史记》卷一一一《卫将军骠骑列传》所见“霍去病年十八，幸，为天子侍中，善骑射，再从大将军，受诏与壮士，为剽姚校尉，与轻勇骑八百直弃大军数百里赴利，斩捕首虏过当”，封“冠军侯”等事迹。

4. 少年吏入仕年龄

汉代“少年”称谓的年齿界定今人似乎已经并不很清楚，那么，这些少年官吏入仕时的具体年龄究竟是多大呢？

《史记》卷八四《屈原贾生列传》写道：

> 贾生名谊，雒阳人也。年十八，以能诵诗属书闻于郡中。吴廷尉为河南守，闻其秀才，召置门下，甚幸爱。孝文皇帝初立，闻河南守吴公治平为天下第一，故与李斯同邑而常学事焉，乃征为廷尉。廷尉乃言贾生年少，颇通诸子百家之书。文帝召以为博士。
>
> 是时贾生年二十余，最为少。每诏令议下，诸老先生不能言，贾生尽为之对，人人各如其意所欲出。诸生于是乃以为能，不及也。孝文帝说之，超迁，一岁中至太中大夫。

其中所谓“最为少”,是说最为年轻。而所谓“年少”,则是较为明确的年齿等级。从这段话看来,其年龄阶段是在二十岁以下。我们看到《史记》卷一〇五《扁鹊仓公列传》有关于齐文王病历的分析:

问臣意:“知文王所以得病不起之状?”臣意对曰:“不见文王病,然窃闻文王病喘,头痛,目不明。臣意心论之,以为非病也。以为肥而蓄精,身体不得摇,骨肉不相任,故喘,不当医治。《脉法》曰‘年二十脉气当趋,年三十当疾步,年四十当安坐,年五十当安卧,年六十已上气当大董’。文王年未满二十,方脉气之趋也而徐之,不应天道四时。后闻医灸之即笃,此论病之过也。臣意论之,以为神气争而邪气入,非年少所能复之也,以故死。所谓气者,当调饮食,择晏日,车步广志,以适筋骨肉血脉,以泻气。故年二十,是谓‘易贸’。法不当砭灸,砭灸至气逐。”

“年二十”,也被看作人生历程的重要界碑。所谓“文王年未满二十”,所谓“非年少所能复之也”,似乎也说“年少”时即“年未满二十”时。

《礼记·曲礼上》说:“二十曰弱,冠。”孔颖达疏:“二十成人,初加冠,体犹未壮,故曰‘弱’也。”可见,以二十岁标定是否成年,曾经是古礼的规范。《汉书》卷五《景帝纪》:“二年冬十二月……令天下男子年二十始傅。”[①]《盐铁论·未通》:“文学

①据《盐铁论·未通》,汉昭帝时又宣布二十三岁始傅:“今陛下哀怜百姓,宽力役之政,二十三始傅,五十六而免,所以辅耆壮而息老艾也。”

曰：'十九年已下为殇，未成人也；二十而冠；三十而娶，可以从戎事；五十已上曰艾老，杖于家，不从力役，所以扶不足而息高年也。……'"也说十九岁以下为"不足"，"为殇，未成人也"。

《汉书》卷八四《翟方进传》说翟义事迹："义字文仲，少以父任为郎，稍迁诸曹，年二十出为南阳都尉。"也说"少"时在"年二十"之前。《后汉书》卷二四《马援列传》："朱勃未二十，右扶风请试守渭城宰。"其"未二十"的年齿记录，也值得注意。

《汉书》卷六六《陈万年传》："子咸字子康，年十八，以万年任为郎。有异材，抗直，数言事，刺讥近臣，书数十上，迁为左曹。"《汉书》卷七八《萧望之传》："（陈咸）最先进，年十八为左曹，二十余御史中丞。"两条记载参对，可知陈咸从"任为郎"到"迁为左曹"，是"年十八"时一年内的事。

《史记》卷一一一《卫将军骠骑列传》说："大将军姊子霍去病年十八，幸，为天子侍中。"也是少年参与上层政治生活的例子。

《后汉书》卷六《顺帝纪》：阳嘉元年冬十一月，"辛卯，初令郡国举孝廉，限年四十以上，诸生通章句，文吏能笺奏，乃得应选；其有茂才异行，若颜渊、子奇，不拘年齿"。李贤注："《新序》曰：'子奇年十八，齐君使之化阿。至阿，铸其库兵以为耕器，出仓廪以赈贫穷，阿县大化。'"《后汉书》卷三〇下《郎𫖮传》也有"子奇稚齿，化阿有声"这样的话，李贤解释说："子奇，齐人，年十八为阿邑宰，出仓廪以振贫乏，邑内大化。见《说苑》。"《后汉书》卷八〇下《文苑列传下·边让》也写道："若以年齿为嫌，则颜回不得贯德行之首，子奇终无理阿之功。"李贤注："《说苑》曰：'子奇年十八，为阿宰，有善绩。'"《文选》卷二四潘正叔《赠河阳一首》有"子奇莅东阿"句，李善注："《说苑》曰：'子奇年十八，齐君使治阿，既行，齐君悔之，遣使追。使者返，曰：子奇必能矣，共载者皆白首者也。子奇至阿，铸库兵以为耕器。魏闻童子为君，库无兵，仓无粟，乃起兵击之。阿人父率子，兄率弟，以私兵战，遂败魏师。'" 作为少年官吏的子奇，事迹未见先秦古籍，而经《说苑》或《新序》作者的宣传，竟然如此普及，其实是有两汉时代背景方面的原因的。

《后汉书》卷七九上《周防传》写道："防年十六，仕郡小吏。世祖巡狩汝南，召掾史试经，防尤能诵读，拜为守丞。防以未冠，谒去。""未冠"，是说不到二十岁。《后汉书》卷三四《梁冀传》说到梁胤"时年十六"，任"为河南尹"事。《后汉书》卷七九上《戴凭传》："戴凭字次仲，汝南平舆人也。习京氏《易》。年十六，郡举明经，征试博士，拜郎中。"张既"年十六，为郡小吏"事，也见于《三国志》本传[①]。

此外，我们又看到，《汉书》卷一上《高帝纪上》：四年，"八月，初为算赋"。颜师古注："如淳曰：'《汉仪注》：民年十五以上至五十六出赋钱，人百二十为一算，为治库兵车马。'" 又《后汉书》卷一下《光武帝纪下》李贤注引《汉仪注》曰："人年十五至五十六出赋钱，人百二十，为一筭。又七岁至十四出口钱，人二十，以供天子；至武帝时又口加三钱，以补车骑马。"这样说来，似乎"年十五"也是一个重要的年龄分界。《后汉书》卷二《明帝纪》有"可以受六尺之托"语，李贤注："'六尺'，谓年十五已下。"

---

①十六岁为郡小吏的张既，当时还被称为"童昏小儿"。《三国志》卷一五《魏书·张既传》："张既字德容，冯翊高陵人也。年十六，为郡小吏。"裴松之注引《三辅决录注》曰："既为儿童，郡功曹游殷察异之，引既过家，既敬诺。殷先归，敕家具设宾馔。及既至，殷妻笑曰：'君其悖乎！张德容童昏小儿，何异客哉！'殷曰：'卿勿怪，乃方伯之器也。'"

也体现了“年十五”作为人生界标的意义。《后汉书》卷四七《班超传》载班昭上书，也有“妾窃闻古者十五受兵，六十还之，亦有休息不任职也”的文句，即年十五以前一般是“休息不任职”的。

马端临《文献通考·户口考一》说：“汉法，民年十五而出口赋，至五十六而除；二十而傅，给徭役，亦五十六而除。是且役之且税之也。”“年十五”和“年二十”，恰好是“赋”与“役”的两个年龄起点[①]。据《盐铁论·未通》：“古者，十五入大学，与小役；二十冠而成人，与戎。”这两个年齿标准，被看作“与小役”“与戎”两种始役年界。可能在当时人的意识中，“少年”的界定，十五岁以下和二十岁以下都是得到普遍认可的。

关于“年十五已下”就吏职者，我们可以举出以下实例。《史记》卷一〇三《万石张叔列传》记载：“（石）奋年十五，为小吏，侍高祖。”《吕太后本纪》也说，张良的儿子“张辟彊为侍中，年十五”。《平准书》还写道：

（桑）弘羊，雒阳贾人子，以心计，年十三侍中。

据《汉书》卷六八《霍光传》，霍光任为郎，“时年十余岁”。《汉书》卷七六《王尊传》说，王尊“年十三，求为狱小吏，数岁，给事太守府”。到太守府任职时，年龄大约仍不过十来岁。据《翟方

---

①关于汉代赋役制度中始赋年龄与始役年龄，尚存在不同的认识。参看钱剑夫：《秦汉赋役制度考略》，湖北人民出版社1984年6月版；黄今言：《秦汉赋役制度研究》，江西教育出版社1988年4月版；熊铁基：《秦汉军事制度史》，广西人民出版社1990年5月版；黄今言：《秦汉军制史论》，江西人民出版社1993年7月版。应当指出，钱著和黄著中关于居延戍卒年龄的分析，都有值得商榷之处。

进传》,“方进年十二三,失父孤学,给事太守府为小史”。《汉书》卷三六《楚元王传》:“(刘向)年十二,以父德任为辇郎。”《后汉书》卷八〇上《黄香传》也说:“年十二,太守刘护闻而召之,署门下孝子,甚见爱敬。”

十二岁被召,是少年为吏最极端的例子。而当时人所说年龄,有时并不是我们今天通常所计实足年龄,其任职之早,因而更令人惊异。

黄香曾经自称:“臣香小丑,少为诸生,典郡从政,固非所堪。”可见当时所承担的,确实是行政管理事务。

5. 少年求仕路径

两汉少年求仕,有不同的方式和途径。

史籍多见“少以父任为郎”的情形,淳于长“少以太后姊子为黄门郎”,则是因与皇族的亲缘而入仕,此外,又有《后汉书》卷一七《岑彭传》:“杞卒,子熙嗣,尚安帝妹涅阳长公主,少为侍中、虎贲中郎将。”《后汉书》卷三三《冯鲂传》:“子柱嗣,尚显宗女获嘉长公主,少为侍中。”《后汉书》卷二三《窦融传》:“固字孟孙,少以尚公主为黄门侍郎。”岑熙、冯柱两例,尚主与“少为侍中”的关系不很明确,而窦固一例,则显示前者是后者的直接原因。

也有刘姓宗室少年被任命为官吏的史例,如《后汉书》卷一四《宗室四王三侯列传·齐武王縯》:

> 章少孤,光武感伯升功业不就,抚育恩爱甚笃,以其少贵,欲令亲吏事,故使试守平阴令,迁梁郡太守。

出于“恩爱”之心，“以其少贵，欲令亲吏事”，希望刘章及早在政治实践中经受锻炼，是刘秀使其试任地方行政长官的动机。

《后汉书》卷四三《朱穆传》李贤注引《谢承书》有这样一段文字：

> 穆少有英才，学明五经。性矜严疾恶，不交非类。年二十为郡督邮，迎新太守，见穆曰：“君年少为督邮，因族埶？为有令德？……”

可知当时年少为吏者“因族埶”是相当普遍的。

除了这些因特殊的政治地位和特殊的政治关系而经快捷方式入仕而外，还有其他情形。

例如，《汉书》卷六四上《吾丘寿王传》：

> 吾丘寿王字子赣，赵人也。年少，以善格五召待诏。诏使从中大夫董仲舒受《春秋》，高材通明。迁侍中中郎。

“善格五”，竟然能够成为少年为吏的决定性的条件。

两汉少年因学识而成为官吏，其事迹可以说史不绝书。例如：

> 《汉书》卷八九《循吏传·文翁》：“文翁，庐江舒人也。少好学，通《春秋》，以郡县吏察举。”
>
> 《汉书》卷七二《王吉传》：“王吉字子阳，琅玡皋虞人也。少好学明经，以郡吏举孝廉为郎，补若卢右丞，迁云阳令。”

《汉书》卷七二《龚胜传》："两龚皆楚人也，胜字君宾，舍字君倩。二人相友，并著名节，故世谓之楚两龚。少皆好学明经，胜为郡吏，舍不仕。"

《汉书》卷七四《魏相传》："魏相字弱翁，济阴定陶人也，徙平陵。少学《易》，为郡卒史，举贤良，以对策高第，为茂陵令。"

《后汉书》卷一五《来歙传》："弟艳，字季德，少好学下士，开馆养徒，少历显位，灵帝时，再迁司空。"

《后汉书》卷四八《徐璆传》："徐璆字孟玉，广陵海西人也。父淑，度辽将军，有名于边。璆少博学，辟公府，举高第。稍迁荆州刺史。"

《后汉书》卷七九下《儒林列传下·伏恭传》："恭性孝，事所继母甚谨，少传黯学，以任为郎。建武四年，除剧令。"

《后汉书》卷八一《独行列传·谯玄》："谯玄字君黄，巴郡阆中人也。少好学，能说《易》《春秋》，仕于州郡。"

《后汉书》卷八二上《方术列传上·杨由》："杨由字哀侯，蜀郡成都人也。少习《易》，并七政、元气、风云占候，为郡文学掾。"

其中"少好学""少博学"或"少传""少习"某种专学，是能够胜任吏职的条件，也成为入仕的直接原因。上引《汉书》中的四例以及《后汉书》徐璆、谯玄、杨由，似乎"学"之专爱与专长同任职未必有直接关系，则可以使人产生任职时可能已经不是"少年"的疑惑。但是《后汉书》中来艳一例，"少好学下士"与"少历显位"，都强调了"少"字，于是可知前后应大致同时。伏恭一例"少传黯学，以任为郎"也明确了"学"与"任"的关系。因而《汉书》四例以及《后汉书》徐璆、谯玄、杨由诸例可能导致的疑惑似可消除。

《汉书》卷九三《佞幸传·石显传》说:"石显字君房,济南人;弘恭,沛人也。皆少坐法腐刑,为中黄门,以选为中尚书。"都是因极特殊的机会得以接近政治中枢的。

一般身份卑微的平民要实现参政的愿望,则不得不克服许多严重的障碍。韩信"始为布衣时,贫无行,不得推择为吏"①,是秦时的情形。汉代也有因"贫"阻碍从政之路的实例,如《史记》卷五二《齐悼惠王世家》:"魏勃少时,欲求见齐相曹参,家贫无以自通,乃常独早夜埽齐相舍人门外。相舍人怪之,以为物,而伺之,得勃。勃曰:'愿见相君,无因,故为子埽,欲以求见。'于是舍人见勃曹参,因以为舍人。一为参御,言事,参以为贤,言之齐悼惠王。悼惠王召见,则拜为内史。始,悼惠王得自置二千石。及悼惠王卒而哀王立,勃用事,重于齐相。"

前引《史记》卷一〇四《田叔列传》褚少孙补述:"任安,荥阳人也。少孤贫困,为人将车之长安,留,求事为小吏,未有因缘也,因占著名数。"也可以说明这一情形。看来,身份低下者求事为吏,"因缘"是非常重要的。

两汉任官制度是有若干年龄限定的。如《后汉书》卷六《顺帝纪》:"初令郡国举孝廉,限年四十以上。"规定通过孝廉途径任官的,年龄应在四十岁以上。据《后汉书》卷七九下《儒林列传下·杨仁》,"太常上仁经中博士,仁自以年未五十,不应旧科,上府让选"。李贤注:"《汉官仪》曰:'博士限年五十以上。'"博士弟子在汉武帝时代则规定须年十八以上,《汉书》卷八八《儒林

① 《史记》卷九二《淮阴侯列传》。

传》:"太常择民年十八以上仪状端正者,补博士弟子。"这些规定,虽然有的有"其有茂才异行","不拘年齿"的说明,仍然给少年仕进造成了阻障。而"贫困""未有因缘"者,当然受到更严重的限制。

6. 少年吏的从政能力

少年官吏因其特殊的资质,在汉代政治生活中曾经发挥过特殊的作用。

《续汉书·百官志三》刘昭注补引应劭曰:"《汉官名秩》曰:'丞皆选孝廉郎年少薄伐者,迁补府长史、都官令、候、司马。'"所谓"年少薄伐者"较多得到"迁补"的机会,除了可能多具有谦谨顺从等品性之外,还有其他的原因。

考察汉代少年官吏的政治表现,可以看到其中许多人在思想敏锐、谈吐锋利、行为果敢等若干方面都有值得称许之处。

《史记》卷九《吕太后本纪》记载:"七年秋八月戊寅,孝惠帝崩。发丧,太后哭,泣不下。留侯子张辟彊为侍中,年十五,谓丞相曰:'太后独有孝惠,今崩,哭不悲,君知其解乎?'丞相曰:'何解?'辟彊曰:'帝毋壮子,太后畏君等。君今请拜吕台、吕产、吕禄为将,将兵居南北军,及诸吕皆入宫,居中用事,如此则太后心安,君等幸得脱祸矣。'丞相乃如辟彊计。太后说,其哭乃哀。"少年侍中张辟彊以其特殊的政治敏感,使上层政治集团的矛盾得以调解。

《汉书》卷三六《楚元王传》关于刘向父亲刘德的事迹,可见汉武帝"千里驹"的赞誉:

> 德字路叔,少修黄老术,有智略。少时数言事,召见甘泉

宫，武帝谓之“千里驹”。[1]

颜师古注：“言若骏马可致千里也。年齿幼少，故谓之驹。”因为少时“有智略”，又“少时数言事”，既富有政治智慧，又富有参与意识，这可能是汉武帝认为前途阔远，于是夸赞为“千里驹”的原因。

关于少年吏应奉过人的“聪明”，史籍中有这样的记载，《后汉书》卷四八《应奉传》：“奉少聪明，自为童儿及长，凡所经履，莫不暗记。读书五行并下。为郡决曹史，行部四十二县，录囚徒数百千人。及还，太守备问之，奉口说罪系姓名，坐状轻重，无所遗脱，时人奇之。著《汉书后序》，多所述载。大将军梁冀举茂才。”李贤注引《谢承书》还说到这样一个生动的例证：

> 奉少为上计吏，许训为计掾，俱到京师。训自发乡里，在路昼顿暮宿，所见长吏、宾客、亭长、吏卒、奴仆，训皆密疏姓名，欲试奉。还郡，出疏示奉。奉云：“前食颍川纶氏都亭，亭长胡奴名禄，以饮浆来，何不在疏？”坐中皆惊。

具有这样的观察力和记忆力，担任上计吏的职务当然可以胜任有余。

---

①王先谦《汉书补注》引王念孙曰：“案此言‘少修黄老术’，下又言‘少时数言事’，则辞意重复。”中华书局点校本采用王念孙说，写作“德字路叔（少），修黄老术”。即使“少”字有误，也应当明确，所谓“修黄老术，有智略”，是说其少年时事。

7. 少年吏的行事风格

《后汉书》卷四五《袁敞传》写道："张俊者，蜀郡人，有才能，与兄龛并为尚书郎，年少励锋气。"所谓"年少励锋气"，可以体现杰出的少年吏员们积极进取的气质。

《史记》卷五九《五宗世家》："江都易王非，以孝景前二年用皇子为汝南王。吴楚反时，非年十五，有材力，上书愿击吴。景帝赐非将军印，击吴。吴已破，二岁，徙为江都王，治吴故国，以军功赐天子旌旗。"《史记》卷一一一《卫将军骠骑列传》："大将军姊子霍去病年十八，幸，为天子侍中。善骑射，再从大将军，受诏与壮士，为剽姚校尉。"其少年勇武精神，可以光耀史册。

与十五岁的少年将军刘非作战的敌方，据说吴王刘濞十四岁的少子也在吴楚叛军的基层服务。《史记》卷一〇六《吴王濞列传》写道："七国之发也，吴王悉其士卒，下令国中曰：'寡人年六十二，身自将。少子年十四，亦为士卒先。诸年上与寡人比，下与少子等者，皆发。'发二十余万人。"

"年少励锋气"的官吏，在行政实践中往往表现出激进的作风。

例如，《汉书》卷七九《冯野王传》记载："野王字君卿，受业博士，通《诗》。少以父任为太子中庶子。年十八，上书愿试守长安令。宣帝奇其志，问丞相魏相，相以为不可许。后以功次补当阳长，迁为栎阳令，徙夏阳令。元帝时，迁陇西太守，以治行高，入为左冯翊。岁余，而池阳令并素行贪污，轻野王外戚年少，治行不改。野王部督邮掾祋祤赵都案验，得其主守盗十金罪，收捕。并不首吏，都格杀。并家上书陈冤，事下廷尉。都诣吏自杀以明野王，京师称其威信，迁为大鸿胪。"

所谓"年少励锋气",更突出地表现在对黑暗政治势力的勇敢抗争。

《汉书》卷六七《朱云传》说:"时中书令石显用事,与充宗为党,百僚畏之。唯御史中丞陈咸年少抗节,不附显等,而与云相结。"陈咸等人"年少抗节",不附从于用事权贵,在专制制度下,这样的精神是值得称许的。

《汉书》卷七六《赵广汉传》记述了这样的史实:"赵广汉字子都,涿郡蠡吾人也,故属河间。少为郡吏、州从事,以廉絜通敏下士为名。举茂材,平准令。察廉为阳翟令。以治行尤异,迁京辅都尉,守京兆尹。""初,大将军霍光秉政,广汉事光。及光薨后,广汉心知微指,发长安吏自将,与俱至光子博陆侯禹第,直突入其门,廋索私屠酤,椎破卢罂,斧斩其门关而去。时光女为皇后,闻之,对帝涕泣。帝心善之,以召问广汉。广汉由是侵犯贵戚大臣。所居好用世吏子孙新进年少者,专厉强壮蠭气,见事风生,无所回避,率多果敢之计,莫为持难。广汉终以此败。"赵广汉敢于"侵犯贵戚大臣"的急进的政治风格,可能与"少为郡吏、州从事"的履历有关,而"所居好用世吏子孙新进年少者,专厉强壮蠭气,见事风生,无所回避,率多果敢之计,莫为持难",又使得新的少壮政治力量得以上升。所谓"专厉强壮蠭气",颜师古解释说:"'蠭'与'锋'同,言锋锐之气。"

《后汉书》卷三三《虞延传》说到少年亭长虞延敢于拘捕贵戚宾客事,也值得我们重视:"少为户牖亭长。时王莽贵人魏氏宾客放从,延率吏卒突入其家捕之,以此见怨,故位不升。"

《后汉书》卷三四《梁冀传》记载了少年吏袁著与当朝豪贵梁冀直接抗争而被杀害的故事:

时郎中汝南袁著，年十九，见冀凶纵，不胜其愤，乃诣阙上书曰："臣闻仲尼叹凤鸟不至，河不出图，自伤卑贱，不能致也。今陛下居得致之位，又有能致之资，而和气未应，贤愚失序者，埶分权臣，上下壅隔之故也。夫四时之运，功成则退，高爵厚宠，鲜不致灾。今大将军位极功成，可为至戒，宜遵悬车之礼，高枕颐神。《传》曰：'木实繁者，披枝害心。'若不抑损权盛，将无以全其身矣。左右闻臣言，将侧目切齿，臣特以童蒙见拔，故敢忘忌讳。昔舜、禹相戒无若丹朱，周公戒成王无如殷王纣，愿除诽谤之罪，以开天下之口。"书得奏御，冀闻而密遣掩捕著。著乃变易姓名，后托病伪死，结蒲为人，市棺殡送。冀廉问知其诈，阴求得，笞杀之，隐蔽其事。

袁著死后，梁冀又以清查"著党"为名，捕杀了一批反对派官僚。少年郎中袁著敢于冲犯权臣梁冀的威势，据他自己说，是"臣特以童蒙见拔，故敢忘忌讳"，这一说法，是有一定道理的。

少年吏敢于与梁冀集团抗争的另一例，又见于《后汉书》卷五一《桥玄传》："玄少为县功曹。时豫州刺史周景行部到梁国，玄谒景，因伏地言陈相羊昌罪恶，乞为部陈从事，穷案其奸。景壮玄意，署而遣之。玄到，悉收昌宾客，具考臧罪。昌素为大将军梁冀所厚，冀为驰檄救之。景承旨召玄，玄还檄不发，案之益急。昌坐槛车征，玄由是著名。"

汉末名臣王允也有身为少年吏时与黑暗政治勇敢斗争的事迹。《后汉书》卷五八《王允传》："年十九，为郡吏。时小黄门晋阳赵津贪横放恣，为一县巨患，允讨捕杀之。而津兄弟谄事宦官，因缘谮诉，桓帝震怒，征太守刘瓆，遂下狱死。允送丧还平原，终毕三年，然后归家。复还仕，郡人有路佛者，少无名行，而太守王球召以补吏，允犯颜固争，球怒，收允欲杀之。刺史邓盛闻而驰传辟为别驾从事。允由是知名，而路佛以之废弃。允少好大节，有志于立功，常习诵经传，朝夕试驰射。三公并辟，以司徒高第为侍御史。"

崔骃则有曾列身窦宪集团的经历，但是因为不满其"擅权骄恣"，"以处士年少"，屡次发表批评意见，终于为窦宪所不容。《后汉书》卷五二《崔骃传》记载："骃年十三能通《诗》《易》《春秋》，博学有伟才，尽通古今训诂百家之言，善属文。少游太学，与班固、傅毅同时齐名。常以典籍为业，未遑仕进之事。""及宪为车骑将军，辟骃为掾。宪府贵重，掾属三十人，皆故刺史、二千石，唯骃以处士年少，擢在其闲。宪擅权骄恣，骃数谏之。及出击匈奴，道路愈多不法，骃为主簿，前后奏记数十，指切长短。宪不能容，稍疏之，因察骃高第，出为长岑长。骃自以远去，不得意，遂不之官而归。"不仅当面"数谏之"，又"前后奏记数十，指切长短"，终于遭到贬斥。窦宪府中掾属三十人，都是原高官，只有崔骃"以处士年少，擢在其间"，也只有崔骃能够直接指责其罪恶。这一情形，特别值得重视。

关于年少时任南阳都尉的翟义的事迹，则可以作另外的分析。《汉书》卷八四《翟方进传》写道："义字文仲，少以父任为郎，稍迁诸曹，年二十出为南阳都尉。宛令刘立与曲阳侯为婚，又素著名州郡，轻义年少。义行太守事，行县至宛，丞相史在传舍。立持酒肴谒丞相史，对饮未讫，会义亦往，外吏白都尉方至，立语言自若。须臾义至，内谒径入，立乃走下。义既还，大怒，阳以他事召立至，以主守盗十金，贼杀不辜，部掾夏恢等收缚立，传送邓狱。恢亦以宛大县，恐见篡夺，白义可因随后行县送邓。义曰：

'欲令都尉自送,则如勿收邪!'载环宛市乃送,吏民不敢动,威震南阳。"翟义血气方刚,敢怒敢为,然而他所维护的,仅仅是个人的自尊。

《汉书》卷一〇〇《叙传上》说班伯行政的成功,"家本北边,志节忼慨","会定襄大姓石、李群辈报怨,杀追捕吏,伯上状,因自请愿试守期月"。于是,"即拜伯为定襄太守。定襄闻伯素贵,年少,自请治剧,畏其下车作威,吏民竦息。伯至,请问耆老父祖故人有旧恩者,迎延满堂,日为供具,执子孙礼。郡中益弛。诸所宾礼皆名豪,怀恩醉酒,共谏伯宜颇摄录盗贼,具言本谋亡匿处。伯曰:'是所望于父师矣。'乃召属县长吏,选精进掾史,分部收捕,及它隐伏,旬日尽得。郡中震栗,咸称神明"。故事虽然曲复,而值得特别注意的,是"定襄闻伯素贵,年少,自请治剧,畏其下车作威,吏民竦息"的情节。所谓"下车作威",可能是大多数少年官吏的惯习。而班伯能够恭敬谨慎,其谋略的优越自然可以肯定,但是班氏祖上即活动于"晋、代之间",有"耆老父祖故人有旧恩者"的关系,也是应当考虑到的因素。

8. 两汉少年吏现象的政治史考察

少年为吏,是汉代政治生活中的一种特殊现象。通过对这一现象的分析,可以由汉代少年所承担的社会责任和所发挥的社会作用,察知当时人的精神风貌,认识当时社会的时代精神,同时,也可以深化对当时吏治之基础的理解,而中国传统政治形式的有关特征,也可以得到更为真切、更为生动的说明。

豪门贵戚子弟因血统优越成为官员,很早就接近政治中枢,握有政治权力,是专制时代通常的情形。汉代的历史记载称之为“少历显官”[①]、“少历列位”[②]、“少历显位”[③]。当时人甚至有所谓“一日朝会，见诸侍中并皆年少，无一宿儒大人可顾问者，诚可叹息”的感慨[④]。高层政治集团的年轻化，有一定的积极意义，但是权臣世家出身的少年暴得高位，其行为也往往可能更突出地暴露出专制政治的阴暗面。汉武帝时，名将霍去病十八岁时即为天子侍中，在抗击匈奴的战争中战功显赫，但是对于下层士卒却缺乏应有的同情和爱护。《史记》卷一一一《卫将军骠骑列传》中写道：“骠骑将军为人少言不泄，有气敢任。天子尝欲教之孙吴兵法，对曰：‘顾方略何如耳，不至学古兵法。’天子为治第，令骠骑视之，对曰：‘匈奴未灭，无以家为也。’由此上益重爱之。然少而侍中，贵，不省士。其从军，天子为遣太官赍数十乘，既还，重车余弃粱肉，而士有饥者。其在塞外，卒乏粮，或不能自振，而骠骑尚穿域蹋鞠。事多此类。”司马迁对他“少而侍中，贵，不省士”的批评，是相当准确的。

《后汉书》卷三四《梁冀传》又有这样的记载，梁家子弟梁胤被任为河南尹，“胤一名胡狗，时年十六，容貌甚陋，不胜冠带，道路见者，莫不蚩笑焉”。由于不具备起码的行政能力却身踞高位，于是传为笑柄。

另一方面，少年多任为郡县吏以及担任基层官职，即所谓“年少官薄”[⑤]的情形，更值得我们在总结政治史时有所深思。

---

①《后汉书》卷四五《袁安传》：“逢弟隗，少历显官。”

②《后汉书》卷四五《周景传》：“中子忠，少历列位，累迁大司农。”

③《后汉书》卷六一《周举传》：“于是司徒黄尚、太常桓焉等七十人同举议，帝从之。尚字伯河，南郡人也，少历显位，亦以政事称。”

④《后汉书》卷六三《李固传》。

⑤《汉书》卷五〇《郑当时传》。

少年为吏，可能接收了秦时“以吏为师”的政治影响，《汉书》卷八九《循吏传·黄霸》所谓“霸少学律令，喜为吏”，《汉书》卷九〇《酷吏传·严延年》所谓“其父为丞相掾，延年少学法律丞相府，归为郡吏”，《汉书》卷九八《元后传》所谓“翁孺生禁，字稚君，少学法律长安，为廷尉史”，《后汉书》卷一七《岑彭传》李贤注引《东观记》所谓“丰，邵县人，少学长安，受律令，归为县吏”，《后汉书》卷六二《锺皓传》所谓“锺皓字季明，颍川长社人也，为郡著姓，世善刑律，皓少以笃行称，公府连辟”等，可能都反映了这一情形。

较早接触行政实践，对于锤炼管理能力也许是有积极意义的。有此种经历的少年吏，许多后来都成为治国名臣。当然，许多这样的政治上的成功者，是起先即具备较深厚的文化基础，任职时也十分注重理论的补充的。前引文翁、王吉、龚胜、魏相、来艳、徐璆、谯玄、杨由诸例，都说明了任职前学术文化积累的重要。《汉书》卷八五《谷永传》：“永少为长安小史，后博学经书。建昭中，御史大夫繁延寿闻其有茂材，除补属，举为太常丞。”《后汉书》卷七五《刘焉传》：“焉少任州郡，以宗室拜郎中。去官居阳城山，精学教授。举贤良方正，稍迁南阳太守、宗正、太常。”《后汉书》卷六六《王允传》：王允“年十九，为郡吏”，“允少好大节，有志于立功，常习诵经传，朝夕试驰射”。则是比较典型的任官职之后重视文化进修的例子。

又如《汉书》卷八四《翟方进传》：“方进年十二三，失父孤学，给事太守府为小史，号迟顿不及事，数为掾史所詈辱。方进自伤，乃从汝南蔡父相问己能所宜。蔡父大奇其形貌，谓曰：‘小史有封侯骨，当以经术进，努力为诸生学问。’方进既厌为小史，闻蔡父言，心喜，因病归家，辞其后母，欲西至京师受经。母怜其幼，随之长安,织屦以给方进读,经博士受《春秋》。积十余年,经学明习,徒众日广,诸儒称之。以射策甲科为郎。二三岁,举明经,迁议郎。”

《后汉书》卷六八《符融传》说:“符融字伟明,陈留浚仪人也。少为都官吏,耻之,委去。后游太学,师事少府李膺。”《后汉书》卷七九下《儒林列传下·赵晔》也记载:“赵晔字长君,会稽山阴人也。少尝为县吏,奉檄迎督邮,晔耻于厮役,遂弃车马去。到犍为资中,诣杜抚受韩诗,究竟其术。积二十年,绝问不还,家为发丧制服。抚卒乃归。州召补从事,不就。”

同样耻于“奉檄迎督邮”之“厮役”而辞职的故事,又见于《后汉书》卷八一《独行列传·范冉》的记载:

> 范冉字史云,陈留外黄人也。少为县小吏,年十八,奉檄迎督邮,冉耻之,乃遁去。到南阳,受业于樊英。又游三辅,就马融通经,历年乃还。

这些都是任吏职后又重新再去读书的情形。

所谓“厌为小史”,所谓“耻于厮役”,可能是相当一些少年吏共同的心理倾向。《汉书》卷六〇《杜周传》:“钦字子夏,少好经书,家富而目偏盲,故不好为吏。”又《后汉书》卷三五《郑玄传》:“玄少为乡啬夫,得休归,常诣学官,不乐为吏,父数怒之,不能禁,遂造太学受业。”《三国志》卷二七《魏书·王基传》:“(王基)年十七,郡召为吏,非其好也,遂去,入琅邪界游学。”这里说到的“不好为吏”,“不乐为吏”,“郡召为吏,非其好也”诸事,也可以看作两汉少年学人面对政治权力表现出了自立与自尊的意识。

对吏职的“厌”与“耻”,其深层意识,可能包涵对行政生活的厌倦，或者对等级制度的鄙弃，或者对黑暗政治的憎恶。这种情形，也值得关心中国古代历史文化的人们注意。

《后汉书》卷五九《张衡传》所载张衡“宣寄情志”的《思玄赋》中，有“尉龙眉而郎潜兮，逮三叶而遘武；董弱冠而司衮兮，设王隧而弗处”的文句。关于“董弱冠而司衮兮”一句，李贤注：“董贤字圣卿，哀帝时为大司马，年二十二。衮，三公服也。时哀帝令为贤起冢，至尊无以加。及帝崩，王莽杀贤于狱中。《左传》曰，晋侯请隧，曰：‘王章也。’《礼记》曰‘二十曰弱冠’也。”对于前一句“尉龙眉而郎潜兮，逮三叶而遘武”，李贤解释说：“尉谓都尉颜驷也。龙，苍杂色也。遘，遇也。”又引录《汉武故事》曰：

> 上至郎署，见一老郎，鬓眉皓白，问：“何时为郎？何其老也？”对曰：“臣姓颜，名驷，以文帝时为郎。文帝好文而臣好武，景帝好老而臣尚少，陛下好少而臣已老，是以三叶不遇也。”上感其言，擢为会稽都尉。

颜驷故事，其实可以看作一篇有较深意味的政治寓言。汉武帝所问“何其老也？”颜驷所答“陛下好少”，明示少年官吏的擢拔，与帝王的个人私好有关，与具体的历史机会有关。于是有“遇”与“不遇”的问题。不过，本文的主题，只是综合总结两汉时期有关少年吏的大略情形，深入探讨“遇”与“不遇”这一问题，可以另作专论。

辛德勇指出：“在东汉人王充撰著的《论衡》一书中，我们可以看到这个故事更早的原型。”《论衡·逢遇》：“昔周人有仕数不遇，年老白首，泣涕于涂者。人或问之：‘何为泣乎？’对曰：‘吾仕数不遇，自伤年老失时，是以泣也。’人曰：‘仕奈何不一遇也？’对曰：‘吾年少之时，学为文，文德成就，始欲仕宦，人君好用老。用老主亡，后主又用武，吾更为武，武节始就，武主又亡。少主始立，好用少年，吾年又老，是以未尝一遇。’仕宦有时，不可求也。”[①] 俞樾《曲园杂纂》第二三《读论衡》说：“此与颜驷事相似。”据《文选》《思玄赋》注引《汉武故事》言：“疑古相传有此说。颜驷事亦出依托也。”[②]

汉代“童子郎”身份与“少为郎”现象

《后汉书》卷二《明帝纪》写道：“馆陶公主为子求郎，不许，而赐钱千万。谓群臣曰：‘郎官上应列宿，出宰百里，有非其人，则民受其殃，是以难之。’”强调“郎官”职任特殊。李贤注：“《史记》曰，太微宫后二十五星，郎位也。”[③] 也说“郎位”近卫中枢，身份重要。

汉代宫廷有“童子郎”身份，又多见“少为郎”情形，可以与“少年吏”相联系，说明当时行政人员培养的一条特殊渠道。而未成年人在政治生活中的地位，也可以有所体现。所谓“少为郎”成为许多行政人员最初的经历，也是行政史的特殊现象。未成年人以“郎”的身份在宫廷生活中的表现，又透露出色彩微妙

①辛德勇：《汉武帝晚年政治取向与司马光的重构》，《清华大学学报》2014年第6期。

②黄晖：《论衡校释》（附刘盼遂《集解》），中华书局1990年2月版，第8页。

③又《后汉书》卷六三《李燮传》：“昔馆陶公主为子求郎，明帝不许，赐钱千万。所以轻厚赐，重薄位者，为官人失才，害及百姓也。”

的文化风景。“少为郎”者的情感生活体验，也构成宫廷文化的特殊气象。

后世以“郎”作为男性青少年的通用社会代号，出现“儿郎”“少年郎”等人称形式，应当与汉代“童子郎”称谓及“少为郎”现象有关。这一情形，也值得研究者注意。

1.“童子郎”史例

记录汉代社会现象的史籍可见“童子郎”称谓。如《后汉书》卷五八《臧洪传》记载：

> 洪年十五，以父功拜童子郎，知名太学。洪体貌魁梧，有异姿。举孝廉，补即丘长。

臧洪“以父功拜童子郎”，践行成为“郎”的通常道路。后来又“孝廉，补即丘长”，成为地方行政长官，而“拜童子郎”是其行政第一履历。关于“童子郎”身份，李贤注作了这样的解说：

> 汉法，孝廉试经者拜为郎。洪以年幼才俊，故拜童子郎也。《续汉书》曰“左雄奏征海内名儒为博士，使公卿子弟为诸生，有志操者加其俸禄。及汝南谢廉、河南赵建章年始十二，各能通经，雄并奏拜童子郎。于是负书来学，云集京师”也。

这里说到的“童子郎”，除臧洪外，又有“汝南谢廉、河南赵建章”。而“洪年十五”，谢廉、赵建章“年始十二”，确实是“童子”无疑。《后汉书》卷六一《左雄传》的记述大体一致：“雄又奏征海内名儒为博士，使公卿子弟为诸生。有志操者，加其俸禄。及汝南谢廉，河南赵建，年始十二，各能通经，雄并奏拜童子郎。于是负书来学，云集京师。”《续汉书》“赵建章”，《后汉书》作“赵建”。《北堂书钞》卷五六“童子郎”题下“谢廉通经”条引《后汉书》亦作“赵建”：“左雄奏征海内名儒为博士，使公卿子弟为诸生，有志操者加其俸禄。及汝南谢廉、河南赵建，年始十二，名能通经，雄并奏拜童子郎。于是负书来学，云集京师。”《太平御览》卷六二八引《后汉书》也称“赵建”，而言“年始十三”：“（左）雄又奏征海内名儒为博士，使公卿子弟为之受学，加其俸禄。及汝南谢廉、河南赵建，年始十三，各能通经，雄并奏拜童子郎。自是负书来学者，云集京师。”明人徐应秋《玉芝堂谈荟》卷四“七岁有圣德”条也取“赵建”说：“童子拜官者，汉顺帝时汝南谢廉、河南赵建，年十二，各能通经，拜为童子郎。”韦叡《松窗录》“童子郎”条引《续汉书》：“秦征公卿子为诸生，有志操者录之，号‘童子郎’。”[①] 所根据的是《续汉书》提供的史料，而“秦”字误。清人姜宸英《湛园札记》卷一则写道：“汝南谢连、河内赵建章及臧旻，皆为童子郎。”又取“赵建章”说。而“河内”应是“河南”之误。

《后汉书》卷六一《黄琬传》又说到另一位“童子郎”黄琬的故事，时在汉桓帝建和元年（147）：

> 琬字子琰。少失父。早而辩慧。祖父琼，初为魏郡太守，建和元年正月日食，京师不见而琼以状闻。太后诏问所食多少，琼思其对而未知所况。琬年七岁，在傍，曰：“何不言日食之余，如月之初？”琼大惊，即以其言应诏，而深奇爱

---

① 〔宋〕朱胜非：《绀珠集》卷一一。

之。后琼为司徒，琬以公孙拜童子郎，辞病不就，知名京师。时司空盛允有疾，琼遣琬候问，会江夏上蛮贼事副府，允发书视毕，微戏琬曰："江夏大邦，而蛮多士少。"琬奉手对曰："蛮夷猾夏，责在司空。"因拂衣辞去。允甚奇之。

黄琬"早而辩慧"，甚至对于"日食"的表述亦有奇识。"琬以公孙拜童子郎"者，是上升渠道因由贵势之家的背景。然而从其言行看，确有识见而不同凡俗。所谓"辞病不就，知名京师"，则体现"童子郎"身份地位。

谢廉、赵建"拜童子郎"，在汉顺帝永建时。黄琬"拜童子郎"，当汉桓帝建和年间。臧洪"拜童子郎"故事发生在汉灵帝熹平、光和、中平时代①。后来《三国志》亦见司马朗"为童子郎"事，也可以说明有关"童子郎"的若干情形。可知"童子郎"制度未必推行十分长久，却也绝不是偶然的孤立的个别现象。

《三国志》卷一五《魏书·司马朗传》记载了司马朗"为童子郎"事，也是"年幼才俊"实例：

司马朗字伯达，河内温人也。九岁，人有道其父字者，朗曰："慢人亲者，不敬其亲者也。"客谢之。十二，试经为童子郎，监试者以其身体壮大，疑朗匿年，劾问。朗曰："朗之内外，累世长大，朗虽稚弱，无仰高之风，损年以求早成，非志所为也。"监试者异之。后关东兵起，故冀州刺史李邵家居野

①据《后汉书》卷五八《臧洪传》："熹平元年，会稽妖贼许昭起兵句章"，臧洪父臧旻"破平"有功。"洪年十五，以父功拜童子郎"，"举孝廉，补即丘长。中平末，弃官还家"。

王，近山险，欲徙居温。朗谓邵曰：“唇齿之喻，岂唯虞、虢，温与野王即是也；今去彼而居此，是为避朝亡之期耳。且君，国人之望也，今寇未至而先徙，带山之县必骇，是摇动民之心而开奸宄之原也，窃为郡内忧之。”邵不从。边山之民果乱，内徙，或为寇钞。

“十二，试经为童子郎”，提供了又一例反映“童子郎”具体年龄的记载。而所谓“监试者以其身体壮大，疑朗匿年，劾问”，可知当时“童子郎”的征选，确实是有明确的年龄限定的。司马朗“九岁”时维护其尊亲，对“人有道其父字者”的批评，已经表现出敏锐和勇敢。“损年以求早成，非志所为也”语，自申其志，非同凡响，也透露出世风对“早成”的推重。他对冀州刺史李邵“寇未至而先徙”行为的指责，也反映了政治明识，其预言后来果然得到历史的印证。不过，我们不很清楚“朗谓邵曰”时的具体年龄。

2. “少为郎”情形

汉代官僚队伍中“少为郎”即以“郎”作为行政实践第一阶梯的现象相当多见。《汉书》卷八一《张禹传》说，张禹得天子“敬厚”，“禹每病，辄以起居闻，车驾自临问之。上亲拜禹床下”。“禹小子未有官，上临候禹，禹数视其小子，上即禹床下拜为黄门郎，给事中。”“禹小子未有官”，其年龄未可知，不排除尚在少年的可能。

西汉时期还可以看到若干明确的“少为郎”的实例。如：“（韩）增少为郎。”[①] “（刘歆）少以通《诗》《书》能属文召见成

---

①《汉书》卷三三《韩王信传》。

帝,待诏宦者署,为黄门郎。"[①] "(杜)缓少为郎。"[②] "(王吉)少好学明经,以郡吏举孝廉为郎。"[③] "(冯参)学通《尚书》,少为黄门郎。"[④] "(淳于长)少以太后姊子为黄门郎。"[⑤] "(上官桀)少时为羽林期门郎。"[⑥] "(班嗣)少为黄门郎中常侍。"[⑦]

又如,"(公孙述)哀帝时,以父任为郎。后父仁为河南都尉,而述补清水长。仁以述年少,遣门下掾随之官。五月余,掾辞归,白仁曰:'述非待教者也。'后太守以其能,使兼摄五县,政事修理,奸盗不发,郡中谓有鬼神"。"后父仁为河南都尉,而述补清水长"时公孙述尚"年少",则"以父任为郎"时年龄当然更小。《后汉书》卷一三《公孙述传》又明确有"少为郎,习汉家制度"的说法。《后汉书》卷七四上《袁绍传》写道:"(袁)绍少为郎,除濮阳长。"汉末割据政权"少为郎"者,则有射坚[⑧]、虞昺等[⑨]。

《后汉书》卷二三《窦固传》:"固字孟孙,少以尚公主为黄门侍郎。"窦固已"尚公主",说明身体发育大致成熟,然而依然称"少",反映记述汉史的文献中,"少"的年龄界断有时是比较模糊的。

---

①《汉书》卷三六《楚元王传·刘歆》。

②《汉书》卷六〇《杜缓传》。

③《汉书》卷七二《王吉传》。

④《汉书》卷七九《冯参传》。

⑤《汉书》卷九三《佞幸传·淳于长》。

⑥《汉书》卷九七上《外戚传上·孝昭上官皇后》。

⑦《汉书》卷一〇〇上《叙传上》。

⑧《三国志》卷三二《蜀书·先主备传》裴松之注引《三辅决录》注曰:"(射)坚,字文固,少有美名,辟公府为黄门侍郎。"

⑨《三国志》卷五七《吴书·虞翻传》裴松之注引《会稽典录》曰:"(虞)昺字世文,(虞)翻第八子也。少有倜傥之志,仕吴黄门郎,以捷对见异,超拜尚书侍中。"

也有可以使我们得知“为郎”时年龄的史例，如《三国志》卷一《魏书·武帝纪》：“（曹操）年二十，举孝廉为郎，除洛阳北部尉，迁顿丘令，征拜议郎。”可知曹操“年二十”“为郎”。《汉书》卷八四《翟义传》：“（翟）义字文仲，少以父任为郎，稍迁诸曹，年二十出为南阳都尉。”是翟义“为郎”时在“年二十”之前。《汉书》卷八一《孔光传》：“（孔）霸四子，长子福嗣关内侯。次子捷、捷弟喜皆列校尉诸曹。光，最少子也，经学尤明，年未二十，举为议郎。”也是“年未二十”“为郎”的例证。《后汉书》卷三四《梁冀传》有“郎中汝南袁著，年十九”的记载。《汉书》卷六六《陈咸传》说：“（陈）咸字子康，年十八，以万年任为郎。”《三国志》卷九《魏书·曹纯传》裴松之注引《英雄记》：“（曹纯）年十八，为黄门侍郎。”《汉书》卷五一《枚皋传》记载：“（枚皋）年十七，上书梁共王，得召为郎。”《后汉书》卷一〇上《皇后纪上·光武郭皇后》说，“帝善（郭）况小心谨慎，年始十六，拜黄门侍郎”。“为郎”时年龄更小的例证又有：《后汉书》卷四一《宋均传》记载：“（宋）均以父任为郎，时年十五。”《三国志》卷九《魏书·曹玄传》：“（曹玄）少知名，弱冠为散骑黄门侍郎。”又《三国志》卷一三《魏书·锺毓传》写道：“（锺毓）年十四为散骑侍郎。”

据《汉书》卷六八《霍光传》：“（霍去病）将（霍）光西至长安，时年十余岁，任光为郎，稍迁诸曹侍中。”其具体年龄究竟是十几岁，尚不能确定。

又《汉书》卷三六《楚元王传·刘向》说：“（刘）向字子政，本名更生。年十二，以父德任为辇郎。既冠，以行修饬擢为谏大夫。”[①] 刘向“年十二”为郎，似是目前所见最年少的一例。

---

①颜师古注：“服虔曰：‘父保任其子为郎也。辇郎，如今引御辇郎也。’”

"少为郎",应是秦时已有制度。《史记》卷六《秦始皇本纪》记载,秦二世即位,按照赵高的建议,清洗"先帝之大臣"及"生平所不可者",其政治动作之一,即"以罪过连逮少近官三郎"。司马贞《索隐》:"逮训及也。谓连及俱被捕,故云连逮。少,小也。近,近侍之臣。三郎谓中郎、外郎、散郎。"张守节《正义》:"《汉书百官表》云有议郎、中郎、散郎,又有左右三将,谓郎中、车郎、户郎。"如果"少"字在这里确指年龄"小",所谓"少近官三郎",或可理解为汉代"少为郎"现象的先例。

《汉书》卷五〇《冯唐传》写道:"(冯唐)为郎中署长,事文帝。帝辇过,问唐曰:'父老何自为郎?'"颜师古注:"师古曰:'言年已老矣,何乃自为郎也?崔浩以为自,从也。从何为郎?此说非也。'"这种"年已老"而仍在"郎"的系统工作,致使帝王诧异,正是因为通常情况下"为郎"者多为少年的缘故。后来冯唐的儿子在暮年时成为郎[①],也是年长者任郎的又一特例。

3. 未成年"郎"的家族出身

"以父任为郎",即因父的身份地位得以为郎,是非常普遍的情形。《史记》卷二〇《建元以来侯者年表》:"杨恽家在华阴,故丞相杨敞少子,任为郎。"西汉时期"少以父任为郎"的明确史例,又有张安世[②]、翟义等。《后汉书》卷一三《公孙述传》说:"哀帝时,以父任为郎。"李贤注:"任,保任也。《东观记》曰:'成帝

---

① 《史记》卷一〇二《张释之冯唐列传》:"武帝立,求贤良,举冯唐。唐时年九十余,不能复为官,乃以唐子冯遂为郎。遂字王孙,亦奇士。"由"唐时年九十余"可推知冯遂"为郎"时,应当已在五六十岁以上。

② 《汉书》卷五九《张安世传》。

末，述父仁为侍御史，任为太子舍人，稍增秩为郎焉。'"

又如《后汉书》卷二四《马廖传》："廖字敬平，少以父任为郎。"《后汉书》卷一六《邓禹传》记载，"（太傅邓禹）寝疾。帝数自临问，以子男二人为郎"。贵族高官这种政治等级的承继形式，曾经形成制度：

> （建光元年二月）以公、卿、校尉、尚书子弟一人为郎、舍人。（《后汉书》卷五《安帝纪》）
>
> （本初元年夏四月）自大将军至六百石，皆遣子受业，岁满课试，以高第五人补郎中，次五人太子舍人。（《后汉书》卷八《质帝纪》）
>
> （汉献帝即位初）赐公卿以下至黄门侍郎家一人为郎，以补宦官所领诸署，侍于殿上。（《后汉书》卷九《献帝纪》）

除本初元年（146）事要考虑"课试"成绩而外，完全以官员身份地位"以……子弟一人为郎"，"赐……家一人为郎"，成为政治惯性极强的政策。据《后汉书》卷三七《桓郁传》："（桓）郁字仲恩，少以父任为郎。"桓郁的儿子桓焉，同样"少以父任为郎"。所谓"擢高第为讲郎给事近署"[①]，也说"高第"是拔擢"郎"的条件。明确可知"少以父任为郎"的实例，还有周勰[②]等。汉史记录又可见"以任为郎"的表述，如《后汉书》卷七九下《儒林列传下·伏恭》："恭性孝，事所继母甚谨，少传黯学，以任为郎。"以及《太平御览》卷二六〇引《汉书》言冯立事迹，《后汉纪》卷九"永平二

---

①《后汉书》卷七九上《儒林列传上》。

②《后汉书》卷六一《周勰传》。

年”言桓郁事迹。而《汉书》卷七九《冯立传》说冯立“以父任为郎”,《后汉书》卷三七《桓郁传》说桓郁“少以父任为郎”。可知所谓“以任为郎”很可能就是“以父任为郎”。

西汉有“吏二千石子弟选郎吏”[①]的制度,但是“选”的形式,尚未必是在一定等级之上,所有的官员都得“以……子弟一人为郎”,“赐……家一人为郎”。有学者指出,这种“任子制”,“条件的限制并不绝对”,“从任子的数目来看,其任子弟二人以上乃至多人者极为常见,并不受一人之限”。如冯奉世“有子男九人”,冯立“以父任为郎”,冯参“少为黄门郎给事中”,桓荣“拜二子为郎”,温序“除三子为中郎”,梁统“除四子为郎”[②]。也有学者注意到,“事实上,经过多次保任,使任子的数量远远不止一个。如:西汉时,苏武‘少以父任,兄弟并为郎’……韩延寿‘三子皆为郎吏’”,“东汉亦如此,如冯石‘为安帝所宠……拜子世为黄门侍郎,世弟二人皆为郎中’”,“邓骘兄弟子及门从十二人悉除为郎中。由此可见,保任二人、三人乃至多人者,也是常见的事”[③]。在这样的情况下,自然会出现“郎吏”队伍的膨胀,如《后汉书》卷六六《陈蕃传》载陈蕃上疏所谓“三署郎吏二千余人”的现象。而某些“郎”借家族权势施行政治影响的情形,在历史记录中也有迹象可寻。如《后汉书》卷六六《陈蕃传》写道:“自蕃为光禄勋,与五官中郎将黄琬共典选举,不偏权富,而为埶家郎所谮诉,坐免归。”

以赀为郎,也是常见的晋身至于帝王身边的路径。据《汉

①《汉书》卷五六《董仲舒传》。
②黄留珠:《秦汉仕进制度》,西北大学出版社1985年7月版,第217页。
③安作璋、陈乃华:《秦汉官吏法研究》,齐鲁书社1993年12月版,第61—62页。

书》卷五〇《张释之传》:“张释之字季,南阳堵阳人也。与兄仲同居,以赀为骑郎。”颜师古注:“苏林曰:‘雇钱若出谷也。’如淳曰:‘汉注赀五百万得为常侍郎。’师古曰:‘如说是也。’”张释之十年为郎,对前程丧失信心,有“免归”之意,曾经发表“久宦减仲之产,不遂”的感慨,似乎为郎时的费用,还要消耗家“产”。我们不清楚这是不是以赀为郎者面对的特殊情形。《汉书》卷六六《杨恽传》说:“郎官故事,令郎出钱市财用,给文书,乃得出,名曰‘山郎’。”这一情形,据说到杨恽任中郎将,“罢山郎,移长度大司农,以给财用”之后,方得改变。也可能张释之所谓“久宦减仲之产”,是指此类“财用钱”支出①。

前说枚皋以文采“拜为郎”,又有以学识为郎者。如《汉书》卷一〇〇上《叙传上》记述班斿故事:“(班)斿博学有俊材,左将军史丹举贤良方正,以对策为议郎,迁谏大夫、右曹中郎将,与刘向校秘书。每奏事,斿以选受诏进读群书。上器其能,赐以秘书之副。”②汉顺帝时代,有阳嘉元年(132)秋七月“除郡国耆儒九十人补郎、舍人”,阳嘉二年(133)三月“辛酉,除京师耆儒年六十以上四十八人补郎、舍人及诸王国郎”事③。《后汉书》卷八《灵帝纪》:“(光和三年)六月,诏公卿举能通《古文尚书》《毛诗》

---

①参看孟彦弘:《释“财用钱”》,《吴简研究》第1辑,崇文书局2004年7月版,第222至229页;赵宠亮:《说“财用钱”》,《历史研究》2006年第2期。

②《汉书》卷九九下《王莽传下》:“诸生小民会旦夕哭,为设飧粥,甚悲哀及能诵策文者除以为郎,至五千余人。”《后汉书》卷一三《隗嚣传》李贤注:“歌颂祸殃谓莽作告天策,自陈功劳千余言,能诵策文者,除以为郎,至五十余人。”在极荒诞的政治空气中仍然以“能诵策文”作为“除以为郎”的条件,体现了对传统的局部继承。

③《后汉书》卷六《顺帝纪》。

《左氏》《穀梁春秋》各一人，悉除议郎。”也是类似史例。又汉灵帝熹平五年（176）十二月“试太学生年六十以上百余人，除郎中、太子舍人至王家郎、郡国文学吏”[①]，同样是以学识任用“郎”的情形。《后汉书》卷七九上《儒林列传上》所谓“除郡国耆儒皆补郎、舍人”，成为常见的情形。

也有因达到一定道德水平而任为郎的。如《史记》卷一〇二《张释之冯唐列传》：“唐以孝闻，为中郎署长，事文帝。”裴骃《集解》：“应劭曰：‘此云孝子郎也。’”[②]可知东汉有“孝子郎”。

《汉书》卷五四《李陵传》记载：“（李陵）将其步卒五千人出居延，北行三十日，至浚稽山止营。举图所过山川地形，使麾下骑陈步乐还以闻。步乐召见，道陵将率得士死力。上甚说，拜步乐为郎。”这是比较特殊的直接拜前线“骑”“为郎”的一例。

前说淳于长“少以太后姊子为黄门郎”，因与皇家的特殊关系进入“郎”的队列，据《后汉书》卷二三《窦固传》：“固字孟孙，少以尚公主为黄门侍郎。”窦固则是“少”时以极特殊的“尚公主”的身份成为“黄门侍郎”的。郭况则以郭皇后弟身份“年始十六，拜黄门侍郎”（《后汉书》卷一〇上《皇后纪上·光武郭皇后》）。其他又有杜夔“以知音为雅乐郎”[③]，朱建平“善相术，于闾巷之间，效验非一”，于是为曹操“召为郎”[④]等特例。三国孙吴“侍芝郎”、“平虏郎”任命，则更是异常情形[⑤]。有学者讨论“尊

---

① 《后汉书》卷八《灵帝纪》。

② 《汉书》卷五〇《冯唐传》：“唐以孝著，为郎中署长，事文帝。”颜师古注：“郑氏曰：‘以至孝闻也。’师古曰：‘以孝得为郎中，而为郎署之长也。’”

③ 《三国志》卷二九《魏书·方技传·杜夔》。

④ 《三国志》卷二九《方技传·朱建平》。

⑤ 《三国志》卷四八《吴书·三嗣主传·孙皓》：“有鬼目菜生工人（转下页）

于普通郎”的“黄门郎”,指出:“汉魏充任黄门郎者,不是皇亲国戚,就是将相子弟;至于其它人士,那就要有一定的条件了。”[①]其实,“普通郎”的选用,基本上也是如此。

《三国志》卷四七《吴书·吴主权传》裴松之注引《江表传》载权(赤乌二年)正月诏曰:“郎吏者,宿卫之臣,古之命士也。间者所用颇非其人。自今选三署皆依四科,不得以虚辞相饰。”可知“郎”的选任“所用颇非其人”的情形已经相当严重。

4. 未成年“郎”的人生出路

“郎”以特殊方式参与行政操作,因为与帝王关系的亲近[②],可以施行有力的影响。有的甚至“与上卧起,公卿皆因关说”[③]。有的帝王当政时,“每朝,郎官上书疏,未尝不止辇受其言,言不可用置之,言可采用受之,未尝不称善也”[④]。汉武帝时代,正如有的学者所指出的:“内朝始设之时,主要由以郎官为主的皇帝亲信侍从组成。”[⑤]其中未成年人颇多。这种情形自然与少年吏直接经历政治实践有所不同,但是对于“郎”作为行政官员预备人

(接上页)黄耇家,依缘枣树,长丈余,茎广四寸,厚三分。又有买菜生工人吴平家,高四尺,厚三分,如枇杷形,上广尺八寸,下茎广五寸,两边生叶绿色。东观案图,名鬼目作芝草,买菜作平虑草,遂以耇为侍芝郎,平为平虑郎,皆银印青绶。”

①杨鸿年:《汉魏制度丛考》,武汉大学出版社2005年5月版,第72页。

②据《后汉书》卷四五《袁敞传》,以身份为“郎”者张俊自己的语言,称此为“近密”。

③《史记》卷一二五《佞幸列传》。

④《史记》卷一〇一《袁盎晁错列传》。

⑤王克奇:《论秦汉郎官制度》,安作璋、熊铁基:《秦汉官制史稿》附录,齐鲁书社2007年1月版,第363页。

才队伍的历练，是有一定的积极意义的。而且他们所接触的，是最高层的政治事务。

《汉书》卷五一《枚皋传》写道："（枚皋）与冗从争，见谗恶遇罪，家室没入。皋亡至长安。会赦，上书北阙，自陈枚乘之子。上得之大喜，召入见待诏，皋因赋殿中。诏使赋平乐馆，善之。拜为郎，使匈奴。"这是以"郎"的身份得以承担出使远邦之外交重任的例子。同类情形，又有张骞[①]。

由前引汉明帝"郎官""出宰百里"语，可知"郎"的人生前景和政治出路，更多可能是出任地方行政长官。

《后汉书》卷四《和帝纪》："元兴元年春正月戊午，引三署郎召见禁中，选除七十五人，补谒者、长、相。"类似例证还有汉安帝时，"（延光二年春）诏选三署郎及吏人能通《古文尚书》《毛诗》《穀梁春秋》各一人。……""（延光二年）八月庚午，初令三署郎通达经术任牧民者，视事三岁以上，皆得察举。"[②]又汉顺帝时，"（永和三年八月）丙戌，令大将军、三公各举故刺史、二千石及见令、长、郎、谒者、四府掾属刚毅武猛有谋谟任将帅者各二人，特进、卿、校尉各一人"[③]。汉质帝时，"（本初元年夏四月）千石、六百石、四府掾属、三署郎、四姓小侯先能通经者，各令随家法，其

---

①《史记》卷一二三《大宛列传》："张骞，汉中人。建元中为郎。是时天子问匈奴降者，皆言匈奴破月氏王，以其头为饮器，月氏遁逃而常怨仇匈奴，无与共击之。汉方欲事灭胡，闻此言，因欲通使。道必更匈奴中，乃募能使者。骞以郎应募，使月氏，与堂邑氏胡奴甘父俱出陇西。经匈奴，匈奴得之，传诣单于。单于留之，曰：'月氏在吾北，汉何以得往使？吾欲使越，汉肯听我乎？'留骞十余岁，与妻，有子，然骞持汉节不失。"张骞后来成就了开通丝绸之路的宏伟功业。

②《后汉书》卷五《安帝纪》。

③《后汉书》卷六《顺帝纪》。

高第者上名牒，当以次赏进”[①]。东汉的“郎”的上进机会，往往以“通经”“通达经术”为重要条件。这是与儒学成为社会意识主导的文化背景相关的。一个典型的个案，是《后汉书》卷四一《宋均传》：“（宋）均以父任为郎，时年十五，好经书，每休沐日，辄受业博士，通《诗》《礼》，善论难。至二十余，调补辰阳长。”在儒学地位空前上升的时代，有儒学学业基础的未成年“郎”得到了较好的机会。正如《后汉书》卷七九上《儒林列传上》所记述：“时樊准、徐防并陈敦学之宜，又言儒职多非其人，于是制诏公卿妙简其选，三署郎能通经术者，皆得察举。”

《后汉书》卷三四《梁松传》：“松字伯孙，少为郎，尚光武女舞阴长公主，再迁虎贲中郎将。”前说窦固“少以尚公主为黄门侍郎”事，少年贵族梁松则是“少为郎”在先而尚主在后。《后汉书》卷三四《梁商传》：“商字伯夏，雍之子也。少以外戚拜郎中，迁黄门侍郎。”所谓“少以外戚拜郎中”者的晋身路径也值得注意。据《汉书》卷九三《佞幸传·淳于长》：“（淳于长）少以太后姊子为黄门郎，未进幸。会大将军王凤病，长侍病，晨夜扶丞左右，甚有甥舅之恩。凤且终，以长属托太后及帝。帝嘉长义，拜为列校尉诸曹，迁水衡都尉侍中，至卫尉九卿。”这是十分特殊的外戚家族成员以“黄门郎”为职务基点而得以迅速提升的情形。

“少为郎”者因“郎”的身份获实职出任行政长官，往往也要经历漫长的时间等待机遇。薄太后弟薄昭，也是“少为郎”的典型。《史记》卷一九《惠景间侯者年表》关于薄昭事迹的一段文字，中华书局点校本作：“高祖十年为郎，从军，十七岁为太中

---

① 《后汉书》卷六《质帝纪》。

大夫，迎孝文代，用车骑将军迎太后，侯，万户。薄太后弟。”[①] 据文义，“高祖十年为郎，从军，十七岁为太中大夫，迎孝文代”应断作“高祖十年为郎，从军十七岁，为太中大夫，迎孝文代”。薄昭以“郎”的身份，后“为太中大夫”，参与高层行政，应与“薄太后弟”的特殊背景有关。然而“为郎”“十七岁”，其实已经相当漫长。

《汉书》卷五〇《张释之传》说，张释之为郎，“事文帝，十年不得调，亡所知名”，于是“欲免归”。“中郎将爰盎知其贤，惜其去，乃请徙释之补谒者。”后来，“释之言秦汉之间事，秦所以失，汉所以兴者。文帝称善，拜释之为谒者仆射”。《汉书》卷一八《外戚恩泽侯表》：“滕侯吕更始为舍人郎中十二岁，以都尉屯霸上，用楚丞相侯。”《后汉书》卷二《明帝纪》：“赐天下男子爵，人三级；郎、从官视事二十岁已上帛百匹，十岁已上二十匹，十岁已下十匹……”可知有为“郎”“二十岁已上”者。又如樊梵事迹：“为郎二十余年，三署服其重慎。悉推财物二千余万与孤兄子，官至大鸿胪。”[②] 他在“郎”的位置上已经停留了“二十余年”。

即使是因“郎”的贴身劳绩而终于上升的官僚，其经历也多有艰难苦辛。《汉书》卷九七上《外戚传上·孝昭上官皇后》写道：“（上官桀）少时为羽林期门郎，从武帝上甘泉，天大风，车不得行，解盖授桀。桀奉盖，虽风常属车；雨下，盖辄御。上奇其材力，迁未央厩令。”上官桀大风雨中的“奉盖”“材力”，确实体现

---

①《汉书》卷一八《外戚恩泽侯表》则说他“高祖七年为郎”。古书“十”“七”字容易误写。薄昭如果“高祖十年为郎”，至其“为太中大夫，迎孝文代”时，正好时隔“十七岁”。可知“高祖七年为郎”“七”字误。

②《后汉书》卷三二《樊宏传》。

出勤谨。又如,“上尝体不安,及愈,见马,马多瘦,上大怒:‘令以我不复见马邪!’欲下吏,桀顿首曰:‘臣闻圣体不安,日夜忧惧,意诚不在马。’言未卒,泣数行下。上以为忠,由是亲近,为侍中,稍迁至太仆。”上官桀以“泣”对“怒”,赢得更深层的理解和信任。后来,“武帝疾病,以霍光为大将军,太仆桀为左将军,皆受遗诏辅少主。以前捕斩反者莽通功,封桀为安阳侯”。上官桀成为天下重臣,是从“少时”为“郎”即开始长久积累,付出无数辛劳和心机所换得的回报。所谓“日夜忧惧”者,用以形容在帝王身边心理压力之沉重,也是适宜的。

许广汉的经历,也可以从一个侧面反映即使在宫廷华贵生活中“少时”为“郎”者可能承受的屈辱。《汉书》卷九七上《外戚传上·孝宣许皇后》:“(许广汉)少时为昌邑王郎。从武帝上甘泉,误取它郎鞍以被其马,发觉,吏劾从行而盗,当死,有诏募下蚕室。后为宦者丞。上官桀谋反时,广汉部索,其殿中庐有索长数尺可以缚人者数千枚,满一箧缄封,广汉索不得,它吏往得之。广汉坐论为鬼薪,输掖庭,后为暴室啬夫。”

董仲舒说:“夫长吏多出于郎中、中郎,吏二千石子弟选郎吏,又以富訾,未必贤也。”[①] 指出了这种选官方式的问题,是不利于“贤”者的任用的。而以“郎”求任外职,亦多有通过不正当方式者,如《汉书》卷六六《杨恽传》所说,“其豪富郎,日出游戏,或行钱得善部[②]。货赂流行,传相放效”[③]。

---

①《汉书》卷五六《董仲舒传》。颜师古注:“‘訾’与‘资’同。”

②颜师古注:“郎官之职,各有主部,故行钱财而择其善,以招权也。”

③《杨恽传》又说:“(杨)恽为中郎将”后,努力纠改,“郎、谒者有罪过,辄奏免,荐举其高弟有行能者,至郡守九卿。郎官化之,莫不自厉,绝请谒货赂之端,令行禁止,宫殿之内翕然同声”。

5. 宫中少男："郎"的特殊身份与特殊境遇

《汉书》卷三六《楚元王传 · 刘向》说，刘向"年十二，以父德任为辇郎"，"是时，宣帝循武帝故事，招选名儒俊材置左右。更生以通达能属文辞"，于是得以上升。"会初立《穀梁春秋》，征更生受《穀梁》，讲论《五经》于石渠。复拜为郎中给事黄门，迁散骑谏大夫给事中。"刘向以"郎"的身份在帝王"左右"，于是"通达能属文辞"的才能优势影响了最高执政者。又《汉书》卷五一《枚皋传》："皋不通经术，诙笑类俳倡，为赋颂，好嫚戏，以故得媟黩贵幸，比东方朔、郭舍人等，而不得比严助等得尊官。"则是虽在儒学"经术"方面完全无知，却能够以另一种才能在帝王身边服务，"得媟黩贵幸"。《史记》卷一〇九《李将军列传》："(李)广子三人，曰当户、椒、敢，为郎。天子与韩嫣戏，嫣少不逊，当户击嫣，嫣走。于是天子以为勇。"则是因"勇"的性格得到欣赏。因"嫣少不逊"引起的冲突，说明李当户当时也应是少年，而李椒、李敢自然年龄更小。

《史记》卷五九《五宗世家》可见有关诸侯王"有爱幸少年为郎"，而"为郎者""与后宫乱"的记载："胶西于王端，以孝景前三年吴楚七国反破后，端用皇子为胶西王。端为人贼戾，又阴痿，一近妇人，病之数月。而有爱幸少年为郎。为郎者顷之与后宫乱，端禽灭之，及杀其子母。数犯上法，汉公卿数请诛端，天子为兄弟之故不忍，而端所为滋甚。""爱幸少年为郎"，正是青春期情爱萌动的生理特殊节段，出入宫中，也不免引发寂寞女子的心理冲动。

一则后宫女子因嫉妒以极端方式残害对方的故事，即与"郎"有关。事见于《汉书》卷五三《景十三王传 · 广川惠王刘越》："……后(刘)去立昭信为后；幸姬陶望卿为修靡夫人，主缯帛；崔修成为明贞夫人，主永巷。昭信复谮望卿曰：‘与我无礼，衣服常鲜于我，尽取善缯丐诸宫人。’去曰：‘若数恶望卿，不能减我爱；设闻其淫，我亨之矣。’后昭信谓去曰：‘前画工画望卿舍，望卿袒裼傅粉其傍。又数出入南户窥郎吏，疑有奸。’去曰：‘善司之。’以故益不爱望卿。后与昭信等饮，诸姬皆侍，去为望卿作歌曰：‘背尊章，嫖以忽，谋屈奇，起自绝。行周流，自生患，谅非望，今谁怨！’使美人相和歌之。去曰：‘是中当有自知者。’昭信知去已怒，即诬言望卿历指郎吏卧处，具知其主名，又言郎中令锦被，疑有奸。去即与昭信从诸姬至望卿所，羸其身，更击之。令诸姬各持烧铁共灼望卿。望卿走，自投井死。昭信出之，椓杙其阴中，割其鼻唇，断其舌。谓去曰：‘前杀昭平，反来畏我，今欲靡烂望卿，使不能神。’与去共支解，置大镬中，取桃灰毒药并煮之，召诸姬皆临观，连日夜靡尽。复共杀其女弟都。”故事最重要的情节，即真正激怒刘去者，是遇害女子望卿所谓“数出入南户窥郎吏，疑有奸”，“历指郎吏卧处，具知其主名，又言郎中令锦被，疑有奸”，与“郎”在后宫的存在有关。

《汉书》卷六八《金日磾传》说：“（金日磾）输黄门养马，时年十四矣。”“武帝游宴见马，后宫满侧。日磾等数十人牵马过殿下，莫不窃视，至日磾独不敢。”所谓“莫不窃视”，是少年男子面对美女的正常反应，而“至日磾独不敢”者，只是罕见的特例。金日磾得到信用之后，“日磾子二人皆爱，为帝弄儿，常在旁侧”。甚至有“弄儿或自后拥上项”而汉武帝并不发怒的情形。然而，“其后弄儿壮大，不谨，自殿下与宫人戏，日磾适见之，恶其淫乱，遂杀弄儿。弄儿即日磾长子也。上闻之大怒，日磾顿首谢，具言所以杀弄儿状。上甚哀，为之泣，已而心敬日磾”。金日磾“所以杀弄儿”者，正是出于其子“壮大”，已经性发育成熟，而“恶其淫乱”的警戒之心。

据《汉书》卷九三《佞幸传·董贤》记载，董贤则是以“郎”的身份得到了汉哀帝特殊的情感投入：“董贤字圣卿，云阳人也。父恭，为御史，任贤为太子舍人。哀帝立，贤随太子官为郎。二岁余，贤传漏在殿下，为人美丽自喜，哀帝望见，说其仪貌，识而问之，曰：‘是舍人董贤邪？’因引上与语，拜为黄门郎，繇是始幸。”董贤的父亲得到迅速提升。“贤宠爱日甚，为驸马都尉侍中，出则参乘，入御左右，旬月间赏赐絫巨万，贵震朝廷。”又有著名的“断袖”故事：“常与上卧起。尝昼寝，偏藉上褏，上欲起，贤未觉，不欲动贤，乃断褏而起。其恩爱至此。贤亦性柔和便辟，善为媚以自固。”董贤之妻及其女弟也引入宫中，董贤妻父位列高官，“弟为执金吾”。“诏将作大匠为贤起大第北阙下，重殿洞门，木土之功穷极技巧，柱槛衣以绨锦。下至贤家僮仆皆受上赐，及武库禁兵，上方珍宝。其选物上弟尽在董氏，而乘舆所服乃其副也。及至东园秘器，珠襦玉柙，豫以赐贤，无不备具。又令将作为贤起冢茔义陵旁，内为便房，刚柏题凑，外为徼道，周垣数里，门阙罘罳甚盛。”董贤家族贵势的形成，起初只是由于这位少年“郎”之“性柔”“美丽”“善为媚”。

6.“老郎”特例

《史记》卷一〇二《张释之冯唐列传》记载：“文帝辇过，问唐曰：‘父老何自为郎？’”司马贞《索隐》：“崔浩云‘自，从也。帝询唐何从为郎’。又小颜云‘年老矣，乃自为郎，怪之也’。”这是“年老矣，乃自为郎”的情形。前引汉和帝“元兴元年春正月戊午，引三署郎召见禁中，选除七十五人，补谒者、长、相”事，李贤注引《汉官仪》：“三署谓五官署也，左、右署也，各置中郎将以司之。郡国举孝廉以补三署郎，年五十以上属五官，其次分在左、右署，凡有中郎、议郎、侍郎、郎中四等，无员。”可知“补三署郎”已有“年五十以上”者。

张衡《思玄赋》：“尉龙眉而郎潜兮，逮三叶而遘武。”李贤注：“尉谓都尉颜驷也。龙，苍杂色也。遘，遇也。”又引《汉武故事》：“上至郎署，见一老郎，鬓眉皓白，问：‘何时为郎？何其老也？’对曰：‘臣姓颜，名驷，以文帝时为郎。文帝好文而臣好武，景帝好老而臣尚少，陛下好少而臣已老，是以三叶不遇也。’上感其言，擢为会稽都尉也。”[①] 颜驷自称“景帝好老而臣尚少”，则文帝时代“为郎”时无疑尚是少年。这一著名的“老郎”故事告知我们，“郎”若至老“鬓眉皓白”而不得“擢用”，是“不遇”的表现。而实际上这样的情形并不罕见。

汉顺帝“（阳嘉元年闰十二月）丁亥，令诸以诏除为郎，年四十以上课试如孝廉科者，得参廉选，岁举一人”[②]，“年四十以上”，年龄也已经不小。前引汉顺帝“（阳嘉二年三月）辛酉，除京师耆儒年六十以上四十八人补郎、舍人及诸王国郎”事，则是“年六十以上”“补郎”史例。又汉灵帝“（熹平五年十二月）试太学生年六十以上百余人，除郎中、太子舍人至王家郎、郡国文学吏”，待选试

---

①《后汉书》卷五九《张衡传》。〔宋〕王益之《西汉年纪》卷一一《武帝》引《汉武故事》：“上尝辇至郎署，一老郎鬓眉皓白，衣服不整。上问曰：‘公何时为郎？何其老也？’对曰：‘臣姓颜名驷，江都人也。以文帝时为郎。’上曰：‘何其不遇也！’驷曰：‘文帝好文而臣好武，景帝好老而臣尚少，陛下好少而臣已老。是以三世不遇也。’上感其言，将擢用之。韩安国谏曰：‘无才能者，托于不遇。陛下如擢用之，臣恐名实乱也。’上弗听，乃用为会稽都尉。”

②《后汉书》卷六《顺帝纪》。

"太学生"同样"年六十以上"[①]。据《后汉书》卷九《献帝纪》:

> (初平四年)九月甲午,试儒生四十余人,上第赐位郎中,次太子舍人,下第者罢之。诏曰:"孔子叹'学之不讲',不讲则所识日忘。今耆儒年逾六十,去离本土,营求粮资,不得专业。结童入学,白首空归,长委农野,永绝荣望,朕甚愍焉。其依科罢者,听为太子舍人。"

李贤注引刘艾《献帝纪》曰:"时长安中为之谣曰:'头白皓然,食不充粮。裹衣褰裳,当还故乡。圣主愍念,悉用补郎。舍是布衣,被服玄黄。'"所谓"头白皓然"者"悉用补郎",这种情形屡屡发生,已经透露出汉末衰世气象。

7. 未成年郎的精神:"年少励锋气","血气方盛"

通过上文说到的"執家郎"和"豪富郎"的作用,可以发觉这一群体中特殊成分所散发出的腐恶气息。其实,通过对未成年人比较集中的"郎官"的考察,也可以感觉到体现出积极意义的"少年精神"。

《汉书》卷六六《陈咸传》说:"(陈)咸字子康,年十八,以万年任为郎。有异材,抗直,数言事,刺讥近臣,书数十上,迁为左曹。"《后汉书》卷三四《梁冀传》又有"时郎中汝南袁著,年十九,见冀凶纵,不胜其愤,乃诣阙上书"的记载。可见除"年幼才俊"值得赞赏之外,两汉都有少年"郎"以"愤""直"激情抗击黑暗政治势力的勇敢表现。

---

① 《后汉书》卷八《灵帝纪》。

《后汉书》卷四五《袁敞传》记录了这样一个故事:"张俊者,蜀郡人,有才能,与兄龛并为尚书郎,年少励锋气。郎朱济、丁盛立行不修,俊欲举奏之,二人闻,恐,因郎陈重、雷义往请俊,俊不听,因共私赂侍史,使求俊短,得其私书与敞子,遂封上之,皆下狱,当死。俊自狱中占狱吏上书自讼,书奏而俊狱已报。廷尉将出谷门,临行刑,邓太后诏驰骑以减死论。俊假名上书谢曰:'臣孤恩负义,自陷重刑,情断意讫,无所复望。廷尉鞠遣,欧刀在前,棺絮在后,魂魄飞扬,形容已枯。陛下圣泽,以臣尝在近密,识其状貌,伤其眼目,留心曲虑,特加遍覆。丧车复还,白骨更肉,披棺发椁,起见白日。天地父母能生臣俊,不能使臣俊当死复生。陛下德过天地,恩重父母,诚非臣俊破碎骸骨,举宗腐烂,所报万一。臣俊徒也,不得上书;不胜去死就生,惊喜踊跃,触冒拜章。'当时皆哀其文。"又据《后汉书》卷四八《杨终传》,"太后兄卫尉马廖,谨笃自守,不训诸子。终与廖交善,以书戒之",其中写道:"今君位地尊重,海内所望,岂可不临深履薄,以为至戒!黄门郎年幼,血气方盛,既无长君退让之风,而要结轻狡无行之客,纵而莫诲,视成任性,鉴念前往,可为寒心。君侯诚宜以临深履薄为戒。"所说"黄门郎年幼",是指马廖的儿子马防和马光,据李贤注,当时"俱为黄门郎"。

杨终劝戒马廖关于马防、马光"黄门郎年幼,血气方盛"语,或可读为勇决激进,应当与张俊、张龛"年少励锋气"、陈康"抗直"、袁著"见(梁)冀凶纵,不胜其愤"对照理解。《续汉书·百官志二》"太常"题下刘昭注补引应劭曰:"《汉官名秩》曰:'丞皆选孝廉郎年少薄伐者,迁补府长史、都官令、候、司马。'""年少薄伐"而充政用,确实自有特别的优越之处。

《后汉书》卷六九《何进传》记载:"(中平六年)八月,进入长乐白太后，请尽诛诸常侍以下，选三署郎入守宦官庐。诸宦官相谓曰：'大将军称疾不临丧，不送葬，今欻入省，此意何为？窦氏事竟复起邪？'”宦官竟“拔剑斩进于嘉德殿前”。“中黄门以进头掷与尚书，曰：'何进谋反，已伏诛矣。'”由何进“选三署郎入守宦官庐”的计划，可知“三署郎”作为政治力量，无论主动或被动，实际上是参与了和宦官恶势力的政争的。

8.“郎君”与后世“儿郎”“少年郎”称谓

《后汉书》卷八六《南蛮西南夷列传》写道：“太守巴郡张翕，政化清平，得夷人和。在郡十七年，卒，夷人爱慕，如丧父母。苏祈叟二百余人，赍牛羊送丧，至翕本县安汉，起坟祭祀。诏书嘉美，为立祠堂。”“天子以张翕有遗爱，乃拜其子湍为太守。夷人欢喜，奉迎道路。曰：'郎君仪貌类我府君。'”这是“郎君”称谓出现的较早史例。考虑“郎君”称谓可能与“府君”、“使君”等称谓有共通之处，可能是合理的。又如《后汉书》卷六七《党锢列传·刘佑》李贤注引《谢承书》曰：“佑，宗室胤绪，代有名位。少修操行，学《严氏春秋》《小戴礼》《古文尚书》，仕郡为主簿。郡将小子尝出钱付之，令市买果实，佑悉以买笔书具与之，因白郡将，言'郎君年可入小学，而但傲很，远近谓明府无过庭之教，请出授书'。郡将为使子就佑受经，五日一试，不满呈限，白决罚，遂成学业也。”故事中的“郡将小子”不过“年可入小学”，而被尊称“郎君”，也值得社会称谓研究者关注。

东汉晚期，又出现少年闻人被称为“郎”的情形。《三国志》卷四六《吴书·孙策传》裴松之注引《江表传》写道：“策时年少，虽有位号，而士民皆呼为'孙郎'。百姓闻孙郎至，皆失魂魄；长吏委城郭，窜伏山草。”又有华歆称“年十一”“英彦”“幼童”沈友为“沈郎”的故事。《三国志》卷四七《吴书·吴主权传》裴松之注引《吴录》曰：“（沈）友字子正，吴郡人。年十一，华歆行风俗，见而异之，因呼曰：‘沈郎，可登车语乎？’”[①] 周瑜被称为“周郎”，更是人们熟悉的史事[②]。而时称“陆郎”的陆绩，当时只有六岁[③]。孙吴地方又有“石印三郎”传说[④]，可推知类似“三郎”的称谓很可能已经流行于民间。

尊称未成年少儿为“郎”的情形，很可能最早出现于东南

---

①《三国志》卷四六《吴书·孙策传》裴松之注引《江表传》又记述：“友逡巡却曰：‘君子讲好，会宴以礼，今仁义陵迟，圣道渐坏，先生衔命，将以裨补先王之教，整齐风俗，而轻脱威仪，犹负薪救火，无乃更崇其炽乎！’歆惭曰：‘自桓、灵以来，虽多英彦，未有幼童若此者。’弱冠博学，多所贯综，善属文辞。兼好武事，注《孙子兵法》。又辩于口，每所至，人皆默然，莫与为对，咸言其笔之妙，舌之妙，刀之妙，三者皆过绝于人。权以礼聘，既至，论王霸之略，当时之务，权敛容敬焉。陈荆州宜并之计，纳之。正色立朝，清议峻厉，为庸臣所谮，诬以谋反。权亦以终不为己用，故害之，时年二十九。”

②《三国志》卷五四《吴书·周瑜传》：“瑜时年二十四，吴中皆呼为周郎。”“瑜少精意于音乐，虽三爵之后，其有阙误，瑜必知之，知之必顾，故时人谣曰：‘曲有误，周郎顾。’”

③《三国志》卷五七《吴书·陆绩传》：“陆绩字公纪，吴郡吴人也。父康，汉末为庐江太守。绩年六岁，于九江见袁术。术出橘，绩怀三枚，去，拜辞堕地，术谓曰：‘陆郎作宾客而怀橘乎？’绩跪答曰：‘欲归遗母。’术大奇之。”

④《三国志》卷四八《吴书·孙皓传》裴松之注引《江表传》记载：“历阳县有石山临水，高百丈，其三十丈所，有七穿骈罗，穿中色黄赤，不与本体相似，俗相传谓之石印。又云，石印封发，天下当太平。下有祠屋，巫祝言石印神有三郎。时历阳长表上言石印发，皓遣使以太牢祭历山。巫言，石印三郎说‘天下方太平’。使者作高梯，上看印文，诈以朱书石作二十字，还以启皓。皓大喜曰：‘吴当为九州岛作都、渚乎！从大皇帝逮孤四世矣，太平之主，非孤复谁？’重遣使，以印绶拜三郎为王，又刻石立铭，褒赞灵德，以答休祥。”事又见《建康实录》卷四“吴后主天玺元年”。

地区，或当就在“江表”“吴中”。这也许即后来民间盛说“儿郎”“少年郎”称谓的滥觞。这种用于人称的习用语的流行，应当与汉代“童子郎”称谓及“少为郎”现象有关。本义为“廊”的“郎”，成为未成年人称谓①。相关现象或许也可以作为文化优越地方引领社会语言习惯的例证②。

汉代宫廷的“小儿官”

题东汉学者卫宏撰《汉旧仪》可见“小儿官”称谓。“小儿官”是内廷近侍身份，有“持兵”“侍宿”的责任。在特定情况下，和帝王可以有极其亲近的关系。作为能够提供反映当时内廷制度以及未成年人生活情状的信息，“小儿官”应当为官制史、宫廷史和未成年人生活史研究者关注。“少为侍中”史例，值得讨论“小儿官”时重视。有些被史家归于“佞幸”者的事迹，亦符合有关“小儿官”的记述。“小儿官”作为特殊的历史角色，从一个侧面反映了汉代宫廷生活的复杂情状。进行相关历史文

---

①王克奇指出，“许慎《说文解字》无‘廊’字，北宋人徐铉新附‘廊’字，并认为，‘廊……《汉书》通用郎’。可见‘郎’是‘廊’的省文”。《论秦汉郎官制度》，安作璋、熊铁基：《秦汉官制史稿》附录，齐鲁书社 2007 年 1 月版，第 363 页。

②江南地方的文化跃进自东汉启始的历史意义，应当受到重视。正如傅筑夫所指出的：“从这时起，经济重心开始南移，江南经济区的重要性亦即从这时开始以日益加快的步伐迅速增长起来，而关中和华北平原两个古老的经济区则在相反地日益走向衰退和没落。这是中国历史上一个影响深远的巨大变化，尽管表面上看起来并不怎样显著。”《中国封建社会经济史》第 2 卷，人民出版社 1982 年 12 月版，第 25 页。

化现象的考察，有益于汉代宫廷史和社会史研究的深化，而对于汉代一些特殊的未成年人的生活情状和政治责任，也可以得以说明。

1.《汉旧仪》所见“小儿官”

题东汉学者卫宏撰，清人纪昀、陆锡熊、陈昌图辑《汉官旧仪》卷上，说到“小儿官”职任：

> 中官、小儿官及门户四尚、中黄门持兵，三百人侍宿。

有注文：“按：《汉书·百官公卿表》《百官志》皆不载‘小儿官’及‘门户四尚’官名。”应是说《汉书》卷一九《百官公卿表》及《续汉书·百官志》“皆不载‘小儿官’及‘门户四尚’官名”[①]。孙星衍辑汉卫宏撰《汉旧仪》卷上亦可见：“中官、小儿官及门户四尚、中黄门持兵，三百人侍宿。”[②]

关于卫宏事迹，《后汉书》卷二七《杜林传》写道：“河南郑兴、东海卫宏等，皆长于古学。兴尝师事刘歆，林既遇之，欣然言曰：‘林得兴等固谐矣，使宏得林，且有以益之。’及宏见林，暗然而服。济南徐巡，始师事宏，后皆更受林学。林前于西州得漆书《古文尚书》一卷，常宝爱之，虽遭难困，握持不离身。出以示宏等曰：‘林流离兵乱，常恐斯经将绝。何意东海卫子、济南徐生复能传之，是道竟不坠于地也。古文虽不合时务，然愿诸生无悔所

① ［清］孙星衍等辑，周天游点校：《汉官六种》，中华书局1990年9月版，第31页。

②《汉官六种》，第63页。

学。’宏、巡益重之，于是古文遂行。”[①]《后汉书》卷七九上《儒林列传上》说到东汉初年集合于京师的学术领袖，举列七人，卫宏名在其中[②]。《后汉书》卷七九下《儒林列传下·谢该》也说：“光武中兴，吴、耿佐命，范升、卫宏修述旧业，故能文武并用，成长久之计。”《后汉书》卷七九下《儒林列传下·卫宏》写道：

> 卫宏字敬仲，东海人也。少与河南郑兴俱好古学。
>
> 初，九江谢曼卿善《毛诗》，乃为其训。宏从曼卿受学，因作《毛诗序》，善得《风》《雅》之旨，于今传于世。后从大司空杜林更受《古文尚书》，为作《训旨》。时济南徐巡师事宏，后从林受学，亦以儒显，由是古学大兴。光武以为议郎。
>
> 宏作《汉旧仪》四篇，以载西京杂事；又著赋、颂、诔七首，皆传于世。

可知卫宏是精通“古学”的学者，所作《汉旧仪》“以载西京杂事”，保留有可贵的西汉史料。而卫宏所处的时代，学界总结和反思西汉历史，已经具备了初步的基础。

现在看来，题汉卫宏撰《汉旧仪》所见涉及“小儿官”的记载

---

①关于卫宏与郑兴的关系，《后汉书》卷三六《郑兴传》写道：“兴好古学，尤明《左氏》《周官》，长于历数，自杜林、桓谭、卫宏之属，莫不斟酌焉。”

②《后汉书》卷七九上《儒林列传上》：“昔王莽、更始之际，天下散乱，礼乐分崩，典文残落。及光武中兴，爱好经术，未及下车，而先访儒雅，采求阙文，补缀漏逸。先是四方学士多怀协图书，遁逃林薮。自是莫不抱负坟策，云会京师，范升、陈元、郑兴、杜林、卫宏、刘昆、桓荣之徒，继踵而集。于是立五经博士，各以家法教授，《易》有施、孟、梁丘、京氏，《尚书》欧阳、大小夏侯，《诗》齐、鲁、韩，《礼》大小戴，《春秋》严、颜，凡十四博士，太常差次总领焉。”

虽然尚不能得到其他文献的互证，然而参考当时相关制度以及后世类似历史文化现象，可知大体可信。

从“中官、小儿官及门户四尚、中黄门持兵，三百人侍宿”的文字看，“小儿官”应是内廷近卫身份，有“持兵”“侍宿”的责任。

作为可以提供反映当时内廷制度以及未成年人生活情状的信息，“小儿官”值得官制史、宫廷史和未成年人生活史研究者关注。

2.“少为侍中”史例

汉代宫廷中多有以少年为侍中，在皇帝近旁承担贴身服务工作的情形。

据《史记》卷九《吕太后本纪》：“留侯子张辟彊为侍中，年十五。”裴骃《集解》：“应劭曰：‘入侍天子，故曰侍中。’”[①]《史记》卷一一一《卫将军骠骑列传》写道：“大将军姊子霍去病年十八，幸，为天子侍中。”时年十八岁，亦称“少而侍中”。实际上汉史中多有侍中更为年少的例子。《史记》卷三〇《平准书》记载：“桑弘羊以计算用事，侍中。”《汉书》卷二四下《食货志下》则明确写到这位少年侍中的实际年龄：“弘羊，洛阳贾人之子，以

---

①帝王出行时，侍中承担近卫职责。《史记》卷九《吕太后本纪》裴骃《集解》引蔡邕曰：“侍中参乘。”第412页。《史记》卷一〇《孝文本纪》司马贞《索隐》引《汉官仪》云：“侍中参乘。”《汉书》卷四《文帝纪》颜师古注引如淳曰：“侍中骖乘。”《汉书》卷六八《金日磾传》：金日磾为侍中，“出则骖乘，入侍左右”。《汉书》卷八二《史丹传》说，史丹为侍中，“出常骖乘，甚有宠”。《汉书》卷九三《佞幸传·董贤》：董贤为侍中，“出则参乘，入御左右”。

心计，年十三侍中。”桑弘羊可以说是我们迄今所知有明确年龄记录者之中最年少的侍中。

《汉书》卷六八《霍光传》说霍光事迹："时年十余岁，任光为郎，稍迁诸曹侍中。去病死后，光为奉车都尉光禄大夫，出则奉车，入侍左右，出入禁闼二十余年，小心谨慎，未尝有过，甚见亲信。”霍光“年十余岁”任为郎，后来逐步升迁至“诸曹侍中”，应当依然在“年十余岁”的时间范畴之中。另有一位霍氏家族子弟曾经在汉武帝身边任侍中的，即霍去病的儿子“奉车子侯”。

“奉车子侯”即霍嬗，因为与汉武帝的特殊关系，其人生事迹有神秘的色彩。《史记》卷二八《封禅书》有这样的记录："封泰山下东方，如郊祠太一之礼。封广丈二尺，高九尺，其下则有玉牒书，书秘。礼毕，天子独与侍中奉车子侯上泰山，亦有封。其事皆禁。……乃复东至海上望，冀遇蓬莱焉。奉车子侯暴病，一日死。上乃遂去。”《史记》卷一二《孝武本纪》有同样的内容，对于“天子独与侍中奉车子侯上泰山”句，裴骃《集解》引韦昭曰："子侯，霍去病之子也。”《汉书》卷二五上《郊祀志上》“天子独与侍中奉车子侯上泰山”句下，颜师古注："服虔曰：‘子侯，霍去病子也。’”宋人刘宰《读史抄·前汉书十八条》写道："史臣书武帝封禅事，其书秘，其事禁，独侍中奉车子侯与知之。甫去泰山，犹未至海上，即书：‘奉车子侯暴病，一日死。’史臣之意微而显。盖武帝自知其事多不经，虑奉车子侯泄之，贻笑天下后世，故杀之耳。”[①]或说“子侯则没印，故畏恶杀之”[②]。似乎这位少年近侍因

---

①《漫塘集》卷一八《杂文》，文渊阁《四库全书》本。

②〔明〕王世贞《弇州续稿》卷一五九《文部》引“桓氏《新论》”。文渊阁《四库全书》本。

失职致死。然而汉武帝与他的特殊感情在文献中依然有所表露。《艺文类聚》卷五六引《汉武帝集》说："奉车子集暴病，一日死，上甚悼之。乃自为歌诗。""奉车子集"，《太平御览》卷五九二引作"奉车子侯"。

霍去病"元狩六年而卒"，"子嬗代侯。嬗少，字子侯，上爱之，幸其壮而将之。居六岁，元封元年，嬗卒"①。则霍去病去世于公元前117年，而"奉车子侯暴病，一日死"，事在公元前110年。霍去病死时29岁②，则"奉车子侯"应是在十四五岁之前来到汉武帝身边。

所谓"少而侍中"③或者"少为侍中"④者，也许并不可以简单地与"小儿官"之间划等号。少年侍中，具有列于"中朝"⑤，"得入禁中"⑥，称"近臣"⑦、"贵人"⑧，"甚见尊重"⑨，往往得"贵幸"⑩、

---

①《史记》卷一一一《卫将军骠骑列传》。

②参看金惠：《创造历史的汉武帝》，台湾商务印书馆1984年6月版，第128页；何新：《汉武帝年表及大事记》，《论中国历史与国民意识：何新史学论著选集》，时事出版社2002年9月版，第413页。

③《汉书》卷六八《金安上传》。

④《汉书》卷五四《李陵传》，《后汉书》卷一七《岑彭传》，《后汉书》卷三三《冯鲂传》。

⑤《汉书》卷七七《刘辅传》颜师古注引孟康曰："中朝，内朝也。大司马左右前后将军、侍中、常侍、散骑、诸吏为中朝。丞相以下至六百石为外朝也。"

⑥《汉书》卷一九上《百官公卿表上》。

⑦《汉书》卷四五《江充传》，《汉书》卷七二《贡禹传》，《汉书》卷七五《李寻传》。

⑧《汉书》卷五四《李广传》，《汉书》卷九二《游侠传·萬章》。

⑨《汉书》卷八六《师丹传》。

⑩《汉书》卷八二《史丹传》，《汉书》卷八八《儒林传·欧阳生》。

"贵重"[1]、"爱幸"[2]、"亲近"[3]、"信爱"[4]、"甚有宠"[5]的地位,可能只是"小儿官"中的一种特例。不过,我们通过对少年侍中的分析,也可以了解与"小儿官"相关的若干历史文化信息。

"少而侍中"或"少为侍中"者"持兵"的史例,应与"小儿官""持兵"情形一致。典型的例证有《汉书》卷六五《东方朔传》:"初,建元三年,微行始出,北至池阳,西至黄山,南猎长杨,东游宜春。微行常用饮酎已。八九月中,与侍中常侍武骑及待诏陇西北地良家子能骑射者期诸殿门,故有'期门'之号自此始。"当时汉武帝十七八岁,随行的武装"侍中",很可能多更为年少者。又《汉书》卷九九下《王莽传下》记载,反新莽武装入宫,王莽至渐台,"公卿大夫、侍中、黄门郎从官尚千余人随之。王邑昼夜战,罢极,士死伤略尽,驰入宫,间关至渐台,见其子侍中睦解衣冠欲逃,邑叱之令还,父子共守莽"。在短兵争搏之中,"王邑父子""战死"。可知在王莽最后的时刻,仍有侍中"随之"。侍中王睦虽然曾经"解衣冠欲逃",最终仍死在侍卫皇帝的职任上。

3. 金日磾父子故事

《汉书》卷六八《金日磾传》记载,金日磾"本匈奴休屠王太子也"。元狩年间,霍去病击匈奴右地,多斩首,西过居延,攻祁连山,大克获。匈奴昆邪王、休屠王"谋降汉"。然而随后,"休屠王

---

① 《汉书》卷六八《金日磾传》,《汉书》卷八九《循吏传·黄霸》。

② 《汉书》卷四五《息夫躬传》。

③ 《汉书》卷六八《金日磾传》,《汉书》卷九七上《外戚传上·孝昭上官皇后》。

④ 《汉书》卷六八《金日磾传》。

⑤ 《汉书》卷八二《史丹传》。

后悔，昆邪王杀之，并将其众降汉”。“日䃅以父不降见杀，与母阏氏、弟伦俱没入官，输黄门养马，时年十四矣。”“久之，武帝游宴见马，后宫满侧。日䃅等数十人牵马过殿下，莫不窃视，至日䃅独不敢。日䃅长八尺二寸，容貌甚严，马又肥好，上异而问之，具以本状对。上奇焉，即日赐汤沐衣冠，拜为马监，迁侍中驸马都尉光禄大夫。日䃅既亲近，未尝有过失，上甚信爱之，赏赐累千金，出则骖乘，入侍左右。贵戚多窃怨，曰：‘陛下妄得一胡儿，反贵重之！’上闻，愈厚焉。”一位外族少年的地位于是迅速上升。

金日䃅以“胡儿”身份十四岁即“与母阏氏、弟伦俱没入官，输黄门养马”，应看作汉王朝异族奴役现象在宫中的表现。金日䃅长子为汉武帝弄儿，因“与宫人戏”被金日䃅所杀。《金日䃅传》还记载：“日䃅两子，赏、建，俱侍中，与昭帝略同年，共卧起。赏为奉车、建驸马都尉。及赏嗣侯，佩两绶，上谓霍将军曰：‘金氏兄弟两人不可使俱两绶邪？’霍光对曰：‘赏自嗣父为侯耳。’上笑曰：‘侯不在我与将军乎？’光曰：‘先帝之约，有功乃得封侯。’时年俱八九岁。”可知金赏和金建很小就在汉昭帝身边据于特殊地位。

4. 汉代宫廷生活的一个侧面

与汉代行政机构中数量众多的少年吏员不同，宫廷的“小儿官”有特殊的职能和地位。“小儿官”作为身份异常的历史角色，从一个侧面反映了汉代宫廷生活的复杂情状。

“小儿官”的存在有时可以满足帝王暧昧的情感需求。

《史记》卷一二五《佞幸列传》写道：“谚曰‘力田不如逢年，善仕不如遇合’，固无虚言。非独女以色媚，而士宦亦有之。昔以色幸者多矣。至汉兴，高祖至暴抗也，然籍孺以佞幸；孝惠时有闳孺。此两人非有材能，徒以婉佞贵幸，与上卧起，公卿皆因关说。故孝惠时郎侍中皆冠鵔鸃，贝带，傅脂粉，化闳、籍之属也。两人徙家安陵。”“籍孺”“闳孺”皆称“孺”，张守节《正义》：“籍，闳，皆名也。孺，幼小也。”这两位作为皇帝有同性恋倾向的伙伴，“以婉佞贵幸，与上卧起”者[①]，应当就是汉初的“小儿官”。由此对于《汉旧仪》言“小儿官”“侍宿”，可以有较深刻的理解。《史记》卷一二五《佞幸列传》又写道：“今天子中宠臣，士人则韩王孙嫣……嫣者，弓高侯孽孙也。今上为胶东王时，嫣与上学书相爱。及上为太子，愈益亲嫣。嫣善骑射，善佞。上即位，欲事伐匈奴，而嫣先习胡兵，以故益尊贵，官至上大夫，赏赐拟于邓通。时嫣常与上卧起。”所谓“善骑射”“习胡兵”[②]与《汉旧仪》“小儿官”“持兵”，所谓“常与上卧起”与《汉旧仪》“小儿官”“侍宿”，也可以看到对应的关系。

籍孺和闳孺之后的“以色幸者”，据《汉书》卷九三《佞幸传》：“其后宠臣，孝文时士人则邓通，宦者则赵谈、北宫伯子；孝武时士人则韩嫣，宦者则李延年；孝元时宦者则弘恭、石显；孝成时士人则张放、淳于长；孝哀时则有董贤。孝景、昭、宣时皆无宠臣。景帝唯有郎中令周仁。昭帝时，驸马都尉秺侯金赏嗣父车骑将军日磾爵为侯，二人之宠取过庸，不笃。宣帝时，侍中中郎将张彭祖少与帝微时同席研书，及帝即尊位，彭祖以旧恩封阳都侯，出常参乘，号为爱幸。”这些人物中，有的是在少年时即得以“爱幸”，成为“宠臣”的。比如得幸于汉哀帝的董贤，“父恭，

---

① “徒以婉佞贵幸”，《汉书》卷九三《佞幸传》作“但以婉媚贵幸”，颜师古注：“婉，顺也。媚，悦也。”

② 《史记》卷一二五《佞幸列传》“习胡兵”，《汉书》卷九三《佞幸传》作“习兵”。

为御史，任贤为太子舍人。哀帝立，贤随太子官为郎。二岁余，贤传漏在殿下，为人美丽自喜，哀帝望见，说其仪貌，识而问之，曰：'是舍人董贤邪？'因引上与语，拜为黄门郎，繇是始幸。问及其父为云中侯，即日征为霸陵令，迁光禄大夫。贤宠爱日甚，为驸马都尉侍中，出则参乘，入御左右，旬月间赏赐絫巨万，贵震朝廷。常与上卧起。尝昼寝，偏藉上褏，上欲起，贤未觉，不欲动贤，乃断褏而起。其恩爱至此。贤亦性柔和便辟，善为媚以自固"。后来又破格任命董贤为"为大司马卫将军"，"是时贤年二十二，虽为三公，常给事中，领尚书，百官因贤奏事"。"明年，匈奴单于来朝，宴见，群臣在前。单于怪贤年少，以问译，上令译报曰：'大司马年少，以大贤居位。'单于乃起拜，贺汉得贤臣。"[①]匈奴单于称其"年少"时，董贤 23 岁，大约是虚岁。时在汉哀帝元寿二年（前 1）。"哀帝立，贤随太子官为郎"时，则在公元前 7 年。当时董贤 15 岁。所谓"父恭，为御史，任贤为太子舍人"，据《董贤传》"初，丞相孔光为御史大夫，时贤父恭为御史，事光"，对照《汉书》卷一九下《百官公卿表下》，孔光任御史大夫在汉成帝永始二年（前 15）至绥和元年（前 8），可知董贤"为太子舍人"时，在 14 岁以前，尚是少年。董贤故事，成为"断袖之好""断袖之欢""断袖之契""断袖之癖"的典据。《南史》卷五一《梁宗室列传上·萧韶》："韶昔为幼童，庾信爱之，有断袖之欢。衣食所资，皆信所给。遇客韶亦为信传酒。"萧韶以"幼童"身份成为董贤"断袖之欢"的比照，也有益于我们推想董贤当时的年龄。

"小儿官"之所以能够适应宫廷生活条件，除"断袖之欢"因素外，可能更在于以未成年人的生理特征不至于影响帝王对后宫

① 《汉书》卷九三《佞幸传·董贤》。

女子们性的独占权。

少年“宠臣”待进入青春期，因情感萌动，可能会与“中人”发生“奸”“乱”关系。具体史例有《史记》卷一二五《佞幸列传》：“（韩）嫣侍上，出入永巷不禁，以奸闻皇太后。皇太后怒，使使赐嫣死。上为谢，终不能得，嫣遂死。”又如李延年事迹：“与上卧起，甚贵幸，埒如韩嫣也。久之，寖与中人乱，出入骄恣。及其女弟李夫人卒后，爱弛，则禽诛延年昆弟也。”据《汉书》卷九三《佞幸传》，“与中人乱”者是“延年弟季”[①]。最典型的故事，是金日磾的长子生活于宫中，因为行为不检点竟然被杀：

> 日磾母教诲两子，甚有法度，上闻而嘉之。病死，诏图画于甘泉宫，署曰“休屠王阏氏”。日磾每见画常拜，乡之涕泣，然后乃去。日磾子二人皆爱，为帝弄儿，常在旁侧。弄儿或自后拥上项，日磾在前，见而目之。弄儿走且啼曰：“翁怒。”上谓日磾“何怒吾儿为”？其后弄儿壮大，不谨，自殿下与宫人戏，日磾适见之，恶其淫乱，遂杀弄儿。弄儿即日磾长子也。上闻之大怒，日磾顿首谢，具言所以杀弄儿状。上甚哀，为之泣，已而心敬日磾。[②]

因为年既“壮大”，而德行“不谨”，“自殿下与宫人戏”，金日磾恰好发现，“恶其淫乱，遂杀弄儿”。金日磾因母亲教诲，“甚有法度”，年少时，“武帝游宴见马，后宫满侧。日磾等数十人牵马过

---

① 《汉书》卷九三《佞幸传·李延年》：“久之，延年弟季与中人乱，出入骄恣。及李夫人卒后，其爱弛，上遂诛延年兄弟宗族。”

② 《汉书》卷六八《金日磾传》。

殿下，莫不窃视，至日磾独不敢”。金日磾能够做到的，他的儿子却做不到。

5. 历史旁证：唐代宫廷“小儿”

唐代宫廷可见“小儿”活跃的表现，或可以为理解汉代宫廷“小儿官”存在的参考。

唐代宫苑有所谓“内园小儿”[①]，或作“内苑小儿”[②]，其数量有时颇可观。如《新唐书》卷五〇《兵志·禁军》记载，唐昭宗东迁，“唯小黄门打毬供奉十数人、内园小儿五百人从”[③]。《新唐书》卷二二三下《奸臣列传下·蒋玄晖》：“（朱）全忠尽杀左右黄门、内园小儿五百人，悉以汴兵为卫。”可知“内园小儿”是最可靠的近卫[④]。又有所谓“五坊小儿”。据《新唐书》卷七七《后妃列传下·宪宗懿安郭太后》：“武宗喜畋游，角武抃，择五坊小儿得出入禁中。它日问后起居，从容请曰：‘如何可为盛天子？’后曰：‘谏臣章疏宜审览，度可用用之，有不可，以询宰相。毋拒直言，勿

---

①《旧唐书》卷一七五《文宗二子列传·庄恪太子永》，《新唐书》卷二〇八《宦者列传下·田令孜》。

②《新唐书》卷二二四下《叛臣列传下·陈敬瑄》。

③《旧唐书》卷二〇下《昭宗纪》所记人数不同：“从上东迁者，唯诸王、小黄门十数，打毬供奉内园小儿共二百余人。”

④《旧五代史》卷二《梁书二·太祖本纪二》：“闰月丁酉，昭宗发自陕郡。壬寅，次于谷水。是时昭宗左右唯小黄门及打毬供奉、内园小儿二百余人，帝犹忌之。是日密令医官许昭远告变，乃设馔于别幄，召而尽杀之，皆坑于幕下。先是选二百余人，形貌大小一如内园人物之状，至是使一人擒二人，缢于坑所，即蒙其衣及戎具自饰。昭宗初不能辨，久而方察。自是昭宗左右前后皆梁人矣。”“内园小儿”的人数与《新唐书》记录有异，而“帝犹忌之”的态度和“召而尽杀之，皆坑于幕下”的具体情节，说明这些少年近卫当时已经是皇帝人身安全的唯一保障。

纳偏言，以忠良为腹心，此盛天子也。’帝再拜，还索谏章阅之，往往道游猎事，自是畋幸稀，小儿武抃等不复横赐矣。”后宫“小儿”的存在意义，在于伴同帝王的享乐生活。

唐代又有“内厩小儿”。《新唐书》卷一七九《王播传》说，“(王播)出为河南尹。时内厩小儿颇扰民，播杀其尤暴者，远近畏伏”。《新唐书》卷二〇八《宦者列传下·田令孜》写道：“帝冲騃，喜斗鹅走马，数幸六王宅、兴庆池与诸王斗鹅，一鹅至五十万钱。与内园小儿尤昵狎，倚宠暴横。”或有称“闲厩小儿”者[①]，或许与“内厩小儿”相近。《新唐书》卷二二四下《叛臣列传下·陈敬瑄》：“黄巢乱，僖宗幸奉天，(陈)敬瑄夜召监军梁处厚，号恸奉表迎帝，缮治行宫，(田)令孜亦倡西幸，敬瑄以兵三千护乘舆。冗从内苑小儿先至，敬瑄知素暴横，遣逻士伺之。诸儿连臂讙咋行宫中，士捕系之，譸曰：‘我事天子者！’敬瑄杀五十人，尸诸衢，由是道路不哗。”之所以“暴横”，就是因为自以为“我事天子者”。宋人宋敏求《长安志》卷六《宫室四·唐上·禁苑内苑》：“会昌元年，造内园小儿坊。”也体现朝廷给予这些未成年人的优遇。正史少有关于“内园小儿”或“内苑小儿”年岁的记录。《说郛》卷三三上方回《虚谷闲抄》和卷五四宋居白《幸蜀记》都可见唐僖宗时故事，说到“内园小儿张浪狗，好歌能舞，才十六七”[②]。由此可以知道这些宫中贵幸少年的大致年龄。

唐僖宗时，“(田)令孜语内园小儿尹希复、王士成等，劝帝籍京师两市蕃旅、华商宝货举送内库，使者监阓柜坊茶阁，有来诉者

---

①《新唐书》卷二〇八《宦者列传下·李辅国》。
②文渊阁《四库全书》本。

皆杖死京兆府”[1]。可知当时“内园小儿”的影响甚至可以左右政策方向。

唐代宫廷生活中“小儿”的表现,或许可以帮助我们理解汉代“小儿官”的社会身份和历史作用。

---

①《新唐书》卷二〇八《宦者列传下·田令孜》。

一一 “少年”“恶少年”与社会秩序

“少年”与社会不安定因素

据历史文献记录,秦汉时期所谓“少年”,往往成为城市中背离正统,与政府持不合作态度的社会力量。他们的活动,对社会的“治”与“安”表现出显著的消极影响。在政局动荡时,他们又往往率先成为反政府力量的中坚。“少年”的社会成分其实比较复杂,然而活跃而激烈的性格特征和行为风格体现出秦汉社会放达侠勇的时代精神。

1. “少年唯印”

敦煌汉简中可以看到出现“少年”称谓的简文,例如:

> □毋下见□□　出前见少年□□
> ▨山东临江海　□有一小宅□　▨

□王单骑 （2244）[①]

“少年”一语在简文中的意义虽然并不十分明朗，然而作为当时通行的社会称谓，则是可以大致确定的。

我们分析有关资料可以发现，秦汉时期的“少年”称谓似乎并非简单的年齿标志，实际上有着特定的社会涵义。

汉印有“少年祭尊”“少年唯印”“少年唯印大幸”“磿于少年唯”“常乐少年唯印”等[②]。有学者推测，“唯”可能就是“魁”[③]。“魁”字原义谓长大，转义壮伟有力。《吕氏春秋·劝学》：“不疾学而能为魁士名人者，未之尝有也。”高诱注：“魁大之士，名德之人。”《史记》卷七五《孟尝君列传》：“孟尝君过赵，赵平原君客之。赵人闻孟尝君贤，出观之，皆笑曰：‘始以薛公为魁然也，今视之，乃眇小丈夫耳。’”[④]“魁”作为社会人物代号，有群体首领的涵义[⑤]。相关称谓有“魁帅”“魁率”等。如《后汉书》卷一下《光

---

①甘肃省文物考古研究所编：《敦煌汉简》，中华书局1991年6月版，图版壹陆捌，下册第307页。

②罗福颐主编：《秦汉南北朝官印征存》，1003，1112—1117，1152，1158，1161，文物出版社1987年10月版，第176页，第191页，第195页，第201—203页。

③罗福颐就“木里唯印”写道：“后汉书百官志：里有里魁。注：里魁，掌一里百家。按：传世有里唯印，不见有里魁印，疑里唯即里魁。”《秦汉南北朝官印征存》，第191页。

④《史记》卷一二六《滑稽列传》载东方朔语：“今世之处士，时虽不用，崛然独立，块然独处。”“块然”可能义近“魁然”。《汉书》卷六五《东方朔传》即作“今世之处士，魁然无徒，廓然独居”，颜师古注：“‘魁’，读曰‘块’。”

⑤《说文·斗部》：“魁，羹斗也。”段玉裁注：“斗当作枓。古斗枓通用，然许例以义为别。枓，勺也。抒羹之勺也。《史记》：‘赵襄子使厨人操铜枓以食代王及从者。行斟，阴令宰人以枓击杀代王。’斟者，羹汁也。魁头大而柄长。《毛诗传》曰‘大斗长三尺’是也。引申之，凡物大皆（转下页）

武帝纪下》:“……于是更相追捕,贼并解散。徙其魁帅于它郡,赋田受禀,使安生业。”《后汉书》卷二〇《祭肜传》:“永平元年,偏何击破赤山,斩其魁帅,持首诣肜,塞外震聋。”《三国志》卷五五《吴书·黄盖传》:“诛讨魁帅,附从者赦之。”《三国志》卷二三《赵俨传》:“前到诸营,各召料简诸奸结叛者八百余人,散在原野,惟取其造谋魁率治之,余一不问。”《资治通鉴》卷六七“汉献帝建安二十年”记载此事,胡三省注:“率,读曰帅。”

“少年唯印”,体现出“少年”结成社会群体,且有比较确定的首领的情形。

所谓“少年唯”与“少年祭尊”身份,体现出以“少年”为成员特征,有明确领袖人物,有一定凝聚力的社会群体已经形成。

2.“闾巷少年”·“闾里少年”

秦汉时期,“少年”又被称作“闾巷少年”“闾里少年”“邑中少年”“城中少年”,其身份,大致都是职业卑贱或基本无业的城镇居民中的青少年。

《史记》卷九二《淮阴侯列传》记述韩信“胯下之辱”的故事:

> 淮阴屠中少年有侮信者,曰:“若虽长大,好带刀剑,中情怯耳。”众辱之曰:“信能死,刺我;不能死,出我袴下。”于是信孰视之,俛出袴下,蒲伏。一市人皆笑信,以为怯。

(接上页)曰魁。如《檀弓》‘不为魁’,《游侠传》曰‘闾里之侠原涉为魁’,《翟方进传》‘芋魁’,《百官志》‘里有里魁’皆是。北斗七星,魁方杓曲,魁象首,杓象柄也。若《国语注》‘小阜曰魁’,即《说文》自字之叚借。亦未尝不取枓首之意。”

于市中羞辱韩信的“屠中少年”，可能即以屠贩为业。从刘邦起事的所谓“少年豪吏如萧、曹、樊哙等”之中，樊哙也是“以屠狗为事”①。在这种地位卑贱的行业中可能多有“亡命少年”隐匿。战国时期已多见侠烈之士“客游以为狗屠”的故事②。《后汉书》卷四四《胡广传》说，胡广六世祖胡刚“清高有志节”，王莽专政时“遂亡命交阯，隐于屠肆之间”。联系到更始军入长安后，“其所授官爵者，皆群小贾竖，或有膳夫庖人”，于是“长安为之语曰：‘灶下养，中郎将；烂羊胃，骑都尉；烂羊头，关内侯”③等情形，可以知道在这一社会阶层中多潜藏反政府的能动力量。

樊哙“屠狗”，灌婴原本“睢阳贩缯者也”④，于是论者注意到汉初功臣集团“亦有鬻缯屠狗轻猾之徒”⑤。赵翼《廿二史札记》卷二“汉初布衣将相之局”说：“汉祖以匹夫起事，角群雄而定一尊。其君既起自布衣，其臣亦自多亡命无赖之徒，立功以取将相。此气运为之也。”⑥所谓“气运”，其实也可以理解为时代背景和历史条件的作用。当时，“布衣”“匹夫”社会阶层的政治资质之成熟与政治能量之饱和，已经促使他们提出了积极参政的要求。而所谓“少年”一类“亡命无赖之徒”，往往结成了其中最为急进的集团。

---

①《史记》卷九五《樊郦滕灌列传》。

②《战国策·韩策二》：“聂政谢曰：‘臣有老母，家贫，客游以为狗屠，可旦夕得甘脆以养亲。’”上海古籍出版社 1985 年 3 月版，中册第 994 页。《史记》卷八六《刺客列传》：“荆轲既至燕，爱燕之狗屠及善击筑者高渐离。荆轲嗜酒，日与狗屠及高渐离饮于燕市。”

③《后汉书》卷一一《刘玄传》。

④《史记》卷九五《樊郦滕灌列传》。

⑤《后汉书》卷二二《朱景王杜马刘傅坚马列传论》。李贤注：“灌婴，睢阳贩缯者，樊哙，沛人，以屠狗为事，皆从高祖。”

⑥商务印书馆 1958 年 7 月版，第 32 页。

在东汉末年的政治舞台上最为活跃的政治家之一刘备，就曾“贩履织席为业”，其起初“得用合徒众”以参与政治角逐，就是由于得到“赀累千金，贩马周旋于涿郡”的“中山大商”“多与之金财”的资助。而刘备政治集团之所以形成，最初即在于他“好交结豪侠，年少争附之”①。

秦汉“少年”中相当大的一部分是无明确职业的所谓“浮游无事”之徒②。韩信少时，“贫无行，不得推择为吏，又不能治生商贾，常从人寄食饮，人多厌之者”③，或许是较为典型的情形。这种身份的青少年在秦汉都市中可能数量颇多。王符《潜夫论·浮侈》：“游手为巧，充盈都邑，治本者少，浮食者众。”“今察洛阳，浮末者什于农夫，虚伪游手者什于浮末。”

在秦汉某些历史阶段，“浮食者众”成为严重的社会问题。无业浮游的“少年”于是往往成为扰乱社会生活正常秩序的祸由，有时也与社会恶势力勾结，甚至成为豪门权贵欺压民众的工具。如前引《史记》卷五八《梁孝王世家》说到济东王刘彭离纠合“亡命少年”“行剽杀人”事，《西京杂记》卷六也说：“广川王去疾，好聚亡赖少年，游猎毕弋无度，国内冢藏，一皆发掘。”④也有“轻薄少年”为豪族暴吏利用参与反叛的史例。《后汉书》卷七六《循吏列传·任延》记载，东汉光武帝建武年间，武威郡将兵

---

①《三国志》卷三二《蜀书·先主传》。

②《汉书》卷二四下《食货志下》：王莽制度，“民浮游无事，出夫布一匹”。

③《史记》卷九二《淮阴侯列传》。

④向新阳、刘克任《西京杂记校注》：“无赖，多诈狡狯之徒。《方言》一〇：‘央亡、嚜尿、姡，狯也。江湘之间或谓之无赖。’《史记》卷八《高祖本纪》：‘始大人常以臣无赖。’裴骃集解：‘或曰：江湖之间谓小儿多诈狡狯为无赖。’”上海古籍出版社 1991 年 5 月版，第 256—257 页。

长史田绀，郡之大姓，“其子弟宾客为人暴害。（任）延收（田）绀系之，父子宾客伏法者五六人。绀少子尚乃聚会轻薄数百人，自号将军，夜来攻郡。延即发兵破之”。

3．“少年”“不避法禁”

秦汉文献中所谓“少年”，一般都表现出反正统的倾向，他们蔑视法令，纵逸狂放，其行为甚至构成影响社会安定的重要因素。《史记》卷一二九《货殖列传》：

> 闾巷少年，攻剽椎埋，劫人作奸，掘冢铸币，任侠并兼，借交报仇，篡逐幽隐，不避法禁，走死地如骛者，其实皆为财用耳。

《史记》卷五八《梁孝王世家》说，济东王刘彭离“骄悍，无人君礼，昏暮私与其奴、亡命少年数十人行剽杀人，取财物以为好”。据《史记》卷一二二《酷吏列传》，义纵“为少年时，尝与张次公俱攻剽为群盗”，王温舒亦“少时椎埋为奸”。“椎埋”，或解释为“椎杀人而埋之”[1]。这些事迹，都可以作为司马迁所谓“攻剽椎埋，劫人作奸，掘冢铸币，任侠并兼，借交报仇，篡逐幽隐，不避法禁，走死地如骛”的实证性注脚。

---

①裴骃《集解》：“徐广曰：‘椎杀人而埋之。或谓发冢。”司马迁在《史记》卷一二九《货殖列传》中以“椎埋”与“掘冢”并列，可知“发冢”之解说似不能成立。

4.“少年”与社会暴乱

“少年”平时尚“不避法禁,走死地如骛”,待社会动荡时期,更突出表现出好勇,斗狠、激进豪放的性格特征。秦末社会大动乱中,所谓“少年”,曾经发挥相当突出的历史作用。《史记》卷六《秦始皇本纪》记载:

> 戍卒陈胜等反故荆地,为“张楚”。胜自立为楚王,居陈,遣诸将徇地。山东郡县少年苦秦吏,皆杀其守尉令丞反,以应陈涉,相立为侯王,合从西乡,名为伐秦,不可胜数也。

率先投身起义洪流,成为反秦力量骨干的,是“山东郡县少年”[①]。《史记》卷八《高祖本纪》:刘邦举事,“于是少年豪吏如萧、曹、樊哙等皆为收沛子弟二三千人,攻胡陵、方与,还守丰”。《史记》卷七《项羽本纪》:“东阳少年杀其令,相聚数千人”,“少年欲立婴便为王,异军苍头特起”。《史记》卷五五《留侯世家》:“陈涉等起兵,(张)良亦聚少年百余人。”陈涉立魏咎为魏王,与秦军相攻于临济,陈平亦曾“从少年往事魏王咎于临济”[②]。郦商也曾经响应陈涉,“聚少年东西略人,得数千”[③]。通过蒯通定范阳的故事,也可以看到“少年”在当时政治风云中的积极作用。《史记》卷八九《张耳陈余列传》:蒯通说范阳令,“今天下大乱”,“诸侯畔秦矣”,“少年皆争杀君”,愿为见武信君,以求“转祸为福”。于是见武信

①参看王子今:《秦王朝关东政策的失败与秦的覆亡》,《史林》1986年第2期。

②《史记》卷五六《陈丞相世家》。

③《史记》卷九五《樊郦滕灌列传》。

君曰："今范阳少年亦方杀其令，自以城距君。君何不赍臣侯印，拜范阳令，范阳令则以城下君，少年亦不敢杀其令。"武信君从其计，赵地闻之，不战以城下者三十余城。

所谓"东阳少年""强立(陈)婴为长"[①]，钜野少年"强请"彭越为长[②]，都说明"少年"在起义中并非一般性卷入，而往往发挥出主导性的效能。

在西汉末年的社会大动乱中，也可以看到"少年"极活跃的表演。《汉书》卷九九下《王莽传下》说，琅邪女子吕母起义，起初即"阴厚贫穷少年，得百余人"。《后汉书》卷一一《刘盆子传》："(吕母)益酿醇酒，买刀剑衣服，少年来酤者，皆赊与之，视其乏者，辄假衣裳，不问多少"，如此"数年"，以"欲为报怨"，"少年壮其意，又素受恩，皆许诺。其中勇士自号'猛虎'，遂相聚得数十百人，因与吕母入海中，招合亡命，众至数千。吕母自称将军，引兵还攻破海曲，执县宰。"在王莽的统治接近尾声时，农民军进入长安，也有"少年"奋起响应，率先冲击宫禁：

> 城中少年朱弟、张鱼等恐见卤掠，趋讙并和，烧作室门，斧敬法闼，呼曰："反虏王莽，何不出降？"火及掖庭承明。[③]

---

①《史记》卷七《项羽本纪》："东阳少年杀其令，相聚数千人，欲置长，无适用，乃请陈婴。婴谢不能，遂强立婴为长，县中从者得二万人。""少年欲立婴便为王"，陈婴母以"今暴得大名，不祥"阻止，婴乃不敢为王。

②《史记》卷九〇《魏豹彭越列传》："(彭越)常渔钜野泽中，为群盗，陈胜、项梁之起，少年或谓越曰：'诸豪桀相立畔秦，仲可以来，亦效之。'彭越曰：'两龙方斗，且待之。'居岁余，泽间少年相聚百余人，往从彭越，曰：'请仲为长。'越谢曰：'臣不愿与诸君。'少年强请，乃许。"

③《汉书》卷九九下《王莽传下》。

王莽政治表演的终结，竟然是由“城中少年”为其落幕。

东汉末年天下大乱，“少年”又成为各地豪杰战伐争夺的武装力量的基干。《三国志》卷八《魏书·张燕传》记载：

> 黄巾起，(张)燕合聚少年为群盗，在山泽间转攻，还真定，众万余人。

《三国志》卷九《魏书·曹仁传》：

> 豪杰并起，(曹)仁亦阴结少年，得千余人，周旋淮、泗之间。

又《三国志》卷八《魏书·张绣传》：

> 遂招合少年，为邑中豪杰。

此外，许褚“聚少年及宗族数千家，共坚壁以御寇”[①]，孙坚为佐军司马，“乡里少年随在下邳者皆愿从”[②]等等，也都说明当社会动乱之时所谓“少年”的活动，在许多地区都留下了深刻的历史印迹。

---

①《三国志》卷一八《魏书·许褚传》。
②《三国志》卷四六《吴书·孙破虏传》。

关于“恶少年”

“少年”中最为极端的激进狂热分子往往违法犯禁，为统治阶层侧目，于是被称作“恶少年”。

汉代史籍可见“恶子弟”称谓[①]，说的也是同样的社会人群。

“恶少年”往往危害社会治安，于是成为酷吏行政严厉镇压的对象。

1.“恶少年”“悍少年”

《荀子·修身》有涉及“恶少”称谓的文字：

> 偷儒惮事，无廉耻而嗜乎饮食，则可谓恶少者矣；加惕悍而不顺，险贼而不弟焉，则可谓不详少者矣，虽陷刑戮可也。[②]

秦汉时期所谓“恶少年”，或许兼有“恶少”与“不详少”的特点。《战国策·秦策三》所谓“恒思有悍少年请与丛博”说到的“悍少年”，也与秦汉“恶少年”身份相近。

《史记》卷七五《孟尝君列传》：“太史公曰：‘吾尝过薛，其俗

---

①《前汉纪》卷二六“汉成帝永始四年”可见“轻侠少年恶子弟”称谓。

②与“恶少”对应的是“善少”。王先谦《荀子集解》：“韩侍郎云：‘惕与荡同字，作心边易，谓放荡凶悍也。’”“‘详’当为‘祥’。卢文弨曰：案二字古通用。先谦案：不详少，承上‘恶少’言之，谓少年而不祥者，犹言不祥人矣，知其将陷刑戮也。”中华书局 1988 年 9 月版，上册第 34 页。据章诗同解释，“惕悍，放荡凶狠。惕，同‘荡’。”“不详，不善。”章诗同：《荀子简注》，上海人民出版社 1974 年 7 月版，第 15 页。

闾里率多暴桀子弟，与邹、鲁殊。'" 所谓“暴桀子弟”，大致也就是“恶少年”。

《汉书》卷七《昭帝纪》颜师古注：“‘恶少年’为无赖子弟也。”所谓“无赖子弟”可与《前汉纪》卷二六“汉成帝永始四年”所见“恶子弟”对照理解。“无赖”语义，秦汉时期其实颇为复杂。

《史记》卷八《高祖本纪》：“未央宫成，高祖大朝诸侯群臣，置酒未央前殿。高祖奉玉卮，起为太上皇寿，曰：‘始大人常以臣无赖，不能治产业，不如仲力。今某之业所就，孰与仲多？’殿上群臣皆呼万岁，大笑为乐。”裴骃《集解》：“晋灼曰：许慎曰：赖，利也。无利入于家也。或曰江湖之间谓小儿多诈狡猾为‘无赖’。”显然，“谓小儿多诈狡猾为‘无赖’”的说法可能更接近于刘邦本意。又如《史记》卷一〇二《张释之冯唐列传》：“释之从行登虎圈。上问上林尉诸禽兽簿，十余问，尉左右视，尽不能对。虎圈啬夫从旁代尉对上所问禽兽簿甚悉，欲以观其能口对响应无穷者。文帝曰：‘吏不当若是耶！’尉无赖。”裴骃《集解》：“张晏曰：‘才无可恃。’”此“尉无赖”的“无赖”，则与刘邦所说距离甚远。《史记》卷一〇六《吴王濞列传》：“吴所诱皆无赖子弟，亡命铸钱奸人，故相率以反。”刘濞吸引流民，并以为叛乱基本力量的“无赖子弟”，身份特征与刘邦对太上皇言“始大人常以臣无赖”之“无赖”可以大致对应。

《荀子》言“恶少”品性所说“偷儒惮事，无廉耻而嗜乎饮食”，至少后一层涵义，与刘邦的表现也是基本符合的。

《荀子》所谓“惕悍而不顺，险贼而不弟”，以为“虽陷刑戮可也”，体现出因“恶少”对社会正常秩序的危害，应予“刑戮”惩罚的态度。

2.“恶少年”的平民生活背景

《汉书》卷八四《翟方进传》说,汉成帝时,“贵戚近臣子弟宾客多辜榷为奸利者,(翟)方进部掾史覆案,发大奸赃数千万”。“辜榷”,颜师古解释为“言己自专之,他人取之则有辜罪”。王观国《学林》卷三则指出“辜孤”义通,“此辜榷乃阻障而独取其利”[①]。这种行为与“少年”及“恶少年”欺行霸市相近,且“子弟”可与“少年”归入同一年龄层次,然而班固不称其为“少年”,可知一般所谓“少年”与“贵戚近臣子弟”身份存在差别。《西京杂记》卷二说:“太上皇徙长安,居深宫,凄怆不乐。高祖窃因左右问其故,以平生所好,皆屠贩少年,酤酒卖饼,斗鸡蹴踘,以此为欢,今皆无此,故以不乐。高祖乃作新丰,移诸故人实之,太上皇乃悦。故新丰多无赖,无衣冠子弟故也。”

显然,“屠贩少年,酤酒卖饼”者大抵被视作“无赖”,与此处所谓“衣冠子弟”,以及《史记》卷一二九《货殖列传》所谓“游闲公子”、“喜游子弟”,《史记》卷三〇《平准书》所谓“或斗鸡走狗马,弋猎博戏,乱齐民”的“世家子弟富人”,《汉书》卷八九《循吏传·召信臣》所谓“好游敖,不以田作为事”,且有“不法”行为的“府县吏家子弟”等等,看来不属于同一社会等级。言“子弟”者,更强调与父兄的继承关系。

---

① 《后汉书》卷八《灵帝纪》:“(光和)四年春正月,初置騄骥厩丞,领受郡国调马。豪右辜搉,马一匹至二百万。”李贤注引《前书音义》:“辜,障也。搉,专也。谓障余人卖买而自取其利。”又卷一〇《皇后纪下·孝仁董皇后》:“交通州郡,辜较在所珍宝货赂,悉入西省。”李贤注,“辜较,解在《灵纪》。”

3. “恶少年”犯罪

《汉书》卷九〇《酷吏传·尹赏》记载,汉成帝永始、元延年间,长安的治安出现危机,而主要危害是“闾里少年”:

> 长安中奸猾浸多,闾里少年群辈杀吏,受赇报仇,相与探丸为弹,得赤丸者斫武吏,得黑丸者斫文吏,白者主治丧。城中薄暮尘起,剽劫行者,死伤横道,枹鼓不绝。

这些犯罪者,又被称为“长安中轻薄少年恶子”。尹赏以严酷手段镇压竟敢“群辈”杀害吏员的“奸猾”“闾里少年”、“轻薄少年恶子”以恢复长安治安,于是成为酷吏的典型。

汉代著名的“残贼”之吏还有名列于《史记》卷一二二《酷吏列传》的王温舒。王温舒“少时椎埋为奸”,后为吏,治盗贼,“杀伤甚多”,任河内太守时曾“捕郡中豪猾,郡中豪猾相连坐千余家。上书请,大者至族,小者乃死,家尽没入偿臧”,“至流血十余里”。迁为中尉后,执法尤为严厉:

> 督盗贼,素习关中俗,知豪恶吏,豪恶吏尽复为用,为方略,吏苛察盗贼恶少年,投缿购告言奸,置伯格长以牧司奸盗贼。

据说王温舒为人骄谄纠结,“善事有埶者,即无埶者,视之如奴。有埶家,虽有奸如山,弗犯,无埶者,贵戚必侵辱。舞文巧诋下户之猾,以焄大豪”。一时“奸猾穷治,大抵尽靡烂狱中,行论无出者”。所谓“盗贼恶少年”,《汉书》卷九〇《酷吏传·王温舒》作

“淫恶少年”。

所谓“轻薄少年恶子”“盗贼恶少年”以及“淫恶少年”等等，都可以作为“恶少年”的注脚。

“少年”与“恶少年”：游侠的社会基础

秦汉时期的“少年”与“恶少年”在当时已经形成了具有较大影响从而使统治者不得不予以充分重视的社会力量。“少年”受到专制主义政治的压抑，在政府“称治”即行政效能较高时，对“恶少年”更采取严厉打击的政策。“少年”与“恶少年”实际上是曾经主导一代风尚的游侠社会的重要基础。

1. “少年”“任侠”风气

《史记》卷一〇〇《季布栾布列传》说，季布的弟弟季心“气盖关中，遇人恭谨，为任侠，方数千里，士皆争为之死”，“少年多时时窃籍其名以行”。《史记》卷一二四《游侠列传》记载大侠郭解事迹，“少时阴贼，慨不快意，身所杀甚众。以躯借交报仇，藏命作奸剽攻，休乃铸钱掘冢，固不可胜数”。“及解年长，更折节为俭，以德报怨，厚施而薄望。然其自喜为侠益甚。既已振人之命，不矜其功，其阴贼著于心，卒发于睚眦如故云。而少年慕其行，亦辄为报仇，不使知也。”据说“邑中少年及旁近县贤豪，夜半过门常十余车，请得解客舍养之”。郭解出入，有人箕倨不敬，客欲杀之，郭解不仅阻止，反而为其谋脱免践更，于是“箕踞者乃肉袒谢罪，少年闻之，愈益慕解之行”。所谓剧孟“好博，多少年之戏”，也说明游侠与一般“少年”心理特质之接近。“闾里少年”“任侠并兼,借交报仇,篡逐幽隐,不避法禁”等行为特征,也说明“少年”与“恶少年”确实成为游侠集团的基本力量。

所谓“为侠者极众,敖而无足数者”,“长安炽盛,街闾各有豪侠”①,“刺客如云,杀人皆不知主名”②的形势,应当都是在较大的都市这一社会阶层力量较为集中的背景下形成的。

《三国志》卷五五《吴书·甘宁传》中的记载,可以直接说明“游侠”与“少年“的关系:“(甘宁)少有气力,好游侠,招合轻薄少年,为之渠帅。群聚相随,挟持弓弩,负毦带铃,民闻铃声,即知是宁。人与相逢,及属城长吏,接待隆厚者乃与交欢,不尔,即放所将夺其资货,于长吏界中有所贼害,作其发负,至二十余年。”裴松之注引《吴书》说:“宁轻侠杀人,藏舍亡命,闻于郡中。”初,“将僮客八百人就刘表”,又欲东入吴,留依黄祖,祖不用宁,“令人化诱其客,客稍亡”,又得出任邾长;“招怀亡客并义从者,得数百人”,终于归吴。看来,“少年”从附“游侠”形成的社会集团,不仅有较强的能动性,而且有较强的凝聚力。

史籍中可以看到大量关于“少年”任侠的记载。《史记》卷五五《留侯世家》:张良年少“居下邳,为任侠”。《汉书》卷七五《眭弘传》:眭弘“少时好侠,斗鸡走马”。《后汉书》卷七六《循吏列传·王涣》:“(王)涣少好侠,尚气力,数通剽轻少年。”《三国志》卷六《魏书·董卓传》,董卓“少好侠”。《三国志》卷七《魏书·张邈传》:张邈“少以侠闻,振穷救急,倾家无爱,士多归之”。《后汉书》卷七五《袁术传》:袁术“少以侠气闻,数与诸公子飞鹰

① 《汉书》卷九二《游侠传·萬章》。
② 《汉书》卷九二《游侠传·原涉》。

走狗”。《三国志》卷一《魏书·武帝纪》:“太祖少机警,有权数,而任侠放荡,不治行业。”《三国志》卷四七《吴书·吴主传》裴松之注引《江表传》说,孙权少时“好侠养士,始有知名”。甘宁少时“轻侠杀人”,“闻于郡中”事,已见前引《吴书》。又《三国志》卷一八《魏书·阎温传》裴松之注引《魏略·勇侠传》:“(杨阿若)少游侠,常以报仇解怨为事,故时人为之号曰:‘东市相斫杨阿若,西市相斫杨阿若。’”秦汉时期,游侠形成“轻死重气,结党连群,寔蕃有徒,其从如云”[①]的声势,确实是和都市中“少年”任侠好侠的风尚分不开的。

2.“游侠儿”称谓

侠士多“少年”,于是汉代已经有“游侠儿”称谓。《文选》卷二七曹植《白马篇》:

白马饰金羁,连翩西北驰。借问谁家子,幽并游侠儿。[②]

《曹子建集》卷六《白马篇》:“白马饰金羁,连翩西北驰。借问谁家子,幽并游侠儿。少小去乡邑,扬声沙漠垂。宿昔秉良弓,楛矢何参差。控弦破左的,右发摧月支。仰手接飞猱,俯身散马蹄。狡捷过猴猿,勇剽若豹螭。边城多警急,虏骑数迁移。羽檄从北来,厉马登高堤。长驱蹈匈奴,左顾陵鲜卑。弃身锋刃端,性命安可怀。父母且不顾,何言子与妻。名在壮士籍,不得中顾私。捐

①张衡:《西京赋》,《文选》卷二。

②《太平御览》卷三五九引曹植《游侠篇》曰:“白马饰金羁,连翩西北驰。借问谁家子,幽并游侠儿。”

躯赴国难，视死忽如归。”诗句说“父母且不顾，何言子与妻”，可以推知并非未成年人。然而由“少小去乡邑，扬声沙漠垂”句[①]，可知得到“游侠儿”称号的这一人群，其标志性的表现，在于“少小”时代。

后世又有“侠少”的说法。例如陈后主《洛阳道》：“黄金弹侠少，朱轮盛彻侯。”[②]“侠少”称谓可能来自汉代已经通行的“轻侠少年”的说法。《前汉纪》卷二六“汉成帝永始三年”言酷吏守长安令尹赏致力都市治安，“举籍长安中轻侠少年、恶子弟、无市籍商贩、不作业而鲜衣盛服者，得数百人，一日悉掩捕，皆劾以通行饮食群盗。”又《三国志》卷五四《吴书·鲁肃传》写道：“周瑜为居巢长，将数百人故过候肃，并求资粮。肃家有两囷米，各三千斛，肃乃指一囷与周瑜，瑜益知其奇也，遂相亲结，定侨、札之分。袁术闻其名，就署东城长。肃见术无纲纪，不足与立事，乃携老弱将轻侠少年百余人，南到居巢就瑜。”也说到“轻侠少年”。

晋人张华《博陵王宫侠曲》颂扬汉代侠风，也有这样的诗句：“雄儿任气侠，声盖少年场。借友行报怨，杀人租市旁。吴刀鸣手中，利剑严秋霜。腰间叉素戟，手持白头镶。腾超如激电，回旋如流光。奋击当手决，交尸自纵横。宁为殇鬼雄，义不入圜墙。生从命子游，死闻侠骨香。身没心不惩，勇气加四方。”[③]张华（232—300）生活时代去汉未远，所谓“雄儿任气侠”的描绘，或许接近秦汉少年侠士风采的写真。所谓“少年场”、“侠骨香”云云，是指西汉酷吏尹赏屠杀长安“恶少年”的故事。

---

①李周翰注：“扬其骑射之声名。”

②《乐府诗集》卷二三。

③《乐府诗集》卷六七。“租市”，《太平御览》卷四七三作“都市”。

3. 五陵少年

西汉时期，长安周围的诸陵邑在某种意义上已经成为长安的卫星城[①]。史籍于是有“长安诸陵”之说，如《史记》卷一二九《货殖列传》：“长安诸陵，四方辐凑并至而会，地小人众，故其民益玩巧而事末也。”《汉书》卷九二《游侠传·原涉》则称“长安五陵”。《汉书》卷四九《爰盎传》的表述方式则是“诸陵长安”。“诸陵”不仅有拱卫长安的作用，在经济生活和文化生活方面，对于政治中心长安更多有补益。“五陵”作为指代区域的地理代号，汉代已经十分响亮。

“五陵少年”曾经有活跃的文化表演，在文化史上也留下了深刻的印迹[②]。通过汉宣帝刘询少时“数上下诸陵”经历，可以大体得知多数“五陵少年”的生活场景。《汉书》卷八《宣帝纪》记载：

> 受《诗》于东海澓中翁，高材好学，然亦喜游侠，斗鸡走马，具知闾里奸邪，吏治得失。数上下诸陵，周遍三辅，常困于莲勺卤中。尤乐杜、鄠之间，率常在下杜。

---

①参看刘文瑞：《试论西汉长安的卫星城镇》，《陕西地方志通讯》1987年第5期；《我国最早的卫星城镇——试论西汉长安诸陵邑》，《咸阳师专学报》1988年第1期；王子今：《西汉帝陵方位与长安地区的交通形势》，《唐都学刊》1995年第3期；《西汉诸陵分布与古长安附近的交通格局》，《西安古代交通志》，陕西人民出版社1997年9月版。

②宋超：《“五陵”与“五陵少年”——以诗赋为中心的考察》，《咸阳师范学院学报》2005年第2期，收入宋超《秦汉史论丛》，中国社会科学出版社2012年2月版。

"亦喜游侠,斗鸡走马",是未成年刘询的人生情趣。这种生活方式,可以理解为"五陵少年"的典型性代表。

在后世的历史记忆中,"五陵少年"或称"五陵年少"[①],保留有深刻的文化印象。

长安"五陵少年",实际上成为体现西汉都市社会生活风貌的文化符号。

执政者的"恶少年"政策

"恶少年"行为有"群辈"即团伙作案的情形,严重危害社会治安。甚至挑战政治权威,公然残害国家官员。执政集团对于这种社会势力采取了严厉打击的政策。酷吏名号的出现,直接与这种行政运动有关。调发"恶少年"从军远征,戍屯边地,将内地不安定因素转化为对外战争中可资利用的力量,也是聪明的决策。另一方面,分化"恶少年"集团,诱使其中"失计随轻黠"的胁从者"自改""立功",也是有效的策略。

1. 尹赏"虎穴"

《汉书》卷九〇《酷吏传·尹赏》记载,以为政"残贼"闻名的

---

①以唐诗为例,有张碧《游春引三首》之二:"五陵年少轻薄客,蛮锦花多春袖窄。酌桂鸣金玩物华,星蹄绣毂填香陌。"《万首唐人绝句》卷五〇。吴融《阌乡卜居》:"六载抽毫侍禁闱,可堪衰病决然归。五陵年少如相问,阿对泉头一布衣。"《三体唐诗》卷一。李白《少年行三首》之一:"五陵年少金市东,银鞍白马度春风。落花踏尽游何处,笑入胡姬酒肆中。"《乐府诗集》卷六六。

尹赏就任长安令后,以严酷手段对威胁治安的"闾里少年"予以打击。

> 赏以三辅高第选守长安令,得壹切便宜从事。赏至,修治长安狱,穿地方深各数丈,致令辟为郭,以大石覆其口,名为"虎穴"。乃部户曹掾史,与乡吏、亭长、里正、父老、伍人,杂举长安中轻薄少年恶子,无市籍商贩作务,而鲜衣凶服被铠扞持刀兵者,悉籍记之,得数百人。赏一朝会长安吏,车数百两,分行收捕,皆劾以为通行饮食群盗。赏亲阅,见十置一,其余尽以次内虎穴中,百人为輩,覆以大石。数日壹发视,皆相枕藉死,便舆出,瘗寺门桓东,楬著其姓名,百日后,乃令死者家各自发取其尸。亲属号哭,道路皆歔欷。长安中歌之曰:"安所求子死?桓东少年场。生时谅不谨,枯骨后何葬?"

尹赏亲自审理,十人中一人免死,其余皆抛置"虎穴"中。尹赏所令免死者"皆其魁宿,或故吏善家子失计随轻黠愿自改者,财数十百人,皆贳其罪,诡令立功以自赎。尽力有效者,因亲用之为爪牙,追捕甚精,甘耆奸恶,甚于凡吏"。利用所谓"故吏善家子"失计陷于其中而"愿自改"者,以为继续追捕之"爪牙"。尹赏就任数月,"盗贼止,郡国亡命散走,各归其处,不敢窥长安"。

所谓"通行饮食群盗",是汉代罪名之一。《汉书》卷九〇《酷吏传·咸宣》说,是时地方官为治尽效酷吏,"而吏民益轻犯法,盗贼滋起",于是遣使衣绣衣持节,"虎符发兵以兴击,斩首大部或至万余级。及以法诛通行饮食,坐相连郡,甚者数千人"。《汉书》卷九八《元后传》:武帝遣绣衣使者逐捕魏郡群盗,"暴胜之等奏杀二千石，诛千石以下，及通行饮食坐连及者，大部至斩万余人”。《后汉书》卷四六《陈忠传》：汉安帝时，陈忠上疏曰：“臣窃见元年以来，盗贼连发，攻亭劫掠，多所伤杀。夫穿窬不禁，则致强盗；强盗不断，则为攻盗；攻盗成群，必生大奸。故亡逃之科，宪令所急，至于通行饮食，罪致大辟。”李贤注：“通行饮食，犹今《律》云‘过致资给’，与同罪也。”而《唐律·捕亡》：“诸知情藏匿罪人若过致资给，令得隐避者，各减罪人罪一等。”李贤“与同罪”说，与律文不尽相合[①]。且《唐律疏议》卷二八：“过致资给者，谓指授道途，送过险处，助其运致，并资给衣粮，遂使凶人潜隐他所。”[②]汉时“通行饮食，罪致大辟”已经较历朝严酷，而《尹赏传》虽然在以“虎穴”杀“轻薄少年恶子”事前说到“红阳长仲兄弟交通轻侠，藏匿亡命，而北地大豪浩商等报怨，杀义渠长妻子六人，往来长安中，丞相御史遣掾求逐党与，诏书召捕，久之乃得”，然而并未见直接证据可说明被杀害的“轻薄少年恶子”曾“指授道途，送过险处，助其运致，并资给衣粮，遂使凶人潜隐他所”。显然，“皆劾以为通行饮食群盗”，可以说是典型的罪行擅断，实质上形成了令数百人丧生的冤狱。

“无市籍商贩作务”中所谓“作务”，王先谦《汉书补注》引周寿昌曰：“作务，作业工技之流。”可知受害人中也包括部分手工业者。

---

①《唐律疏议》卷二八：“注：‘藏匿无日限，过致资给亦同。若卑幼藏隐，匿状已成，尊长知而听之，独坐卑幼。部曲，奴婢首匿，主后知者，与同罪。’”李贤所谓“与同罪”或即与此有关，《后汉书》卷四六《陈忠传》李贤注或有脱文。关于《唐律疏议》的年代，学界存在不同的认识。笔者以上见解，是以《唐律疏议》即《永徽律疏》的意见为出发点的。参看杨廷福：《〈唐律疏议〉制作年代考》，《唐律初探》，天津人民出版社 1982 年 5 月版。

②刘俊文：《唐律疏议笺解》，中华书局 1996 年 6 月版，下册第 2004 页。

尹赏对"故吏善家子"处罚时予以优待，王温舒"有埶家，虽有奸如山，弗犯"，都说明在专制强权面前社会等级不同则境遇亦不同，也说明所谓"少年"其实又是成分相当复杂的社会群体，其中也包括部分原本属于统治阶层的青少年。

2. 发"恶少年"远征戍屯

汉武帝时，还曾实行征发"恶少年"从军远征或戍守边地的政策。

汉武帝太初年间，"拜李广利为贰师将军，发属国六千骑，及郡国恶少年数万人，以往伐宛"。李广利击宛军不利，又进一步令远征战事升级，"赦囚徒材官，益发恶少年及边骑，岁余而出敦煌者六万人，负私从者不与。牛十万，马三万余匹，驴骡橐它以万数。多赍粮，兵弩甚设，天下骚动"。"益发戍甲卒十八万酒泉、张掖北，置居延、休屠以卫酒泉，而发天下七科適，及载糒给贰师。转车人徒相连属至敦煌。"[①] 汉武帝天汉元年（前 100），又"发谪戍屯五原"。天汉四年（前 97），"发天下七科谪及勇敢士，遣贰师将军李广利将六万骑、步兵七万人出朔方，因杅将军公孙敖万骑、步兵三万人出雁门，游击将军韩说步兵三万人出五原，强弩都尉路博德步兵万余人与贰师会"。

所谓"七科谪"，据《汉书》卷六《武帝纪》颜师古注引张晏的解释，即："吏有罪一，亡命二，赘婿三，贾人四，故有市籍五，父母有市籍六，大父母有市籍七，凡七科也。"汉时所谓"恶少年"，或"亡命"，或亲族"有市籍"，相当大一部分当包容于此"七科"中。《史记》卷一二三《大宛列传》调发"郡国恶少年数

---

① 《史记》卷一二三《大宛列传》。

万人”伐宛事,《汉书》卷六一《李广利传》记载:“太初元年,以广利为贰师将军,发属国六千骑及郡国恶少年数万人以往,期至贰师城取善马,故号‘贰师将军’。”此事《武帝纪》记作“(太初元年)遣贰师将军李广利发天下谪民征大宛”。可见,在班固的观念中,所谓“郡国恶少年”与所谓“天下谪民”原本并无不同。《汉书》卷七《昭帝纪》记载:“(元凤五年)六月,发三辅及郡国恶少年吏有告劾亡者,屯辽东。”似乎发“恶少年”远征屯边已被事实证明有效,于是武帝之后依然沿用。陈直《居延汉简解要》中指出敦煌汉简中有“適士吏”“適卒”字样者,与以上历史事实有关:“適士吏,谓以適戍卒出身之士吏。”“王国维考適为贬谪之士吏,又疑適为敌字之假借,为燧名,实应作为谪戍卒出身之士吏解。”“谪卒为权宜之征发,与正戍卒应当戍边者不同,故特设適士吏专管其事。”看来,“恶少年”从军,其编制及管理与正卒不同。陈直还列出有“適士卒张博”字样的敦煌简,又写道:“张博简,余考为王莽地皇二年之物,然则王莽亦沿用汉代七科谪发之条钦。”① 其实,王国维“疑適为敌字之假借,为燧名”的考虑确有实证。如“却適卒”② 就是“却適燧卒”③。不过,汉代以“適戍卒”充实军队的情形也是存在的。这种军队构成形式,后世往往袭用。而“適戍卒”中应当有“恶少年”。因为“恶少年”所谓“惕悍”“暴桀”的精神,若善于引导利用,显然有益于在战争中克敌制胜④。

---

①《居延汉简研究》,天津古籍出版社 1986 年 5 月版,第 314—315 页。

②如敦煌汉简 404,803B。

③如居延汉简 194.17。

④如《新唐书》卷八六《刘武周传》记载,刘武周起事,“诸恶少年皆愿从”。《旧唐书》卷六四《高祖二十二子列传·隐太子建成》:“建成乃(转下页)

“七科谪”制度其实源起于秦代。《史记》卷六《秦始皇本纪》：秦始皇三十三年（前214），“发诸尝逋亡人、赘壻、贾人略取陆梁地，为桂林、象郡、南海，以適遣戍”。又使蒙恬经营北边，“筑亭障以逐戎人，徙谪，实之初县”。三十五年（前212），“益发谪徙边”。司马贞《索隐》：“汉七科谪亦因于秦。”

《史记》卷一二九《货殖列传》：“秦末世，迁不轨之民于南阳。”《汉书·地理志下》：“秦既灭韩，徙天下不轨之民于南阳。”所谓“不轨之民”，指不循规守法，即往往不避专制主义法禁者，从某种意义上说，语义有与“恶少年”相近处。《史记》卷一二四《游侠列传》说，游侠其行“不轨于正义”。《史记》卷三〇《平准书》也以商贾为“不轨逐利之民”[①]。汉代强制性的政治移民，还有汉武帝元狩五年（前118）“徙天下奸猾吏民于边”[②]。所谓“奸猾”

（接上页）私召四方骁勇，并募长安恶少年二千余人，畜为宫甲，分屯左、右长林门，号为‘长林兵’。”《新唐书》卷一七五《刘栖楚传》说到“诸恶少窜名北军，凌藉衣冠，有罪则逃军中，无敢捕”的情形。《新五代史》卷六四《后蜀世家·孟昶》：“（王）昭远手执铁如意，指挥军事，自比诸葛亮，酒酣，谓昊曰：‘吾之是行，何止克敌，当领此二三万雕面恶少儿，取中原如反掌尔！’”《宋史·兵志五》：“选诸军骁锐及募闾里恶少以为奇兵。”《宋史》卷三三六《司马光传》：“选诸军骁勇士，募市井恶少年为奇兵。”《宋史·王罕传》：“恶少年皆隶行伍，无敢动。”《宋史》卷三九〇《沈作宾传》：“募郡城内外恶少亦几千人，号曰‘壮士’。衣粮器械皆视官军，而轻捷善斗过之。”装备与“官军”同，“而轻捷善斗过之”的说法值得注意。

①此外，《史记》中还有“淫侈不轨”（《十二诸侯年表》）、“废法不轨”（《淮南衡山列传》）、“不轨于法”（《汉兴以来诸侯王年表》）、“不轨之臣”（《秦始皇本纪》《平准书》）、“不轨之民”（《货殖列传》）、“不轨逐利之民”（《平准书》）、“操行不轨”（《伯夷列传》）、“其言虽不轨”（《孟子荀卿列传》）、“其行虽不轨于正义”（《游侠列传》）等说法。

②《汉书》卷六《武帝纪》。

之民，实际上在某种意义上也与所谓"恶少年"涵义仿佛。前引《汉书》卷九〇《酷吏传·尹赏》"长安中奸猾浸多，闾里少年群辈杀吏"，而尹赏镇压对象主要是"长安中轻薄少年恶子"，可以引为证明。

3."尽力有效者""用之为爪牙"

除了实行严厉的抑制与打击而外，秦汉王朝对于"少年"与"恶少年"政策的另一面，是尽力将其中一部分可以利用的力量纳入正统的政治体制中，使其成为专制主义国家机器的有效部件。

《史记》卷九四《田儋列传》说，田儋响应陈涉起义，"详为缚其奴，从少年之廷，欲谒杀奴，见狄令，因击杀令"。似乎"少年"有服务于县廷，维护地方治安者。刘邦少时"不事家人生产作业"，"无赖，不能治产业"，"及壮，试为吏，为泗水亭长"①，其政治生涯中仍不免屡屡流露"无赖"本色。韩信封为楚王，"召辱己之少年令出胯下者以为楚中尉，告诸将相曰：'此壮士也。'"②也说明"少年"多有为当权者所用者。王温舒"少时椎埋为奸，已而试补县亭长"，后"为吏，以治狱至廷史"，又"迁为御史"③。朱博少时"好客少年，捕搏敢行"，"伉侠好交"，后"历位以登宰相"④。阳球"家世大姓冠盖"，"能击剑，习弓马"，"郡吏有辱其母者，球结少年数十人，杀吏，灭其家，由是知名"。后亦举孝廉，补尚书侍

---

①《史记》卷八《高祖本纪》。
②《史记》卷九二《淮阴侯列传》。
③《史记》卷一二二《酷吏列传》。
④《汉书》卷八三《朱博传》。

郎，又任郡太守，迁将作大匠，拜尚书令，又迁为司隶校尉[①]。曹操“少好飞鹰走狗，游荡无度”，“任侠放荡，不治行业”，年二十而举孝廉为郎，又除为地方行政长官，俨然一能吏[②]。

尹赏严厉打击“长安中轻薄少年恶子”，导致“桓东少年场”的悲剧，然而又令“故吏善家子失计随轻黠愿自改者”免死，以“立功以自赎”。这些人中“尽力有效者，因亲用之为爪牙，追捕甚精，甘耆奸恶，甚于凡吏”。则是典型的利用“恶少年”镇压“恶少年”的史例。

许多迹象表明，所谓“故吏善家子”出身的“少年”与“恶少年”容易被统治阶层改造吸收，成为维护专制政治的“尽力有效者”，而“少年”与“恶少年”一旦为当权者“用之为爪牙”，往往可以发挥“甚于凡吏”的特殊作用。

“少年”“恶少年”的社会文化形象

“少年”与“恶少年”的文化表现及其社会影响，是社会史研究的课题。社会舆论对于“少年”与“恶少年”的评价，关系到当时民间的文化倾向，也与执政者从治安出发的导向有关。也可以说，“少年”与“恶少年”的社会文化形象，反映了社会不同层次人群的观念。

---

①《后汉书》卷七七《酷吏列传・阳球》。

②《三国志》卷一《魏书・武帝纪》及裴松之注引《曹瞒传》。

1. 社会之“祸”

“少年”作为一种特殊的社会力量受到重视，始于先秦时期。《韩非子·内储说上七术》记述子产相郑前后的故事。

子产临终时告诫继承人游吉“必以严莅人”。子产死，继任者行政风格发生变化：

> 游吉不肯严形，郑少年相率为盗，处于雚泽，将遂以为郑祸。游吉率车骑与战，一日一夜，仅能克之。游吉喟然叹曰：“吾蚤行夫子之教，必不悔至于此矣。”

没有“行夫子之教”的游吉姑息软弱，致使“郑少年相率为盗”，形成“郑祸”，即危害郑国社会秩序的“祸”。

“少年”出现于商业经济较为发展的都市中，由于其性格之“不避法禁”，又富有能动性和攻击性，往往表现出与执政阶层的对抗，于是很容易演变为国家之“祸”，社会之“祸”。

2. “少年”的年龄与社会身份

“少年”及“恶少年”身份地位的确定，除职业因素之外，当然首先还与年龄因素有关。《史记》卷九一《黥布列传》：

> 黥布者，六人也，姓英氏。秦时为布衣。少年，有客相之曰：“当刑而王。”及壮，坐法黥。布欣然笑曰：“人相我当刑而王，几是乎？”

由“少年”“及壮”的年龄界定可能是三十岁。《礼记·曲礼上》：

"二十曰弱冠，三十曰壮，有室。"《说文·士部》："壮，大也。"《释名·释长幼》："三十曰壮，言丁壮也。"[①] 所谓"少年"，大约是指三十岁以下的未婚男子。

《管子·小问》："管子曰：'苗始其少也，眴眴乎何其孺子也。至其壮也，庄庄乎何其士也。"在管仲的言论中，可以看到"少"与"孺子"对应，"壮"与"士"对应，"少年"似乎尚未确定独立的社会身份。秦汉"少年"阶级出身和社会角色的不明确，或许也与此有关。人们更重视的，似乎是"少年"共同的心理和生理特征。《论语·季氏》："孔子曰：'君子有三戒：少之时，血气未定，戒之在色；及其壮也，血气方刚，戒之在斗；及其老也，血气既衰，戒之在得。"《淮南子·诠言》："凡人之性，少则猖狂，壮则暴强，老则好利。"也说"少年"的不成熟，不稳重。

中国传统政治道德历来强调"明贵贱，辨等列，顺少长"[②]，"少长有礼，共可用也"[③]，"少长相越，万邪并起"[④]。如《国语·周语上》所说："夫下事上，少事长，所以为顺也。""行而不顺，民将齐之。"所谓"长少之义"，被看作"治乱之纪"，即最基本的政治原则[⑤]。秦汉时期与"少年"相对应的身份有所谓"父老"，"父老"在当时社会生活中起到极其重要的作用[⑥]。"父老"对"少年"的

①汉代人"三十曰壮"的说法，又见《礼记·射义》"幼壮孝弟"郑玄注："三十曰壮。"

②《左传·襄公五年》。

③《左传·襄公二十八年》。

④《吕氏春秋·审分》。

⑤《吕氏春秋·处方》："同异之分，贵贱之别，长少之义，此先王之所慎，而治乱之纪也。"

⑥以秦及汉初史事为例，陈胜、吴广起义，起初即"号令召三老、豪杰与皆来会计事"，因三老、豪杰的拥戴乃立为王。刘邦举兵，沛父老的（转下页）

领导,“少年”对“父老”的追随;“父老”对“少年”的统治,“少年”对“父老”的服从,这就是所谓“治乱之纪”,也就是社会关系形成稳定秩序,即“所以为顺也”的基本条件。

“少年”在社会等级区分时的不利条件,因此而发生。因这种不利条件而引发叛逆情绪,也是很自然的情形。

3.“恶少年”的社会文化形象

《西京杂记》卷二说赵飞燕故事:“以軿车载轻薄少年,为女子服,入后宫者日以十数,与之淫通,无时休息,有疲怠者,辄差代之。”“轻薄少年”之称,体现出他们由于对传统道德的背离而受到鄙视。颜师古《汉书》卷七《昭帝纪》注:“恶少年谓无赖子弟也。”卷六一《李广利传》注:“恶少年谓无行义者。”也说在传统道德的标尺面前其人格之委琐低下。然而,在社会比较普遍的民众意识的尺度面前,“少年”和“恶少年”的人格似乎又有光辉高大的一面。

司马迁在《史记》卷一二四《游侠列传》中对“侠”有肯定的评价:“韩子曰:‘儒以文乱法,而侠以武犯禁。’二者皆讥,而学士多称于世云。”“今游侠,其行虽不轨于正义,然其言必信,其行必果,已诺必诚,不爱其躯,赴士之阸困,既已存亡死生矣,而不

(接上页)支持也起了决定性的作用。项羽少年起事,“威震楚国”,“诸侯皆屈”,然而军国大计往往遵从七十高龄的范增。刘邦政治集团的基本骨干是所谓“少年豪吏”,而刘邦本人则被看作“宽大长者”,而且其主要谋臣张良所以“为王者师”,传说得力于神秘老人黄石公所授《太公兵法》。刘邦入关,首先与当地父老进行政治协商,约法三章。秦时有乡三老,汉又置县三老、郡三老,以为地方政权中的基本行政人员。《张寿碑》:“皤白之老,率其子弟,以修仁义。”体现出秦汉政治秩序的基本纲纪。

矜其能，羞伐其德，盖亦有足多者焉。”司马迁说：“鄙人有言曰：‘何知仁义，已餐其利者为有德。’故伯夷丑周，饿死首阳山，而文武不以其故贬王；跖、蹻暴戾，其徒诵义无穷。”从不同的立场出发，就有不同的对于所谓“仁义”的道德标准。“要以功见言信，侠客之义又曷可少哉！”司马迁惋叹：“古布衣之侠，靡得而闻已。”“自秦以前，匹夫之侠，湮灭不见，余甚恨之。”对于所谓“闾巷之侠”，司马迁说：

> 以余所闻，汉兴有朱家、田仲、王公、剧孟、郭解之徒，虽时扞当世之文罔，然其私义廉絜退让，有足称者。名不虚立，士不虚附。

剧孟“多少年之戏”，郭解“少时阴贼”，又多有“少年慕其行”，显然“少年”重侠风。司马迁深心倾重并笔墨表扬的“侠”，有时和“少年”之间是难以明确分割的。

《汉书》卷九二《游侠传·原涉》说，原涉任谷口令时“年二十余”，此前“显名京师”“衣冠慕之辐辏”时，很可能也还是少年。

游侠集团的基干力量确实也大抵皆“少年”。所谓“布衣之侠”“匹夫之侠”“闾巷之侠”，其行虽不轨于“正义”，然而其所谓“私义”，却得到当时社会的普遍称颂。“少年”与“恶少年”以其任侠狂逸、重义轻死、好勇斗狠，往往被统治者斥为“不轨”、“奸猾”，然而由于其风格与秦汉社会精神风貌的基本倾向是一致的，因而其侠义精神往往为不可以轻视的社会层次所推重。如司马迁所谓“学士多称于世云”，“盖亦有足多者焉”。

尹赏以冤狱屠杀长安中“轻薄少年恶子”，除“亲属号哭”

外，而“道路皆歔欷”，即透露了因过度惩治而表现出的普遍的同情之心。相反，严厉镇压“少年”与“恶少年”的酷吏则往往政声晦黯，其“坐残贼免”者，也少见社会普遍怜恤的记录。由此也可以体现当时社会舆情的倾向。司马迁责备酷吏“好杀伐行威不爱人”[①]。扬雄《法言·渊骞》也写道：“（或问）‘酷吏’，曰：‘虎哉！虎哉！角而翼者也。’”这些评价，也都显现出社会情感的倾向。

4.“背公死党”精神：时代意义和历史影响

《汉书》卷九二《游侠传》说到秦汉游侠的社会影响：“众庶荣其名迹，觊而慕之，虽其陷于刑辟，自与杀身成名”，以至“死而不悔”。尽管时势每有变迁，然而确实如班固所说，“郡国豪杰处处各有”，“亦古今常道”。

秦汉“少年”与“恶少年”的故事往往为后世文人吟诵，其辞多悲壮，陈抒对他们重义好勇风格的追念。不过，由于时势的变化，其社会地位和社会影响已经有所不同。正如沈彬《结客少年场行》诗句：“重义轻生一剑知，白虹贯日报仇归。片心惆怅清平世，酒市无人问布衣。”看来，秦汉时期“少年”与“恶少年”的壮勇与狂热，以及社会对他们的理解与同情，是以当时富有时代特色的社会风习为背景的。一旦世风变迁，纵有刻意仿效者，当时运“清平”，“无人”问顾之时，也不免“片心惆怅”。《抱朴子·释滞》所谓“世道夷则奇士退”，或许即体现了这种社会历史的变化。

秦汉时期以“少年”及“恶少年”为重要社会基础的游侠集

---

①《史记》卷一二二《酷吏列传》。

团据说以侠名“衣冠慕之辐辏”,以往一般认为其群体的内部结构似乎是松散的。然而数量颇可观的“少年唯印”的遗存[①],体现出当时“少年”“结党连群”而普遍形成的社会团体的凝定性以及其中“唯”即“魁”,也就是史籍所谓“渠帅”的权力。看来,不仅这一社会力量“背公死党”的倾向值得重视,这些社会群体的内部结构及其对后世秘密会党组织形态的重要影响,也是社会史学者应当探讨的课题。

①罗福颐主编《秦汉南北朝官印征存》收入故宫博物院藏四方“少年唯印”以及上海博物馆藏“少年唯印”、吴大澂《十六金符斋印存》录“少年唯印”,又有故宫博物院藏“磨于少年唯”印、“常乐少年唯印”、陈介祺《陈簠斋手拓印集》录“少年唯印大幸”印等,年代均断为东汉。

一二　未成年人的社会地位

秦汉“小儿”称谓

秦汉社会使用“小儿”称谓，原本是指未成年儿童。我们还看到以“小儿”指称成年人的情形，应是用其转义。称成年人“小儿”，或表示亲昵，或表示轻蔑，透露出“小儿”称谓的复杂涵义。而通过“小儿”蔑称，可以发现当时通常社会意识中未成年人的地位。

1.“小儿”本义

“小儿”，原本只是“大人”的对应称谓。

《后汉书》卷七〇《孔融传》李贤注引《融家传》记述孔融让梨故事：“兄弟七人，融第六，幼有自然之性。年四岁时，每与诸兄共食梨，融辄引小者。大人问其故，答曰：‘我小儿，法当取小者。’由是宗族奇之。”孔融“年四岁”自称“小儿”的，而与“大人”形成年龄层别的对应[①]。

---

① 《三国志》卷四八《吴书·三嗣主传·孙皓》裴松之注引《搜神记》（转下页）

《史记》卷九五《樊郦滕灌列传》记载彭城之战后刘邦败逃途中欲弃子女以求自保的情节:“还定三秦,从击项籍。至彭城,项羽大破汉军。汉王败,不利,驰去。见孝惠、鲁元,载之。汉王急,马罢,虏在后,常蹶两儿欲弃之,婴常收,竟载之,徐行面雍树乃驰。汉王怒,行欲斩婴者十余,卒得脱,而致孝惠、鲁元于丰。”裴骃《集解》引应劭曰:“古者皆立乘,婴恐小儿坠,各置一面雍持之。树,立也。”又引苏林曰:“南方人谓抱小儿为‘雍树’。面者,大人以面首向临之,小儿抱大人颈似悬树也。”[①] 所谓“小儿抱大人颈似悬树也”的解说,确是年幼儿童习惯动作。《汉书》卷四一《夏侯婴传》颜师古注:“面,偝也。雍,抱持之。言取两儿,令面背己,而抱持之以驰,故云面雍树驰。”夏侯婴同时“抱持”“两儿”依然“驰”行,“两儿”身形显然幼小。然而据《史记》卷八《高祖本纪》,我们看到刘邦参与反秦活动之前,已有孝惠与鲁元随吕后参与田间劳动的记载[②]。不过,所谓“吕后与两子居田

(接上页)记述的“荧惑星”故事,也说到“小儿”和“大人”的对应关系:“吴以草创之国,信不坚固,边屯守将,皆质其妻子,名曰保质。童子少年,以类相与嬉游者,日有十数。永安二年三月,有一异儿,长四尺余,年可六七岁,衣青衣,来从群儿戏,诸儿莫之识也。皆问曰:‘尔谁家小儿,今日忽来?’答曰:‘见尔群戏乐,故来耳。’详而视之,眼有光芒,爚爚外射。诸儿畏之,重问其故。儿乃答曰:‘尔恶我乎?我非人也,乃荧惑星也。将有以告尔:三公鉏,司马如。’诸儿大惊,或走告大人,大人驰往观之。儿曰:‘舍尔去乎!’竦身而跃,即以化矣。仰面视之,若引一匹练以登天。大人来者,犹及见焉,飘飘渐高,有顷而没。时吴政峻急,莫敢宣也。后五年而蜀亡,六年而晋兴,至是而吴灭,司马如矣。”

①司马贞《索隐》:“苏林与晋灼皆言南方及京师谓抱儿为‘拥树’,今则无其言,或当时有此说。其应、服之说,盖疏也。”可知晋灼的解释与苏林相同。

②《史记》卷八《高祖本纪》:“高祖为亭长时,常告归之田。吕后与两子居田中耨,有一老父过请饮,吕后因餔之。老父相吕后曰:‘夫人(转下页)

中耨”，《汉书》卷一上《高帝纪上》作“吕后与两子居田中”，无“耨”字。或许只是吕后本人劳作。《史记》《汉书》说到“两儿”，应劭、苏林都解作“小儿”，也是值得注意的。

《史记》卷二五《律书》颂扬文帝时代实现“人民乐业”“百姓遂安”社会局面的政治成功，有“年六七十翁”“如小儿状”的表述：“太史公曰：文帝时，会天下新去汤火，人民乐业，因其欲然，能不扰乱，故百姓遂安。自年六七十翁亦未尝至市井，游敖嬉戏如小儿状。孔子所称有德君子者邪！”这里所谓“小儿”，也是指年幼儿童无疑。《史记》卷一〇五《扁鹊仓公列传》：“扁鹊名闻天下。”“来入咸阳，闻秦人爱小儿，即为小儿医：随俗为变。”[①]所谓“小儿”，应当也主要是言幼儿[②]。《三国志》卷一五《魏书·张既传》裴松之注引《三辅决录注》曰：“既为儿童，郡功曹游殷察异之，引既过家，既敬诺。殷先归，敕家具设宾馔。及既至，殷妻笑曰：‘君其悖乎！张德容童昏小儿，何异客哉！’殷曰：‘卿勿怪，乃方伯之器也。’殷遂与既论霸王之略。”可知“小儿”和“儿童”大致同义。游殷妻所谓“童昏小儿”，也许是我们理解当时“儿童”称谓之原义时应当注意到的信息。

（接上页）天下贵人。’令相两子，见孝惠，曰：‘夫人所以贵者，乃此男也。’相鲁元，亦皆贵。”“两子”虽称“婴儿”，但是已经能够参加“居田中耨”的劳作。参看王子今：《说秦汉“婴儿”称谓》，《南都学坛》2010年第2期；《汉代劳动儿童——以汉代画像遗存为中心》，《陕西历史博物馆馆刊》第17辑，三秦出版社2010年11月版。

①《太平御览》卷七二一引《史记》作：“入咸阳，闻秦人爱小儿，即为小儿医，隋俗改变，无所滞碍。”《四部丛刊》三编景宋本。〔宋〕李壁注《王荆公诗注》卷一七《赠曾子固》注引《扁鹊传》：“入咸阳，秦人爱小儿，即为小儿医，随俗改变，无所滞碍。”文渊阁《四库全书》本。

②参看王子今：《秦汉“小儿医”略议》，《西北大学学报》2007年第4期。

此外,《三国志》卷八《魏书·公孙渊传》:“炊有小儿蒸死甑中。”又《后汉书》卷三一《苏不韦传》言苏不韦为父复仇,凿地达仇人大司农李暠之寝室,“出其床下。值暠在厕,因杀其妾并及小儿。”《续汉书·五行志一》:“后正旦至,君臣欲共飨,既坐,酒食未下,群臣更起,乱不可整。时大司农杨音案剑怒曰:‘小儿戏尚不如此!’”《三国志》卷三二《蜀书·先主备传》:“先主少时,与宗中诸小儿于树下戏。”《续汉书·礼仪志中》刘昭注补引《汉旧仪》曰:“颛顼氏有三子,生而亡去为疫鬼。一居江水,是为虐鬼;一居若水,是为罔两蜮鬼;一居人宫室区隅,善惊人小儿。”其中所谓“小儿”,也都大致是同样意义。《续汉书·郡国志四》“荆州南郡”条刘昭注补引《荆州记》:“水中有物如马,甲如鲜鲤,射不可入。七八月中好在碛上自曝,膝头似虎掌爪。小儿不知,欲取弄戏,便杀人。”[①] 所谓“小儿”身份,也可以作同样理解。

又如《三国志》卷五一《吴书·孙桓传》:“孙桓字叔武,河之子也。年二十五,拜安东中郎将,与陆逊共拒刘备。备军甚盛,弥山盈谷,桓投刀奋命,与逊戮力,备遂败走。桓斩上夔道,截其径要。备逾山越险,仅乃得免,忿恚叹曰:‘吾昔初至京城,桓尚小儿,而今迫孤乃至此也!’”也说“吾昔初至京城”时,孙桓还是幼儿。《三国志》卷三二《蜀书·先主传》裴松之注引《英雄记》云:“灵帝末年,备尝在京师。”刘备所谓“吾昔初至京城”,当指此时。以汉灵帝在位最后一年中平六年(189)计,至221年发生夷陵之战时,已经32年。刘备记忆或有差误。所言夷陵战时“年

①又如《三国志》卷四八《吴书·三嗣主传·孙晧》裴松之注引《吴录》:“(孟仁)少从南阳李肃学。其母为作厚褥大被,或问其故,母曰:‘小儿无德致客,学者多贫,故为广被,庶可得与气类接也。’

二十五，拜安东中郎将”的孙桓当时“尚小儿”，也是说“小儿”即幼儿。《后汉书》卷四九《王符传》引《潜夫论·浮侈》：“今人奢衣服，侈饮食，事口舌而习调欺。或以谋奸合任为业，或以游博持掩为事。丁夫不扶犁锄，而怀丸挟弹，携手上山遨游，或好取土作丸卖之，外不足御寇盗，内不足禁鼠雀。或作泥车瓦狗诸戏弄之具，以巧诈小儿，此皆无益也。”这里所谓“小儿”，也是指儿童[①]。所谓“小儿”“戏弄”，可与前引杨音所谓“小儿戏”，刘备“少时，与宗中诸小儿于树下戏”等对照读。

“小儿”有时又用以指“儿”之排行位列之“小”者。如前引孔融让梨自称“我小儿”故事。此“小儿”的直接语义，应是指孩童中年辈小者。这应当是“小儿”称谓的原始意义，词义中性，没有道德、知识或者社会等级层次的褒贬。又如《三国志》卷二九《魏书·方技传·华佗》所谓“小儿戏门前”，《后汉书》卷八二下《方术列传下·华佗》所谓“佗小儿戏于门中”，有可能就是这种情形。又如《后汉书》卷八〇下《文苑列传下·祢衡》：“唯善鲁国孔融及弘农杨修。常称曰：‘大儿孔文举，小儿杨德祖。余子碌碌，莫足数也。’”“小儿”与“大儿”并说也呈示“小”“大”的

---

① 《汉书》卷四八《贾谊传》：“今西边北边之郡，虽有长爵不轻得复，五尺以上不轻得息，斥候望烽燧不得卧，将吏被介胄而睡，臣故曰一方病矣。”关于“五尺”，颜师古注引如淳曰：“五尺谓小儿也。言无大小皆当自为战备。”可知如淳的意识中，“小儿”即未成年的“五尺”。《三国志》卷四七《吴书·吴主权传》裴松之注引《魏略》有“小儿年弱”语可以明确“小儿”年龄的记载，有《三国志》卷一二《魏书·崔琰传》裴松之注引《魏氏春秋》言孔融即被刑时“二子年八岁，时方弈棋”，镇定自若事，裴松之说：“八岁小儿，能玄了祸福，聪明特达，卓然既远。”又《三国志》卷一九《魏书·陈思王植传》裴松之注引《魏略》：“惟尚有小儿，七八岁已上，十六七已还，三十余人。”则年龄界定又稍宽。

对应关系。《三国志》卷三八《蜀书·许靖传》裴松之注引《魏略》载王朗与文休书："仆连失一男一女，今有二男：大儿名肃，年二十九，生于会稽；小儿裁岁余。临书怆恨，有怀缅然。"则语义更为明朗[①]。

2. "小儿"亲昵义：指代成年人的"小儿"称谓之一

祢衡称孔融、杨修"大儿""小儿"，是转借"小儿"称谓用以指代成年人之例。

使用"小儿"称谓之转义的情形似乎比较复杂。其中一种情形，透露出使用者与这一称谓指代者的亲昵关系。祢衡谓杨修，就是这样的情形。《三国志》卷一〇《荀彧传》裴松之注引《典略》是这样记述的："衡时年二十四。是时许都虽新建，尚饶人士。衡尝书一刺怀之，字漫灭而无所适。或问之曰：'何不从陈长文、司马伯达乎？'衡曰：'卿欲使我从屠沽儿辈也！'又问曰：'当今许中，谁最可者？'衡曰：'大儿有孔文举，小儿有杨德祖。'"当时祢衡不过二十四岁，而称孔融"大儿"，杨修"小儿"，自是亲昵语。当然也有孤傲心态的表现，此则可以与视"陈长文、司马伯达""屠沽儿辈"联系起来分析。

《后汉书》卷一二《彭宠传》记载彭宠为子密所杀故事："（建武）五年春，宠斋，独在便室。苍头子密等三人因宠卧寐，共缚着床，告外吏云'大王斋禁，皆使吏休。'伪称宠命教，收缚奴婢，

---

①类似情形又见《太平御览》卷四七二引《风俗通》："大儿字阿嶷，小儿曰越子。"王朗所言"二男"，"大儿""小儿"年龄差达二十八岁，是考察当时家庭构成的有意义的信息。"连失一男一女"，或应在"大儿""小儿"之间。

各置一处。又以宠命呼其妻。妻入,大惊。宠急呼曰:'趣为诸将军办装。'于是两奴将妻入取宝物,留一奴守宠。宠谓守奴曰:'若小儿,我素爱也,今为子密所迫劫耳。解我缚,当以女珠妻汝,家中财物皆与若。'小奴意欲解之,视户外,见子密听其语,遂不敢解。于是收金玉衣物,至宠所装之,被马六匹,使妻缝两缣囊。昏夜后,解宠手,令作记告城门将军云:'今遣子密等至子后兰卿所,速开门出,勿稽留之。'书成,即斩宠及妻头,置囊中,便持记驰出城,因以诣阙,封为不义侯。"彭宠以所有"家中财物"及女儿诱惑"守奴",亦确实实现效用,以致"小奴意欲解之",只是因子密监控,终"不敢解"。既然说到"解我缚,当以女珠妻汝",可知"守奴"虽称"小奴",当已有成熟性意识。而言"若小儿,我素爱也","小儿"显然是语义特别的亲昵言辞。

关于耿弇在刘秀建国事业中的作用,《后汉书》卷一九《耿弇传》写道:"弇道闻光武在卢奴,乃驰北上谒,光武留署门下吏。弇因说护军朱祐,求归发兵,以定邯郸。光武笑曰:'小儿曹乃有大意哉!'因数召见加恩慰。"虽耿弇"自嫌年少"[①],而《耿弇传》前说"时弇年二十一",显然已经成年。称"小儿曹"者,透露出亲近的关系和爱重的情感。其行为表现,即"数召见加恩慰"。

《后汉书》卷三一《郭伋传》:"始至行部,到西河美稷,有童儿数百,各骑竹马,道次迎拜。伋问'儿曹何自远来'。对曰:'闻使君到,喜,故来奉迎。'伋辞谢之。及事讫,诸儿复送至郭外,问'使君何日当还'。伋谓别驾从事,计日告之。行部既还,先期一日,伋为违信于诸儿,遂止于野亭,须期乃入。"是"儿"、"童儿"

---

①李贤注:"《续汉书》曰'弇还檄与况,陈上功德,自嫌年少,恐不见信,宜自来。况得檄立发,至昌平见上'也。"

称“儿曹”的史例。《水经注·河水三》引《东观记》的文字则作：“行部到西河美稷，数百小儿各骑竹马迎拜。伋问：‘儿曹何自远来？’”“童儿”写作“小儿”。两相对照，更方便我们理解“小儿曹”称谓的由来。

3. “小儿”轻蔑义：指代成年人的“小儿”称谓之二

关于“小儿曹”称谓的使用，又见《后汉书》卷二四《马援传》载马援与杨广书：“往时子阳独欲以王相待，而春卿拒之；今者归老，更欲低头与小儿曹共槽枥而食，并肩侧身于怨家之朝乎？”这里所谓“小儿曹”，言“共槽枥而食”，言“并肩侧身”于朝，所说并非真正的“小儿”。而以此指称成年同事，暗含鄙薄之意。当然，此说“归老”，《资治通鉴》卷四二“汉光武帝建武六年”引文胡三省注：“归，入也。言其年已入老境也。”所谓“小儿曹”也显示自然年龄的差距。

《汉书》卷九九下《王莽传下》记述王莽面临政权崩溃危局时的情形：“后日殿中钩盾土山仙人掌旁有白头公青衣，郎吏见者私谓之国师公。衍功侯喜素善卦，莽使筮之，曰：‘忧兵火。’莽曰：‘小儿安得此左道？是乃予之皇祖叔父子侨欲来迎我也。’”此所谓“小儿”可以理解为蔑称。所指显然也是成年人。

《汉书》卷八四《翟方进传》说翟义故事：“少子曰义。义字文仲，少以父任为郎，稍迁诸曹，年二十出为南阳都尉。宛令刘立与曲阳侯为婚，又素著名州郡，轻义年少。义行太守事，行县至宛，丞相史在传舍。立持酒肴谒丞相史，对饮未讫，会义亦往，外吏白都尉方至，立语言自若。须臾义至，内谒径入，立乃走下。义既还，大怒，阳以他事召立至，以主守盗十金，贼杀不辜，部掾夏恢等收缚立，传送邓狱。恢亦以宛大县，恐见篡夺，白义可因随后行县送邓。义曰:‘欲令都尉自送,则如勿收邪!’载环宛市乃送,吏民不敢动,威震南阳。立家轻骑驰从武关入语曲阳侯,曲阳侯白成帝,帝以问丞相。方进遣吏敕义出宛令。宛令已出,吏还白状。方进曰:‘小儿未知为吏也,其意以为入狱当辄死矣。’”翟方进称自己的“少子”翟义为“小儿”,时翟义虽称“年少”,然而已过“年二十”,“行太守事”,早已是成熟行政长官。这里使用的“小儿”称谓,透露出斥责的语气。

《汉书》卷九九下《王莽传下》记载了这样的史实:“赤眉别校董宪等众数万人在梁郡,王匡欲进击之,廉丹以为新拔城罢劳,当且休士养威。匡不听,引兵独进,丹随之。合战成昌,兵败,匡走。丹使吏持其印韨符节付匡曰:‘小儿可走,吾不可!’遂止,战死。”廉丹言语所谓“小儿”,显然是指成年人。此处“小儿”的理解,应取其轻蔑义。

以“小儿”指斥后辈的情形,又有《后汉书》卷八六下《方术列传下·刘根》:“刘根者,颍川人也。隐居嵩山中。诸好事者自远而至,就根学道,太守史祈以根为妖妄,乃收执诣郡,数之曰:‘汝有何术,而诬惑百姓?若果有神,可显一验事。不尔,立死矣。’根曰:‘实无它异,颇能令人见鬼耳。’祈曰:‘促召之,使太守目睹,尔乃为明。’根于是左顾而啸,有顷,祈之亡父祖近亲数十人,皆反缚在前,向根叩头曰:‘小儿无状,分当万坐。’顾而叱祈曰:‘汝为子孙,不能有益先人,而反累辱亡灵!可叩头为吾陈谢。’祈惊惧悲哀,顿首流血,请自甘罪坐。根嘿而不应,忽然俱去,不知在所。”

又如《三国志》卷六《魏书·袁绍传》裴松之注引《先贤行状》说审配故事:“及配兄子开城门内兵,时配在城东南角楼上,望见太祖兵入,忿辛、郭坏败冀州,乃遣人驰诣邺狱,指杀仲治家。是时,辛毗在军,闻门开,驰走诣狱,欲解其兄家,兄家已死。是日生缚配,将诣帐下,辛毗等逆以马鞭击其头,骂之曰:'奴,汝今日真死矣!'配顾曰:'狗辈,正由汝曹破我冀州,恨不得杀汝也!且汝今日能杀生我邪?'有顷,公引见,谓配:'知谁开卿城门?'配曰:'不知也。'曰:'自卿子荣耳。'配曰:'小儿不足用乃至此!'"辛毗和审配对骂时使用"奴"与"狗辈"诸语,是宝贵的民间语言史有关骂詈语的资料。言"小儿"者,是指斥子辈的蔑称。

当然,翟方进、廉丹、史祈"亡父祖"和审配们所称"小儿"者,都是较亲近的人。由此似乎可以推想,也可能"小儿"成为蔑称应用于社会,原本是由亲族中使用扩延普及。

《太平御览》卷八九七引《风俗通》:"杀君马者路旁儿也。言长吏养肥马而希出,路旁小儿观之,却惊致死。按长吏马肥,观者快之,乘者喜其言,驱驰不已,至于死。"这里所谓"路旁儿""路旁小儿"虽然并没有明确的指斥义,但是其负面形象,却是显然易见的。

《史记》卷九二《淮阴侯列传》记载了韩信拜将故事:"信数与萧何语,何奇之。至南郑,诸将行道亡者数十人,信度何等已数言上,上不我用,即亡。何闻信亡,不及以闻,自追之。人有言上曰:'丞相何亡。'上大怒,如失左右手。居一二日,何来谒上,上且怒且喜,骂何曰:'若亡,何也?'何曰:'臣不敢亡也,臣追亡者。'上曰:'若所追者谁何?'曰:'韩信也。'上复骂曰:'诸将亡者以十数,公无所追;追信,诈也。'何曰:'诸将易得耳。至如信者,国士无双。王必欲长王汉中,无所事信;必欲争天下,非信无所与计事者。顾王策安所决耳。'王曰:'吾亦欲东耳,安能郁郁久居此乎?'何曰:'王计必欲东,能用信,信即留;不能用,信终亡耳。’王曰：‘吾为公以为将。’何曰：‘虽为将，信必不留。’王曰：‘以为大将。’何曰：‘幸甚。’于是王欲召信拜之。”萧何随后又有一番劝诫刘邦的话。他说：“王素慢无礼，今拜大将如呼小儿耳，此乃信所以去也。王必欲拜之，择良日，斋戒，设坛场，具礼，乃可耳。”于是，“王许之。诸将皆喜，人人各自以为得大将。至拜大将，乃韩信也，一军皆惊”。《史记》“今拜大将如呼小儿耳”，《汉书》卷三四《韩信传》作“今拜大将如召小儿”。所谓“呼小儿”“召小儿”，即成年人对未成年人的粗暴语言习惯，均作为极度轻慢的典型行为受到非议。

类似的例证，又有《续汉书·五行志一》：“建武元年，赤眉贼率樊崇、逢安等共立刘盆子为天子。然崇等视之如小儿，百事自由，初不恤录也。”樊崇等视他们拥立的皇帝刘盆子“如小儿”，也体现出一种政治强势。

4.“苍头儿客”和“苍头庐儿”

《后汉书》卷七二下《方术列传下·公沙穆》说到“苍头儿客”身份及相关社会表现：

> (公沙穆)后举孝廉，以高第为主事，迁缯相。时缯侯刘敞，东海恭王之后也，所为多不法，废嫡立庶，傲很放恣。穆到官，谒曰：“臣始除之日，京师咸谓臣曰‘缯有恶侯’，以吊小相。明侯何因得此丑声之甚也？幸承先人之支体，传茅土之重，不战战兢兢，而违越法度，故朝廷使臣为辅。愿改往修来，自求多福。”乃上没敞所侵官民田地，废其庶子，还立嫡嗣。其苍头儿客犯法，皆收考之。因苦辞谏敞。敞涕泣为谢，多从其所规。

有学者分析"苍头儿客"称谓:"'苍头'、'儿客',皆谓奴仆。这个词习见。例如后汉安玄译《法镜经》:'是以父母、妻子、奴婢、儿客,是非我之有,我亦不是有。''儿客'与'奴婢'平列。""'儿客'是个称谓一类的词,在正统文献中较为少见。通行辞书,诸如《中文大辞典》《汉语大词典》等,都据孤例立目,并一律释之为'幼奴',所引文例都是《后汉书·方术传》。从《后汉书》原文看,'儿客'与'苍头'并举,应是同类;既已并出,总又该有点不同。辞书编纂者或许正是出于这种考虑,才把'儿客'释为'幼奴',以与'苍头'相区别。统言之,'苍头'与'儿客'都是奴仆;析言之,'苍头'与'青衣'为同类,地位最下,'儿客'与'侍婢'为一类,地位相对高些,是主人贴身侍应。'儿客'与'奴婢'对举,'儿客'当是指男性奴仆。'奴客'即'儿客','侍者'即'奴婢'。'儿客'而可称为'奴客',证明'儿'决不是幼童之义,而应与'奴'同义。对愚人、庸人常称'儿'。对地位低的人也常称'儿'。"① 所谓"'儿客'与'侍婢'为一类,地位相对高些,是主人贴身侍应"的讨论未必有说服力,但是这里"'儿'决不是幼童之义"的意见却是正确的。所说"儿"常用以指称"愚人、庸人"以及"地位低的人",也指出了"儿"及"小儿"的轻蔑义。

其实,较《后汉书》卷七二下《方术列传下》"苍头儿客犯法,皆收考之"更早的例证是《汉书》卷七二《鲍宣传》"苍头庐儿皆用致富"。颜师古解释说:"诸给殿中者所居为庐,苍头侍从因呼为'庐儿'。"又《汉书》卷七八《萧望之传》:"仲翁出入从仓头庐儿。"颜师古注:"皆官府之给贱役者也,解在《贡禹传》。"宋王楙《野客丛书》卷二三"苍头称将军"条已指出:"'苍头庐儿',解在

①杨小平:《〈后汉书〉语言研究》,巴蜀书社2004年12月版,第53页。

《鲍宣传》。而颜师古注《萧望之传》谓‘在《贡禹传》’,误矣。”[①]

5. 鄙语“儿”

汉代人语言习惯称“儿”者,往往有轻蔑义。如《汉书》卷四〇《陈平传》记载吕太后、陈平故事:

> 吕须常以平前为高帝谋执樊哙,数谗平曰:“为丞相不治事,日饮醇酒,戏妇人。”平闻,日益甚。吕太后闻之,私喜。面质吕须于平前,曰:“鄙语曰‘儿妇人口不可用’,顾君与我何如耳,无畏吕须之谮。”[②]

又《汉书》卷四九《袁盎传》:“绛侯望盎曰:‘吾与汝兄善,今儿乃毁我!’”《汉书》卷六八《霍光传》:“武帝病,封玺书曰:‘帝崩发书以从事。’遗诏封金日磾为秺侯,上官桀为安阳侯,光为博陆侯,皆以前捕反者功封。时卫尉王莽子男忽侍中,扬语曰:‘帝崩,忽常在左右,安得遗诏封三子事!群儿自相贵耳。’”《汉书》卷八三《朱博传》:“齐郡舒缓养名,博新视事,右曹掾史皆移病卧。博问其故,对言:‘惶恐!故事二千石新到,辄遣吏存问致意,乃敢起就职。’博奋髯抵几曰:‘观齐儿欲以此为俗邪!’”

---

①参看王子今、刘林:《汉代“小儿”称谓》,《南都学坛》2012年第2期。

②《汉书》卷八六《王嘉传》所见“儿女子”,似与“儿妇人”义近:“使者既到府,掾史涕泣,共和药进嘉,嘉不肯服。主簿曰:‘将相不对理陈冤,相踵以为故事,君侯宜引决。’使者危坐府门上。主簿复前进药,嘉引药杯以击地,谓官属曰:‘丞相幸得备位三公,奉职负国,当伏刑都市以示万众。丞相岂儿女子邪,何谓咀药而死!’嘉遂装出,见使者再拜受诏,乘吏小车,去盖不冠,随使者诣廷尉。廷尉收嘉丞相新甫侯印绶,缚嘉载致都船诏狱。”

《汉书》卷九九中《王莽传中》："（甄）丰素刚强，莽觉其不说，故徙大阿、右拂、大司空丰，托符命文，为更始将军，与卖饼儿王盛同列。"吕太后以吕须比"儿妇人"，周勃称袁盎为"儿"，王忽谓金日磾、上官桀、霍光为"群儿"，朱博呼齐郡掾史为"齐儿"，以及《王莽传》所谓"卖饼儿王盛"，"儿"都是对成年人的轻蔑之称，而非指幼儿。

又《后汉书》卷七三《公孙瓒传》"商贩庸儿"，《后汉书》卷八〇下《文苑列传·祢衡》"屠沽儿"，也可看作类同例证。又有"用身体、生理方面的词加'儿'语素构成的合成词表示对所称对象的鄙视"者，如《后汉书》卷七五《吕布传》"大耳儿"等[①]。

6. "人道未成"："小儿"地位低下的解说

以对未成年人的称谓指代成年人形成鄙薄之义，是值得分析的文化现象。这一现象体现出未成年人社会地位的低下。

《北堂书钞》卷九二有这样的内容："昔葬也欲人之弗得见也，葬于墓所以即远也。下殇葬于园，小儿葬于道。"注："《风俗通》云：葬小儿必于道边者，伤其人道未成，故置于道侧，使视成人之道也。"可知在通常意识中，所谓"人道未成"是"小儿"与"成人"的最重要的区别。于"成人之道"方面的缺失，或许是"小儿"受到普遍轻视的基本的缘由。

所谓"人道未成"之"人道"的涵义未能明确[②]。然而我们知

---

①杨小平：《〈后汉书〉语言研究》，巴蜀书社2004年12月版，第170—171页。论者又指出与"大耳儿"情形类似的，又有《世说新语·雅量》所谓"白眼儿"。

②"人道"的原始意义，可以直接理解为男女性爱。《诗·大雅·生民》："以弗无子，履帝武敏歆。"郑玄注："心体歆歆然，其左右所止住，（转下页）

道,“小儿”与“大人”或“成人”的明显距离是各方面能力的全面不足。《太平御览》卷六三九引《风俗通》曰:“沛郡有富家公,赀二千余万。小妇子年裁数岁,顷失其母,又无亲近。其女不贤,公痛困思念,恐争其财,儿必不全,因呼族人为遗令书,悉以财属女,但遗一剑,云儿年十五以还付之。其后又不肯与。儿诣郡自言求剑,谨案:时太守大司空何武也。得其辞,因录女及聟,省其手书,顾谓掾吏曰:‘女性强梁,聟复贪鄙。畏贼害其儿,又计小儿正,得此则不能全护,故且俾与女,内实寄之耳。不当以剑与之乎?夫剑者,亦所以决断。限年十五者,智力足以自居。度此女聟必不复还其剑,当问县官,县官或能证察,得见伸展。此凡庸何能用虑强远如是哉!’悉夺取财以与子,曰:‘弊女恶聟,温饱十岁,亦以幸矣。’于是论者乃服。”“小儿”即使得到财产也无力“全护”,其“智力”不足以“自居”,这是他们在社会竞争中不能“见伸展”,于是社会地位相对卑下的重要原因。

通常“小儿”地位的相对低下,亦与一种文化传统有关。这就是农耕民族生产经验和生活经验(很可能这就是“小儿”“人道未成”之所谓“人道”的总体涵义)的传承,是循老幼辈分一代一代依次实现的。尊老传统形成的主要原因正在于此。《史记》卷一一〇《匈奴列传》所见中行说和汉使关于“匈奴俗贱老”的辩论,就体现出农耕文化和其他文化系统的差别。中原农耕民族

(接上页)如有人道感己者也,于是遂有身。”孔颖达疏:“心体歆歆,如有物所在身之左右,所止住于身中,如有人道精气之感己者也,于是则震动而有身。”“帝喾圣夫,姜嫄正妃,配合生子,人之常道。”“谓如人夫妻交接之道。”“人道”又指社会生活的基本准则。《易·系辞下》:“有天道焉,有人道焉。”《礼记·丧服小记》:“亲亲、尊尊、长长,男女之有别,人道之大者也。”

老幼尊卑的传统，形成历史的定式。认识"幼"则"卑"的社会层次格局，以下意见值得注意。有学者在讨论中国传统社会"'儿童'、'孩子'、'子'、'童'或'幼'"诸称谓的"涵义"时，说到这样一层意义："代表的是一个'社会地位'或角色，不只是年幼的孩子"，"在中文意涵中，相对父母和地位高的人，他永远是一个儿子，或晚辈'小子'。在中国过去社会中，没有结婚的人，结婚后还没有生育的人，以及奴婢仆人甚或异族外邦、言语风俗隔阂的人等社会地位微贱，以致没有把他当成人对待，永远像孩子一样，相对于所有真正的社会成员——人——须如同子女对长辈一般。这种'社会意涵'的'子'或'童'，一如父母健在时的子女，永远是孩子。"要真正理解这种"社会意涵"，应当注意中国古代所谓"较重权威、训管型的社会"，"主要由成人宰制的秩序"这一背景①。

有的学者针对西方社会儿童史和儿童观的演变时进行了这样的分析，西方古代"儿童还处于受迫害的地位"，中古时代统治者的观念，认为"儿童是带着'原始的罪恶'来到人世的，他们必须历尽苦难生活的磨难，不断赎罪，才能纯化灵魂"。"处在教会封建主和世俗封建主层层重压的中古时代的西欧"，"儿童是没有独立的社会地位的"②。这是因奴隶制和教会压迫导致的社会文化现象，与中国的情形有颇多相似之处，也有许多不同的地方。

当然，通过秦汉历史文化信息可以看到，传统社会往往又赋予"小儿"以某种神秘主义的异能。

---

①熊秉真：《童年忆往：中国孩子的历史》，麦田出版股份有限公司2000年4月版，第24页，第32页。

②朱智贤、林崇德：《儿童心理学史》，北京师范大学出版社2002年2月版，第5—6页。

例如，秦始皇遣"童男女"随徐市出海寻找仙山和不死药[①]，"高祖过沛诗《三侯之章》，令小儿歌之"[②]，以及逐疫"侲子"[③]、求雨"小童"[④]、"灵星"之"祠"用"童男"舞[⑤]等诸多礼俗，以及民间舆论形式中"童谣"受到的特殊的重视[⑥]，都体现出这种情形[⑦]。不过，这与我们在这里讨论的主题完全不同，属于另一文化层面的问题。

---

①《史记》卷六《秦始皇本纪》："齐人徐市等上书，言海中有三神山，名曰'蓬莱'、'方丈'、'瀛洲'，仙人居之。请得斋戒，与童男女求之。于是遣徐市发童男女数千人，入海求仙人。"《史记》卷一一八《淮南衡山列传》："秦皇帝大说，遣振男女三千人，资之五谷种种百工而行。"

②《史记》卷二四《乐书》。《史记》卷八《高祖本纪》："初，高祖既定天下，过沛，与故人父老相乐，醉酒欢哀，作'风起'之诗，令沛中僮儿百二十人习而歌之。至孝惠时，以沛宫为原庙，皆令歌儿习吹以相和，常以百二十人为员。"《太平御览》卷五引《史记·天官书》："汉武帝以正月上辛祠太一甘泉，夜祠到明，忽有星至于祠坛上，使童男女七十人俱歌《十九章》之歌。"

③《续汉书·礼仪志中》。《西京赋》"振子万童"，薛综注："振子，童男女。"

④《春秋繁露·求雨》中说到当时"春旱求雨"的仪式规程："小童八人，皆斋三日，服青衣而舞之。"《太平御览》卷五二六引《汉旧仪》："元封六年，诸儒奏请施行董仲舒请雨事，始令丞相以下求雨，曝城南舞童女祷天神。"

⑤《续汉书·祭祀志下》："舞者用童男十六人。"

⑥参看王子今：《秦汉民间谣谚略说》，《人文杂志》1987年第4期；《略论两汉童谣》，《重庆师范大学学报》（哲学社会科学版）2007年第3期。

⑦参看王子今：《秦汉神秘主义信仰体系中的"童男女"》，《周秦汉唐文化研究》第5辑，三秦出版社2007年6月版。有学者注意到，古罗马的儿童也有其"神圣性"受到关注，或者被称作"被神圣化"的情形。甚至有这样的现象："对儿童的尊重提到了更高的地位，一直上升到宗教的水平。"［法］让-皮埃尔·内罗杜：《古罗马的儿童》，张鸿、向征译，广西师范大学出版社2005年8月版，第100页，第94页。

“竖子”“竖小”称谓与未成年人歧视

秦汉时期，“竖子”“竖小”等称谓使用于成年社会，有较“小儿”称谓表现更明显轻蔑语义的情形，也体现了未成年人社会地位的低下。对“竖儒”及“贾竖”“奴竖”“僮竖”“牧竖”等称谓的分析，也应当有益于增进对秦汉社会构成和社会风习的认识。

1．“竖子”“竖小”“小竖”

秦汉社会称谓有“竖子”“竖小”蔑称，有时直接用作骂詈语。

这种对成年人的鄙称，直接意义本来是指代未成年人。而“竖”，诸多情形可知是指身份低下、生活艰苦的未成年劳动者[①]。考察这一现象并究其原始，可以体会到社会对未成年人，特别是穷困未成年人有所歧视的迹象。

《潜夫论·浮侈》写道：“今民奢衣服，侈饮食，事口舌，而习调欺，以相诈给，比肩是也。或以谋奸合任为业，或以游敖博弈为事；或丁夫世不传犁锄，怀丸挟弹，携手遨游。或取好土作丸卖

①司马迁在《史记》卷一三〇《太史公自序》中说到早年曾经经历“耕牧”生产实践：“迁生龙门，耕牧河山之阳。年十岁则诵古文。二十而南游江、淮……”张守节《正义》解释“河山之阳”：“河之北，山之南也。案：在龙门山南也。”所谓“龙门山南”，即司马迁家乡。按照司马迁自述语序，可知“耕牧河山之阳”在“年十岁”之前。司马迁父“谈为太史公”，裴骃《集解》：“如淳曰：‘《汉仪注》太史公，武帝置，位在丞相上。天下计书先上太史公，副上丞相，序事如古《春秋》。’”以司马迁这样的家世出身尚且有幼年“耕牧”体验，可知当时社会中下层阶级儿童多数应经历过这种劳动生活。

之，于弹外不可以御寇，内不足以禁鼠，晋灵好之以增其恶，未尝闻志义之士喜操以游者也。惟无心之人，群竖小子，接而持之，妄弹鸟雀，百发不得一，而反中面目，此最无用而有害也。或坐作竹簧，削锐其头，有伤害之象，傅以蜡蜜，有甘舌之类，皆非吉祥善应。或作泥车、瓦狗、马骑、倡排，诸戏弄小儿之具以巧诈。"所谓"群竖小子"，在政论家对社会弊端的批判中被作为斥责的对象。

《史记》卷七六《平原君虞卿列传》载毛遂语，又可以看到"白起，小竖子耳"的说法。

《艺文类聚》卷五一引录曹植就二子曹苗、曹志封公所作《封二子为公谢恩章》，其中写道："苗、志小竖，既顽且稚。猥荷列爵，并佩金紫。施崇一门，惠及父子。"这当然是自谦的话，而"小竖"称谓当时通行的情形，却也显现出来[①]。

2. 关于"贾竖"

秦汉文献可见"贾竖"称谓。

《史记》卷五五《留侯世家》记载刘邦入关灭秦军事进程中具有决定性意义的一个情节："攻下宛，西入武关。沛公欲以兵二万人击秦峣下军，良说曰：'秦兵尚强，未可轻。臣闻其将屠者子，贾竖易动以利。愿沛公且留壁，使人先行，为五万人具食，益为张旗帜诸山上，为疑兵，令郦食其持重宝啖秦将。'秦将果畔，

---

① 《说郛》卷一一六宋鲁应龙《括异志》说到的一则故事，可以作为使用"小竖"称谓的旁证："金山忠烈王汉博陆侯，姓霍氏。吴孙权时，一日致疾，黄门小竖附语曰：'国主封界华亭谷极西南，有金山咸塘湖，为民害。民将鱼鳖食之，非人力能防。金山，故海盐县，一旦陷没为湖，无大神护也。臣，汉之功臣霍某也，部党有力，能镇之。可立庙于山。'吴王乃立庙。"

欲连和俱西袭咸阳，沛公欲听之。良曰：‘此独其将欲叛耳，恐士卒不从。不从必危，不如因其解击之。’沛公乃引兵击秦军，大破之。逐北至蓝田，再战，秦兵竟败。遂至咸阳，秦王子婴降沛公。”张良得知秦将出身“屠者子”，有“贾竖易动以利”的判断。于是建议“令郦食其持重宝啖秦将”。在秦军“解”即“卒将离心而懈怠”[①]的情况下，虽“秦将果畔，欲连和俱西袭咸阳”亦不“听”，毅然劝刘邦“引兵击秦军”，也可能考虑到秦将“屠者子”“贾竖”的资质而并不信从。

刘邦、张良收买“屠者子”“贾竖”的故事后来又曾重演。清人何焯《义门读书记》卷一七《前汉书》“张良传”条：“沛公后以陈豨将为易与，犹良故智也。”[②]《史记》卷八《高祖本纪》：“闻豨将皆故贾人也，上曰：‘吾知所以与之。’乃多以金啖豨将，豨将多降者。”《史记》卷九三《韩信卢绾列传》：“上曰：‘陈豨将谁？’曰：‘王黄、曼丘臣，皆故贾人。’上曰：‘吾知之矣。’乃各以千金购黄、臣等。十一年冬，汉兵击斩陈豨将侯敞、王黄于曲逆下，破豨将张春于聊城，斩首万余。……王黄、曼丘臣其麾下受购赏之，皆生得，以故陈豨军遂败。”《汉书》卷一下《高帝纪下》：“问豨将皆故贾人，上曰：‘吾知与之矣。’乃多以金购豨将，豨将多降。”颜师古注：“与，如也。言能如之何也。”“购，设赏募也。”《汉书补注》：“刘攽曰：‘与，犹待也。’刘敞曰：‘知与之者，知所以与之之术也。豨将皆故贾人，贾人嗜利，乃多以金购之。’宋祁曰：‘吾知与之矣，南本知字下有易字。’王念孙曰：‘颜说甚迂，与犹敌

---

①司马贞《索隐》。

②〔清〕何焯著，崔高维点校：《义门读书记》，中华书局1987年6月版，第278页。

也。言吾之所以敌之矣。……《史记·孙子传》：今以君之下驷与彼之上驷，取君上驷与彼中驷，取君中驷与彼下驷。《燕世家》：庞煖易与耳。《白起传》：廉颇易与。《淮阴侯传》：吾生平知韩信为人易与耳。与皆谓敌也。’先谦曰：‘王说是。’”

关于所谓“贾竖”，《汉书》卷四〇《张良传》与《史记》卷五五《留侯世家》同样的记载，颜师古注：“商贾之人志无远大，譬犹僮竖，故云‘贾竖’。”

《后汉书》卷一一《刘玄传》的记载：“王匡、张卬横暴三辅。其所授官爵者，皆群小贾竖，或有膳夫庖人，多着绣面衣、锦袴、襜褕、诸于，骂詈道中。长安为之语曰：“灶下养，中郎将。烂羊胃，骑都尉。烂羊头，关内侯。”这里说到长安市上饮食业经营者在动荡年代因农民军管理人才缺乏而得到“官爵”的情形，言及这些人物衣着华贵然而“骂詈道中”事。其实，长安舆论称之为“群小贾竖”，也是当时具有骂詈意义的称谓。

另一体现从事饮食服务业者受到鄙视情形的称谓形式，见于《后汉书》卷八〇下《文苑列传下·祢衡》：“祢衡字正平，平原般人也。少有才辩，而尚气刚傲，好矫时慢物。兴平中，避难荆州。建安初，来游许下。始达颍川，乃阴怀一刺，既而无所之适，至于刺字漫灭。是时许都新建，贤士大夫四方来集。或问衡曰：‘盍从陈长文、司马伯达乎？’对曰：‘吾焉能从屠沽儿耶！’”此“屠沽儿”称谓，可以对照“群小贾竖”“膳夫庖人”及前引“卖饼儿”身份理解其涵义。而“儿”与“小”“竖”之称，鄙薄的态度是明显的，其用字却指向未成年人，值得我们注意。

3.“奴竖”与“僮竖”

前引颜师古谓“贾竖”“譬犹僮竖”。“僮竖”也是秦汉时期因"僮仆"身份而生成的习见社会称谓。前引"'苍头'、'儿客'，皆谓奴仆"之说，也可以联系起来思考。

《史记》卷九七《郦生陆贾列传》记载，刘邦辱骂郦食其"竖儒"。使用"竖儒"称谓是体现刘邦"不好儒"文化倾向的典型例证[①]。

有意思的是，人们解说"竖儒"称谓，多以为与社会对身份低下的未成年人劳动者的鄙视有关。

关于《史记》卷九七《郦生陆贾列传》所见"竖儒"，司马贞《索隐》："案：竖者，僮仆之称。沛公轻之，以比奴竖，故曰'竖儒'也。"《汉书》卷四三《郦食其传》："沛公骂曰：'竖儒！……'"颜师古注："言其贱劣如僮竖。"又《后汉书》卷二四《马援传》："惟陛下留思竖儒之言。……"李贤注："言如僮竖无知也。高祖曰：'竖儒几败吾事。'"

所谓"奴竖""僮竖"称谓的使用，都来自服务于权贵者的卑贱人等"奴""僮"多有未成年人的社会生活事实。《史记》卷一一七《司马相如列传》载司马相如著文难蜀父老，可见"幼孤为奴"的说法。《汉书》卷五七下《司马相如传下》又写作"幼孤为奴虏"。《三国志》卷二三《魏书·杨俊传》："王象，少孤特，为人仆隶。"都说明秦汉社会生活中，"幼"者被迫成为"奴仆""僮仆"的现象十分普遍。汉代画像资料中，多有表现这种身份的未成年人"为人仆隶"，承担生活服务的情形[②]。

---

① 《史记》卷九七《郦生陆贾列传》："沛公不好儒，诸客冠儒冠来者沛公辄解其冠溺其中，与人言常大骂。"

②参看王子今：《汉代劳动儿童——以汉代画像遗存为中心》，《陕西历史博物馆馆刊》第17辑，三秦出版社2010年11月版。

4.“牧竖小人”

汉末语言史资料中，还可以看到“牧竖小人”称谓。《三国志》卷三九《蜀书·董允传》裴松之注引《襄阳记》：“孙权尝大醉问(费)祎曰：‘杨仪、魏延，牧竖小人也。虽尝有鸣吠之益于时务，然既已任之，势不得轻，若一朝无诸葛亮，必为祸乱矣。……’”[①] 这一记载，为《资治通鉴》卷七二“魏明帝青龙二年”取用。孙权政治人物评价，使用了“牧竖小人”称谓。其中所谓“小人”可能指未成年人，使得我们理解古来“君子”“小人”称谓之“小人”的涵义，有了可参照的信息。而“牧”，正是未成年人劳作主题之一。相关史例是非常多的。司马迁自述平生经历，言“十岁则诵古文”者前，曾经“耕牧河山之阳”[②]。又如《史记》卷一一一《卫将军骠骑列传》言卫青，《汉书》卷七六《王尊传》言王尊，都说少时“牧羊”，《后汉书》卷二七《承宫传》言承宫“年八岁为人牧豕”，《三国志》卷二八《魏书·邓艾传》则说邓艾“少孤”，“为农民养犊”。未成年人以“牧”“养”为劳作形式的情形，在汉代画像中也多有表现[③]。

前说孙权言“杨仪、魏延，牧竖小人也”，然而据所谓《魏三公陈孙权罪恶请免官削土奏》，对孙权也有“幼竖小子”的鄙称：

---

①〔宋〕潘自牧《记纂渊海》卷四二《性行部》“小有才”条引此语，谓据《蜀书·董允传》言“费祎曰”，误。

②《史记》卷一三〇《太史公自序》。

③雇佣劳动有多种形式。作为儿童，多有从事畜牧的情形。《汉书》卷七六《王尊传》记载，王尊“少孤，归诸父，使牧羊泽中”。《后汉书》卷二七《承宫传》说，承宫“少孤，年八岁为人牧豕”。《三国志》卷二八《魏书·邓艾传》说，邓艾“少孤”，“为农民养犊”。参看王子今：《汉代劳动儿童——以汉代画像遗存为中心》。

"吴王孙权,幼竖小子,无尺寸之功,遭遇兵乱,因父兄之绪,少蒙翼卵育伏之恩,长含鸱枭反逆之性,背弃天施,罪恶积大"的指责[①]。其中"幼竖小子"的说法,是《潜夫论》"群竖小子"称谓的个体指代之例。

"乞儿"与"乞小儿"

"乞儿"作为身份代号,在秦汉社会称谓中虽然使用并不十分普遍,但是其等级性极其鲜明,且对后世形成了相当长久的影响,因而值得称谓史研究者和秦汉社会史研究者注意。"乞儿"称谓使用具有年龄标示意义的"儿"字,也在一定意义上反映了当时社会生活中未成年人的地位。

1."乞儿"称谓的社会史意义

"逐贫""送穷",是古代民间礼俗中特别能够反映社会经济意识的内容。韩愈《送穷文》声名显赫。然而有学者说:"退之《送穷文》学《逐贫赋》。"[②]"退之《送穷》出于《逐贫》。"[③]"韩愈《送穷文》本于扬雄《逐贫赋》。"[④]《艺文类聚》卷三五引汉扬雄

---

①《三国志文类》卷一二《表奏·吴》。

②《说郛》卷一一下龚公《芥隐笔记》"古人作文皆有依仿"条。

③《说郛》卷二九下朱昂《续骫骳说》。

④〔宋〕陈郁:《藏一话腴外编》卷上。〔明〕王世贞《弇州四部稿》卷一四五《说部·艺苑卮言二》比较两篇文字,有这样的评说:"子云《逐贫赋》固为退之《送穷文》梯阶,然大单薄,少变化。内贫答主人'茅茨土阶,瑶台琼榭'之比,乃以俭答奢,非贫答主人也。退之横出意变,(转下页)

《逐贫赋》曰：

> 扬子遁世，离俗隐处，左邻崇山，右接旷野。邻垣乞儿，终贫且窭。礼薄义敝[①]，相与群聚。惆怅失志，呼贫与语："汝在六极，投弃荒遐。好为庸卒，刑戮是加。匪惟幼稚，嬉戏土沙。亦非近邻，接屋连家。恩轻毛羽，义薄绮罗。进不由德，退不受呵。久为滞客，其意若何？人皆文绣，余褐不完。人皆稻粮，我独藜飡。贫无宝玩，何以接欢？宗室之宴，为乐不期。徒行负赁，出处易衣。身服百役，手足胼胝。或耘或耔，沾体露肌。朋友道绝，进宦凌迟。厥咎安在，职汝为之。舍汝远窜，昆仑之巅。尔复我随，翰飞戾天。舍尔登山，岩穴隐藏。尔复随我，陟彼高冈。舍尔入海，泛彼柏舟。尔复我随，载沉载浮。我行尔动，我静汝休。岂无他人，从我何求？今汝去矣，勿复久留。"

于是，"贫曰：'唯，唯，主人见逐，多言益嗤，心有所怀，愿得尽辞。'"以下由"富"而"贫"转化历程的陈说，讲述人生哲理："昔我乃祖，宣其明德。克佐帝尧，誓为典则。土阶茅茨，匪雕匪饰。爰及季世，纵其昏惑。饕餮之群，贪富苟得。鄙我先人，乃傲乃骄。瑶台琼室，华屋崇高。流酒为池，积肉为肴。是用鹄逝，不

（接上页）而辞亦雄赡，末语'烧车与船，延之上坐'，亦自胜。凡子云之为赋，为《玄》，为《法言》，其旁搜酷拟，沉想曲换，亦自性近之耳，非必材高也。"

①《太平御览》卷四八五引汉扬雄《逐贫赋》作"礼薄义弊"。费振刚、胡双宝、宗明华辑校《全汉赋》取"礼薄义弊"说。北京大学出版社1993年4月版，第240页。

践其朝。”又说：“三省吾身，谓子无諐。处君之所，福禄如山。忘我大德，思我小怨。堪寒能暑，少而习焉。寒暑不忒，等寿神仙。桀跖不顾，贪类不干。人皆重闭[①]，子独露居。人皆怵惕，子独无虞。”赋文言其“言辞既罄，色厉目张。摄齐而兴，降级下堂”。又说：“逝将去汝，适彼首阳。孤竹之子，与我连行。”扬雄于是写道：“予乃避席，辞谢不直：‘请不贰过，闻义则服。长与尔居，终无厌极。贫遂不去，与我游息。’”

这是一篇风格独特的汉赋作品。其中所谓“邻垣乞儿，终贫且窭，礼薄义敝，相与群聚”，描述了一种社会现象。而“乞儿”称谓，指代经济地位贫贱，道德水准低下，以“群聚”为社会表现形式的人等。

扬雄《逐贫赋》作为文人赋作，说明“乞儿”称谓已经得到知识界认可。《太平御览》卷二〇七引应劭《汉官仪》曰：

> 河间相张衡说明帝，以为司徒、司空府已荣，欲更治太尉府。府公南阳赵喜也。西曹掾安众郑均，素好名节，以为朝廷新造北宫，整饬官寺，今府本馆陶公主第舍，员职鲜少，自足相授。喜表陈之，即见听许。其冬，帝幸辟雍，历二府，光观壮丽，而太尉府独卑陋。显宗东顾叹息曰：“屠牛纵酒，勿令乞儿为宰。”[②]

汉明帝“勿令乞儿为宰”言辞，应当看作执政集团高层人士亦使

①《太平御览》卷四八五引汉扬雄《逐贫赋》作“人皆重蔽”。

②《说郛》卷一二下龚熙正《续释常谈》：“乞儿。《汉官仪》曰：‘张衡云，明帝临辟雍，历二府，见皆壮丽，而太尉府独卑陋。显宗东顾叹息曰：椎牛纵酒，勿令乞儿为宰。’”

用“乞儿”称谓的一则生动的例证。

2. 说“乞小儿”

《说郛》卷五八下刘向《列仙传》写道：“阴生者，长安中渭桥下乞儿也。”这是“乞儿”与“列仙”身份相互叠合的特殊的文化史例证。《太平御览》卷八二七引《列仙传》曰：

> 阴生者，长安中渭桥下乞儿也。常止于市中乞，市中厌苦，以粪洒之。长吏知之，收系着桎梏，而续在市中乞。又欲杀之，乃去。洒者家室自坏，杀十余人。长安中谣曰：“见乞儿，与美酒，以免破家之咎。”①

明董斯张《广博物志》卷一二《灵异一·仙》引《列仙传》：

> 阴生者，长安中渭桥下乞儿也，常止于市中乞。市人厌苦，以粪洒之。旋复在里中，衣不见污如故。长吏知之，械收系之桎梏，而续在市中乞，又械，欲杀之，乃去。洒者之家室自坏，杀十余人。故长安中谣曰：“见乞儿，与美酒，以免破屋之咎。”

增益“旋复在里中，衣不见污如故”情节。“又欲杀之”，作“又械，

---

①〔明〕董斯张《广博物志》卷一二《灵异一·仙》引《列仙传》：“阴生者，长安中渭桥下乞儿也，常止于市中乞。市人厌苦，以粪洒之。旋复在里中，衣不见污如故。长吏知之，械收系之桎梏，而续在市中乞，又械，欲杀之，乃去。洒者之家室自坏，杀十余人。故长安中谣曰：‘见乞儿，与美酒，以免破屋之咎。’”

欲杀之”。

晋干宝《搜神记》卷一也说到“乞儿”阴生故事，情节亦类似，只是“旋复在里中”作“旋复在市中乞，衣不见污如故”。特别值得注意的，是文字中出现了“乞小儿”称谓：

> 汉阴生者，长安渭桥下乞小儿也，常于市中丐。市中厌苦，以粪洒之。旋复在市中乞，衣不见污如故。长吏知之，械收系，着桎梏，而续在市乞。又械，欲杀之，乃去。洒之者家屋室自坏，杀十数人。长安中谣言曰：“见乞儿，与美酒，以免破屋之咎。”

所谓“市中厌苦，以粪洒之”，体现出“乞儿”“乞小儿”形象的极端卑微和地位的极端低贱。

阴生被称作“长安渭桥下乞小儿也”。“渭桥下”，是“乞儿”一类极端贫苦者栖身之地。《汉书》卷九九下《王莽传下》记载，“（地皇三年）二月，霸桥灾，数千人以水沃救，不灭。莽恶之，下书曰：‘夫三皇象春，五帝象夏，三王象秋，五伯象冬。皇王，德运也；伯者，继空续乏以成历数，故其道驳。惟常安御道多以所近为名。乃二月癸巳之夜，甲午之辰，火烧霸桥，从东方西行，至甲午夕，桥尽火灭。大司空行视考问，或云寒民舍居桥下，疑以火自燎，为此灾也。其明旦即乙未，立春之日也。予以神明圣祖黄虞遗统受命，至于地皇四年为十五年。正以三年终冬绝灭霸驳之桥，欲以兴成新室统壹长存之道也。又戒此桥空东方之道。今东方岁荒民饥，道路不通，东岳太师亟科条，开东方诸仓，赈贷穷乏，以施仁道。其更名霸馆为长存馆，霸桥为长存桥。’”被政治史学者看作危局警示的长安“东方之道”上的严重灾害[①]，“火烧霸桥”，“数千人以水沃救，不灭”，最终“桥尽火灭”，灾情引发原因，据说“寒民舍居桥下，疑以火自燎，为此灾也”。“舍居”霸桥下的“寒民”，与“阴生”等“长安渭桥下乞小儿”，身份特征和生活境况应当是大体一致的。

干宝《搜神记》所谓“乞小儿”者，应与传刘向《列仙传》“乞儿”对照，可知“乞儿”的“儿”，本义确是指未成年人。前引《艺文类聚》卷三五汉扬雄《逐贫赋》所谓“匪惟幼稚，嬉戏土沙”，也暗示“乞儿”的年龄等次。

《说文·儿部》：“兒，孺子也。从儿。象小兒头囟未合。”段玉裁注：“《子部》曰：‘孺，乳子也’。乳子，乳下子也。《杂记》谓之‘婴兒’。《女部》谓之‘嫛婗’。‘兒’‘孺’双声。引伸为凡幼小之偁。”可知秦汉语言习惯，凡言“儿”者，多指称未成年人。

指谓“儿”者，往往暗含有鄙嫌之意。如《史记》卷一〇七《魏其武安侯列传》载灌夫骂坐辱程不识，言：“今日长者为寿，乃效女儿呫嗫语。”裴骃《集解》：“韦昭曰：‘呫嗫，附耳小语声。’”司马贞《索隐》：“‘女儿’犹云‘儿女’也。《汉书》作‘女曹’，‘儿曹’辈也。犹言儿女辈。”又如《说文·門部》：“鬩，善讼者也。”未成年人往往被称作“竖子”“竖小”，其名谓也有贬义[②]。“小儿鬼”迷信也透露出未成年人地位的低下[③]。又如《说文·虫

①《续汉书·五行志二》：“献帝初平元年八月，霸桥灾。其后三年，董卓见杀。庶征之恒燠。”

②王子今：《“竖子”“竖小”称谓与秦汉未成年人地位》，待刊稿。

③参看王子今：《秦汉民间意识中的“小儿鬼”》，《秦汉研究》第6辑，三秦出版社2012年8月版。

部》:“蛧,蛧蜽,山川之精物也。淮南王说[①]:蛧蜽状如三岁小儿,赤黑色,赤目,长耳,美发。从虫。网声[②]。《国语》曰:木石之怪夔、蛧蜽。”这种“状如三岁小儿”的“蛧蜽”,也可以看作另外一种“小儿鬼”。

“乞儿”“乞小儿”称谓的鄙夷涵义,是明显的。

3.“乞儿”身份的历史流变

载录有关先秦时期“乞儿”身份历史资料的文献,成书时代并不能明晰确定。

《太平御览》卷四三〇引《列子》说到春秋时期晋史中一个涉及“乞儿”的故事:

> 子华有宠于晋,不仕而居三卿之右。禾生、子伯,范氏之上客也。出行垧外,宿于田叟商丘开之舍。中夜,禾生、子伯二人相与言:子华之名,势能使存者亡,亡者存;富者贫,贫者富。商丘开先窘于饥寒,潜于牖听之,因之子华。子华之门徒,皆世族也。见商丘开年老力弱,面目黧黑,狎侮欺绐,无所不为。遂与商丘开俱乘高台,于众中漫言曰:有能自投下者,赏百金。众皆竞应,商丘开以为信然,遂先投之,形若飞鸟,扬于地,肌骨无碼。复指河曲之隈曰:此波中有宝珠,泳可得也。商丘开复从而泳之[③]。既出,果获珠焉。众昉同

---

①段玉裁注:“谓刘安。”

②段玉裁注:“按‘蛧蜽’,《周礼》作‘方良’。《左传》作‘罔两’。《孔子世家》作‘罔阆’。俗作‘魍魎’。”

③原注:“水底潜行曰‘泳’。”

疑[1]。俄而范氏之藏失火，子华曰：若能入火取锦者，从所得多少赏焉。商丘开往，无难色，入火往还，埃不漫，身不燋。范氏之徒乃共谢之曰：吾不知子之有道而绐子，吾不知子之有神而辱子。敢问其道。商丘开曰：吾亡道。虽吾之心，亦不知其所以然。有一于此试与子言之，曩子二客之宿吾舍也，闻誉范氏之势，能使存者亡，亡者存；富者贫，贫者富。吾诚信无二心，故远而来及。来以子党之言皆实也，唯恐诚之不至，行之不及，不知形体之所措，利害之所著也，心一而已。物无迕者，如斯已矣。今昉知子党之绐我，我内藏猜虑，外矜观听，追夫昔日之不燋溺也，怛然内热，惕然震悸矣，水火岂复可近哉！自此之后，范氏门徒路遇乞儿、马医，弗敢辱也，必下车而揖之[2]。宰我闻之，以告仲尼。仲尼曰：汝不知乎，夫至信也，动天地，感鬼神，横六合而无逆，岂但履危险、入火水而已哉！

这里说的是"至信"可以"履危崄、入火水"的故事。孔子又提升至于"夫至信也，动天地，感鬼神，横六合而无逆"的层次。而我们特别注意的，是"范氏门徒路遇乞儿、马医，弗敢辱也"的情形。"乞儿"和"马医"同样，都是社会等级比较低的职业。

《太平御览》卷四八五引《列子》说齐国"贫者乞于城市"的故事，似乎发生在先秦，但是因《列子》书的疑问，时代也未能确定：

①原注："'昉'，始。"

②《太平御览》卷五四三引《列子》曰："范氏门徒路遇乞儿、马医，弗敢辱也，必下车而揖之。"

齐有贫者乞于城市，患其亟也，众莫之与，遂适田氏之厩，从马竖作役而假食。郭中人戏之曰："从马竖而食，不以辱乎？"乞儿曰："天下之辱，莫过于乞。乞犹不辱，岂辱马竖哉！"

其中"天下之辱，莫过于乞"的说法，可以帮助我们理解"乞儿"在社会生活中的形象以及"乞儿"在社会等级中的地位。读其中涉及"马竖"的内容，不免疑心《太平御览》卷四三〇引《列子》所谓"乞儿、马医"的"马医"是否因"醫""豎"字形相近，可能是"马竖"之误。然而嵇康《难自然好学论》所见"俗语曰：'乞儿不辱马医'"，似可说明"马医"的地位确实是相当低的[①]。

4. 文化考察视野内的"乞儿"

秦汉以后，"乞儿"称谓依然使用。

《太平御览》卷二五九引《世语》说周泰破格提升，以致时人评说，有"乞儿乘小车，一何驶耶"的名言：

荆州刺史裴潜以南阳周泰为从事，使诣司马宣王。宣王知之，辟泰。泰九年居丧，留缺待之。后三十六日，擢为新城太守。宣王为大会，使尚书钟毓嘲之曰："君释褐登宰府，三十六日拥麾盖守兵马典郡。乞儿乘小车，一何驶耶？"泰曰："君贵公之子，故守吏职。猕猴骑土牛，一何迟也？"

①王子今：《河西汉简所见"马禖祝"礼俗与"马医""马下卒"职任》，《秦汉研究》第八辑，陕西人民出版社 2014 年 9 月版。

《太平御览》卷九一〇引郭湏《魏晋世语》所说周泰事，其中具体情节特别是"司马宣王"的态度却不相同：

司马宣王辟周泰为新城太守，尚书钟毓谓泰曰："君初登宰府，乞儿乘小车，一何駃。"泰曰："君名公之子，少有文彩，故守吏职，弥猴乘土牛，一何迟。"众悦服。

"駃"的字义，据说就是"快"[①]。明董斯张《广博物志》卷一七《职官下·郡县》引《吴录》：

魏周泰为新城太守，司马宣王使钟毓调曰："君释褐登宰府，三十六日拥麾盖守兵马郡，乞儿乘小车，一何驶乎！"泰曰："君名公之子，少有文采，故守吏职，猕猴骑土牛，又何迟也。"[②]

---

①〔清〕吴景旭《历代诗话》卷六三《壬前集中·金诗》"駃"条："党世英《喜雨》诗：'山云駃如驱，山雨沛如倾。'吴旦生曰：'元遗山诗：駃雨东南来。自注云：駃，与快同。'江淹《莲花赋》：'秋风駃兮舟容与。'赵松雪有《駃雪帖》，则是駃云、駃雨、駃风、駃雪皆可称也。他如慎子云：'河下龙门，其流駃如竹箭。'崔子虚论医脉云：'迟而少駃为缓。'钟繇调周泰云：'乞儿乘小车，一何駃乎！曹真有名駃，号惊帆。臧道颜有《駃牛赋》。"

②〔明〕何良俊《何氏语林》卷二七《排调》："州泰为司马宣王所知，泰屡在艰中，宣王留缺待之。至三十六日，擢为新城太守。宣王为泰会，使尚书钟元常调泰曰：'君释褐登宰府，三十六日拥麾盖守兵马郡，乞儿乘小车，一何驶乎！'泰曰：'诚有此君名公之子，少有文采，故守吏职，猕猴骑土牛，又何迟也！'众宾咸悦。"注：《魏志》曰："州泰，南阳人，好立功名。"《世语》曰："初，荆州刺史裴潜以泰为从事，司马宣王镇宛，潜数遣诣宣王。由此为宣王所知。及征孟达，泰又导军，遂辟泰。"

此说“宣王使钟毓调曰”。如确实出自《吴录》,则时代较早。“乞儿乘小车”与“猕猴骑土牛”成为巧对,体现出当事人的智慧。这一故事对于“乞儿”身份的理解,自然也是有意义的。

宋人陶谷《清异录》卷下《熏燎》“乞儿香”条,说到东南亚地方出产的“异香”以“乞儿”为名:“林邑、占城、阇婆、交趾以杂出异香,剂和而范之,气韵不凡,谓中国三匀四绝,为‘乞儿香’。”“乞儿香”之“乞儿”名号,不知是否音译,抑或与“乞儿”称谓有关。但即使为音译,何以使用“乞儿”二字,也许折射出社会生活的某种映像,亦值得关注古代历史文化的人们深思。

“孺子”鄙称与“孺慕”现象

早期使用见于先秦典籍的“孺子”称谓,钱大昕曾有专论,以为“贵者之称”,言“天子以下,嫡长为后者,乃得称‘孺子’”。然而实际情形其实比较复杂,考察汉代社会“孺子”称谓使用的具体例证,可以看到常常用以指代一般社会等级的未成年幼童。在有的情况下,以“孺子”指称成年人,则又有鄙视之义。一如“小子”、“竖子”称谓。由此理解汉代社会未成年人的地位,应当是有益的。后来民众对官员的崇敬爱戴在文献中被称作“孺慕”,考察其意识背景,则应关注下层社会以“贱子”自卑的奴性心理。

1. 先秦“孺子”称谓

儒学经典出现“孺子”称谓,有《书·金縢》:“管叔及其群弟乃流言于国中曰:‘公将不利于孺子。’”《书·洛诰》亦可见“孺子其朋,孺子其朋”,“乃惟孺子,颁朕不暇,听朕教汝于棐民彝”,“孺子来相宅”等语。《书·立政》:“呜呼! 孺子王矣。”又《孟子·公孙丑上》:“孟子曰:‘人皆有不忍人之心。先王有不忍人之心,斯有不忍人之政矣。以不忍人之心,行不忍人之政,治天下可运之掌上。所以谓人皆有不忍人之心者,今人乍见孺子将入于井,皆有怵惕恻隐之心。非所以内交于孺子之父母也,非所以要誉于乡党朋友也,非恶其声而然也。由是观之,无恻隐之心,非人也;无羞恶之心,非人也;无辞让之心,非人也;无是非之心,非人也。恻隐之心,仁之端也;羞恶之心,义之端也;辞让之心,礼之端也;是非之心,智之端也。人之有是四端也,犹其有四体也。有是四端而自谓不能者,自贼者也;谓其君不能者,贼其君者也。凡有四端于我者,知皆扩而充之矣,若火之始然,泉之始达。苟能充之,足以保四海;苟不充之,不足以事父母。’”孟子关于人之“四端”的论说,指出了具有普世价值的人性。其中所谓“孺子”,是指普通的“小孩子”[①]“小孩”[②]。

《左传》数见“孺子”称谓。其中尤以“孺子牛”故事为人熟知[③]。《左传·哀公六年》:“冬,十月丁卯,立之。将盟,鲍子醉而往。其臣差车鲍点曰:‘此谁之命也?’陈子曰:‘受命于鲍子。’遂诬鲍子曰:‘子之命也!’鲍子曰:‘女忘君之为孺子牛而折其齿乎,而背之也?’悼公稽首,曰:‘吾子,奉义而行者也。若我

①杨伯峻编著:《孟子译注》,中华书局1960年1月版,第80页。

②许嘉璐主编:《文白对照十三经》,广东教育出版社、陕西人民教育出版社、广西教育出版社1995年8月版,下册《孟子》第21页,赵航注译。

③“孺子牛”故事汉代民间习知。《焦氏易林》卷一《履·蛊》:“齐景惑疑,为孺子牛。嫡庶不明,贼孽为患。”《焦氏易林》卷四《姤·震》:“二桃三口,莫适所与。为孺子牛,西氏生咎。”

可，不必亡一大夫；若我不可，不必亡一公子。义则进，否则退，敢不唯子是从？废兴无以乱，则所愿也。’鲍子曰：‘谁非君之子？’乃受盟。使胡姬以安孺子如赖，去鬻姒，杀王甲，拘江说，囚王豹于句窦之丘。”①

2. 钱大昕“贵者之称”说

清代学者钱大昕《十驾斋养新录》卷二有“孺子”条。其中写道：“今人以‘孺子’为童稚之通称，盖本于《孟子》。考诸经传，则天子以下嫡长为后者乃得称‘孺子’。《金縢》《洛诰》《立政》之‘孺子’，谓周成王也。《晋语》里克、先友、杜原款称申生为‘孺子’，里克又称奚齐为‘孺子’。晋献公之丧，秦穆公使人吊公子重耳，称为‘孺子’。而舅犯亦称之，是时秦欲纳之为君也。‘孺子䵣’之丧，哀公欲设拨，亦以世子待之也。齐侯荼已立为君，而陈乞、鲍牧称为‘孺子’，其死也谥之曰‘安孺子’，则‘孺子’非卑幼之称矣。”钱大昕又写道：“栾盈为晋卿，而胥午称为‘栾孺子’。《左传》称孟庄子曰‘孺子速’、武伯曰‘孺子泄’。庄子之子秩虽不得立，犹称‘孺子’，是‘孺子’贵于庶子也。齐子尾之臣称子良曰‘孺子长矣’，韩宣子称郑子齹曰‘孺子善哉’，皆

①随后又记载：“公使朱毛告于陈子，曰：‘微子，则不及此。然君异于器，不可以二。器二不匮，君二多难，敢布诸大夫。’僖子不对而泣，曰：‘君举不信群臣乎？以齐国之困，困又有忧，少君不可以访，是以求长君，庶亦能容群臣乎！不然夫孺子何罪？’毛复命，公悔之。毛曰：‘君大访于陈子，而图其小可也。’使毛迁孺子于骀。不至，杀诸野幕之下，葬诸殳冒淳。”对这一历史过程，《史记》卷五《秦本纪》的记述是：“齐臣田乞弑其君孺子，立其兄阳生，是为悼公。”《史记》卷三三《鲁周公世家》：“（哀公）六年，齐田乞弑其君孺子。”《史记》卷三七《卫康叔世家》：“出公辄四年，齐田乞弑其君孺子。”

世卿而嗣立者也。《内则》:‘异为孺子室于宫中,母某敢用时日,祇见孺子。’亦贵者之称。”钱氏也注意到有异于所谓“天子以下嫡长为后者乃得称‘孺子’”的例外情形,“唯《檀弓》载有子与子游立,见‘孺子’慕者,《弁人》有其母死而‘孺子’泣者,此为童子通称,与《孟子》同[①]。又《左传》季桓子之妻曰‘南孺子’,则又以为妇人之称。”[②]

所谓“《金縢》《洛诰》《立政》之‘孺子’”,“秦穆公使人吊公子重耳,称为‘孺子’”,《嘉定钱大昕全集》标点错误[③]。

如果所谓“天子以下嫡长为后者乃得称‘孺子’”确实如钱大昕所说是“经传”记录的先古制度,则大概西汉晚期以“动欲慕古,不度时宜”[④]、“好空言,慕古法”[⑤]著名的权力者王莽的做法,在某种意义上可以看作对这种古制的一种追怀和纪念。

《汉书》卷九九上《王莽传上》记载:“(居摄元年)三月己丑,立宣帝玄孙婴为皇太子,号曰‘孺子’。”熟悉古礼的王莽意在“依托周公辅成王之义”,然而政治宣传中所见“孺子”,有时也透

---

①《孟子》言“孺子”,除前引《孟子·公孙丑上》“乍见孺子将入于井,皆有怵惕恻隐之心”外,又有《孟子·离娄上》:“有孺子歌曰:‘沧浪之水清兮,可以濯我缨;沧浪之水浊兮,可以濯我足。”“孺子”也是“童子通称”。

②汉代“孺子”“以为妇人之称”的情形,又有《汉书》卷九七上《外戚传上·卫太子史良娣》:“太子有妃,有良娣,有孺子,妻妾凡三等。”《汉书》卷三〇《艺文志》:“《诏赐中山靖王子哙及孺子妾冰未央材人歌诗》四篇。”颜师古注:“孺子,王妾之有品号者也。”

③“《金縢》《洛诰》《立政》之‘孺子’”,误作“《金縢》《洛诰》‘立政之孺子’”。“秦穆公使人吊公子重耳,称为‘孺子’”,误作“秦穆公使人吊,公子重耳称为孺子”。《嘉定钱大昕全集》第七卷,《十驾斋养新录附余录》,孙显军、陈文和点校,江苏古籍出版社1997年12月版,第35页。

④《汉书》卷二四上《食货志上》。

⑤《汉书》卷九九下《王莽传下》。

露出“幼冲”“幼稚”等与“今人以‘孺子’为童稚之通称”的理解相当接近的涵义[1]。

其实，钱大昕虽然说“考诸经传，天子以下嫡长为后者乃得称‘孺子’”，孺子为“贵者之称”，但是也承认《孟子》中“孺子”为“童稚”称谓，而《礼记》可见“孺子”“为童子通称，与《孟子》同”例。也就是说，不否定“孺子”称谓在先秦有复杂内涵。

实际上，“孺子牛”故事的主人公称“孺子”者，原本并非“嫡长为后者”。《史记》卷三二《齐太公世家》：“五十八年夏，景公夫人燕姬適子死。景公宠妾芮姬生子荼，荼少，其母贱，无行，诸大夫恐其为嗣，乃言愿择诸子长贤者为太子。景公老，恶言嗣事，又爱荼母，欲立之，惮发之口，乃谓诸大夫曰：‘为乐耳，国何患无君乎？’秋，景公病，命国惠子、高昭子立少子荼为太子，逐群公子，迁之莱。景公卒，太子荼立，是为晏孺子。冬，未葬，而群公子畏诛，皆出亡。荼诸异母兄公子寿、驹、黔奔卫，公子驵、阳生奔鲁。”晏孺子元年六月至八月，内乱发生。“田乞败二相，乃使人之鲁召公子阳生。阳生至齐，私匿田乞家。十月戊子，田乞请诸大夫曰：‘常之母有鱼菽之祭，幸来会饮。’会饮，田乞盛阳生橐中，置坐中央，发橐出阳生，曰：‘此乃齐君矣！’大夫皆伏谒。将

---

① 《汉书》卷八四《翟义传》：“平帝崩，王莽居摄，义心恶之，乃谓姊子上蔡陈丰曰：‘新都侯摄天子位，号令天下，故择宗室幼稚者以为孺子，依托周公辅成王之义，且以观望，必代汉家，其渐可见。’”强调“孺子”“幼稚者”的资质。翟义举兵，“郡国皆震”，“莽日抱孺子会群臣而称曰：‘昔成王幼，周公摄政，而管蔡挟禄父以畔，今翟义亦挟刘信而作乱。……’”由“莽日抱孺子会群臣”以及下文“莽昼夜抱孺子祷宗庙”，可知“孺子”确是幼儿。王莽随即“作大诰”，有“洪惟我幼冲孺子，当承继嗣无疆大历服事”，“我念孺子，若涉渊水”语。颜师古注解释“幼冲孺子”即“幼稚孺子”。

与大夫盟而立之，鲍牧醉，乞诬大夫曰：'吾与鲍牧谋共立阳生。'鲍牧怒曰：'子忘景公之命乎？'诸大夫相视欲悔，阳生前，顿首曰：'可则立之，否则已。'鲍牧恐祸起，乃复曰：'皆景公子也，何为不可！'乃与盟，立阳生，是为悼公。悼公入宫，使人迁晏孺子于骀，杀之幕下，而逐孺子母芮子。芮子故贱而孺子少，故无权，国人轻之。"所谓"鲍牧怒曰：'子忘景公之命乎？'"《左传·哀公六年》的记载有"孺子牛"情节："鲍子曰：'女忘君之为孺子牛而折其齿乎，而背之也？'"所谓"荼少，其母贱"，所谓"芮子故贱而孺子少"，都否定了"考诸经传，则天子以下嫡长为后者乃得称'孺子'"的意见。钱大昕说："齐侯荼已立为君，而陈乞、鲍牧称为'孺子'，其死也谥之曰'安孺子'，则'孺子'非卑幼之称矣。"此"孺子"虽然"非卑幼之称"，却也绝对不是"嫡长为后者"。《焦氏易林》卷一《履·蛊》因此才说："齐景惑疑，为孺子牛。嫡庶不明，贼孽为患。"

甚至还有学者提出过与钱大昕"嫡长为后者"说完全相反的对"孺子"的理解。《史记》卷八五《吕不韦列传》："子楚，秦诸庶孽孙。"司马贞《索隐》："张晏曰：'孺子曰孽子。'[①]何休注《公羊》：'孽，贱子也。以非嫡正，故曰孽。'"所谓"孺子曰孽子"，符合"孺子牛"故事中"晏孺子""其母贱"的身份。

《史记》卷七一《樗里子甘茂列传》载战国时事，张唐以"孺子"称"年十二"的甘罗，显然用作一般社会称谓，与"嫡长为后者"完全无关。

我们还看到，钱大昕"考诸经传"言："'孺子𫗥'之丧，哀公

---

①《汉书》卷三三《韩王信传》："韩王信，故韩襄王孽孙也。"颜师古注："张晏曰：'孺子为孽。'师古曰：'孽谓庶耳。张说非也。'"

欲设拨，亦以世子待之也。”而《礼记·檀弓下》：“孺子𫍯之丧，哀公欲设拨。”郑玄注：“（𫍯，）鲁哀公之少子。”这正是汉代学者的认识。

3.《说文》：“孺，乳子也”

《说文·儿部》：“兒，孺子也。从儿。象小兒头囟未合。”段玉裁注：“《子部》曰：‘孺，乳子也。’乳子，乳下子也。《杂记》谓之‘婴兒’。《女部》谓之‘嫛婗’。兒、孺双声，引伸为凡幼小之称。”“囟者，头会𡿺盖也。小儿初生。𡿺盖未合。故象其形。”《说文·子部》：“孺，乳子也。”段玉裁注：“以叠韵为训。凡幼者曰‘孺子’，此其义也。《尔雅》曰：‘孺，属也。’亦以同音为训。属者，联也。”

按照《说文》的解说，“孺子”即“乳下”“小儿”。作为通行称谓，可以理解为“凡幼小之称”。

《释名·释长幼》：“儿始能行曰‘孺’。孺，濡也，言濡弱也。”任继昉《释名汇校》：

> 卢文弨、疏证本、黄丕烈、巾箱本于“孺”后增一“子”字。疏证本云：“今本脱‘子’字，据《太平御览》引增。”周祖谟校笺：“毕本据《御览》引于‘孺’下增‘子’字。”①

《太平御览》卷三八四引《释名》曰：“儿始能行曰‘孺子’。孺，弱也。”如此，则“孺”或“孺子”又超越了“乳下子”阶段，指代初学步的“小儿”。

①任继昉：《释名汇校》，齐鲁书社2006年11月版，第147页。

前引《书·金縢》"公将不利于孺子",孔安国传:"'孺',稚也。"这是汉儒的理解,后来得到普遍认可,形成钱大昕所谓"以'孺子'为童稚之通称"的情形。《后汉书》卷五《安帝纪》载皇太后诏:"其以祜为孝和皇帝嗣,奉承祖宗,案礼仪奏。"又作策命曰:"惟延平元年秋八月癸丑,皇太后曰:咨长安侯祜:孝和皇帝懿德巍巍,光于四海;大行皇帝不永天年。朕惟侯孝章帝世嫡皇孙,谦恭慈顺,在孺而勤,宜奉郊庙,承统大业。今以侯嗣孝和皇帝后。其审君汉国,允执其中。'一人有庆,万民赖之'。皇帝其勉之哉!"所谓"在孺而勤",李贤注:"'孺',幼也。或作'在孺丕勤'。"汉安帝即位时"年十三"。

《后汉书》卷五三《徐稺传》:"徐稺字孺子。"也说明在汉代人的观念中,"孺子"义同于"稺",即"稚也"。又《后汉书》卷八一《独行列传·范式》:"(范式)少游太学,为诸生,与汝南张劭为友。劭字符伯。二人并告归乡里。式谓元伯曰:'后二年当还,将过拜尊亲,见孺子焉。'"李贤注:"见其子也。孺子,稚子也。"

看来,所谓"'孺',乳子也","'孺',稚也","'孺',幼也",是汉代社会普遍的认识。

4."孺子"鄙称成年人史例

"孺子"称谓通常指代未成年人,对成年人使用,或有亲昵义[①],更多则有轻蔑之义。《史记》卷七九《范雎蔡泽列传》记载

① 《后汉书》卷六六《陈蕃传》:"蕃年十五,尝闲处一室,而庭宇芜秽。父友同郡薛勤来候之,谓蕃曰:'孺子何不洒扫以待宾客?'蕃曰:'大丈夫处世,当扫除天下,安事一室乎!'"陈蕃自称"大丈夫",其实时"年十五",正当未成年人与成年人身份转换之际。薛勤是长辈,称其"孺子",应体现亲近关系。

须贾赠范雎绨袍故事，须贾问曰："孺子岂有客习于相君者哉？"范雎对答，称须贾为"主人翁"。此"孺子"称谓，司马贞《索隐》引刘氏云："盖谓雎为'小子'也。"《汉语大词典》以此为书证，释"孺子"义："④犹小子、竖子，含藐视轻蔑意。"[①]

《史记》卷五五《留侯世家》记载"留侯所见老父予书"故事："良尝闲从容步游下邳圯上，有一老父，衣褐，至良所，直堕其履圯下，顾谓良曰：'孺子，下取履！'良鄂然，欲殴之。为其老，彊忍，下取履。父曰：'履我！'良业为取履，因长跪履之。父以足受，笑而去。良殊大惊，随目之。父去里所，复还，曰：'孺子可教矣。后五日平明，与我会此。'良因怪之，跪曰：'诺。'五日平明，良往。父已先在，怒曰：'与老人期，后，何也？'去，曰：'后五日早会。'"五日之后，张良"鸡鸣"往，而"父又先在，复怒"，又曰"后五日复早来"。"五日，良夜未半往。有顷，父亦来，喜曰：'当如是。'出一编书，曰：'读此则为王者师矣。后十年兴。十三年孺子见我济北，穀城山下黄石即我矣。'遂去，无他言，不复见。旦日视其书，乃《太公兵法》也。良因异之，常习诵读之。"据说"高祖离困者数矣，而留侯常有功力焉"，应与此有关。"下邳圯上"遇老者时，张良已经历"与客狙击秦皇帝博浪沙中"事件，当然并非未成年人，而圯上老父三称张良"孺子"："孺子，下取履！""孺子可教矣。""十三年孺子见我济北，穀城山下黄石即我矣。"称成年人"孺子"，在具亲昵义的同时确实亦有轻蔑义，于是才有"良鄂然，欲殴之"，"为其老，彊忍"等情绪反应[②]。

《史记》卷五六《陈丞相世家》记载陈平著名事迹："里中社，

---

① 《汉语大词典》，汉语大词典出版社 1989 年 11 月版，第 4 卷第 252 页。
② 《汉书》卷四〇《张良传》"孺子下取履！"颜师古注："孺，幼也。"

平为宰,分肉食甚均。父老曰:'善,陈孺子之为宰!'平曰:'嗟乎,使平得宰天下,亦如是肉矣!'"当时陈平"既娶张氏女,赍用益饶,游道日广",已是成年,而称"陈孺子",以未成年人称谓指称成年人,在这里更多地表现亲昵义。这种称谓使用方式,有多见在表现亲昵义的另一面又具明显轻蔑义的情形,一如汉代社会生活中使用频度更高的"小儿"称谓[①]。

《汉语大词典》解释"孺子"语义言"犹小子、竖子,含藐视轻蔑意",汉代社会称谓有"竖子""竖小"蔑称,有时直接用作骂詈语。

《史记》卷七六《平原君虞卿列传》载毛遂语,可以看到"白起,小竖子耳"的说法。《艺文类聚》卷五一引录曹植就二子曹苗、曹志封公所作《封二子为公谢恩章》,其中写道:"苗、志小竖,既顽且稚。猥荷列爵,并佩金紫。施崇一门,惠及父子。"这当然是自谦的话,而"小竖"称谓当时通行的情形,却也显现出来[②]。读《潜夫论·浮侈》对于"今民奢衣服,侈饮食,事口舌,而习调欺,以相诈绐,比肩是也"的批判,亦可见斥责"怀丸挟弹,携手遨游"之"群竖小子"语。

"竖子""竖小"这种对成年人的鄙称,直接意义本来是指代未成年人。而"竖",由诸多例证可知是指身份低下、生活艰苦的

---

①参看王子今、刘林:《汉代"小儿"称谓》,《南都学坛》2012年第2期;王子今:《秦汉称谓研究》,中国社会科学出版社2014年4月版,第105—113页。

②《说郛》卷一一六宋鲁应龙《括异志》说到的一则故事,可以作为使用"小竖"称谓的旁证:"金山忠烈王汉博陆侯,姓霍氏。吴孙权时,一日致疾,黄门小竖附语曰:'国主封界华亭谷极西南,有金山咸塘湖,为民害。民将鱼鳖食之,非人力能防。金山,故海盐县,一旦陷没为湖,无大神护也。臣,汉之功臣霍某也,部党有力,能镇之。可立庙于山。'吴王乃立庙。"

未成年劳动者[①]。汉代曾经使用的“竖儒”及“贾竖”“奴竖”“僮竖”“牧竖”等称谓，都透露出同样的社会史信息。考察这一现象并究其原始，可以体会到社会对未成年人，特别是穷困未成年人有所歧视的迹象[②]。

5. 关于“孺，弱也”

《释名·释长幼》：“儿始能行曰‘孺’。孺，濡也，言濡弱也。”任继昉《释名汇校》：

> “濡也，言濡”四字，张步瀛删去。苏舆校：“二句，《御览·人事·二十五》引作：‘孺，弱也。’”顾广圻校：“《御览·三百八十四》引作：‘孺，弱也。’”[③]

“濡弱也”或“孺，弱也”，都以“弱”解说“孺”即“孺子”的特征。前引《太平御览》卷三八四引《释名》曰：“儿始能行曰‘孺子’。孺，弱也。”后续文字则今本《释名》未见：“十五曰‘童’。故《礼》有‘阳童’。牛羊之无角者曰‘童’。山无草木亦曰‘童’。言无巾冠似之。”所谓“牛羊之无角者曰‘童’”，正是由于没有自卫抗争能力，所以“弱也”。

有学者在对于“孺”字义的讨论中指出：“‘需’与‘耎’相通，从需之字与从耎之字多构成异体。”“《广雅·释诂一》：‘耎，

①当时社会中下层儿童多数应经历过劳动生活。参看王子今：《汉代劳动儿童——以汉代画像遗存为中心》，《陕西历史博物馆馆刊》第17辑，三秦出版社2010年11月版。

②王子今：《秦汉称谓研究》，第119—122页。

③任继昉：《释名汇校》，第147页。

弱也。’‘需’有柔弱之义。”又引《周礼·考工记·鲍人》:“革,欲其荼白,而疾澣之,则坚;欲其柔滑而腥脂之,则需。”郑玄注:“故书需作劀。郑司农云:‘……劀读为柔需之需,谓厚脂之韦革柔需。’”又《考工记·弓人》:“厚其帤则木坚,薄其帤则需。”论者指出:“这两个‘需’都与‘坚’相对,意思是柔软。”又说:“从需得声的字都有柔弱义。”对于“儒”的解说,首引胡适《说儒》:“‘儒’之名起于殷士……儒是柔懦之人,不但指那逢衣博带的文绉绉的样子,还指那亡国遗民忍辱负重的柔道人生观。”[①] 又引《说文》:“儒,柔也,术士之称。”论者又写道:“嚅,柔弱胆怯,欲言又止貌。鑐,字亦作‘鍒’,熟铁,性柔软。嬬,柔弱。曘,日光柔弱,已指暗于事理、柔弱之人。濡,柔弱,柔软。臑,柔软貌。蠕,虫类柔软的身体缓慢、柔和地爬行。薷,药草,柔软之物。壖,字亦作‘堧、甽’,疏松柔软的土地。其他如‘懦、糯、稬’等,都含有柔弱之义。”[②] 于是得出结论:“‘孺’因弱小而得名。”[③]

“孺子”,因幼小而柔弱。用以指称成年人,则有鄙视其孱弱无能的涵义。

6.“孺慕”及相关现象

汉代文化现象中与“孺子”称谓有关的又有“孺慕”之说。“孺慕”先见于儒学经典,在汉代又成为史籍文献语言,反映了一种政治气象。

---

①原注:胡适《说儒》,载《胡适论学近著》,山东人民出版社 1998 年版。

②据原注提示,据殷寄明:《语源学概论》,上海教育出版社 2000 年版,第 170—174 页。

③王国珍:《释名语源疏证》,上海辞书出版社 2009 年 8 月版,第 99—100 页。

前引钱大昕说"《檀弓》载有子与子游立，见'孺子'慕者"，即《礼记·檀弓下》："有子与子游立，见孺子慕者，有子谓子游曰：'予壹不知夫丧之踊也，予欲去之久矣，情在于斯，其是也夫。'"郑玄注："丧之踊，犹孺子之号慕。"对父母的深心哀悼，后来因汉儒所谓"犹孺子之号慕"，称为"孺慕"。

《后汉书》卷二六《伏侯宋蔡冯赵牟韦列传》赞曰表扬伏湛、侯霸事迹："湛、霸奋庸，维宁两邦。淮人孺慕，徐寇要降。"所谓"淮人孺慕"，指《侯霸传》记载的情节："后为淮平大尹，政理有能名。及王莽之败，霸保固自守，卒全一郡。更始元年，遣使征霸，百姓老弱相携号哭，遮使者车，或当道而卧。皆曰：'愿乞侯君复留朞年。'民至乃戒乳妇勿得举子，侯君当去，必不能全。使者虑霸就征，临淮必乱，不敢授玺书，具以状闻。""百姓老弱"对行政长官的爱戴和怀念称"孺慕"，体现出"民"在政治权力面前的自卑自轻自贱。相关理念在汉代称谓史上的表现，有自称"贱子"的文化遗存[①]。马怡写道："'贱子'大约本是无官职者自谦的称谓。"又说："不过，在某些场合，有官职和身份的人特别要表示谦卑时也会自称'贱子'。"[②] 相类同的称谓又有"贱臣"[③]、"贱妾"[④] 等。民众以下仰上，以尊贵为亲长的心理自然发生并规范其言行，在帝制时代政治权力全面控制社会生活的情况下是必然出现的文化现象。

---

①参看王子今：《说汉代"贱子"自称》，《简帛》第4辑，上海古籍出版社2009年10月版。

②马怡：《读东牌楼汉简〈侈与督邮书〉》，《简帛研究二〇〇五》，广西师范大学出版社2008年9月版。

③《战国策·赵策二》。

④《论衡·四讳》。

民间意识中的“小儿鬼”

秦汉社会“巫风”和“鬼道”的文化作用显著[①]。认识相关现象,方能够理解和说明秦汉社会意识和秦汉社会生活。秦汉民间意识中有所谓“小儿鬼”。相关礼俗,可以从侧面反映有关“小儿”的特殊的社会观念。有关未成年人在当时社会的特殊地位的认识,也可以因此得以深化。

1. 关于“鬾”

《说文·鬼部》“鬼”字条写道:“鬼,人所归为鬼。从人,象鬼头。鬼,阴气贼害,从厶。凡鬼之属皆从鬼。”有人解释说,鬼,“是先民虚幻出来的给生人带来灾难的害物”,“成为凶恶和灾难的代名词”[②]。《说文·鬼部》“鬾”字条有这样的内容:

> 鬾,鬼服也。一曰“小儿鬼”。从鬼,支声。《韩诗传》曰:“郑交甫逢二女鬾服。”

刘钊《说“鬾”》作为较早较全面讨论相关问题的论文,涉及多方面的社会历史文化现象[③]。

---

①鲁迅《中国小说史略》第五篇写道:“中国本信巫,秦汉以来,神仙之说盛行,汉末又大畅巫风,而鬼道愈炽……”《鲁迅全集》第9卷,人民文学出版社1981年版,第43页。

②陈燕:《〈说文〉·汉民族鬼神文化》,《说文学研究》第1辑,崇文书局2004年1月版,第336—337页。

③刘钊:《说“鬾”》,《书馨集——出土文献与古文字论丛》,上海古籍出版社2013年12月版。

对于“鬼服”的理解，段玉裁注：“《衣部》曰：‘褮，鬼衣也。’《周礼》‘大丧廞裘’，注曰：‘廞，兴也，若诗之兴，谓象似而作之。凡为神之偶衣物，必沽而小耳。’”《周礼·天官冢宰·司裘》：“大丧廞裘饰皮车。”郑玄注即段玉裁注所引“注”文。贾公彦疏也许可以帮助我们更好地理解郑玄的意思：

> 郑玄谓“廞，兴也，若诗之兴，谓象似而作之”者，象似生时而作，但粗恶而小耳。云“凡为神之偶衣物，必沽而小耳”者，案《礼记·檀弓》孔子云“谓为俑者不仁”，郑以‘俑’为‘偶’也。故郑云“神之偶衣”谓作送死之衣，与生时衣服相似，又云物“沽而小”者，“沽”，粗也，谓其物沽略而又小，即“竹不成用，瓦不成味”是也。

末句取《礼记·檀弓》引孔子说“孔子曰：之死而致死之，不仁而不可为也。之死而致生之，不知而不可为也。是故竹不成用，瓦不成味，木不成斫，琴瑟张而不平，竽笙备而不和，有钟磬而无簨虡。其曰明器，神明之也。”

所谓“魃”“一曰‘小儿鬼’”亦与“鬼服”即随葬偶人所服“沽而小”的“偶衣”有关。

关于所谓“《韩诗传》曰‘郑交甫逢二女魃服’”，《太平御览》卷六二引《韩诗》曰：“郑交甫过汉皋，二女妖服，佩两珠。交甫与之遇，言曰：‘愿请子之佩。’二女解佩与交甫。而怀之去十数步，探之则亡矣。回顾二女，亦即亡矣。”可知“魃服”者，相当于“妖服”。“妖服”语近“鬼服”，或有郑玄所谓“神之偶衣”意义。“妖”除怪异、艳丽诸解外，也有幼小的意思。《庄子·大宗师》：“善妖善老，善始善终。”郭象注：“此自均于百年之内不善少而否老，未能体变化齐生死也。”陆德明《经典释文》：“‘妖’，本又作夭。”又《史记》卷四《周本纪》：“逃于道，而见乡者后宫童妾所弃妖子出于路者，闻其夜啼，哀而收之。”裴骃《集解》引徐广曰：“‘妖’，一作‘夭’。夭，幼少也。”

我们还注意到，《说文·鬼部》“鬼”字条所谓“鬼，阴气贼害，从厶”，徐复、宋文民说：“篆文又从厶者，乃后世之增益。”[①]董莲池说：“许慎以‘鬼阴气贼害，从厶’解之，系据讹体附会为说，不可信。”[②]其实，“厶”即“私”，也有“小”的意义。《方言》卷二：“私、策、纤、葆、稺、杪，小也。自关而西，秦晋之郊，梁益之间，凡物小者谓之‘私’。”

“小儿鬼”以及与“幼小”有关的“鬼服”“妖服”“神之偶衣”，都反映了秦汉时期民间观念中的一种特殊境界。

2. 与“魃”相关禁忌生成的可能缘由

“魃”字“从鬼，支声”。“小儿鬼”与“支”的关系，值得我们注意。

秦汉时期，“反支”曾经是严格的禁忌。“避反支”的“俗禁”曾经有相当广泛的影响[③]。睡虎地《日书》甲种有“反枳”题。题

---

①徐复、宋文民：《说文五百四十部首正解》，江苏古籍出版社2003年1月版，第283页。

②董莲池：《说文部首形义新证》，作家出版社2007年5月版，第252页。

③《汉书》卷九二《游侠传·陈遵》：“竦为贼兵所杀。”颜师古注引李奇曰：“竦知有贼当去，会反支日，不去，因为贼所杀。桓谭以为通人之弊也。”《颜氏家训·杂艺》：“凡阴阳之术，与天地俱生。其吉凶德刑，不可不信。但去圣既远，世传术书，皆出流俗，言辞鄙浅，验少妄多。至如反支不行，竟以遇害；归忌寄宿，不免凶终。拘而多忌，亦无益也。”王利器解释“至如反支不行，竟以遇害”，引李奇“竦知有贼当去，会反支日，（转下页）

下写道："子、丑朔，六日反枳；寅、卯朔，五日反枳；辰、巳朔，四日反枳；午、未朔，三日反；申、酉朔，二日反（一五三背）枳；戌、亥朔，一日反枳，复卒其日，子有复反枳。一月当有三反枳。……（一五四背）""反枳"，形成重要的禁忌。饶宗颐指出"反枳即反支"。以为"枳"与"枝"通用，"枝即是支，故反枳即反支"[①]。"枳"又可以读为"胑"。《管子·侈靡》："然则贪动枳而得食矣。"张佩纶云："'枳'当作'胑'（胑即肢），《淮南子·修务训》'故自天子以下至于庶人，四胑不动，思虑不用，事治求澹者，未之闻也。'"郭沫若以为张说"释'枳'为'胑'是也"[②]。于省吾《双剑誃诸子新证·管子二》："枳应读为胑，与肢同。《说文》：'胑，体四胑也。'……动胑谓劳动其胑体。"[③]可知"胑"就是"肢"。

传统医学典籍可见妇产科有关"反支"的禁忌。隋巢元方撰

（接上页）不去，因为贼所杀"语，谓"郑珍、李慈铭、龚道耕先生说同"。又写道："《礼记·王制》：'执左道以乱政。'郑玄注：'谓诬蛊俗禁。'《正义》曰：'俗禁者，若张竦反支、陈伯子者往亡归忌是也。'案：今临沂银雀山出土《汉元光元年历谱》，在日干支下间书'反'字，即所谓反支日也。王符《潜夫论·爱日》篇亦言反支事。"《颜氏家训集解》，上海古籍出版社 1980 年 7 月版，第 524 页。今按：《十三经注疏》本作："《礼记·王制》：'析言破律，乱名改作，执左道以乱政，杀。'郑氏注：'左道，若巫蛊及俗禁。'孔颖达疏：'俗禁，若前汉张竦行辟反支，后汉《郭躬传》有陈伯子者出辟往亡，入辟归忌是也。'"中华书局 1980 年 10 月版，第 1344 页。刘乐贤据张竦事迹说，"可见，反支日又有不可行走的禁忌。"《睡虎地秦简日书研究》，文津出版社 1994 年 7 月版，第 307 页。

①饶宗颐：《饶宗颐二十世纪学术文集》卷三《简帛学》，第 267—268 页。

②郭沫若：《管子集校（二）》，《郭沫若全集·历史编》第 6 卷，人民出版社 1984 年 10 月版，第 380—381 页。

③"胑，与肢同"例证，又有《荀子·君道》："块然独坐而天下从之如一体，如四胑之从心。"《太平御览》卷三七五引《商子》曰："上世之士，衣不暖肤，食不满腹，苦其心意，劳其四胑。"《潜夫论·本训》："畅于四胑，实于血脉。"《说郛》卷五下《孝经援神契》："人头圆像天，足方法地，（转下页）

《巢氏诸病源候总论》卷四三《妇人将产病诸候》有"产法"条，其中写道："人处三才之间，禀五行之气，阳施阴化，故令有子。然五行虽复相生，而刚柔刑杀互相害克，至于将产，则有日游反支禁忌。若犯触之，或横致诸病。故产时坐卧产处须顺四时五行之气。故谓之产法也。"又"产防晕法"条说："防晕者，诸临产若触犯日游反支诸所禁忌，则令血气不调理而致晕也。其晕之状，心烦闷气欲绝是也，故须预以法术防之。"与"产"有关的其他行为也不能"犯触""反支"。唐孙思邈《备急千金要方》卷三："妇人产乳忌反支。"唐王焘《外台秘要方》卷三五关于"藏儿衣"法，也说："若有遇反支者宜以衣内新瓶盛密封塞口，挂于宅外福德之上向阳高燥之处，待过月，然后依法埋藏之，大吉。"宋陈自明《妇人大全良方》卷一六《推妇人行年法》可见所谓"反支月"："反支月，遇此月，即铺灰上用牛皮或马驴皮讫，铺草，勿令恶血污地，吉。"则是特殊的"反支""俗禁"。这些信息告诉我们，言"产法"之类而多涉及"反支"禁忌，很可能与难产恐惧有关。常见难产情形即如《左传·隐公元年》"庄公寤生，惊姜氏"事。"寤生"，如黄生《义府》卷上："'寤'当与'牾'通；逆生，则产必难。"钱锺书指出，《困学纪闻》卷六引《风俗通》解"寤生"，全祖望注："寤生，牾生也；与黄暗合。莎士比亚历史剧中写一王子弑篡得登宝位，自言生时两足先出母体……即'牾生'也"[①]。《正字通·牛部》："牾，与忤、逆通。又与啎同。"《汉书》卷九九上《王莽传上》："财饶势足，亡所啎意。"颜师古注："啎，逆也，无人能

（接上页）五藏像五行，四胑法四时，九窍法九分，目法日月，肝仁，肺义，肾智，心礼，胆断，脾信，膀胱决难，发法星辰，节法日岁，肠法钤。"《太平御览》卷三六三引文则作"五脏象五形，四肢法四时"。

①钱锺书：《管锥编》，中华书局1979年8月版，第1册第167—168页。

逆其意也。”“牾”字或作“啎”。《资治通鉴》卷四五“汉明帝永平十四年”:“旧制大罪祸及九族,陛下大恩,裁止于身,天下幸甚。及其归舍,口虽不言而仰屋窃叹,莫不知其多冤,无敢啎陛下言者。”胡三省注:“啎,五故翻,逆也。”“逆”因有倒、反,而有不顺从之义。如《释名·释言语》:“逆,遻也。遻不从其理则生殿遻,不顺也。”“忤逆”,后来成为罪名[①]。但是汉代已经成为遭受社会谴责的行为,语义有所不同,“忤逆”的对象似乎较亲长更为崇高,如“忤逆天心”[②],“忤逆阴阳”[③]等。

“反枳”即“反支”一语的原始意义,或许即说肢体“先出母体”的难产现象。难产的反义是顺产。“反支不行”“俗禁”影响交通行为,或许是因为这种“牾”“逆”“必难”的情形,和交通生活期望顺畅的追求完全相反。

刘乐贤在讨论《日书》“反支”问题时写道:“需要指出的是,汉元光元年历谱九月的‘甲子’、‘丙子’二日下标有一个‘子’字。根据推算,这两天正好是反支日,这两个‘子’字的含义很令人费解,它们是否是反支的另一种特殊表示法,现在尚难断定。”[④]作为特殊标记的“子”字,可能确实“是反支的另一种特殊表示法”。如果将这里的“子”字联系“寤生”“牾生”等“生子”的情形思考,也许可以不再以为“很令人费解”。刘乐贤又指出,“《日书》‘反支篇’中有一句重要的话,我们以前没有重视。反支篇原文讲完以各种地支为朔日的反支日后紧接着有‘复卒其

①《大清律例》卷四《名例律上·犯罪存留养亲》:“一凡曾经忤逆犯案及素习匪类,为父母所摈逐者,虽遇亲老丁单,概不准留养。”
②《后汉书》卷二六《伏隆传》。
③《后汉书》卷二九《郅寿传》。
④刘乐贤:《睡虎地秦简日书研究》,第302页。

日，子有（又）复反枳（支）’一句。这句话是什么意思？”“我们认为‘复卒其日’，乃是再接着数完十二地支中剩下的那些日子。举例来说，假如朔日的地支是子，第六日巳日是反支日，然后再接着数完十二地支中巳日以后的日子，那样就轮到了下一个子日，所以简文接着说‘子有（又）复反枳（支）’。”[①] 我们以为更值得深思的是，《日书》有关“反枳（支）”的文字中对于“子”的这种特别的重视。

《说文·鬼部》称作“小儿鬼”的“魃”，也许即以难产多发引起的恐惧为心理背景。人的生殖通道和交通道路有某种象征性的关联，还可以由西汉晚期的一则例证得到说明，即《汉书》卷九九上《王莽传上》记汉平帝元始五年（5）事：“其秋，莽以皇后有子孙瑞，通子午道。子午道从杜陵直绝南山，径汉中。”颜师古注引张晏曰：“时年十四，始有妇人之道也。子，水；午，火也。水以天一为牡，火以地二为牝，故火为水妃，今通子午以协之。”[②]

前说《说文·鬼部》“鬼”字条“鬼，阴气贼害，从厶”，“厶”

①刘乐贤：《睡虎地秦简日书研究》，第303页。

②《资治通鉴》卷三六“汉平帝元始五年”胡三省注引张晏说之后，又写道：“按：男八月生齿，八岁毁齿，二八十六阳道通，八八六十四阳道绝。女七月生齿，七岁毁齿，二七十四阴道通，七七四十九阴道绝。”亦暗示了交通地理与人体生理的对应。《太平寰宇记》卷二五《关西道一·雍州》“子午谷”条引《风土记》作：“王莽以皇后未有子，通子午道，从杜陵直抵终南山。”〔宋〕宋敏求《长安志》卷一二《县二·长安》：“《括地志》曰：《汉书》：王莽以皇后有子孙瑞，通子午道。盖以子午为阴阳之王气也。《风土记》曰：王莽以皇后有子，通子午道，从杜陵直抵终南。”《太平御览》卷三八引《风土记》曰：“王莽以皇后有子，通子午道，从杜陵直抵终南。”乾隆《陕西通志》卷一六《关梁一·西安府长安县》引《风土记》也写作：“王莽以皇后有子，通子午道，从杜陵直抵终南。”同出《风土记》，而汉平帝王皇后“未有子”或“有子”，并成两说。子午道的开通或与皇后有妊的事实有关，或与皇后有妊的期望有关，都反映了“母体”“产”（转下页）

即“私”,有“小”的涵义。此外,“私”又有不正当性关系的意义,如《战国策·燕策一》:“臣邻家有远为吏者,其妻私人。其夫且归,其私之者忧之。其妻曰:‘公勿忧也,吾已为药酒以待之矣。’”“私”又有生殖器官的意义。如《说郛》卷一一一上题汉伶玄《赵飞燕外传》:“早有私病,不近妇人。”所谓“从厶”,或许亦暗示“小儿鬼”初生的通道。

3.“鬼婴儿”和“哀乳之鬼”

《说文·鬼部》以为“小儿鬼”的“魃”,相关心理现象或许与难产导致的恐惧有关。刘钊讨论“魃”时联系到睡虎地《日书》甲种《诘咎》篇所见“鬼婴儿”“哀乳之鬼”等,以及其他典籍记载的“形象为小儿的鬼”[②],给我们以有益的启示。

睡虎地秦简《日书》甲种《诘咎》题下可以看到这样的内容:

> 人毋故而鬼取为胶,是是哀鬼,毋家。(三四背壹)
>
> ……以棘椎桃秉以亯其心,则不来。(三六背壹)

又如:

(接上页)的通路和交通道路在当时人的意识中的对应的神秘关系。〔明〕彭大翼《山堂肆考》卷二六《地理·谷》“子午”条引《长安志》:“王莽有意篡汉,通子午道。”似是体现了其他的象征性联想。同书卷二二九《补遗·地理》“子午道”条写道:“王莽以皇后有子孙瑞,通子午道从杜陵直绝南山,径汉中。注云:女年十四,始有妇人之道。子水午火也,水以天一为牡,火以地二为牝,故火为水妃。今通子午道以协之。又妇女有孕曰瑞。”亦取“有子”“有孕”之说。王子今:《说“反枳”:睡虎地秦简〈日书〉交通“俗禁”研究》,《简帛》第7辑,上海古籍出版社2012年10月版。

②刘钊:《说“魃”》。

鬼婴儿恒为人号曰："鼠我食。"是哀乳之鬼。（二九背叁）

其骨有在外者，以黄土濆之，则已矣。（三〇背叁）

还有如下简例：

人毋故而鬼有鼠，是夭鬼，以水沃之，则已矣。（三二背叁）

对于这些"哀鬼""哀乳之鬼""夭鬼""鬼婴儿"，研究者已经有所分析，大致均指向"早夭"的婴儿在鬼界中的身份。

"是是哀鬼，毋家。"整理小组释文："是是哀鬼，毋（无）家。"连劭名说，"哀鬼、鬼婴儿。""哀鬼是早夭之人。《逸周书·谥法》云：'早孤短折曰哀，恭仁短折曰哀。'"又说："'哀鬼'即殇鬼。"[①] 今按：《逸周书·谥法》又可见"短折不成曰殇"，"未家短折曰殇"。

"鬼婴儿恒为人号曰：'鼠我食。'是哀乳之鬼。"整理小组释文："鼠我食"，为"予我食"。今按：《焦氏易林》卷一《小畜·升》："朝生夕死，名曰'婴鬼'，不可得祀。"卷三《夬·临》："旦生夕死，名曰'婴鬼'，不可得祀。"[②]《类说》卷四五"鬼车"条写道："鹦，又名鸺鹠，夜飞昼伏，能食人爪甲，以知吉凶。凶则鸣于其屋上。故人除甲爪，必藏之。又名'夜游女'，好与婴鬼为

①连劭名：《云梦秦简〈诘〉篇考述》，《考古学报》2002年第1期。

②"旦生夕死，名曰'婴鬼'，不可得祀"句，又见于《焦氏易林》卷四《震·坤》《涣·大过》《未济·乾》。

祟。又名'鬼车鸟',能入人屋,收魂气。其首有十。为犬所噬,一首常下血滴人家则凶。故闻其声,则击犬使吠以厌之。"其中所说到的"婴鬼",或与我们讨论的睡虎地秦简《日书》甲种中所见"鬼婴儿"有关。

"其骨有在外者,以黄土渍之,则已矣。"吴小强《集释》译文:"把野外裸露出来的小儿骨骸,用黄土洒上,婴儿鬼就会停止哭号了。"[①] 今按:此处"渍"通"坟",其实未必可以理解为"洒"。《礼记·檀弓上》:"古也墓而不坟。"郑玄注:"土之高者曰'坟'。"《说文·土部》:"坟,墓也。"段玉裁注:"此浑言之也。析言之,则'墓'为平处,'坟'为高处。"简文"以黄土渍之",即以隆起的黄土掩盖。《日书》所谓"其骨有在外者",体现出儿童墓葬往往草率简陋的情形。秦汉时期儿童葬式瓮棺葬"墓圹一般不规整",很多"可以看作是当地居民对死亡儿童的一种'弃埋'"。辽阳三道壕遗址发现的瓮棺葬甚至有"在 2 平方米的范围内埋葬 7 座"的情形[②]。这样的现象,可以与"鬼婴儿""哀乳之鬼"的相关信息对应起来理解。

"人毋故而鬼有鼠,是夭鬼,以水沃之,则已矣。"整理小组释文:"人毋(无)故而鬼有鼠(予),是夭鬼。"今按:《释名·释丧制》:"少壮而死曰夭,如取物中夭折也。"《文选》卷一九束皙《补亡诗》李善注:"年未三十而死曰'夭'。"又"夭"或通于"殀""妖"。《释名·释天》:"妖,殀也。殀害物也。"《论衡·纪妖》:"凡妖之发,或象人为鬼,或为人象鬼而使,其实一也。"关于秦时事,又写道:"使者过华阴,人持璧遮道,委璧而去,妖鬼象

---

①吴小强:《秦简日书集释》,岳麓书社 2000 年 7 月版,第 143 页。
②白云翔:《战国秦汉时期瓮棺葬研究》,《考古学报》2001 年第 3 期。

人之形也。夫沉璧于江，欲求福也。今还璧，示不受物，福不可得也。璧者象前所沉之璧，其实非也。何以明之？以鬼象人而见，非实人也。人见鬼象生存之人，定问生存之人，不与己相见，妖气象类人也。妖气象人之形，则其所赍持之物，非真物矣。”后人“妖鬼”连称之例，又有唐人于濆《巫山高》：“何山无朝云，彼云亦悠扬。何山无暮雨，彼雨亦苍茫。宋玉恃才者，凭云构高唐。自重文赋名，荒淫归楚襄。峨峨十二峰，永作妖鬼乡。”[①] 不过，以“少壮而死曰夭”理解“夭鬼”，可能是适宜的。所谓“朝生夕死”或“旦生夕死”，当然是最极端的“夭”。

“哀鬼”“哀乳之鬼”“夭鬼”“鬼婴儿”，又被称作“殇鬼”“婴鬼”。汉代江南地方流行产妇离家在庐舍中生产的风习。中原地方也残存在“乳舍”及类似居所分娩的礼俗[②]。卫生条件的不理想和发生疾病救助力量的不足，都可能导致婴儿夭死。这样的现象，在当时的社会观念中，可能很容易和“鬼”的意识联系起来。

所谓“以棘椎桃秉以悫其心，则不来”，“以黄土渍之，则已矣”，“以水沃之，则已矣”，都提示了驱鬼、避鬼的方式，反映这些“殇鬼”“婴鬼”“哀鬼”“哀乳之鬼”“夭鬼”“鬼婴儿”，即或许可以称作“小儿鬼”者对于社会人生的危害，使得人们颇厌弃之。

---

①《乐府诗集》卷一七。

②马新：《汉代民间禁忌与择日之术》，《民俗研究》1996 年第 1 期；彭卫、杨振红：《中国风俗通史·秦汉卷》，上海文艺出版社 2002 年 3 月版，第 352 页；秦建明：《汉代的妇产院——乳舍》，《秦建明考古文选》，三秦出版社 2008 年 12 月版，第 28—29 页；宋杰：《汉代后妃“就馆”与“外舍产子”风俗》，《历史研究》2009 年第 6 期；《汉代产育风俗探析》，《史学集刊》2010 年第 4 期。

夭折儿童可能会成为"夭鬼""殇鬼""婴鬼""鬼婴儿",以致危害其他生存的儿童甚至成人。这样的观念可能使得人们胸存戒心。秦汉时期儿童墓葬"大多无随葬品",多采用以多件陶质容器作葬具"对合""套接"的封闭较严密的"瓮棺",也可能与这样的心理有关。瓮棺葬的葬地有的在住居附近,有研究者认为"可以看作是当地居民对死亡儿童的一种'弃埋'"。这可能与对"夭鬼""殇鬼""婴鬼""鬼婴儿"的警惕有关。考古学者还提示我们注意,"宝坻秦城遗址东门外发现的42座汉代瓮棺葬集中分布在宽4—5米、东西长约30米的一条废弃的道路上,排列大致有序,显然是当时的一处瓮棺葬丛葬墓地。"① 葬于道路,有明显的厌胜意义。《汉书》卷六《武帝纪》:"(天汉二年)秋,止禁巫祠道中者。"颜师古注:"文颖曰:'始汉家于道中祠,排祸咎移之于行人百姓。以其不经,今止之也。'师古曰:'文说非也。祕祝移过,文帝久已除之。今此总禁百姓巫觋于道中祠祭者耳。'"文帝除"祕祝移过",应不涉及民间。看来文颖说的是有道理的。葬"道中",很可能也有将"小儿鬼"带来的"祸咎移之于行人百姓"的意图。

4."射魃""避邪"方术

更为积极地戒备和惩治"小儿鬼"的方式,亦见于秦汉历史文化遗存。

刘乐贤注意到马王堆汉墓出土帛书《五十二病方》有关"魃"的内容:"魃:禹步三,取桃东枳(枝),中别为□□□之倡而

①白云翔:《战国秦汉时期瓮棺葬研究》。

笄门户上各一。"[①]以为可为饶宗颐有关"反枳"即"反支"的论证"提供一个新证据"[②]。所引录的内容,应是对付"魃"的一种数术方式。上古流行"鬼畏桃"的意识[③]。以"桃枝""笄门户上"是传统辟鬼方式。《艺文类聚》卷八六引《庄子》曰:"插桃枝于户,连灰其下,童子入而不畏,而鬼畏之。是鬼智不如童子也。""童子"与"鬼"的比较,发人深思。明方以智《物理小识》卷一二《神鬼方术类》引《甄异录》曰:"鬼畏东南桃枝,故人取桃针以填宅。"可据以解"取桃东枳(枝)"的涵义。

《汉书》卷三〇《艺文志》:"元帝时黄门令史游作《急就篇》。"《急就篇》卷三:"射魃辟邪除群凶。"颜师古注:"'射魃'、'辟邪',皆神兽名也。'魃',小儿鬼也。'射魃',言能射去魃鬼。'辟邪',言能辟御妖邪也。谓以宝玉之类刻二兽之状,以佩带之用,除去凶灾而保卫其身也。一曰'射魃',谓天刚卯也。以金玉及桃木刻而为之。一名'敪改',其上有铭而旁穿孔,系以彩丝,用系臂焉。亦所以逐精魅也。"[④]所谓"射去""辟御""除""逐"这些"小儿鬼",有特殊的方术形式。其说编入汉代"小学"教材《急就篇》中[⑤],可知当时是社会生活的基本常识。

---

①马王堆汉墓帛书整理小组编:《五十二病方》,文物出版社 1979 年 11 月版,第 126 页。

②刘乐贤:《睡虎地秦简日书研究》,第 301 页。

③《淮南子·诠言》:"羿死于桃棓。"高诱注:"棓,大杖,以桃木为之,以击杀羿。由是以来,鬼畏桃也。"

④管振邦译注,宙浩审校:《颜注急就篇译释》,南京大学出版社 2009 年 8 月版,第 160 页。

⑤《汉书》卷三〇《艺文志》中,"小学十家,四十五篇",列有:"《急就》一篇。元帝时黄门令史游作。"汉代的初级教育"小学",其实可以和近代教育之"小学"相模拟。王国维说,"刘向父子作《七略》,'六艺'一百三家,于《易》《书》《诗》《礼》《乐》《春秋》之后,附以《论语》、(转下页)

明彭大翼《山堂肆考》卷一五一《鬼怪》"鬼"条写道："《说文》：天曰神，地曰祇，人曰鬼。鬼之为言归也，慧也。老鬼曰毕方，小鬼曰魃蜮。"所谓"小鬼"和"老鬼"形成对应。另一种对应方式，是"小儿鬼"与"老父神"。老者为尊的等级秩序，看来在鬼界也是与生界同样的。《文选》卷三张衡《东京赋》："八灵为之震慑，况魃蜮与毕方。"薛综注："魃，小儿鬼。毕方，老父神。如鸟两足一翼者，常衔火在人家作怪灾也。"李善注："《楚辞》曰：'合五岳与八灵。'王逸曰：'八灵，八方之神也。'《尔雅》曰：'震慑，惧也。'《汉旧仪》曰：'魊，鬼也。''魊'与'蜮'古字同。"吕延济注："震，惊也。魃蜮，一小鬼。毕方，老鬼。言擒杀众鬼于四海之外，八方之神尚犹惊慑，况老小之鬼乎。言怖惧之甚。"所说"卒岁大傩，殴除群厉"的仪式，"擒杀众鬼于四海之外"，"小鬼"等有"怖惧之甚"的反应。

5. 传统幼科医学知识中的"小儿鬼"

前说刘乐贤提示"魃"见于《五十二病方》的情形，告知我们这种"小儿鬼"恐惧，或许也与儿科病症有关。

隋代医家巢元方《巢氏诸病源候总论》卷四七《小儿杂病诸候三》"被魃候"条有"魃病"的说法："小儿所以有魃病者，妇人怀娠，有恶神导其腹中胎妒嫉，而制伏他小儿令病也。"又说："魃之为疾，喜微微下寒热，有去来，毫毛发鬇鬡不悦，是其证也。"又《小儿卫生总微论方》卷一六"魃病论"条写道："小儿魃病，其

（接上页）《孝经》、'小学'三目，'六艺'与此三者，皆汉时学校诵习之书。以后世之制明之：'小学'诸书者，汉小学之科目；《论语》《孝经》者，汉中学之科目，而'六艺'则大学之科目也。"《汉魏博士考》，《王国维遗书》，上海古籍书店1983年9月版，第1册，《观堂集林》卷四第7页。

论有二。一者圣惠云：小儿生十余月已后，母又娠，因以乳儿，令儿生病。其候精神不爽，身体痿瘁，骨立发落，名曰‘魃病’，又曰‘继病’，又曰‘交奶’。二者巢氏云：小儿在母胎妊之时，其母被恶神导其腹中胎气，至儿生下，往往尪羸，微微下利，寒热往来，毛发焦竖，多嗔不悦。其候颇似于疳。今叙方于后。”所列医方为《虎骨丹治魃病》。元危亦林《世医得效方》卷一二《小方科》也有“魃病”条：“龙胆汤治孕妇被恶祟导其腹中，令儿病也。其证下利，寒热去来，毫毛鬓发不悦泽。及治妇人有儿未能行时复有孕，使儿饮此乳，亦作此病。”① 明朱橚《普济方》卷三五九《婴孩门》又有“魃乳腹急脏冷”之说。

明王肯堂《证治准绳》卷九九《幼科》称小儿相关病症有“小儿中魃”和“被魃”等说法。李时珍《本草纲目》卷一六《草之五》、卷二八《菜之二》、卷四八《禽之二》、卷五〇下《兽之一》均用“小儿魃病”。大致人们长期把儿科诸疑难病症的病因都简单地归结于“魃”。

《本草纲目》卷四八《禽之二》可见“小儿魃病惊风”。又《普济方》卷三七八《婴孩一切痫门·惊痫》有“治小儿惊痫方”和“治小儿鬼惊痫方”。小儿癫痫作为常见病症②，病儿发病时的表象

---

①《普济方》卷三六一《婴孩初生门·胎寒》关于“龙胆汤”有这样的文字：“龙胆汤，治小儿初生血脉盛实，寒热温壮，四肢惊掣发热大吐，哯者若已能进哺，饮食不消，壮热及变蒸不解，中客人魃气并诸惊痫悉。”所谓“中客人魃气”，当是说受外界感染。

②有学者指出：“在幼科医学行世期间（大约当宋至清代，或十一至十九世纪之间），依医者之见，曾有数种主要的‘疾病’困扰中国的幼龄人口，似乎是不少人的公论，而且众人对这些儿童健康上的‘黑名单’——不论是四或六项重症——似乎也有些共同的指认。”研究者认为列为第一的，就是“惊风”。“‘惊风’一疾，在整个中国疾病‘病谱’及健康文化（转下页）

使人容易联想到“小儿鬼”的危害。又如同书卷四〇〇《婴儿杂证门·杂病》“疗小儿鬼舐方”，卷四〇六《婴孩诸疮肿毒门·五色丹毒》“治小儿鬼火丹”等，也都提供了值得重视的信息。

《证治准绳》卷九九《幼科·肝脏门·寒热往来》引《婴童宝鉴》：“《小儿鬼持歌》云：‘小儿气弱命中衰，魂魄多应被鬼持。其候痿黄多哭地，不须用药可求师。’《鬼气歌》云：‘鬼气皮肤里，相传脏腑间。肿虚如水病，瘛疭似惊痫。热发浑身涩，心挛痛所攒。小儿还有此，服药急须看。’”所谓“小儿气弱命中衰”，导致“魂魄”“被鬼持”，或说“鬼气”“相传”，是古来对许多儿科疾病的传统解释。其早期根由，可以通过秦汉时期的“小儿鬼”意识得以认识。小儿患病，或主张“服药急须看”，或主张“不须用药可求师”，后者单纯依赖数术方式以求解救者，可能使得许多病儿夭亡。考古学者指出，秦汉瓮棺葬“大部分是密集成群”。如“辽阳三道壕的348座瓮棺葬，集中分布”的现象[①]，或许就可以看作当时成为“夭鬼”“殇鬼”“婴鬼”“鬼婴儿”者颇为众多的情形的反映。

（接上页）中，是很重要的一环，至今未衰。”熊秉真：《安恙：近世中国儿童的疾病与健康》，联经出版事业公司1999年4月版，第1页，第7—8页。古罗马时代的医学知识也告诉我们：“癫痫是一种令人生畏的疾病”。人们习惯以巫术方式医治癫痫。“用金环穿过山羊的脑髓，再进行蒸馏，或者用驴的肝脏加人参——人参能治百病——具有神奇疗效。这两种药物对于治疗癫痫，都能药到病除。”在当时人的生活经验中，“大自然中生长着野芹菜，这种菜能导致儿童的癫痫病；但同时也生长着治疗癫痫病的茴香菜”。普林尼：《自然史》，XXⅧ，258；XX，114，191。转引自［法］让-皮埃尔·内罗杜：《古罗马的儿童》，张鸿、向征译，广西师范大学出版社2005年8月版，第57—58页。

①白云翔：《战国秦汉时期瓮棺葬研究》。

一三　朦胧情性

"金屋藏娇"童话

孟子说："人少，则慕父母；知好色，则慕少艾；有妻子，则慕妻子；仕，则慕君；不得于君则热中。"[①] 对于"人少，则慕父母"和"知好色，则慕少艾"两个人生阶段的特征，杨伯峻译文："人在幼小的时候，就怀恋父母；懂得喜欢女子，便想念年轻而漂亮的人……"[②] 贾谊关于"保傅"的制度设计，也说到一个年龄界线是"知好色"[③]。"知好色"又写作"知妃色"[④]。当儿童萌发了朦胧的性意识时，社会给予了他们怎样的引导，他们有怎样的思想和言行，而这些文化表现又怎样影响了社会生活？这些现象，也是考察未成年人生活的社会史研究者应当注意的。

汉武帝"金屋藏娇"故事，可以作为我们分析的一件标本。

---

①《孟子·万章上》。
②杨伯峻：《孟子译注》，中华书局 1960 年 1 月版，第 207 页。
③《新书·保傅》："及太子少长，知好色则入于学。学者，所学之官也。"
④《汉书》卷四八《贾谊传》。

1.“若得阿娇作妇，当作金屋贮之”

《汉武故事》记录了童年汉武帝“金屋藏娇”的著名传说：

> 胶东王数岁，公主抱置膝上，问曰：“儿欲得妇否？”长主指左右长御百余人，皆云“不用”。指其女：“阿娇好否？”笑对曰：“好！若得阿娇作妇，当作金屋贮之。”长主大悦，乃苦要上，遂成婚焉。

故事发生在汉武帝刘彻“数岁”时。长公主于是反复央求汉景帝，终于说服了他，刘彻和阿娇得以成婚。据说长公主刘嫖“大悦”，是刘彻取得合法继承权的关键。

后来，因为汉武帝阿娇故事，“金屋”成为富贵和情爱的象征。《隋书》卷八〇《列女传》说贵族女子生活形式，就包括“坐金屋，乘玉辇”。《旧唐书》卷三一《音乐志》里的皇家庙堂乐章，有“瑶台荐祉，金屋延祥”的句子，《贞观政要·征伐》载唐太宗宫中女官充容徐氏谏词：“金屋瑶台，骄主之为丽。”“金屋”和“瑶台”相对应。唐代诗人宋之问有“还以金屋贵，留兹宝席尊”的诗句。则“宝席”与“金屋”对仗。宋人文同《王昭君》诗写道：“绝艳生殊域，芳年入内庭。谁知金屋宠，只是信丹青。”[①]看来，无论对于上层社会还是下层社会，“金屋”都代表着一种生活理想，似乎这“金屋子”中所收贮的，全是美好的意愿。

---

① 《丹渊集》卷二。明代孟称舜《娇红记·会娇》中，可以看到这样的感叹：“蓦遇着这金屋娇娘，蓦遇着这金屋娇娘，猛回头何方故乡？”《醒世恒言》中《苏小小三难新郎》一篇，又有如下的文字：“相府请亲，老夫岂敢不从。知识小女貌丑，恐不足以当金屋之选。”

2. 长门哀怨

其实，对于后宫女子来说，“金屋”所深藏的，往往是情感的悲剧。“内庭”人们迷信的“金屋宠”，有多少可以实现？又有多少可以长久？

这位阿娇，就是历史书上称为“陈皇后”的，后来被汉武帝冷落，在后宫幽哀地独居。李白《妾薄命》写道：“汉帝重阿娇，贮之黄金屋。咳唾落九天，随风生珠玉。宠极爱还歇，妬深情却疏。长门一步地，不肯暂回车。雨落不上天，水覆重难收。君情与妾意，各自东西流。昔日芙蓉花，今成断根草。以色事他人，能得几时好？”[①] 对于阿娇的命运，有生动的写述。同时也揭示了富贵和情感的复杂关系，蕴涵有深刻的人生哲理。“以色事他人，能得几时好”句，其实体现了认识古来性别关系的一种真知。

这位陈皇后在卫子夫出现之后，多次寻死觅活，致使汉武帝愤怒，这就是李白诗句中说的“妬深情却疏”。后来她又信用一个名叫“楚服”的女巫，用巫术诅咒汉武帝喜欢的后宫女子。事情发觉后，楚服被处死，枭首于市。汉武帝宣布废去陈阿娇“皇后”称号，命令她退居长门宫。《汉书》卷九七上《外戚传上·孝武陈皇后》：“初，武帝得立为太子，长主有力，取主女为妃。及帝即位，立为皇后，擅宠骄贵，十余年而无子，闻卫子夫得幸，几死者数焉。上愈怒。后又挟妇人媚道，颇觉。元光五年，上遂穷治之，女子楚服等坐为皇后巫蛊祠祭祝诅，大逆无道，相连及诛者三百余人。楚服枭首于市。使有司赐皇后策曰：‘皇后失序，惑于巫祝，不可以承天命。其上玺绶，罢退居长门宫。’”李白“长门一步

---

① 《李太白文集》卷三。

地，不肯暂回车”诗句，说汉武帝和她恩情已绝。

据说阿娇住到长门宫之后，愁闷悲思，以黄金百斤，请司马相如为她写一篇解愁之辞。相如为她作《长门赋》，汉武帝读了心生伤感，于是又得亲幸。元代诗人杨维桢《长门怨》中的诗句叙说了这一故事："阿娇盼美目，阿娇贮金屋。金屋瑶华春未老，长门一夜生秋草。蜀才人，金百斤，受金为我赋《长门》。《长门》写春愁，君王见之为伤秋。临邛沟水东西流，不知悲妇悲白头。"[①]宋人范浚《读长门赋》诗也写道："阿娇负恃颜姝好，那知汉帝恩难保。一朝秋水落芙蕖，几岁长门闭春草。自怜身世等前鱼，旧宠全移卫子夫。独夜不眠香草枕，东箱斜月上金铺。晓惊永巷车音近，失喜疑君枉瑶轸。临风望幸立多时，却是轻雷声隐隐。年年织女会牵牛，百子池边侍宴游。自从一落离宫后，无复穿针更上楼。人言消渴临邛客，天下工文专大册。黄金取酒奉文君，冀悟君王赐颜色。赋成果得大家怜，凤觜煎胶续断弦。不似昭君离汉土，一生埋没犬羊天。"[②]其实，长门怨妇复得亲幸，"凤觜煎胶续断弦"，只是一种妄想。还是宋人王恽的诗句说得好："大笑陈妃望幸心，千金空买《长门》怨。"[③]

南朝梁柳恽《长门怨》诗："无复金屋念，岂照长门心。"[④]又费昶《长门怨》诗："金屋贮娇时，不言君不入。"[⑤]同样是"长门一步地，不肯暂回车"的意思，也都说君王情感的变化，已经覆水难收。李白又有《长门怨二首》："天回北斗挂西楼，金屋无人萤火

---

①《铁崖古乐府》卷一。

②《香溪集》卷三。

③《当熊词》，《秋涧集》卷一〇。

④《玉台新咏》卷五。

⑤《玉台新咏》卷六。

流。月光欲到长门殿，别作深宫一段愁。”“桂殿长愁不记春，黄金四屋起秋尘。夜悬明镜青天上，独照长门宫里人。”[①] 从“金屋”到“长门”，一个女人以帝王专爱为唯一寄托的情感旅程，实在是太短暂了。而“金屋贮娇时，不言君不入”，倒叙情爱的流程，读来别有深味。

回顾历史上帝王的情感生活，所谓“金屋藏娇”故事，可以说不过只是“抱置膝上”的小儿的童话罢了。

不过，阿娇或许也可以算是个幸运的女人。除了曾经享受“咳唾落九天，随风生珠玉”的得意而外，她的命运凝结成“长门怨”三个字，受到历代文士的关注，已经成为一种文化符号。许许多多的诗人骚客都有命题《长门怨》的作品。如僧皎然“春风日日闭长门，摇荡春心似梦魂”[②]，刘长卿“何事长门闭珠帘，只自垂月移深殿”[③]，陆游“咫尺之天今万里，空在长安一城里；春风时送箫韶声，独掩罗巾泪如洗”[④]，岳珂“宫车辘辘春雷晓，明星初荧绿云扰；增成丙舍争迎銮，惟有长门闭花鸟”[⑤] 等等，都以凄切笔调，表露了对长门宫主人深深的同情。当然，有些诗句，也借“长门”以为寓托，发抒着作者自己怀志不遇、怀才不遇的幽怨。

我们在这里更为关注的，是汉武帝作为被“公主抱置膝上”的小孩子时，已经在成人的引导下有了“欲得妇”的思考了。

---

①《李太白文集》卷二三。

②《杼山集》卷六。

③《刘随州集》卷三。

④《剑南诗稿》卷一七。

⑤《玉楮集》卷二。

早婚现象

汉代有早婚风习。在未成年时即嫁娶的情形,是讨论当时未成年人生活不能不注意的。

1. 婚龄问题:世俗嫁娶太早

《汉书》卷七二《王吉传》记录了王吉的社会风习评判。他对于不良风习的批评,涉及"嫁娶太早"现象:

> 夫妇,人伦大纲,夭寿之萌也。世俗嫁娶太早,未知为人父母之道而有子,是以教化不明而民多夭。聘妻送女亡节,则贫人不及,故不举子。

这篇文字,宋真德秀编《文章正宗》卷七及元陈仁子辑《文选补遗》卷二题《言得失疏》,明梅鼎祚编《西汉文纪》卷一二题《上得失疏》。王吉批评"世俗嫁娶太早",他认为,其危害在于"未知为人父母之道而有子,是以教化不明而民多夭"①。杨树达《汉代婚丧礼俗考》关于汉代女子"婚年",说到"女子有年十三而嫁者","有十四五而嫁者","有十六而嫁者","故王吉深讥嫁娶太早

①陈东原对"聘妻送女亡节,则贫人不及,故不举子"的解释是:"贫穷人家怕子女长大无力婚嫁,已经有溺婴的风俗了。"《中国妇女生活史》,商务印书馆 1998 年 4 月版,第 61 页。陈著又写道:"又《地理志》云'嫁娶太早,尤崇侈靡;贫人不及,多不举子'。"今按《汉书·地理志》无此文。《地理志上》说秦地风俗,有"嫁娶尤崇侈靡,送死过度"语。陈鹏《中国婚姻史稿》亦说《汉书·地理志》有"嫁娶太早"语,或许是转引致误。中华书局 2005 年 1 月版,第 385 页。

云"[①]。陈东原研究中国古代妇女生活，对"聘妻送女亡节，则贫人不及，故不举子"的解释是："贫穷人家怕子女长大无力婚嫁，已经有溺婴的风俗了。"陈著又写道："又《地理志》云'嫁娶太早，尤崇侈靡；贫人不及，多不举子。'"[②]今按《汉书》卷二八《地理志》无此文。卷二八上《地理志上》说秦地风俗，只言"嫁娶尤崇侈靡，送死过度"。陈鹏的中国婚姻史研究专著亦说《汉书·地理志》有"嫁娶太早"语[③]，或许是转引致误。

关于汉代社会的婚龄，有研究者指出，"关于婚嫁年龄，礼虽言男三十而娶，女二十而嫁，但当时并不奉行[④]。实际婚嫁年龄，较此为早。"又据"文献木简所载列表"，其中有男子五例：

名　号	婚　年
戾太子	16
桓　帝	16
灵　帝	15
献　帝	15
金广延	18

又有女子二十五例：

名　号	婚　年
章帝梁贵人	16
光武阴后	19
明帝马后	13

①杨树达：《汉代婚丧礼俗考》，上海古籍出版社 2000 年 12 月，第 18—19 页。

②陈东原：《中国妇女生活史》，商务印书馆 1998 年 4 月版，第 61 页。

③陈鹏：《中国婚姻史稿》，中华书局 2005 年 1 月版，第 385 页。

④原注：《论衡·齐世》："人民嫁娶，同时共礼，虽言男三十而娶，女二十而嫁，法制张设，何以效之？以今不奉行也。"

续表

名　号	婚　年
和帝邓后	16
宣帝许后	14或15
宣帝外祖母王媪	14
卓文君	17岁前
胡广妻	15
荀爽女	17
黄霸妻	17或18
班　昭	14
焦仲卿妻	17
杜　慈	18
陈顺谦	19岁前
殷纪配	16
相　乌	15
周　度	19岁前
左　氏	19岁前
曹敬姬	17岁前
张起祖妻	13岁前
虞护妻	15岁前
王并妻	15岁前
徐谊妻	16岁前

表中有“焦仲卿妻”这样的文学人物，作为史学研究的资料，似乎不很适合。表中次序，亦可斟酌。

论者分析说：“无论男女婚嫁都在十三至十九岁之间。东汉采女之制所选为‘良家童女年十三以上，二十以下’[①]者，与此相合。故王吉谓：‘世俗嫁娶太早，未知为人父母之道而有子，是以

①原注：《后汉书·皇后纪上》序。

教化不明而民多夭。’[①]法律上不鼓励迟婚，甚至对十五至三十不嫁之女子罚钱五算，以示罪责，而‘使男女婚娶，不过其时’[②]亦当时要政之一，至于议婚之期则更早……”[③]

亦有学者指出：“西汉初年，女子初婚年龄大都在十五岁之后。惠帝即位后六年颁诏：‘女子年十五以上至三十不嫁，五算。’[④]……西汉初期以后，女子的普遍初婚年龄，从剧烈波动的不稳定状态，转为平缓稳定型。换言之，十三四岁至十六七岁，遂成为西汉时期女子的正常初婚年龄。”更早的例证，有“王莽女儿出嫁汉平帝时是十二岁，在十三岁时立为皇后”[⑤]。“马防上书光武帝，请其纳马援的三个女儿为太子妃，说她们的年龄分别是十五岁、十四岁和十三岁。后来，刘秀为太子娶马援的三女儿。”[⑥]“章帝申贵人‘年十三，入掖庭’”[⑦]。“顺帝窦后‘年十二，能属文，以才貌选入掖庭有宠’。[⑧]顺帝梁后和虞美人都是十三岁时入选[⑨]。这些人的婚龄集中趋势是十三岁……”对于“地主和官吏”阶层的分析，研究者指出“女子的初婚年龄是14.7岁”。对于“平民”的考察，研究者得出的结论为“女子平均初婚年龄是15.1岁”。

---

①原注：《汉书·王吉传》。

②原注：《汉书·惠帝纪》惠帝六年诏。

③刘增贵：《汉代婚姻制度》，华世出版社1980年1月版，第47—48页。

④原注：《汉书·惠帝纪》。有学者指出：“婚嫁乃男女双方之事，而独罪谪女子，盖当时民间盛行财婚，女家苛索聘财，男家艰于备礼，故专责女方，驱之使嫁，女子嫁，则男子可以得妻矣。”陈鹏：《中国婚姻史稿》，第23页。

⑤原注：见《汉书·平帝纪》和《汉书·王莽传》。

⑥原注：《后汉书·皇后纪》。

⑦原注：《后汉书·章帝八王列传》。

⑧原注：《后汉书·窦融列传》。

⑨原注：《后汉书·皇后纪》。

2. 汉简婚龄资料

居延汉简中也有反映当时婚龄的相关简文，可以看作反映社会生活的真实性较强的资料。彭卫注意到《居延汉简甲乙编》"提供了珍贵记录"，举列五则简例：

（1）橐佗吞胡隧长张彭祖辅妻南来年十五岁　（29.2）
（2）第四燧卒伍尊，妻大女足年十四　（55.20）
（3）妻大女□新年二十七，子小男大□年十一（103.24）

论者判断："可见，□新是十六岁之前结婚。"又有：

（4）第四隧卒虞护，妻大女胥年十五　（194.20）
（5）妻年十七岁，子年二岁　（203.13）

论者分析说："其初婚年龄，应在十五岁以前。"[①]

参考谢桂华、李均明、朱国炤《居延汉简释文合校》，可以对有关简的释文有所订正。如：

（1）

	妻大女昭武万岁里□□
	年卌二
永光四年正月己酉	子大男辅年十九岁
橐佗吞胡隧长张彭祖符	子小男广宗年十二岁
	子小女女足年九岁

①彭卫：《汉代婚姻形态》，三秦出版社 1988 年 6 月版，第 90—92 页。

辅妻南来年十五岁　皆黑
色　　　　　　　　（29.2）

如果简文引录不完整，“张彭祖”和“辅妻”连读，则易引起误会。“辅妻”是“张彭祖”的“子大男辅”之“妻”。在这个小家庭中，“子大男辅年十九岁”，“辅妻南来年十五岁”。“辅妻南来”的婚龄应在十五岁之前，是明确的。又如：

（2）第四燧卒伍尊　妻大女女足年十五　见署用谷二石九升少　　　　　　　　　　　　　　　　　　　　　（55.20）

“足年十五”而非“十四”。又：

（3）妻大女□新年廿七
子小男大□年十一
子小男汪年四　　　　　　　　　　　　（103.24）

“妻大女□新”十六岁生育“子小男大□”，应是十五岁或者十五岁以前结婚。“□新是十六岁之前结婚”的认识可以修正。简（4）也应当引录完整：

（4）第四燧卒虞护　妻大女胥年十五
弟使女自如年十二　见署用谷四石八斗一升少
子未使女真省年五　　（194.20）

“第四燧卒虞护”“妻大女胥年十五”，“子未使女真省年五”，如果以为“胥”十岁生育“真省”，显然于理不合。“胥”和“真省”应当不是亲生母女。推想“年十五”的“胥”有可能是“年五”的“未使女真省”的继母。也有可能“未使女真省”是这个家庭的养女。由这枚简例推知“妻大女胥”是十五岁甚至十五岁以前婚嫁，应当是确定无疑的。（5）应当也是一枚完整的简，释文应作：

（5）俱起燧卒王并

妻大女严年十七用谷二石一斗六升大

子未使女毋知年二用谷一石一斗六升大

● 凡用谷三石三斗三升少

（203.13）[1]

论者有“其初婚年龄，应在十五岁以前”的判断。“严”生育“毋知”时十五岁，婚龄其实可以确定是十四岁或者十四岁以前。

肩水金关汉简也有对于我们讨论的学术主题有意义的可以证实女子婚龄较早的例证。例如：

（6）

橐他通望隧长成褒

建平三年五月家属符

妻大女觻得当富里成虞年廿六

子小女侯年一岁　　车二两

弟妇孟君年十五　　用牛二头

弟妇君始年廿四　　马一匹

小女护惲年二岁

①谢桂华、李均明、朱国炤：《居延汉简释文合校》，文物出版社 1987 年 1 月版。

弟妇君给年廿五 （73EJT3:89）

这位叫作“成褒”的隧长，“家属符”列名六人，竟然全是女子。其中一位“妻”，三位“弟妇”，另外有两个女童。“妻大女觻得当富里成虞年廿六”，初婚年龄已经无从判断。然而“弟妇孟君年十五”，又提供了一则女子十五岁或者十五岁以前婚嫁的实例。又如：

（7） 妻屋兰宜众里井君任年廿一
橐他勇士队长井临 子小男习年七岁
建平元年家属符 兄妻君之年廿三 车一两
用□☒
子大男义年十
子小男冯一岁 （右侧有刻齿）
（73EJT6:42）[①]

“小男习”应是“井临”与“妻屋兰宜众里井君任”所生子。夫妻同姓“井”，或许可以看作值得汉代婚姻史和宗族史研究者重视的史料。我们看到，“井君任”生“习”时十四岁。她至迟在十三岁已经结婚。“子大男义”应是“井临”“兄妻君之”所生子，“义”出生时母亲“君之”才十三岁。“橐他勇士队长井临”之“妻”“井君任”十四岁及“兄妻君之”十三岁低龄生育的极端例证，应当体现了王吉批评的“未知为人父母之道而有子”的现象。

---

①甘肃简牍保护研究中心、甘肃省文物考古研究所、甘肃省博物馆、中国文化遗产研究院古文献研究室、中国社会科学院简帛研究中心编：《肩水金关汉简（壹）》，中西书局2011年8月版。

当然,简文所见家庭构成,或许也与(4)"第四燧卒虞护""妻大女胥年十五","子未使女真省年五"类似,可以作母子非亲生关系理解。但是也不能完全排除体现真实家族血亲关系的可能。

这种可能性的推想,可以得到同样出土与居延的汉简资料的支持。破城子遗址65探方发掘出土的一枚汉简,简文提供的信息特别值得我们注意:

(8)▨妻使女贵年十三○ꝛ▨　　(E.P.T65:495)[①]

这位名叫"贵"的女子"年十三",然而已为人"妻"。

看来,"世俗嫁娶太早",确实是汉代民间婚姻史的真实情形。

未成年人的畸形家庭和畸形情爱

秦汉婚姻史资料中可以看到社会上层因特殊政治谋求而在未成年阶段就确定婚姻关系的情形。至于男色偏好,在未成年人生活中也形成影响。

1. 童养媳与指腹为婚之习的滥觞

彭卫在研究汉代婚姻形态的著作中曾经写道:"据《汉书·外戚传》记载,汉昭帝十一岁时以年仅六岁的上官氏为后。

---

①甘肃省文物考古研究所、甘肃省博物馆、文化部古文献研究室、中国社会科学院历史研究所编:《居延新简:甲渠候官与第四燧》,文物出版社1990年7月版。

如此之低的婚龄结构，即令汉代人‘成年’理论，亦无法加以解释。考其原因，乃是因为上官氏祖父上官桀、父亲上官安等人企图通过与皇帝联姻来控制昭帝。又据《汉书·王莽传》和《汉书·外戚传》载，王莽为了把持朝政，控制天子，在汉平帝仅十一岁时，让他娶自己的女儿为皇后。男子十一岁、女子六岁，遂成为两汉时期人口的最低婚龄。"[1]据《汉书》卷九九上《王莽传上》，王莽女儿在"皇帝即位三年"时为皇后[2]，元始五年（5）"其秋，莽以皇后有子孙瑞，通子午道。"颜师古注："张晏曰：'时年十四，始有妇人之道也。'"则入宫时十二岁。上官氏为皇后事，《汉书》卷九七上《外戚传上·孝昭上官皇后》："昭帝始立，年八岁，帝长姊鄂邑盖长公主居禁中，共养帝。盖主私近子客河间丁外人。上与大将军闻之，不绝主驩，有诏外人侍长主。长主内周阳氏女，令配耦帝。时上官安有女，即霍光外孙，安因光欲内之。光以为尚幼，不听。安素与丁外人善，说外人曰：'闻长主内女，安子容貌端正，诚因长主时得入为后，以臣父子在朝而有椒房之重，成之在于足下，汉家故事常以列侯尚主，足下何忧不封侯乎？'外人喜，言于长主。长主以为然，诏召安女入为婕妤，安为骑都尉。月余，遂立为皇后，年甫六岁。"有人说，这位上官皇后"是历史上年龄最小的皇后"[3]。

刘增贵指出，更早又"有四岁即为之议婚者"，即《太平御览》

---

①彭卫：《汉代婚姻形态》，第93页。

②有人说："汉平帝即位只有九岁，王莽为了便于专权，就把十二岁的女儿立为平帝皇后。"汪玢玲：《中国婚姻史》，上海人民出版社2001年8月版，第131页。这样的表述容易产生汉平帝九岁时立皇后的误解。其实正确的理解是"王皇后与之同年"。刘增贵：《汉代婚姻制度》，第49页。

③汪玢玲：《中国婚姻史》，第130页。

卷四九〇引《虞翻书》：

> 此中小儿年四岁矣，似欲聪哲，虽虾不生鲤子，此子似人。欲为求妇，不知所向，君为访之，勿怪老痴誉此儿也。

又《太平御览》卷七三九引文同[①]。

杨树达《汉代婚丧礼俗考》讨论“婚年”问题，指出早婚例证有“女子有年十三而嫁者”[②]。又写道：

> 至若上官安之女，六岁立为皇后以待年，则后世童养媳之俗也。

又举其史例：

> 《汉书》九十七《外戚传》云：安女遂立为皇后，年甫六岁。周寿昌云：虽立为后，亦待年也。
>
> 《后汉书》十下《献穆曹皇后传》云：建安十八年，操进三女宪、节、华为夫人，聘以束帛玄纁五万匹，小者待年于国。按此亦待年，附记于此。

杨树达还说：

---

①《太平御览》卷四九〇及卷七三九引文，《全三国文》卷六八引文题虞翻《与某书》，均作“不知所向”，刘增贵引作“不知所问”。刘增贵：《汉代婚姻制度》，第48—49页。

②杨树达写道：“《后汉书》十上《明德马皇后纪》云：后从兄严不胜忧愤，白太夫人绝窦氏婚，求进女掖庭，由是选后入太子宫，时年十三。奉承阴后，傍接同列，礼则修备，上下安之，遂见宠异。”

有男女尚未生而父母即约为婚姻者，则后世指腹为婚之习也。

其史例有：

《后汉书》十七《贾复传》云，复北与五校战于真定，大破之，复伤创甚。光武大惊，曰："我所以不令贾复别将者，为其轻敌也。果然失吾名将！闻其妇有孕，生女邪，我子娶之；生男邪，我女嫁之，不令其忧妻子也。"[①]

对于杨树达"六岁立为皇后以待年，则后世童养媳之俗也"以及贾复故事即"男女尚未生而父母即约为婚姻者，则后世指腹为婚之习也"的这种意见，有学者以为："此皆一时政治原因所造成，与后世童养媳、指腹为婚之习，仍不尽同。"[②]

其实，"后世童养媳、指腹为婚"现象，同样各有"一时"之"原因"，杨树达指出汉代婚姻礼俗与"后世童养媳之俗"和"后世指腹为婚之习"的关系，是没有问题的[③]。关于"童养媳"，常建华说："童养媳，就是由婆家养育女婴、幼女，待到成年正式结婚。""童养媳的名称出现很晚，但这类婚姻很早就有，最初的记

①杨树达：《汉代婚丧礼俗考》，上海古籍出版社2000年12月版，第17—20页，第6页。

②刘增贵：《汉代婚姻制度》，第49页。

③瞿宣颖纂辑《中国社会史料丛钞》中《婚姻制度·西汉之婚娶》列"有指腹为婚者"条，举《后汉书·贾复传》为例。上海书店1985年11月版，下册第584页。陈鹏亦认为："指腹为婚，乃男女未生之前，双方父母或祖父母为胎儿预定婚约也。此制始见于后汉初年。"所举史例即《后汉书·贾复传》。陈鹏：《中国婚姻史稿》，第296页。

载反映的多是宫中的情形。从秦汉以后,帝王就选拔幼女入宫,于成年后或供帝王自己作妃嫔,或赐与子弟为妻妾。”“民间明确记载童养媳最早见于北宋中期。”[①] 讨论这一社会现象,不能不关注汉代的相关记录。

2. “妖童”和“弄儿”

汉代偏好男色的现象,已经频繁见于文献记载。

《史记》卷一二五《佞幸列传》说:“谚曰:‘力田不如逢年,善仕不如遇合。’固无虚言。非独女以色媚,而士宦亦有之。”司马迁记录了一些西汉前期的相关人物,开篇就写道:

> 昔以色幸者多矣。至汉兴,高祖至暴抗也,然籍孺以佞幸;孝惠时有闳孺。此两人非有材能,徒以婉佞贵幸,与上卧起,公卿皆因关说。故孝惠时郎侍中皆冠鵕鸃,贝带,傅脂粉,化闳、籍之属也。

汉高祖和汉惠帝时代“非有材能,徒以婉佞贵幸,与上卧起”的籍孺和闳孺,张守节《正义》:“籍、闳,皆名也。孺,幼小也。”这两位汉代帝王“佞幸”的启始者,因其“幼小”,应当就是后世所谓“娈童”。

班固在《汉书》卷九三《佞幸传》中写道:“柔曼之倾意,非独女德,盖亦有男色焉。观籍、闳、邓、韩之徒非一,而董贤之宠

---

①常建华:《婚姻内外的古代女性》,中华书局 2006 年 5 月版,第 151 页。陈鹏说:“此俗始于何代,史莫可考……宋时当已盛行。”陈鹏:《中国婚姻史稿》,第 764 页。

尤盛，父子并为公卿，可谓贵重人臣无二矣。然进不繇道，位过其任，莫能有终，所谓爱之适足以害之者也。汉世衰于元、成，坏于哀、平。哀、平之际，国多衅矣。主疾无嗣，弄臣为辅，鼎足不强，栋干微挠。一朝帝崩，奸臣擅命，董贤缢死，丁、傅流放，辜及母后，夺位幽废，咎在亲便嬖，所任非仁贤。故仲尼著'损者三友'[①]，王者不私人以官，殆为此也。"如果我们离开政治道德的尺度来评价"籍、闳"之流的社会文化作用，也是可以从儿童史考察的视角进行分析的。

贵族官僚身边往往也有"闳、籍之属"。霍光"爱幸监奴冯子都"[②]。梁冀"爱监奴秦宫"[③]。仲长统说豪族生活方式：

> 豪人之室，连栋数百，膏田满野，奴婢千群，徒附万计。船车贾贩，周于四方；废居积贮，满于都城。琦赂宝货，巨室不能容；马牛羊豕，山谷不能受。妖童美妾，填乎绮室；倡讴伎乐，列乎深堂。宾客待见而不敢去，车骑交错而不敢进。三牲之肉，臭而不可食；清醇之酎，败而不可饮。[④]

"妖童"，又写作"妖僮"，是以"男色"提供服务的幼儿。

《汉书》卷九三《佞幸传》说到"弄臣"。《史记》卷九六《张丞相列传》记载，丞相张释之惩治邓通，汉文帝说："此吾弄臣，君释之。"汉代文献又可见"弄儿"，其身份有与"弄臣"类同处，但

---

①颜师古注："《论语》称孔子曰：'损者三友：友便辟，友善柔，友便佞，损矣。'"

②《汉书》卷六八《霍光传》。

③《后汉书》卷三四《梁冀传》。

④《昌言·理乱》，又《后汉书》卷四九《仲长统传》。

可明确是儿童。《汉书》卷九八《元后传》记载：

> 太后旁弄儿病在外舍，(王)莽自亲候之。其欲得太后意如此。

颜师古注："服虔曰：'官婢侍史生儿，取以作弄儿也。'"《汉书》卷六八《金日磾传》记载，金日磾的儿子，曾经是汉武帝身边"弄儿"：

> 日磾子二人皆爱，为帝弄儿，常在旁侧。弄儿或自后拥上项，日磾在前，见而目之[①]。弄儿走且啼曰："翁怒。"上谓日磾："何怒吾儿为？"其后弄儿壮大，不谨，自殿下与宫人戏，日磾适见之，恶其淫乱，遂杀弄儿。弄儿即日磾长子也。上闻之大怒，日磾顿首谢，具言所以杀弄儿状。上甚哀，为之泣，已而心敬日磾。

"弄儿"，有解释说："指供人狎弄的童子。"[②] 现在没有明确资料可以指说"弄儿"与主人必定有同性恋倾向，但是其关系的暧昧也是显而易见的。

---

①颜师古注："目，视怒也。"
②《汉语大词典》，汉语大词典出版社1988年3月版，第1册第1312页。

一四　“童男女”的神异地位

神秘主义信仰体系中的“童男女”

秦汉时期诸多社会现象是在神秘主义文化氛围中发生的。鲁迅曾经将这种历史特征称之为“巫风”“鬼道”：“中国本信巫，秦汉以来，神仙之说盛行，汉末又大畅巫风，而鬼道愈炽……”[①]有学者指出，“汉代巫者活动的‘社会空间’，几乎是遍及于所有的社会阶层，而其‘地理范围’，若结合汉代巫俗之地和祭祀所的分布情形来看，也可以说是遍布于各个角落。《盐铁论》中，贤良文学所说的‘街巷有巫，闾里有祝’，似乎是相当真实的写照。”[②]考察曾经深刻影响秦汉社会生活各个层面的“巫风”“鬼道”，我们又注意到，儿童在当时这种富有神奇色彩的文化舞台上，有时扮演着特殊的角色。例如，“童男女”在若干神事巫事活动中即发挥着某种神秘的作用。

①《中国小说史略》第五篇，《鲁迅全集》，人民文学出版社 1981 年版，第 9 卷第 43 页。

②林富士：《汉代的巫者》，稻乡出版社 1999 年 1 月版，第 180 页。

1. 徐市为什么“将童男女入海”？

《史记》卷六《秦始皇本纪》记载秦始皇指派方士徐市入海求神仙，有调集“童男女”随行的情形：

> 齐人徐市等上书，言海中有三神山，名曰“蓬莱”“方丈”“瀛洲”，仙人居之。请得斋戒，与童男女求之。于是遣徐市发童男女数千人，入海求仙人。

张守节《正义》引《括地志》云：“亶洲在东海中，秦始皇使徐福将童男女入海求仙人，止在此洲，共数万家，至今洲上人有至会稽市易者。吴人《外国图》云亶洲去琅邪万里。”东海中传说“秦始皇使徐福将童男女入海求仙人”所至亶洲，则有可能是日本群岛、琉球群岛、台湾岛或者澎湖列岛。或以为徐市一去而不复返，历史事实却并非如此。《秦始皇本纪》中，此后就另有两次说到徐市：

> （秦始皇三十五年）徐市等费以巨万计，终不得药。
>
> （秦始皇三十七年）方士徐市等入海求神药，数岁不得，费多，恐谴，乃诈曰：“蓬莱药可得，然常为大鲛鱼所苦，故不得至，愿请善射与俱，见则以连弩射之。”

《史记》卷一一八《淮南衡山列传》又有这样的记载：

> 又使徐福入海求神异物，还为伪辞曰：“臣见海中大神，言曰：‘汝西皇之使邪？’臣答曰：‘然。’‘汝何求？’曰：

'愿请延年益寿药。'神曰:'汝秦王之礼薄,得观而不得取。'即从臣东南至蓬莱山,见芝成宫阙,有使者铜色而龙形,光上照天。于是臣再拜问曰:'宜何资以献?'海神曰:'以令名男子若振女与百工之事,即得之矣。'"秦皇帝大说,遣振男女三千人,资之五谷种种百工而行. 徐福得平原广泽,止王不来。①

可见,徐市入海,确实有往有还,是在数次往复之后,终于远行不归的。《史记》卷二八《封禅书》又写道:

> 自威、宣、燕昭使人入海求蓬莱、方丈、瀛洲。此三神山者,其傅在勃海中,去人不远;患且至,则船风引而去。盖尝有至者,诸仙人及不死之药皆在焉。其物禽兽尽白,而黄金银为宫阙。未至,望之如云;及到,三神山反居水下。临之,风辄引去,终莫能至云。世主莫不甘心焉。及至秦始皇并天下,至海上,则方士言之不可胜数。始皇自以为至海上而恐不及矣,使人乃赍童男女入海求之。船交海中,皆以风为解,曰未能至,望见之焉。

其中"使人乃赍童男女入海求之",并没有指明所"使人"是徐市,也许方士们多采取"赍童男女"的形式。《汉书》卷二五下《郊祀志下》记载谷永谏汉成帝语:"秦始皇初并天下,甘心于神仙之道,遣徐福、韩终之属多赍童男童女入海求神采药,因逃不

①张守节《正义》:"《括地志》云:'亶州在东海中,秦始皇遣徐福将童男女,遂止此州。其后复有数洲万家,其上人有至会稽市易者。'"

还，天下怨恨。”说的就是“徐福、韩终之属”。关于这段史事，《三国志》卷四七《吴书·吴主权传》也有一段文字：“遣将军卫温、诸葛直将甲士万人浮海求夷洲及亶洲。亶洲在海中，长老传言秦始皇帝遣方士徐福将童男童女数千人入海，求蓬莱神山及仙药，止此洲不还。世相承有数万家，其上人民，时有至会稽货布，会稽东县人海行，亦有遭风流移至亶洲者。所在绝远，卒不可得至，但得夷洲数千人还。”①

对于海中神山仙人，入海方士为什么“请得斋戒，与童男女求之”呢？

按照《淮南衡山列传》中记录的徐市的“伪辞”，是“海神”提出了要求：“以令名男子若振女与百工之事”。对于这句话的理解，裴骃《集解》引徐广曰：“《西京赋》曰：‘振子万童。’”裴骃又引录了薛综的解释：“振子，童男女。”泷川资言《史记会注考证》引冈白驹曰：“‘令名男子’，良家男子也。‘若’，及也。‘振’当作‘侲’，或古相通。”

顾颉刚在总结秦汉“方士”的文化表现时写道：“鼓吹神仙说的叫做方士，想是因为他们懂得神奇的方术，或者收藏着许多药方，所以有了这个称号。《封禅书》说‘燕、齐海上之方士’，可知这班人大都出在这两国。当秦始皇巡狩到海上时，怂恿他求仙的方士便不计其数。他也很相信，即派韩终等去求不死之药，但去了没有下文。又派徐市（即徐福）造了大船，带了五百童男女去，花费了好几万斤黄金，但是还没有得到什么。反而同行嫉

① 《太平御览》卷六九引《吴志》曰：“孙权遣卫温、诸葛直将甲士万人浮海求夷洲及亶洲在海中。长老传言秦始皇帝遣方士徐福将童男女数千人入海求蓬莱神仙及仙药，止此不返，世世相承，有万家。其上人民时有至会稽货市。”

妒，互相拆破了所说的谎话。”[①]《史记》卷六《秦始皇本纪》说“发童男女数千人”[②]，《汉书》卷四五《伍被传》则说赍“童男女三千人”：“使徐福入海求仙药，多赍珍宝、童男女三千人、五种百工而行。徐福得平原大泽，止王不来。”[③]又有说“童男童女各三千人”的[④]。而顾颉刚所谓“带了五百童男女去”，与《史记》《汉书》中的记载不相合[⑤]。《说郛》卷六六下题东方朔《海内十洲记》也说徐福带走的是“童男童女五百人”[⑥]。虽然正史的记录都是“数千人”、“三千人”，但是“五百人”的数字其实可能更为接近历史真实。《剑桥中国秦汉史》取用了“数百名”的说法，采取了如下表述方式：“公元前 219 年当秦始皇首幸山东海滨并在琅邪立碑时，他第一次遇到术士。其中的徐市请求准许他去海上探险，寻求他说是神仙居住的琼岛。秦始皇因此而耗费巨资，派他带‘数

①顾颉刚：《秦汉的方士与儒生》，上海古籍出版社 1978 年 2 月版，第 11 页。

②《后汉书》卷八五《东夷列传》：“又有夷洲及澶洲，传言秦始皇遣方士徐福将童男女数千人入海求蓬莱神仙，不得，徐福畏诛，不敢还，遂止此洲。世世相承，有数万家。人民时至会稽市。会稽东冶县人有入海行遭风流移至澶洲者，所在绝远，不可往来。”也说“童男女数千人”。

③《前汉纪》卷一二也说“童男女三千人”。

④如《太平广记》卷四“徐福”条录《仙传拾遗》及《广异记》。

⑤元人于钦《齐乘》卷一又有“童男女二千人”的说法。

⑥《说郛》卷六六下题东方朔《海内十洲记》：“祖洲近在东海之中，地方五百里，去西岸七万里。上有不死之草，草形如菰苗，长三四尺，人已死三日者，以草覆之，皆当时活也。服之令人长生。昔秦始皇大苑中多枉死者横道，有鸟如乌状，衔此草覆死人面，当时起坐而自活也。有司闻奏，始皇遣使者赍草以问北郭鬼谷先生。鬼谷先生云：‘此草是东海祖洲上有不死之草，生琼田中，或名为养神芝。其叶似菰苗，丛生，一株可活一人。’始皇于是慨然言曰：‘可采得否？’乃使使者徐福发童男童女五百人，率摄楼船等，入海寻祖州，遂不返。福，道士也，字君房，后亦得道也。”

百名’童男童女进行一次海上探险，但徐一去不复返，传说他们在日本定居了下来。”[①]

随着徐市船队的帆影在水光雾色中消失，这些“童男女”们从此即渺无踪迹。古人诗句“徐福载秦女，楼船几时回？”[②]“闲忆童男女，悠悠去几年”[③]，“悲夫童男女，去作鱼鳖民”[④]，都在追忆的同时，抒发着感叹。

徐市为什么要带领“童男女”出海远航呢？

有人理解，徐市“发童男女”的真实目的，在于增殖人口。“他所要的数千童男女(年轻男女)，是一支繁衍人口的后备大军。”[⑤] 似乎徐市出海，最初就有在海外自立为王的计划。“徐福出海前就有雄心壮志，假寻药之名，行立国之实。”[⑥] 而千百“童男女”就是第一代民众，于是“世相承”，“世世相承”。元代诗人吴莱“就中满载童男女，南面称王自民伍”的诗句[⑦]，或许就暗含这

---

①［美］卜德：《秦国和秦帝国》，杨品泉译，《剑桥中国秦汉史》，中国社会科学出版社 1992 年 2 月版，第 95 页。台湾的译本大体与此一致：“在西元前 219 年，秦始皇首度巡视了山东沿海并立了琅邪刻石，此时是他第一次遇到方士。其中一人，徐市，请求至海外寻访三个神仙之岛；据说那儿有神仙长住。秦始皇因此耗费巨资，派他带着数百童男童女至海外寻访仙岛；但徐市却没有返回，据说他们后来在日本定居。”方俐懿、许信昌译，《剑桥中国史》第 1 册《秦汉编》，南天书局有限公司 1996 年 1 月版，第 94 页。

②〔唐〕李白：《古风四十八》之三，《李太白文集》卷一。

③〔元〕仇远：《镇海亭》，《山村遗集》。

④〔元〕吴莱：《夕泛海东寻梅岑山观音大士洞遂登盘陀石望日出处及东霍山回过翁浦问徐偃王旧城》，《渊颖集》卷四。

⑤文贝武、黄慧显：《论徐福东渡日本的必然性》，《青岛海洋大学学报》(社会科学版)1994 年第 1、2 期。

⑥参看崔坤斗、逄芳：《关于徐福东渡的几个问题》，《青岛海洋大学学报》(社会科学版)1994 年第 4 期。

⑦《听客话熊野山徐市庙》，《渊颖集》卷四。

样的意思。有的学者明确写道："抑徐福之入海，其意初不在求仙，而实欲利用始皇求仙之私心，而藉其力，以自殖民于海外。观其首则请振男女三千人及五谷种种百工以行，次则请善射者携连弩与俱。人口、粮食、武器及一切生产之所资，无不备具。其'得平原广泽而止王不来'，岂非预定之计划耶？可不谓之豪杰哉！"[①] 这里发表的"豪杰"评价，正与唐人"六国英雄漫多事，到头徐福是男儿"[②] 诗意相合。所谓"振男女三千人"的请求，被解释为出自"殖民"目的的策略，其直接作用，和"人口"的追求有关。

然而，这种以为徐市在海外立国是蓄谋已久的阴谋的说法，其实是并不符合历史逻辑的。因为许多迹象表明，徐市出海的最初目的并非要在海外定居，"止王不来"。正如有的学者所指出的，据《史记》卷六《秦始皇本纪》的记载，徐市两次出海，"第一次是始皇二十八年，一开始就率领童男女和百工同往的；第二次是始皇三十七年，徐福提出请善射与俱后的事"。"据三十七年记载，则徐福不但还回来，而且还见了秦始皇，提出了新要求，仍然得到了始皇的支持。"只是在这段文字中，"没有说清楚徐福过去率领泛海的童男女和百工的下文"[③]。白居易诗《海漫漫》："蓬莱今古但闻名，烟水茫茫无觅处。海漫漫，风浩浩，眼穿不见蓬莱岛。不见蓬莱不敢归，童男丱女舟中老。"[④] 所谓"舟中老"者，甚至不言登岛定居事。

---

①马非百：《秦集史》，中华书局 1982 年 8 月版，上册第 253 页。

②〔唐〕罗隐：《始皇陵》，《罗昭谏集》卷四。

③汪向荣：《徐福，日本的中国移民》，《日本的中国移民》（《中日关系史论文集》第 2 辑），1987 年 3 月版，第 32—34 页。

④《白氏长庆集》卷三。

徐市出海之所以“请得斋戒，与童男女求之”，看来应当在更深层次探求其文化原因。而特别值得注意的“请得斋戒”一语，暗示这一行为很可能与神仙信仰有某种关系。

2. 歌儿们的合唱

成书于西晋的《搜神记》一书中，也有“童男女”故事：“吴时，有梓树巨围，叶广丈余，垂柯数亩。吴王伐树作船，使童男女三十人牵挽之。船自飞水，男女皆溺死。至今潭中时有唱唤督进之音也。”。[①]《说郛》卷六一下邓德明《南康记》“梓树”条：“梓潭昔有梓树巨围，叶广丈余，垂柯数亩。吴王伐树作船，使童男女挽之，船自飞下，男女皆溺死。至今潭中时有歌唱之音。”《太平御览》卷四八引《南康记》曰：“梓潭山有大梓树，吴王令都尉肃武伐为龙舟，槽斫成而牵挽不动。占云须童男女数十人为歌乐，乃当得行。遂依其言，以童男女牵拽，没于潭中，男女皆溺焉。其后天晴朗，仿佛若见人船，夜宿潭边，或闻歌唱之声，因号梓潭焉。”[②] 这里所说的“吴时”，不知是东周吴时还是三国孙吴时。值得我们注意的，不仅是“童男女”和航船的关系，还在于“童男女”“唱唤”“歌唱”“为歌乐”的行为。

秦汉时期的神祀活动中，也有与此相类似的“童男女”歌唱的表演。

---

①《搜神记》卷一八。

②《太平御览》卷六六引《南康记》曰：“梓潭山在雩都县之东南六十九里，其山有大梓树。吴王令都尉萧武伐为龙舟，艚斫成而牵引不动。占云：须童男女数十人为歌乐，乃当得下。依其言，以童男女牵拽艚，没于潭中。男女皆溺。其后每天晴朗净，仿佛若见人船焉，夜宿潭边，或闻歌唱之声，因号梓潭焉。”

《史记》卷八《高祖本纪》记述了刘邦作《大风歌》的著名故事："高祖还归，过沛，留。置酒沛宫，悉召故人父老子弟纵酒，发沛中儿得百二十人，教之歌。酒酣，高祖击筑，自为歌诗曰：'大风起兮云飞扬，威加海内兮归故乡，安得猛士兮守四方！'令儿皆和习之。高祖乃起舞，慷慨伤怀，泣数行下。"刘邦特意"发沛中儿得百二十人，教之歌"，自为歌诗后，"令儿皆和习之"，并非仅仅具有娱乐意义和纪念意义。《史记》卷二四《乐书》：

> 高祖过沛诗《三侯之章》，令小儿歌之。高祖崩，令沛得以四时歌儛宗庙。孝惠、孝文、孝景无所增更，于乐府习常肄旧而已。

司马贞《索隐》："按：过沛诗即《大风歌》也。其辞曰：'大风起兮云飞扬，威加海内兮归故乡，安得猛士兮守四方'是也。'侯'，语辞也。《诗》曰'侯其祎而'者是也。'兮'亦语辞也。沛诗有三'兮'，故云'三侯'也。""儿""小儿"的歌唱，是服务于"宗庙"的神祠音乐。《汉书》卷二二《礼乐志》也说到《史记》卷八《高祖本纪》所谓"歌儿"：

> 初，高祖既定天下，过沛，与故人父老相乐，醉酒欢哀，作'风起'之诗，令沛中僮儿百二十人习而歌之。至孝惠时，以沛宫为原庙，皆令歌儿习吹以相和，常以百二十人为员。

此称"僮儿百二十人"。刘邦集合沛中儿童"得百二十人，教之歌"，后来"以沛宫为原庙"，形成"歌儿习吹以相和，常以百二十人为员"的制度。之所以确定"百二十人"，很可能与"天之大数，不过十二”的意识有关[①]。

《史记》卷二八《封禅书》记载汉武帝时事，有设计郊祀音乐制度的情节：

> 既灭南越，上有嬖臣李延年以好音见。上善之，下公卿议，曰：“民间祠尚有鼓舞乐，今郊祀而无乐，岂称乎？”公卿曰：“古者祠天地皆有乐，而神祇可得而礼。”或曰：“太帝使素女鼓五十弦瑟，悲，帝禁不止，故破其瑟为二十五弦。”于是塞南越，祷祠太一、后土，始用乐舞，益召歌儿，作二十五弦及空侯琴瑟自此起。[②]

“素女”“歌儿”的表演作为“郊祀”之“乐”，以“祠天地”、“礼”“神祇”的情形，又见于《史记》卷二四《乐书》的如下记载：

> 汉家常以正月上辛祠太一甘泉，以昏时夜祠，到明而

---

① 《左传·哀公元年》：“周之王也，制礼上物，不过十二，以为天之大数也。”杜预解释说，“天有十二次，故制礼象之。”《礼记·郊特牲》规定郊祭仪程，也说：“祭之日，王被衮以象天，戴冕璪十有二旒，则天数也。”同样以“十二”为“天数”。郑玄注：“天之大数，不过十二。”《汉书》卷二一上《律历志上》也有这样的内容：“五星起其初，日月起其中，凡十二次。日至其初为节，至其中斗建下为十二辰。视其建而知其次。故曰：‘制礼上物，不过十二，天之大数也’。”天时也以“十二”为纪。《周礼·春官·冯相氏》：“掌十有二岁、十有二月、十有二辰。”

② 《史记》卷一二《孝武本纪》作：“既灭南越，上有嬖臣李延年以好音见。上善之，下公卿议，曰：‘民间祠尚有鼓舞之乐，今郊祠而无乐，岂称乎？’公卿曰：‘古者祀天地皆有乐，而神祇可得而礼。’或曰：‘泰帝使素女鼓五十弦瑟，悲，帝禁不止，故破其瑟为二十五弦。’于是塞南越，祷祠泰一、后土，始用乐舞，益召歌儿，作二十五弦及箜篌瑟自此起。”《汉书》卷二五上《郊祀志上》同。

终。常有流星经于祠坛上。使僮男僮女七十人俱歌。春歌《青阳》,夏歌《朱明》,秋歌《西暤》,冬歌《玄冥》。世多有,故不论。

这里所说的“僮男僮女”,就是“童男童女”。《太平御览》卷五引《史记》卷二七《天官书》:“汉武帝以正月上辛祠太一甘泉,夜祠到明,忽有星至于祠坛上,使童男女七十人俱歌十九章之歌。”《汉书》卷二二《礼乐志》:

合八音之调,作十九章之歌。以正月上辛用事甘泉圜丘,使童男女七十人俱歌,昏祠至明。夜常有神光如流星止集于祠坛,天子自竹宫而望拜,百官侍祠者数百人皆肃然动心焉。

由“用事甘泉圜丘”时所谓“使童男女七十人俱歌”,可以推知所谓“歌儿”的身份特征。

值得注意的是,《艺文类聚》卷一二引周庾信《汉高祖置酒沛宫画赞》曰:“游子思旧,来归沛宫。还迎故老,更召歌童。虽欣入沛,方念移丰。酒酣自舞,先歌《大风》。”将前引《史记》卷八《高祖本纪》“高祖所教歌儿百二十人”之“歌儿”直接称作“歌童”。

“歌童”也写作“歌僮”。

《晋书》卷四〇《贾谧传》有这样的内容:“谧好学,有才思。既为充嗣,继佐命之后,又贾后专恣,谧权过人主,至乃锁系黄门侍郎,其为威福如此。负其骄宠,奢侈踰度,室宇崇僭,器服珍丽,歌僮舞女,选极一时。”其实,由前引《史记》卷八《高祖本纪》

“高祖所教歌儿百二十人”及《汉书》卷二二《礼乐志》“令沛中僮儿百二十人习而歌之”，可知“歌儿”“僮儿”义近，则“歌僮”称谓所指代的身份也相应明朗。

“童男女”的歌唱，可以产生使得在场者“皆肃然动心焉”的精神效应。这可能与当时社会意识中这种身份所具有的特殊的神秘意义有关。然而，历史文献中也可以看到从事一般娱乐性表演的“歌儿”的事迹。

《史记》卷一二七《日者列传》记载卜者司马季主与宋忠、贾谊论“尊官”“贤才”之可鄙，也说到“歌儿”：“食饮驱驰，从姬歌儿。”可知“歌儿”在民间文艺活动中也相当活跃。《盐铁论·散不足》写道：“今富者钟鼓五乐，歌儿数曹，中者鸣竽调瑟，郑儛赵讴。”《艺文类聚》卷一二引桓子《新论》曰：“歌儿卫子夫因幸爱重，乃阴求陈皇后过恶，而废退之。即立子夫，更其男为太子。”这里所说的“歌儿”，已经不是本来意义上的“童男女”了。《后汉书》卷七八《宦者列传》指出宦官生活消费的奢贵：“南金、和宝、冰纨、雾縠之积，盈仞珍臧；嫱媛、侍儿、歌童、舞女之玩，充备绮室。狗马饰雕文，土木被缇绣。皆剥割萌黎，竞恣奢欲。”李贤注：“《昌言》曰：‘为音乐则歌儿、舞女，千曹而迭起。’”由所谓“千曹而迭起”，可知当时社会权贵阶层消费生活中“歌儿”的数量。李贤注引《昌言》以“歌童”释“歌儿”，可见两者身份是相当接近的。《文选》卷五〇范晔《后汉宦者传论》：“嫱媛、侍儿、歌童、舞女之玩，充备绮室。”李善注也说：“仲长子《昌言》曰：‘为音乐则歌儿、舞女，千曹而迭起。’”[①]

①参看王子今：《居延汉简“歌人”考论》，《古史性别研究丛稿》，社会科学文献出版社 2004 年 12 月版。

民间娱乐生活中的“歌童”“歌儿”，与神祀体系中的“童男女”，其文化角色是明显不同的。

3. 东海黄公“少时”表演

“东海黄公”是秦汉时期比较成熟的民间“百戏”表演节目，后来又进入宫廷。考察中国戏剧起源的学者，多注意到“东海黄公”的演出形式与中国早期戏剧的关系①。

《文选》卷二张衡《西京赋》说到“东海黄公”的表演，有“冀厌白虎，卒不能救”的说法。其内容情节当如李善注：“《西京杂记》曰：‘东海人黄公，少时能幻，制蛇御虎，常佩赤金刀。及衰老，饮酒过度，有白虎见于东海，黄公以赤刀往厌之，术不行，遂为

①周贻白在有关中国戏剧史的研究论著中指出，“东海黄公”表演，“颇与后世戏剧有关”（《中国戏剧史》，中华书局 1953 年 3 月版，第 37 页）。“与后世戏剧具有直接渊源”（《中国戏剧史长编》，人民文学出版社 1960 年 1 月版，第 24 页）。张庚、郭汉城在论述汉代“角抵戏剧化”的过程时，也说到“东海黄公”表演，并强调这一表演“已经有了一个故事了”，已经有了“故事的预定”（《中国戏曲通史》，中国戏剧出版社 1980 年 4 月版，上册第 17—18 页）。唐文标《中国古代戏剧史》在“自汉迄唐宋的古剧”一章中，第一节即为“《东海黄公》的故事”。他认为，在由汉迄唐的“戏剧发展”中，“《东海黄公》的故事是一个很好的源流例子”（《中国古代戏剧史》，中国戏剧出版社 1985 年 8 月版，第 47 页）。廖奔、刘彦君在关于“初级戏剧雏形——秦汉六朝百戏形态”的论述中，也专有“《东海黄公》”一节，论证更为详尽。论者以为“东海黄公”可以看作“完整戏剧表演”（《中国戏曲发展史》，山西教育出版社 2000 年 10 月版，第 1 卷第 60—61 页）。黄卉《元代戏曲史稿》也肯定“东海黄公”已经“有了一定故事内容”，“与后世的戏曲有直接渊源关系”，应当看作“重要的戏剧萌芽”，“是当前发现的最早的，以表现故事为特征的戏剧的开端”（《元代戏曲史稿》，天津古籍出版社 1995 年 11 月版，第 17—19 页）。也有学者将其定位为“悲剧”，称之为“最早的戏剧雏型”（傅起凤、傅腾龙：《中国杂技》，天津科学技术出版社 1983 年 12 月版，第 9 页）。

虎所食。故云不能救也。皆伪作之也。'" 今本《西京杂记》卷三可以看到有关"东海黄公"的事迹,为"术"以"制蛇御虎":

> 余所知有鞠道龙,善为幻术,向余说古时事,有东海人黄公,少时为术,能制蛇御虎,佩赤金刀,以绛缯束发,立兴云雾,坐成山河。及衰老,气力羸惫,饮酒过度,不能复行其术。秦末有白虎见于东海,黄公乃以赤刀往厌之。术既不行,遂为虎所杀。三辅人俗用以为戏,汉帝亦取以为角抵之戏焉。

"三辅人俗用以为戏,汉帝亦取以为角抵之戏焉",说"东海黄公"实际上已经成为早期"戏"的主角。

"百戏"在汉代已经成为乐舞杂技的总称,"其种类虽很繁复,但并非全无头绪。其命名百戏,盖为总称。中国戏剧之单称为'戏',似乎也是从这个总称支分出来,而成为专门名词。其中确也有不少的东西,在戏剧的形式上有相当的帮助"。正如周贻白所指出的,这是"汉代文化程度有了高速的进境的表见"。"百戏"的名目,"包括甚广","我们但知汉代对于这个'戏'字的使用,把意义扩大得极为宽泛,几乎凡系足以娱悦耳目的东西,都可以用'戏'来作代称"[①]。当然,"东海黄公"这种"戏"和现今所说"戏曲"的关系,还需要认真澄清。但是讨论中国"戏曲"之"源"

①周贻白:《中国戏剧史》,第36—37页;《中国戏剧史长编》,人民文学出版社1960年1月版,第23—24页。"高速的进境",《长编》改称"高速的进展"。

时应当注意到“东海黄公”的表演，则是没有疑义的[①]。

“东海黄公”的表演，“三辅人俗用以为戏”，可知当时已经在民间社会普及。已经有学者指出，“戏”的出现与儿童游戏有一定关系。值得我们注意的，是《西京杂记》所说“东海黄公”“少时能幻，制蛇御虎”、“少时为术，能制蛇御虎”的情形[②]。为什么强调“少时”？“三辅人俗用以为戏”是不是也有儿童演员呢？“东海黄公”的表演是不是也从侧面反映了当时的儿童游戏中存在“御虎”一类体现人与野生动物关系的形式呢？

在后来的文化遗存中，我们确实可以看到少儿制服猛虎的故事。如戏曲作品有《今乐考证》著录的元明阙名杂剧《杨香跨虎》和明代传奇黄伯羽《蛟虎记》等。《杨香跨虎》本事出《异苑》。《太平御览》卷四一五引《异苑》曰：“顺阳南乡县杨丰与息女香于田获粟，丰为虎所噬。香年甫十四，手无寸刃，乃搤虎颈，丰因获免。香以诚孝至感猛兽为之逡巡。太守平昌孟肇之赐资谷，旌其门闾焉。”又《太平御览》卷八九二引《孝子传》曰：“杨香父为虎噬，忿愤搏之，父免害。”《蛟虎记》则说周处杀虎故事，也在“年少时”[③]。

“东海黄公”“少时能幻”，“少时为术”，也许可以理解为年少

①参看王子今、王心一：《“东海黄公”考论》，《陕西历史博物馆馆刊》第11辑，三秦出版社2004年12月版。

②宋人罗浚《宝庆四明志》卷二〇《叙祠·神庙》说到“黄公祠”时引《西京杂记》作“东海人黄公，少能幻制蛇虎”。

③《世说新语·自新》：“周处年少时，凶强侠气，为乡里所患．又义兴水中有蛟，山中有邅迹虎，并皆暴犯百姓，义兴人谓为三横，而处尤剧。或说处杀虎斩蛟，实冀三横唯余其一。处即刺杀虎，又入水击蛟，蛟或浮或没，行数十里，处与之俱。经三日三夜，乡里皆谓已死，更相庆，竟杀蛟而出。闻里人相庆，始知为人情所患，有自改意。”

时即具有神异能力的例证。

4. 侲子与傩

前引《史记》言海神传说有关“以令名男子若振女与百工之事”事，裴骃《集解》引徐广的理解，与《西京赋》“振子万童”相联系，又引薛综语：“振子，童男女。”“振”可能就是“侲”。

《后汉书》卷一〇上《皇后纪上·和熹邓皇后》记载：永初三年（109）秋，“太后以阴阳不和，军旅数兴，诏飨会勿设戏作乐，减逐疫侲子之半，悉罢象橐驼之属。丰年复故”。李贤注：“‘侲子’，逐疫之人也，音‘振’。薛综注《西京赋》云：‘侲之言善也，善童，幼子也。’《续汉书》曰：‘大傩，选中黄门子弟，年十岁以上，十二以下，百二十人为侲子。皆赤帻皂制，执大鞉。’”说明了“侲子”通常的年龄。李贤所引《续汉书》即《续汉书·礼仪志中》：

> 先腊一日，大傩，谓之逐疫。其仪：选中黄门子弟年十岁以上，十二以下，百二十人为侲子。皆赤帻皂制，执大鼗。方相氏黄金四目，蒙熊皮，玄衣朱裳，执戈扬盾。十二兽有衣毛角。中黄门行之，冗从仆射将之，以逐恶鬼于禁中。夜漏上水，朝臣会，侍中、尚书、御史、谒者、虎贲、羽林郎将执事，皆赤帻陛卫。乘舆御前殿。黄门令奏曰：“侲子备，请逐疫。”于是中黄门倡，侲子和，曰：“甲作食凶，胇胃食虎，雄伯食魅，腾简食不祥，揽诸食咎，伯奇食梦，强梁、祖明共食磔死寄生，委随食观，错断食巨，穷奇、腾根共食蛊。凡使十二神追恶凶，赫女躯，拉女干，节解女肉，抽女肺肠。女不急去，后者为粮！”因作方相与十二兽儛。嚾呼，周遍前后省三过，持炬火，送疫出端门；门外驺骑传炬出

官，司马阙门门外五营骑士传火弃雒水中。百官官府各以木面兽能为傩人师讫，设桃梗、郁櫑、苇茭毕，执事陛者罢。苇戟、桃杖以赐公、卿、将军、特侯、诸侯云。

“选中黄门子弟年十岁以上，十二以下，百二十人为侲子”，以及所谓“十二神”、“十二兽”，也应当与“天数”观念有关。对于有关“侲子”的一段文字，刘昭《注补》有如下的解释：“《汉旧仪》曰：‘方相帅百隶及童子，以桃弧、棘矢、土鼓，鼓且射之，以赤丸、五谷播洒之。’谯周《论语注》曰：‘以苇矢射之。’薛综曰：‘侲之言善，善童，幼子也。’”薛综的话，是对《文选》卷二张衡《西京赋》文句的解释。张衡写道：

尔乃建戏车，树修旃，侲僮程材，上下翩翻。突倒投而跟絓，譬陨绝而复联。

薛综还说，“‘程’，犹‘见’也。‘材’，伎能也。”对于“侲僮”，李善又有补充说明：“《史记》：徐福曰：‘海神云：若侲女，即得之矣。’”“侲僮程材”，据《四库全书考证》卷九四《汉魏六朝百三家集上》，《汉张河间集》刊本“程”作“逞”。

“童子”们“以桃弧、棘矢、土鼓，鼓且射之”，使人联想到睡虎地秦简《日书》甲种驱鬼之术之“以桃为弓，牡棘为矢”。《左传·昭公四年》：“桃弧棘矢，以除其灾。”杜预注：“桃弓、棘箭，所以禳除凶邪。”又《昭公十二年》：“唯是桃弧棘矢，以共御王事。”杜预注：“桃弧、棘矢，以御不祥。”《焦氏易林》卷三《明夷·未既》：“桃弓苇戟，除残去恶，敌人执服。”《古今注》卷上：“桃弓苇矢，所以祓除不祥也。”整理小组注释：“牡棘，疑即牡荆，见《政和本草》卷十二。《左传》昭公四年：‘桃弧棘矢，以除其灾。’”[①] 刘乐贤说，“《周礼·蝈氏》：‘焚牡菊’郑注：‘牡菊，菊不华者。’贾疏：‘此则《月令·季秋》云“菊有黄华”，是牝菊也。’显然，古人称开花之菊为牝菊，不开花的菊为牡菊。《四民月令·五月》：‘先后日至各五日，可种禾及牡麻。’其本注云：‘牡麻有花无实，好肌理，一名为枲。’《本草纲目·大麻》：释名：‘雄者名麻枲、牡麻。’牡麻是指雄性大麻。可见《日书》的牡棘也应指不开花结果实之棘，即雄性之棘。棘作的矢本来就是避邪的器物（上引《左传》的‘棘矢’、《日书》下文的‘棘椎’皆可为证），雄性代表阳性，用牡棘做的矢驱鬼之效应当更强。”[②] 今按：“棘”，又称作“酸枣”，是北部中国极为普遍，常常野生成丛莽的一种落叶灌木，也有生成乔木者。其果实较枣小，肉薄味酸，民间一般通称为“酸枣”。枣，在中国古代是一种富有神异特性的果品。我们现在一般所说的“枣”，古时称作“常枣”。而“棘”，则称作“小枣”。二者字形都源起于“刺”的主要部分，前者上下重写，后者左右并写。《诗·魏风·园有桃》：“园有棘，其实之食。”毛亨传：“棘，枣也。”《淮南子·兵略》：“伐棘枣而为矜。”高诱注：“棘枣，酸枣也。”刘向《九叹·愍命》：“折芳枝与琼华兮，树枳棘与薪柴。”王逸注：“小枣为棘。”枣，是汉代风行的神话传说中仙人日常食用的宝物[③]。联系“枣”的神性，也可以帮助我们理

①睡虎地秦墓竹简整理小组编：《睡虎地秦墓竹简》，文物出版社 1990 年 9 月版，第 216 页。

②刘乐贤：《睡虎地秦简日书研究》，文津出版社 1994 年 7 月版，第 234—235 页。

③汉代铜镜铭文常见所谓“渴饮甘泉饥食枣”，是当时民间所理解的神仙世界的生活方式。《后汉书》卷八二下《方术列传下·王真》：“孟节能含枣核，不食可至五年十年。”

解“棘”的神性。除《左传》所言“桃弧棘矢”可以除灾而外,《抱朴子·名实》也说:“彍棘矢而望高手于广渠,策疲驽而求继轨于周穆。”汉代史事中可以看到以“棘”辟鬼的实例[①]。“棘”是“小枣”,“牡棘”又“不华”或者“有花无实”,也使人自然会联想到“童子”的性生理特征。

棘可以避鬼“以御不祥”的礼俗,在西方民族的文化传统中也有反映。如英国人类学家弗雷泽说:不列颠哥伦比亚的舒什瓦普人死去亲人后,必须实行严格的隔离。值得注意的是,“他们用带刺的灌木作床和枕头,为了使死者的鬼魂不得接近;同时他们还把卧铺四周也都放了带刺灌木。这种防范做法,明显地表明使得这些悼亡人与一般人隔绝的究竟是什么样的鬼魂的危险了。其实只不过是害怕那些依恋他们不肯离去的死者鬼魂而已”[②]。

5. 求雨仪式中的“小童”

董仲舒在《春秋繁露·求雨》中说到当时“春旱求雨”的仪式规程,涉及“小童”的作用:

---

①如《汉书》卷五三《景十三王传·广川惠王刘越》记载,广川王刘去残杀姬荣爱,“支解以棘埋之”。王莽曾以傅太后、丁太后陵墓不合制度,发掘其冢墓。《汉书》卷九七下《外戚传下·定陶丁姬》记载:“既开傅太后棺,臭闻数里。……掘平共王母、丁姬故冢,二旬间皆平。莽又周棘其处以为世戒云。”所谓“周棘其处”,颜师古注:“以棘周绕也。”又《汉书》卷八四《翟方进传》说,翟义起兵反抗王莽,事败,“莽尽坏义第宅,污池之。发父方进及先祖冢在汝南者,烧其棺柩,夷灭三族,诛及种嗣,至皆同坑,以棘五毒并葬之”。又下诏曰:“其取反虏逆贼之鲸鲵,聚之通路之旁……筑为武军,封以为大戮,荐树之棘。建表木,高丈六尺。”所谓“以棘五毒并葬之”和“荐树之棘”,都值得注意。

②[英]詹姆斯·乔治·弗雷泽:《金枝:巫术与宗教之研究》,许育新等译,大众文艺出版社1998年1月版,第313页。

春旱求雨。今县邑以水日祷社稷山川,家人祀户。无伐名木,无斩山林。暴巫聚尪。八日。于邑东门之外为四通之坛,方八尺,植苍缯八。其神共工,祭之以生鱼八,玄酒,具清酒、膊脯。择巫之洁清辩利者以为祝。祝斋三日,服苍衣,先再拜,乃跪陈,陈已,复再拜,乃起。祝曰:"昊天生五谷以养人,今五谷病旱,恐不成实,敬进清酒、膊脯,再拜请雨,雨幸大澍。"以甲乙日为大苍龙一,长八丈,居中央。为小龙七,各长四丈。于东方。皆东乡,其间相去八尺。小童八人,皆斋三日,服青衣而舞之。田啬夫亦斋三日,服青衣而立之。凿社通之于闾外之沟,取五虾蟆,错置社之中。池方八尺,深一尺,置水虾蟆焉。具清酒、膊脯,祝斋三日,服苍衣,拜跪,陈祝如初。取三岁雄鸡与三岁豭猪,皆燔之于四通神宇。令民阖邑里南门,置水其外。开邑里北门,具老豭猪一,置之于里北门之外。市中亦置豭猪一,闻鼓声,皆烧豭猪尾。取死人骨埋之,开山渊,积薪而燔之。通道桥之壅塞不行者,决渎之。幸而得雨,报以豚一,酒、盐、黍财足。

求雨礼俗,"四时皆以水日","四时皆以庚子之日"。而其他仪式节目"四时"各有不同。例如,我们看到:

春	东	小童八人皆斋三日,服青衣而舞之	田啬夫亦斋三日,服青衣而立之
	南	壮者三人皆斋三日,服赤衣而舞之	司空啬夫亦斋三日,服赤衣而立之
夏	中央	丈夫五人皆斋三日,服黄衣而舞之	老者五人,亦斋三日,服黄衣而立之
秋	西	鳏者九人皆斋三日,服白衣而舞之	司马亦斋三日,衣白衣而立之
冬	北	老者六人皆斋三日,衣黑衣而舞之	尉亦斋三日,服黑衣而立之

对于这种仪式的文化象征涵义，还需要认真研究方能作出合理的解说，然而人们会注意到，对应最常见而危害农事最严重的春旱的，是“小童”的表演[①]。

“小童八人”，“壮者三人”，“丈夫五人”，“鳏者九人”，“老者六人”，似都是男子。《春秋繁露》同篇强调“凡求雨之大体，丈夫欲藏匿，女子欲和而乐”的说法也值得重视。“小童”与“鳏者”“老者”同样，在“性”的意义上都是非“丈夫”。只有“壮者”和“丈夫”的活动看来与“丈夫欲藏匿”的原则相悖，然而他们必须“斋三日”，而且人数也明显较“小童”与“鳏者”“老者”为少[②]。所谓“取三岁雄鸡与三岁豭猪，皆燔之于四通神宇”，“具老豭猪一，置之于里北门之外”，“市中亦置豭猪一，闻鼓声，皆烧豭猪尾”等，也是象征对雄性施行性压抑和性压迫的情节[③]。

“小童”在“求雨”仪式中的特殊作用，或许与人类学家注意到的某些民族的求雨礼俗在原始动机或者文化象征方面有共通之处。弗雷泽写道：“在祖鲁兰，有时妇女们把她们的孩子埋在坑里只留下脑袋在外，然后退到一定距离长时间地嚎啕大哭，她们认为苍天将不忍目睹此景。然后她们把孩子挖出来，心想雨就会来到。”[④]

---

①《公羊传·桓公五年》：“‘大雩’者何？旱祭也。”何休注：“使童男女各八人，舞而呼雩。”所谓“童男女各八人”，与“小童八人”不同。或许两汉相关礼俗有所变化。

②在“皆斋三日”服五色衣而舞之的总计 31 位表演者中，按同比率计，“壮者”和“丈夫”应占 40%，即 12.4 人。而实际上只占到 25.8%。

③据《春秋繁露·止雨》，相反，“凡止雨之大体，女子欲其藏而匿也，丈夫欲其和而乐也”。

④［英］詹姆斯·乔治·弗雷泽：《金枝：巫术与宗教之研究》，第 101—117 页。

《太平御览》卷五二六引《汉旧仪》:“元封六年,诸儒奏请施行董仲舒请雨事,始令丞相以下求雨,曝城南舞童女祷天神。成帝五年,始令诸官止雨,朱绳乃萦社击鼓攻之。”这里说“求雨”时“舞童女祷天神”,与今本《春秋繁露》相关部分所陈述的内容不同。

汉代另有神祠用“童男”舞。例如“灵星”之“祠”。《续汉书·祭祀志下》写道:“汉兴八年,有言:‘周兴而邑立后稷之祀。’于是高帝令天下立灵星祠,言祠后稷而谓之灵星者,以后稷又配食星也。旧说:星谓天田星也。一曰:龙左角为天田官,主谷,祀用壬辰位祠之,壬为水,辰为龙,就其类也,牲用太牢,县邑令长侍祠,舞者用童男十六人,舞者象教田,初为芟除,次耕种、芸耨、驱爵及获刈、舂簸之形,象其功也。”这种舞蹈取农耕劳作动作,而又有“灵星”就是“天田星”的说法,或说“龙左角为天田官,主谷,祀用壬辰位祠之,壬为水,辰为龙,就其类也”。则这种祭祀活动与“龙”“水”有关,那么,“灵星祠”仪式有与“求雨”形式相类的内容,也就是容易理解的了。

6.“童男女”的神性

对于徐市出海带领“童男女”的举动,有学者曾经分析“要求有男小子和小姑娘”的目的,写道:“这种要求,同后来道家的采女有无联系,暂时存疑不论。”[①] 这里提出了一种推测,然而并没有论证。现在看来,徐市以“童男女”编入船队,似与“后来道家的采女”并无联系。其动机,很可能与先秦秦汉社会意识中以为“童男女”具有某种神性,有时可以宣示天意的观念有关。

---

①张文立:《秦始皇帝评传》,陕西人民教育出版社 1996 年 3 月版,第 421 页。

《左传·昭公三十一年》:“十二月辛亥朔,日有食之。是夜也,赵简子梦童子赢而转以歌,旦以占诸史墨,曰:‘吾梦如是,今而日食,何也?’对曰:‘六年及此月也,吴其入郢乎?终亦弗克,入郢必以庚辰,日月在辰尾,庚午之日,日始有谪,火胜金,故弗克。’”西晋人杜预解释说,“简子梦适与日食会,谓咎在己,故问之。”“史墨知梦非日食之应,故释日食之咎,而不释其梦。”所谓“童子赢而转以歌”,“转”被解释为“婉转”。据《左传·定公四年》,正是在鲁定公四年(前506)十一月的庚辰日,吴军攻入楚国的郢都。童子裸体,体现出更原初的形态。“梦童子赢而转以歌”,成为一种预言发布形式。

《风俗通义·怪神》说到这样一个故事,司徒长史桥玄五月末夜卧,见白光照壁,呼问左右,左右都没有看见。有人为他解释说,这一“变怪”并不造成伤害,又预言六月上旬某日南家将有丧事,秋季将升迁北方郡级行政长官,其地“以金为名”,未来将官至将军、三公。桥玄并不相信。然而六月九日拂晓,太尉杨秉去世。七月二日,拜钜鹿太守,“钜”字从金。后来又任度辽将军,“历登三事”,先后任司空、司徒、太尉。应劭感叹道:“今妖见此,而应在彼,犹赵鞅梦童子裸歌而吴入郢也。”说怪神表现在此,而实应发生于彼,就好比《左传》“赵鞅梦童子裸歌而吴入郢”的故事一样啊。所谓“童子裸歌”,被看作神奇的先兆。

《史记》卷五《秦本纪》记载“陈宝”神话:“(秦文公)十九年,得陈宝。”张守节《正义》的解释涉及“童子”神话:“《括地志》云:‘宝鸡祠在岐州陈仓县东二十里故陈仓城中。’”又引《晋太康地志》:“秦文公时,陈仓人猎得兽,若彘,不知名,牵以献之。逢二童子,童子曰:‘此名为媦,常在地中食死人脑。’即欲杀之,拍捶其首。媦亦语曰:‘二童子名陈宝,得雄者王,得雌者霸。’陈仓人乃逐二童子，化为雉，雌上陈仓北阪，为石，秦祠之。”“《搜神记》云其雄者飞至南阳，其后光武起于南阳，皆如其言也。”《封氏闻见记》卷六“羊虎”条引《风俗通》：“或说秦穆公时，陈仓人掘地得物若羊，将献之。道逢二童子，谓曰：‘此名为蝹，常在地中食死人脑，若杀之，以柏东南枝捶其首。’由是墓侧皆树柏此上。”也是这一“童子”故事的又一翻版。《搜神记》卷八、《续博物志》卷六、《艺文类聚》卷九〇引《列异传》也都说是秦穆公时事。“童子”的神异品格，看来在秦人的意识中有相当鲜明的印迹。

唐玄宗曾经引曹丕“仙童”“羽翼”诗句申说兄弟情谊[①]。《艺文类聚》卷七八引《魏文帝游仙诗》曰：“西山一何高，高高殊无极。上有两仙童，不饮亦不食。与我一丸药，光曜有五色。服药四五日，胸臆生羽翼。轻举生风云，倏忽行万亿。浏览观四海，茫茫非所识。”汉魏之际诗文遗存中所见“仙童”形象的出现，虽然可以看作新的文化信息，实际上却又是具有神性的“童男女”身份的一种衍变[②]。

晋人傅玄的乐府诗《云中白子高行》中写述了关于天宫之行的浪漫想象，其中可以看到：“超登元气攀日月，遂造天门将上谒。阊阖辟，见紫微绛阙，紫宫崔嵬，高殿嵯峨，双阙万丈玉树罗。

①《旧唐书》卷九五《睿宗诸子列传·让皇帝宪》：“玄宗既笃于昆季，虽有谗言交构其间，而友爱如初。宪尤恭谨畏慎，未曾干议时政及与人交结，玄宗尤加信重之。尝与宪及岐王范等书曰：‘昔魏文帝诗云：“西山一何高，高处殊无极。上有两仙童，不饮亦不食。赐我一丸药，光耀有五色。服药四五日，身轻生羽翼。”朕每思服药而求羽翼，何如骨肉兄弟天生之羽翼乎！’”

②顺便可以指出，“两仙童”和“二童子”的对应关系，也是值得注意的。

童女掣电策，童男挽雷车。云汉随天流，浩浩如江河。因王长公谒上皇，钧天乐作不可详。龙仙神仙，教我灵秘，八风子仪，与游我祥。”其中“童女掣电策，童男挽雷车”诗句，明言“童男”“童女”是神界中重要角色。

魏晋以来神仙思想中有关“童男”“童女”的内容，其实与秦汉时期的思想礼俗有着紧密的文化联系。稍晚的例证，又有《说郛》卷六十二下范致明《岳阳风土记》引庾穆之《湘州记》中的故事：“君山上有美酒数斗，得饮之即不死为神仙。汉武帝闻之，斋居七日，遣栾巴将童男女数十人来求之。果得酒，进御未饮。东方朔在旁，窃饮之。帝大怒，将杀之。朔曰：‘使酒有验，杀臣亦不死。无验，安用酒为？’帝笑而释之。”故事主角汉武帝、东方朔均西汉人，而栾巴则东汉人。《后汉书》卷五七《栾巴传》：“栾巴，字叔元，魏郡内黄人也。”李贤注：“《神仙传》云：巴蜀郡人也，少而学道，不修俗事。”在道教崇拜体系中，栾巴颇有地位[①]。清人何焯以为“汉世异术之士”，而“上书极谏理陈窦之冤”后自杀，“以此不入方技”[②]。

君山神酒故事，汉武帝求之，有“斋居七日”的情节，又“遣栾巴将童男女数十人”前往，正与徐市“请得斋戒，与童男女求之”的情形相同。

《论衡·订鬼》说：“世谓童子为阳，故妖言出于小童。童、巫含阳，故大雩之祭，舞童暴巫。”“童、巫”竟然并称，可知其作用有某种共同之处。而童谣历来被看作历史语言，也与这一文化现

---

①据《说郛》卷五八下葛洪《神仙传》，栾巴名列汉淮南王刘安及李少君之前。可知《湘州记》中的时代错乱是有来由的。《说郛》卷五七上陶弘景《真灵位业图》中，栾巴与葛洪并列。

②〔清〕何焯：《义门读书记》卷二四，卷二三。

象有关。关于童谣的文化性质,可以另文讨论。

“童男女”具有可以与神界沟通的特殊能力,也许体现了具有原始思维特征的文化现象。

一些人类学资料告诉我们,许多民族都有以“童男女”作为牺牲献祭神灵的风习。“在弗吉尼亚,印第安人奉献儿童作为牺牲。”“腓尼基人为了使神发慈悲之心而将……自己心爱的孩子奉献作祭品。他们从贵族家庭中挑选牺牲以增大牺牲的价值。”[①] “在旁遮普的康格拉山区,每年都要用一个童女向一株老雪松献祭,村里人家年年挨户轮流奉献。”“巴干达人每逢远航总要祈求维多利亚·尼昂萨湖神莫卡萨,献出两位少女做他妻子。”[②] 中国的河伯娶妇的故事,也体现了相同的文化涵义。

为什么要以“童男女”作为牺牲呢?

一方面,可能是由于“童男女”在原始人群中,具有特殊的身份,他们“还不是社会集体的‘完全的’成员”,“儿童在他的身体成长发育的时期,他也不是完全的‘生’。他的人身还不是完全的”。“行割礼前的男孩不被认为是拥有脱离父亲的人身。”“在塞威吉岛,‘没有行过玛塔普列加(mata pulega)仪式(类似割礼的仪式)的孩子永远不被认为是部族的正式成员。’”“事实上就等于没有他这个人。”“如同死人一样,没有达到青春期的孩子只可比做还没播下的种子。未及成年的孩子所处的状态就与这粒种子所处的状态一样,这是一种无活动的、死的状态,但这是包含着潜在之生的死。”他们是“还没有与社会集体的神秘本质互渗

① [英]爱德华·泰勒:《原始文化》,连树声译,上海文艺出版社 1992 年 8 月版,第 812 页,第 826 页。

② [英]詹姆斯·乔治·弗雷泽:《金枝:巫术与宗教之研究》,第 172 页,第 222 页。

的男人”。只有经过成年礼仪式之后，他们才能成为“部族的‘完全的’成员”，成为“完全的男人”[①]。

另一方面，也可能是因为“童男女”具有非常的生命力，体现着“潜在之生”。弗雷泽对克里特神话进行分析时写道：“我们可以毫不鲁莽地推测，雅典人之所以必须每八年给弥诺斯送一次七个童男童女，是与另一八年周期中更新国王精力有一定联系的。关于这些童男童女到达克里特后的命运，一些传统说法各不相同，但通常的说法似乎是认为他们被关在迷宫里，在那里让人身牛头的怪物弥诺陶洛斯吃掉，或至少是终身囚禁。他们也许是在青铜制的牛像中或牛头人的铜像中被活活烤死献祭，以便更新国王和太阳的精力，国王就是太阳的化身。”[②]

此外，在有的情况下，被献祭的牺牲往往应当具有某种“神性”。国王献祭的牺牲应当“也具有国王的神性”，应当“代表他的神性”[③]。

在有的情况下，对“童男女”的身份要求可能确实与他们性经历的空白有关。例如，在有的民族中，点燃净火的人必须“贞洁”。“在塞尔维亚人中，有时由年纪在十一至十四岁之间男女两个孩子点燃净火。他们光着身子在一间黑房里点火”，在保加利亚，“点燃净火的人必须脱光衣服”[④]。“阿尔衮琴印第安人和休伦人每年三月中旬开始用拖网捕鱼的季节总要让他们的鱼网同两个年纪只有六七岁的小女孩结婚。”“为什么挑选这么小的姑娘

---

① [法]列维-布留尔：《原始思维》，丁由译，商务印书馆 1981 年 1 月版，第 339—342 页，第 349 页。

② [英]詹姆斯·乔治·弗雷泽：《金枝：巫术与宗教之研究》，第 413 页。

③ [英]詹姆斯·乔治·弗雷泽：《金枝：巫术与宗教之研究》，第 290 页。

④ [英]詹姆斯·乔治·弗雷泽：《金枝：巫术与宗教之研究》，第 897 页。

来做新娘呢？理由是确保新娘都是处女。”[①]

“童男女”之所以在秦汉时期神秘主义信仰体系中占有地位，很可能是由于多种因素构成了十分复杂的文化背景。

尽管许多民族都有以“童女”嫁给水中神灵的神话传说，徐市携“童男女”出海以其兼有“童男”和总计人数之多，似未可以出嫁作简单化的解说，很可能应当与汉代神祠制度中出现的“童男女”联系起来分析，其人数多至千百，可以理解为与神仙见面时隆重的仪仗。“大傩”仪式中的“侲子”最充分地体现出“童男女”的神性。“求雨”仪式中的“小童”，从某一视角观察，则隐约显露出牺牲的影像。

“游童之吟咏”

歌咏舞蹈，是儿童能够自然抒展其天真快活性情的游艺形式。《三国志》卷四二《蜀书·郤正传》所谓“游童之吟咏乎疆畔”，说的正是这种情形。

《史记》卷八《高祖本纪》记载了刘邦回乡，酒酣歌诗《大风歌》的故事：“发沛中儿得百二十人，教之歌。酒酣，高祖击筑，自为歌诗曰：‘大风起兮云飞扬，威加海内兮归故乡，安得猛士兮守四方！’令儿皆和习之。高祖乃起舞，慷慨伤怀，泣数行下。”汉惠帝时，“高祖所教歌儿百二十人，皆令为吹乐”。《史记》卷二四《乐书》也写道：“高祖过沛诗《三侯之章》，令小儿歌之。”

---

① [英]詹姆斯·乔治·弗雷泽：《金枝：巫术与宗教之研究》，第 221 页。

汉代"歌儿""歌童"称谓[①],就是所谓"令小儿歌之"情形成为职业定式的表现。汉代职业歌手又有所谓"歌人"[②]。"歌人"和"歌儿""歌童"的区别,或许包括年龄差异。刘邦发沛中儿合唱《大风歌》,是以行政权力组织小儿集体歌咏的情形。民间儿童自发的歌咏,则往往以其神秘的政治文化影响干预社会生活。

汉代童谣作为一种特殊的舆论方式,曾经承担了社会批评的职能。作为政治预言形式,也影响着当时的社会政治生活。童谣的形成和影响,都透露出重要的历史文化信息。童谣在两汉时期的历史记忆中,成为具有特殊影响力的文化现象。珍视其中蕴含的历史文化信息,可以有重要的发现。

1. 童谣:社会批评

《史记》卷一〇七《魏其武安侯列传》说,贵族灌夫倚仗权势,横行乡里,成为事实上的恶霸:

> (灌夫)诸所与交通,无非豪桀大猾。家累数千万,食客日数十百人。陂池田园,宗族宾客为权利,横于颍川。颍川儿乃歌之曰:"颍水清,灌氏宁;颍水浊,灌氏族。"

"颍水清,灌氏宁;颍水浊,灌氏族"的儿歌,成为一种政治批评的形

①如《史记》卷二八《封禅书》:"始用乐舞,益召歌儿。"《日者列传》也说到"从姬歌儿"。又如《盐铁论·散不足》:"今富者钟鼓五乐,歌儿数曹。"《后汉书》卷七八《宦者列传》:"嫱媛、侍儿、歌童、舞女之玩,充备绮室。"李贤注引《昌言》:"为音乐则歌儿舞女,千曹而迭起。""歌童"即"歌儿",庾信《汉高祖置酒沛宫赞》:"还迎故老,更召歌童。"

②居延汉简:"工歌人佰史名"(511.23A),"■右歌人十九人"(511.23B)。

式。《汉书》卷五二《灌夫传》颜师古注："深怨嫉之，故为此言也。"

公元前7年，汉成帝暴死。民间归罪他宠幸的女子赵昭仪。皇太后诏令大臣调查皇帝起居发病情形，赵昭仪自杀。后来，赵昭仪谋杀汉成帝与宫中其他女子所生子等事实暴露，赵飞燕也受到牵连。关于汉成帝神秘的死以及后宫婴儿被杀的事件，社会多有关切。对于汉成帝当年与富平侯张放一同微行得以交识赵飞燕，直至后来宫闱争宠谋杀的丑闻，民间甚至流行童谣："燕燕，尾涎涎，张公子，时相见。木门仓琅根，燕飞来，啄皇孙。皇孙死，燕啄矢。"后来以有关传闻为基础，有《飞燕外传》一书问世，在民间曾经广泛流传[①]。

宫闱秘闻传播到民间，可能有王莽等高层政界人士出于政治目的有意扩散的因素，但是这种民间童谣关心帝王私爱，民间童谣影响上层政争的事实，却因史无前例，所以值得注意。而这种现象之所以发生，又是以社会危机严重，王朝统治衰微，帝王威望下降作为历史背景的。

两汉之际，社会动荡，《后汉书》卷一三《公孙述传》记载公孙述在蜀中废铜钱，置铁官钱，更助长了当时的经济混乱：

> 是时，述废铜钱，置铁官钱，百姓货币不行。蜀中童谣言曰："黄牛白腹，五铢当复。"[②]

---

①鲁迅在《中国小说史略》中写道："……又有《飞燕外传》一卷，记赵飞燕姊妹故事，题汉河东都尉伶玄子于撰，司马光尝取其'祸水灭火'语入《通鉴》，殆以为真汉人作，然恐是唐宋人所为。"《鲁迅全集》，人民文学出版社1981年版，第9册第39页。

②《续汉书·五行志一》："世祖建武六年，蜀童谣曰：'黄牛白腹，五铢当复。'是时公孙述僭号于蜀，时人窃言王莽称黄，述欲继之，故称白；五铢，汉家货，明当复也。述遂诛灭。"

"蜀中童谣"反映了民间希望恢复流通五铢钱时代的稳定的货币关系的愿望。《太平御览》卷八四〇引《述异记》记载,汉末大饥荒时,江淮地区曾经流传着这样的童谣:

大兵如市,人死如林。持金易粟,粟贵千金。

有的经济史学者指出,这种现象,标志着"货币经济的大倒退,同时也是整个国民经济的大倒退"。这种形势,"是整个国民经济长期衰落和凋弊的一个具体反映"。当时,"不但社会经济的所有物质财富——整个的物质文明,都几乎被彻底毁灭,而且从此丧失了自我恢复的内在机能"[①]。而我们看到的相关"童谣",已经成为这一历史变化的文化标志。

《续汉书·五行志一》记载:

顺帝之末,京都童谣曰:"直如弦,死道边。曲如钩,反封侯。"

案顺帝即世,孝质短祚,大将军梁冀贪树疏幼,以为己功,专国号令,以赡其私。太尉李固以为清河王雅性聪明,敦诗悦礼,加又属亲,立长则顺,置善则固。而冀建白太后,策免固,征蠡吾侯,遂即至尊。固是日幽毙于狱,暴尸道路,而太尉胡广封安乐乡侯、司徒赵戒厨亭侯、司空袁汤安国亭侯云。

---

①傅筑夫:《中国封建社会经济史》,人民出版社 1982 年 12 月版,第 2 卷第 534 页,第 640 页。

童谣作为特殊的民间舆论形式，以鲜明生动的语言，讽刺了当时官僚政治的腐恶。又如：

桓帝之初，天下童谣曰："小麦青青大麦枯，谁当获者妇与姑。丈人何在西击胡，吏买马，君具车，请为诸君鼓咙胡。"

案元嘉中凉州诸羌一时俱反，南入蜀、汉，东抄三辅，延及并、冀，大为民害。命将出众，每战常负，中国益发甲卒，麦多委弃，但有妇女获刈之也。吏买马，君具车者，言调发重及有秩者也。请为诸君鼓咙胡者，不敢公言，私咽语。

"小麦青青大麦枯……请为诸君鼓咙胡"这样的政治批评，直到许多年之后，依然发挥着社会舆论的强劲效力。

在民间流行童谣中，我们又看到这样的对时政的批评：

桓帝之初，京都童谣曰："城上乌，尾毕逋。公为吏，子为徒。一徒死，百乘车。车班班，入河间。河间姹女工数钱，以钱为室金为堂。石上慊慊舂黄粱。梁下有悬鼓，我欲击之丞卿怒。"

案此皆谓为政贪也。"城上乌，尾毕逋"者，处高利独食，不与下共，谓人主多聚敛也。"公为吏，子为徒"者，言蛮夷将畔逆，父既为军吏，其子又为卒徒往击之也。"一徒死，百乘车"者，言前一人往讨胡既死矣，后又遣百乘车往。"车班班，入河间"者，言上将崩，乘舆班班入河间迎灵帝也。"河间姹女工数钱[①]，以钱为室金为堂"者，灵帝既立，其母永

①刘昭《注补》："一本作'妖女'。"

乐太后好聚金以为堂也。“石上慊慊舂黄粱”者,言永乐虽积金钱,慊慊常苦不足,使人舂黄粱而食之也。“梁下有悬鼓,我欲击之丞卿怒”者,言永乐主教灵帝,使卖官受钱,所禄非其人,天下忠笃之士怨望,欲击悬鼓以求见,丞卿主鼓者,亦复谄顺,怒而止我也。

对这一童谣的解说,归结为对“政贪”的抨击。“政贪”的表现,包括“处高利独食,不与下共”,“多聚敛”,“好聚金”,甚至“卖官受钱”等等。所谓“天下忠笃之士怨望,欲击悬鼓以求见”,其实反映了这种童谣生成的意识背景。而童谣产生的社会影响,远远超过了在专制体制内“击悬鼓”的声音。

又如:

桓帝之初,京都童谣曰:“游平卖印自有平,不辟豪贤及大姓。”案到延熹之末,邓皇后以谴自杀,乃以窦贵人代之,其父名武字游平,拜城门校尉。及太后摄政,为大将军,与太傅陈蕃合心戮力,惟德是建,印绶所加,咸得其人,豪贤大姓,皆绝望矣。

按照这种解释,童谣似乎是对窦武的赞扬,然而另一方面,事实上也是对争夺政治权力的“豪贤及大姓”的指责。又如:

桓帝之末,京都童谣曰:“茅田一顷中有井,四方纤纤不可整。嚼复嚼,今年尚可后年铙。”

案《易》曰:“拔茅茹以其汇,征吉。”茅喻群贤也。井者,法也。于时中常侍管霸、苏康憎疾海内英哲,与长乐少府刘嚣、太常许咏、尚书柳分、寻穆、史佟、司隶唐珍等，代作唇齿。河内牢川诣阙上书："汝、颍、南阳，上采虚誉，专作威福；甘陵有南北二部，三辅尤甚。"由是传考黄门北寺，始见废阁。"茅田一顷"者，言群贤众多也。"中有井"者，言虽阨穷，不失其法度也。"四方纤纤不可整"者，言奸慝大炽，不可整理。"嚼复嚼"者，京都饮酒相强之辞也。言食肉者鄙，不恤王政，徒耽宴饮歌呼而已也。"今年尚可"者，言但禁锢也。"后年铙"者，陈、窦被诛，天下大坏。

童谣的内容竟然完全切合上层政争。《续汉书》的解说，自然未必完全符合童谣制作者和传播者的原意，但是却由《续汉书》作者的理解，透露了社会舆论的一种倾向。我们更为注意的，是童谣为什么能够具有这种独特的政治文化品质，为什么能够为持不同政见的士人所利用。

所谓"今年尚可后年铙"，既是对当时政治形势的评价，也是对未来政治走向的预言。

2. 童谣：政治预言

童谣可以公开传播对黑暗政治的勇敢批评，也可以广泛宣布对历史前景的明确预言。

例如，《汉书》卷二七中之上《五行志中之上》写道：

元帝时童谣曰："井水溢，灭灶烟，灌玉堂，流金门。"至成帝建始二年三月戊子，北宫中井泉稍上，溢出南流，象春秋时先有鸲鹆之谣，而后有来巢之验。井水，阴也；灶烟，阳也；玉堂、金门，至尊之居：象阴盛而灭阳，窃有宫室之应也。王莽生于元帝初元四年，至成帝封侯，为三公辅政，因以篡位。

汉元帝时民间流传的“井水溢，灭灶烟，灌玉堂，流金门”的童谣，成为西汉王朝面临严重政治危机的预言。

在两汉之际的政治动乱中，童谣也显示出重要的作用。《续汉书·五行志一》写道：

王莽末，天水童谣曰：“出吴门，望缇群。见一蹇人，言欲上天；令天可上，地上安得民！”时隗嚣初起兵于天水，后意稍广，欲为天子，遂破灭。嚣少病蹇。吴门，冀郭门名也。缇群，山名也。

又如：

更始时，南阳有童谣曰：“谐不谐，在赤眉。得不得，在河北。”是时更始在长安，世祖为大司马平定河北。更始大臣并僭专权，故谣妖作也。后更始遂为赤眉所杀，是更始之不谐在赤眉也。世祖自河北兴。

更始之败，刘秀之兴，似乎都可以看作童谣中预言的应验。

汉桓帝统治晚期，洛阳流传的童谣对政治前景有所分析：

桓帝之末，京都童谣曰：“白盖小车何延延。河间来合谐，河间来合谐！”

案解犊亭属饶阳河间县也。居无几何而桓帝崩，使者与解犊侯皆白盖车从河间来。延延，众貌也。是时御史刘儵建议立灵帝，以儵为侍中，中常侍侯览畏其亲近，必当间己，白拜儵泰山太守，因令司隶迫促杀之。朝廷少长，思其功效，乃拔用其弟合，致位司徒，此为合谐也。

所谓“居无几何”者，说预言之准确。

汉灵帝末年，洛阳又流传直接涉及政治结构上层“侯”“王”命运的童谣。《续汉书·五行志一》写道：

> 灵帝之末，京都童谣曰：“侯非侯，王非王，千乘万骑上北芒。”
>
> 案到中平六年，史侯登蹑至尊，献帝未有爵号，为中常侍段珪等数十人所执，公卿百官皆随其后，到河上，乃得来还。此为非侯非王上北芒者也。

刘昭《注补》有这样的补充式解说：

> 《英雄记》曰：“京师谣歌咸言‘河腊丛进’，献帝腊日生也。《风俗通》曰：‘乌腊乌腊。’”案逆臣董卓滔天虐民，穷凶极恶，关东举兵欲共诛之，转相顾望，莫肯先进，处处停兵数十万，若乌腊虫，相随横取之矣。

而“非侯非王上北芒”之后发生的董卓之乱果然动摇了汉帝国的政治支柱，打破了传统秩序，导致原有权力结构的严重败坏。童谣的制作者和传播者似乎预见到董卓之乱对于东汉王朝权力中枢的严重冲击。另一与董卓之乱有关的歌谣是：

> 灵帝中平中，京都歌曰："承乐世董逃，游四郭董逃，蒙天恩董逃，带金紫董逃，行谢恩董逃，整车骑董逃，垂欲发董逃，与中辞董逃，出西门董逃，瞻宫殿董逃，望京城董逃，日夜绝董逃，心摧伤董逃。"
>
> 案"董"谓董卓也，言虽跋扈，纵其残暴，终归逃窜，至于灭族也。

此说"京都歌曰"，没有说是"童谣"。但是文句形式与童谣无异。题晋崔豹《古今注》卷中说："《董逃歌》，后汉游童所作也。后有董卓作乱，卒以逃亡。后人习之以为歌章，乐府奏之，以为炯戒也。"[①] 明确说"游童所作"，自然是童谣。所谓"游童所作"，又使我们联想到《三国志》卷四二《蜀书·郤正传》说到的"游童之吟咏乎疆畔"。关于京都"董逃"歌，刘昭《注补》："《风俗通》曰：'卓以董逃之歌主为己发，大禁绝之，死者千数。'灵帝之末，礼乐崩坏，赏刑失中，毁誉无验，竞饰伪服，以荡典制，远近翕然，咸名后生放声者为'时人'。有识者窃言：旧曰'世人'，次曰'俗人'，今更曰'时人'，此天促其期也。其间无几，天下大坏也。"又如：

> 献帝践祚之初，京都童谣曰："千里草，何青青。十日卜，不得生。"
>
> 案"千里草"为"董"，"十日卜"为"卓"。凡别字之体，皆从上起，左右离合，无有从下发端者也。今二字如此者，天

① 《古今注》卷下"董逃歌"条又说："后汉游童所作也。后有董卓作乱，卒以逃亡。后人习之以为歌章。乐府奏之，以为规戒。"《说郛》卷一二上马缟《中华古今注》卷下同。《说郛》卷二三下王叡《炙毂子录》："董逃歌，《古今注》云：后汉董游所作也。"显然是误写。

意若曰：卓自下摩上，以臣陵君也。“青青”者，暴盛之貌也。不得生者，亦旋破亡。

“千里草”“十日卜”童谣的出现，也似乎可以告诉我们，当时社会已经有不少人已经预见到董卓之乱将导致严重的灾祸。

当时童谣的预言性质，大为世人信服。《续汉书·五行志一》还写道：

建安初，荆州童谣曰：“八九年间始欲衰，至十三年无孑遗。”言自中兴以来，荆州无破乱，及刘表为牧，民又丰乐，至此逮八九年。当始衰者，谓刘表妻当死，诸将并零落也。十三年无孑遗者，言十三年表又当死，民当移诣冀州也。

刘昭《注补》：

干宝《搜神记》曰：“是时华容有女子忽啼呼云：‘荆州将有大丧！’言语过差，县以为妖言，系狱百余日，忽于狱中哭曰：‘刘荆州今日死。’华容去州数百里，即遣马吏验视，而刘表果死。县乃出之。续又歌吟曰：‘不意李立为贵人。’后无几，曹公平荆州，以涿郡李立，字建贤，为荆州刺史。”

这样的预言，当时人也以为“言语过差”，甚至“以为妖言”。然而据说又一一验证，可知这是一个“妖言”盛行的时代。而“女子”“啼呼”、“歌吟”，有和“童谣”类似的神秘色彩。

《续汉书·五行志一》刘昭《注补》说到公孙瓒在童谣影响下决策割据易地的故事：

献帝初童谣曰："燕南垂，赵北际，中央不合大如砺，唯有此中可避世。"公孙瓒以为易地当之，遂徙镇焉，乃修城积谷，以待天下之变。建安三年，袁绍攻瓒，瓒大败，缢其姊妹妻子，引火自焚，绍兵趣登台斩之。初，瓒破黄巾，杀刘虞，乘胜南下，侵据齐地。雄威大振，而不能开廓远图，欲以坚城观时，坐听围戮，斯亦自易地而去世也。

公孙瓒迷信"燕南""赵北""可避世"的童谣，保守观望，不图进取，终于败亡。而以此为主要基地的袁绍接着也走向悲剧结局。看来，当时人的观念中童谣所表达的天意和神性，事实上并不能取代人为努力。

3. 王充的童谣发生说

有学者说："童谣保存了语言本身固有的纯真、自然和神秘的因素，蕴含着天上人间、世代更替和生命轮回的哲学意蕴，因而具有强大的生命力……"[①] 童谣所表现的"神秘的因素"，可能正与其本质的"自然"有关。

《论衡·纪妖》写道："秦始皇帝三十六年，荧惑守心，有星坠下，至地为石。〔民或〕刻其石，曰：'始皇死而地分。'""使者从关东夜过华阴平野……或有人持璧遮使者曰：'为我遗镐池君。'因言'今年祖龙死。'"王充说："皆始皇且死之妖也。"王充又写道："始皇梦与海神战，恚怒入海，候神射大鱼，自琅邪至劳、成山不见。至之罘山，还见巨鱼，射杀一鱼，遂旁海西至平原津而病，到沙丘而崩。当星坠之时，荧惑为妖，故石旁人刻书其石，

①郁宁远主编：《中国童谣》，中国妇女出版社 1996 年 8 月版，第 8 页。

若或为之,文曰‘始皇死’,或教之也。犹世间童谣,非童所为,气导之也。”这里所说到的对于童谣发生形式的分析,是引人注目的:

> 世间童谣,非童所为,气导之也。

有学者说:“谓童谣为气导童子使言。”[①] 也有人解释说:“气,指阳气。王充认为,童谣是‘阳气’诱导儿童唱出来的。”[②] 童谣“非童所为”的说法,准确指出了多数童谣生成的情形,似乎许多童谣的出现和传播,有成人参与的痕迹。而“气导之也”的说法,体现出汉代思想者的一种语言习惯。“气”是什么?如果理解为对社会意识、社会文化总体背景条件的概括,也许是合理的。

《论衡·订鬼》说到“妖祥”预示“吉凶”的情形,即所谓“人且吉凶,妖祥先见”。王充写道:“一曰:人且吉凶,妖祥先见。人之且死,见百怪,鬼在百怪之中。故妖怪之动,象人之形,或象人之声为应,故其妖动不离人形。天地之间,妖怪非一,言有妖,声有妖,文有妖。或妖气象人之形,或人含气为妖。象人之形,诸所见鬼是也;人含气为妖,巫之类是也。是以实巫之辞,无所因据,其吉凶自从口出,若童之谣矣。童谣口自言,巫辞意自出。口自言,意自出,则其为人,与声气自立,音声自发,同一实也。世称纣之时,夜郊鬼哭,及仓颉作书,鬼夜哭。气能象人声而哭,则亦能象人形而见,则人以为鬼矣。”所谓“童谣口自言”,有人解释说,

①黄晖:《论衡校释》(附刘盼遂《集解》),中华书局 1990 年 2 月版,第 3 册第 942 页。

②论者以为“这是一种唯心主义观点”。北京大学历史系《论衡》注释小组:《论衡注释》,中华书局 1979 年,第 3 册第 1263 页。

"童谣是通过儿童的口自动吐出来的"[1]。

王充又有意从深层文化的角度说明童谣的神秘象征意义：

> 天地之气为妖者，太阳之气也。妖与毒同，气中伤人者谓之毒，气变化者谓之妖。世谓童谣，荧惑使之，彼言有所见也[2]。言出文成，故世有文书之怪。世谓童子为阳，故妖言出于小童。童、巫含阳，故大雩之祭，舞童暴巫。

看来，童谣之所以具有浓重的神秘主义色彩，与汉代社会复杂的信仰体系有多方面的关系。其中所谓"世谓童谣，荧惑使之"的见解特别值得我们注意。《论衡·语增》中又写道：

> 案周取殷之时，太公《阴谋》之书，食小儿丹，教言"殷亡"。

《论衡·恢国》的说法更为具体：

> 传书或称武王伐纣，太公《阴谋》，食小儿以丹，令身纯赤，长大，教言"殷亡"。殷民见儿身赤，以为天神；及言"殷亡"，皆谓商灭。

---

①北京大学历史系《论衡》注释小组：《论衡注释》，第3册第1286页。

②或说"此文意不可通，疑当作'世谓童谣妖言，使人有所见也'"。黄晖《论衡校释》引孙诒让《札迻》，见《论衡校释》（附刘盼遂《集解》），第3册第941页。北京大学历史系《论衡》注释小组的解释是："世上的人说，童谣是荧惑星的精气诱导儿童唱的。""这话是有一定见解的。"北京大学历史系《论衡》注释小组：《论衡注释》，第3册第1289页。

“小儿”以“天神”的身份，传布了“殷亡”的预言，成为“武王伐纣”的舆论准备。

太公“食小儿丹，教言‘殷亡’”事可能只是传说，但所谓“世谓童谣，荧惑使之”确是汉世前后民间影响十分明显的观念。刘遂盼注《论衡·订鬼》时说：“古传荧惑星化为小儿，下教群儿谣谚。”[①]《晋书》卷一二《天文志中》：“荧惑降为儿童，歌谣嬉戏。”“吉凶之应，随其象告。”《史记》卷二七《天官书》张守节《正义》引《天官占》也说：“荧惑为执法之星，其行无常”，“其精为风伯，惑童儿歌谣嬉戏也”。

《三国志》卷四八《吴书·三嗣主传》裴松之注引《搜神记》又有“荧惑”化身小儿参与“群儿戏”，并发表政治预言的故事：

> 吴以草创之国，信不坚固，边屯守将，皆质其妻子，名曰“保质”。童子少年，以类相与嬉游者，日有十数。永安二年三月，有一异儿，长四尺余，年可六七岁，衣青衣，来从群儿戏，诸儿莫之识也，皆问曰：“尔谁家小儿，今日忽来？”答曰：“见尔群戏乐，故来尔。”详而视之，眼有光芒，爚爚外射。诸儿畏之，重问其故。儿乃答曰：“尔恶我乎？我非人也，乃荧惑星也。将有以告尔：三公鉏，司马如。”诸儿大惊，或走告大人，大人驰往观之。儿曰：“舍尔去乎！”竦身而跃，即以化矣。仰面视之，若引一匹练以登天。大人来者，犹及见焉，飘飘渐高，有顷而没。时吴政峻急，莫敢宣也。后五年而蜀亡，六年而晋兴，至是而吴灭，司马如矣。

①黄晖：《论衡校释》（附刘盼遂《集解》），第3册第942页。

这一情节完整的故事，也是民间“荧惑”迷信的反映。而“小儿”们以“童谣”形式发出的声音，在复杂的文化背景下具有了神秘的舆论力量。

长安“小女陈持弓”大水讹言事件

中国古代在社会舆论形制不充备的情况下，民间流言有时会产生极其严重的鼓动人心、震动社会的效应。汉成帝时“虒上小女陈持弓闻大水至”，闯入未央宫中，致使“京师无故讹言大水至，吏民惊恐，奔走乘城”，引起全城骚动，“长安中大乱”，是民间流言的传播产生震动社会效应的典型史例。讨论相关现象，对于深化汉代都市生活、宫禁管理、舆论影响以及未成年人社会作用的研究，都是有益的。而中国古代社会意识史的考察，也因此得到了有典型意义的资料。或说“小女陈持弓”为“妖人”，其行为被看作兆示王朝“气运之疵”的征象。或可能与以为“童男女”具有特殊的神秘主义品性的意识有关。而灾变与流言的关系，也因此可以体现。面对灾变导致的流言，社会定力和社会智力受到考验。

1.“小女陈持弓”异常行为与“大水”灾害

《汉书》卷一〇《成帝纪》记载了发生在长安的一次因灾难导致流言，又因流言导致社会动荡的事件。事情发生在汉成帝即位后的第三年：

（建始三年）秋，关内大水。七月，虒上小女陈持弓闻大水至，走入横城门，阑入尚方掖门，至未央宫钩盾中。吏民惊上城。九月，诏曰："乃者郡国被水灾，流杀人民，多至千数。京师无故讹言大水至，吏民惊恐，奔走乘城。殆苛暴深刻之吏未息，元元冤失职者众。遣谏大夫林等循行天下。"

事件的直接起因应是"关内大水"。卷二四则有"关中大雨水四十余日"的具体记录[①]。《汉书》卷二七上之下《五行志上之下》："成帝建始三年夏，大水，三辅霖雨三十余日，郡国十九雨，山谷水出，凡杀四千余人，坏官寺民舍八万三千余所。"[②]我们关注事件的背景，应当看到当年夏季超越"关内"的"大水"，灾情涉及"三辅"和"郡国十九"，死亡人数多达"四千余人"。

"小女陈持弓"事迹，对执政集团上层形成最严重冲击的，可能是"阑入"宫中的行为。《汉书》卷二七下之上《五行志下之上》："成帝建始三年十月丁未，京师相惊，言大水至。渭水虒上小女陈持弓年九岁，走入横城门，入未央宫尚方掖门，殿门门卫户者莫见，至句盾禁中而觉得。"《前汉纪》卷二四"汉成帝建始

①张烈点校：《两汉纪》，中华书局2002年6月版，第419页。

②〔宋〕王益之《西汉年纪》卷二四《成帝》："建始三年夏，大水。三辅霖雨三十余日，郡国十九雨，山谷水出，凡杀四千余人。坏官寺民舍八万三千余所。(《五行志》)""秋大雨三十日，关内大水。渭水虒上小女陈持弓年九岁走入横城门，入未央宫尚方掖门殿门，门卫户者莫见，至句盾禁中而觉。(《本纪》《五行志》)"《西汉年纪》，王根林点校，中州古籍出版社1993年8月版，第505—506页。已经注意到当年夏季大面积水灾与秋季"渭水虒上小女陈持弓"故事的关系。《汉书》卷一〇《成帝纪》颜师古注："应劭曰：'虒上，地名，在渭水边。'"来自"渭水边"的"小女陈持弓"的言行对于"大水至"流言的传播，有更大的影响力。

三年”的记载同样先言“京师人无故相惊,言大水至,百姓奔走号呼,长安中大乱”,后言“渭城女子陈持弓,年九岁,走入城门,入未央宫掖庭殿门,门卫者莫见”,从《五行志》记录的时序看,“大水至”流言的发生,致使“长安中大乱”者,似并不自“小女陈持弓”始。然而即使理解“小女陈持弓”事在“京师相惊”之后,其异常行为,也是与对“大水至”的恐惧相关的。《开元占经》卷一一四《器服咎征》“臼中水出”条言“小女陈持弓”事自有先兆:“伏侯《古今注》曰:成帝建始二年,太原祁安县民石臼中水出如流状,稍益,至满臼。民夜谣曰:‘水大出,走上城。’后,三年,女子陈持弓闻谣言大水至,走入掖门,至省中,官吏大惊上城。”[①]

“小女陈持弓”“阑入”宫中事件的发生,《成帝纪》言“七月”,《五行志下之上》言“十月丁未”,宋王益之《西汉年纪》卷二四《成帝》“渭水虒上小女陈持弓年九岁走入横城门,入未央宫尚方掖门殿门,门卫户者莫见,至句盾禁中而觉”事注文:“《考异》曰:《五行志》作‘十月丁未’,《本纪》‘秋七月’。今从《本纪》。”[②]“七”“十”字形相近,容易错讹。因为《成帝纪》下言“九月,诏曰”,“七月”当比较可信。据陈垣《二十史朔闰表》,建始三年七月庚辰朔,丁未日为二十八日;十月己酉朔,无丁未日[③]。由此可知《成帝纪》言“小女陈持弓”事发生于“七月”为正

① 《开元占经》卷一一四《器服咎征》“臼中水出”条“小女陈持弓”事前言:“京房《易传》‘妖占’曰:‘臼水出,大臣咎。’《地镜》曰:‘水忽出臼中,臣为咎,且将大水。’《帝王世纪》曰:‘初,力牧之后曰挚,其母曰始朵,居伊水之滨,梦神告己曰:臼出水而远,走无顾。及明,视臼中有水,即告邻而走,东十里乃顾,其地尽为水矣。”岳麓书社 1994 年 12 月版,第 1146 页。

② 〔宋〕王益之,王根林点校:《西汉年纪》,第 506 页。

③ 陈垣:《二十史朔闰表》,古籍出版社 1956 年 3 月版,第 20 页。

说，则《五行志下之上》及《前汉纪》卷二四言“小女陈持弓”入宫事在“京师相惊，言大水至”，“百姓奔走号呼，长安中大乱”之后的说法，其时序错乱，自当澄清。

看来，《成帝纪》的记载是比较可信的。即“虒上小女陈持弓闻大水至，走入横城门”，又“阑入”宫中事在先，不排除是“吏民惊上城”以致“长安中大乱”情形之导因的可能。

2.“小女陈持弓”“妖人”说

关于“小女陈持弓”事迹，或强调其“阑入”宫中的情节。《汉书》卷二七下之上《五行志下之上》说：“渭水虒上小女陈持弓年九岁，走入横城门，入未央宫尚方掖门，殿门门卫户者莫见，至句盾禁中而觉得。民以水相惊者，阴气盛也。小女而入宫殿中者，下人将因女宠而居有宫室之象也。名曰‘持弓’，有似周家檿弧之祥。《易》曰：‘弧矢之利，以威天下。’是时，帝母王太后弟凤始为上将，秉国政，天知其后将威天下而入宫室，故象先见也。其后，王氏兄弟父子五侯秉权，至莽卒篡天下，盖陈氏之后云。京房《易传》曰：‘妖言动众，兹谓不信，路将亡人，司马死。’”《前汉纪》卷二四“汉成帝建始三年”沿承《五行志》之说：“渭城女子陈持弓，年九岁，走入城门，入未央宫掖庭殿门，门卫者莫见。至勾楯禁中，觉而得。本《志》以为民以水相惊者，阴气盛也。小女入宫殿者，下人将因女宠而居有宫室之象也。名曰持弓，有似周家檿弧之祥。《易》曰：‘弧矢之利，以威天下。’后有王莽篡天下，陈氏之后也。”[①] 史家把这位女童的表现，看作“下人将因女宠而居有宫室”，以至“后有王莽篡天下”的先兆。

---

①《两汉纪》，第419页。

顾炎武《日知录》卷三〇写道："自古国家中叶，多有妖人阑入宫禁之事。固气运之疵，亦是法纪废弛所致。"将"小女陈持弓"故事与其他几例"阑入"皇宫的一同举列，并称为"妖人阑入宫禁"事：

> 汉武帝征和元年，上居建章宫，见一男子带剑入中龙华门，疑其异人，命收之。男子捐剑走，逐之弗获。上怒，斩门候。
>
> 成帝建始三年十月丁未，渭水虒上小女陈持弓年九岁，走入横城门，入未央宫尚方掖门殿门。门卫户者莫见，至句盾禁中而觉得。
>
> 绥和二年八月庚申，郑通里男子王褒衣绛衣，小冠带剑，入北司马门殿东门，上前殿，入非常室中，解帷组结佩之。收缚考问，褒故公交车大谁卒，病狂易，不自知入宫状，下狱死。
>
> 后汉灵帝光和元年五月壬午，有人白衣入德阳门。言梁伯夏教我上殿为天子。中黄门桓贤等呼门吏仆射，欲收缚，吏未到，须臾还走，求索不得，不知姓名。
>
> 四年，魏郡男子张博送铁卢诣太官。博上书室殿山居屋后宫禁，落屋谨呼，上收缚考问，辞忽不自觉。

顾炎武所举除此汉史五例外，又有"晋惠帝太安元年四月癸酉""成帝咸康五年十一月""秦苻坚时""陈后主为太子时""唐高宗永隆二年九月一日""武后神功元年二月庚子""睿宗太极元年""德宗贞元八年二月丁亥""长庆四年三月戊辰""文宗开成二年十一月癸亥""宋高宗建炎二年十一月""孝宗淳熙十四年正月”“元顺帝至正十年春”“明朝景泰三年五月癸巳朔”“万历四十三年”等多起类似事件[①]。

《五行志》强调陈持弓“年九岁”,值得注意。“渭水虒上小女陈持弓年九岁”者,被看作“妖人”。这一情形,或可能与以为“童男女”具有特殊的神秘主义品性的意识有关。《论衡·订鬼》:“童谣、诗歌为妖言。”“世谓童子为阳,妖言出于小童。”[②]未成年人的言行,于是被看作指示天意的神秘迹象[③]。

唐人陆龟蒙《小名录》卷上以“陈持弓”和“缇萦”、“阿娇”并举[④],体现出对其女童身份的重视。在文化人类学资料中可以看到,“阿尔衮琴印第安人和休伦人每年三月中旬开始用拖网捕鱼的季节总要让他们的鱼网同两个年纪只有六七岁的小女孩结婚。”“为什么挑选这么小的姑娘来做新娘呢?理由是确保新娘都是处女。”[⑤]我们注意到,许多民族都有以“童女”嫁给水中神灵的神话传说[⑥],似乎“童女”可以最充分地、更典型地体现出“童男女”的神性。从这一视角考察“小女陈持弓”故事,应当是有益的。

---

①〔清〕顾炎武著,黄汝成集释,栾保群、吕宗力校点:《日知录集释》,上海古籍出版社2006年12月版,下册第1686—1689页。

②黄晖:《论衡校释》(附刘盼遂《集解》),中华书局1990年2月版,第943页,第944页;〔唐〕刘知幾《史通》卷一九《外篇·汉书五行志错误》说“成帝建始三年小女陈持弓年九岁走入未央宫”事:“按女子九岁者,九,则阳数之极也。”赵吕甫校注:《史通新校注》,重庆出版社1990年8月版,第1021页。

③参看王子今:《略论两汉童谣》,《重庆师范大学学报》(哲学社会科学版)2007年第3期。

④〔唐〕陆龟蒙:《小名录》卷上。

⑤〔英〕詹姆斯·乔治·弗雷泽著,徐育新等译:《金枝:巫术与宗教之研究》,大众文艺出版社1998年1月版,第221页。

⑥参看王子今:《秦汉神秘主义信仰体系中的“童男女”》,《周秦汉唐文化研究》第5辑,三秦出版社2007年6月版。

唐代历史学者刘知幾《史通》卷一九《外篇·汉书五行志错误》以为“小女陈持弓”故事和《五行志》记录的另一“妖灾”可以联系起来分析，即《汉书》卷二七下之上《五行志下之上》：“哀帝建平四年四月，山阳方与女子田无啬生子。先未生二月，儿啼腹中，及生，不举，葬之陌上，三日，人过闻啼声，母掘收养。”刘知幾说：“寻本《志》虽述此妖灾而了无解释。按人从胞至育，含灵受气，始末有恒数，前后有定准。至在孕甫，尔遽发啼声者，亦由物有基业，未彰而形象已兆。即王氏篡国之征。生而不举，葬而不死者，亦犹物有期运已定，非诛剪所平。即王氏受命之应也。又案班《志》以小女陈持弓者，陈即莽之所出，如女子田无啬者，田故莽之本宗。事既同占，言无一概，岂非唯知其一而不知其二者乎？此所谓妖祥可知，寝嘿无说也。”[①] 清人浦起龙《史通通释》卷一九《五行错误》写道：“按此因本《志》田无啬前后数事相比，各著占解，惟此独无，故为摘补云尔。然在班为阙例，在刘为小言，盖亦堕入向、歆窠臼，不能解脱也。”[②] 所谓“盖亦堕入向、歆窠臼，不能解脱也”的批评是中肯的。不过，不足月早产儿的啼哭可能是较九岁女童言更为极端的“妖祥”，也值得我们注意。

3. “小女陈持弓”故事的社会意识史分析

汉代以来的史论家和政论家评说“小女陈持弓”故事，往往从“妖祥”视角判断为上天对外戚专权的惩戒，对王莽篡权的预警。其实，“惊恐，奔走乘城”的“吏民”们是不大可能对上层最

---

①赵吕甫校注：《史通新校注》，第 1022 页。

②〔清〕浦起龙：《史通通释》，文海出版社 1974 年 11 月版，第 711 页。

高行政权力的移夺和消长有太多的关心的。他们的行为,表现的只是对严重的灾变的惶恐。

历史上的灾异、灾变、灾害,都是自然环境在历史进程中的变化。这些变化被历史学者作为异常现象记录下来,体现了人类的感知。然而就自然本身来说,这些现象可能是正常的。马克思和恩格斯在《德意志意识形态》中指出:“我们仅仅知道一门唯一的科学,即历史科学。历史可以从两方面来考察,可以把它划分为自然史和人类史。但这两方面是密切相联的,只要有人存在,自然史和人类就彼此相互制约。”[①] 自然史其实是比人类史更为长久、更为复杂、更为神秘的历史演进过程。人类对于人类自身的历史,还有非常广阔的探索的空间,对于自然史,则尤其无知。即使是中国这样的对于人文现象的历史记录比较完备的国度,自然史现象的考察和理解,还有无穷多的未知的问题。人类面对自然的异常变化,长期在苦难中摸索。就人类现今的智力而言,要回避“灾害”或者预防“灾害”,还是梦想。人类只能在已有知识的基础上,尽最大可能减轻灾害的破坏,尽最大可能克服灾害造成的困难。

人们想象中最严重的灾变是基本生存条件“天”“地”的毁坏。《列子》书中有“杞人忧天”故事。这是一篇反映人类自然环

① 《马克思恩格斯全集》第1卷,人民出版社1972年版,第66页。对于马克思和恩格斯使用的“历史科学”这一概念的意义,有学者进行过这样的说明:“在学科划分的意义上,马克思、恩格斯的历史科学观念更多的是指称我们今天所说的人文社会科学(哲学社会科学)。按恩格斯那里,偶尔也将历史科学与自然科学、社会科学相对,其实相当于我们今天理解的人文科学。”沈湘平:《马克思、恩格斯的“历史科学”概念》,《中国社会科学院院报》2005年9月8日。

境观的寓言,体现了上古人有关环境,有关文明承载的基本条件的思索。杞人忧天地崩坠以致“废寝食”,“晓之者”告诉他天地都不会坠坏。“长庐子闻而笑之”,提出了更深层的认识,以为天地最终确实会归于“坏”。“子列子”又“闻而笑曰”:说天地“坏”是错误的,说天地“不坏”也是错误的。“坏与不坏,吾所不能知也。”“生不知死,死不知生;来不知去,去不知来。坏与不坏,吾何容心哉?”他说,对于遥远的危机,杞人的忧虑是不必要的。“坏与不坏,吾何容心哉”的态度,看起来消极,却是比较清醒的[①]。劝说杞人的人,一如我们都熟悉的同样出于《列子·汤问》的著名故事“愚公移山”中的“智叟”,所提出的见解其实是比较切近实际的。朱熹说,《列子》这部书“平淡疏旷”[②],另一位宋代学者黄震也说《列子》“性冲澹”,“思寂寞”[③],这些评价都使我们联想到“杞人忧天”故事最终主题的平实客观的倾向。其实,人们在灾变发生时的“恐惧”,有时源生于类似于“杞人”的不必要的“忧”。而这种“忧”,会通过流言的散播大面积地传染蔓延,影响群众心理,导致社会波动。汉代的思想者发表了最集中的关于追求“天人”和谐关系的言论。司马迁“究天人之际”[④]理念强调

---

①杞人之忧其实是符合自然史的规律的。古人已有这样的认识。如宋人张耒《山海》诗写道:“愚公移山宁不智,精卫填海未必痴。深谷为陵岸为谷,海水亦有扬尘时。杞人忧天固可笑,而不忧者安从知。圣言世界有成坏,况此马体之毫厘。老人行世头已白,见尽世间惟叹息。俛眉袖手饱饭行,那更从人问通塞。”〔宋〕张耒:《柯山集》卷一〇《七言古诗》,丛书集成初编本,中华书局1985年版,第113—114页。也许“智”上之“知”,是对于人力尚无法改变的自然的变化,取澹然的“俛眉袖手饱饭行”的态度。

②《朱子语类》卷一二五,中华书局1986年3月版,第2988页。

③〔宋〕黄震:《黄氏日抄》卷五五。

④《汉书》卷六二《司马迁传》

的“究”的追求，也说明当时的智者对于“天人”关系尚有颇多的疑虑。

历史上多有灾异引发流言，流言扰乱人心，可以致使社会广阔层面人们的愁苦、忧郁、绝望的情形[①]。另一方面，或许引起狂躁、暴烈的破坏性冲动，乃至不理智的可能侵害他人危及社会的行为，有可能导致社会生活的秩序发生动荡。也许对传言的鉴别是十分重要的。顾炎武《日知录》卷三以“不根之言”的表述，指出“流言”没有依据[②]。此前宋儒则有“流俗不根之言”[③]、“虚无不根之言”[④]、“小人不根之言”[⑤]、“俗子”“不根之言”[⑥]、“樵夫牧叟诡异怪诞之说、鬼神幻惑不根之言”[⑦]等说法。在流言盛行的时候，应当有智慧之士予以判别澄清。这就是韩愈所说的，“小人言不可信，类如此，亦在大贤斟酌而断之，‘流言止于智者’，正谓此耳”[⑧]。

4. 王商“固守”与鲍宣等“讹言”应对

就汉成帝时代“小女陈持弓”事件而言，一名未成年女童听

①王子今：《秦汉民间谣谚略说》，《人文杂志》1987年第4期。

②《日知录集释》上册，第163—164页。

③〔宋〕刘安世：《尽言集》卷一《初除右正言第一章》；〔宋〕邵博：《闻见后录》卷二二，周光培主编：《历代笔记小说集成·宋代笔记小说》第9册，河北教育出版社1995年2月版，第474页。

④〔宋〕汪藻：《靖康要录》卷五“靖康元年四月二十三日”，王智勇笺注：《靖康要录笺注》第2册，四川大学出版社2008年7月版，第680页。

⑤〔宋〕李光：《庄简集》卷一二《奏议》。

⑥〔宋〕项安世：《项氏家说》卷九《说事篇二》。

⑦〔宋〕刘麟：《〈元氏长庆集〉序》。

⑧〔唐〕韩愈：《京尹不台参答友人书》，马通伯校注：《韩昌黎文集校注》卷三，中华书局香港分局1972年3月版，第134页。

说洪水危害即将到来，竟然闯入皇宫中。官员百姓一片惊慌，纷纷登上城墙躲避洪水之难。据《汉书》卷八二《王商传》记载，有人在纷乱之中发出了比较清醒的声音：

> 建始三年秋，京师民无故相惊，言大水至，百姓奔走相蹂躏，老弱号呼，长安中大乱。天子亲御前殿，召公卿议。大将军凤以为太后与上及后宫可御船，令吏民上长安城以避水。群臣皆从凤议。左将军商独曰："自古无道之国，水犹不冒城郭。今政治和平，世无兵革，上下相安，何因当有大水一日暴至？此必讹言也，不宜令上城，重惊百姓。"上乃止。有顷，长安中稍定，问之，果讹言。上于是美壮商之固守，数称其议。而凤大惭，自恨失言。

汉成帝亲临未央宫前殿，召集公卿大臣商议。大将军王凤建议太后、皇帝和后宫可以乘船避难。众人都随声附从。只有左将军王商发表异议，他以为"大水一日暴至"的传说只是"讹言"，主张"不宜令上城，重惊百姓"。汉成帝于是否决了王凤的建议。后来，长安城中逐渐安定，经过调查，证实"大水至"确实是"讹言"。汉成帝从此看重王商镇静稳健的政治风格，"美壮商之固守"，后来多次赞赏采纳他的政议。

不过，由王商所谓"自古无道之国，水犹不冒城郭。今政治和平，世无兵革，上下相安，何因当有大水一日暴至？"可知他"此必讹言也"的判断，其实也并没有什么可信的论据。九月，皇帝亲自颁布诏书，承认："乃者郡国被水灾，流杀人民，多至千数。京师无故讹言大水至，吏民惊恐，奔走乘城。"以为和执政集团行政的失误有关系："殆苛暴深刻之吏未息，元元冤失职者众。"随即又“遣谏大夫林等循行天下”[①]，组织对各地的考察，似乎要进行改善行政的试探，这其实也是对“政治和平”“上下相安”之说的一种否定。然而王商面对“长安中大乱”，“群臣皆从凤议”的形势，毕竟表现出了难得的镇定。我们也不能排除王商出于智慧的考虑，借用这种特殊的政治言辞说服帝王的可能。

流言袭来，考验人们的定力，也考验人们的智力。《汉书》卷七二《鲍宣传》：“郡国地震，民讹言行筹，明年正月朔日蚀。”鲍宣上书言：“陛下父事天，母事地，子养黎民，即位已来，父亏明，母震动，子讹言相惊恐。今日蚀于三始，诚可畏惧。”“陛下深内自责，避正殿，举直言，求过失，罢退外亲及旁仄素餐之人，征拜孔光为光禄大夫，发觉孙宠、息夫躬过恶，免官遣就国，众庶歙然，莫不说喜。天人同心，人心说则天意解矣。乃二月丙戌，白虹虷日，连阴不雨，此天有忧结未解，民有怨望未塞者也。”《汉书》卷七五《李寻传》记载李寻借多种灾象的频繁发生说大司马王根，建议：“宜急博求幽隐，拔擢天士，任以大职。诸阘茸佞谄，抱虚求进，及用残贼酷虐闻者，若此之徒，皆嫉善憎忠，坏天文，败地理，涌趯邪阴，湛溺太阳，为主结怨于民，宜以时废退，不当得居位。”所举灾异中，就包括“小女陈持弓”事：“城中讹言大水，奔走上城，朝廷惊骇，女孽入宫。”《汉书》卷八五《杜邺传》：“日食，诏举方正直言。……（杜）邺对曰：“……日食地震，民讹言行筹，传相惊恐。”[②]又说：“愿陛下加致精诚，思承始初，事稽诸

---

①《汉书》卷一〇《成帝纪》。

②所谓“民讹言行筹”，是汉哀帝时代一次因“讹言”引起的民乱。《汉书》卷一一《哀帝纪》：“（建平）四年春，大旱。关东民传行西王母筹，经历郡国，西入关至京师。民又会聚祠西王母，或夜持火上屋，击鼓号呼相惊恐。”《汉书》卷二六《天文志》：“（汉哀帝建平）四年正月、二月、（转下页）

古，以厌下心，则黎庶群生无不说喜，上帝百神收还威怒，祯祥福禄何嫌不报！”鲍宣、李寻、杜邺的做法，是另一种政治智慧的表现。

对应流言的正确的态度，应当听取《尚书·大禹谟》中的告诫："无稽之言勿听。"唐代道树禅师的故事也可以给我们有益的启示。这位名僧"结茅于寿州三峰山"，时有"野人""言谭诡异"，又以"异光""声响"等"眩惑于人"，"师之徒众，常为惊怖"。道树禅师告诫他的徒众："只消老僧不见不闻，伊伎俩有穷，吾不见不闻无尽。"后来这些异常现象果然消失。于是"远近闻之，靡不钦服"，这就是所谓"见怪不怪，其怪自败"①。这种面对异常信息极其镇定的态度，正是基于高明的智思。

通过对历史的回顾可以看到，"自然灾异与社会危机最易在民众中诱发讹言"。"汉代有不少讹言发生及流传于战乱及治安恶劣的社会环境中。""每当社会的冲突和矛盾激化甚至出现动乱危机时，谣言就特别活跃。这是因为每逢这样的时刻，人们普遍缺乏安全感，格外感到焦虑、无助、有怨言，迫切需要宣泄、合理化自己的情绪。""然而官方渠道提供的相关信息，常被人们认为不完整、不清晰、故意隐瞒真相，难以满足人们的心理需求。于

（接上页）三月，民相惊动，讙哗奔走，传行诏筹祠西王母，又曰'从目人当来'。"《汉书》卷二七中之下《五行志中之下》："哀帝建平四年正月，民惊走，持稾或棷一枚，传相付与，曰行诏筹。道中相过逢多至千数，或被发徒践，或夜折关，或逾墙入，或乘车骑奔驰，以置驿传行，经历郡国二十六，至京师。其夏，京师郡国民聚会里巷仟佰，设张博具，歌舞祠西王母，又传书曰：'母告百姓，佩此书者不死。不信我言，视门枢下，当有白发。'至秋止。"参看王子今、周苏平：《汉代民间的西王母崇拜》，《世界宗教研究》1999年第2期。

①〔元〕释念常：《佛祖历代通载》卷一五《唐》，文渊阁《四库全书》本。

是，谣言和类谣言就会应运而生，广泛传播。”[①] 有人将《荀子·大略》所谓“流言止于知者”，改说成“流言止于治者”[②]，也就是说，以为主要社会责任应当由行政管理者承担。这并不是没有道理的。我们也应当看到，“当政局、社会面临危机和灾难时，这样的妖言就会有极大的心理需求”。“《五行志》说，这些言语上的妖征之出现，‘是谓不乂’，反映出国家治理上的失常和失序。”[③] “政局、社会”的“危机和灾难”，“国家治理上的失常和失序”，执政者都难辞其咎。另一方面，面对流言，也形成了对社会智力的考验。社会智能成熟的标志之一，在于有突破下众盲动、舆论扭曲、行政误导或者权力无作为的清醒的认识。而进步社会也应当有智慧的声音发布和传播的渠道。这一条件的创造，行政管理者自然也应当承担主要的责任。

---

①吕宗力：《汉代的流言和讹言》，《历史研究》2003 年第 2 期；《汉代的谣言》，浙江大学出版社 2011 年 10 月版，第 7—33 页。

②参见何怀宏、王子今、吴根友：《灾难中的智慧——“灾难与流言”三人谈》（主持人：王斯敏），《光明日报》2011 年 3 月 25 日。

③吕宗力：《汉代“妖言”探讨》，《中国史研究》2006 年第 4 期。

作者相关研究成果目录

学术专著：

《汉代儿童生活》，三秦出版社 2012 年 9 月版

《插图秦汉儿童史》，未来出版社 2020 年 5 月版

学术论文及其他学术文章：

《说秦汉“少年”与“恶少年”》，《中国史研究》1991 年 4 期

《汉代民间的玩具车》，《文物天地》1992 年 2 期

《漫说“竹马”》，《历史大观园》1992 年 10 期

《“竹马”源流考》，《比较民俗研究》第 8 号（筑波大学比较民俗研究会 1993 年 9 月）

《汉代儿童的游艺生活》（与周苏平合署），《中国史研究》1999 年 3 期

《两汉的少年吏》，《文史》第 51 辑（中华书局 2000 年 7 月），《周秦汉唐国际学术研讨会论文集》（西北大学史学丛刊第 4 辑，三秦出版社 2001 年 6 月）

《三国孙吴乡村家族中的“寡嫂”和“孤兄子”——以走马楼竹简为中心的考察》，《简牍学研究》第 4 辑（甘肃人民

出版社 2004 年 12 月）
《秦汉社会的“宜子孙”意识》,《秦汉研究》第 1 辑(三秦出版社 2007 年 1 月）
《秦汉儿童健康问题》,《石家庄学院学报》2007 年 2 期
《汉代社会的孤儿救助形式》,《南都学坛》2007 年 2 期
《两汉童蒙教育》,《史学集刊》2007 年 3 期
《略论两汉童谣》,《重庆师范大学学报》(哲学社会科学版）2007 年 3 期
《秦汉神秘主义信仰体系中的“童男女”》,《周秦汉唐文化研究》第 5 辑(三秦出版社 2007 年 6 月）
《秦汉“小儿医”略议》,《西北大学学报》2007 年 4 期
《秦汉“生子不举”现象和弃婴故事》,《史学月刊》2007 年 8 期
《张家山汉简〈二年律令·史律〉“学童”小议》,《文博》2007 年 6 期
《深宫悲剧童年：两汉“短折”皇子与“夭摧”少帝》,《陕西历史博物馆馆刊》第 14 辑(三秦出版社 2007 年 10 月）
《“秦项橐”故事考议》,《秦文化论丛》第 14 辑(三秦出版社 2007 年 10 月）
《走马楼简所见未成年“公乘”“士伍”》,《湖南省博物馆馆刊》第 4 辑(岳麓书社 2007 年 12 月）
《两汉社会的“小男”“小女”》,《清华大学学报》(哲学社会科学版)2008 年 1 期
《秦汉“小女子”称谓再议》,《文物》2008 年 5 期
《走马楼竹简“小口”考绎》,《史学月刊》2008 年 6 期
《汉代齐鲁“神童”》,《齐鲁文化研究》2008 总第 7 辑(山东文艺出版社 2008 年 12 月）

《汉代社会上层婚姻中的“待年”女子》,《南都学坛》2009年3期

《说走马楼简文“细小”》,《江汉考古》2009年2期

《秦“小子军”考议》,《人文杂志》2009年5期

《说汉代“贱子”自称》,《简帛》第4辑(上海古籍出版社2009年10月)

《论〈列女传·母仪传〉早期教育故事》,《徐州师范大学学报》(哲学社会科学版)2009年6期

《秦汉的婴女》,《中华女子学院学报》2009年6期

《说秦汉“婴儿”称谓》,《南都学坛》2010年2期

《汉代宫廷的“小儿官”》,《唐都学刊》2010年4期

《秦二世胡亥童年故事及相关问题》,《人文杂志》2010年4期

《试说里耶户籍简所见“小上造”“小女子”》,《出土文献》第1辑(中西书局2010年8月)

《东汉“小侯”考绎》,《秦汉研究》第4辑(陕西人民出版社2010年8月)

《汉代劳动儿童——以汉代画像遗存为中心》,《陕西历史博物馆馆刊》第17辑(三秦出版社2010年11月)

《甘罗童冠立功故事辨议》,《秦始皇帝陵博物院》2011(三秦出版社2011年6月)

《论长安“小女陈持弓”大水讹言事件》(与吕宗力合署),《史学集刊》2011年4期

《汉代“童子郎”身份与“少为郎”现象》(与吕宗力合署),《南都学坛》2011年4期

《走马楼简所见未成年“户下奴”“户下婢”》,《吴简研究》第3辑(中华书局2011年6月)

《汉代“小儿”称谓》（与刘林合署），《南都学坛》2012 年 2 期
《汉代“劫质”行为与未成年受害者》，《山西大学学报》（哲学社会科学版）2012 年 3 期
《秦汉民间意识中的“小儿鬼”》，《秦汉研究》第 6 辑（三秦出版社 2012 年 8 月）
《汉代西北边塞军事生活中的未成年人》，《南都学坛》2014 年 1 期
《汉昭帝“弄田”辨议》，《人文杂志》2014 年 6 期
《说汉代“孺子”称谓》，《南都学坛》2014 年 4 期
《说秦汉“乞儿”称谓》，《石家庄学院学报》2014 年 4 期
《“竖子”“竖小”称谓与秦汉未成年人地位》，《孙作云百年诞辰纪念文集》（河南大学出版社 2014 年 6 月）
《秦汉文献中的“易子而食”记忆》，《社会科学》2014 年 12 期
《汉代“卖子”“鬻子孙”现象与“卖人法”》，《中国古代法律文献研究》第 8 辑（社会科学文献出版社 2014 年 12 月）
《马王堆三号汉墓遣策“马竖”杂议》，《文博》2015 年 2 期
《二至三世纪中原疾疫与汉末文学的“悼夭”主题》，《中原文化研究》2015 年 5 期
《许阿瞿墓志补释》，《湖南省博物馆馆刊》第 12 辑（岳麓书社 2016 年 8 月）
《汉代“幼孤为奴”现象刍议》，《南都学坛》2017 年 4 期
《史家的“童心”:〈史记〉阅读体验》，《光明日报》2017 年 2 月 28 日
《从“儿童视窗”认识中国历史与文化》，《文汇学人》2018 年 6 月 1 日 2—3 版

《童年司马迁的“耕牧”生活》,《人民日报》2018 年 6 月 27 日 22 版

《走近秦汉儿童的世界》,《光明日报》2018 年 8 月 12 日 6 版

《汉代“乳舍”及相关问题的社会史考察》,《理论学刊》2019 年 4 期

《汉陶文“小儿受赐”试解》,《南都学坛》2019 年 5 期》

《汉代“襁褓”“负子”与“襁负”考》,《四川文物》2019 年 6 期

《汉晋“鸠车”考识》,《湖南省博物馆馆刊》第 15 辑(岳麓书社 2019 年 12 月)

《怎样真正亲近秦汉儿童生活》,《中国史研究》2020 年 1 期

《行走的秦汉少年》,《中山大学学报》(社会科学版)2020 年 1 期;《童蒙文化研究》第 5 辑(人民出版社 2020 年 6 月)

《河西考古发现的汉代儿童生活史料——丝绸之路史视角的考察》,《丝绸之路与秦汉文明——丝绸之路与秦汉文明国际学术研讨会论文集》(文物出版社 2020 年 10 月)

《汉代的女童教育》,《中国典籍与文化》第 13 辑(国家图书馆出版社 2020 年 11 月)

《汉代女童教育的形式和影响》,《中华文化论坛》2021 年 1 期

《〈史记〉中描绘的儿童生活画面》,《月读》2021 年 5 期

《汉景帝刘启的童年生活》,《闽南师范大学学报》(哲学社会科学版)2022 年 3 期

主要参考文献

陈槃:《汉晋遗简识小七种》,"中研院"史语所 1975 年 6 月版

陈直:《关中秦汉陶录》,中华书局 2006 年 2 月版

陈直:《两汉经济史料论丛》,陕西人民出版社 1980 年 12 月版

甘肃简牍保护研究中心、甘肃省文物考古研究所、甘肃省博物馆、中国文化遗产研究院古文献研究室、中国社会科学院简帛研究中心编:《肩水金关汉简(壹)》,中西书局 2011 年 8 月版

甘肃省文物考古研究所、甘肃省博物馆、文化部古文献研究室、中国社会科学院历史研究所编:《居延新简:甲渠候官与第四燧》,文物出版社 1990 年 7 月版

甘肃省文物考古研究所编:《敦煌汉简》,中华书局 1991 年 6 月版

高文:《汉碑集释》,河南大学出版社 1997 年 11 月版

顾颉刚:《秦汉的方士与儒生》,上海古籍出版社 1978 年 2 月版

郭立诚:《中国生育礼俗考》,文史哲出版社 1979 年 7 月版

胡平生、张德芳:《敦煌悬泉汉简释粹》,上海古籍出版社 2001 年 8 月版

胡奇光:《中国小学史》,上海人民出版社 1987 年 11 月版

湖北省文物考古研究所、随州市考古队:《随州孔家坡汉墓简牍》,文物出版社 2006 年 6 月版
湖南省文物考古研究所:《里耶发掘报告》,岳麓书社 2007 年 1 月版
黄留珠:《秦汉仕进制度》,西北大学出版社 1985 年 7 月版
姜守诚:《〈太平经〉研究——以生命为中心的综合考察》,社会科学文献出版社 2007 年 10 月版
刘增贵:《汉代婚姻制度》,华世出版社 1980 年 1 月版
雷侨云:《敦煌儿童文学》,台湾学生书局 1985 年 9 月版
李建民:《旅行者的史学——中国医学史的旅行》,允晨文化实业股份有限公司 2011 年 8 月版
李建民:《中国古代游艺史》,东大图书公司 1993 年 3 月版
李天虹:《居延汉简簿籍分类研究》,科学出版社 2003 年 9 月版
李学勤:《东周与秦代文明》,文物出版社 1984 年 6 月版
李学勤:《李学勤集——追溯·考据·古文明》,黑龙江教育出版社 1989 年 5 月版
李学勤:《论银雀山简〈守法〉、〈守令〉》,《简帛佚籍与学术史》,时报文化出版企业有限公司 1994 年 12 月版
李学勤:《缀古集》,上海古籍出版社 1998 年 10 月版
林富士:《汉代的巫者》,稻乡出版社 1999 年 1 月版
刘乐贤:《睡虎地秦简日书研究》,文津出版社 1994 年 7 月版
吕宗力:《汉代的谣言》,浙江大学出版社 2011 年 10 月版
罗振玉、王国维:《流沙坠简》,中华书局 1993 年 9 月版
马镛:《中国家庭教育史》,湖南教育出版社 1997 年 5 月版
马新:《两汉乡村社会史》,齐鲁书社 1997 年 6 月版
毛礼锐、沈灌群主编:《中国教育通史》,山东教育出版社 1986 年

4月版
彭卫、杨振红:《中国风俗通史·秦汉卷》,上海文艺出版社2002年3月版
彭卫:《汉代婚姻形态》,三秦出版社1988年6月版
钱锺书:《管锥编》,中华书局1979年8月版
乔卫平、程培杰:《中国古代幼儿教育史》,安徽教育出版社1989年7月版
瞿宣颖纂辑:《中古社会史料丛钞》,上海书店1985年11月据商务印书馆1937年版影印
丘光明编著:《中国历代度量衡考》,科学出版社1992年8月版
尚秉和:《历代社会风俗事物考》,岳麓书社1991年6月版
沈刚:《居延汉简语词汇释》,科学出版社2008年12月版
睡虎地秦墓竹简整理小组:《睡虎地秦墓竹简》,文物出版社1990年9月版
孙机:《汉代物质文化资料图说》(增订本),上海古籍出版社2008年5月版
王稚庵:《中国儿童史》,儿童书局1932年5月版
王国维:《王国维遗书》,上海古籍书店1983年9月版
王泉根主编:《儿童文学教程》,北京师范大学出版社2009年9月版
谢桂华、李均明、朱国炤:《居延汉简释文合校》,文物出版社1987年1月版
熊秉真:《安恙:近世中国儿童的疾病与健康》,联经出版事业公司1999年4月版
熊秉真:《童年忆往:中国孩子的历史》,麦田出版股份有限公司2000年4月版

熊秉真:《幼幼——传统中国的襁褓之道》,联经出版事业公司 1995 年 3 月版
杨树达:《汉代婚丧礼俗考》,上海古籍出版社 2000 年 12 月版
叶国良、李隆献、彭美玲:《汉族成年礼及其相关问题研究》,大安出版社 2004 年 8 月版
郁宁远主编:《中国童谣》,中国妇女出版社 1996 年 8 月版
张家山二四七号汉墓竹简整理小组:《张家山汉墓竹简〔二四七号墓〕》,文物出版社 2001 年 11 月版
张金光:《秦制研究》,上海古籍出版社 2004 年 12 月版
中国社会科学院考古研究所编著:《中国考古学·秦汉卷》,中国社会科学出版社 2010 年 7 月版
周愚文:《宋代儿童的生活与教育》,师大书苑有限公司 1996 年 3 月版
朱智贤主编:《儿童心理发展的基本理论》,北京师范大学出版社 1982 年 3 月版
朱智贤、林崇德:《儿童心理学史》,北京师范大学出版社 2002 年 2 月版
[日]林巳奈夫:《漢代の文物》,京都大学人文科学研究所 1976 版
[日]堀ノ内敏:《儿童心理学》,谢艾群译,湖南人民出版社 1980 年 6 月版
[美]大卫·埃尔金德:《儿童与青少年——皮亚杰理论之阐释》,周毅等译,西南师范大学出版社 1988 年 3 月版
[日]永田英正:《漢代石刻集成·本文篇》,京都大学人文科学研究所研究报告,同朋舍 1994 年
[英]詹姆斯·乔治·弗雷泽:《金枝:巫术与宗教之研究》,许育新等译,大众文艺出版社 1998 年 1 月版

[法]安德烈·比尔基埃等主编:《家庭史》第1卷《遥远的世界,古老的世界》,袁树仁等译,三联书店1998年5月版

[英]柯林·黑伍德:《孩子的历史:从中世纪到现代的儿童与童年》,黄煜文译,麦田出版股份有限公司2004年1月版

[法]让-皮埃尔·内罗杜:《古罗马的儿童》,杨洁、吴树农译,广西师范大学出版社2006年6月版

[美]泰勒·何德兰,[英]坎贝尔·布朗士:《孩提时代——两个传教士眼中的中国儿童生活》,王鸿娟译,金城出版社2011年5月版

[法]菲力浦·阿利埃斯:《儿童的世纪:旧制度下的儿童和家庭生活》,沈坚、朱晓罕译,北京大学出版社2013年4月版

后　记

这部书稿是教育部人文社会科学研究2006年度一般项目“秦汉时期未成年人生活研究”（项目批准号:06JA770004）的最终成果。

应当说明,家中两个亲人相继重病及后来去世,致使这一课题不得不延期结项。感谢科研管理部门朋友们的理解和宽容。也感谢中国人民大学国学院我的同事们的热心支持。我的学生崔建华、孙闻博、乔松林、董涛分别帮助校读书稿,核对史料,付出很多辛劳。中国人民大学历史学院马利清教授、张忠炜教授,中国人民大学国学院张齐明教授亦曾提供了很多帮助。孙闻博就一些文献资料的使用方式提出了若干很有价值的参考意见。这部书稿的完善,承多种积极性建议与实质性帮助的成全,谨此深致谢意。

我们每个人都有未成年生活的经历。我们在这一阶段的记忆,形成数十年不能磨灭的深刻的心理刻痕。在我的未成年时代,母亲的爱护、指导和激励,是我永远的生力资源和进步动力。母亲终于安息,在八宝山革命公墓征求刻铭文字时,我说可以刻写这样几个字,得到妹妹和弟弟的赞同:母亲的慈爱永远陪伴着我们。母亲去世已经五年，但是我以为她一直注视着我，关心着我的健康，我的工作。把这部书献呈于她的遗照前，我似乎又看到她和以往同样手捧我的新书，轻抚封面，随即缓缓翻阅时满面微笑的表情。这部书中，有我回忆童年时的追想。有的思路，在某种意义来自母子亲情的长久记忆。

应当说明，本书若干内容，与2014年4月由中国社会科学出版社出版的拙著《秦汉称谓研究》有关“婴儿”“婴女”“小儿医”“神童”“小子军”“小上造”“小女子”“童子郎”“少年”“恶少年”“小儿”“竖子”等称谓的讨论看似有所重叠。但是实际上，观察的侧重点以及考察方式、论证思路等均多有不同。本书亦于材料的更新，信息的充实与认识的深入诸方面又有一些实现新的推进的努力。读者稍加比较，是可以有所分辨的。

本书完成，得到诸多朋友的鼓励和支持。张在明、高世瑜、吕宗力、张鹤泉、李禹阶、焦南峰、尹申平、徐思彦、赵瑞民、吴玉贵、扬之水、周苏平、高大伦、淡懿诚等朋友有许多可贵的提示和各方面的帮助。宋超、孙家洲、彭卫、杨振红、张荣强诸位专家在结项前后提出的中肯的意见为修改、充实书稿多有积极作用。彭卫作为中国大陆历史学者中相关主题研究的先行者在百忙中赐序，更应看作多年友情的纪念。

汉代知识人重视人生的“遇”与“不遇”。《艺文类聚》卷三〇有“汉董仲舒《士不遇赋》”与“汉司马迁《悲士不遇赋》”。南朝梁刘孝标《辨命论》称之为“史公、董相不遇之文”[①]。东汉

---

① 《艺文类聚》卷二一。

崔寔《答讥》说到“观夫人之进趍也”,有“遭否而不遇”情形[①]。曹丕《浮云诗》:“惜哉时不遇,忽与飘风会。”[②]应玚《愍骥赋》:“愍良骥之不遇兮,何屯否之弘多;抱天飞之神号兮,悲当世之莫知。”[③]也表抒了同样的心态。《太平御览》卷三八三引《汉武故事》说到汉文帝、汉景帝、汉武帝时代三世为郎而“三世不遇”的颜驷的遭遇,可以作为文化寓言来读:

上尝辇至郎署,见一老,髭须皓白,衣服不完。

上问曰:“公何时为郎?何其老矣?”

对曰:“臣姓颜名驷,江都人也。文帝时为郎。”

上问曰:“何不遇也?”

驷曰:“文帝好文,臣好武。景帝好老,臣又少。陛下好少,臣已老。是以三世不遇。”

上感其言,拜为会稽都尉。

颜驷故事虽未必可以看作信史,但博得汉武帝同情的“三世不遇”感叹,在一定意义上却能够对我们认识两汉社会“少”的地

---

①《艺文类聚》卷二五。《论衡·逢遇》又有专门论说:“操行有常贤,仕宦无常遇。贤不贤,才也;遇不遇,时也。才高行洁,不可保以必尊贵;能薄操浊,不可保以必卑贱。或高才洁行,不遇,退在下流;薄能浊操,遇,在众上。世各自有以取士,士亦各自得以进。进在遇,退在不遇。处尊居显,未必贤,遇也;位卑在下,未必愚,不遇也。故遇,或抱洿行,尊于桀之朝:不遇,或持洁节,卑于尧之廷。所以遇不遇非一也:或时贤而辅恶;或以大才从于小才;或俱大才,道有清浊;或无道德,而以技合;或无技能,而以色幸。”

②《艺文类聚》卷一。

③《艺文类聚》卷九三。

位提供某种启示。或“好老”,或“好少”,不仅有帝王个人心理倾向的差异,有时也体现出我们民族的时代精神。秦汉历史中曾经有“好少”的阶段,而相应的时代特色是生活节奏比较急骤,文化创造比较丰富,社会进步比较显著,历史文化表现出一种“少年”气象。秦汉时期,是中国历史上的“少年”时代。考察相关现象,进行认真分析,也是有意义的[①]。

我们在这里附说颜驷故事,是希望提示读者,古人的“好老”“好少”之说,其实是富有文化深意的。通过对于历史上不同时期未成年人社会地位、生活境遇、发展机会和人生走向的考察,或许会有重要的文化发现。由于多种条件的限制,本书不能就相关线索展开全面论说。但是如若关心中国历史文化的朋友们能够因此产生探讨有关课题的兴趣,则作者深心以为幸甚。

这部书稿的题名,曾经设想直接用研究项目的名称“秦汉未成年人生活研究”,又曾倾向于用现在书题,但是对“儿童”是否能够概括“未成年人”心存疑虑。《现代汉语词典》解释“儿童”即说:“较幼小的未成年人(年纪比‘少年’小)”[②]。但是《汉语大词典》“儿童”条则写道:“古代凡年龄大于婴儿而尚未成年的人都叫儿童,现代只指年纪小于少年的幼孩。”古文献书证有:

>《列子·仲尼》:“闻儿童谣曰:‘立我蒸民,莫匪尔极。’”唐杜甫《羌村》诗之三:“兵革既未息,儿童尽东征。”清金人

①参看王子今:《中国文化节奏论》,陕西人民教育出版社 1998 年 9 月版。

②中国社会科学院语言研究所词典编辑室编:《现代汉语词典》(修订本),商务印书馆 2012 年 6 月版,第 343 页。

瑞《下车行》:“儿童合掌妇女拜,三年有成我能讴。”[1]

秦汉时期“婴儿”称谓指代对象与现今不同,本书已有讨论。我们还可以看到秦汉“儿童”称谓大致可以覆盖今言“未成年人”年龄段的明确例证。如:

(1)《后汉书》卷三六《贾逵传》:“逵悉传父业,弱冠能诵《左氏传》及《五经》本文,以大夏侯《尚书》教授,虽为古学,兼通五家《穀梁》之说。自为儿童,常在太学,不通人间事。身长八尺二寸,诸儒为之语曰:‘问事不休贾长头。’”

(2)《后汉书》卷八二下《方术列传·公沙穆》:“公沙穆字文乂,北海胶东人也。家贫贱。自为儿童不好戏弄,长习《韩诗》、《公羊春秋》,尤锐思《河洛》推步之术。”

(3)《三国志》卷一〇《魏书·贾诩传》裴松之注引《九州春秋》载阎忠说皇甫嵩曰:“征冀方之士,动七州之众,羽檄先驰于前,大军震响于后,蹈迹漳河,饮马孟津,举天网以网罗京都,诛阉宦之罪,除群怨之积忿,解久危之倒悬。如此则攻守无坚城,不招必影从,虽儿童可使奋空拳以致力,女子可使其褰裳以用命,况厉智能之士,因迅风之势,则大功不足合,八方不足同也。”

(4)《三国志》卷一五《魏书·张既传》:“张既字德容,冯翊高陵人也。年十六,为郡小吏。”裴松之注引《三辅决录

①汉语大词典编辑委员会、汉语大词典编纂处编纂:《汉语大词典》,汉语大词典出版社1988年3月版,第2卷第272页。

注》曰："既为儿童，郡功曹游殷察异之，引既过家，既敬诺。殷先归，敕家具设宾馔。及既至，殷妻笑曰：'君其悖乎！张德容童昏小儿，何异客哉！'殷曰：'卿勿怪，乃方伯之器也。'殷遂与既论霸王之略。飨讫，以子楚托之；既谦不受，殷固托之，既以殷邦之宿望，难违其旨，乃许之。"

（5）《三国志》卷一五《魏书·贾逵传》："贾逵字梁道，河东襄陵人也。自为儿童，戏弄常设部伍，祖父习异之，曰：'汝大必为将率。'口授兵法数万言。"

（6）《三国志》卷四八《吴书·三嗣主传·孙晧》裴松之注引《襄阳记》曰："（张）悌字巨先，襄阳人，少有名理，孙休时为屯骑校尉。""晋来伐吴，晧使悌督沈莹、诸葛靓，率众三万渡江逆之。……吴军大败。诸葛靓与五六百人退走，使过迎悌，悌不肯去，靓自往牵之，谓曰：'巨先，天下存亡有大数，岂卿一人所知，如何故自取死为？'悌垂涕曰：'仲思，今日是我死日也。且我作儿童时，便为卿家丞相所拔，常恐不得其死，负名贤佑顾。今以身徇社稷，复何遁邪？莫牵曳之如是。'"

例（1）贾逵"自为儿童，常在太学"；例（2）公沙穆"自为儿童……长习《韩诗》《公羊春秋》，尤锐思《河洛》推步之术"；例（3）"儿童"可以参战；例（4）张既"为儿童"可以"论霸王之略"；例（5）贾逵"自为儿童"，得祖父"口授兵法数万"；例（6）张悌自称"作儿童时，便为卿家丞相所拔"，即已任官职。这里所说"儿童"都已非"年纪比'少年'小"，"年纪小于少年的幼孩"。

其他文化体系的语言结构中，"儿童"的语义，所指代年龄阶段似乎也较现代汉语所谓“儿童”“年纪比‘少年’小”或说“年纪小于少年的幼孩”为宽。如《简明不列颠百科全书》有“儿童十字军”（Children's Crusade）词条：“1212年夏天在欧洲掀起的一次宗教运动。在这次运动中，成千上万的儿童准备用爱而不是用武力从穆斯林手中夺回圣地。”“儿童发育心理学”（child developmental psychology）和“儿童心理学”（child psychology）两个词条都将“儿童”的年龄界定为“从初生到青春期结束”，“从出生到青春期结束”。“儿童期疾病”（childhood diseases）词条则说：“儿童期可进一步分为下列各阶段：1. 胎儿期（出生前）；2. 新生儿期（生后头4周）；3. 婴儿期（2岁以内）；4. 学龄前期（2～6岁）；5. 学龄期（女性6～10岁，男性6～12岁）；6. 青春前期（女性10～12岁，男性12～14岁）及青春期（女性12～18岁，男性14～20岁）。”[①]

在本书书名斟酌未定时，彭卫、宋超等朋友多有建议。有的学生也参与了思考。孙闻博曾经来信提供了有益的意见。他写道：

王老师好：

我是闻博，题目方面昨晚又思考了下，这里把想法跟您交流下。

现在我们使用“未成年人”这一术语，似是近年以来受西方影响的结果。西方世界各国有《未成年人保护法》，

①中国大百科全书出版社《简明不列颠百科全书》编辑组译编：《简明不列颠百科全书》，中国大百科全书出版社1985年7月版，第2卷第793—794页，第791—792页，第794页，第793页。

我国在八十年代也颁布了同样名称的法律。中国《未成年人保护法》所对应使用的英文是:Law on the Protection of Minors。其实,在英语中,很少用“Minors”作为一般用语,来指涉成年以下所有年龄段的未成人。西方其实是用“Child”,如美国未成年人保护法:Child Protection Laws in America,澳大利亚未成年人保护法:Australian Child Protection Laws。

现今中国社会的用语习惯,对此缺少一个总括性的词汇。大体成年以下,有儿童、青少年两个阶段性称呼。英语用词其实同中文有类似的地方,也没有严格意义的总括性词汇。child 翻译作儿童,多指年龄稍偏小的,juvenile、teenage 有时被翻译成未成年人,但其实指青少年;比如 teenage,即指 13 ~ 19 岁者。在这种情况下再来看上面西方国家法律中使用的词,就值得注意了,他们基本都用的是“child”。

这里,还需提到涉及儿童,而最为国际上广泛认可的公约,中文翻译作《儿童权利公约》(其实,按如今中国的用语习惯,公约应称《未成年人权利公约》),英文作 Convention on the Rights of the Child。据查阅了解,《儿童权利公约》由 1989 年 11 月 20 日第 44 届联合国大会第 25 号决议通过,1990 年 9 月 2 日生效。该公约旨在保护儿童权益,为世界各国儿童创建良好的成长环境。它是有史以来最为广泛认可的国际公约。中国政府于 1992 年批准了《儿童权利公约》,并与各人民团体、国际组织、新闻媒体以及个人共同努力,把本公约规定的义务从单纯意向角度上的宣言,转变成为改善所有中国儿童的生活的具体行动方案。并且,除了美国,及索马里以外的所有联合国的成员国皆认可联合国《儿童权利公约》,虽然不是所有国家都遵从它。

这个公约,第一条称“为本公约之目的,儿童系指18岁以下的任何人,除非对其适用之法律规定成年年龄低于18岁”。同样符合我们想使用的概念,英文同样用的是“child”。

如此看来,我们如今参考西方使用的“未成年人”一语,其实人家都是用“child”,即用未成年人中偏小的儿童阶段一词来总括整个未成年阶段的。从这个意义上来看,其实我们也可用未成年人中与“青少年”相对的“儿童”,来指涉“未成年人”。个人觉得在没有受到西方话语影响,而自然发展的中国古代用语习惯,同西方是很类似的。中国古代似将凡年龄大于婴儿而尚未成年的人都叫儿童。《列子·仲尼》:“闻儿童谣曰:‘立我蒸民,莫匪尔极。’”杜甫《羌村》诗之三所谓“兵革既未息,儿童尽东征”,等等。

此外,补充一点现今中国社会某些领域的用词情况。中国的儿童组织少先队的队员年龄在14岁以下,而共青团员的入团年龄为14岁以上。医学界以0~14岁的儿童为儿科的研究对象,但现在北京儿童医院已把患儿年龄增大到18岁,且增加青春期门诊。

由上,我认为,我们现今使用的“未成年人”一语,限定上固然合适,但西方本来并非使用“未+成年人”的组词格式,而是大体用“儿童”指涉整个未成年人群体。那么,我们现在如果真正同西方接轨,其实也可用“儿童”一词。而讨论中国古代社会的情形,或许用“儿童”一语就更没有什么问题了。

最后,在上述讨论基础上,学生觉得:“未成年人”作为古代史研究的题目，对读者来说，似需一个接受和适应的过程。如果保留，不知下面这个提法是否合适：《冠笄尚待——秦汉未成年人生活》。

如果使用“儿童”，题目可以更朴实有力些：《秦汉儿童生活研究》。

上述是一点浅显的思考，资料搜集、权衡把握上如有不妥处，您尽管批评。我再思考。

祝您出行顺利

闻博　2011年11月27日

综合各方面多种因素，考虑再三，我以为还是取用“秦汉儿童的世界”作为本书书题为好。有学者说：“当我们习惯于把孩子当作成年人所支配的对象或是附属物的时候，儿童的权利被淹没于成人世界之中，成年人对儿童世界是浑然不觉的……”[①] 取用与此“成人世界”“儿童世界”之“世界”相接近的语义，希望使读者在史料信息允许的条件下能够比较全面地了解秦汉时期未成年人的社会地位、生活场景、文化表现与历史角色。

作为教育部2006年立项的人文社会科学研究一般项目“秦汉时期未成年人生活研究”的最终成果，研究正式启动至今竟已接近十年。从可以看作本课题最初的前期成果的论文《说秦汉“少年”与“恶少年”》发表算起，则已经超过二十二年了。当然，结项之后三年来，一直以为完成的书稿尚多缺憾，愿意努力补足，这一期间发表相关论文十一篇，对有些问题有了更深入的思考。但回想这一过程，毕竟漫长了一些，除了自责怠惰之外，也以经

①皮艺军：《儿童权利的文化解释》，《山东社会科学》2005年第8期。

常分心旁骛而惭愧。贪多务得，总是教训。读欧阳修《景灵宫致斋》诗："摄事衰年力不强，谁怜岑寂卧斋坊。青苔点点无人迹，绿叶阴阴覆砌凉。玉宇清风来处远，仙家白日静中长。却视九衢车马客，自然颜鬓易苍苍。"[①] 已经衰年力弱，自今追求"清""静"境界，从容读书，从容思考，是吾愿也。

王子今

2015 年 2 月 20 日

北京大有北里

作者附记：中国人民大学国学院孙闻博副教授校正文字，解决了许多疑难问题，谨此深致谢意。

2017 年 10 月 3 日

---

① 《文忠集》卷一三。"斋坊"，原注："一作房。"